Excel 2024

Die Anleitung in Bildern

von

Petra Bilke, Ulrike Sprung

Vierfarben

Wir hoffen, dass Sie Freude an diesem Buch haben und sich Ihre Erwartungen erfüllen. Ihre Anregungen und Kommentare sind uns jederzeit willkommen. Bitte bewerten Sie doch das Buch auf unserer Website unter **www.rheinwerk-verlag.de/feedback**.

An diesem Buch haben viele mitgewirkt, insbesondere:

Lektorat Erik Lipperts
Korrektorat Friederike Daenecke, Zülpich
Herstellung Maxi Beithe
Typografie und Layout Vera Brauner
Einbandgestaltung Silke Braun
Coverbild Shutterstock: 1776769526 © Evgeny Atamanenko
Satz Tilly Mersin, Großerlach, gesetzt aus der Syntax Next LT Pro (10,25 pt/14,25 pt)
Druck und Bindung mediaprint solutions, Paderborn

PEFC
PEFC/04-31-0810

Gedruckt wurde dieses Buch mit mineralölfreien Farben auf matt gestrichenem, PEFC®-zertifiziertem Bilderdruckpapier (115 g/m²).

Der Umwelt zuliebe wurde auf die Einschweißfolie verzichtet.

Hergestellt in Deutschland.

Bibliografische Information der Deutschen Nationalbibliothek:
Die Deutsche Nationalbibliothek verzeichnet diese Publikation in der Deutschen Nationalbibliografie; detaillierte bibliografische Daten sind im Internet über *http://dnb.dnb.de* abrufbar.

978-3-8421-1035-9

6. Auflage 2025

Rheinwerk Verlag GmbH • Rheinwerkallee 4 • 53227 Bonn
service@rheinwerk-verlag.de

Vierfarben ist eine Marke des Rheinwerk Verlags. Der Name Vierfarben spielt an auf den Vierfarbdruck, eine Technik zur Erstellung farbiger Bücher. Der Name steht für die Kunst, die Dinge einfach zu machen, um aus dem Einfachen das Ganze lebendig zur Anschauung zu bringen.

Informationen zu unserem Verlag und Kontaktmöglichkeiten finden Sie auf unserer Verlagswebsite **www.rheinwerk-verlag.de**. Dort können Sie sich auch umfassend über unser aktuelles Programm informieren und unsere Bücher und E-Books bestellen.

Liebe Leserin, lieber Leser,

Excel kann sowohl für berufliche als auch für private Zwecke verwendet werden. Es bietet viele Möglichkeiten, z. B. Daten in Tabellen zu strukturieren, einfache oder komplexere Berechnungen durchzuführen oder anschauliche Diagramme zu erstellen. Dabei ist es für Anfängerinnen und Anfänger nicht einfach, den Überblick zu behalten. Aber auch jemand, der gut mit dem Computer umgehen kann und vielleicht schon Erfahrung mit Excel hat, kann natürlich nicht jeden Trick kennen.

Wenn Sie Excel für diese oder jene Tabelle oder Berechnung gut gebrauchen können, sich aber nicht durch das Programm suchen und auch kein dickes Handbuch lesen möchten, ist diese Anleitung in Bildern genau das Richtige für Sie. Egal, ob Sie Excel 2024 auf Ihrem Computer installiert haben oder über die Abovariante Microsoft 365 verfügen: Dieses Buch hilft Ihnen Excel schnell und unkompliziert für Ihre Zwecke zu nutzen. Es bietet Ihnen konkrete Klick-Anleitungen für alltägliche Aufgaben, die Sie mit Excel erledigen können. Pragmatisch, übersichtlich und ohne überflüssigen Schnickschnack.

Dieses Buch wurde mit größter Sorgfalt geschrieben und hergestellt. Sollten Sie dennoch einmal Fehler finden oder inhaltliche Anregungen haben, freue ich mich, wenn Sie mit mir in Kontakt treten. Für konstruktive Kritik bin ich dabei ebenso offen wie für lobende Worte. Doch zunächst einmal wünsche ich Ihnen viel Freude beim Lesen und Ausprobieren!

Ihr Erik Lipperts
Lektorat Vierfarben

erik.lipperts@rheinwerk-verlag.de

Inhalt

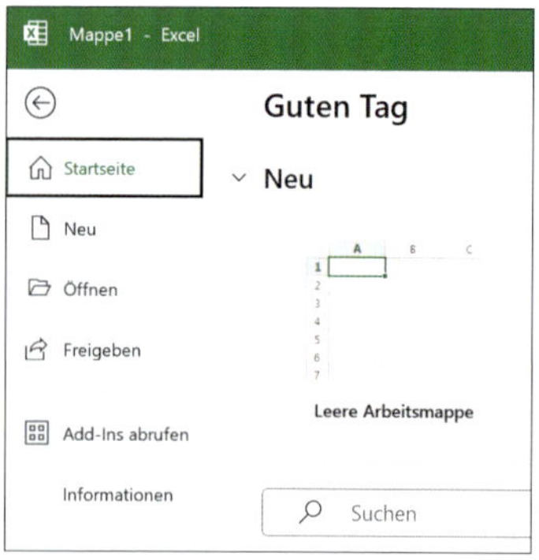
Mappe1 - Excel
Guten Tag
Startseite
Neu
Öffnen
Freigeben
Add-Ins abrufen
Informationen
Neu
Leere Arbeitsmappe
Suchen

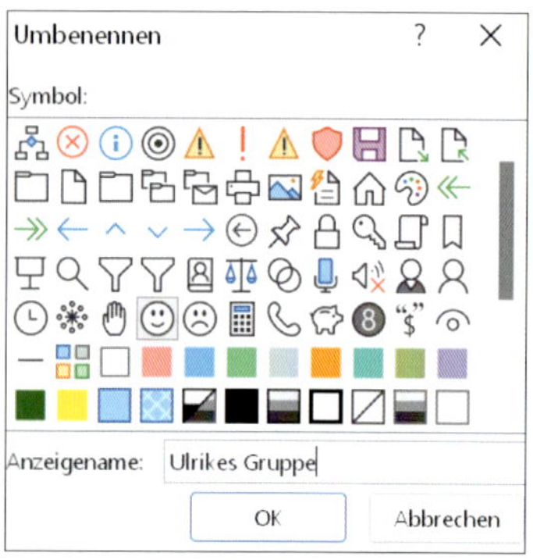
Umbenennen
Symbol:
Anzeigename:
Ulrikes Gruppe
OK
Abbrechen

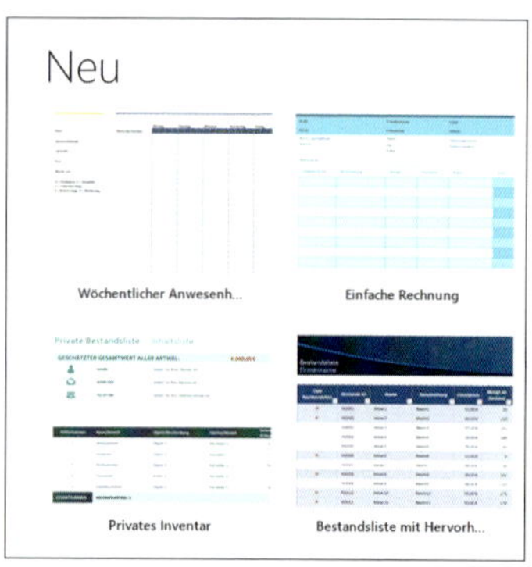
Neu
Wöchentlicher Anwesenh...
Einfache Rechnung
Privates Inventar
Bestandsliste mit Hervorh...

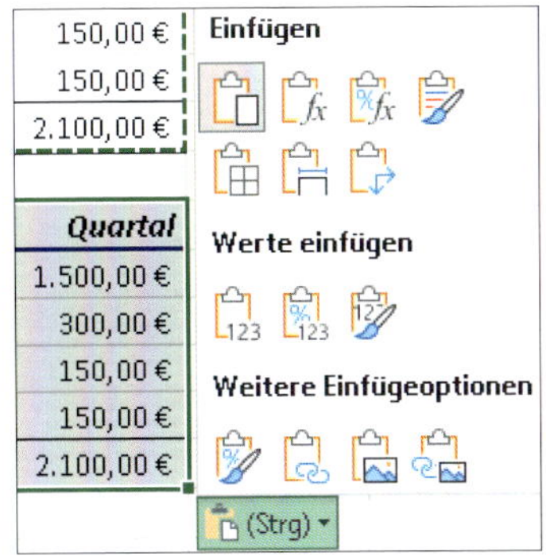

150,00 €
150,00 €
2.100,00 €
Quartal
1.500,00 €
300,00 €
150,00 €
150,00 €
2.100,00 €
Einfügen
Werte einfügen
Weitere Einfügeoptionen
(Strg)

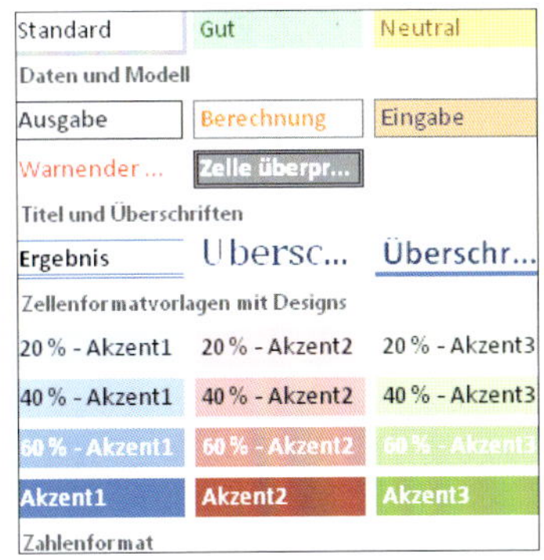

Standard
Gut
Neutral
Daten und Modell
Ausgabe
Berechnung
Eingabe
Warnender ...
Zelle überpr...
Titel und Überschriften
Ergebnis
Übersc...
Überschr...
Zellenformatvorlagen mit Designs
20 % - Akzent1
20 % - Akzent2
20 % - Akzent3
40 % - Akzent1
40 % - Akzent2
40 % - Akzent3
60 % - Akzent1
60 % - Akzent2
Akzent1
Akzent2
Akzent3
Zahlenformat

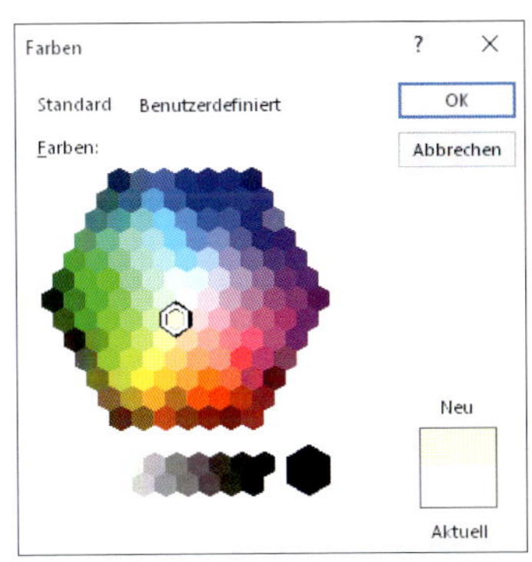

Farben
?
Standard
Benutzerdefiniert
OK
Farben:
Abbrechen
Neu
Aktuell

Inhalt

5 Drucken 126

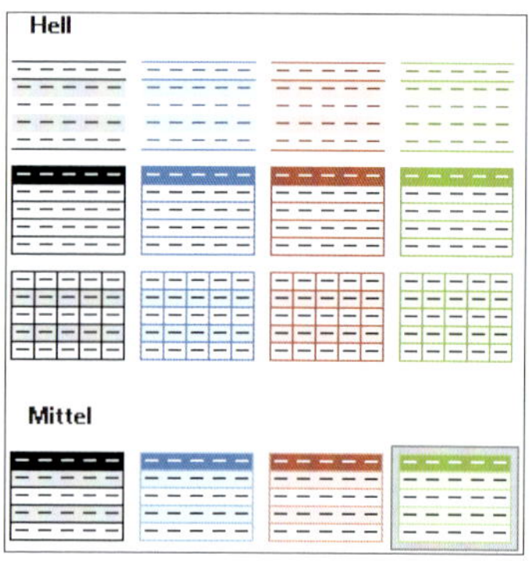

6 Formeln und Funktionen 150


```
=LET(Variablenname; Wert; Berechnung)

=LET(x;10;x+11) ergibt 21

=LET(Variablenname 1; Wert 1;
     Variablenname 2; Wert 2;
     Berechnung)

=LET(x;10;y;11;x+y) ergibt 21
```

Inhalt

7 Diagramme und Grafiken 224

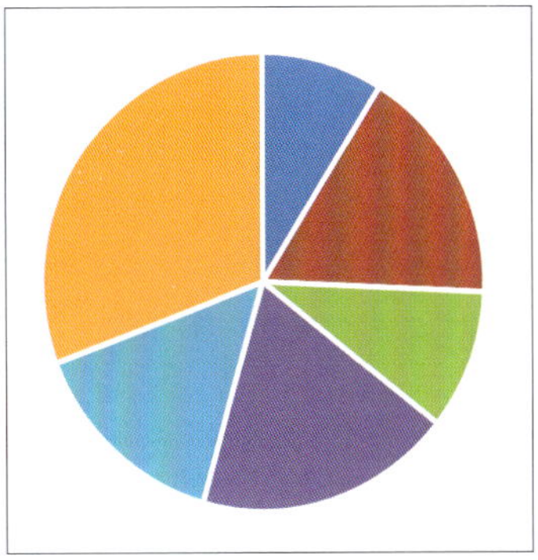

8 Arbeitsmappen umfangreich nutzen 262

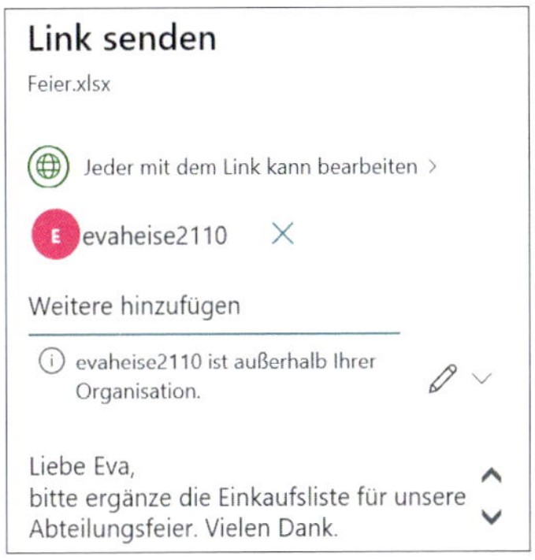

9 Listen gekonnt auswerten 288

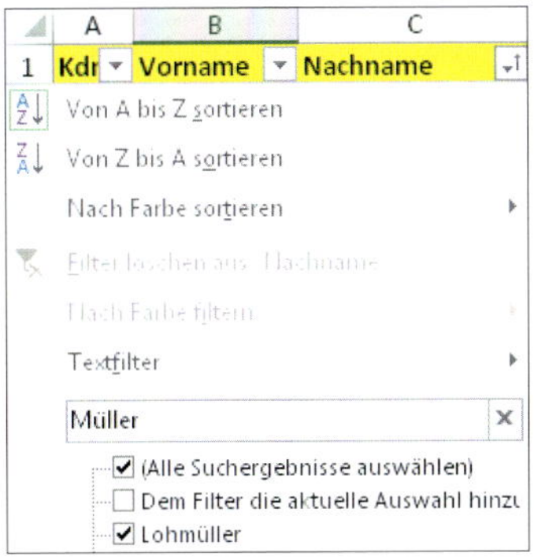

Inhalt

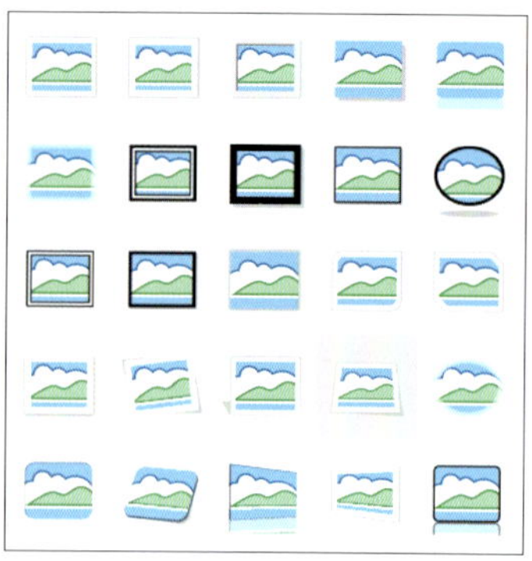

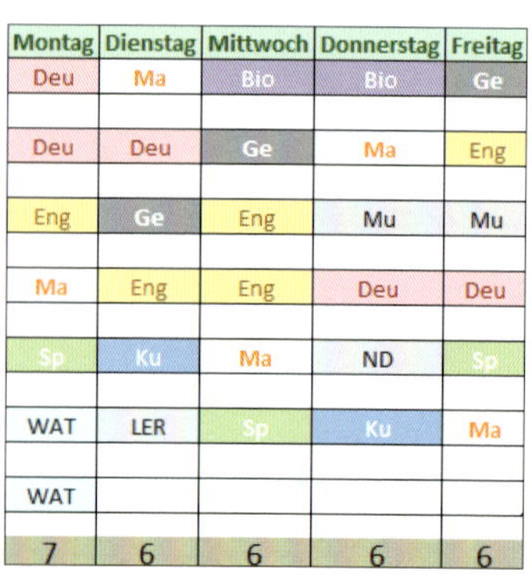

Montag	Dienstag	Mittwoch	Donnerstag	Freitag
Deu	Ma	Bio	Bio	Ge
Deu	Deu	Ge	Ma	Eng
Eng	Ge	Eng	Mu	Mu
Ma	Eng	Eng	Deu	Deu
Sp	Ku	Ma	ND	Sp
WAT	LER	Sp	Ku	Ma
WAT				
7	6	6	6	6

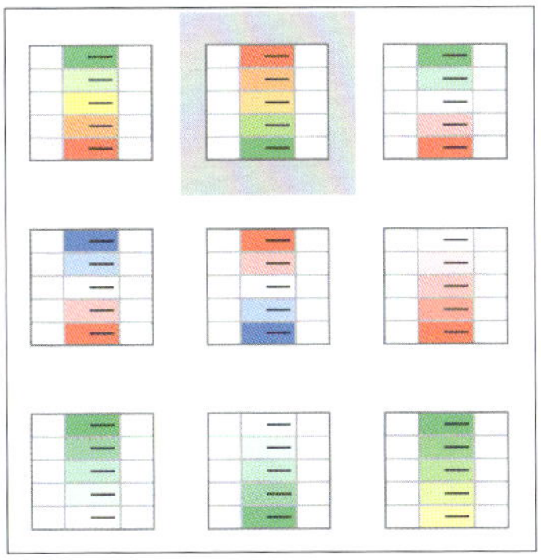

Vorwort

Liebe Leserin, lieber Leser,

in diesem Buch möchten wir Ihnen die neueste Version von Excel 2024 vorstellen und Ihnen anschaulich erklären, welche Funktionen Sie im Alltag wirklich unterstützen. Darüber hinaus erhalten Sie wertvolle Einblicke in Excel 365. Wir zeigen Ihnen auch, wie Sie sich von Künstlicher Intelligenz (KI) unterstützen lassen können, z. B. beim Erstellen einer Geburtstagsliste.

Dieses Buch richtet sich sowohl an Excel-Neulinge als auch an alle, die bereits mit älteren Versionen vertraut sind. Sie erfahren, wie Sie Zahlen im Handumdrehen in aussagekräftige Excel-Tabellen oder -Diagramme verwandeln. Mit unseren genauen Anleitungen und den passenden Screenshots können Sie die beschriebenen Arbeitsschritte sofort umsetzen.

Sollten Sie darüber hinaus Unterstützung benötigen, bieten wir Ihnen die Möglichkeit, ein Online-Live-Training zum Buch zu buchen.

Viel Freude beim Lesen und Ausprobieren wünschen Ihnen

Ulrike Sprung und Petra Bilke

Vorlagen und Beispieldateien

Auf der Webseite zum Buch unter *www.rheinwerk-verlag.de/5990* finden Sie die Vorlagen zu den Anwendungsbeispielen, die in Kapitel 11 behandelt werden. Sie können sie als Grundstein verwenden und individuell anpassen.

Darüber hinaus können Sie an gleicher Stelle auf unserer Webseite alle Ausgangstabellen und -texte der Buchbeispiele herunterladen. Sie sind in ZIP-Ordnern abgelegt, sortiert nach Kapiteln. Auf diese Weise müssen Sie nicht erst eigene Tabellen anlegen, um die Anleitungen im Buch nachzuvollziehen und den Umgang mit Excel zu üben.

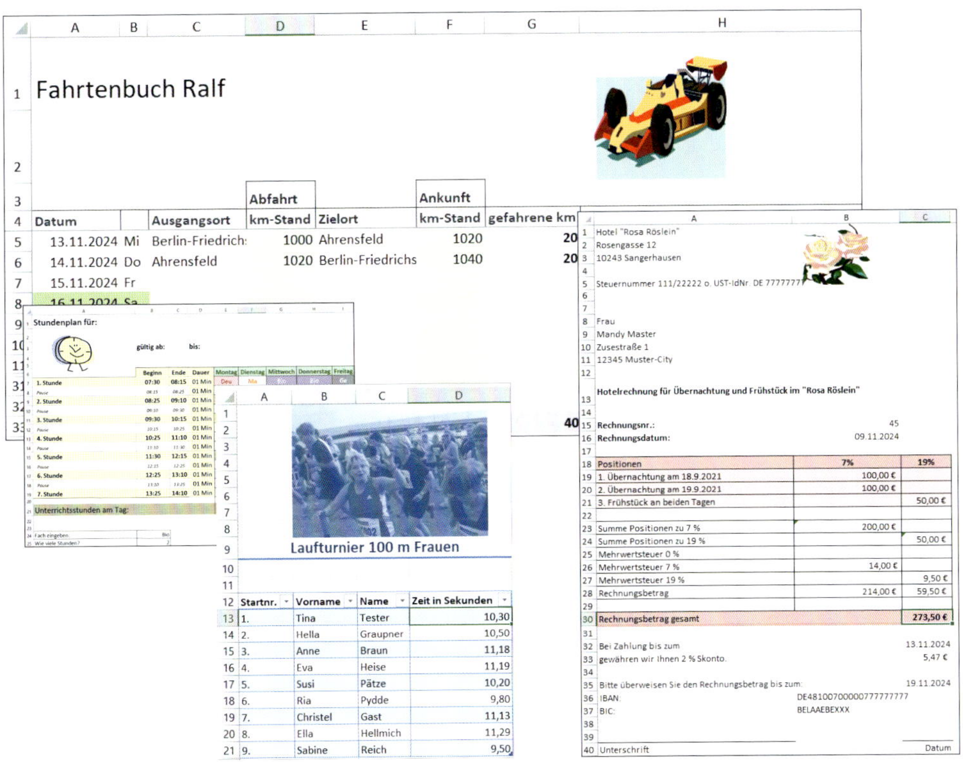

Kapitel 1
Ein erster Überblick

Aller Anfang ist schwer – jedoch nicht mit diesem Buch! Wir fangen ganz von vorn an, bei den Grundlagen. In diesem Kapitel geht es also zunächst darum, sich im Programm zurechtzufinden: Wie starten Sie Excel, wo finden Sie die Funktionen, die Sie brauchen, und welche kleinen Extras erleichtern Ihnen die Arbeit?

Menüband

Das Menüband, das oben am Bildschirm zu sehen ist, enthält fast alle Befehle, die Excel Ihnen zum Bearbeiten Ihrer Daten bietet. Diese Befehle sind auf Registerkarten sowie in Gruppen sortiert. Je nachdem, woran Sie gerade arbeiten, sind unterschiedliche Teile des Menübandes relevant. Die Registerkarte **Zeichnen** muss auf Computern ohne Touchscreen extra eingeblendet werden.

Kontextmenüs

Damit Sie nicht immer im Menüband suchen müssen, gibt es die sogenannten *Kontextmenüs*. Sie erscheinen, wenn Sie ein Element, z. B. eine Zelle auf dem Tabellenblatt, mit der rechten Maustaste anklicken, und enthalten Befehle, die zu diesem Element passen.

Shortcuts und Smarttags

Wenn es schneller gehen soll, können Sie Tastaturkürzel (*Shortcuts*) oder *Smarttags* nutzen, die Excel Ihnen zu bestimmten Aktionen anbietet. Hier wurde das Wort »Beispieltext« mithilfe des Kontextmenüs kopiert und per Shortcut (`Strg`+`V`) in eine andere Zelle eingefügt. Excel bietet daraufhin ein Smarttag mit speziellen Einfügeoptionen an.

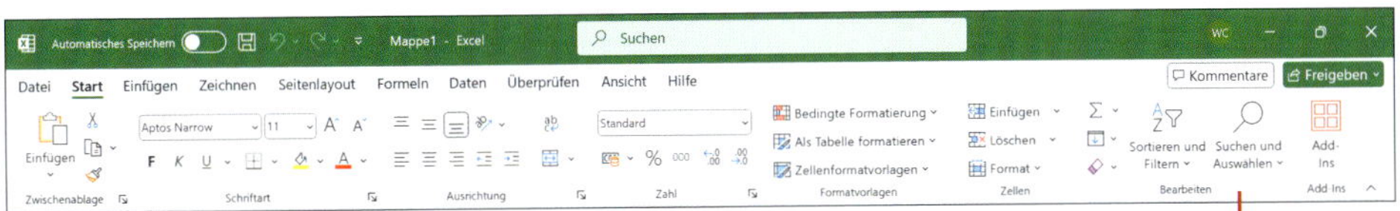

1 Auf dem Menüband finden Sie alle wichtigen Befehle zum Bearbeiten einer Tabelle, und zwar sortiert in Registerkarten.

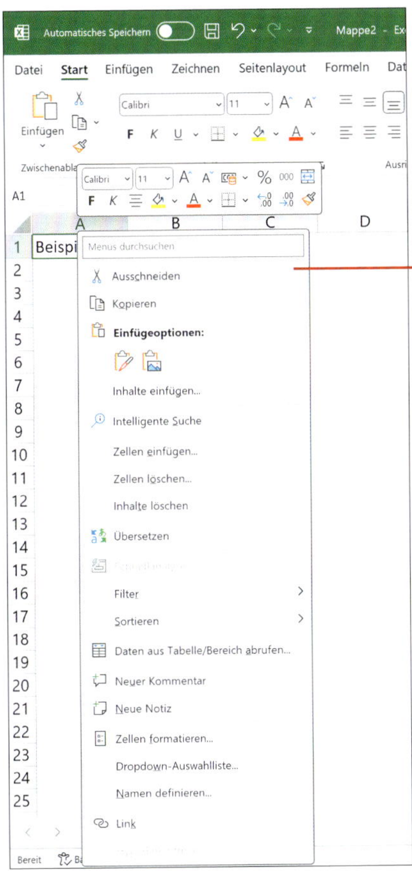

2 Kontextmenüs ersparen Ihnen unnötige Umwege.

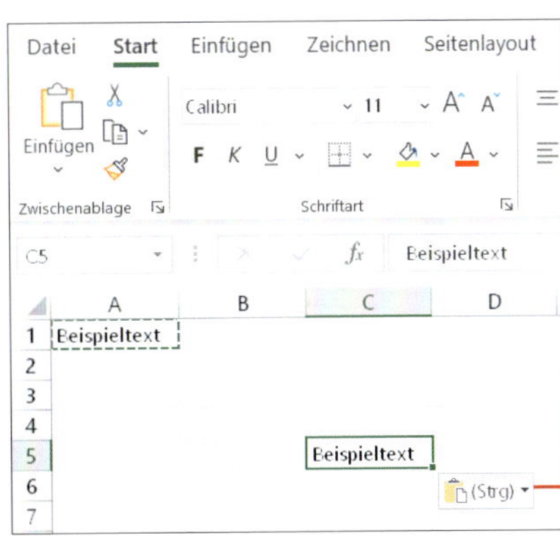

3 Noch schneller geht es mit Tastaturkürzeln und Smarttags.

Excel starten und beenden

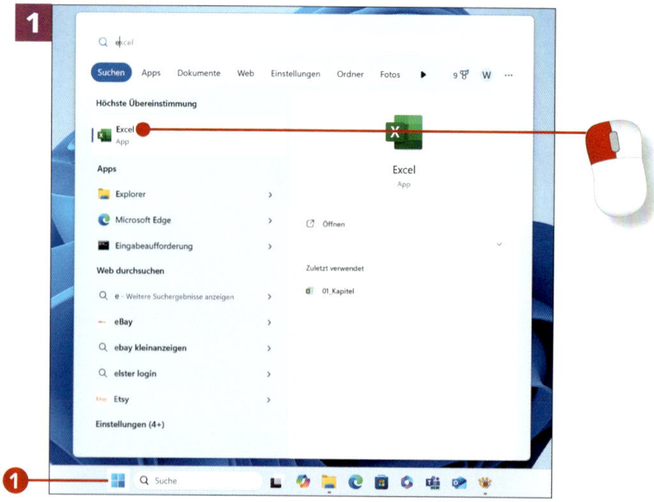

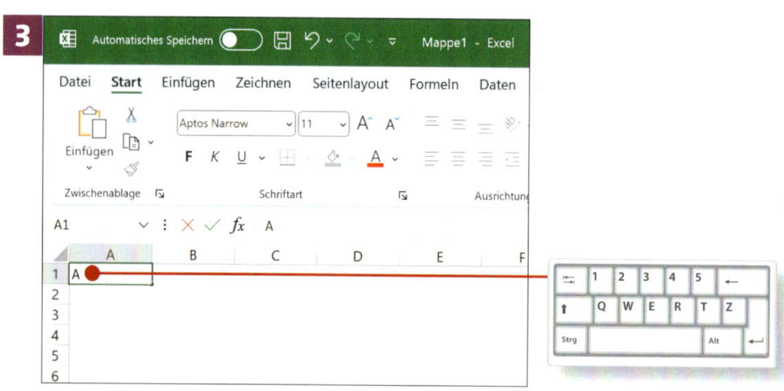

Sie können mit Excel Zahlen systematisch und schnell berechnen, auswerten und grafisch darstellen. In diesem Abschnitt zeigen wir Ihnen, wie Sie das Programm starten und beenden.

Schritt 1

Um Excel zu starten, klicken Sie auf das Startmenü ❶ von Windows 11. In der App-Liste finden Sie unter **E** das Programm **Excel**. Klicken Sie darauf.

Schritt 2

Excel startet und bietet eine Auswahl an Vorlagen für Ihre neue Tabelle. Klicken Sie z. B. auf die Vorlage **Leere Arbeitsmappe**.

Schritt 3

Nun erscheint das Excel-Fenster mit einem leeren Arbeitsblatt, das *Mappe1* heißt und eine Tabelle zeigt. Geben Sie Text in die Zelle A1 ein.

Excel über die Suche öffnen

Schneller starten Sie Excel, indem Sie auf dem Startbildschirm die ⊞-Taste drücken, »Excel« tippen und mit ↵ bestätigen.

Schritt 4

Um das Programm zu beenden, klicken Sie auf **Schließen** oben rechts im Excel-Programmfenster. Wenn Sie keine Daten eingegeben haben, schließt sich das Fenster.

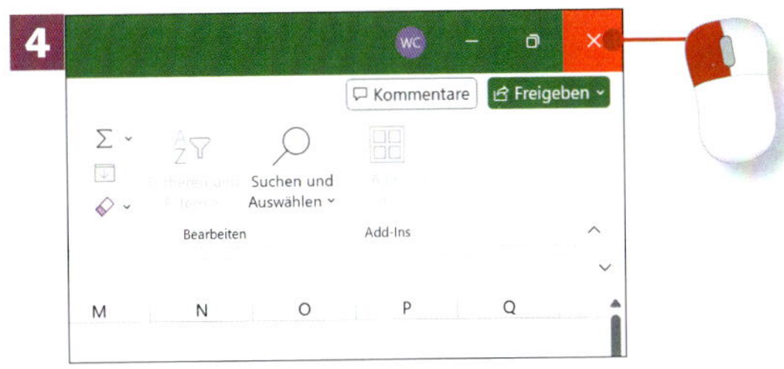

Schritt 5

Falls Sie schon etwas eingegeben haben, fragt Excel Sie nun, ob die Daten gespeichert werden sollen. Klicken Sie also auf **Speichern**. (Mit **Abbrechen** können Sie zur Mappe zurückkehren.)

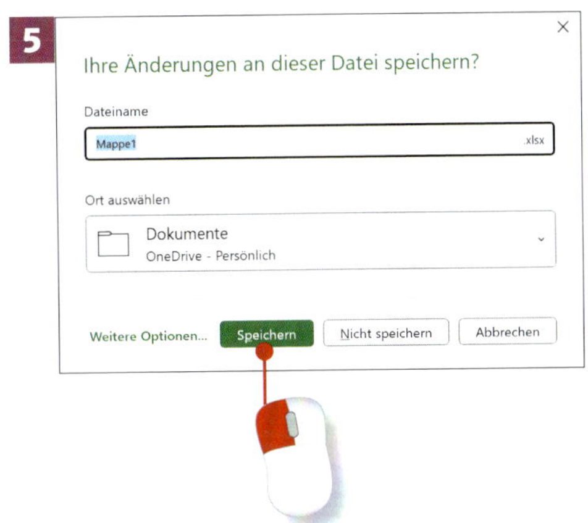

Schritt 6

Vergeben Sie einen Dateinamen **2**, und wählen Sie einen Speicherort **3**, um die Datei später wiederzufinden. Der Dateityp *Excel-Arbeitsmappe* **4** ist für Ihre Arbeitsmappe schon voreingestellt. Klicken Sie dann auf **Speichern**. Eine ausführliche Anleitung finden Sie im Abschnitt »Arbeitsergebnisse speichern« auf Seite 48.

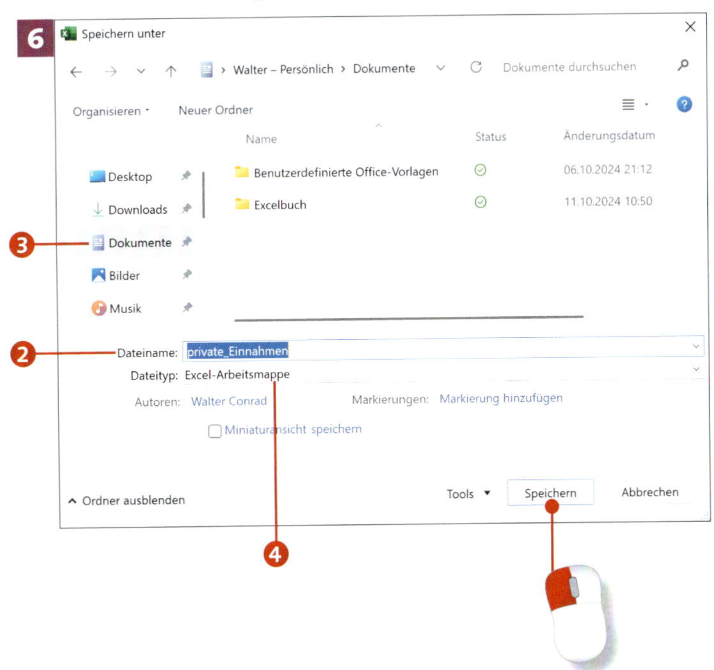

Nicht gespeichert?

Wenn Sie auf **Nicht speichern** klicken, gehen die Eingaben verloren. Excel hebt kurzzeitig eine Kopie auf, die Sie über **Datei ▸ Öffnen ▸ Nicht gespeicherte Arbeitsmappen wiederherstellen** finden.

Was ist wo in Excel 2024?

1

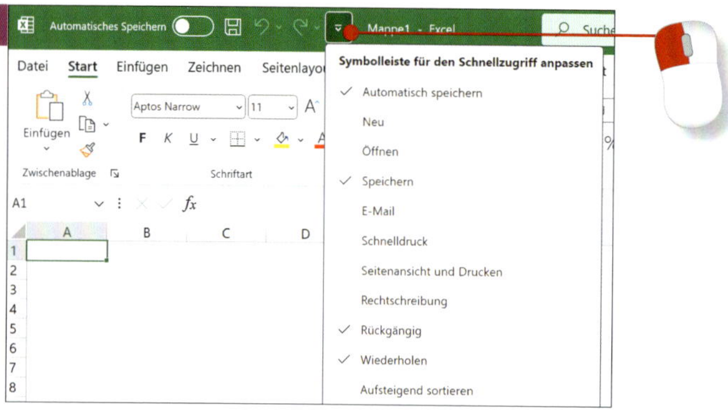

Schauen Sie sich die wichtigsten Bestandteile des Excel-Fensters an, damit Sie bei künftigen Aktionen den Überblick behalten.

Schritt 1

Die *Symbolleiste für den Schnellzugriff* dient zum schnellen Aufrufen häufiger Befehle. Sie fügen Befehle hinzu, indem Sie auf den kleinen schwarzen Pfeil klicken und den gewünschten Befehl auswählen.

2

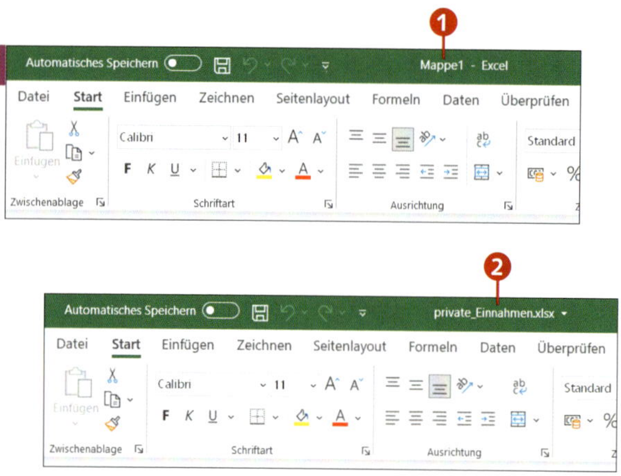

Schritt 2

In der Mitte der *Titelleiste* zeigt Excel Ihnen den Namen der Arbeitsmappe an. Im Standard ist es *Mappe1* ❶. Nachdem Sie die Datei gespeichert haben, wird hier der neue Dateiname angezeigt ❷.

3

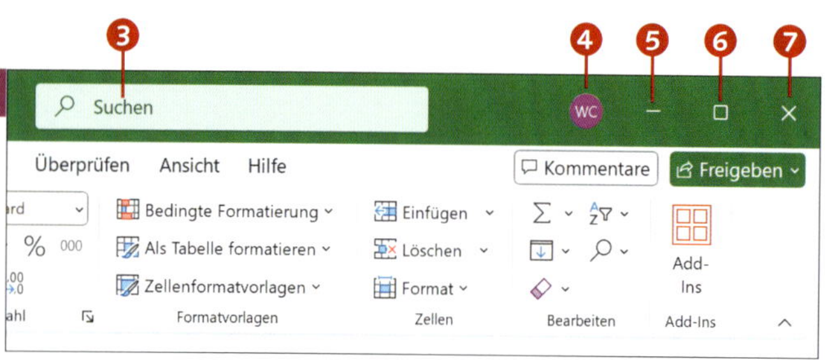

Schritt 3

Oben in der Mitte der Titelleiste sehen Sie die Excel-Hilfe mit einer Lupe und dem Eintrag **Suchen** ❸ sowie ein Symbol mit den Initialen der Person, die angemeldet ist ❹, das Symbol zum **Minimieren** ❺ bzw. **Maximieren** ❻ und **Schließen** ❼ des Programmfensters. (Dazu folgt mehr im Abschnitt »Was möchten Sie suchen?« auf Seite 20.)

Schritt 4

Mit einem Klick auf den kleinen schwarzen Pfeil **8** blenden Sie das Menüband aus, um mehr von Ihrer Tabelle zu sehen. (Das Aus- und Einblenden funktioniert auch mit einem Doppelklick auf den Namen einer **Registerkarte**.) Es bleiben nur die Namen der Registerkarten übrig.

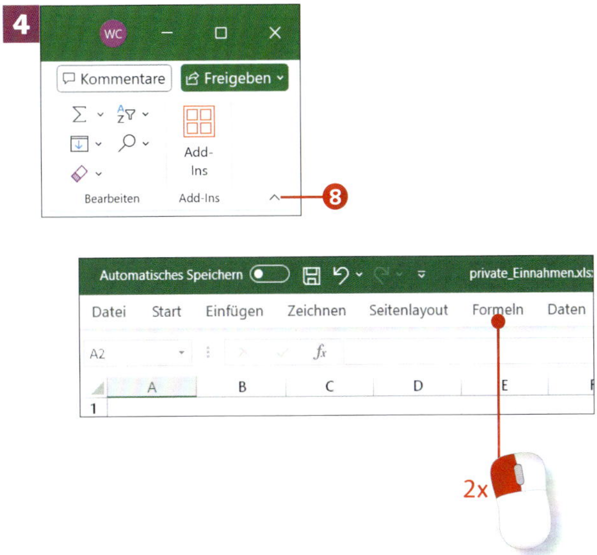

Schritt 5

Klicken Sie auf einen Registernamen, dann zeigt sich das Menüband. Unten rechts sehen Sie ein kleines Symbol mit einer **Pinnadel** **9**. Klicken Sie auf die Pinnadel, dann wird das Menüband wieder dauerhaft eingeblendet.

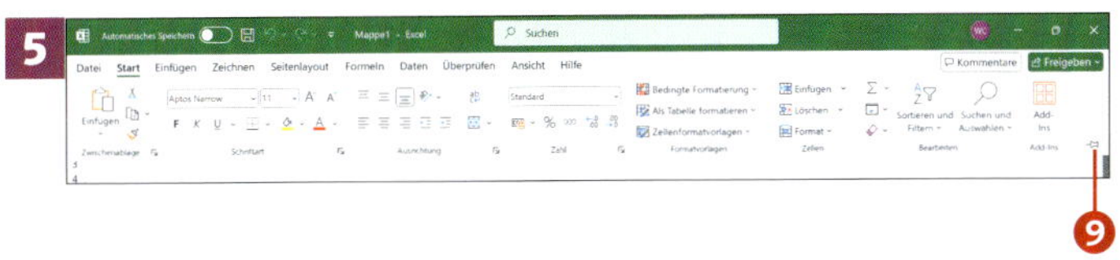

Schritt 6

Die *Registerkarten* beinhalten fast alle Excel-Befehle. Sie sind von links nach rechts angeordnet, dem Entstehungs- und Bearbeitungsprozess einer Tabelle folgend. Sie öffnen eine Registerkarte mit einem Mausklick auf ihren Titel, z. B. **Seitenlayout**.

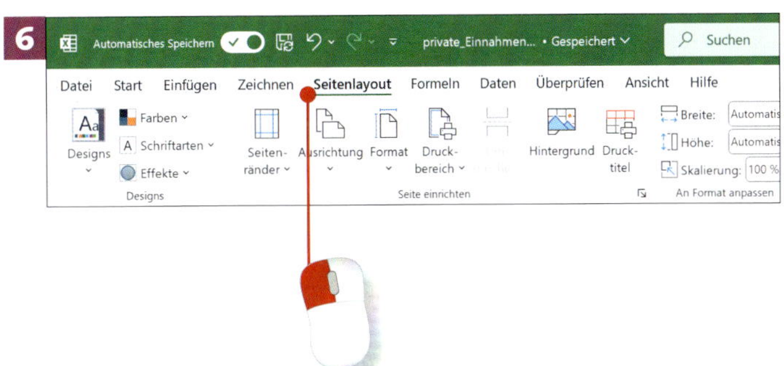

Die Registerkarte »Zeichnen«

Die Registerkarte **Zeichnen** muss auf Computern ohne Touchscreen extra eingeblendet werden (siehe dazu die Anleitung im Abschnitt »Die Registerkarte ›Zeichnen‹« auf Seite 32).

Das Anwendungsfenster

1

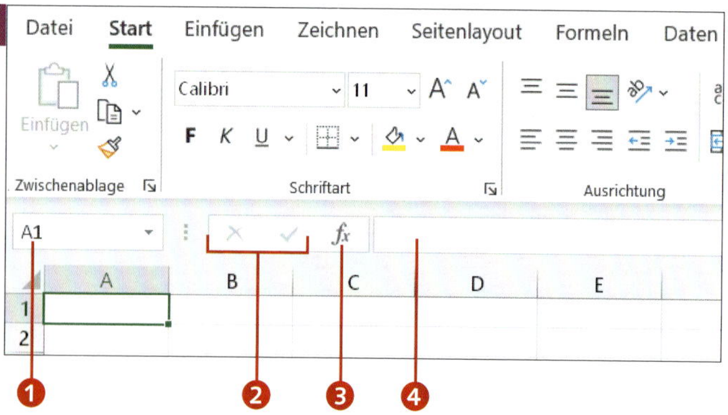

Betrachten Sie Ihren Excel-Arbeitsplatz nun genauer, und entdecken Sie die Besonderheiten des Programmfensters.

Schritt 1

Die Bearbeitungsleiste präsentiert links im *Namensfeld* ❶ die Koordinate der aktiven Zelle, hier A1. Rechts daneben finden Sie Symbole zum Abbrechen und Bestätigen ❷ der Eingabe sowie zum Start des Funktionsassistenten ❸, gefolgt von einem Feld, das den Inhalt der aktiven Zelle anzeigt ❹.

2

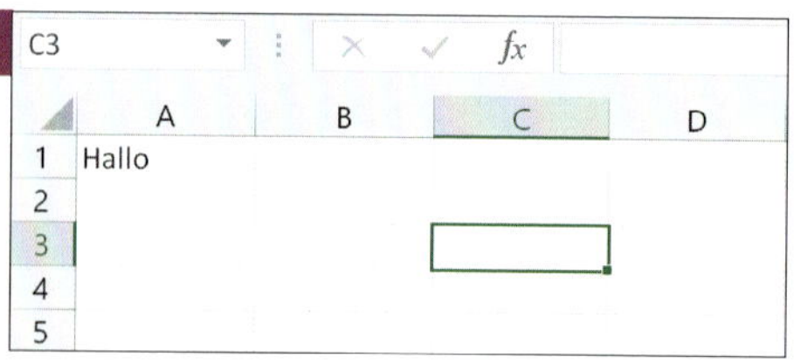

Schritt 2

Das Arbeitsblatt ist in Spalten und Zeilen gegliedert. Die Spalten sind durch Buchstaben gekennzeichnet, die Zeilen durch Zahlen. Die im Beispiel markierte Zelle heißt also C3.

3

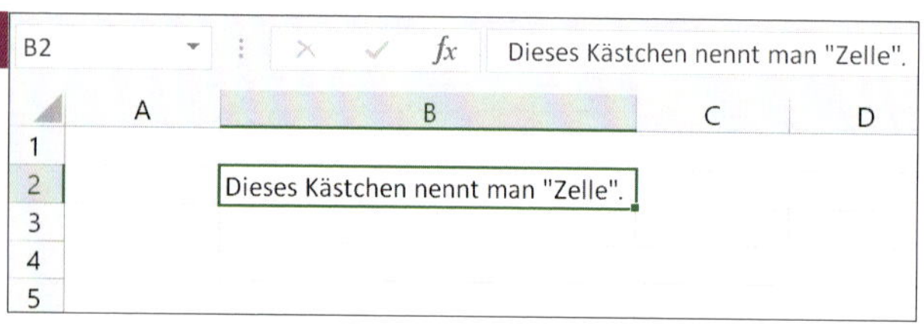

Schritt 3

Eine *Zelle* ist der Schnittpunkt einer Spalte und einer Zeile. Aus dieser Kombination entsteht, wie bereits beschrieben, auch die Zelladresse, z. B. B2 (Spalte B, Zeile 2). Der dunkle Rahmen um die Zelle wird *Zellcursor* genannt.

i

Verfügbarer Platz

Der gesamte Bereich einer Tabelle besteht aus 16.384 Spalten und 1.048.576 Zeilen. Die Spalten sind einmal fortlaufend von A bis Z benannt, danach geht es mit AA, AB, AC etc. bis XFD weiter.

Schritt 4

Am unteren Rand des Programmfensters finden Sie den *Navigationsbereich* mit Navigationsschaltflächen ❺ und *Blattregisterkarten* ❻. Darunter schließt sich die graue *Statusleiste* an, die Sie über den jeweiligen Arbeitsstatus informiert (hier **Bereit**).

4
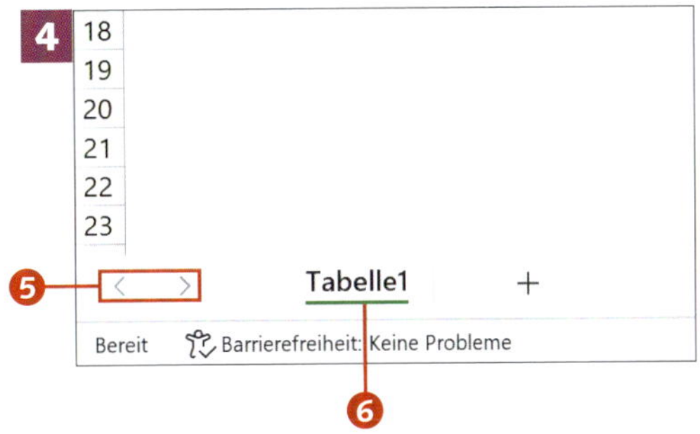

Schritt 5

Wenn Sie Excel geöffnet haben, enthält es ein Tabellenblatt, dessen Name auf einer Registerkarte zu sehen ist: *Tabelle1*. Dieses aktive Tabellenblatt wird hell dargestellt. Daneben finden Sie das Symbol zum Einfügen eines neuen Blattes ❼. Die neuen Tabellenblätter erhalten die Namen *Tabelle2*, *Tabelle3* etc.

5

Schritt 6

Rechts unten sehen Sie drei Symbole zum Ändern der Ansicht. **Normal** ❽ ist voreingestellt und wird beim Bearbeiten der Tabelle genutzt. Wenn Sie auf **Seitenlayout** ❾ klicken, sehen Sie die Seitenränder sowie Kopf- und Fußzeilen. **Umbruchvorschau** ❿ zeigt die Seitenumbrüche und ermöglicht deren Änderung (wichtig fürs Drucken). Über den *Zoomregler* können Sie die Tabelle zum besseren Arbeiten größer darstellen.

6
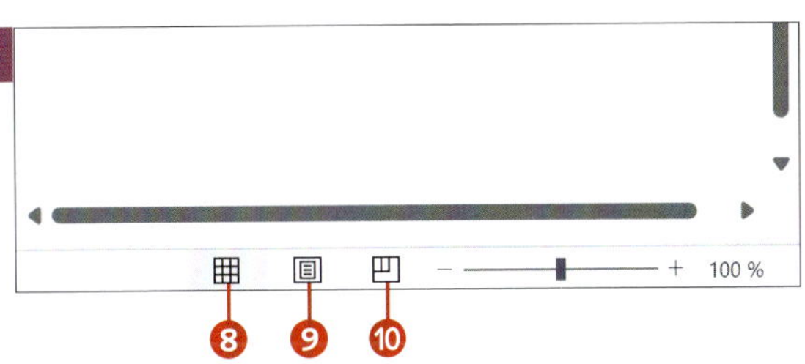

Was möchten Sie suchen?

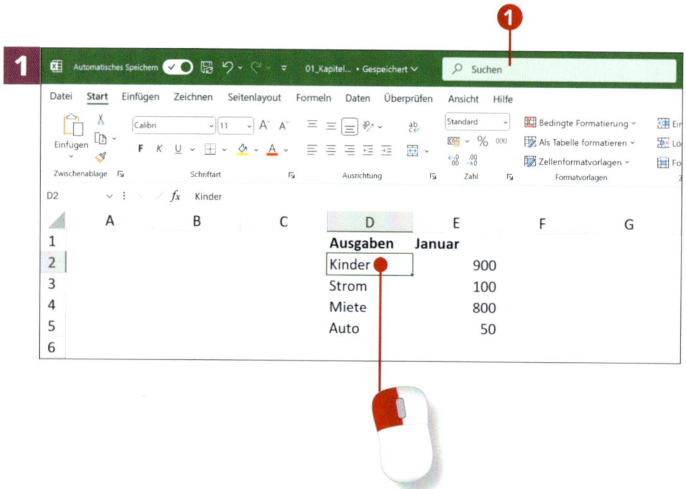

Excel hilft Ihnen bei Fragen zu Ihrer aktuellen Arbeitssituation, sei es beim Berechnen oder beim Sortieren und Formatieren der Tabelle.

Schritt 1

Sie möchten Ihre Ausgaben aufsteigend von A bis Z sortieren. Klicken Sie auf eine entsprechende Zelle, hier z. B. auf die Zelle D2. Oben im Excel-Fenster finden Sie das leere Feld **Suchen** ①.

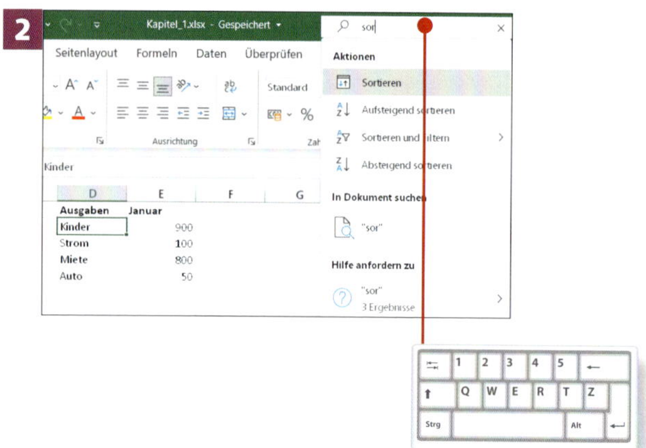

Schritt 2

Geben Sie hier ein Stichwort ein, z. B. *sortieren*. Schon während des Tippens werden die ersten Suchergebnisse angezeigt.

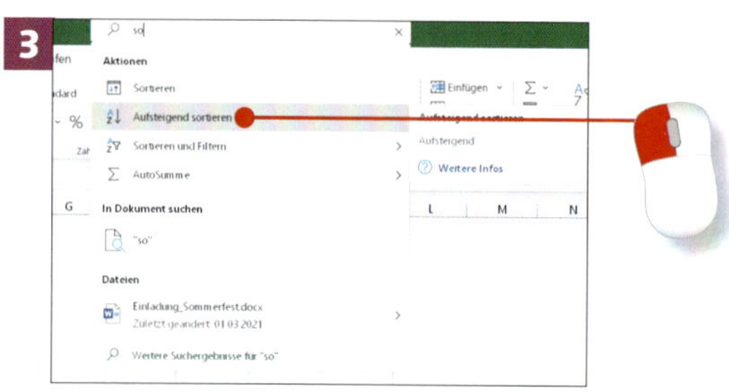

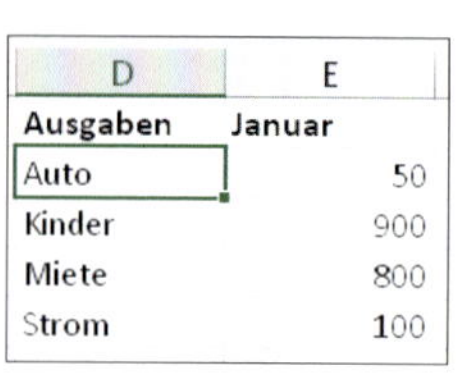

Schritt 3

Wählen Sie aus der Liste der Suchergebnisse **Aufsteigend sortieren** aus. Sofort sortiert Excel die Liste entsprechend für Sie. Fertig!

Mitgedacht!
Excel sortiert nicht nur die Wörter in der Spalte *Ausgaben*, sondern auch die zugehörigen Werte in der Spalte *Januar* gleich mit.

Schritt 4

Um sich langes Suchen zu ersparen, können Sie in das Suchfeld auch Ihren Rechenwunsch eintragen. Dazu klicken Sie die Zelle an, in der das Ergebnis stehen soll, z. B. E6.

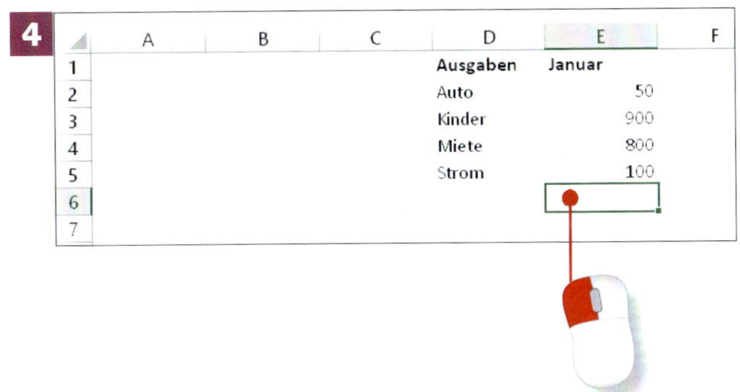

Schritt 5

Schreiben Sie langsam das Wort *Summe* ins Suchfeld. Sofort werden passende Befehle gefunden. Wählen Sie die Aktion **SUMME** 2 mit einem Mausklick aus.

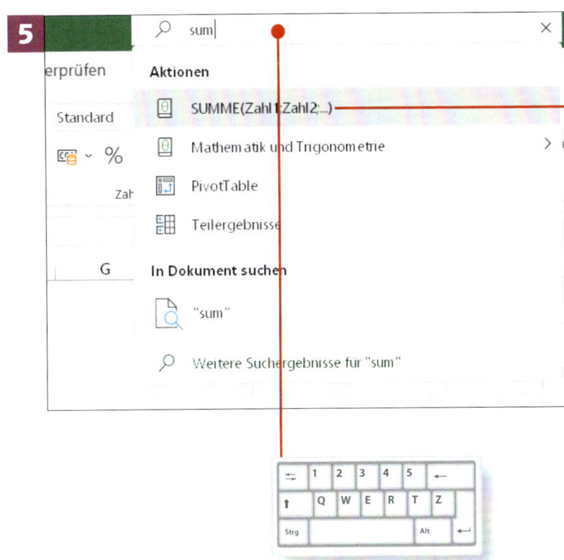

Schritt 6

In der Ergebniszelle erscheint die Funktion **SUMME** mit einem Vorschlag für die zu summierenden Zellen, z. B. D2 bis D5. Bestätigen Sie mit der ↵-Taste, und das Ergebnis 1850 steht in Zelle D6.

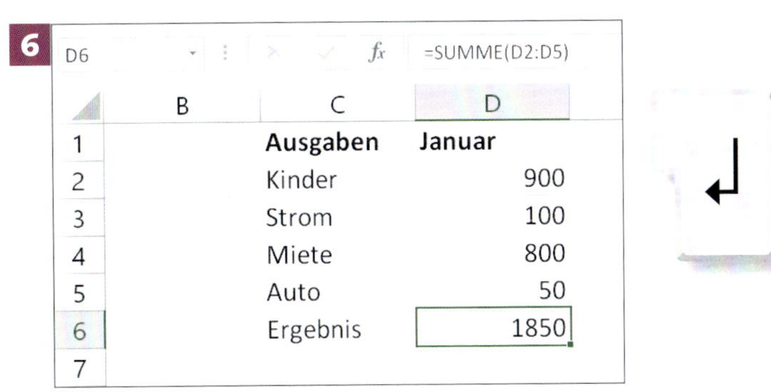

Suchfeld zum Lupen-Icon verkleinern

Wenn Ihnen das Suchfeld zu viel Platz in der Titelleiste einnimmt, dann können Sie es zu einem Lupensymbol verkleinern. Das erledigen Sie auf der Registerkarte **Datei** unter dem Eintrag **Optionen**. Setzen Sie ein Häkchen neben **Das Feld »Microsoft Search« standardmäßig reduzieren**.

Befehle über das Menüband aufrufen

Im Menüband finden sich fast alle Befehle. Wir zeigen Ihnen, wie Sie dort Befehle aufrufen und wie Sie sich Ihr eigenes Menü zusammenstellen.

1

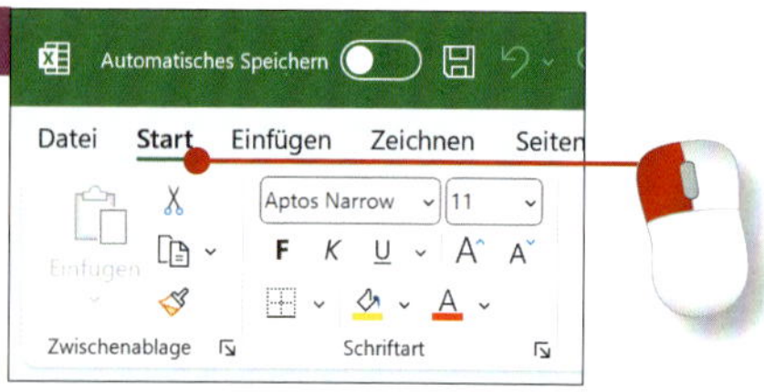

2

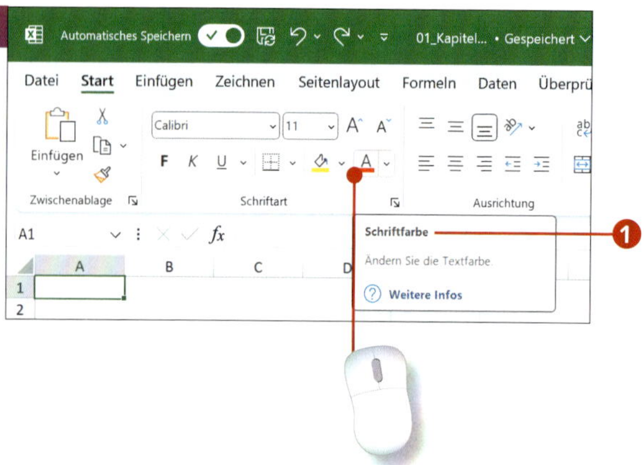

3

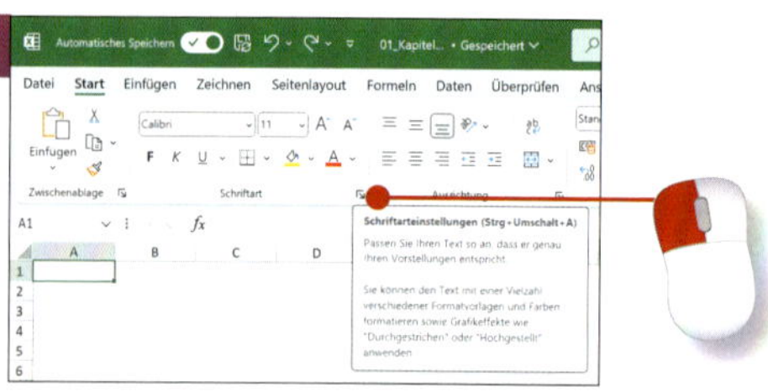

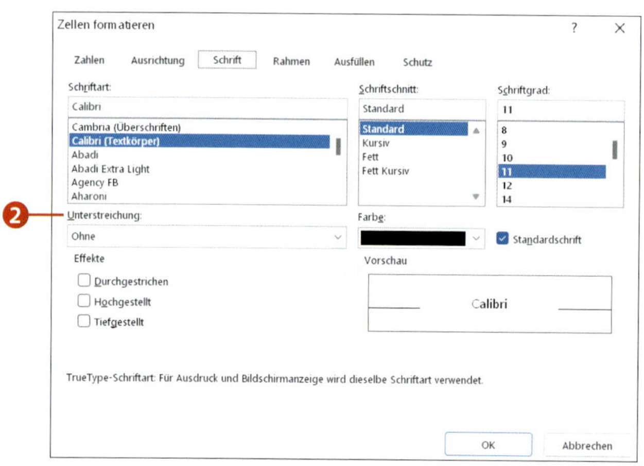

Schritt 1

Klicken Sie auf eine Registerkarte, z. B. **Start**. Im Menüband sind die Excel-Befehle in Gruppen zusammengefasst. Eine dieser Gruppen ist z. B. **Schriftart**. Hier können Sie den Schrifttyp, die Schriftgröße oder die Farbe ändern. Um die Schriftart zu ändern, klicken Sie auf den Auswahlpfeil neben **Aptos Narrow** und wählen aus der Liste **Calibri**.

Schritt 2

Wenn Sie mit der Maus auf ein Symbol zeigen (nicht klicken!), erscheint eine *QuickInfo* ❶. Handelt es sich um den gesuchten Befehl, klicken Sie auf das Symbol. Im Beispiel sehen Sie den Befehl zum Ändern der Schriftfarbe.

Schritt 3

In vielen Gruppen finden Sie rechts unten ein kleines Viereck mit einem Pfeil darin, den *Dialogfeldstarter*. Wenn Sie auf ihn klicken, öffnet sich ein Fenster mit weiteren Befehlen, ein sogenanntes *Dialogfenster* ❷.

Schritt 4

Den Umgang mit dem Dialogfenster zeigen wir Ihnen nun am Beispiel von tiefgestellten Zeichen. Geben Sie zunächst *H2O* in die Zelle B2 ein. Markieren Sie dann die Ziffer. Klicken Sie in der Gruppe **Schriftart** auf das kleine Viereck ❸.

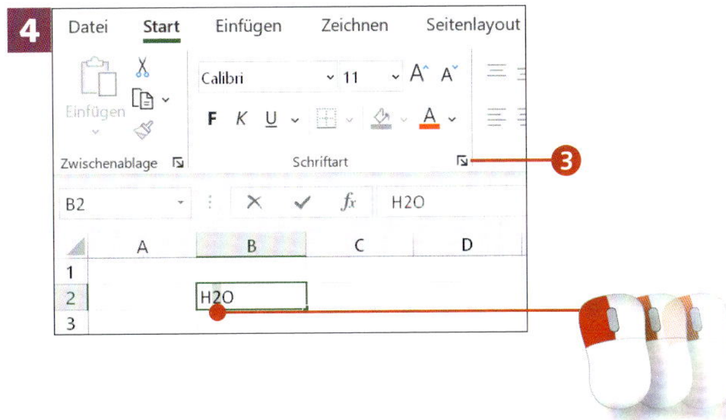

Schritt 5

Der Dialog öffnet sich. Die Befehle sind z. B. in *Listenfeldern* ❹ zum Scrollen, in *Dropdown-Listen* ❺ oder einfach als *Kontrollkästchen* zum Anhaken geordnet. Klicken Sie das Kästchen **Tiefgestellt** an, und bestätigen Sie dies mit **OK**.

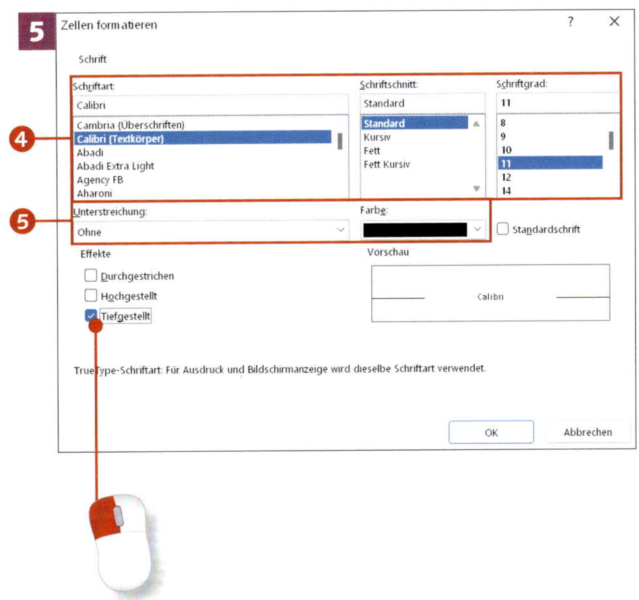

Schritt 6

Excel übernimmt den Befehl für den markierten Bereich, d. h., die Ziffer wird nun tiefgestellt angezeigt.

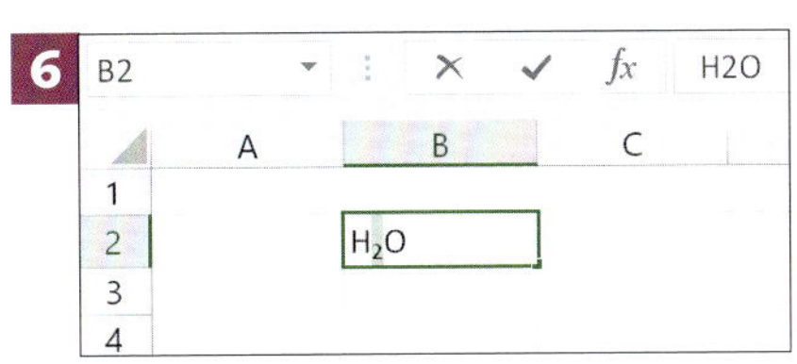

!

Erst blicken, dann klicken!
Jeder Mausklick auf ein Symbol im Menüband löst einen Befehl aus, also vergewissern Sie sich zuerst, ob Sie den richtigen Befehl ausgewählt haben! Wenn Sie zu schnell geklickt haben, können Sie Ihre Eingaben mit [Strg]+[Z] wieder rückgängig machen.

Kontextmenüs nutzen

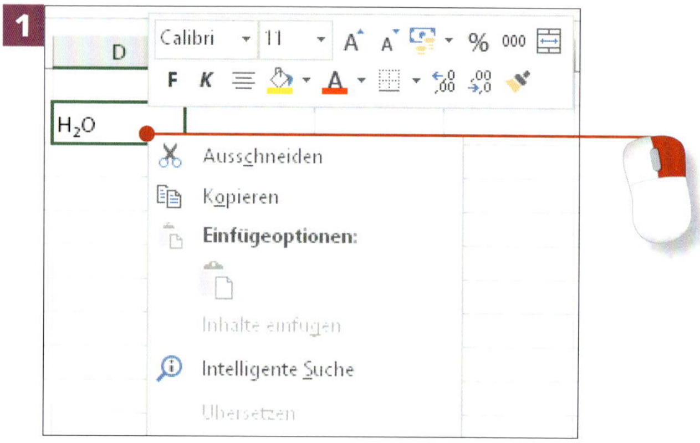

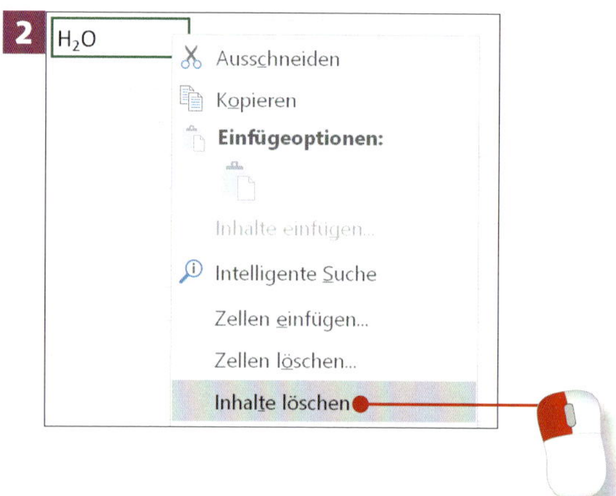

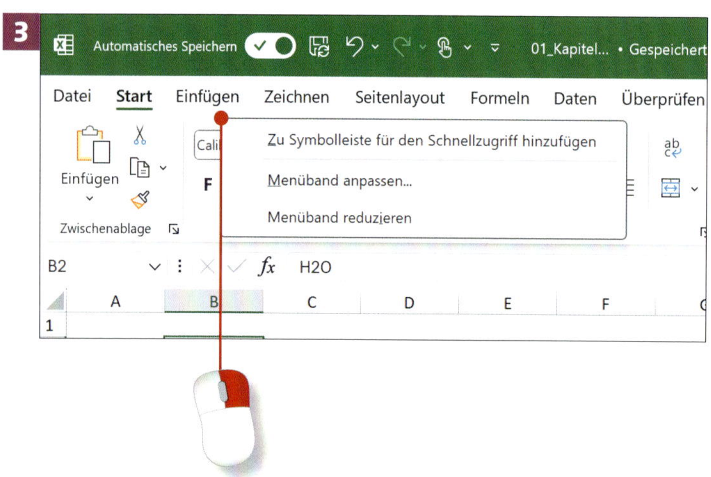

Kontextmenüs sind eine tolle Möglichkeit, um Ihnen Befehle zur Verfügung zu stellen, ohne dabei die Bildschirmansicht zu überfrachten. Wie Sie sie nutzen, zeigen wir Ihnen.

Schritt 1

Um ein Kontextmenü aufzurufen, klicken Sie mit der *rechten* Maustaste auf ein Element, z. B. auf eine Zelle, deren Inhalt Sie löschen möchten. Durch den Klick erscheint ein Menü, das Befehle enthält, die zum gewählten Element passen.

Schritt 2

Zeigen Sie mit der Maus auf den gewünschten Befehl im Kontextmenü, z. B. **Inhalte löschen**. Er wird grau hinterlegt. Um die Aktion auszulösen, klicken Sie mit der *linken* Maustaste auf diesen Befehl.

Schritt 3

Auch für Registerkarten gibt es Kontextmenüs. Um z. B. eine eigene Registerkarte zu erstellen, klicken Sie mit der rechten Maustaste auf eine vorhandene und wählen aus dem Kontextmenü den Befehl **Menüband anpassen**.

Schritt 4

Im Dialog **Excel-Optionen** klicken Sie auf **Neue Registerkarte** ❶. Danach erscheint in der Liste der Hauptregisterkarten der Eintrag **Neue Registerkarte (Benutzerdefiniert)** ❷ und darunter **Neue Gruppe (Benutzerdefiniert)**. Um die Registerkarte umzubenennen, klicken Sie diese an und klicken danach auf **Umbenennen** ❸. Tragen Sie im Dialogfenster einen Anzeigenamen ein, und bestätigen Sie mit **OK**.

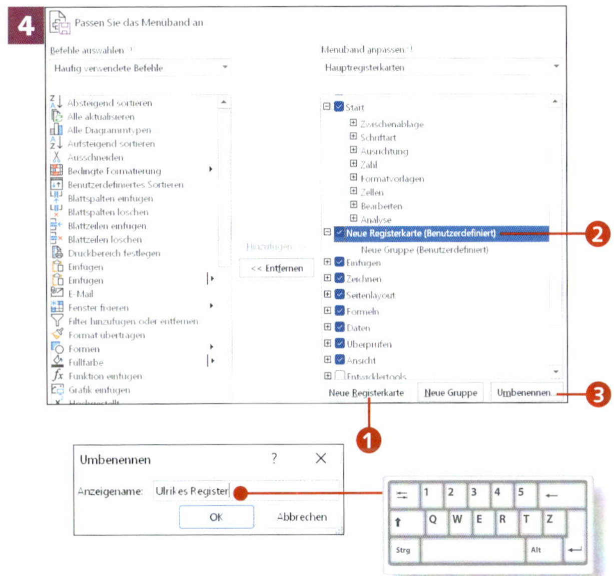

Schritt 5

Unter der neuen Registerkarte gibt es schon eine **Neue Gruppe (Benutzerdefiniert)** ❹, in der Sie Befehle zusammenfassen können. Einen passenden Namen vergeben Sie mit einem Mausklick auf **Neue Gruppe** und danach auf **Umbenennen**. Ordnen Sie der Gruppe ein Symbol zu ❺, und geben Sie einen Anzeigenamen ein ❻. Bestätigen Sie das Ganze mit **OK**.

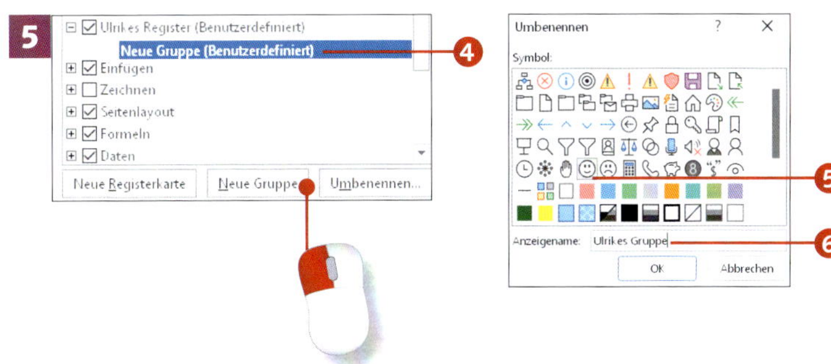

Schritt 6

Suchen Sie sich aus der linken Spalte Befehle aus, fügen Sie sie mit **Hinzufügen** zu Ihrer Registerkarte hinzu, und klicken Sie auf **OK**. Im Programmfenster sehen Sie die neue Registerkarte ❼.

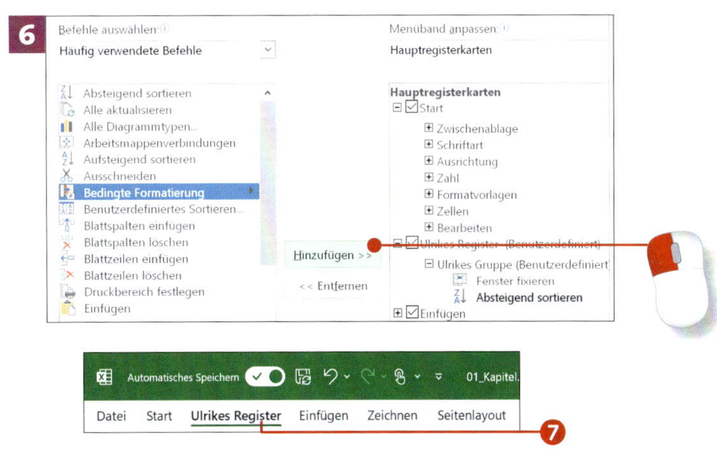

Effektiv mit Smarttags arbeiten

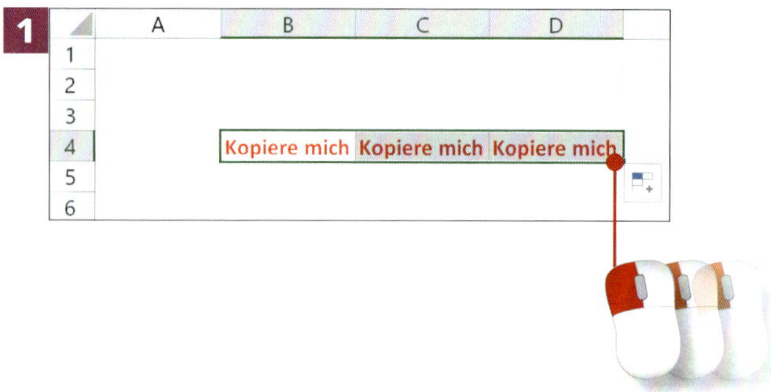

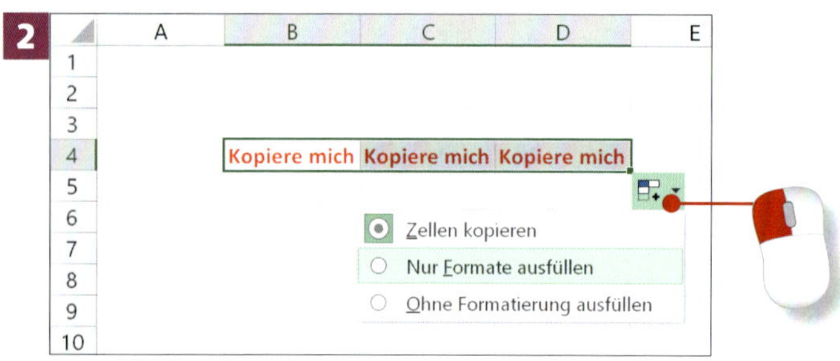

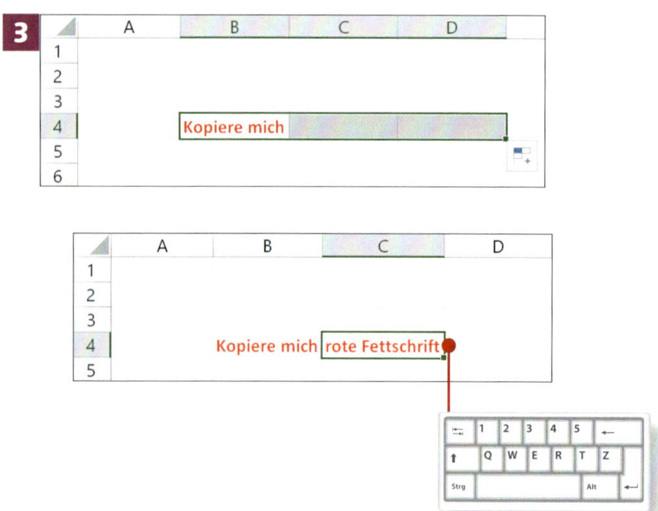

An verschiedenen Stellen bietet Ihnen Excel Smarttags mit passenden Befehlen an. Auf diese Weise müssen Sie sich nicht erst durch ein Menü klicken.

Schritt 1

Zeigen Sie mit der Maus auf die rechte untere Ecke einer Zelle, und ziehen Sie den Rahmen mit gedrückter Maustaste nach rechts. Wenn Sie die Maustaste loslassen, wird der Inhalt der Zelle in die Nachbarzellen kopiert, und das Smarttag erscheint.

Schritt 2

Klicken Sie auf den kleinen Smarttag-Pfeil (er erscheint, wenn Sie mit der Maus darauf zeigen), und wählen Sie die Option **Nur Formate ausfüllen**.

Schritt 3

Die Nachbarzellen zeigen keinen Text, aber die Formateinstellungen wurden kopiert. Wenn Sie wie hier etwas Neues in die Zelle eingeben, wird es also z. B. auch in roter Fettschrift gezeigt.

Smarttag

Der Begriff *Smarttag* leitet sich von den englischen Wörtern *smart* (»schlau«) und *tag* (»Etikett«) ab.

Schritt 4

Wenn Sie Zellen kopieren und an anderer Stelle einfügen, erscheint ebenfalls ein Smarttag. Es bietet Ihnen verschiedene Einfügeoptionen an. Klicken Sie unter **Einfügen** auf einen Befehl, z. B. auf **Keine Rahmenlinien**. Im Ergebnis werden alle Daten und Formate bis auf die Rahmen um die Zellen eingefügt.

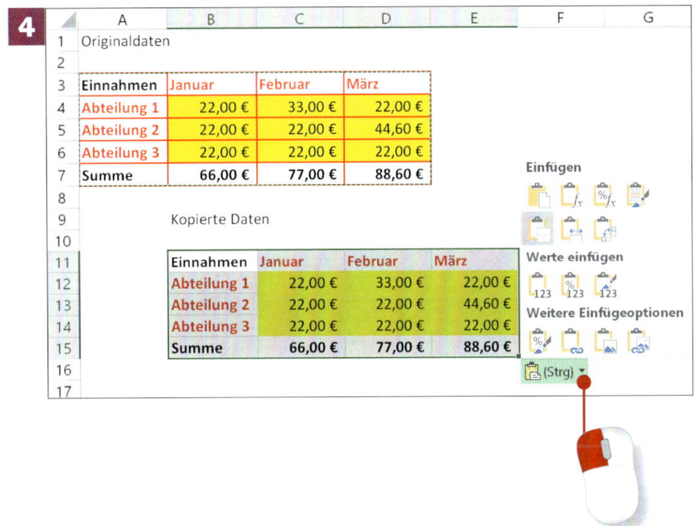

Schritt 5

Auch für Formelfehler gibt es Smarttags. Die Smarttag-Optionen weisen Ihnen den Weg zur Fehlerbehebung. **Fehler: Ungültiger Zellbezug** bedeutet z. B., dass Sie mit den »falschen« Zellen rechnen. Unter dem Hinweis stehen verschiedene Wege zur Lösung dieses Problems.

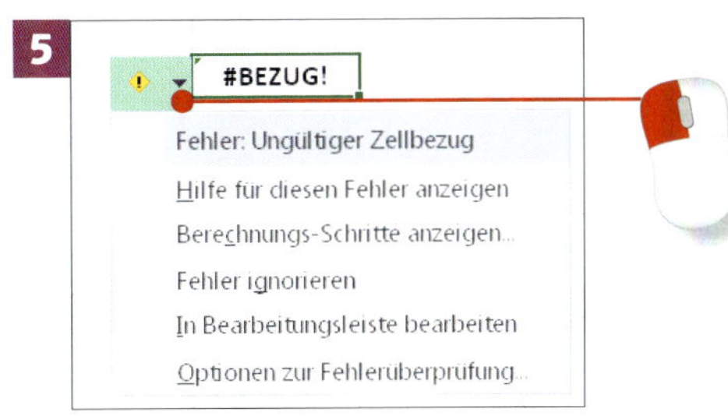

Schritt 6

Beim Markieren eines Tabellenbereichs erscheint ein Smarttag für die **Schnellanalyse**. Klicken Sie z. B. auf **Symbolsatz** ❶, fügt Excel Pfeile ein, die die Zahlenwerte optisch hervorheben. Mit weiteren Schnellanalysetools können Sie aus der Tabelle ein Diagramm erzeugen, fünf Berechnungsarten durchführen, eine PivotTable erstellen oder Sparklines einfügen.

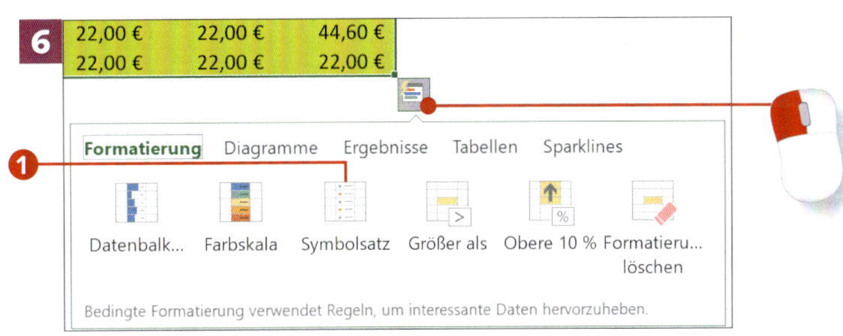

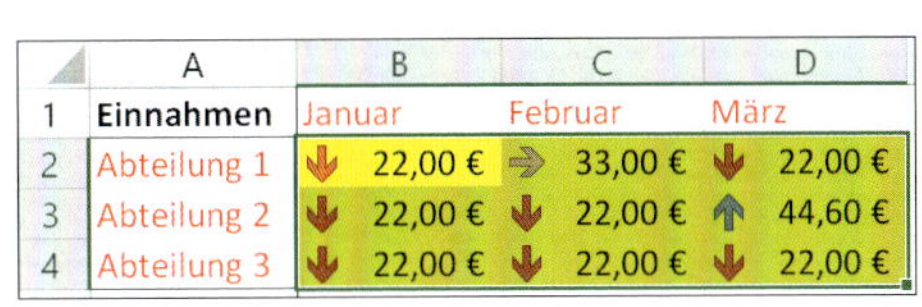

Tastenkombinationen gezielt einsetzen

1

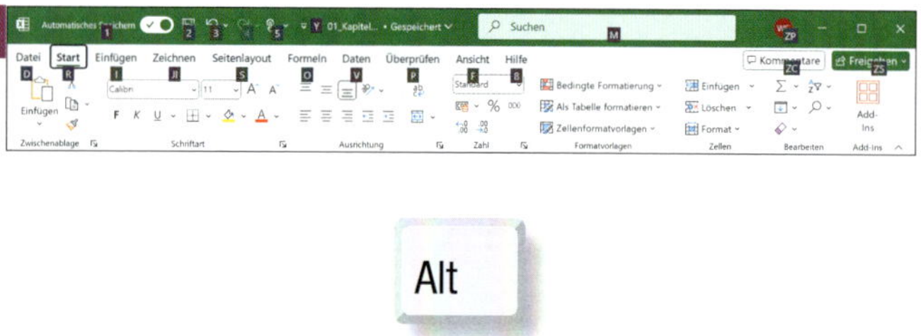

2

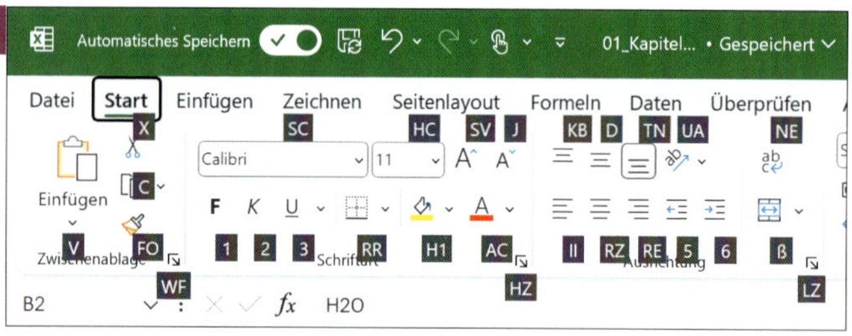

3

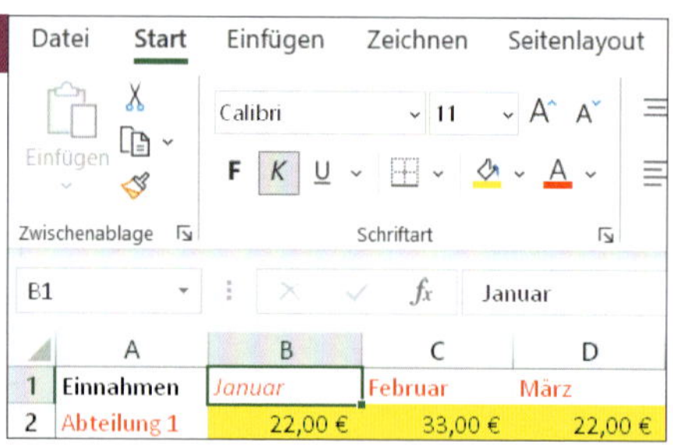

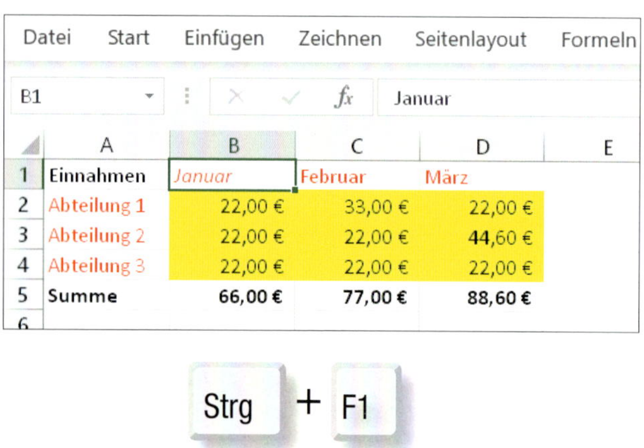

Excel arbeitet mit Tastenkombinationen, über die Sie Befehle ausführen können, ohne die Maus zu nutzen. Wir stellen Ihnen in diesem Abschnitt die wichtigsten vor.

Schritt 1

Wenn Sie die [Alt]-Taste drücken, werden an den Registerkarten Tastaturkürzel eingeblendet. Um eine Registerkarte auszuwählen, geben Sie einfach ihr Kürzel ein, z. B. [R] für **Start**. Groß- und Kleinschreibung müssen Sie dabei nicht beachten.

Schritt 2

Wenn Sie auf diese Weise eine Registerkarte aufgerufen haben, zeigt auch das Menüband Kürzel an. Drücken Sie den zu einem Befehl gehörigen Buchstaben oder die Zahl, z. B. [2] für kursive Schrift.

Schritt 3

Die meisten Shortcuts bestehen aus einer Kombination der Taste [Strg] mit einer weiteren Taste. Mit [Strg] + [F1] blenden Sie z. B. das Menüband aus und sehen so mehr von Ihrer Tabelle. Indem Sie erneut [Strg] + [F1] drücken, blenden Sie das Menüband wieder ein.

Schritt 4

Mit der Funktionstaste [F1] öffnen Sie die Hilfe, die rechts im Programmfenster erscheint. Geben Sie Ihre Frage oder ein Stichwort in das Suchfeld ein ❶, z. B. *Tastenkombinationen*, und drücken Sie [↵]. Alternativ klicken Sie auf die Lupe ❷. Aus den Ergebnissen wählen Sie das passende aus. Die Hilfe bleibt angezeigt, während Sie auf dem Tabellenblatt weiterarbeiten können.

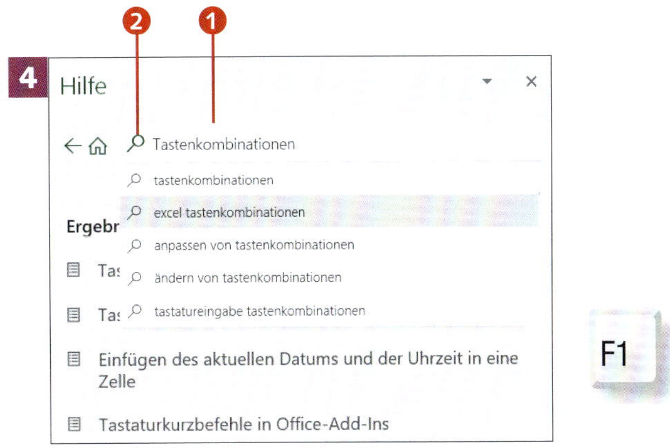

Schritt 5

Normalerweise wird alles, was Sie in eine Excel-Zelle schreiben, in einer Zeile dargestellt. Mit der Tastenkombination [Alt] + [↵] können Sie einen Textumbruch einfügen.

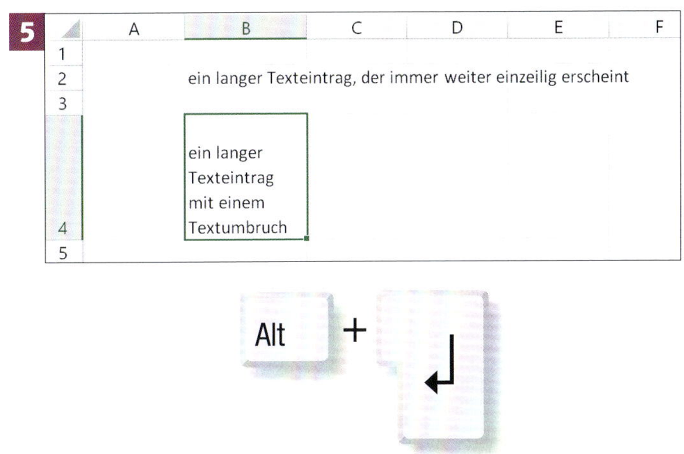

Schritt 6

Es gibt verschiedene Möglichkeiten, Eingaben zu beenden und den Cursor für die weitere Dateneingabe neu zu positionieren. Die gängigste Methode ist das Drücken der [↵]-Taste. Weitere Tastenkombinationen finden Sie in der Tabelle auf Seite 362.

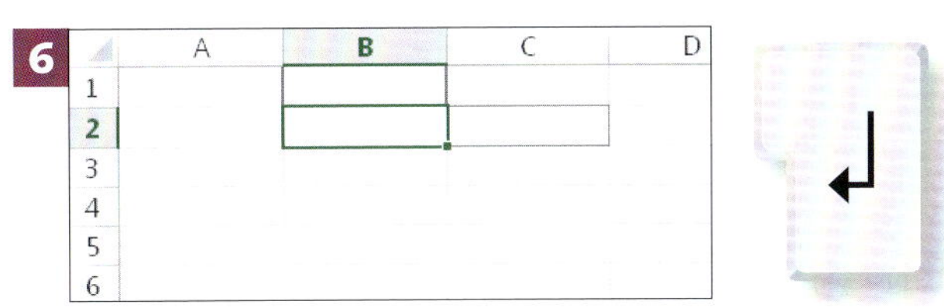

Excel auf dem Touchdisplay bedienen

Arbeiten Sie mit einem Tablet oder einem Touchscreen, können Sie Excel mit den Fingern bedienen.

1

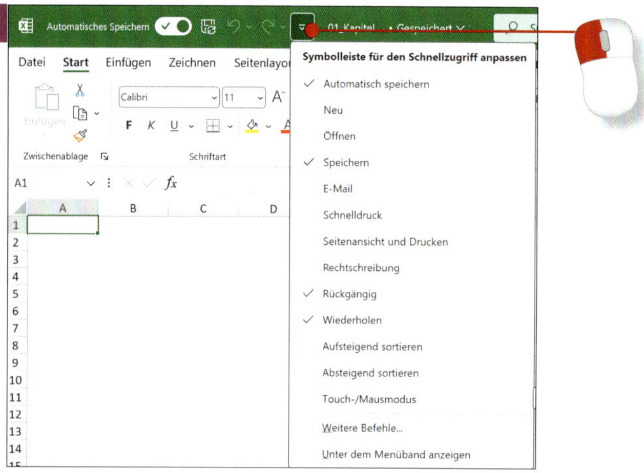

Schritt 1

Bei einem Tablet ist der Fingereingabemodus (*Touchmodus*) automatisch eingeschaltet. Nutzen Sie ein Gerät mit Tastatur, müssen Sie umschalten. Dazu klicken Sie auf den Pfeil an der Symbolleiste für den Schnellzugriff und aktivieren **Touch-/Mausmodus**.

2

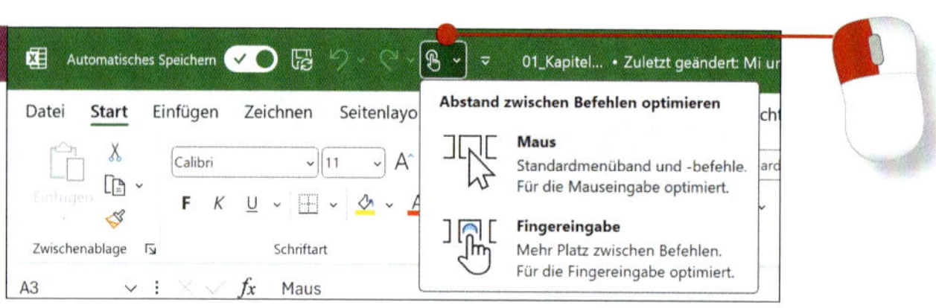

Schritt 2

In der Schnellzugriffsleiste erscheint das Symbol zum Umschalten in den Touchmodus. Klicken Sie auf den Auswahlpfeil, und wählen Sie **Fingereingabe**.

3

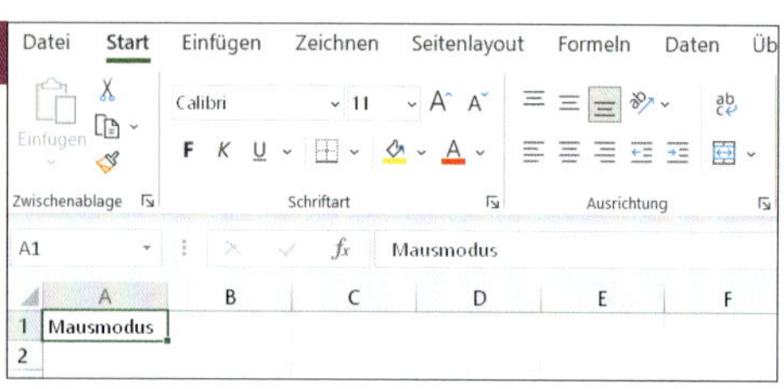

Schritt 3

Die Darstellung ist nun für die Fingereingabe optimiert, und die Abstände zwischen den Symbolen im Menüband sind größer.

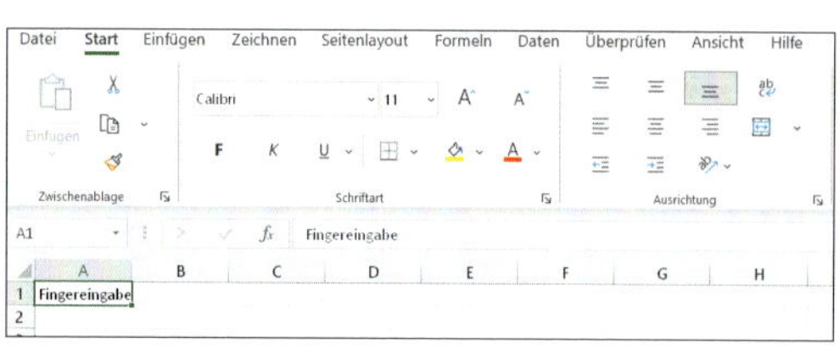

Mausmodus wieder einschalten

Möchten Sie lieber wieder mit der Maus Befehle geben, klicken Sie erneut auf das Symbol **Touch-/Mausmodus** und wählen **Maus** aus.

Schritt 4

Auch mit dem Finger können Sie prima in der Tabelle navigieren. Wenn Sie auf eine Zelle tippen, wird sie umrandet und erhält zwei Markierungspunkte ❶ an der oberen linken und der unteren rechten Ecke. Damit haben Sie den Zellcursor in diese Zelle gesetzt.

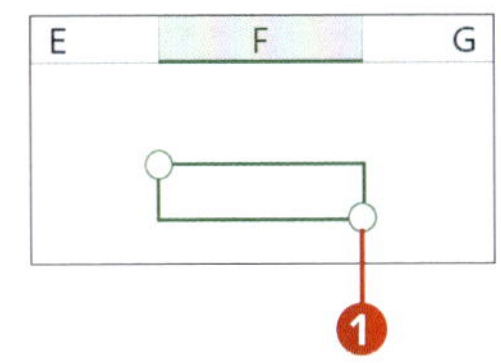

Schritt 5

Eine weitere Möglichkeit ist das Zoomen mit zwei Fingern, die Sie auf den Touchscreen legen und langsam auseinander- bzw. zusammenziehen.

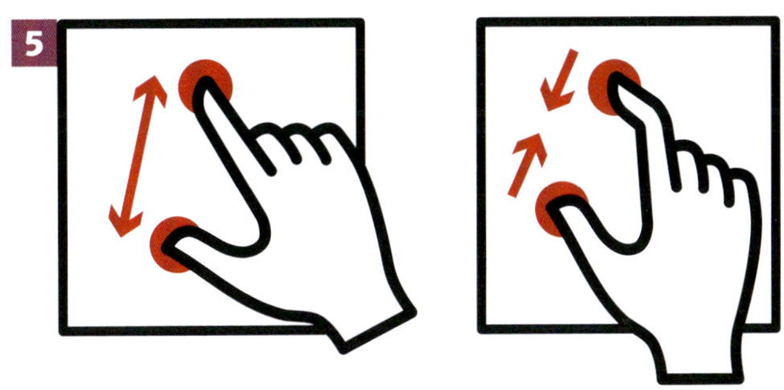

Schritt 6

Auf dem Bildschirm erscheint die Bildschirmtastatur, die Sie ebenso mit den Fingern bedienen können.

Stifteingabe

Wenn Sie einen Eingabestift nutzen, schalten Sie mit dem kleinen Tastatursymbol ❷ auf **Stifteingabe** um. Wenn Sie nun etwas ins Schriftfeld schreiben und es bestätigen, wandelt Excel Ihre »handschriftliche« Eingabe in digitalen Text um.

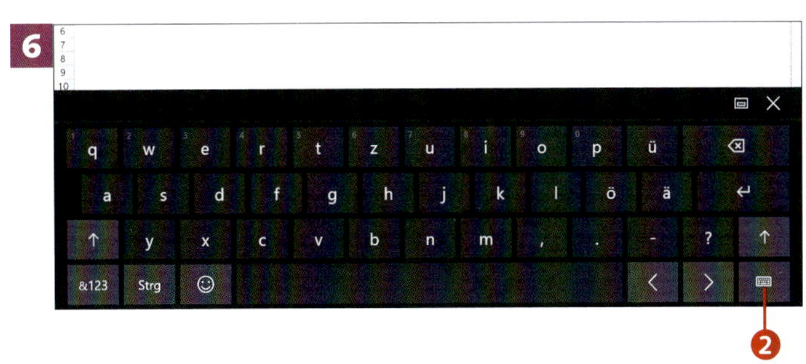

Die Registerkarte »Zeichnen«

Dank der Zeichenwerkzeuge können Sie Tabellenwerte und Diagrammelemente mit dem Finger, mit einem digitalen Stift oder mit der Maus handschriftlich hervorheben oder ergänzen.

1

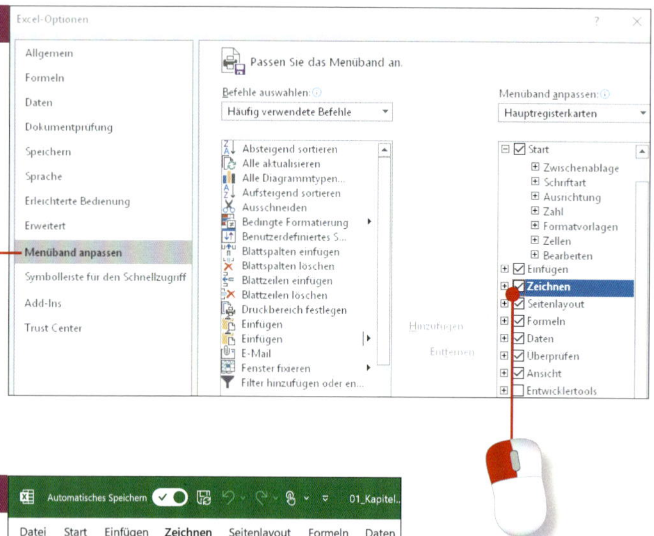

2

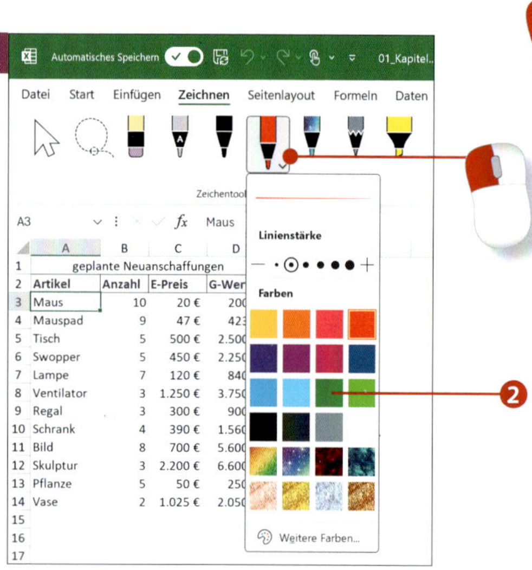

3

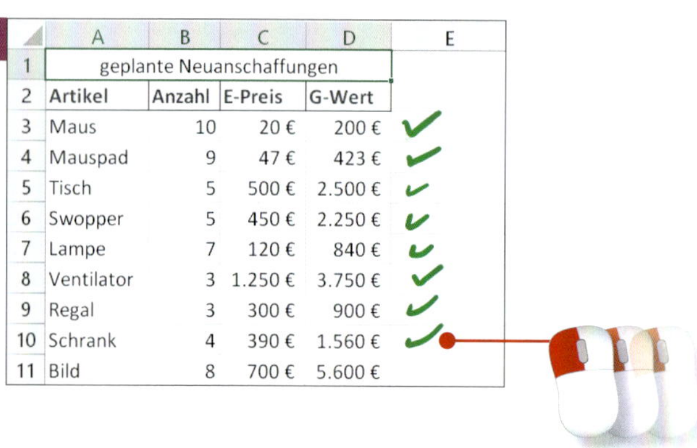

Schritt 1

Auf einem Tablet wird die Registerkarte **Zeichnen** automatisch angezeigt, auf Computern ohne Touchfunktion müssen Sie sie erst aktivieren. Dazu wählen Sie auf der Registerkarte **Datei** den Eintrag **Optionen**. Unter **Menüband anpassen** 1 setzen Sie ein Häkchen bei der Hauptregisterkarte **Zeichnen** und bestätigen mit **OK**.

Schritt 2

In der Gruppe **Zeichentools** können Sie mit einem Klick den passenden Stift auswählen. Rechts neben dem ausgewählten Stift sehen Sie einen kleinen Pfeil. Klicken Sie darauf, zeigt sich die Farbpalette, aus der Sie mit einem Klick z. B. **Grün** 2 wählen können.

Schritt 3

Nun können Sie z. B. ein grünes Häkchen neben die geplanten Neuanschaffungen zeichnen, die Sie bereits erledigt haben.

Schritt 4

Wenn Sie feststellen, dass Sie aus Versehen ein Häkchen zu viel gesetzt haben, klicken Sie zuerst auf das Icon **Radierer** ❸ in der Gruppe **Zeichentools** und dann auf das grüne Häkchen. So lässt es sich wieder entfernen.

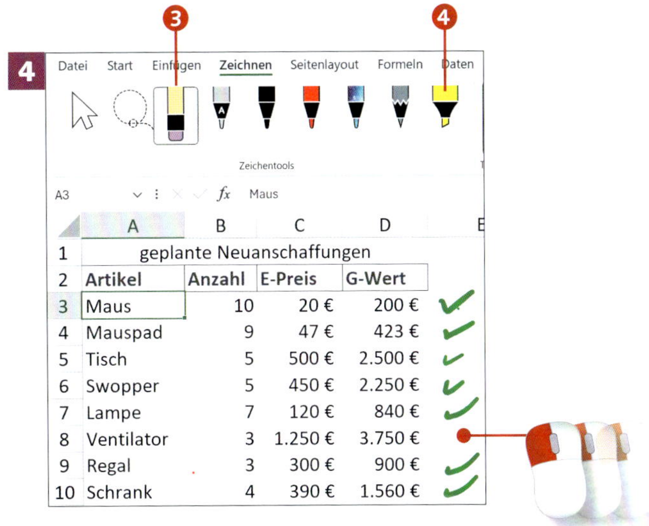

	A	B	C	D
1	geplante Neuanschaffungen			
2	Artikel	Anzahl	E-Preis	G-Wert
3	Maus	10	20 €	200 €
4	Mauspad	9	47 €	423 €
5	Tisch	5	500 €	2.500 €
6	Swopper	5	450 €	2.250 €
7	Lampe	7	120 €	840 €
8	Ventilator	3	1.250 €	3.750 €
9	Regal	3	300 €	900 €
10	Schrank	4	390 €	1.560 €

Schritt 5

Eine kritische Position könnten Sie mit einem roten Stift einkreisen und durch eine handschriftliche Erläuterung ergänzen. Oder »highlighten« Sie andere Zellen mit dem gelben Textmarker ❹.

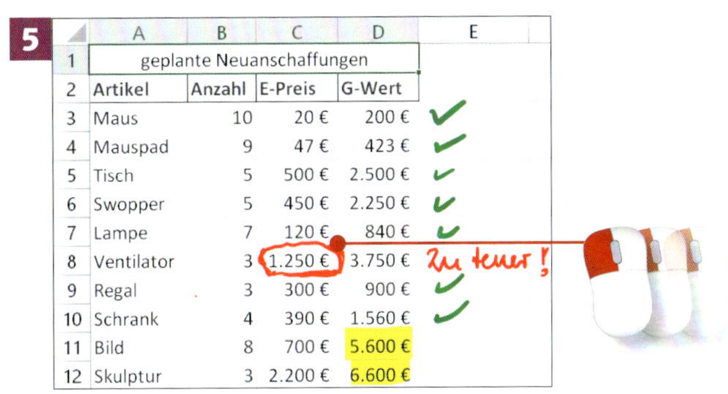

	A	B	C	D
1	geplante Neuanschaffungen			
2	Artikel	Anzahl	E-Preis	G-Wert
3	Maus	10	20 €	200 €
4	Mauspad	9	47 €	423 €
5	Tisch	5	500 €	2.500 €
6	Swopper	5	450 €	2.250 €
7	Lampe	7	120 €	840 €
8	Ventilator	3	1.250 €	3.750 €
9	Regal	3	300 €	900 €
10	Schrank	4	390 €	1.560 €
11	Bild	8	700 €	5.600 €
12	Skulptur	3	2.200 €	6.600 €

Schritt 6

Zum Abschluss sehen Sie sich Ihre Freihandeingaben chronologisch an. Dazu klicken Sie auf die Schaltfläche **Wiedergabe in Freihand** ganz rechts im Menüband **Zeichnen**.

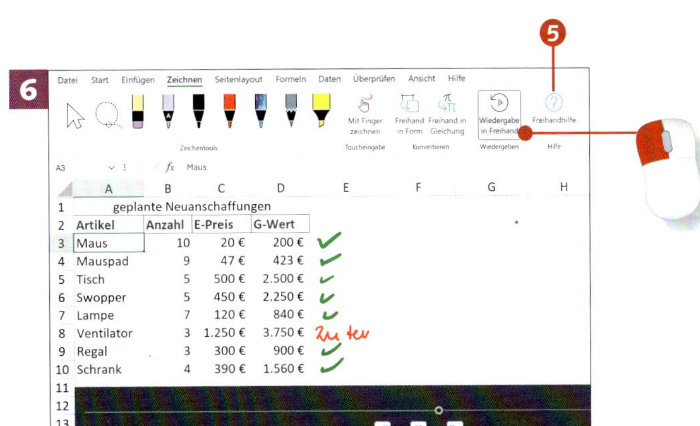

Hilfe zu Freihandgesten

In der Gruppe **Hilfe** finden Sie die Schaltfläche **Freihandhilfe** ❺. Mit einem Mausklick auf sie erhalten Sie rechts im Programmfenster animierte Tipps, z. B. zum Umwandeln von Handschrift in Zahlen, zum Löschen von Zellinhalten …

Kapitel 2
Mit Tabellen arbeiten

Nach diesem ersten Überblick über die Excel-Menüs beginnen wir nun mit den grundlegenden Handgriffen. In diesem Kapitel sehen Sie, wie man sich im Tabellenblatt bewegt, wie man Daten eingibt und bearbeitet und wie man Excel für erste kleine Berechnungen zu Hilfe nehmen kann.

Tabellenblätter

Wir zeigen Ihnen, wie Sie den Mauszeiger von Zelle zu Zelle und von Blatt zu Blatt bewegen. Die Einteilung in Zeilen und Spalten, die sich wiederum in Zellen »treffen«, ist sehr hilfreich, wenn Sie mit Excel rechnen möchten.

Bearbeitungsleiste

Die Bearbeitungsleiste ist eine Orientierungshilfe: Sie können eine Zelladresse direkt eingeben, sehen den Text in der aktuellen Zelle und können die Aktionen **Bestätigen** und **Löschen** mit einem Klick ausführen.

Excel als Taschenrechner

Wenn man das Grundprinzip kennt, kann man Excel wie einen Taschenrechner nutzen. Schreiben Sie Ihre Aufgabe einfach nach diesem Muster in eine leere Zelle, z. B. »4,5+3=«, und bestätigen Sie mit der [↵]-Taste.

Arbeitsmappen speichern und öffnen

Sie müssen Ihre Eingaben speichern, wenn sie nicht verloren gehen sollen. Wie Sie die Dateien später wiederfinden, zeigen wir Ihnen natürlich auch.

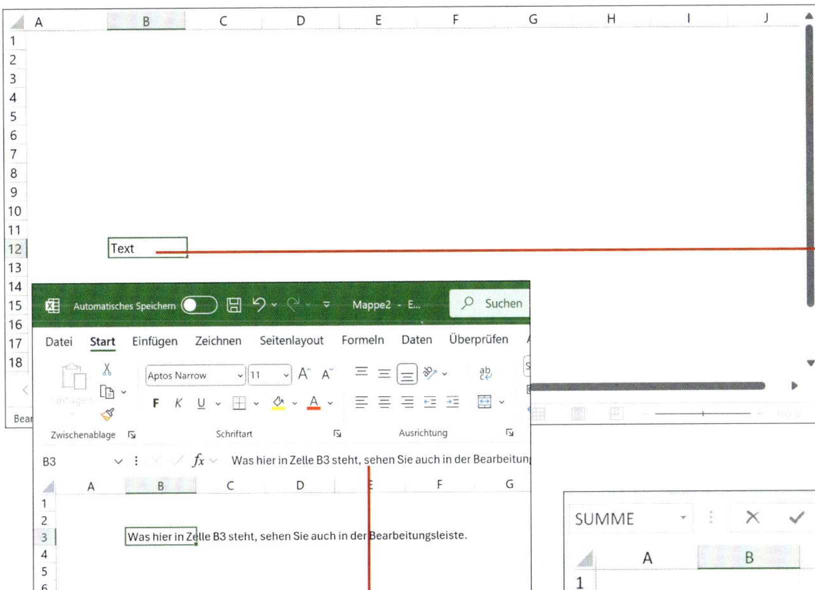

❶ Excel bietet Ihnen ein riesiges Tabellenblatt mit 1.048.576 Zeilen und 16.384 Spalten. Sie sehen davon immer nur einen Ausschnitt.

❷ In der Bearbeitungsleiste zeigt Excel Ihnen immer den eigentlichen Zellinhalt.

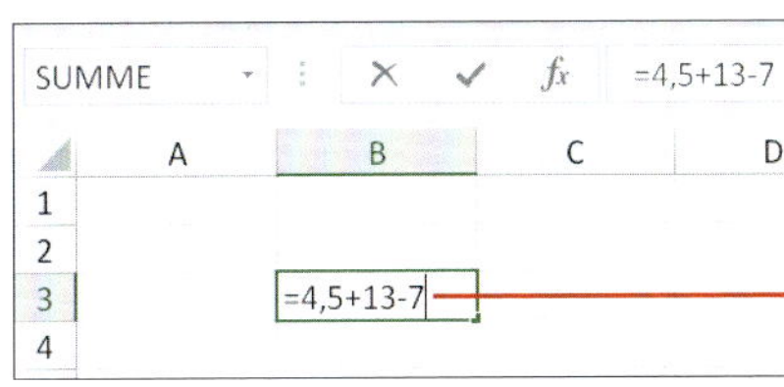

❸ Sie können Excel wie einen Taschenrechner nutzen.

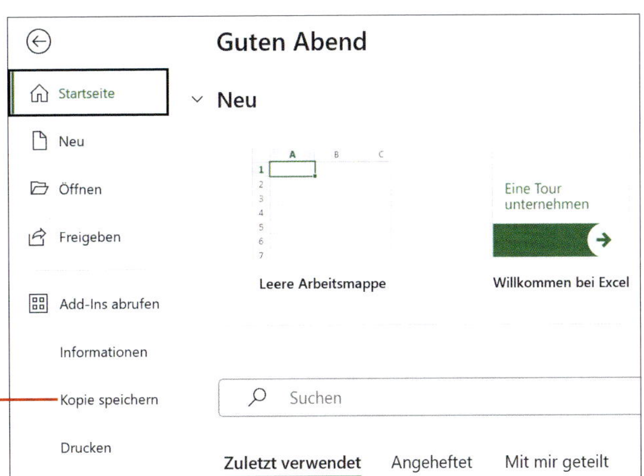

❹ Über die Backstage-Ansicht können Sie unter anderem Ihre Dateien speichern.

Im Tabellenblatt bewegen

1

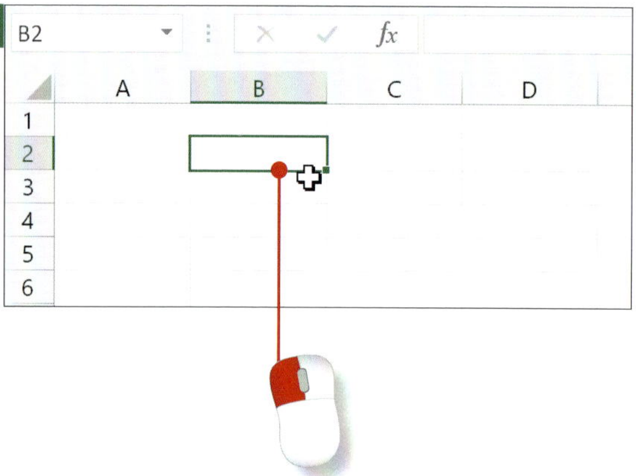

Wenn Sie eine Tabelle erstellen, ändern oder anschauen, müssen Sie sich zu unterschiedlichen Stellen des Tabellenblattes bewegen. In diesem Abschnitt zeigen wir Ihnen, wie das geht.

Schritt 1

Der Tabellencursor, der anzeigt, welche Zelle aktiviert ist, kann mit der Maus bewegt werden. Der Mauszeiger sieht wie ein dickes Plus aus. Klicken Sie beispielsweise in die Zelle B2. Die angeklickte Zelle wird mit einem dunkelgrünen Rechteck markiert und ist nun bereit für die Eingabe.

2

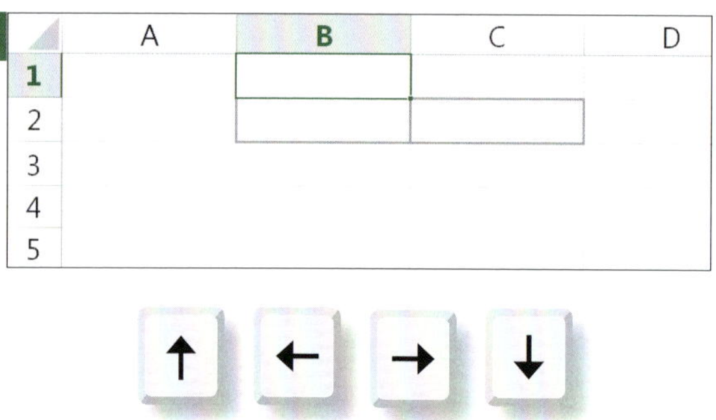

Schritt 2

Auch mit den Pfeiltasten Ihrer Tastatur können Sie zu benachbarten Zellen wandern. Springen Sie mit der Taste [→] eine Zelle nach rechts zu C2, dann mit [←] eine Zelle nach links zu B2, mit [↑] nach oben zu B1 und mit [↓] nach unten zu B2.

3

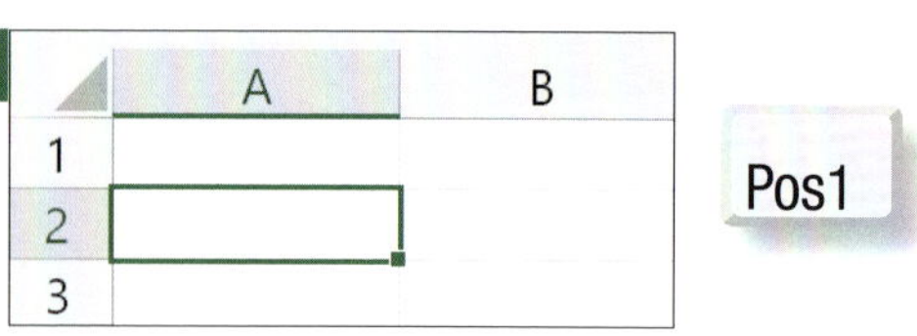

Schritt 3

Der Cursor befindet sich nun in der Zelle B2. Drücken Sie die Taste [Pos1], um schnell zum Zeilenanfang zu springen, hier also in die Zelle A2.

Schritt 4

Auf dem Bildschirm sehen Sie eine bestimmte Anzahl von Zeilen. Wenn Sie nicht scrollen wollen, können Sie mit den beiden Bildtasten [Bild ↓] und [Bild ↑] jeweils ein Blatt nach unten und wieder nach oben springen.

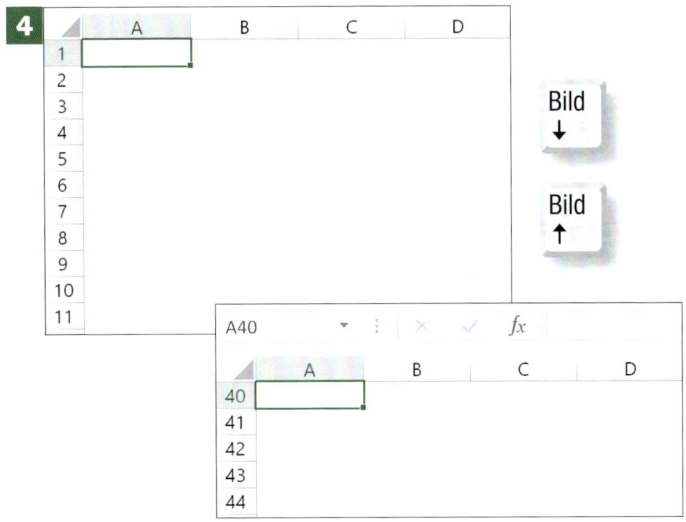

Schritt 5

Um zu einer bestimmten Zelle zu springen, geben Sie den Zellnamen, z. B. *B158*, einfach in das *Namensfeld* ein und bestätigen Ihre Eingabe mit der [↵]-Taste.

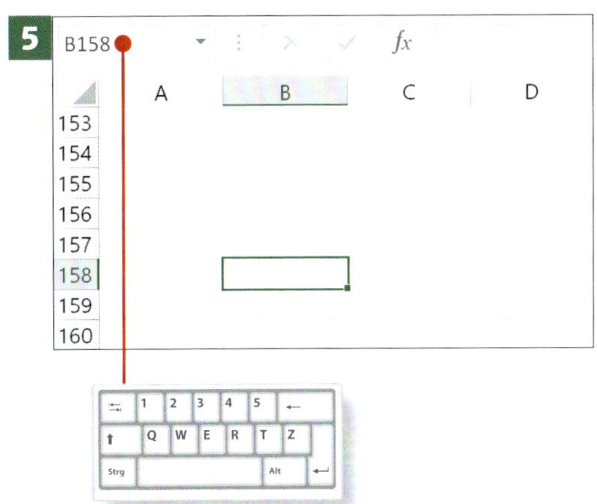

Schritt 6

Tragen Sie *A1* in das Namensfeld ein, und bestätigen Sie mit [↵]. So springen Sie schnell wieder an den Anfang des Tabellenblattes in die Zelle A1.

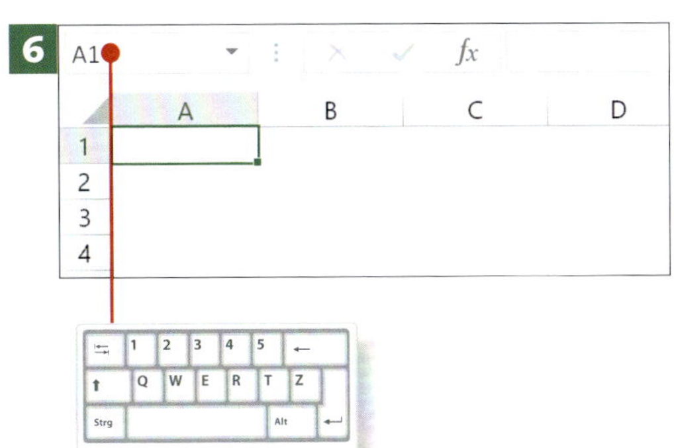

Noch schneller zur Zelle A1

Mit dem Tastaturkürzel [Strg]+[Pos1] können Sie direkt in die Zelle A1 springen.

Daten eingeben, ändern, löschen

Der »Excel-Alltag« besteht aus dem Eingeben, Ändern und Löschen von Daten. Dabei werden Ihnen diese Tipps sehr helfen.

1

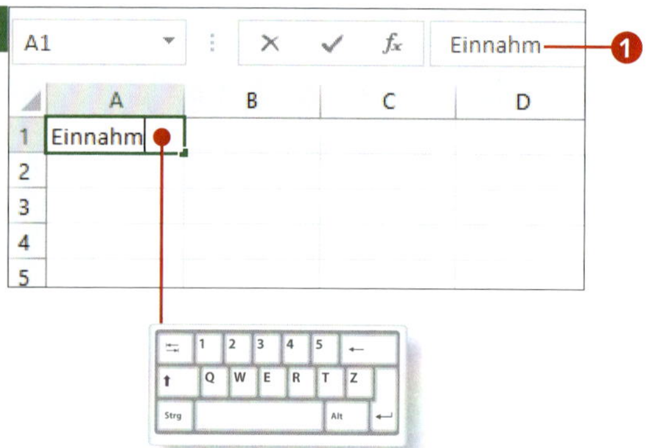

Schritt 1

Klicken Sie in die Zelle A1, und geben Sie *Einnahmen* ein. Sobald Sie mit dem Schreiben beginnen, blinkt die *Schreibmarke* als kleiner senkrechter Strich in der Zelle, und die *Bearbeitungsleiste* ❶ verändert sich.

2

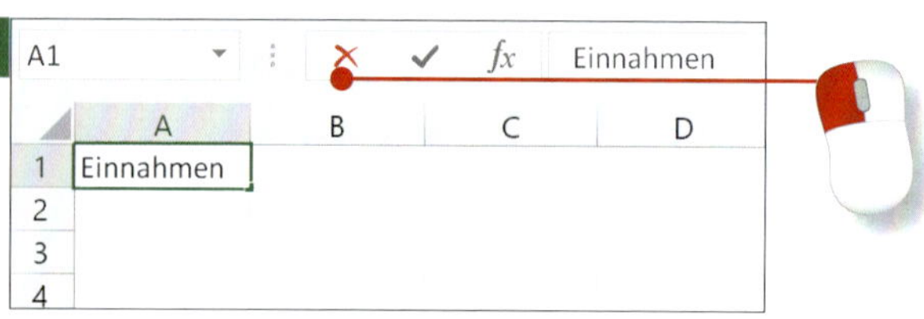

Schritt 2

Die Bearbeitungsleiste zeigt den eingegebenen Text und die Symbole für **Abbrechen** und **Eingeben** kräftiger, d.h., sie können jetzt angeklickt werden. Wenn Sie auf **Abbrechen** klicken, beenden Sie die Eingabe, und der Text verschwindet unwiderruflich.

3

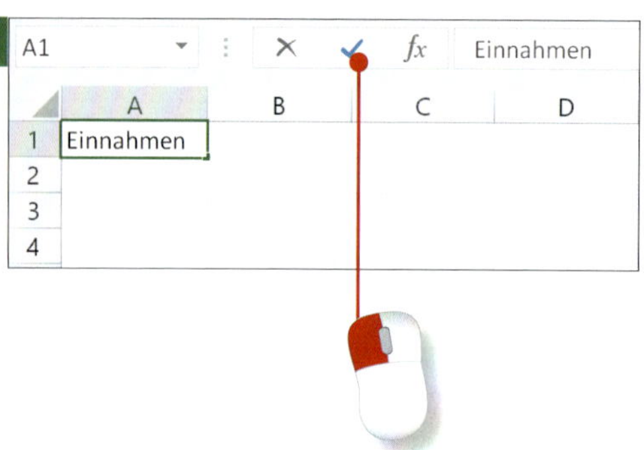

Schritt 3

Um die Daten zu erhalten, müssen Sie Ihre Eingabe bestätigen. Dazu klicken Sie auf das Häkchen für **Eingeben**. Sie können auch die [↵]-Taste, eine der Pfeiltasten oder die [⇆]-Taste drücken.

AutoKorrektur

Excel bietet eine *AutoKorrektur* an. Wenn Sie z. B. *(c)* und dann ein Leerzeichen eingeben, korrigiert Excel dies automatisch zu ©.

Schritt 4

Geben Sie *2000* in die Zelle B2 ein, und bestätigen Sie mit ↵. Tragen Sie in die Zelle B3 den Wert *12,40* ein, und drücken Sie ↵. Die letzte Null zeigt Excel bei einer Nachkommastelle nicht an.

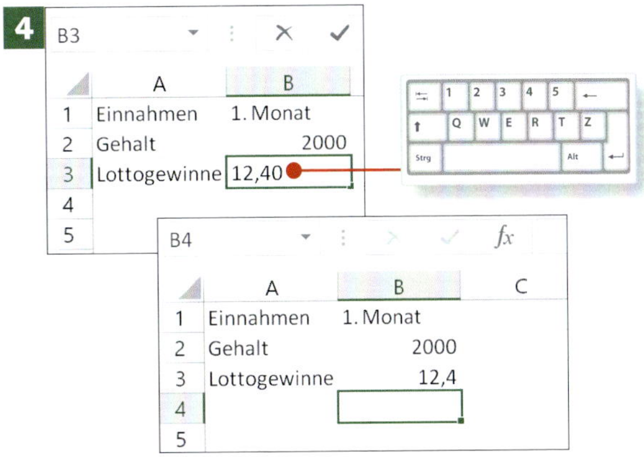

Schritt 5

Tragen Sie in die Zelle B8 das Datum ein. Sie können es außer in der Form *7.10.2024* z. B. auch als *7/10/2024* eingeben. Drücken Sie ↵. Excel stellt automatisch das Zahlenformat **Datum** ein und passt das Format Ihrer Eingabe an.

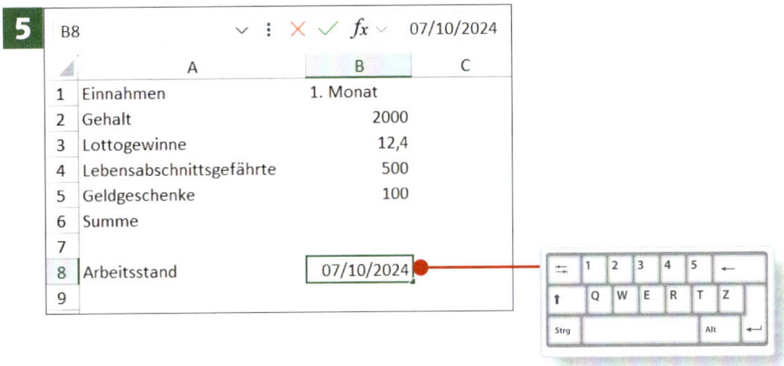

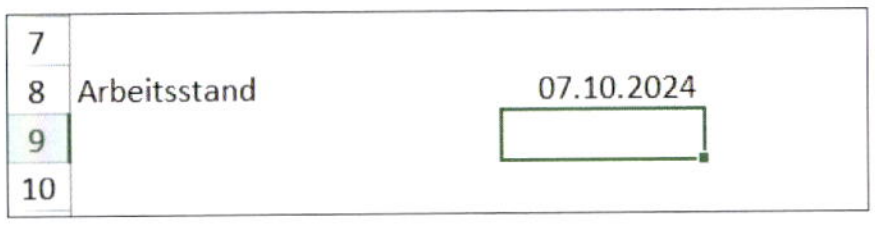

Schritt 6

Geben Sie in die Zelle B1 *030* ein, und drücken Sie ↵. Excel entfernt die erste Null. Bei Postleitzahlen oder Vorwahlen sind diese Nullen aber wichtig. Hier gibt es einen Trick: Geben Sie in die Zelle B2 zuerst ein Hochkomma ein (⇧+#), dann »030«, und drücken Sie ↵.

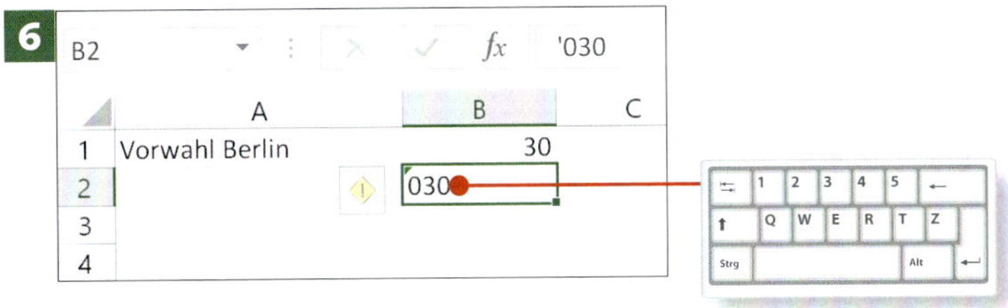

Daten eingeben, ändern, löschen (Forts.)

7

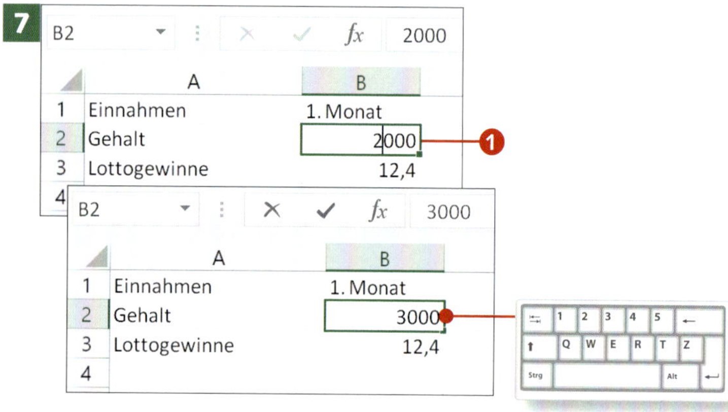

Schritt 7

Um Daten zu ändern, setzen Sie einen Doppelklick auf die Zelle ❶, die Sie ändern wollen, z. B. B2. Der Cursor blinkt in der Zelle. Löschen Sie *2* mit der [←]-Taste, tragen Sie *3* ein, und bestätigen Sie den neuen Wert.

8

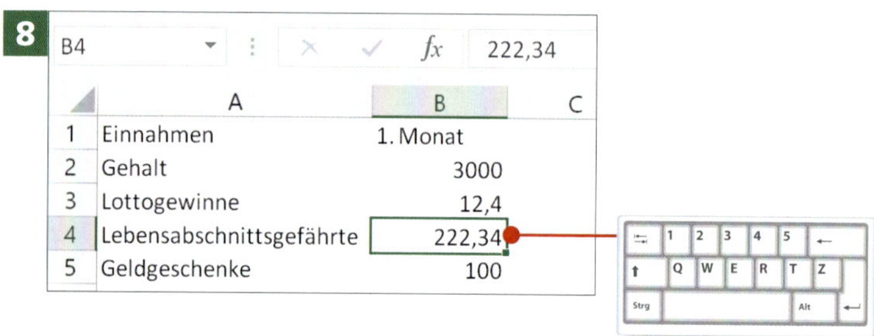

Schritt 8

Anstatt nur eine Ziffer zu ändern, können Sie den Wert auch ganz überschreiben. Klicken Sie die Zelle an, z. B. B4. Sie ist jetzt markiert. Tragen Sie dann den neuen Wert ein, und bestätigen Sie. Der ursprüngliche Eintrag wird überschrieben.

9

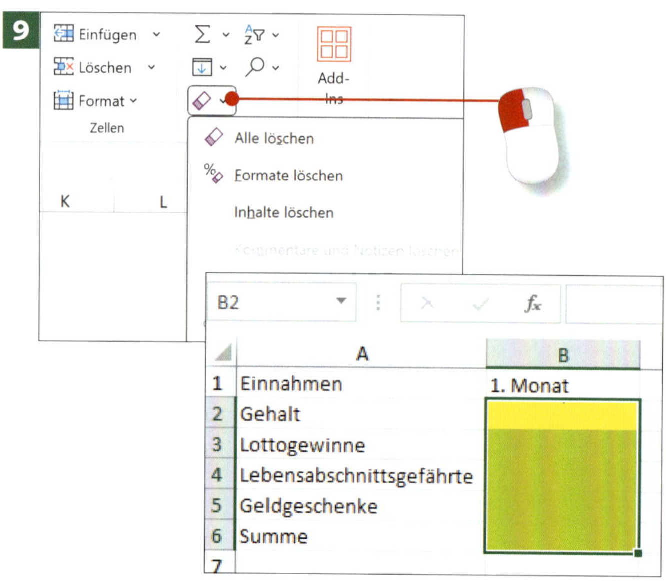

Schritt 9

Um Daten zu löschen, markieren Sie die entsprechenden Zellen. Drücken Sie [Entf], oder klicken Sie auf **Löschen** (Registerkarte **Start**, Gruppe **Bearbeiten**). Aus dem Menü wählen Sie **Inhalte löschen**. Alternativ klicken Sie mit der rechten Maustaste auf die markierten Zellen und wählen **Inhalte löschen**. Der Inhalt der Zelle wird gelöscht, ein gegebenenfalls vergebenes Format, z. B. die Hintergrundfarbe, bleibt.

Korrekturmodus

Auch mit der Taste [F2] gelangen Sie in den Korrekturmodus.

Schritt 10

Um nur das Format einer Zelle zu löschen (z. B. Schrift- oder Hintergrundfarbe), markieren Sie sie und klicken auf **Löschen ▸ Formate löschen**. Die Formatierung wird zurückgesetzt, der Wert bleibt.

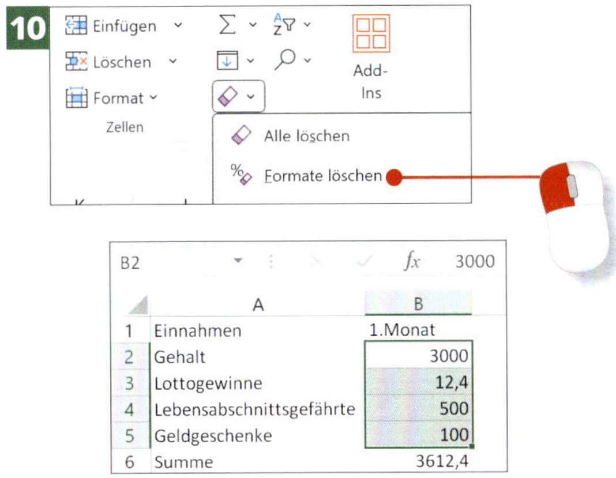

Schritt 11

Wenn Sie falsche Werte *und* die Gestaltung entfernen möchten, markieren Sie die entsprechenden Zellen. Klicken Sie wieder auf **Löschen**, wählen Sie nun aber **Alle löschen**. Sowohl die Werte als auch die Formate werden gelöscht.

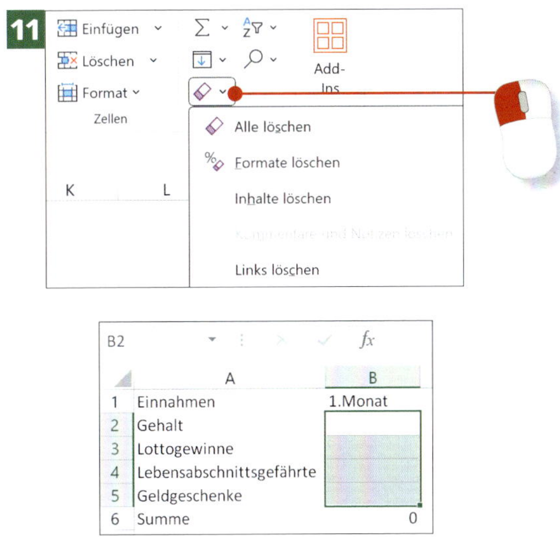

Schritt 12

Um einen Hyperlink zu entfernen, markieren Sie die Zelle und klicken auf **Rückgängig: Link** ❷. Um diesen und künftige Links endgültig loszuwerden, klicken Sie im Smarttag auf den Eintrag **Links nicht automatisch erzeugen**.

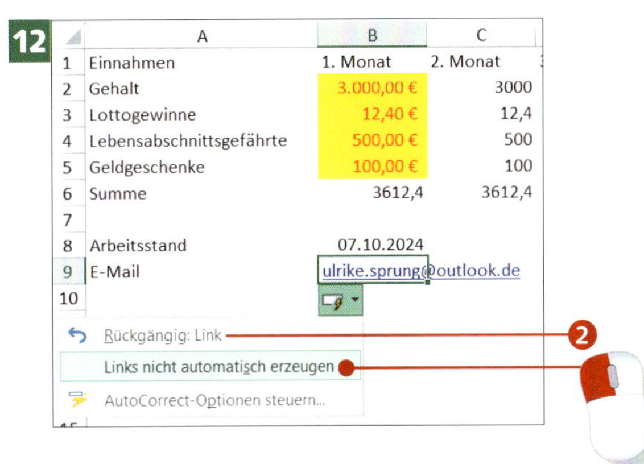

!

Nicht selbst eingeben

Tausenderzahlen und Währungen formatieren Sie über **Zellen formatieren** auf der Registerkarte **Start**. Wenn Sie selbst den Tausenderpunkt und *EUR* eingeben, interpretiert Excel die Zahl als Text!

Excel als Taschenrechner

Sie können Excel wie einen Taschenrechner verwenden. Wie Sie Rechenaufgaben auf diese Weise schnell und einfach lösen, zeigen wir Ihnen hier.

1

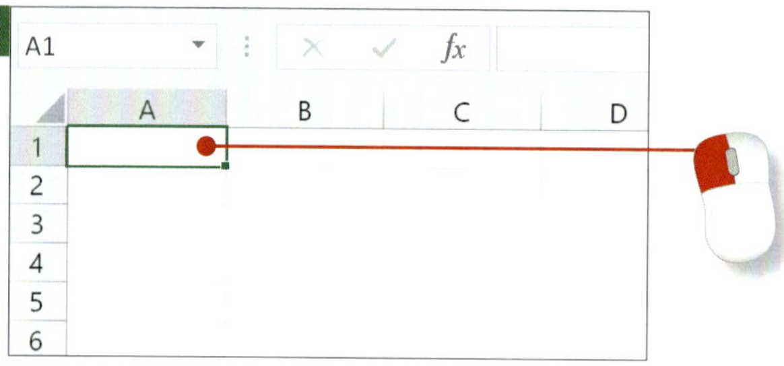

Schritt 1

Excel benötigt für Ihre Berechnung eine leere Zelle. Bitte klicken Sie deshalb in eine beliebige leere Zelle, z. B. A1.

2

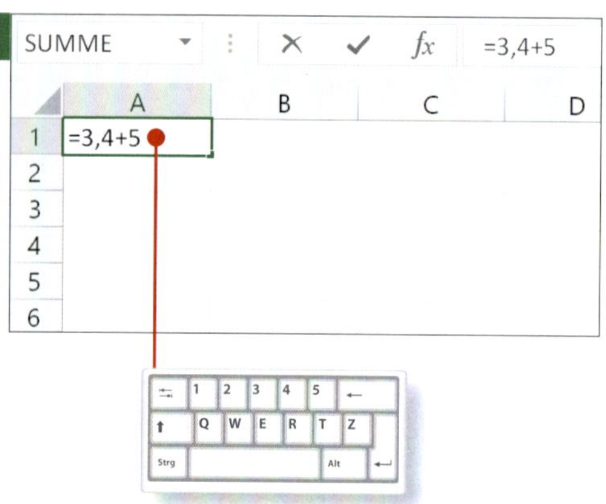

Schritt 2

Um eine Berechnung mit Excel zu starten, geben Sie ein Gleichheitszeichen (=) ein. Dazu drücken Sie [⇧]+[0]. Geben Sie dann die erste Zahl der Rechenaufgabe ein, z. B. *3,40*. Die letzte Null können Sie weglassen. Geben Sie nun +, gefolgt von der zweiten Zahl ein, z. B. *5*.

3

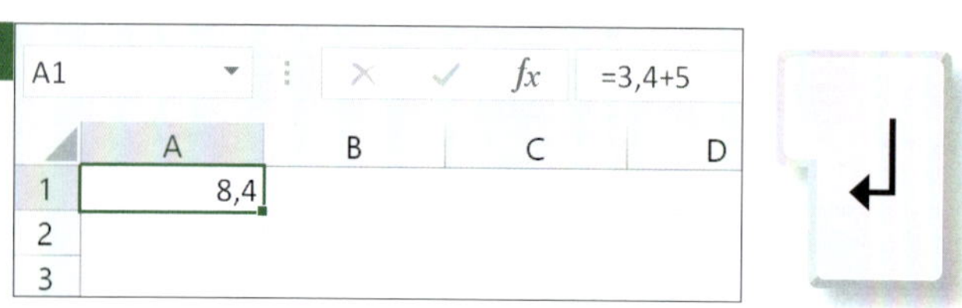

Schritt 3

Prüfen Sie Ihre Eingaben. Wenn Sie [↵] drücken, beginnt Excel mit dem Rechnen. Das Ergebnis sehen Sie in der gleichen Zelle. Berechnen Sie nun folgende Übungsaufgaben: =4-3, =3*3, =12/4, =100*19 %.

Schritt 4

Wie viel ist 2 hoch 3? Geben Sie z. B. in die Zelle C3 ein Gleichheitszeichen ein, dann die *2*, gefolgt vom Potenzzeichen, das Sie auf der Tastatur ganz links oben neben [1] finden. Schreiben Sie zuletzt die Zahl *3* für die Potenzierung, und bestätigen Sie mit [↵].

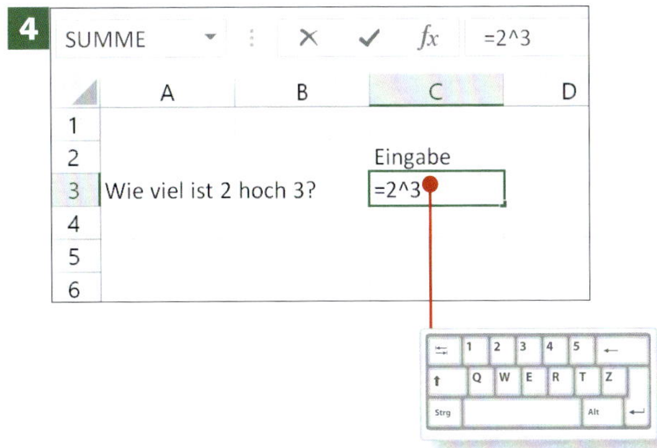

Schritt 5

Sie können auch mehrere Rechenoperationen hintereinander eingeben, z. B. *=55-3+7*5*, und mit [↵] bestätigen. Das Ergebnis erscheint in derselben Zelle.

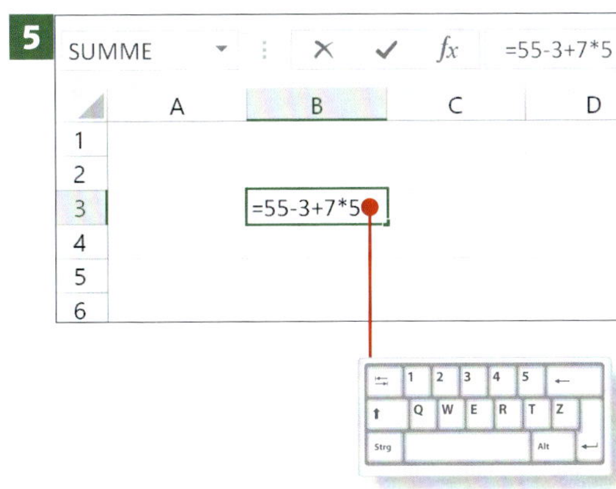

Schritt 6

Sie können beim Rechnen auch Klammern verwenden, z. B. *=55-(3+7)*5*. Auch bei Excel-Berechnungen gilt die Regel: Punkt kommt vor Strich; die Klammer sagt: »Mich zuerst berechnen!«

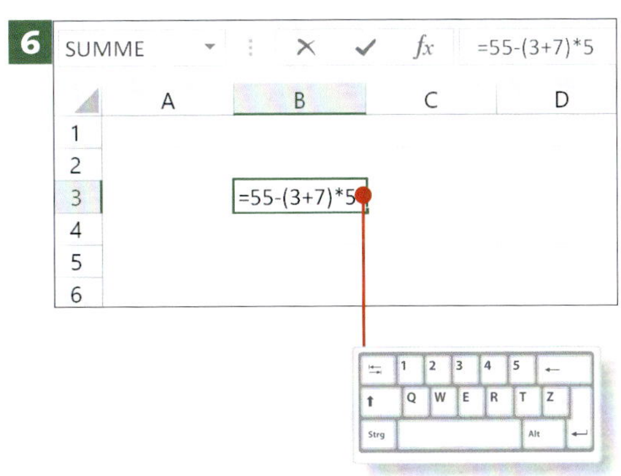

Rechenzeichen

Das Minus ist ein Bindestrich, das Malzeichen der Stern links neben [↵]. Das Geteiltzeichen geben Sie als Schrägstrich ein ([⇧]+[7]), das Prozentzeichen erzielen Sie mit [⇧]+[5]. Verwenden Sie ein Komma und keinen Punkt als Trennzeichen.

Einfache Formeln eingeben

1

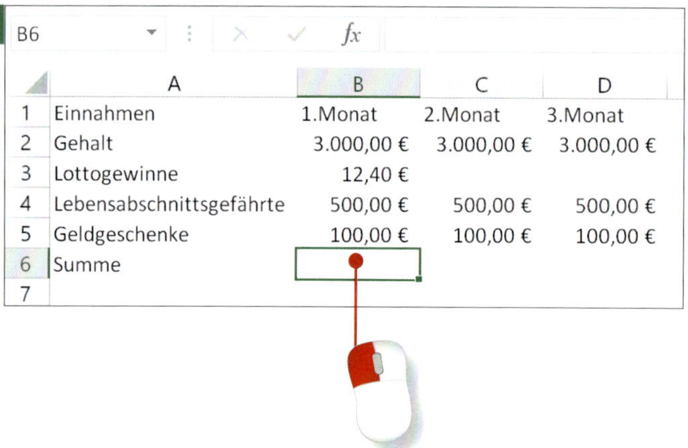

2

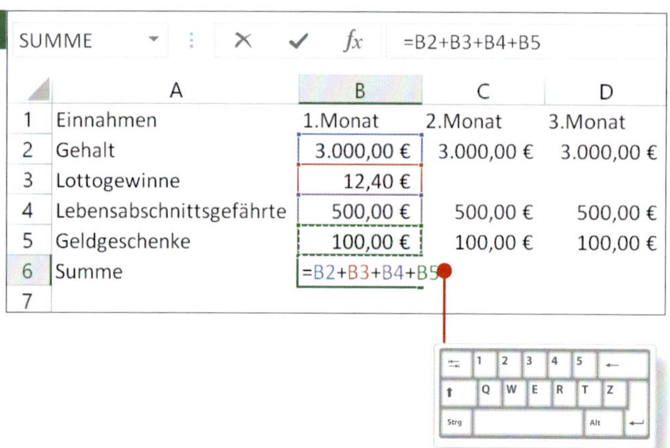

3

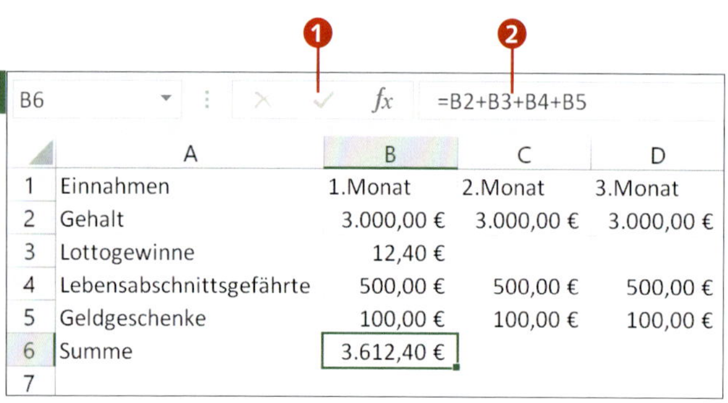

Sie können in Excel auch mit einfachen Formeln rechnen, die Sie selbst in eine Zelle tippen.

Schritt 1

In diesem Beispiel ermitteln wir die Summe der Einnahmen aus den Werten der Zellen B2:B5 (sprich B2 bis B5). Excel benötigt für das Rechenergebnis eine leere Zelle. Klicken Sie also in die Zelle B6.

Schritt 2

Eine Formel beginnt immer mit einem Gleichheitszeichen =. Geben Sie dann ein, welche Zellen Sie wie berechnen möchten, hier also *B2+B3+B4+B5*. Groß- und Kleinschreibung ist möglich, Leerzeichen sind erlaubt.

Schritt 3

Bestätigen Sie die Eingabe mit einem Klick auf **Eingeben** ❶. Das Ergebnis erscheint als Zahl in der Zelle B6. Die Bearbeitungsleiste ❷ zeigt die Formel. So erkennen Sie auch später noch, dass die Zelle das Ergebnis einer Formel enthält.

Schritt 4

Ein weiteres Beispiel: Sie möchten berechnen, wie sich Ihre Gesamteinnahmen prozentual zusammensetzen. Klicken Sie dazu in die Ergebniszelle C2. Geben Sie das Gleichheitszeichen ein, und schreiben Sie dahinter die Formel *B2/B6* (B2 geteilt durch B6).

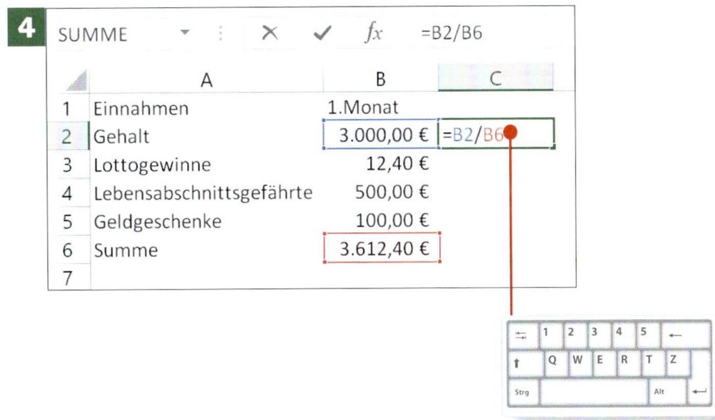

Schritt 5

Bestätigen Sie Ihre Eingabe. Wie Sie sehen, hat Excel den Wert in B2 durch den Wert in B6 geteilt. Das Ergebnis stimmt für die gewünschte Rechnung also noch nicht; es muss noch mit 100 multipliziert werden.

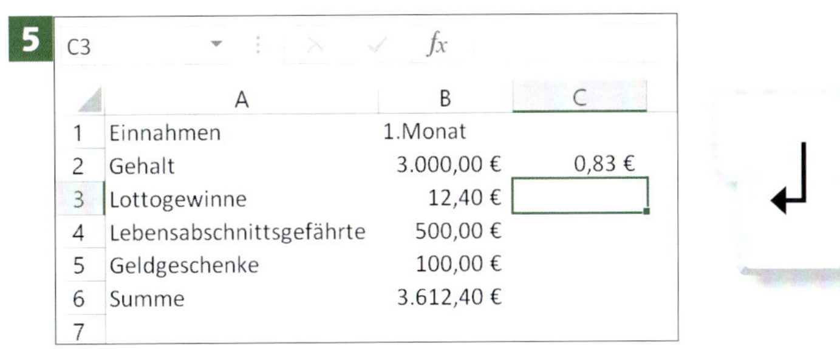

Schritt 6

Markieren Sie die Ergebniszelle C2, und klicken Sie dann auf der Registerkarte **Start** in der Gruppe **Zahl** auf **Prozentformat**. In Zelle C2 steht nun das richtige Ergebnis in Prozent.

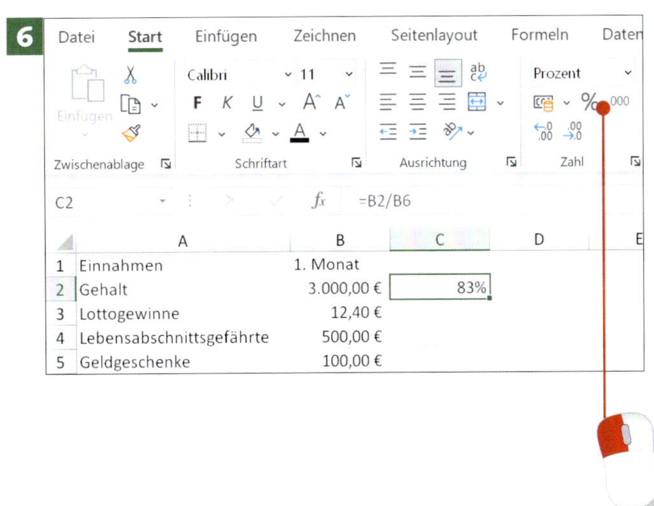

Farbige Markierung

Zur besseren Übersicht werden Zellen und Zelladressen bei der Eingabe farbig markiert.

Tipparbeit durch Zeigen reduzieren

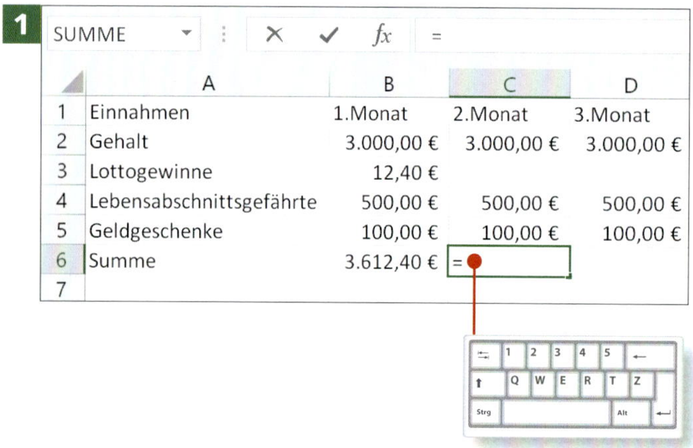

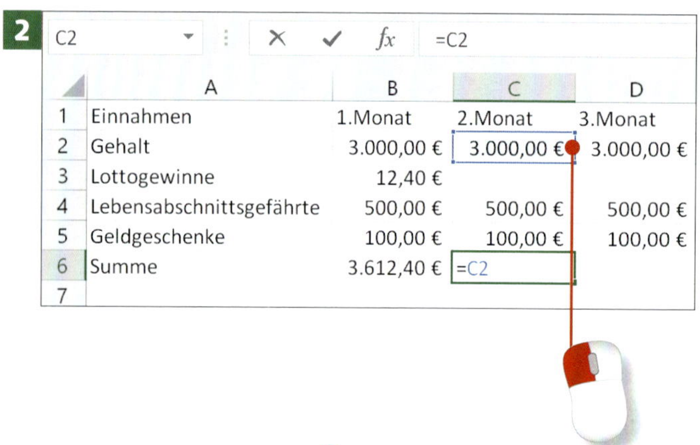

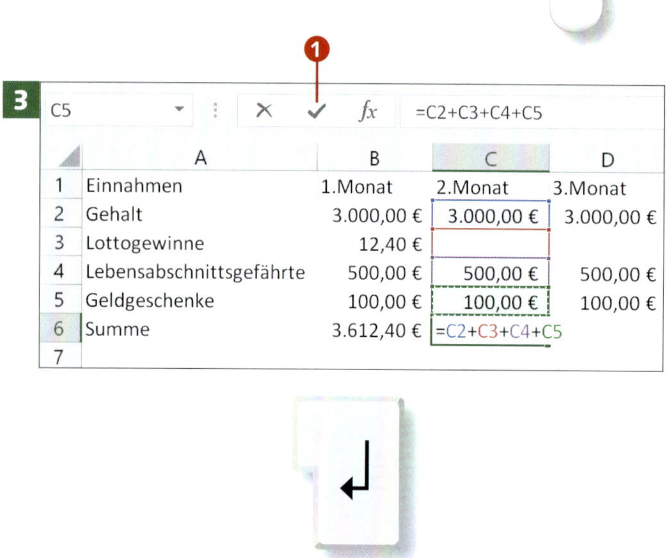

Überlassen Sie Excel das Schreiben der Zelladressen, und zeigen Sie nur auf die Zellen, mit denen Sie rechnen wollen. Damit reduzieren Sie auch das Risiko, aus Versehen falsche Zelladressen einzugeben.

Schritt 1

Um Excel einen Zellnamen automatisch einfügen zu lassen, schreiben Sie ein Gleichheitszeichen in die noch leere Ergebniszelle C6.

Schritt 2

Klicken Sie mit der Maus auf die Zelle, mit der Sie rechnen wollen, z. B. C2. Excel fügt den Namen dieser Zelle in die Ergebniszelle ein. Geben Sie dann das Rechenzeichen ein, z. B. +, und klicken Sie mit der Maus auf die Zelle C3 usw.

Schritt 3

Kontrollieren Sie die fertige Formel, und schließen Sie dann die Rechenaufgabe mit [↵], mit der [⇆]-Taste oder mit einem Klick auf das Häkchen ❶ neben der Bearbeitungszeile ab.

Schritt 4

Um eine Summe zu bilden, klicken Sie in die leere Ergebniszelle (hier D6) und dann auf der Registerkarte **Start** auf **Summe**. Excel macht einen Vorschlag für den zu addierenden Bereich, der allerdings schon vor der leeren Zelle D3 endet. Wir wollen aber alle Werte der Spalte addieren.

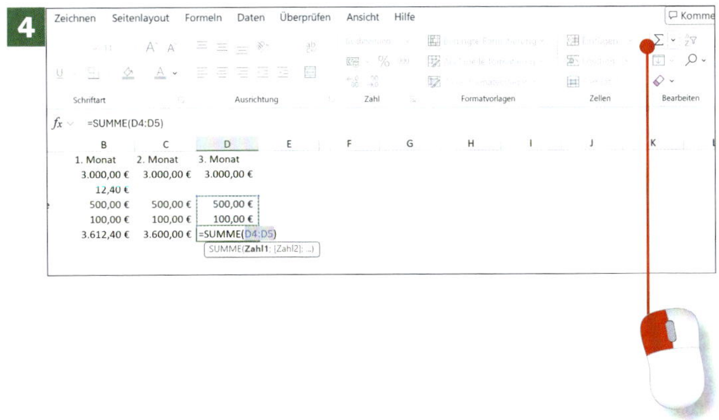

Schritt 5

Klicken Sie daher mit der Maus auf die erste Zelle, also D2, und markieren Sie alle gewünschten Zellen, indem Sie auf das kleine blaue Viereck klicken und es mit gedrückter Maustaste bis D5 ziehen. Excel ergänzt nun in der Formel den richtigen Bereich (D2:D5) und hebt ihn in der Tabelle selbst durch eine gestrichelte Linie hervor.

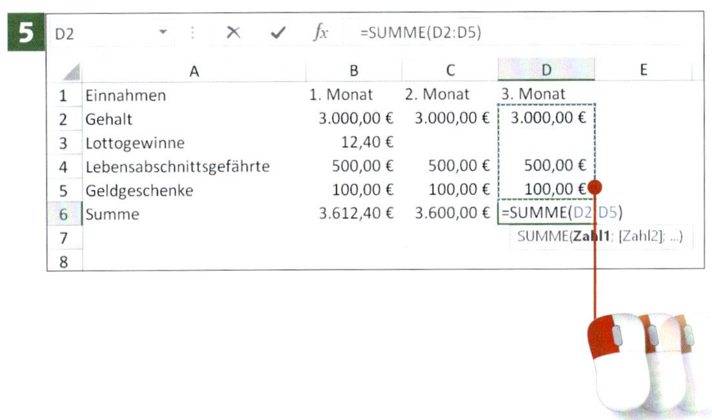

Schritt 6

Sie können jederzeit andere Zellen oder Zellbereiche für Ihre Formel auswählen. Dazu klicken Sie doppelt auf die Zelle, deren Formel Sie ändern wollen (hier D6 ❷). Löschen Sie den angegebenen Bereich mit der [←]-Taste, und klicken Sie dann auf die neue Zelle bzw. den neuen Zellbereich.

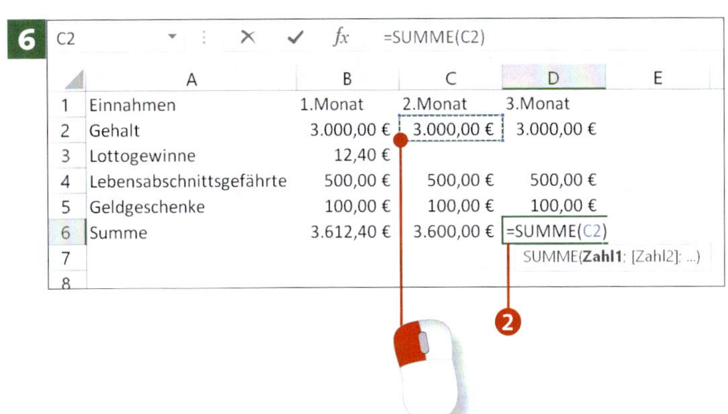

Arbeitsergebnisse speichern

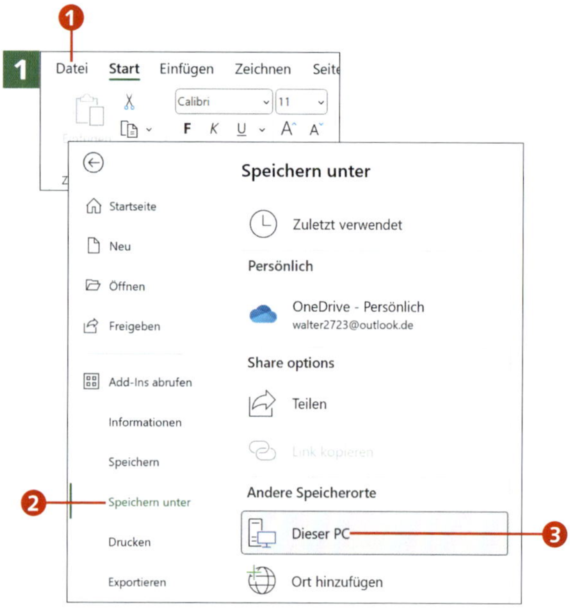

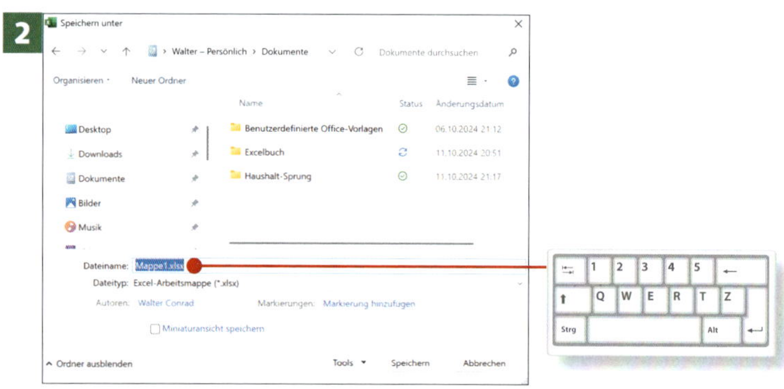

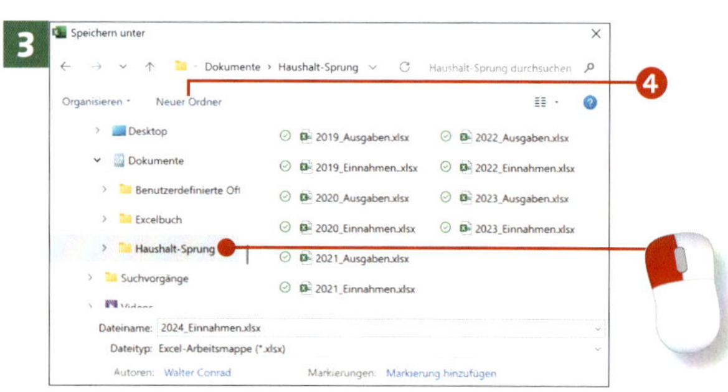

Wenn Sie Ihre Tabellen regelmäßig speichern, vermeiden Sie Datenverluste und damit doppelte Arbeit.

Schritt 1

Klicken Sie auf die Registerkarte **Datei** ❶. Die *Backstage-Ansicht* erscheint. Dann wählen Sie **Speichern unter** ❷, **Dieser PC** ❸ und schließlich **Durchsuchen**.

Schritt 2

Das Dialogfenster **Speichern unter** erscheint. Überschreiben Sie den vorgeschlagenen Dateinamen *Mappe1.xlsx* mit einer eindeutigen Bezeichnung.

Schritt 3

Damit Sie Ihre Tabelle später schnell wiederfinden, wählen Sie einen passenden Speicherort dafür aus.

Einen neuen Ordner anlegen

Um für Ihre Tabelle einen neuen Ordner anzulegen, klicken Sie auf die Schaltfläche **Neuer Ordner** ❹. Geben Sie einen Namen ein, und bestätigen Sie ihn mit ↵.

Schritt 4

Im Feld **Dateityp** ist die Dateinamenerweiterung *.xlsx* voreingestellt. Falls die Tabelle auch mit einer älteren Excel-Version zu öffnen sein soll, wählen Sie stattdessen **Excel 97-2003-Arbeitsmappe (*.xls)** aus.

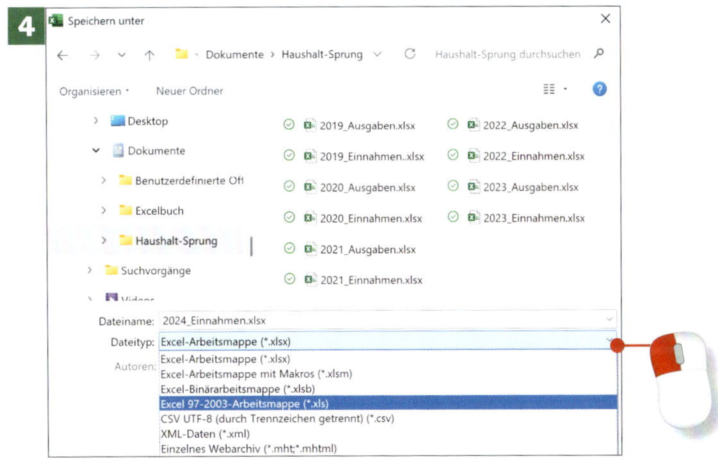

Schritt 5

Kontrollieren Sie den Dateinamen, den Dateityp und vor allem den eingestellten Speicherort. So ersparen Sie sich unnötiges Suchen oder das spätere Umbenennen von Dateien. Dann klicken Sie auf **Speichern**.

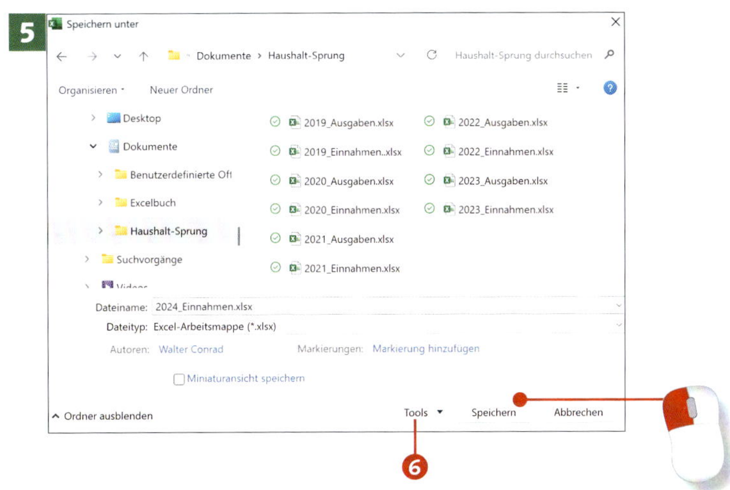

Schritt 6

Wenn Sie keine Fehlermeldung erhalten und in der Titelleiste **5** den Namen Ihrer Datei sehen, war das Speichern erfolgreich.

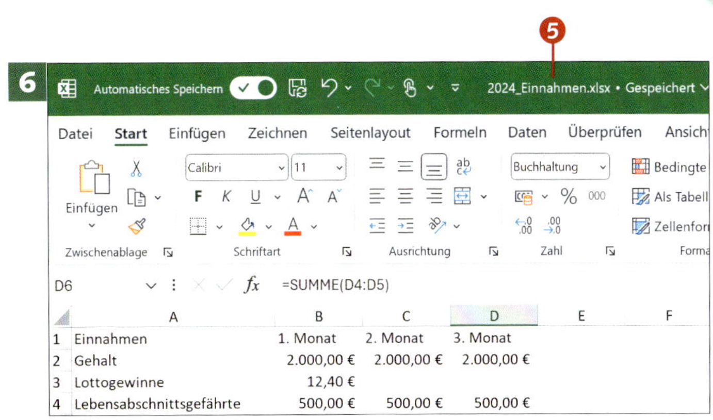

Sicherungsdatei

Unter **Tools** **6** können Sie Speicheroptionen einstellen. Legen Sie z. B. über **Allgemeine Optionen** fest, dass Excel eine Sicherungsdatei erstellt. Sie wird unter demselben Namen, aber mit der Erweiterung *.xlk* im selben Ordner gespeichert.

Eine Arbeitsmappe öffnen

1

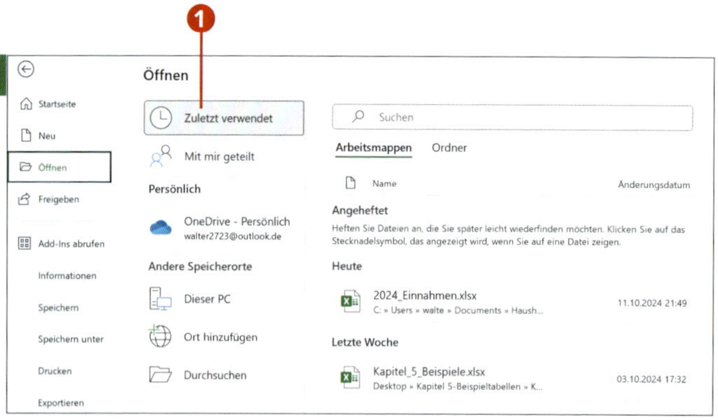

2

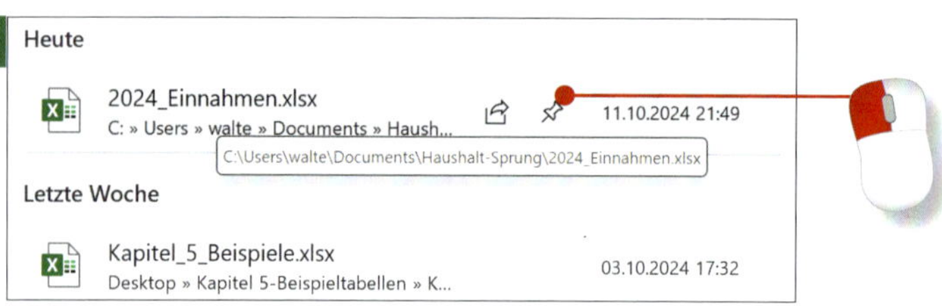

3

Sie haben eine Tabelle gespeichert. Wir zeigen Ihnen hier, wie Sie diese Datei später erneut öffnen können, um etwas nachzulesen, zu ändern oder um sie weiterzuverwenden.

Schritt 1

Klicken Sie auf die Registerkarte **Datei** und in der Backstage-Ansicht auf **Öffnen**. Wenn Sie die Tabelle erst vor Kurzem bearbeitet haben, finden Sie sie unter **Zuletzt verwendet** 1. Rechts listet Excel dort die »jüngsten« 25 Dateien auf.

Schritt 2

Sie können eine Tabelle, die Sie regelmäßig benötigen, dauerhaft zum schnellen Öffnen anheften. Die Datei »rutscht« dann nicht im Laufe der Zeit nach unten aus der Liste. Klicken Sie dazu auf den Pin rechts neben dem Dateinamen. Er erscheint dann leicht nach links geneigt und zeigt so an, dass die Datei dauerhaft angeheftet ist.

Schritt 3

Um diese Markierung wieder rückgängig zu machen, klicken Sie auf den Pin. Er verschwindet, und die Datei wird nicht mehr dauerhaft aufgelistet.

Schritt 4

Um eine bestimmte Tabelle zu öffnen, klicken Sie in der Mitte auf **Dieser PC** 2 und dann unten auf **Durchsuchen**.

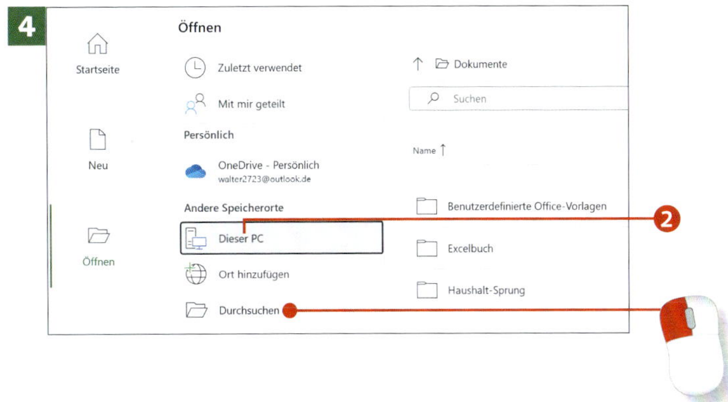

Schritt 5

Im Dialogfenster **Öffnen** wählen Sie den Ordner aus, in dem Ihre Tabelle gespeichert ist. Im rechten Fensterbereich erscheint eine Liste der in diesem Ordner gespeicherten Dateien.

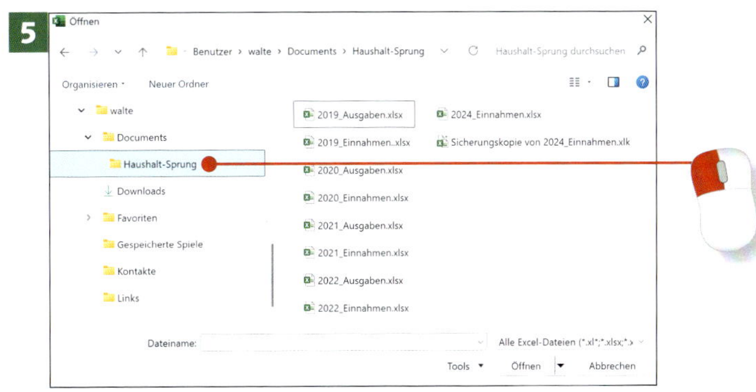

Schritt 6

Klicken Sie auf den Namen einer Datei 3, um sie auszuwählen, und klicken Sie dann auf die Schaltfläche **Öffnen**.

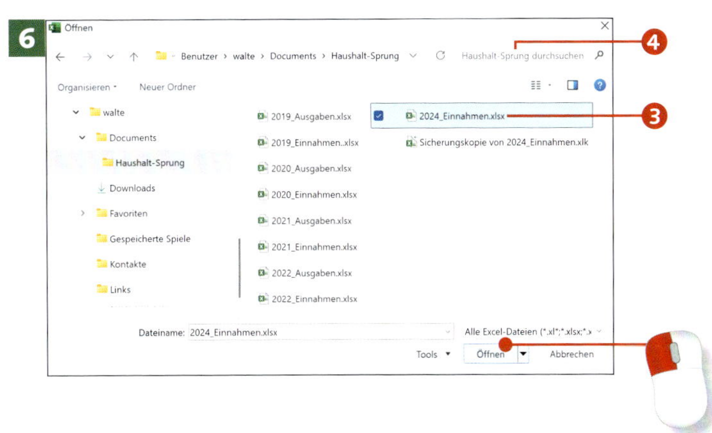

Speicherort vergessen?

Wenn Sie den Speicherort nicht mehr wissen, geben Sie einfach den Ordner- oder Dateinamen oder nur einen Teil davon in das Suchfeld 4 rechts oben im Dialogfenster **Öffnen** ein.

Eine neue Arbeitsmappe erzeugen

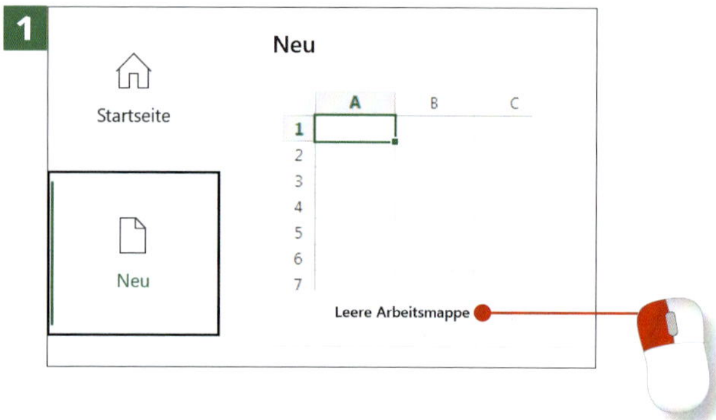

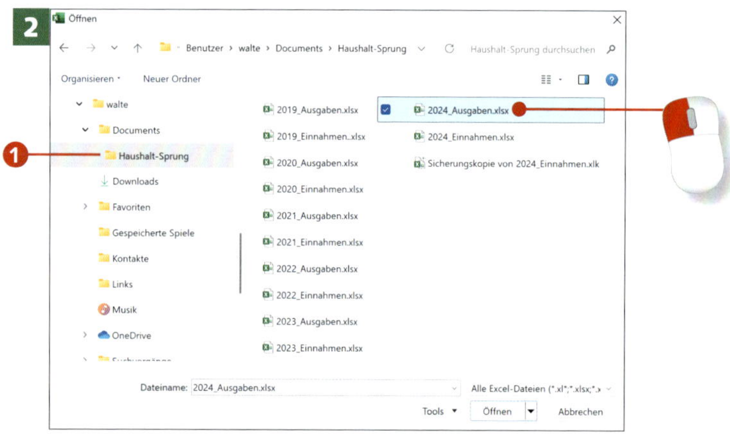

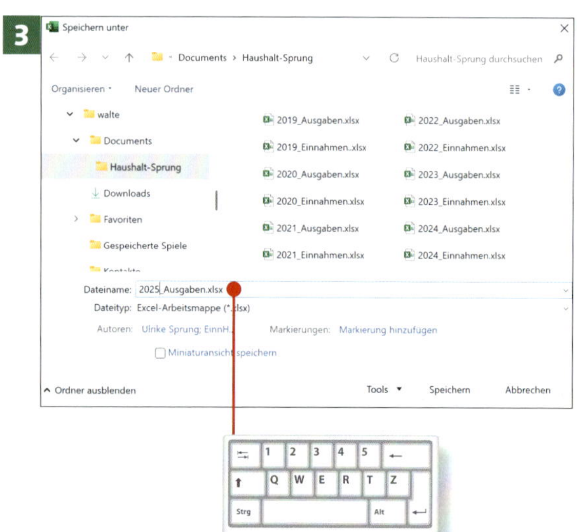

In diesem Abschnitt erfahren Sie, wie Sie mithilfe von vorhandenen Tabellen und Vorlagen im Handumdrehen eine tolle Tabelle zaubern.

Schritt 1

Um eine neue Mappe anzulegen, klicken Sie in der Backstage-Ansicht auf **Neu ▸ Leere Arbeitsmappe** oder drücken hier die ↵-Taste. So öffnen Sie eine neue Datei namens *Mappe1* im Standardformat.

Schritt 2

Wenn Sie eine bereits gespeicherte Tabelle als Vorlage nutzen wollen, wählen Sie **Öffnen**. Im Dialogfenster suchen Sie den Speicherort **1** und klicken auf den Namen der Tabelle, z. B. *2024_Ausgaben.xlsx*.

Schritt 3

In der geöffneten Tabelle klicken Sie wieder auf die Registerkarte **Datei**, dann auf **Speichern unter** und geben schließlich der Datei einen neuen Namen, z. B. *2025_Ausgaben*. Die Dateiendung *.xlsx* müssen Sie nicht eingeben, da diese über den Dateityp voreingestellt ist.

Schritt 4

Sie können sich viel Arbeit ersparen, wenn Sie eine vorgefertigte Tabellenschablone, d.h. eine Vorlage, benutzen. Klicken Sie auf **Datei**, in der Backstage-Ansicht auf den Bereich **Neu** und hier in das Feld mit dem Eintrag **Nach Onlinevorlagen suchen** ❷.

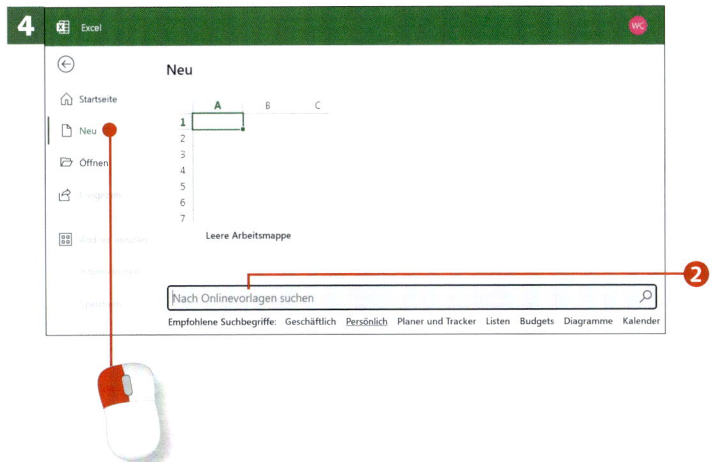

Schritt 5

In diesem Bereich sehen Sie neben und unter **Leere Arbeitsmappe** eine große Auswahl an Beispielvorlagen. Klicken Sie z.B. auf die Vorlage **Challenge: Tägliche Checkliste**.

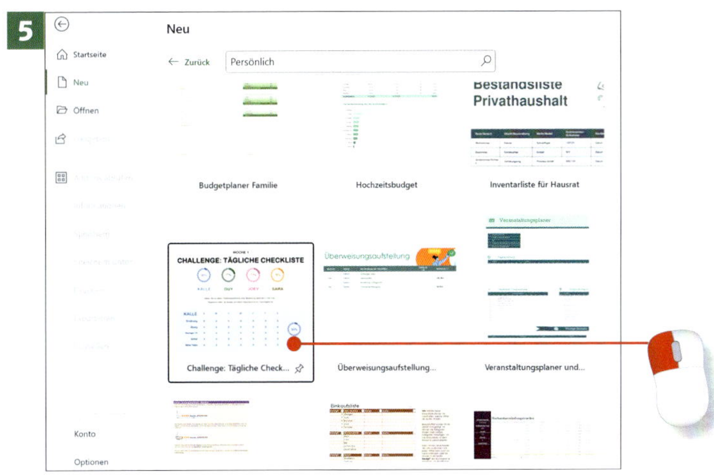

Schritt 6

Die Tabelle wird als Vorschau mit Informationen zu Quelle, Dateigröße und Inhalt gezeigt. Klicken Sie auf **Erstellen**, und der Download dieser Vorlage aus dem Internet beginnt. Wenn Sie die Vorlage bereits kennen, können Sie sie auch direkt per Doppelklick aus der Übersicht öffnen.

Internetverbindung herstellen

Für den Download einer Vorlage benötigen Sie immer eine funktionierende Internetverbindung.

Eine neue Arbeitsmappe erzeugen (Forts.)

7

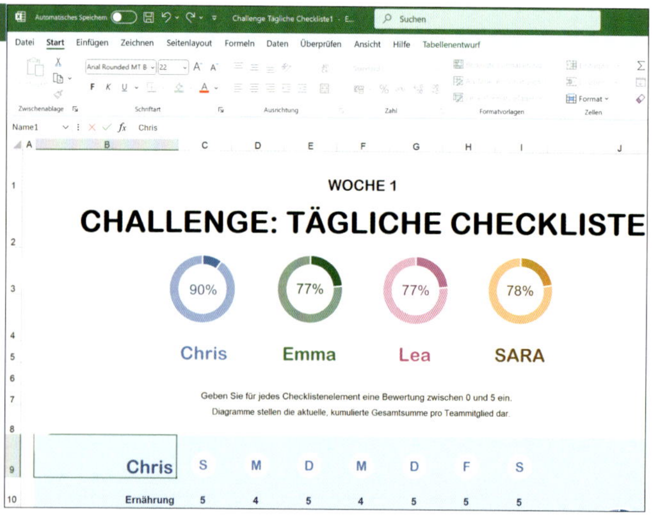

8

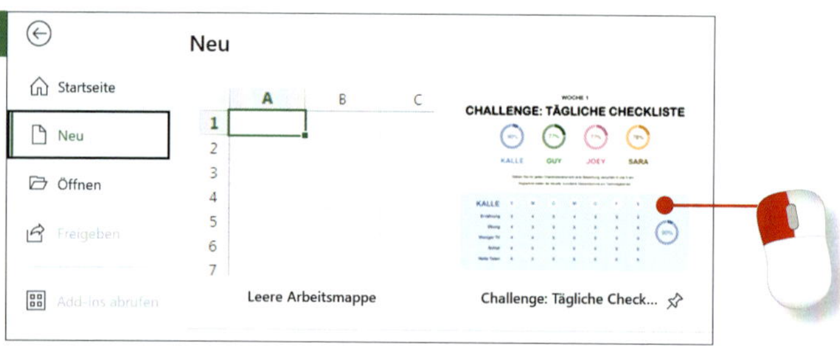

9

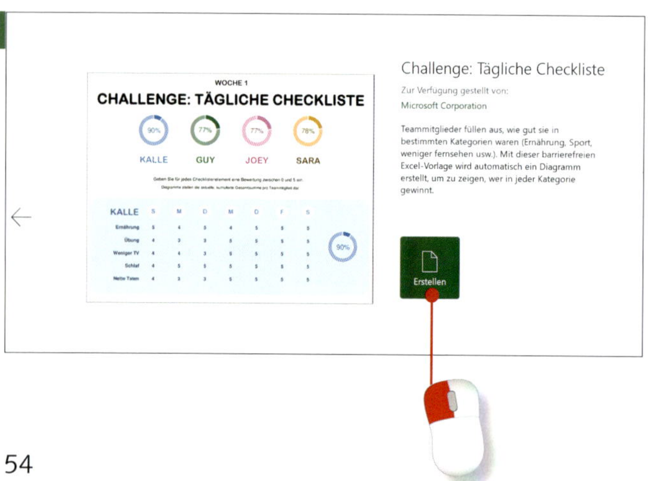

Schritt 7

Eine Excel-Arbeitsmappe mit dem Namen *Challenge: Tägliche Checkliste* wird geöffnet; sie ist bereits fertig gestaltet. Sie müssen nur noch Ihre eigenen Daten eintragen und die Datei dann unter einem eigenen Namen speichern.

Schritt 8

Wenn Sie Excel jetzt erneut starten, wird die Vorlage **Challenge: Tägliche Checkliste** sofort zur Auswahl angeboten. Klicken Sie darauf.

Schritt 9

Die Vorlage ist auf Ihrem Computer nun auch ohne Internetverbindung zum Erstellen einer neuen Arbeitsmappe vorhanden. Sie können sie mit **Erstellen** öffnen.

Sparen Sie sich Arbeit

Passen Sie die Gestaltung der professionellen Vorlagen an, oder fügen Sie selbst Formeln hinzu. Wenn Sie die bearbeitete Datei als Excel-Vorlage mit der Dateinamenserweiterung *.xltx* speichern, steht sie Ihnen künftig unter **Datei ▸ Neu** und hier unter dem Eintrag **Persönlich** zur Verfügung.

Schritt 10

Nun öffnet sich wieder eine leere Mappe mit dem Namen *Challenge: Tägliche Checkliste 1*, die aus fünf Tabellenblättern besteht. Klicken Sie auf **Woche 1** ❶, und tragen Sie z. B. den Namen *Kalle* ein. Der Eintrag wird automatisch in das Blatt **Woche2** übernommen. Speichern Sie die Datei dann z. B. als *Familienchallenge.xlsx*.

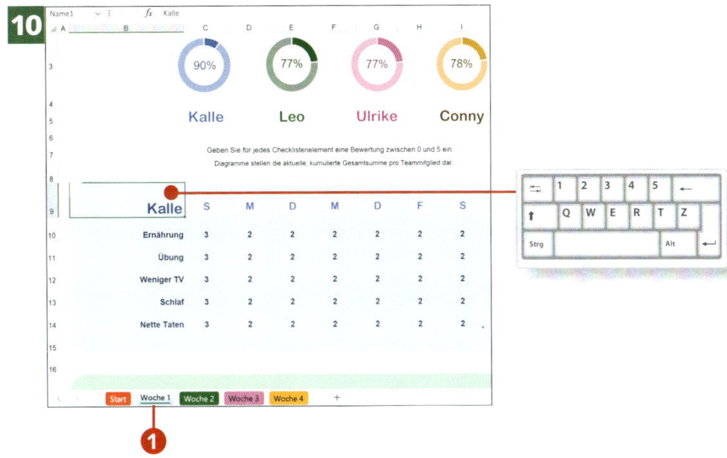

Schritt 11

Falls Sie in der Liste der Vorlagen nichts Passendes finden, klicken Sie unterhalb des Suchfeldes auf einen der empfohlenen Suchbegriffe, z. B. auf **Geschäftlich**.

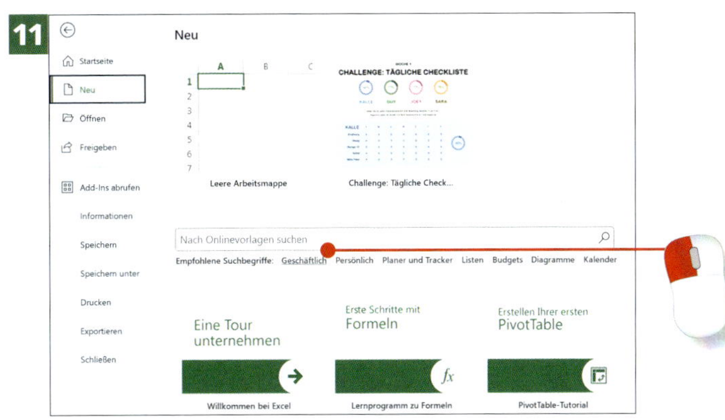

Schritt 12

Neben dem Suchergebnis sehen Sie eine Bildlaufleiste, mit der Sie nach unten scrollen können. Dann sehen Sie eine größere Anzahl der gefundenen Vorlagen ❷. Das sind fix und fertige Tabellen mit Gestaltungen und Berechnungen. Sie müssen nur noch Ihre Daten eintragen.

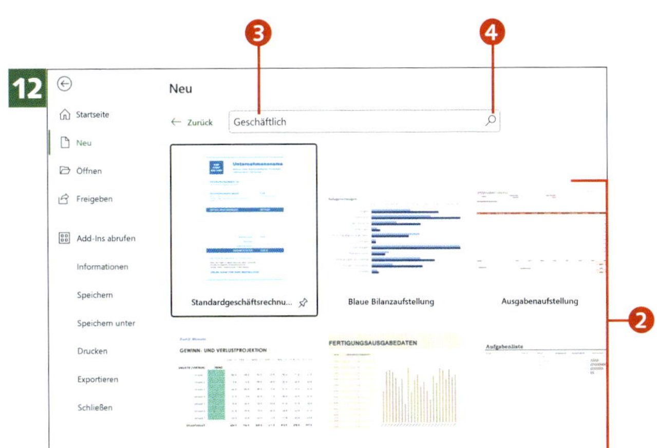

i

Spezielle Suche

Geben Sie einen Suchbegriff in das Suchfeld ❸ ein, z. B. *Geburtstag*, und drücken Sie [↵] oder klicken Sie auf die Lupe ❹, um die Suche zu starten.

Kapitel 3
Es geht noch viel schneller!

Spätestens wenn Sie lange Tabellen oder immer wieder die gleichen Datenreihen eingeben müssen, können Sie eine Menge Zeit sparen, wenn Sie mit der Autoausfüllen-Funktion arbeiten. Neben dieser gibt es noch weitere Hilfen und Automatismen, die Sie für viele Zwecke nutzen können.

Autoausfüllen
Mit der Autoausfüllen-Funktion können Sie sich einige Tipparbeit sparen. Logische Reihen lassen sich automatisch vervollständigen, indem Sie mit gedrückter Maustaste am Ausfüllkästchen ziehen. Das funktioniert für Zahlen ebenso wie für Text und sogar bei gemischten Eingaben.

Bereiche markieren
Um nicht jede Zelle einzeln bearbeiten oder löschen zu müssen, können Sie mehrere Zellen markieren. Was immer Sie danach tun, wirkt sich dann auf den gesamten markierten Bereich aus.

Drag & Drop
Drag & Drop ist eine Funktion, die Sie am PC in vielen Situationen anwenden können. Auch in Excel lassen sich damit einzelne Zellinhalte oder auch ganze Bereiche kopieren oder komplett verschieben, wenn Sie mit gedrückter Maustaste am Markierungsrahmen ziehen.

Zeilen und Spalten
Zeilen und Spalten bilden die Grundordnung in Excel-Tabellen. Auch sie kann man natürlich verschieben, vergrößern, nachträglich einfügen oder wieder löschen.

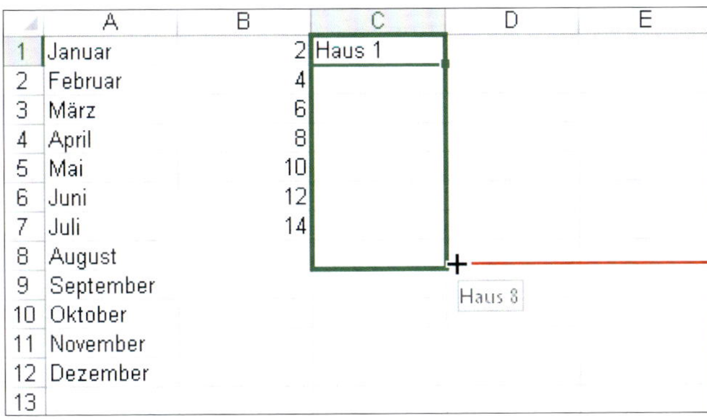

Excel vervollständigt Listen und Reihen auf Wunsch automatisch.

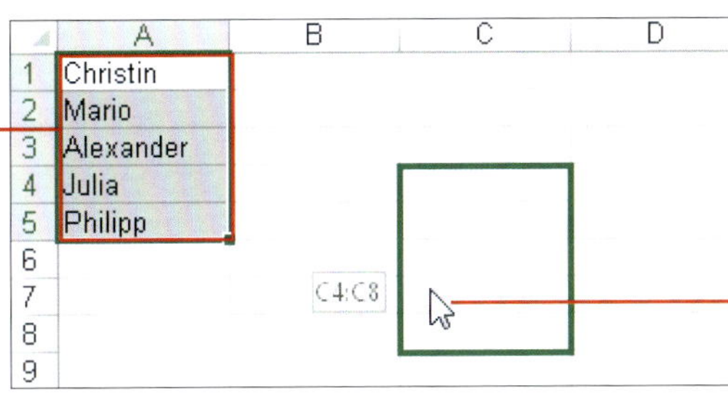

Sie können mehrere Zellen markieren und in einem Rutsch bearbeiten.

Drag & Drop bedeutet nichts anderes als *Ziehen und Fallenlassen*.

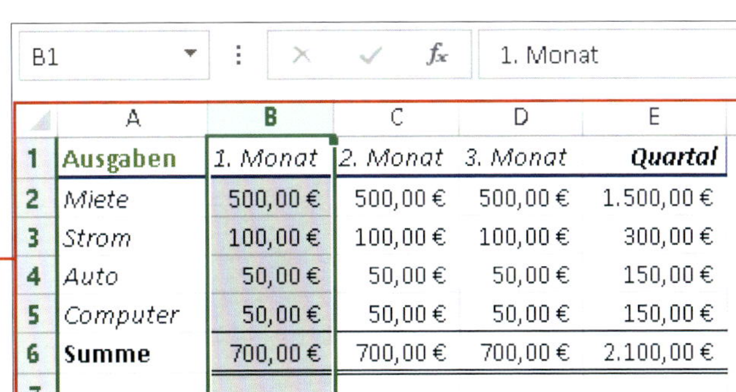

Zeilen und Spalten bilden das Grundgerüst einer Excel-Tabelle.

Weniger Aufwand durch Autoausfüllen

Mithilfe des Ausfüllkästchens können Sie Eingaben in Excel wesentlich effektiver gestalten. In diesem Abschnitt testen Sie, wie das automatische Ausfüllen in Excel funktioniert.

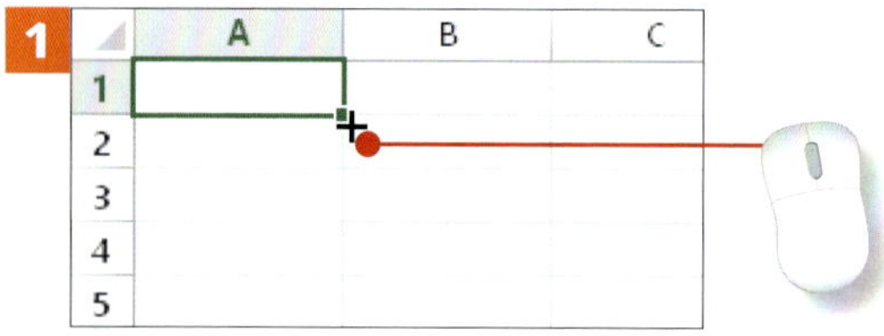

Schritt 1

Wählen Sie die Zelle A1 aus. Das *Ausfüllkästchen* ist das kleine grüne Kästchen in der rechten unteren Ecke der Markierung. Wenn Sie mit dem Mauszeiger auf das Ausfüllkästchen zeigen, verwandelt er sich in ein schwarzes Kreuz.

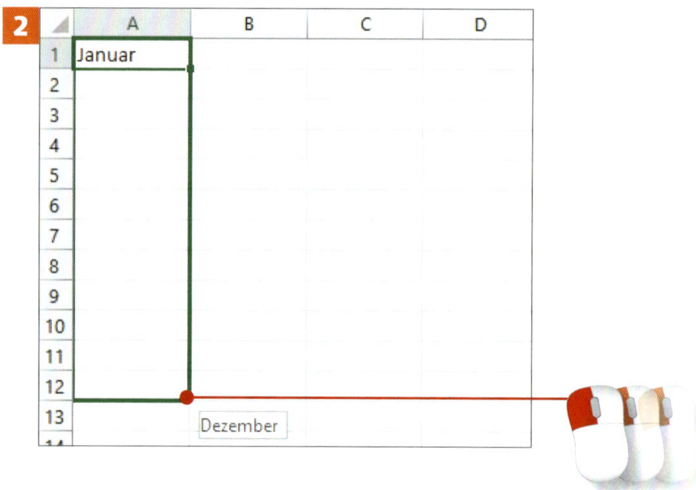

Schritt 2

Geben Sie in die Zelle A1 »Januar« ein. Zeigen Sie mit der Maus auf das Ausfüllkästchen, und ziehen Sie es nach unten oder nach rechts. So füllen Sie ganz einfach die nächsten elf Monate aus.

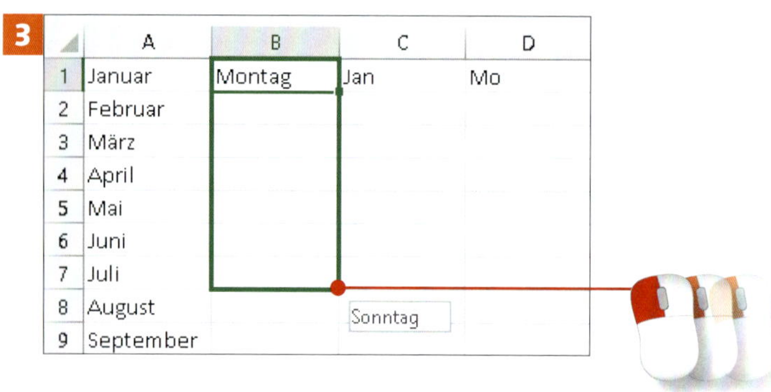

Schritt 3

Geben Sie in die Zelle B1 einen Wochentag ein, z. B. »Montag«. Zeigen Sie mit der Maus auf das Ausfüllkästchen, und ziehen Sie es nach unten oder nach rechts, um die nächsten sechs Tage auszufüllen.

So geht es auch

Sie können auch die gängige Abkürzung eingeben, also statt »Januar« nur »Jan« oder statt »Montag« nur »Mo«.

Schritt 4

Genauso funktioniert es mit Datum und Uhrzeit. Geben Sie ein Datum in die Zelle A1 und eine beliebige Uhrzeit in die Zelle B1 ein. Wenn Sie mit der Maus auf das Ausfüllkästchen zeigen und es nach unten bzw. nach rechts ziehen, können Sie die Daten der folgenden Tage bzw. die Zeit stundenweise ausfüllen.

4

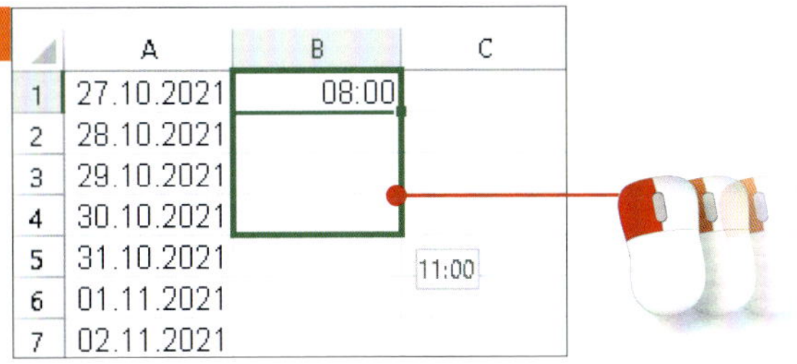

Schritt 5

Das Ausfüllen funktioniert sogar bei Texten, die mit Zahlen kombiniert sind. Geben Sie in die Zelle A1 »Haus 1« ein. Markieren Sie die Zelle A1, und ziehen Sie das Ausfüllkästchen nach unten. Sie können alternativ auch »1. Haus« eingeben.

5

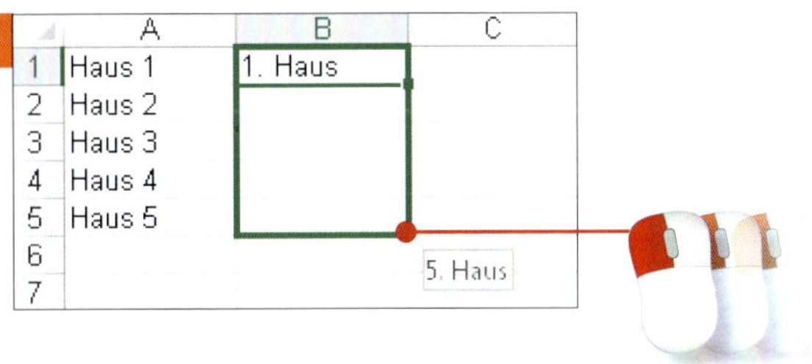

Schritt 6

Wenn Sie eine Zahlenreihe eingeben möchten, tragen Sie den Startwert in eine Zelle ein. Mit dem nächsten Wert geben Sie das Muster vor. Markieren Sie beide Zellen, und ziehen Sie das Ausfüllkästchen nach unten. Excel ergänzt die Reihe automatisch.

6

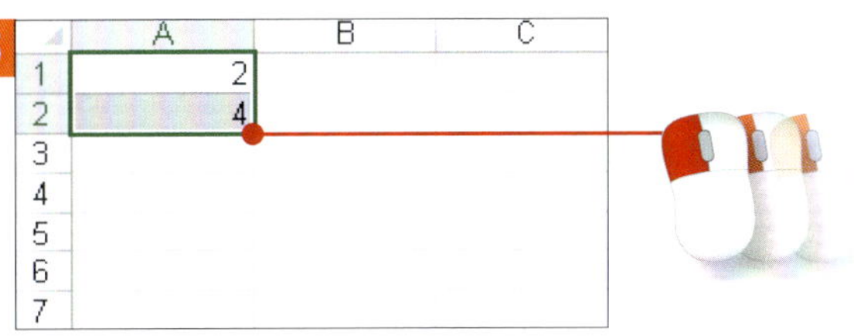

Daten einfach kopieren

Sie können das Autoausfüllen unterdrücken, indem Sie Strg gedrückt halten, während Sie am Kästchen ziehen. Die Werte werden dann nicht fortlaufend ergänzt, sondern lediglich in die angrenzenden Zellen kopiert.

Benutzerdefinierte Datenreihen

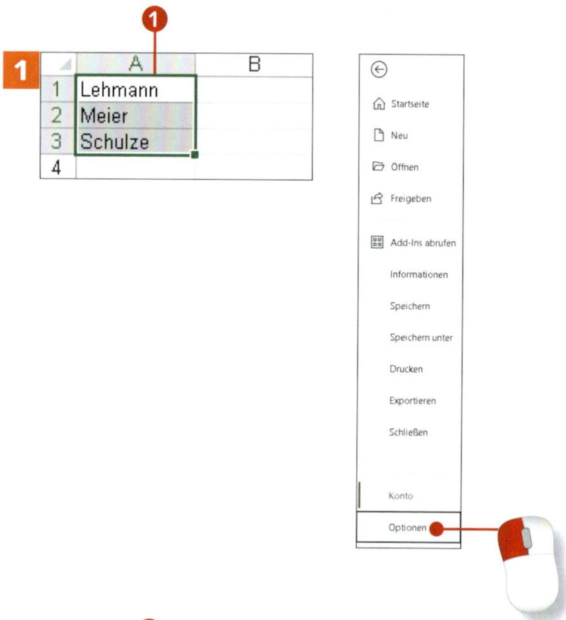

Für die Autoausfüllen-Funktion können Sie auch eigene Reihen erstellen, beispielsweise für Namen in Telefonlisten oder für feste Ausgaben im Haushaltsbuch.

Schritt 1

Wählen Sie im Arbeitsblatt die Liste mit den Elementen aus, die Sie in der benutzerdefinierten Datenreihe verwenden möchten ❶. Öffnen Sie die Backstage-Ansicht über die Registerkarte **Datei**, und klicken Sie dort auf **Optionen**.

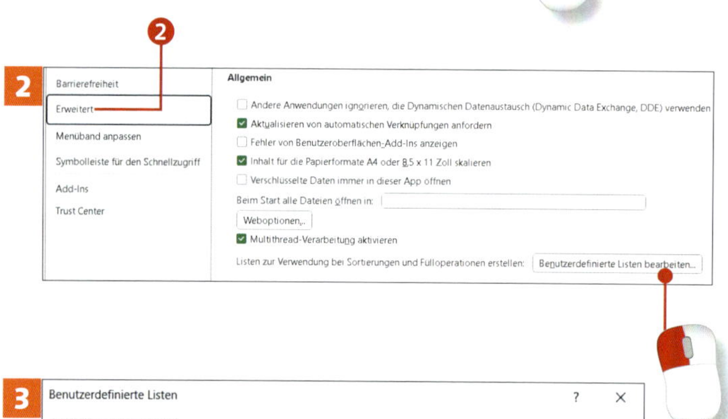

Schritt 2

Wählen Sie dann die Rubrik **Erweitert** ❷. Auf der rechten Seite des Fensters scrollen Sie etwas nach unten und klicken im Abschnitt **Allgemein** auf die Schaltfläche **Benutzerdefinierte Listen bearbeiten**.

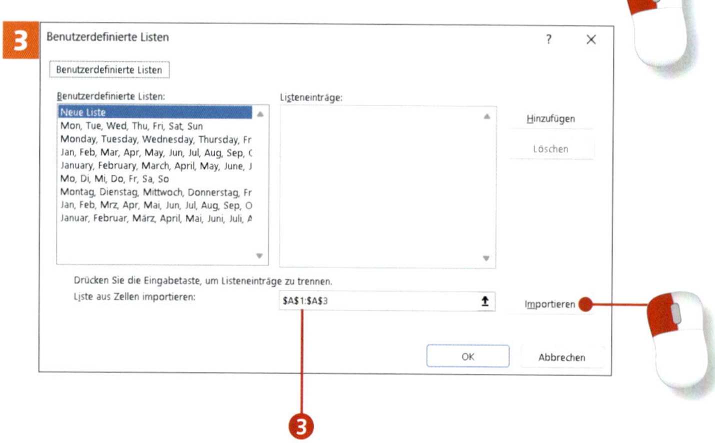

Schritt 3

Die Zellen, die Sie vorher markiert haben, werden im Feld **Liste aus Zellen importieren** angezeigt ❸. Klicken Sie auf **Importieren**. Die Elemente der ausgewählten Liste werden dem Feld **Benutzerdefinierte Listen** hinzugefügt. Bestätigen Sie beide Fenster mit **OK**.

Schritt 4

Um Ihre eigene Reihe zu verwenden, klicken Sie auf eine leere Zelle. Geben Sie dann das Element Ihrer Datenreihe an, mit dem Sie die Liste beginnen möchten. Ziehen Sie wie gehabt das Ausfüllkästchen über die Zellen, die gefüllt werden sollen.

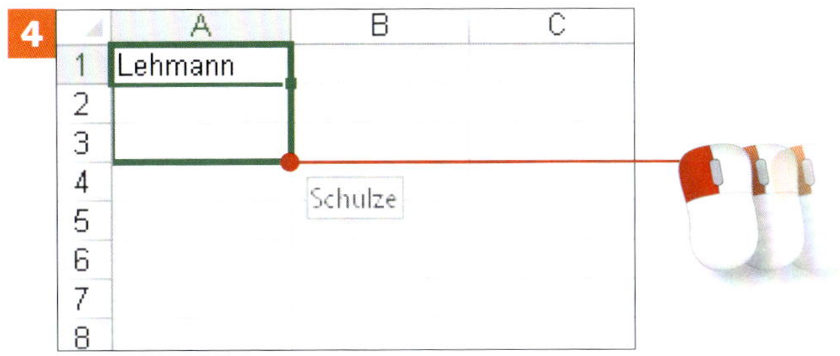

Schritt 5

Auch Formeln lassen sich automatisch übertragen. Wählen Sie die Zelle aus, die die Formel enthält, mit der Sie angrenzende Zellen ausfüllen möchten. Ziehen Sie das Ausfüllkästchen nach unten. Die Formel passt sich zeilenweise an: Aus =B1*5 in der Zelle A1 wird =B2*5 in A2 etc.

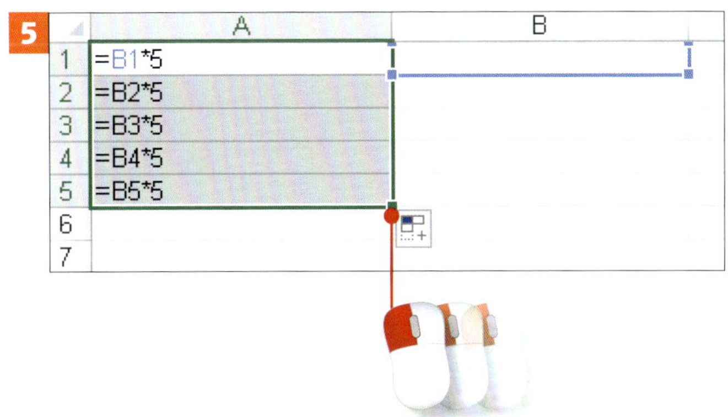

Schritt 6

Nun erstellen wir als Beispiel eine Telefonkostenaufstellung für verschiedene Mitarbeiter. Es handelt sich um fiktive Daten, daher setzen wir zur schnellen Datenerfassung die Autoausfüllen-Funktion ein.

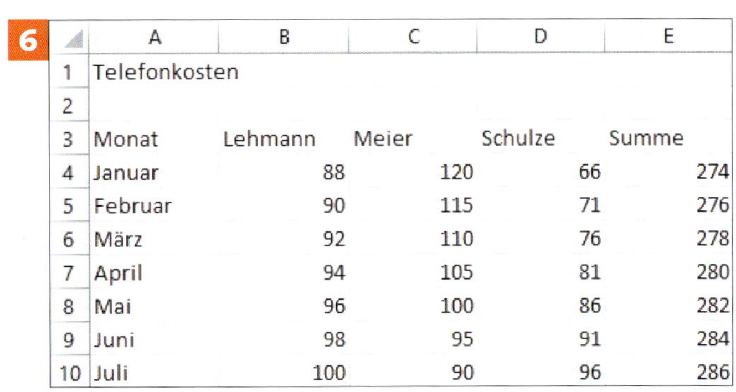

	A	B	C	D	E
1	Telefonkosten				
2					
3	Monat	Lehmann	Meier	Schulze	Summe
4	Januar	88	120	66	274
5	Februar	90	115	71	276
6	März	92	110	76	278
7	April	94	105	81	280
8	Mai	96	100	86	282
9	Juni	98	95	91	284
10	Juli	100	90	96	286

Autoausfüllen per Doppelklick

Anstatt das Ausfüllkästchen über die Zellen zu ziehen, die mit den Formeln ausgefüllt werden, können Sie alternativ auf das Ausfüllkästchen doppelklicken.

Benutzerdefinierte Datenreihen (Forts.)

7

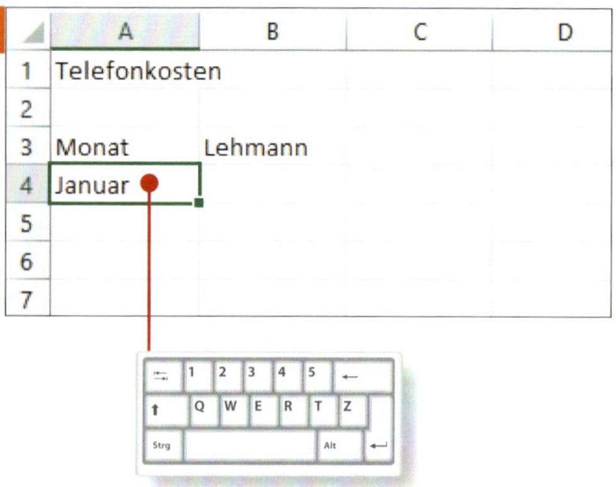

8

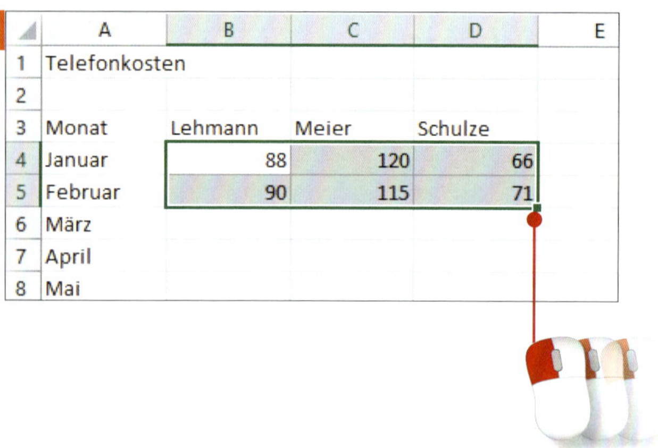

9

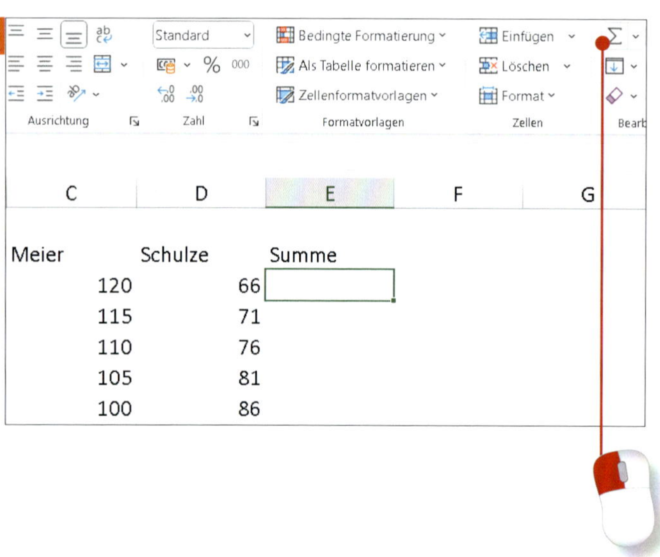

Schritt 7

Geben Sie in die Zelle A1 die Überschrift »Telefonkosten« und in die Zelle A3 »Monat« ein. In die Zelle B3 schreiben Sie »Lehmann« und in die Zelle A4 »Januar«. Die Texte in den Zellen C3 und D3 sowie im Bereich A5:A15 lassen Sie Excel automatisch ausfüllen, indem Sie das Ausfüllkästchen über die entsprechenden Zellen ziehen.

Schritt 8

Geben Sie Zahlen in die Zellen ein, wie in der nebenstehenden Abbildung zu sehen. Damit geben Sie die Abstände für die einzutragenden Zahlen vor. Markieren Sie alle sechs Zellen, und lassen Sie Excel die Tabelle automatisch ausfüllen, indem Sie das Ausfüllkästchen nach unten ziehen.

Schritt 9

Ergänzen Sie in den Zellen A16 und E3 jeweils das Wort »Summe« als Überschrift. Um die Summe der Zellen B4:D4 bzw. B4:B15 zu bilden, positionieren Sie den Cursor in der jeweiligen Ergebniszelle (E4 bzw. B16). Klicken Sie dann auf der Registerkarte **Start** in der Gruppe **Bearbeiten** auf **AutoSumme**.

Schritt 10

Ein gestrichelter Laufrahmen umgibt die Zellen, die Excel automatisch erkennt. Dieser Bereich lässt sich bei Bedarf mit der Maus korrigieren. Bestätigen Sie die Auswahl durch Drücken der [↵]-Taste.

10

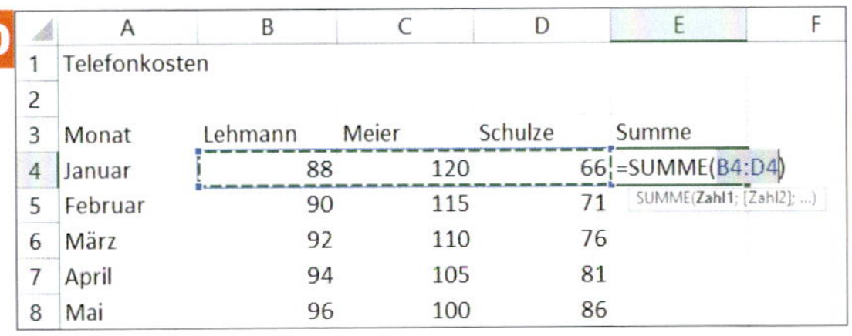

	A	B	C	D	E	F
1	Telefonkosten					
2						
3	Monat	Lehmann	Meier	Schulze	Summe	
4	Januar	88	120	66	=SUMME(B4:D4)	
5	Februar	90	115	71	SUMME(Zahl1; [Zahl2]; ...)	
6	März	92	110	76		
7	April	94	105	81		
8	Mai	96	100	86		

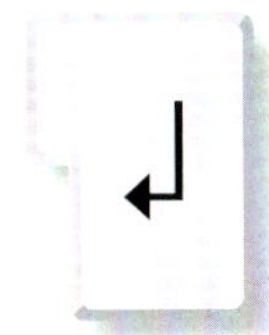

Schritt 11

Um die Summen in den Zellen C16 und D16 zu ergänzen, ziehen Sie das Ausfüllkästchen der Zelle B16 nach rechts bis D16.

11

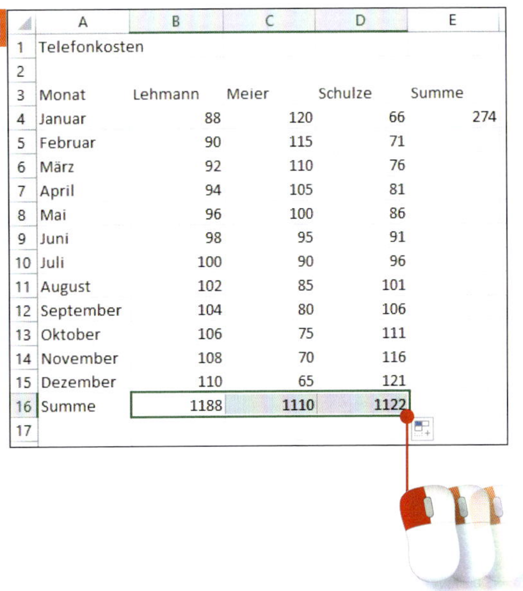

	A	B	C	D	E
1	Telefonkosten				
2					
3	Monat	Lehmann	Meier	Schulze	Summe
4	Januar	88	120	66	274
5	Februar	90	115	71	
6	März	92	110	76	
7	April	94	105	81	
8	Mai	96	100	86	
9	Juni	98	95	91	
10	Juli	100	90	96	
11	August	102	85	101	
12	September	104	80	106	
13	Oktober	106	75	111	
14	November	108	70	116	
15	Dezember	110	65	121	
16	Summe	1188	1110	1122	
17					

Schritt 12

Die Summenformel der Zelle E4 übertragen Sie durch Ziehen des Ausfüllkästchens bis E15. Sie können die Formeln auch erzeugen, indem Sie doppelt auf das kleine Ausfüllkästchen klicken.

12

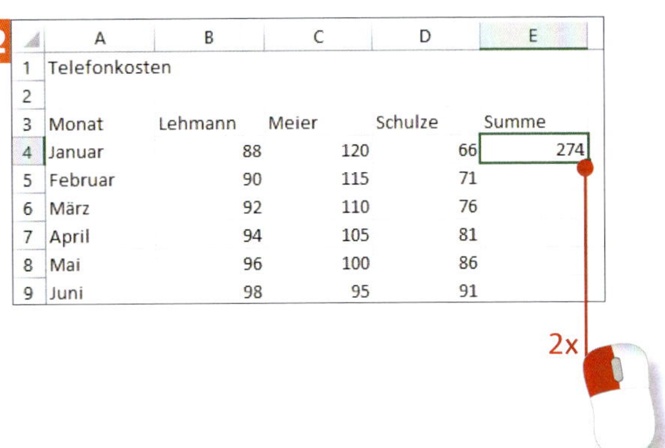

	A	B	C	D	E
1	Telefonkosten				
2					
3	Monat	Lehmann	Meier	Schulze	Summe
4	Januar	88	120	66	274
5	Februar	90	115	71	
6	März	92	110	76	
7	April	94	105	81	
8	Mai	96	100	86	
9	Juni	98	95	91	

Komplizierte Formeln

Auch komplizierte Formeln lassen sich automatisch ausfüllen. Ausführliche Informationen zu diesem Thema erhalten Sie in den Abschnitten »Formeln per Ausfüllfunktion erzeugen« auf Seite 154 sowie »Relative und absolute Adressierung« auf Seite 156.

Blitzvorschau (Flash Fill)

Die Blitzvorschau ist eine geniale Funktion in Excel, mit der Sie Daten leicht ausfüllen und umsortieren können.

1
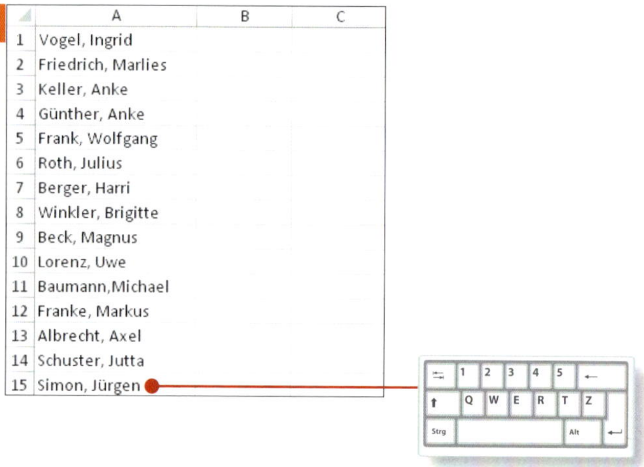

Schritt 1

Bereiten Sie eine Tabelle vor, in der Namen von Personen in der Spalte A erfasst werden. Diese Daten sind Grundlage für das Füllen der weiteren Spalten mit der Blitzvorschau.

2
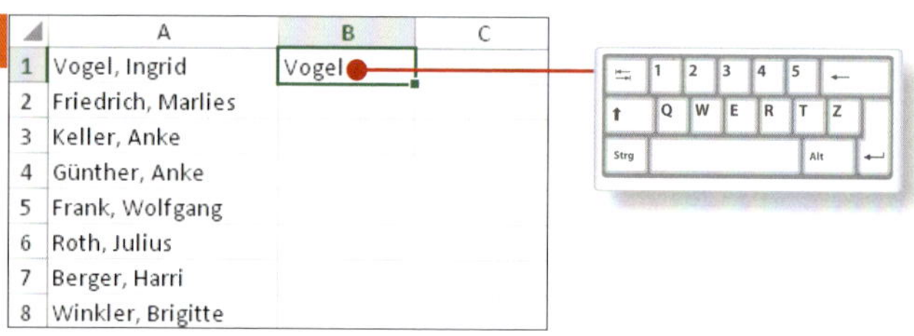

Schritt 2

In der Spalte B werden ausschließlich die Familiennamen benötigt. Geben Sie daher zunächst in der Zelle B1 den Familiennamen der ersten Person ein.

3
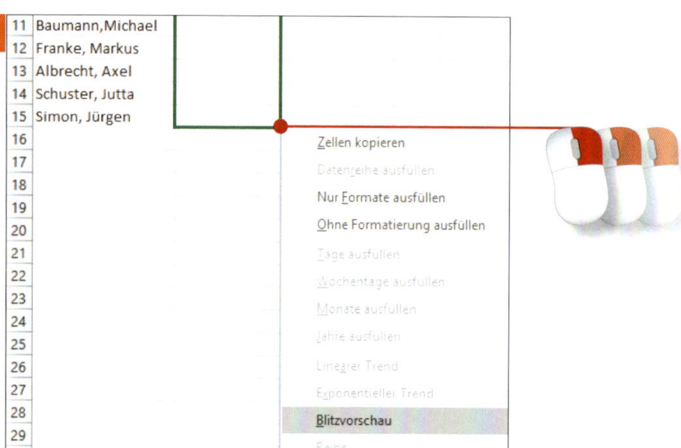

Schritt 3

Den Familiennamen aus Zelle B1 übertragen Sie durch Ziehen des Ausfüllkästchens *mit gedrückter rechter (!) Maustaste* bis zur Zelle B15. Wählen Sie aus dem Kontextmenü den Eintrag **Blitzvorschau** aus (das Menü erscheint, sobald Sie die Maustaste losgelassen haben).

Schritt 4

Genauso funktioniert es auch mit dem Vornamen, den Sie in der Zelle C1 eingeben. Übertragen Sie den Inhalt bis zur Zelle C15, indem Sie mit der rechten Maustaste das Ausfüllkästchen nach unten ziehen. Sobald Sie die Maustaste loslassen, erscheint das Kontextmenü, aus dem Sie **Blitzvorschau** auswählen.

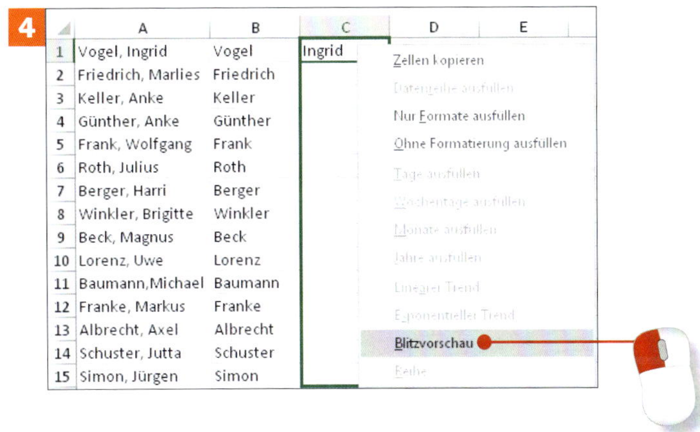

Schritt 5

In der Spalte D werden ein Buchstabe des Vornamens und der gesamte Familienname benötigt. Nach Eingabe von *I. Vogel* können Sie den Inhalt kopieren. Ziehen Sie dazu das Ausfüllkästchen mit der rechten Maustaste bis zur Zelle D23, und wählen Sie **Blitzvorschau**.

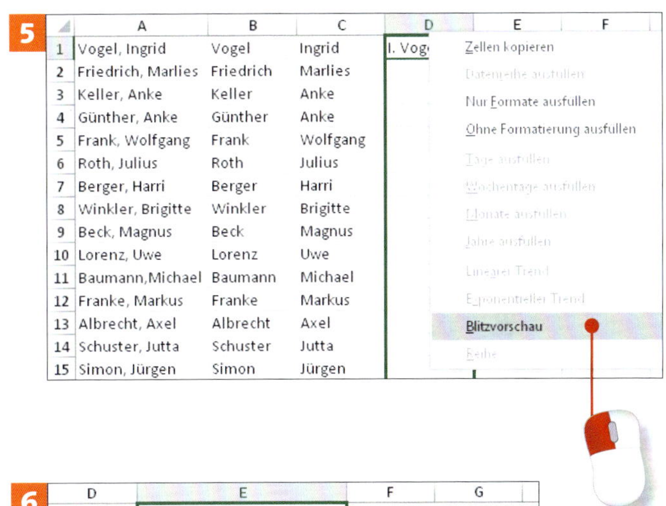

Schritt 6

Werden Namen und Vornamen in einer E-Mail-Adresse benötigt, geben Sie in die erste Zeile der Spalte E die Adresse *Ingrid.Vogel@berlin.de* ein. Den Inhalt kopieren Sie, indem Sie wieder das Ausfüllkästchen mit der rechten Maustaste bis zur Zelle E15 ziehen und **Blitzvorschau** wählen. (Das geht natürlich nur, wenn die E-Mail-Adressen alle demselben Schema folgen.)

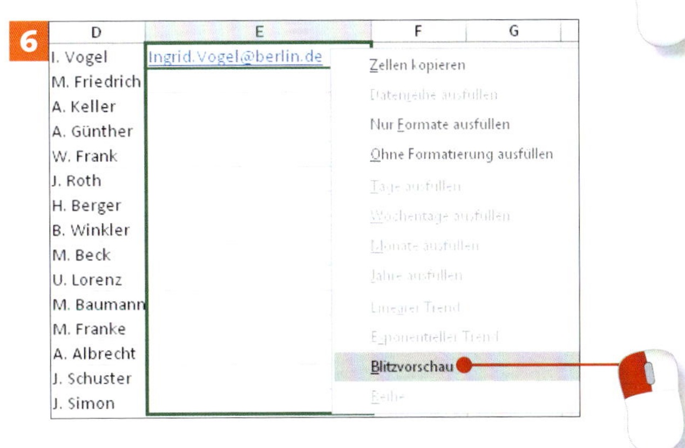

Bereiche markieren

1

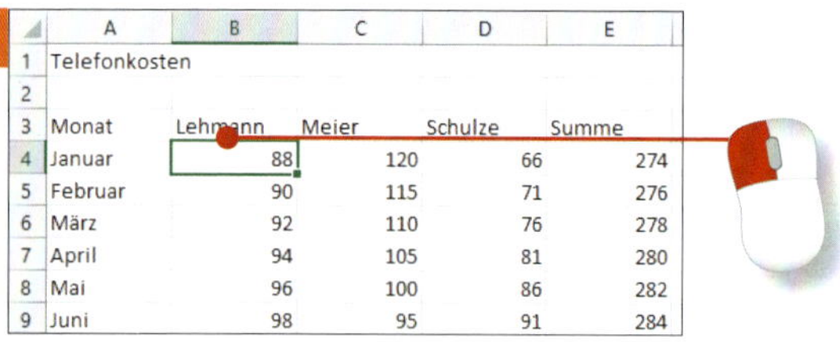

	A	B	C	D	E
1	Telefonkosten				
2					
3	Monat	Lehmann	Meier	Schulze	Summe
4	Januar	88	120	66	274
5	Februar	90	115	71	276
6	März	92	110	76	278
7	April	94	105	81	280
8	Mai	96	100	86	282
9	Juni	98	95	91	284

2

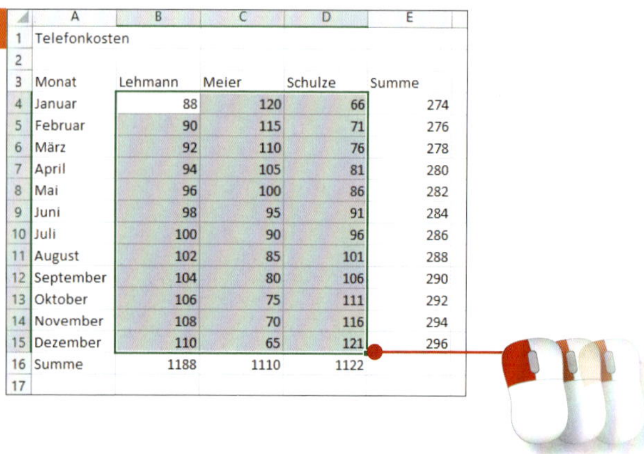

	A	B	C	D	E
1	Telefonkosten				
2					
3	Monat	Lehmann	Meier	Schulze	Summe
4	Januar	88	120	66	274
5	Februar	90	115	71	276
6	März	92	110	76	278
7	April	94	105	81	280
8	Mai	96	100	86	282
9	Juni	98	95	91	284
10	Juli	100	90	96	286
11	August	102	85	101	288
12	September	104	80	106	290
13	Oktober	106	75	111	292
14	November	108	70	116	294
15	Dezember	110	65	121	296
16	Summe	1188	1110	1122	
17					

3

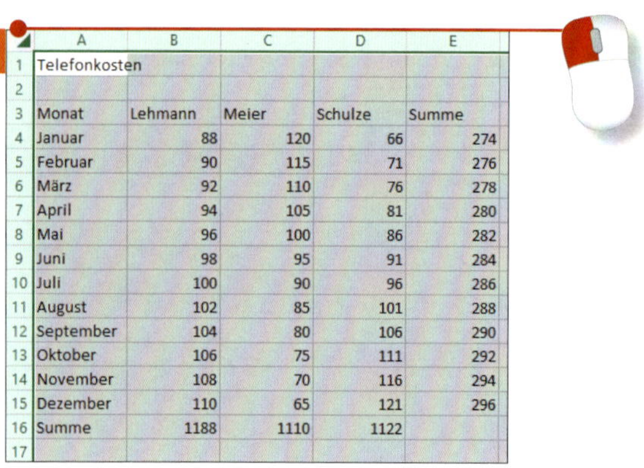

	A	B	C	D	E
1	Telefonkosten				
2					
3	Monat	Lehmann	Meier	Schulze	Summe
4	Januar	88	120	66	274
5	Februar	90	115	71	276
6	März	92	110	76	278
7	April	94	105	81	280
8	Mai	96	100	86	282
9	Juni	98	95	91	284
10	Juli	100	90	96	286
11	August	102	85	101	288
12	September	104	80	106	290
13	Oktober	106	75	111	292
14	November	108	70	116	294
15	Dezember	110	65	121	296
16	Summe	1188	1110	1122	
17					

Mit der Maus oder über die Tastatur können Sie bestimmte Bereiche markieren und diese ändern oder kopieren. So erleichtern Sie sich die Arbeit, da Sie nicht jedes Mal jeden Wert einzeln ändern müssen.

Schritt 1

Um mehrere Zellen zu einem Bereich zusammenzufassen, klicken Sie in eine Zelle oder navigieren mithilfe der Pfeiltasten (→, ←, ↑ oder ↓) zu der Zelle, die Sie markieren wollen.

Schritt 2

Ziehen Sie die Markierung von der Zelle B3 diagonal zur Zelle D15. Wenn Sie die Tastatur benutzen, halten Sie die ⇧-Taste gedrückt, während Sie über die Pfeiltasten den Auswahlbereich erweitern.

Schritt 3

Um das gesamte Arbeitsblatt auszuwählen, klicken Sie auf die Schaltfläche **Alle auswählen**. Sie können alternativ auch die Tasten Strg+A drücken.

i

Strg+A

Wenn das Arbeitsblatt Daten enthält und sich der Cursor im Datenbereich befindet, wird mit Strg+A der aktuelle Bereich ausgewählt. Wenn Sie Strg+A ein zweites Mal nutzen, wird das gesamte Arbeitsblatt ausgewählt.

Schritt 4

Um mehrere nicht zusammenhängende Bereiche auszuwählen, klicken Sie auf die erste Zelle oder den ersten Zellbereich. Halten Sie dann die Strg-Taste gedrückt, während Sie weitere Zellen oder Bereiche auswählen. Die bereits markierten Bereiche werden grau hinterlegt.

4

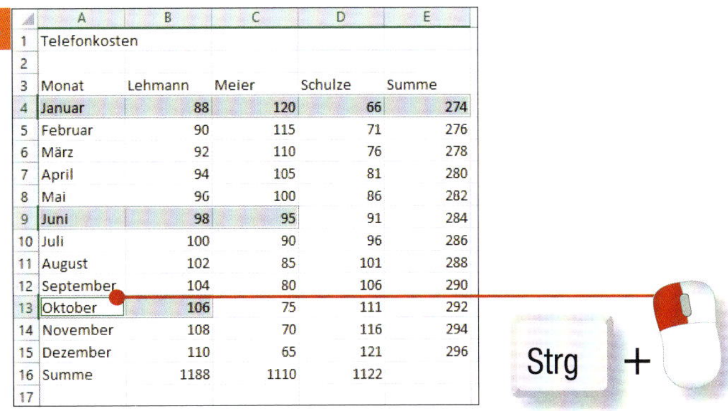

	A	B	C	D	E
1	Telefonkosten				
2					
3	Monat	Lehmann	Meier	Schulze	Summe
4	Januar	88	120	66	274
5	Februar	90	115	71	276
6	März	92	110	76	278
7	April	94	105	81	280
8	Mai	96	100	86	282
9	Juni	98	95	91	284
10	Juli	100	90	96	286
11	August	102	85	101	288
12	September	104	80	106	290
13	Oktober	106	75	111	292
14	November	108	70	116	294
15	Dezember	110	65	121	296
16	Summe	1188	1110	1122	
17					

Schritt 5

Sie können auch ganze Zeilen oder Spalten auswählen. Klicken Sie dazu auf die Zeilen- bzw. auf die Spaltenbeschriftung der Bereiche, die Sie markieren möchten. Mit der Strg-Taste können Sie hierbei auch mehrere nicht zusammenhängende Bereiche markieren.

5

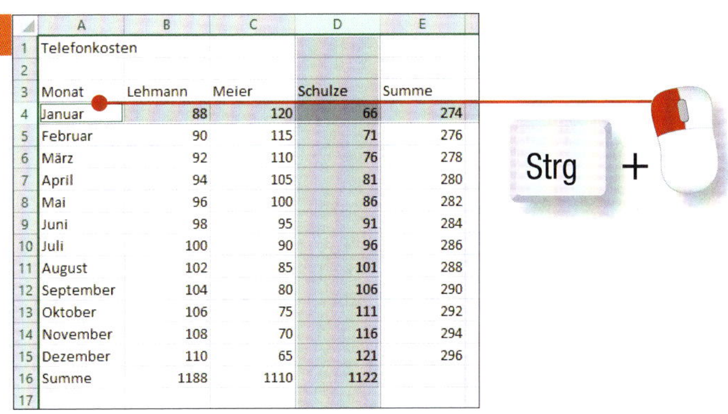

	A	B	C	D	E
1	Telefonkosten				
2					
3	Monat	Lehmann	Meier	Schulze	Summe
4	Januar	88	120	66	274
5	Februar	90	115	71	276
6	März	92	110	76	278
7	April	94	105	81	280
8	Mai	96	100	86	282
9	Juni	98	95	91	284
10	Juli	100	90	96	286
11	August	102	85	101	288
12	September	104	80	106	290
13	Oktober	106	75	111	292
14	November	108	70	116	294
15	Dezember	110	65	121	296
16	Summe	1188	1110	1122	
17					

Schritt 6

Um mehrere Zeilen oder Spalten auf einmal zu markieren, klicken Sie z. B. auf die Spaltenbeschriftung B und ziehen die Maus über die Beschriftungen der folgenden Spalten. Sie können auch die erste Spalte auswählen und dann bei gedrückter ⇧-Taste auf die letzte Spalte klicken.

6

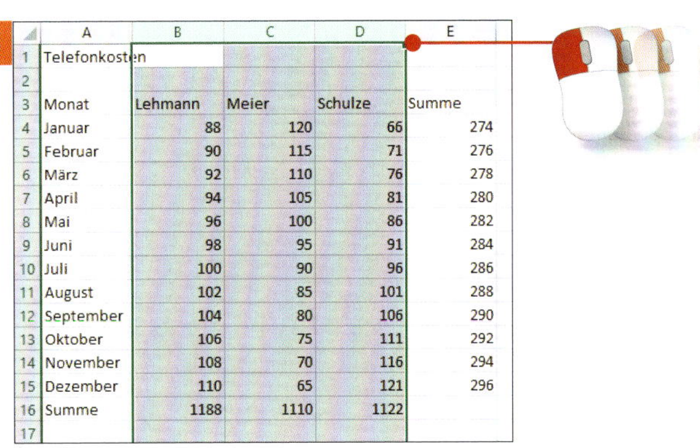

	A	B	C	D	E
1	Telefonkosten				
2					
3	Monat	Lehmann	Meier	Schulze	Summe
4	Januar	88	120	66	274
5	Februar	90	115	71	276
6	März	92	110	76	278
7	April	94	105	81	280
8	Mai	96	100	86	282
9	Juni	98	95	91	284
10	Juli	100	90	96	286
11	August	102	85	101	288
12	September	104	80	106	290
13	Oktober	106	75	111	292
14	November	108	70	116	294
15	Dezember	110	65	121	296
16	Summe	1188	1110	1122	
17					

Bereiche kopieren, ausschneiden und löschen

1

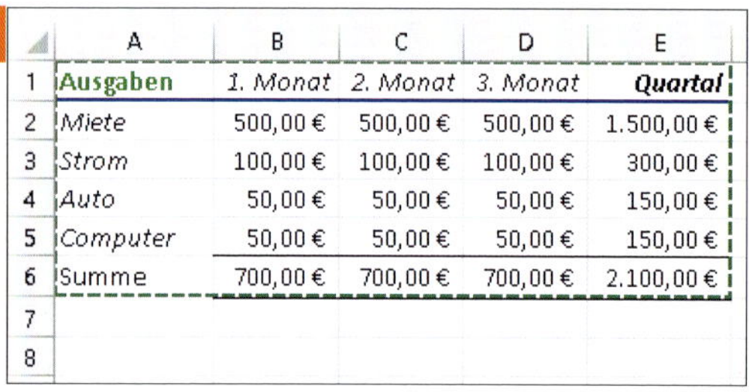

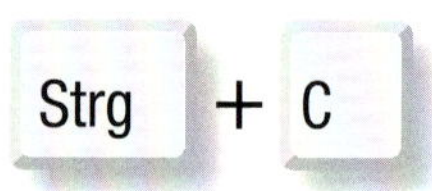

2

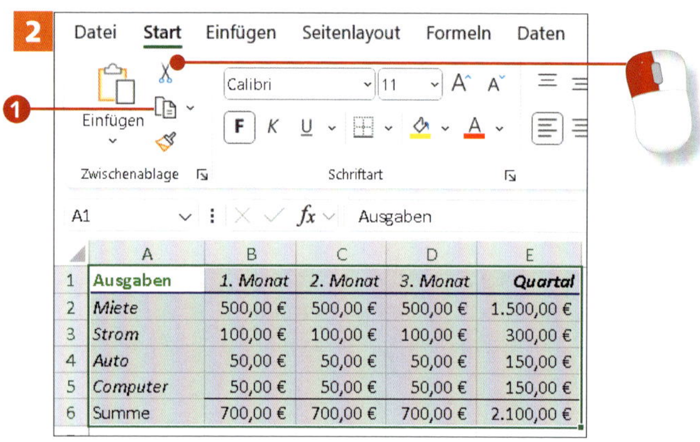

3

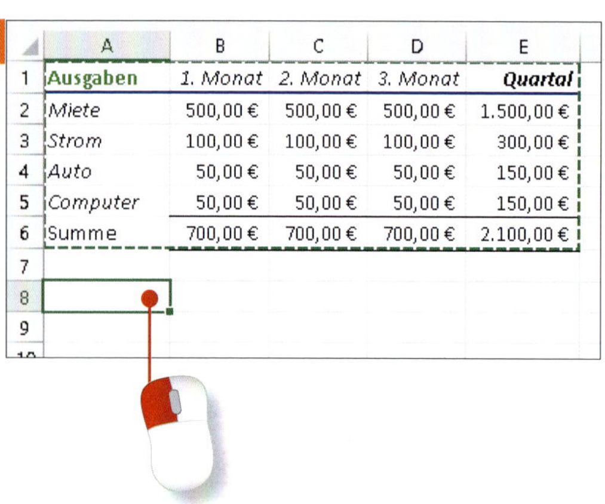

Das Kopieren, Ausschneiden und Wiedereinfügen sowie Löschen einzelner oder mehrerer Zellen gehört zu den sehr oft vorkommenden Arbeitsschritten. In diesem Abschnitt zeigen wir Ihnen, wie es geht.

Schritt 1

Markieren Sie zunächst den Bereich, den Sie kopieren wollen. Wählen Sie dann auf der Registerkarte **Start** aus der Gruppe **Zwischenablage** die Schaltfläche **Kopieren** 1. Alternativ können Sie Strg+C drücken.

Schritt 2

Anstatt den Bereich zu kopieren, können Sie ihn auch ausschneiden. Klicken Sie dazu auf der Registerkarte **Start** in der Gruppe **Zwischenablage** auf **Ausschneiden**. Alternativ drücken Sie Strg+X.

Schritt 3

Der kopierte oder ausgeschnittene Bereich wird durch einen gestrichelten Laufrahmen gekennzeichnet und befindet sich jetzt in der *Zwischenablage*. Wählen Sie nun die Zelle A8 als linke obere Ecke des *Einfügebereichs* aus.

Schritt 4

Klicken Sie auf der Registerkarte **Start** in der Gruppe **Zwischenablage** auf **Einfügen**. Sie können stattdessen auch Strg + V drücken oder die Zelle B9 mit der rechten Maustaste anklicken und aus dem Kontextmenü den Befehl **Einfügen** wählen.

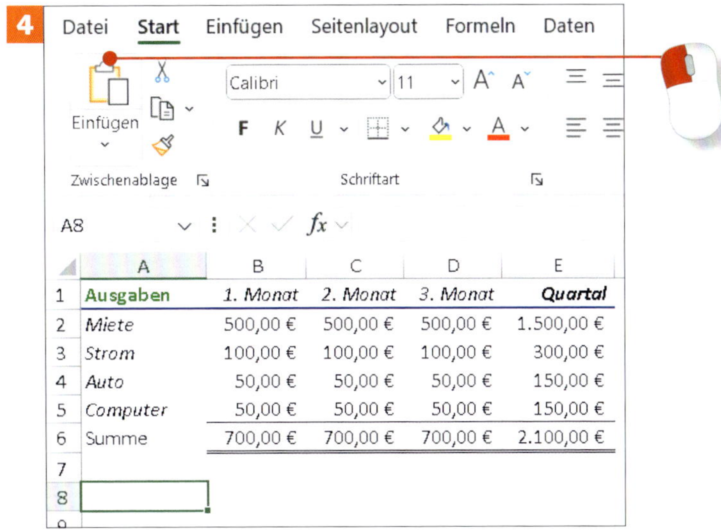

Schritt 5

Der kopierte Bereich wird eingefügt, und Excel zeigt ein Smarttag an. Wenn Sie auf den kleinen Pfeil klicken, wird eine Vorschau verschiedener Einfügeoptionen angezeigt, die Sie nun nutzen können.

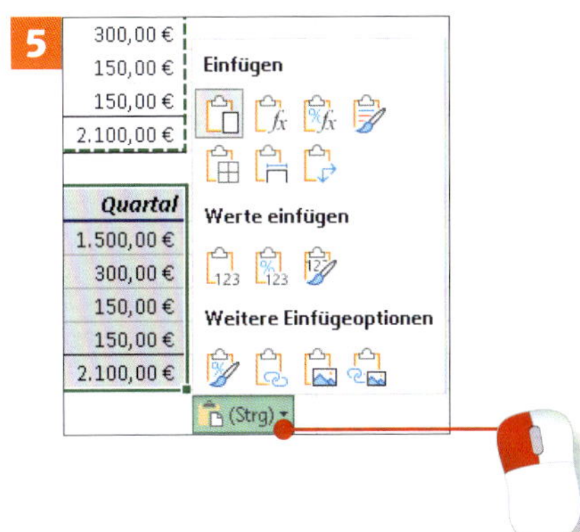

Schritt 6

Wenn Sie sowohl die Inhalte als auch die Formate entfernen möchten, klicken Sie auf den Befehl **Alle löschen**. Sie finden ihn auf der Registerkarte **Start** in der Gruppe **Bearbeiten** im Untermenü zu **Löschen**.

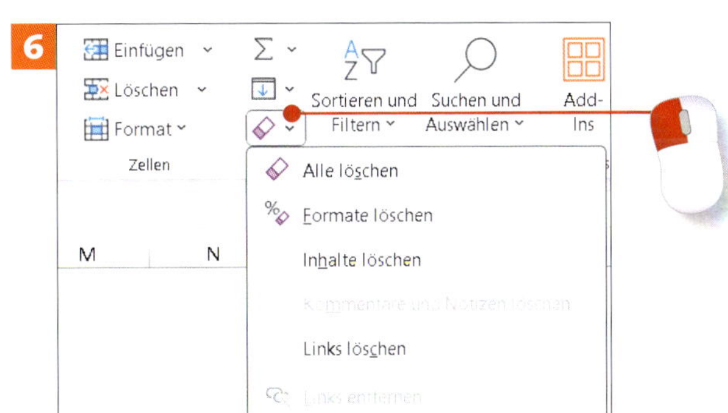

Nur Inhalte löschen

Möchten Sie nur die Inhalte aus einem markierten Bereich löschen, reicht es, die Entf-Taste zu drücken.

Drag & Drop

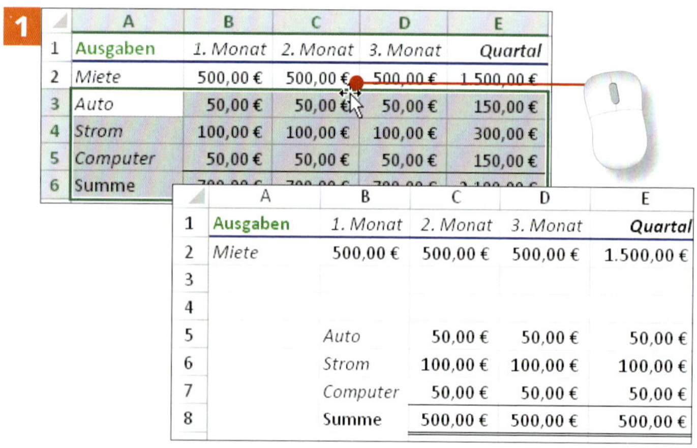

Mit der Funktion Drag & Drop (Ziehen und Fallenlassen) können Sie Zellinhalte schnell verschieben oder kopieren. Drag & Drop können Sie auch einsetzen, um in Tabellen Zeilen oder Spalten neu anzuordnen, ohne vorhandene Inhalte zu überschreiben.

Schritt 1

Um Daten zu verschieben, markieren Sie den betreffenden Bereich. Zeigen Sie mit der Maus auf die Bereichsumrandung. Sobald der Mauszeiger als Verschiebezeiger angezeigt wird, können Sie den Bereich an eine andere Position ziehen.

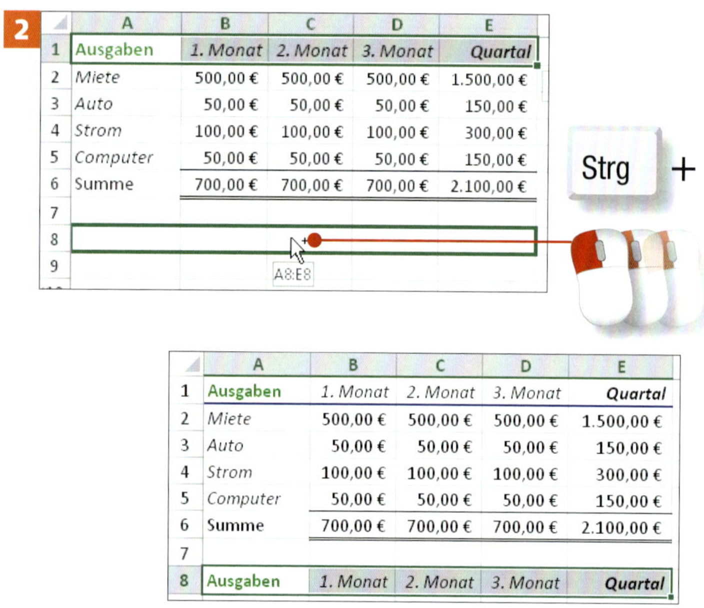

Schritt 2

Sie können per Drag & Drop auch kopieren. Halten Sie die Strg-Taste gedrückt, während Sie den Bereich an eine andere Position ziehen.

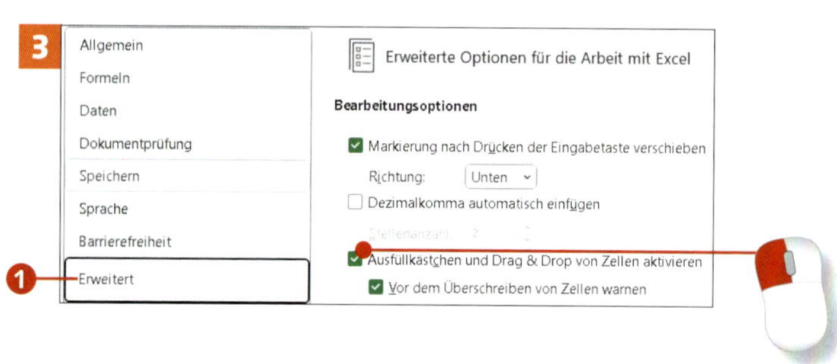

Schritt 3

Sollte Drag & Drop nicht funktionieren, müssen Sie es erst aktivieren. Klicken Sie auf **Datei ▸ Optionen**. Unter **Erweitert** ❶ aktivieren Sie im Abschnitt **Bearbeitungsoptionen** das Kontrollfeld **Ausfüllkästchen und Drag & Drop von Zellen aktivieren**.

Schritt 4

Wir wollen nun als Beispiel die Zeilen *Auto* und *Strom* vertauschen. Markieren Sie dazu den Bereich A3:E3.

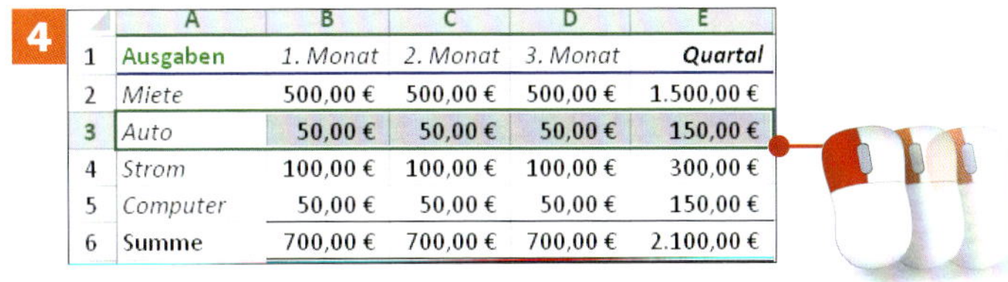

	A	B	C	D	E
1	Ausgaben	1. Monat	2. Monat	3. Monat	Quartal
2	Miete	500,00 €	500,00 €	500,00 €	1.500,00 €
3	Auto	50,00 €	50,00 €	50,00 €	150,00 €
4	Strom	100,00 €	100,00 €	100,00 €	300,00 €
5	Computer	50,00 €	50,00 €	50,00 €	150,00 €
6	Summe	700,00 €	700,00 €	700,00 €	2.100,00 €

Schritt 5

Zeigen Sie mit der Maus auf die Bereichsumrandung. Wenn der Zeiger als Verschiebezeiger angezeigt wird, drücken Sie die Taste ⇧ und ziehen den Bereich hinter die Position A4.

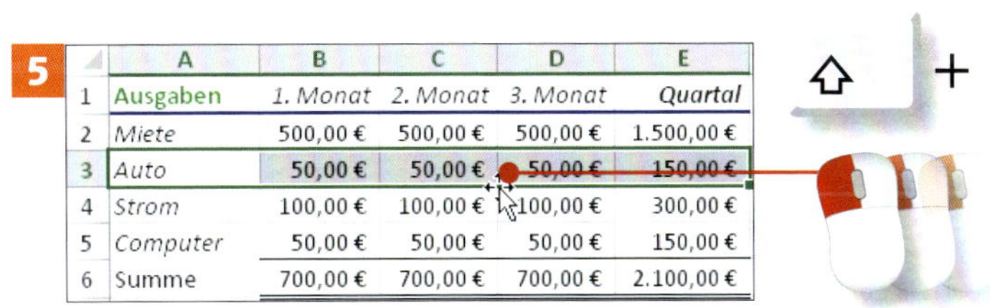

	A	B	C	D	E
1	Ausgaben	1. Monat	2. Monat	3. Monat	Quartal
2	Miete	500,00 €	500,00 €	500,00 €	1.500,00 €
3	Auto	50,00 €	50,00 €	50,00 €	150,00 €
4	Strom	100,00 €	100,00 €	100,00 €	300,00 €
5	Computer	50,00 €	50,00 €	50,00 €	150,00 €
6	Summe	700,00 €	700,00 €	700,00 €	2.100,00 €

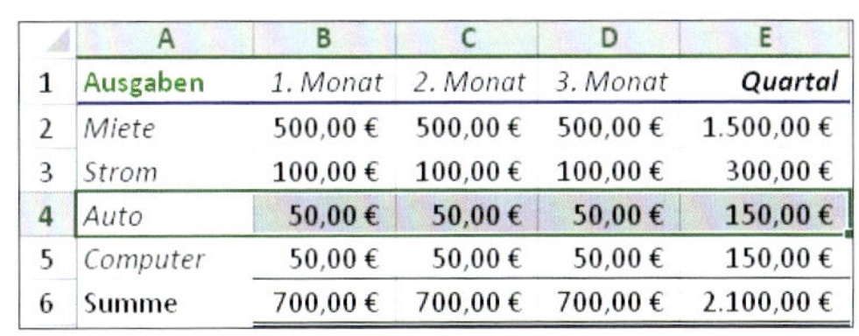

	A	B	C	D	E
1	Ausgaben	1. Monat	2. Monat	3. Monat	Quartal
2	Miete	500,00 €	500,00 €	500,00 €	1.500,00 €
3	Strom	100,00 €	100,00 €	100,00 €	300,00 €
4	Auto	50,00 €	50,00 €	50,00 €	150,00 €
5	Computer	50,00 €	50,00 €	50,00 €	150,00 €
6	Summe	700,00 €	700,00 €	700,00 €	2.100,00 €

Schritt 6

Um die Spalten B und C zu vertauschen, markieren Sie den Bereich B1:B6. Ziehen Sie den Bereich mit gedrückter ⇧-Taste auf die Position vor der Zelle D1. Sie machen eine Änderung wieder rückgängig, indem Sie Strg+Z drücken.

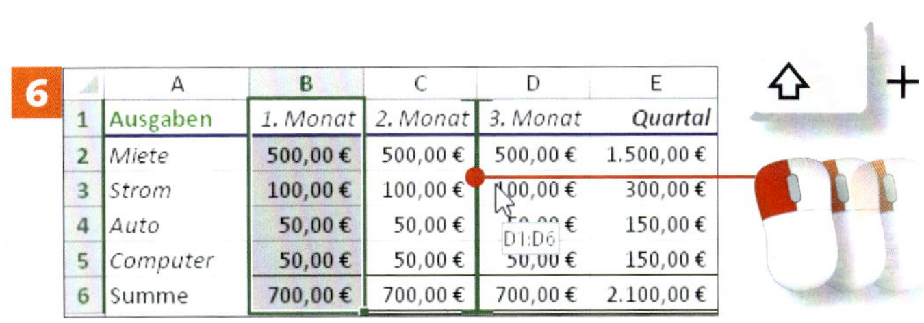

	A	B	C	D	E
1	Ausgaben	1. Monat	2. Monat	3. Monat	Quartal
2	Miete	500,00 €	500,00 €	500,00 €	1.500,00 €
3	Strom	100,00 €	100,00 €	100,00 €	300,00 €
4	Auto	50,00 €	50,00 €	[illegible]	150,00 €
5	Computer	50,00 €	50,00 €	50,00 €	150,00 €
6	Summe	700,00 €	700,00 €	700,00 €	2.100,00 €

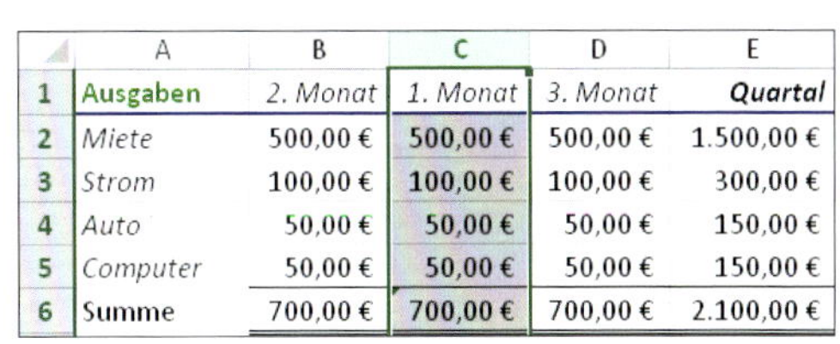

	A	B	C	D	E
1	Ausgaben	2. Monat	1. Monat	3. Monat	Quartal
2	Miete	500,00 €	500,00 €	500,00 €	1.500,00 €
3	Strom	100,00 €	100,00 €	100,00 €	300,00 €
4	Auto	50,00 €	50,00 €	50,00 €	150,00 €
5	Computer	50,00 €	50,00 €	50,00 €	150,00 €
6	Summe	700,00 €	700,00 €	700,00 €	2.100,00 €

Daten überschreiben

Wenn in dem Bereich, in den Sie die Daten ziehen, bereits etwas steht, fragt Excel sicherheitshalber nach, ob Sie es überschreiben wollen.

Zeilen und Spalten einfügen

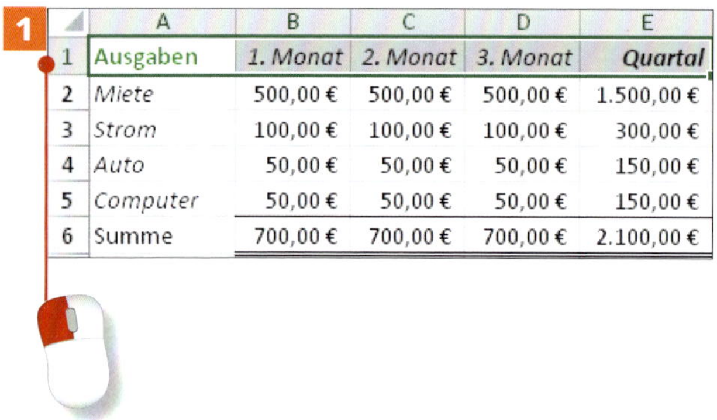

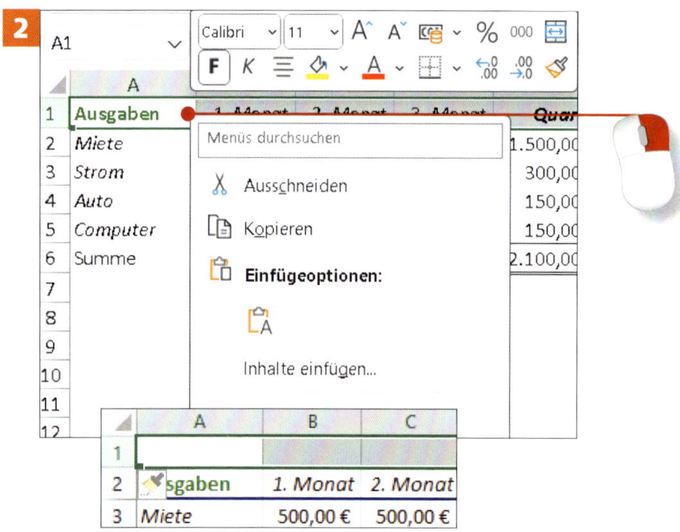

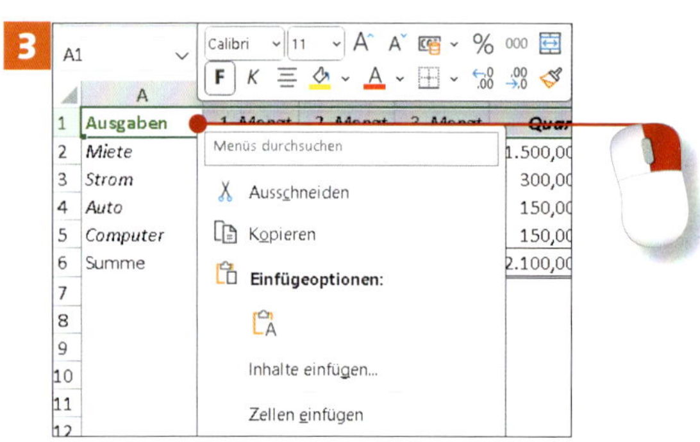

Bei der Entwicklung Ihrer Tabellen werden Sie häufig zusätzliche Zeilen und Spalten benötigen. Diese lassen sich mit Excel einfach einfügen.

Schritt 1

Um eine einzelne Zeile einzufügen, markieren Sie die Zeile, *über* der Sie eine neue einfügen möchten. Um oberhalb der Zeile 1 eine neue Zeile einzufügen, klicken Sie also auf die Zeilenbeschriftung **1**.

Schritt 2

Klicken Sie dann mit der rechten Maustaste auf die markierte Zeile und im Kontextmenü auf **Zellen einfügen**. Eine leere Zeile wird über der markierten Zeile eingefügt.

Schritt 3

Wenn Sie beispielsweise fünf neue Zeilen auf einmal brauchen, müssen Sie zuvor fünf Zeilen markieren. Klicken Sie mit der rechten Maustaste auf den markierten Bereich, und wählen Sie **Zellen einfügen**.

Bezüge werden angepasst
Beim Einfügen werden alle betroffenen Zellbezüge, also alle Formeln, aktualisiert.

Schritt 4

Um eine einzelne Spalte einzufügen, markieren Sie die Spalte, *vor* der Ihre zukünftige neue Spalte ergänzt werden soll. Wenn Sie zwischen B und C eine neue Spalte einfügen möchten, klicken Sie also auf die Spaltenüberschrift C.

4

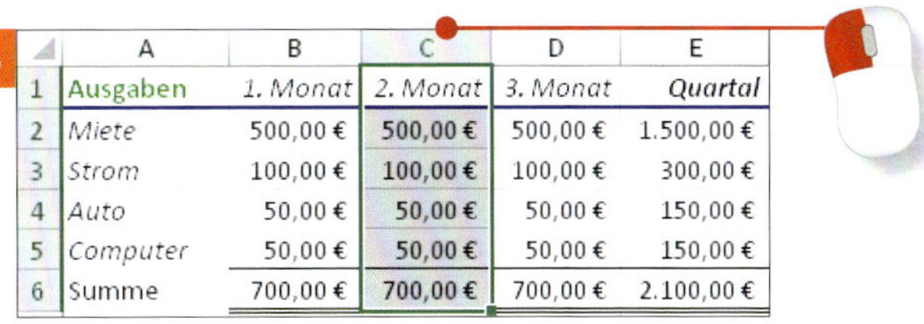

Schritt 5

Klicken Sie mit der rechten Maustaste auf die markierte Spalte, und wählen Sie die Option **Zellen einfügen**. Die neue Spalte wird sofort hinzugefügt.

5

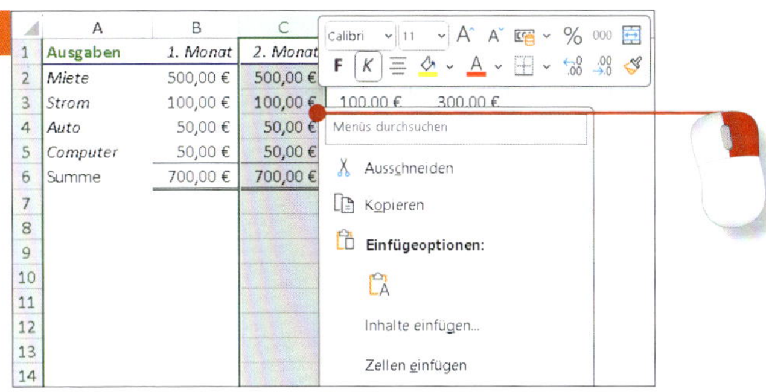

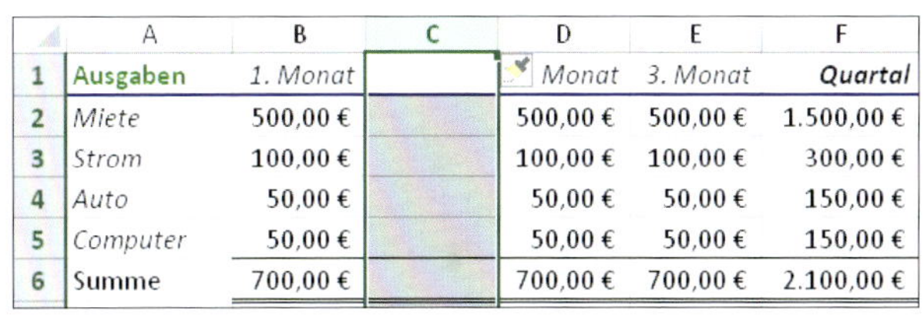

Schritt 6

Um mehrere Spalten einzufügen, markieren Sie die Spalten rechts von der Spalte, neben der Sie Spalten ergänzen möchten. Markieren Sie so viele Spalten, wie Sie einfügen möchten. Klicken Sie im Kontextmenü auf **Zellen einfügen**.

6

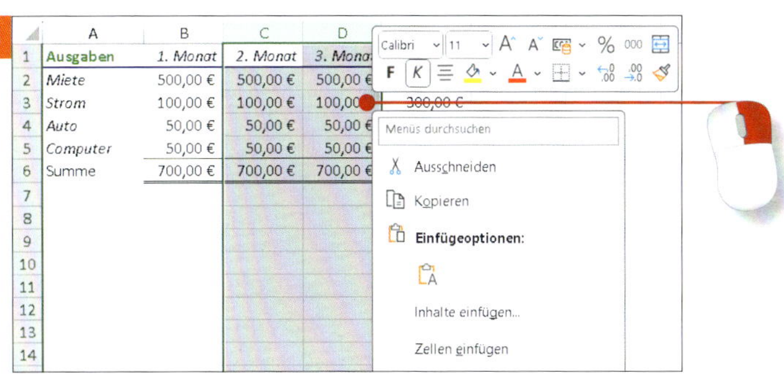

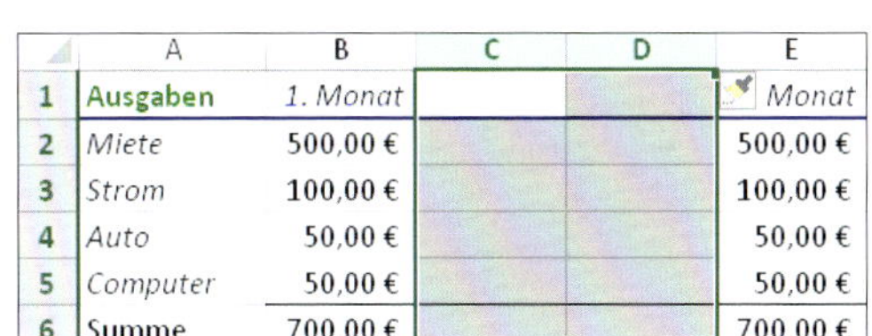

Einfügungen wiederholen

Sie können nach der ersten Einfügung schnell weitere gleichartige Einfügungen realisieren, indem Sie die nächste Einfügestelle markieren und Strg + Y drücken.

Zeilen und Spalten löschen

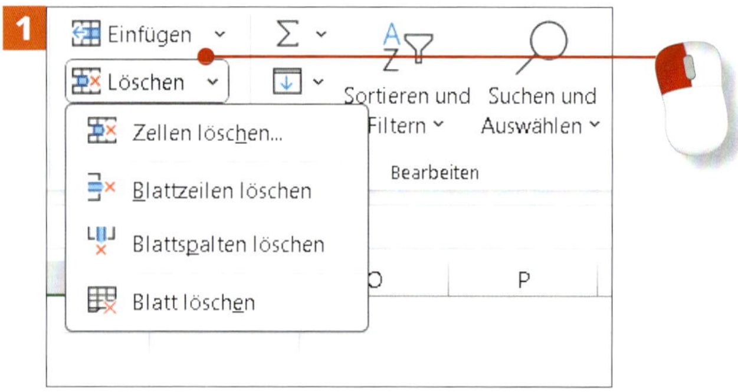

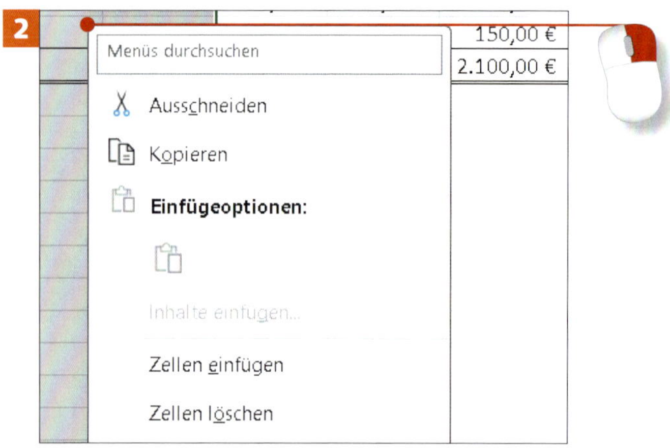

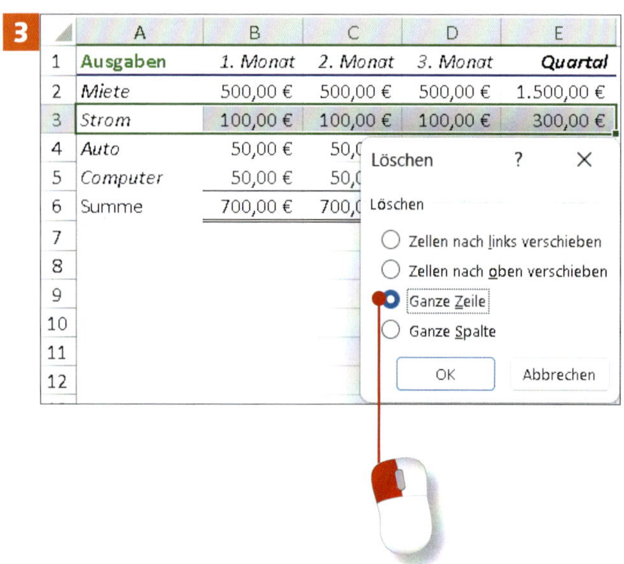

Ebenso einfach wie das Hinzufügen von Zeilen und Spalten ist es, sie wieder zu löschen. Wie das am besten gelingt, zeigen wir Ihnen im Folgenden.

Schritt 1

Um markierte Zeilen oder Spalten zu löschen, nutzen Sie auf der Registerkarte **Start** in der Gruppe **Zellen** die Schaltfläche **Löschen**. Hier stehen Ihnen die Menüpunkte **Blattzeilen löschen** und **Blattspalten löschen** zur Verfügung.

Schritt 2

Alternativ können Sie das Kontextmenü nutzen, indem Sie mit der rechten Maustaste auf den markierten Bereich und dann auf **Zellen löschen** klicken.

Schritt 3

Wenn Sie nur einen Teil einer Zeile markieren und auf **Zellen löschen** klicken (siehe Schritt 2), bietet Ihnen Excel zusätzliche Möglichkeiten an, die sich am markierten Bereich orientieren. Wählen Sie zum Löschen der ganzen Zeile die Option **Ganze Zeile**.

Schritt 4

Kontrollieren Sie nach dem Löschen, ob die Formeln noch funktionieren. Die in unserem Fall verwendeten Summenformeln (1) wurden an die neue Situation angepasst.

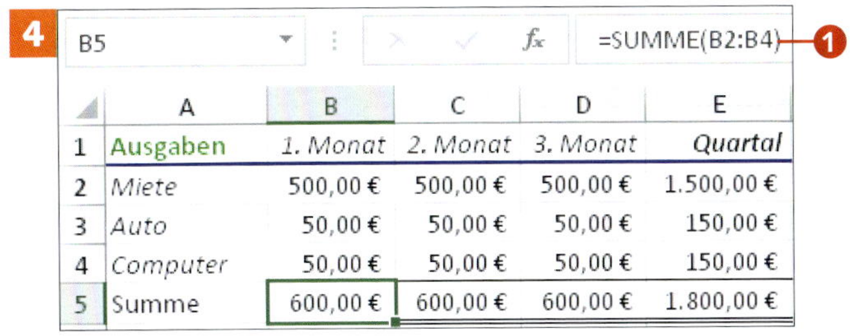

	A	B	C	D	E
1	Ausgaben	1. Monat	2. Monat	3. Monat	Quartal
2	Miete	500,00 €	500,00 €	500,00 €	1.500,00 €
3	Auto	50,00 €	50,00 €	50,00 €	150,00 €
4	Computer	50,00 €	50,00 €	50,00 €	150,00 €
5	Summe	600,00 €	600,00 €	600,00 €	1.800,00 €

Schritt 5

Zum Löschen eines markierten Bereichs können Sie auch die Tastenkombination Strg+- drücken. Haben Sie beispielsweise nur einen Teil einer Spalte markiert, bietet Excel wiederum Löschoptionen. Wählen Sie zum Löschen der ganzen Spalte die Option **Ganze Spalte**.

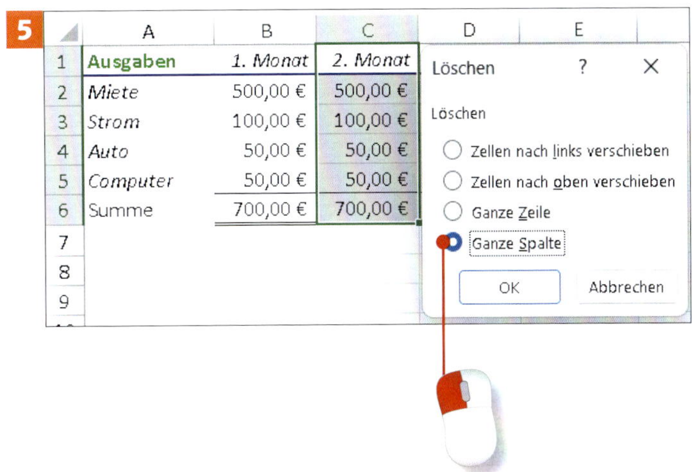

	A	B	C
1	Ausgaben	1. Monat	2. Monat
2	Miete	500,00 €	500,00 €
3	Strom	100,00 €	100,00 €
4	Auto	50,00 €	50,00 €
5	Computer	50,00 €	50,00 €
6	Summe	700,00 €	700,00 €
7			
8			
9			

Schritt 6

Wenn Sie schnell noch weitere Zellen, Zeilen oder Spalten löschen möchten, markieren Sie die nächsten Zellen, Zeilen oder Spalten und drücken dann Strg+Y.

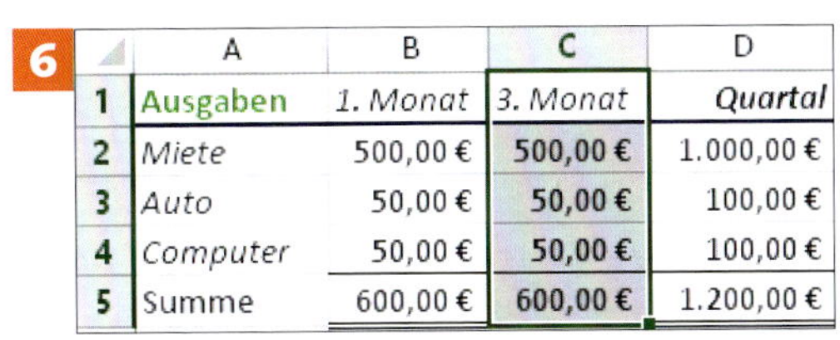

	A	B	C	D
1	Ausgaben	1. Monat	3. Monat	Quartal
2	Miete	500,00 €	500,00 €	1.000,00 €
3	Auto	50,00 €	50,00 €	100,00 €
4	Computer	50,00 €	50,00 €	100,00 €
5	Summe	600,00 €	600,00 €	1.200,00 €

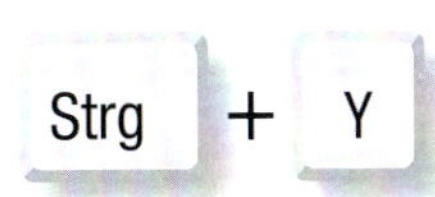

Aktualisierte Zellbezüge

Auch beim Löschen von Zeilen oder Spalten werden die Zellbezüge aktualisiert. Wenn eine Zelle, auf die verwiesen wird, nicht mehr existiert, zeigt die Formel den Fehlerwert *#BEZUG!* an.

Spaltenbreite und Zeilenhöhe ändern

1

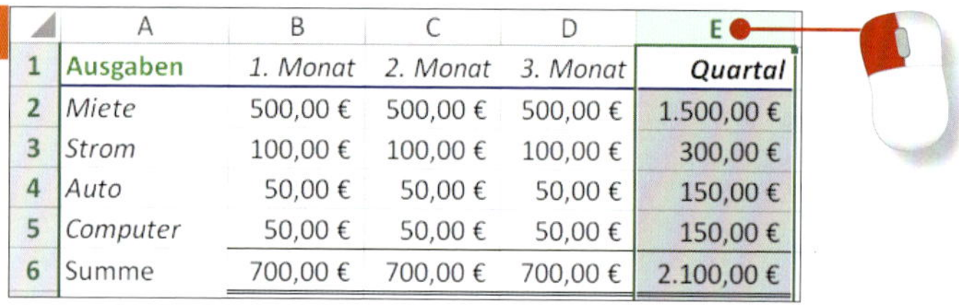

Excel bietet eine Fülle von Gestaltungsmöglichkeiten. Vermutlich möchten Sie als Erstes die Ausmaße der Zellen anpassen. In diesem Abschnitt lernen Sie, die Spaltenbreite oder Zeilenhöhe zu ändern sowie ganze Spalten und Zeilen auszublenden.

2

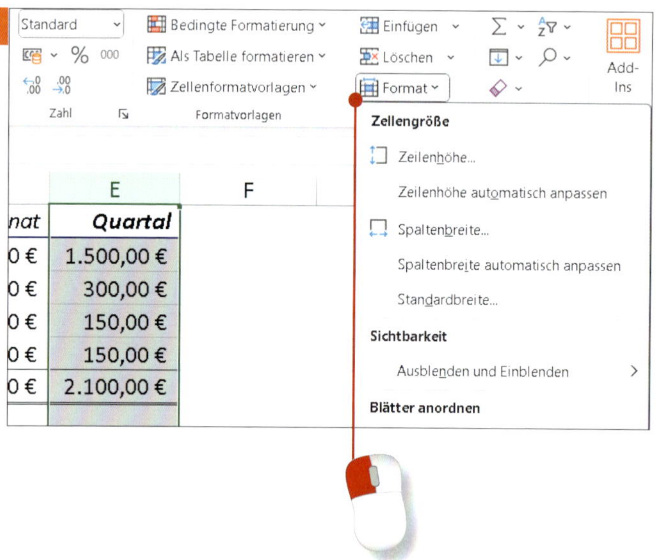

Schritt 1

Sie können die Breite einer Spalte ihrem Inhalt entsprechend anpassen. Wählen Sie dazu eine oder mehrere Spalten aus, deren Breite Sie ändern möchten. Klicken Sie dazu auf die Überschrift der Spalte, in unserem Beispiel **E**.

Schritt 2

Klicken Sie auf der Registerkarte **Start** in der Gruppe **Zellen** auf **Format** und dann auf **Spaltenbreite**.

3

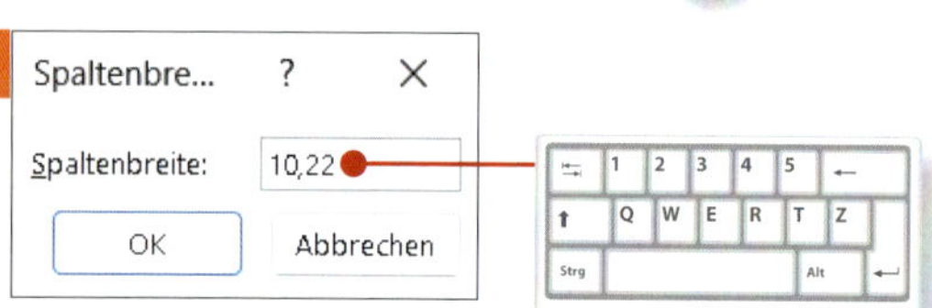

Schritt 3

Geben Sie im Feld **Spaltenbreite** den gewünschten Wert ein. Excel verändert die Spalte daraufhin entsprechend.

Die Maße der Spaltenbreite

Der Wert der Spaltenbreite kann zwischen 0 und 255 liegen. Das entspricht der Anzahl der Zeichen, die in der Zelle angezeigt werden können, wenn sie in der Standardschrift formatiert ist.

Schritt 4

Sie können die Breite einer oder mehrerer Spalten auch einfach verändern, indem Sie die Begrenzungslinie auf der rechten Seite einer Spaltenbeschriftung nach rechts bzw. links ziehen.

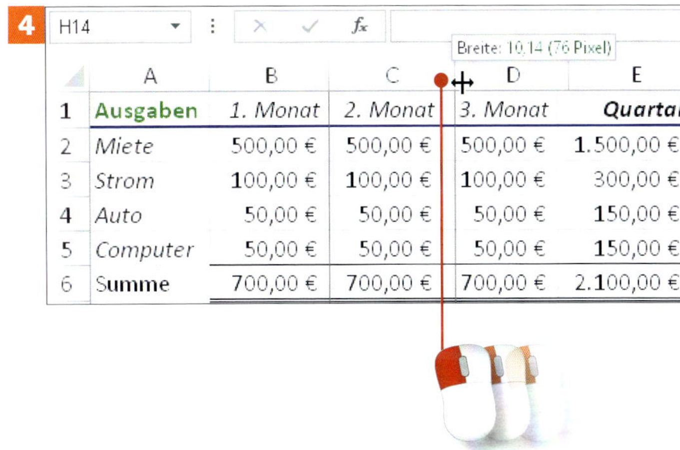

Schritt 5

Wenn Sie die Breite einer Spalte ihrem Inhalt anpassen möchten, markieren Sie sie und doppelklicken dann auf die rechte Begrenzungslinie der Spaltenbeschriftung.

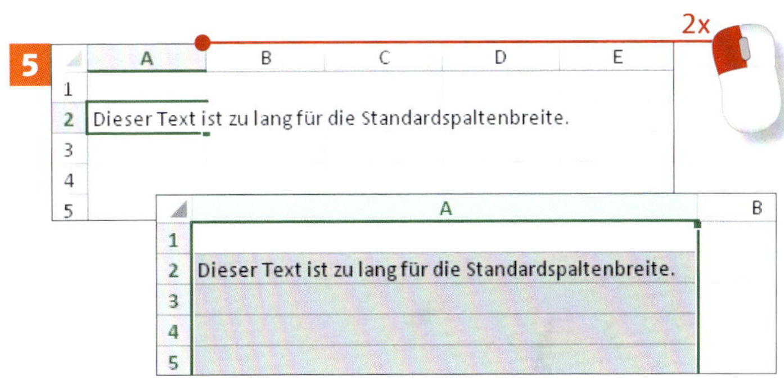

Schritt 6

Um die Höhe einer oder mehrerer Zeilen zu ändern, wählen Sie diese aus. Klicken Sie auf der Registerkarte **Start** in der Gruppe **Zellen** auf **Format ▸ Zeilenhöhe**.

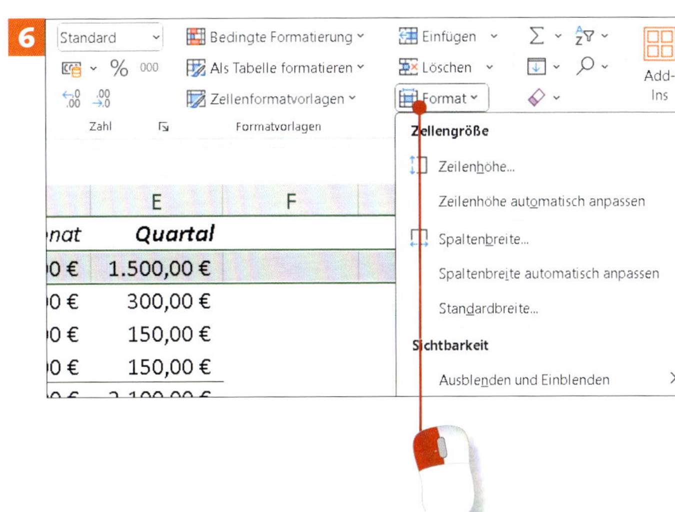

Ändern über das Kontextmenü

Um Zeilenhöhen über das Kontextmenü anzupassen, müssen Sie die gewünschten Zeilen vollständig markieren. Wenn Sie mit der rechten Maustaste in den markierten Bereich klicken, steht Ihnen das Menü **Zeilenhöhe** zur Verfügung.

Spaltenbreite und Zeilenhöhe ändern (Forts.)

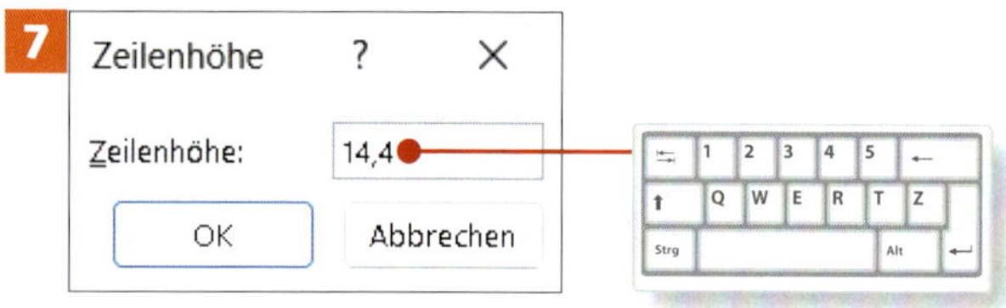

Schritt 7

Geben Sie im Dialogfeld **Zeilenhöhe** den gewünschten Wert ein. Excel passt die Höhe dann dementsprechend in Pixeln an.

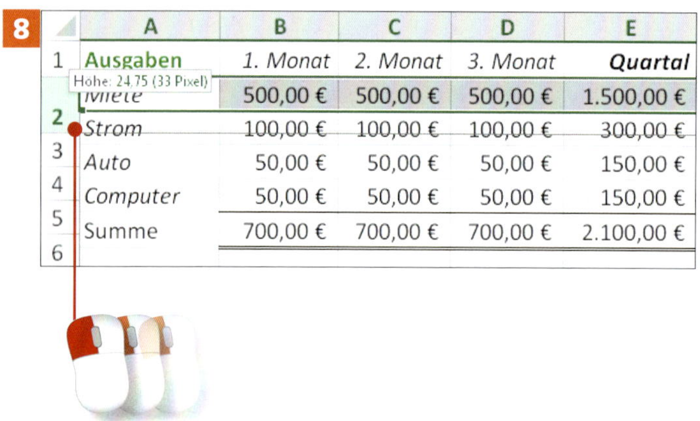

Schritt 8

Sie können die Höhe einer oder auch gleich mehrerer Zeilen ändern, indem Sie die zu ändernden Zeilen markieren und dann mit der Maus an der Begrenzungslinie unter einer der Zeilenbeschriftungen nach unten oder oben ziehen.

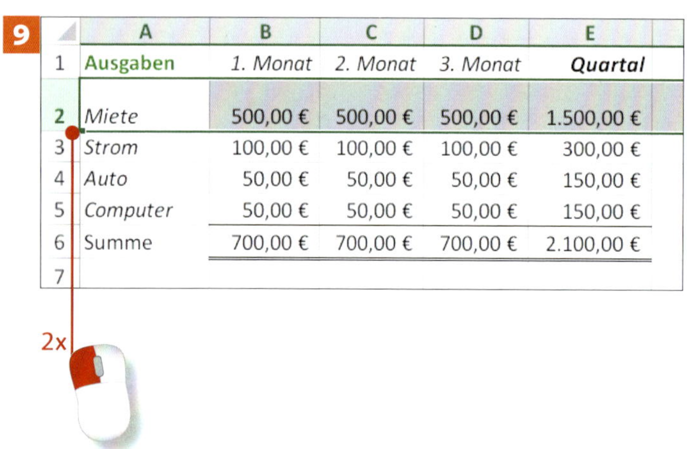

Schritt 9

Um die Zeilenhöhe wieder automatisch dem Inhalt anzupassen, doppelklicken Sie auf die Begrenzungslinie unter der Zeilenbeschriftung.

Das Maß der Zeilenhöhe

Die Zeilenhöhe kann zwischen 0 und 409 angegeben werden. Dieser Wert entspricht der Höhenabmessung in Pixeln. Ein Pixel ist die Einheit zur Bestimmung der Größe von Elementen der Bildschirmdarstellung und entspricht etwa 0,3 mm.

Schritt 10

Wenn Sie für die Zeilenhöhe oder die Spaltenbreite »0« angeben, wird die zuvor markierte Zeile bzw. Spalte ausgeblendet.

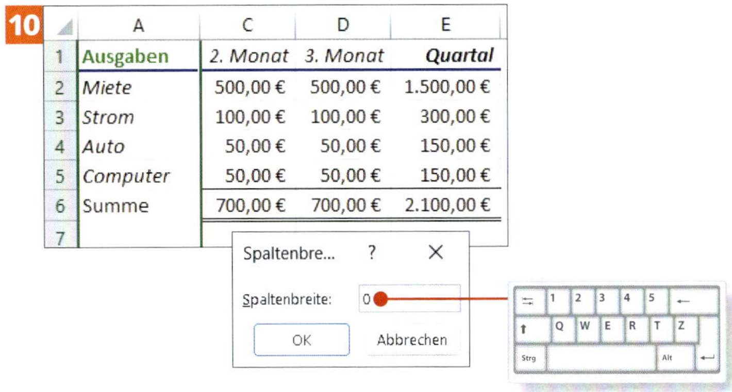

Schritt 11

Alternativ können Sie markierte Zeilen oder Spalten aus- oder einblenden, indem Sie auf der Registerkarte **Start** in der Gruppe **Zellen** auf **Format** klicken. Im Menü gibt es den Befehl **Ausblenden und Einblenden** mit weiteren Optionen.

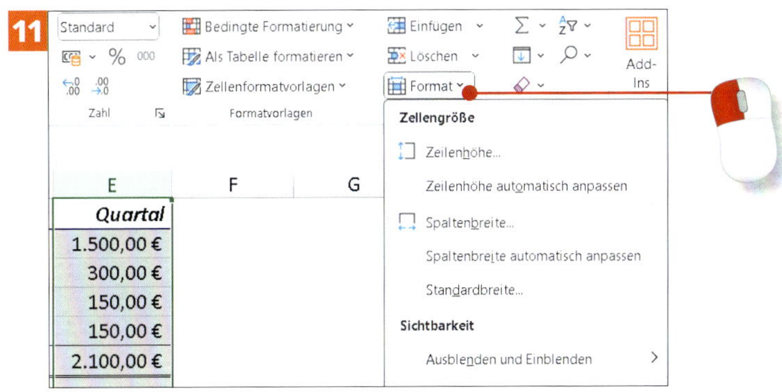

Schritt 12

Um ausgeblendete Zeilen oder Spalten wieder anzuzeigen, klicken Sie auf der Registerkarte **Start** in der Gruppe **Zellen** auf **Format**. Wählen Sie den Befehl **Ausblenden und Einblenden**, und klicken Sie anschließend z. B. auf **Zeilen einblenden**.

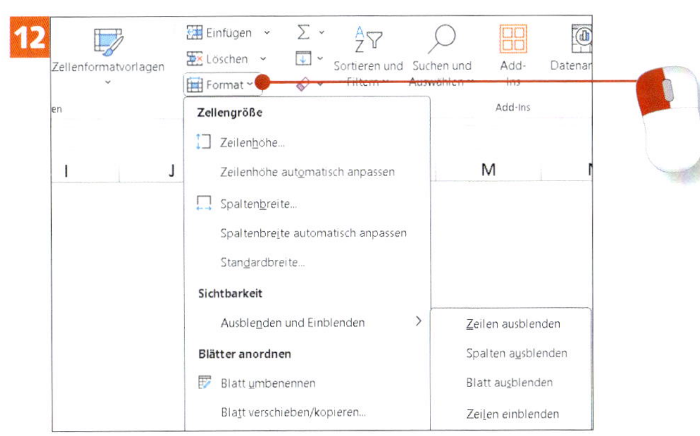

Auch über das Kontextmenü

Markieren Sie die gewünschten Zeilen oder Spalten oder die umliegenden Bereiche vollständig, und klicken Sie mit der rechten Maustaste darauf. Im Kontextmenü stehen die Befehle **Einblenden** bzw. **Ausblenden** zur Verfügung.

Überblick: Excel-Cursor

In den vorherigen Abschnitten haben Sie den Einsatz verschiedenster Cursors kennengelernt, die wir nun noch einmal zusammenfassend für Sie darstellen.

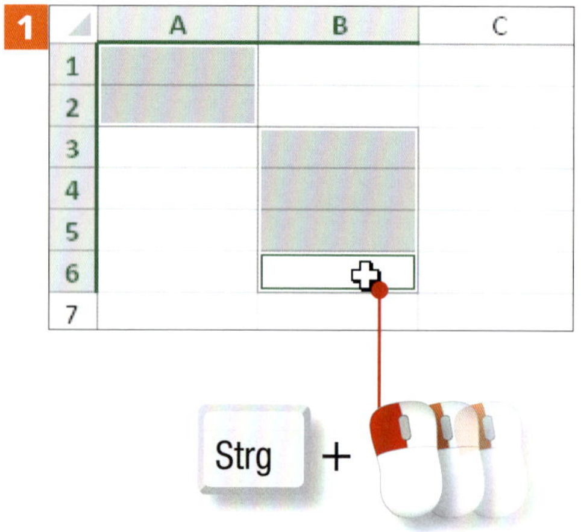

Schritt 1

Mithilfe des Markierungscursors, eines weißen Kreuzes, markieren Sie eine einzelne Zelle. Mit gedrückter [⇧]-Taste können Sie einen Bereich markieren, mit gedrückter [Strg]-Taste hingegen mehrere Zellen, die nicht nebeneinanderliegen müssen.

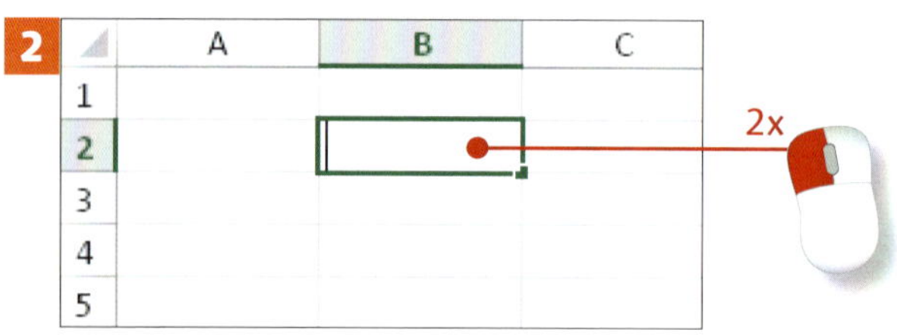

Schritt 2

Wenn Sie doppelt auf eine Zelle klicken, erscheint der blinkende Eingabecursor, und Sie können die Zelle mit Daten füllen.

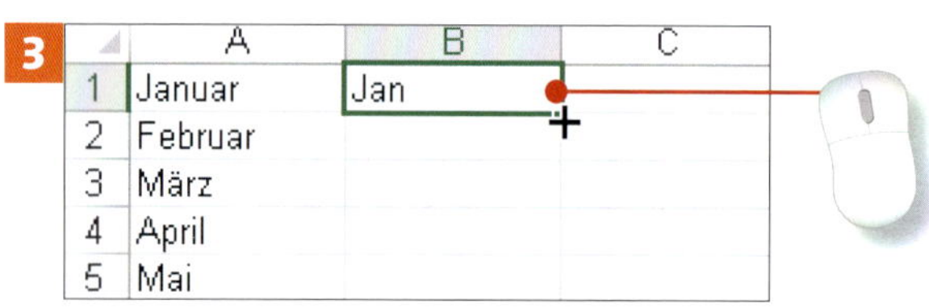

Schritt 3

Wenn Sie auf das Ausfüllkästchen zeigen, nimmt der Mauszeiger die Form eines schwarzen Kreuzes an. Durch Ziehen mit gedrückter Maustaste können Sie Reihen fortlaufend ergänzen. Das funktioniert senkrecht wie waagerecht.

Schritt 4

Mit dem Verschiebecursor (weißer Pfeil mit Verschiebekreuz) lassen sich markierte Bereiche verschieben. Zeigen Sie mit der Maus auf die Umrandung. Sobald der Verschiebecursor angezeigt wird, ziehen Sie den Bereich an eine andere Position.

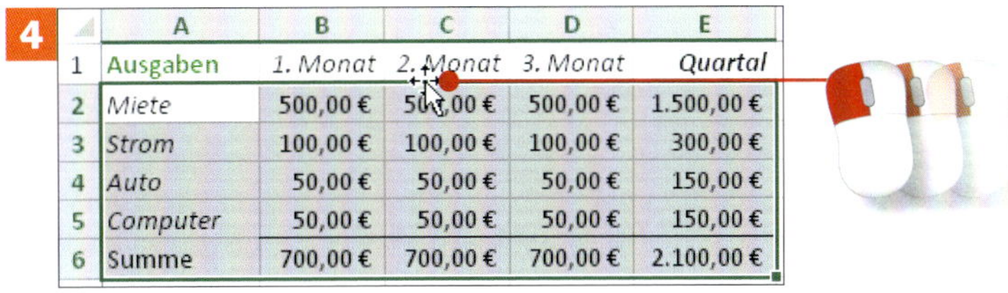

Schritt 5

Markierte Bereiche lassen sich auch kopieren und an anderer Stelle einfügen. Markieren Sie einen Bereich, und zeigen Sie dann bei gedrückter Strg-Taste mit der Maus auf die Bereichsumrandung. Sobald der Cursor als Kopiercursor (weißer Pfeil mit Pluszeichen) angezeigt wird, können Sie den Zellbereich an eine andere Position kopieren.

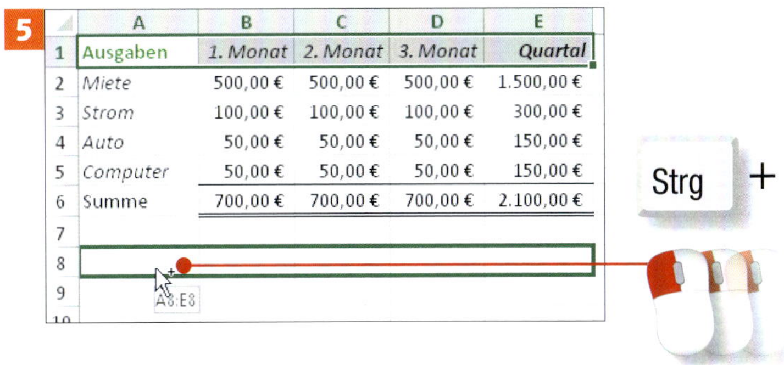

Schritt 6

Wenn Sie die Breite einer Spalte verändern möchten, ziehen Sie die rechte Begrenzungslinie der Spaltenbezeichnung entweder nach rechts (breiter) oder nach links (schmaler). Um die Höhe einer Zeile zu verändern, markieren Sie die entsprechende Zeile und ziehen dann mit der Maus an der Begrenzungslinie unter einer der markierten Zeilenbeschriftungen nach oben oder unten **1**.

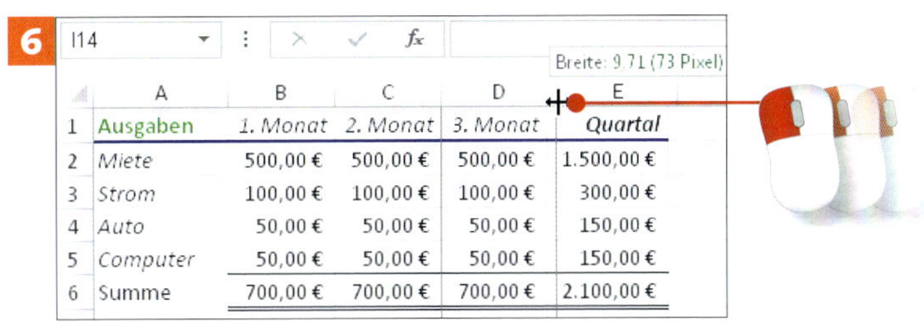

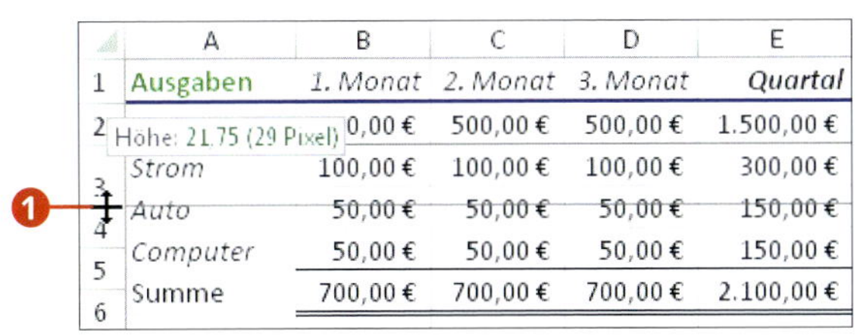

Kapitel 4
Tabellen professionell gestalten

Wenn Sie andere mit Ihrer Tabelle überzeugen oder etwas demonstrieren möchten, spielt das Aussehen eine entscheidende Rolle. Wir zeigen Ihnen in diesem Kapitel, wie Sie mit ein paar Klicks nüchterne Zahlen und Daten in eine vorzeigbare Tabelle verwandeln.

Zellen und Bereiche formatieren

Markierte Zellen und Zellbereiche können Sie über die Registerkarte Start formatieren: In der Gruppe Schriftart verändern Sie z. B. Gestalt, Größe, Schnitt oder Farbe der Schrift. Hier können Sie auch die Hintergrundfarbe der Zelle verändern oder sie mit einem Rahmen versehen. Über die Gruppe Ausrichtung verbinden Sie mehrere Zellen oder fügen Textumbrüche ein.

Zellen- und Tabellenformatvorlagen

Wenn Sie nicht die Muße haben, sich im Einzelnen Gedanken über die farbliche Gestaltung zu machen, bietet Excel Ihnen dafür **Vorlagen** an: die **Tabellenformatvorlagen** für ganze Tabellen, die **Zellenformatvorlagen** für vorgegebene Bereiche wie Überschriften und die **Bedingte Formatierung** zum automatischen Hervorheben von Werten, die eine von Ihnen festgelegte Bedingung erfüllen.

Tabellen sortieren

Wenn Sie eine der genannten Vorlagen angewendet haben, ergänzt das Programm automatisch **Filterpfeile** an den Tabellenüberschriften. Mit ihrer Hilfe können Sie Listen sortieren und damit übersichtlicher machen.

Seitenlayout

Weitere Möglichkeiten, ganze Tabellen zu verschönern, finden Sie auf der Registerkarte **Seitenlayout**. Hier können Sie Designs zuweisen oder Effekte ergänzen, die Ihren Tabellen mehr Pepp und ein einheitliches Erscheinungsbild verleihen.

Auf der Registerkarte »Start« finden Sie alle Möglichkeiten, um Zellen und Bereiche zu formatieren. **1**

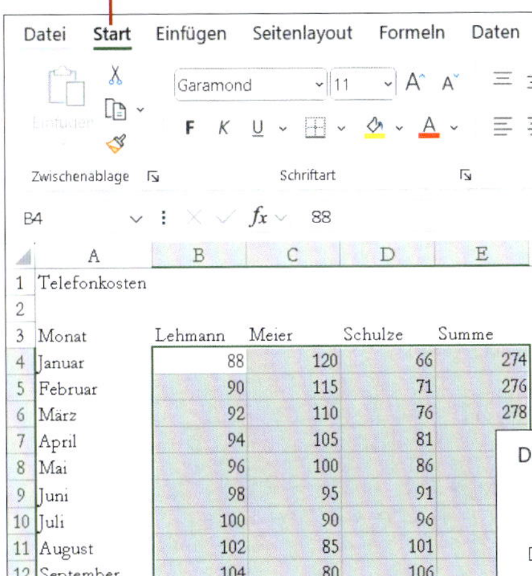

2 Mit vordefinierten Zellen- und Tabellenformatvorlagen können Sie Zellen, Bereiche oder Ihre ganze Tabelle schnell formatieren.

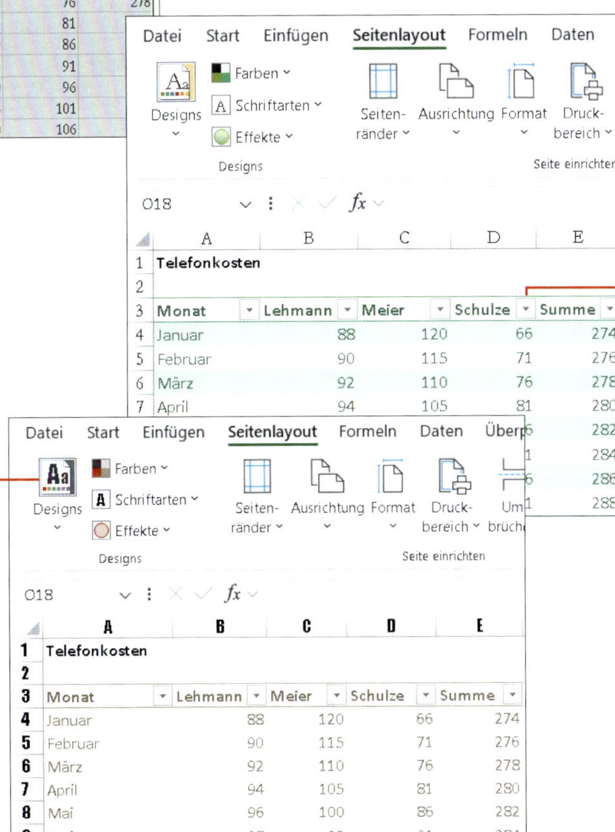

3 Filterpfeile bieten Ihnen das Sortieren, Suchen und Auswählen von Daten einer Spalte an.

Designs verleihen Ihrer Excel-Datei ein professionelles Aussehen. **4**

Zellen formatieren

In diesem Abschnitt zeigen wir Ihnen einige Grundlagen zum Gestalten – in Excel nennt man das »Formatieren« – von Zellen.

1

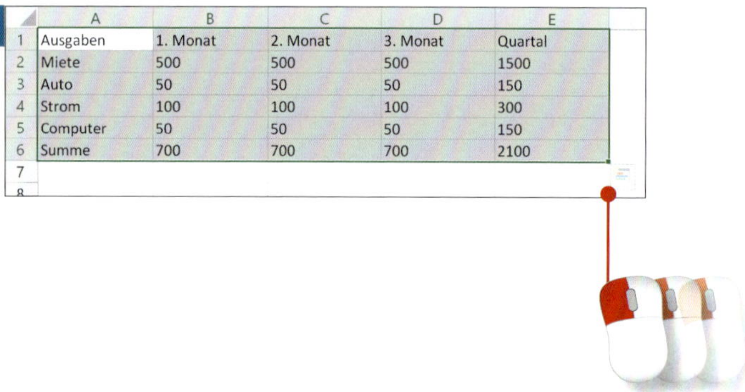

Schritt 1

Das Markieren von Zellen oder Zellbereichen ist die Voraussetzung für Formatierungsbefehle. Eine Zelle markieren Sie mit einem Mausklick und einen Zellbereich, indem Sie den Rahmen mit der Maus entsprechend ziehen. Lesen Sie dazu den Abschnitt »Bereiche markieren« auf Seite 66.

2

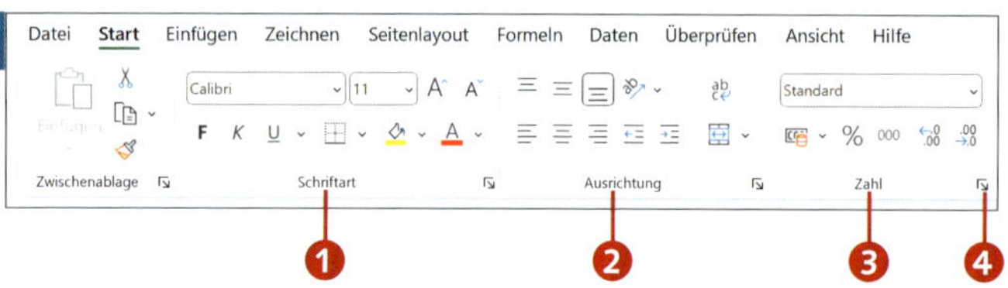

Schritt 2

Nun können Sie loslegen. Die Formatierungsbefehle finden Sie auf der Registerkarte **Start** in den Gruppen **Schriftart** ❶, **Ausrichtung** ❷ und **Zahl** ❸. Weitere Befehle stehen Ihnen nach einem Mausklick auf die kleinen Pfeilsymbole ❹ zur Verfügung.

3

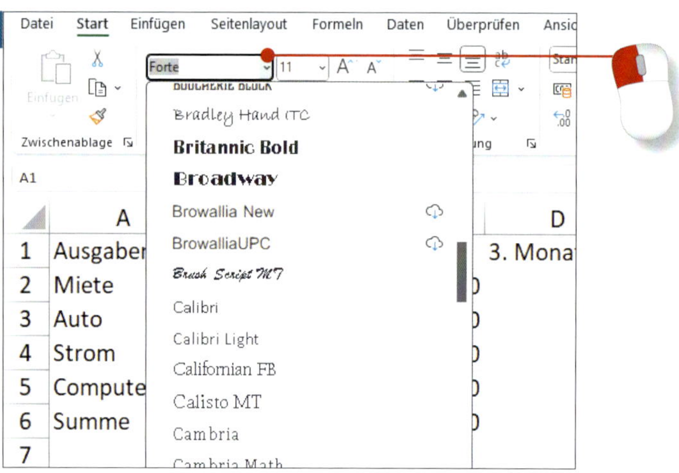

Schritt 3

Wählen Sie im Menüband z. B. die Schriftart **Calibri** aus. Sie wird für die markierten Zellen übernommen. Ein gegebenenfalls vorhandenes Diagramm bleibt hingegen unverändert.

Schritt 4

Sie können zur Formatierung auch Vorlagen nutzen. Damit lässt sich z. B. die Farbe eines Designs verändern. Auf der Registerkarte **Seitenlayout** klicken Sie auf die Schaltfläche **Farben** in der Gruppe **Designs**. Wählen Sie eine andere Farbe aus, z. B. **Graustufe**. Alle Farben in der Datei ändern sich, auch die des Diagramms.

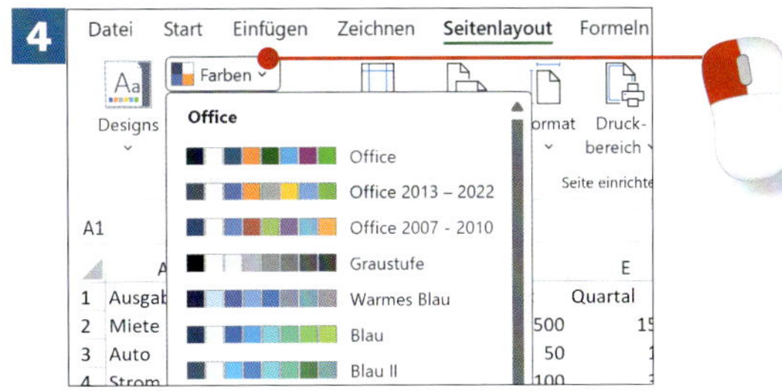

Schritt 5

Auch die Schrift des gesamten Designs können Sie anpassen. Klicken Sie auf der Registerkarte **Seitenlayout** in der Gruppe **Designs** auf die Schaltfläche **Schriftarten**. Wählen Sie eine andere Schriftart, z. B. **Arial**. Alle Texte in der Datei werden angepasst, auch die in vorhandenen Diagrammen.

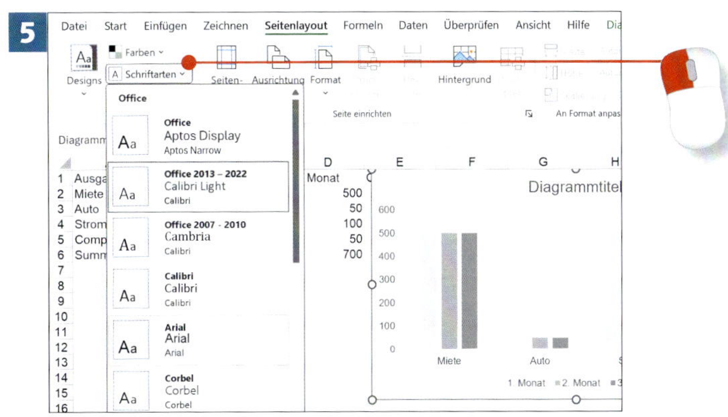

Schritt 6

Auch SmartArts oder selbst gezeichnete Formen lassen sich schnell verändern. Dazu klicken Sie auf der Registerkarte **Seitenlayout** in der Gruppe **Designs** auf die Schaltfläche **Effekte**. Wählen Sie beispielsweise **Glänzend** aus. Alle SmartArts und Formen in der Datei werden entsprechend angepasst.

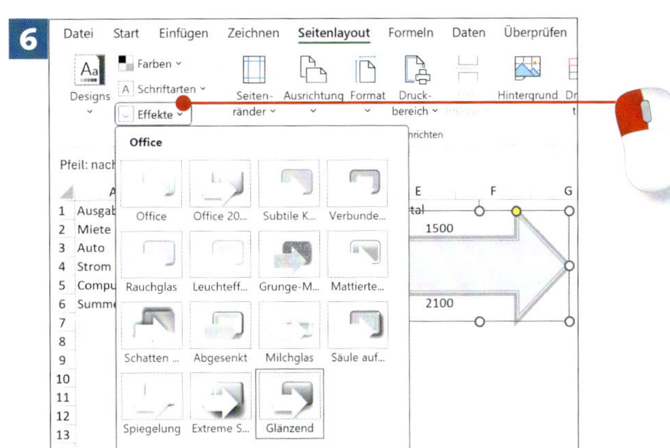

Zellinhalte ausrichten

Zellinhalte werden von Excel automatisch ausgerichtet, je nachdem, worum es sich handelt: Text rutscht z. B. immer nach links, und Zahlen stehen rechts in der Zelle. Das können Sie aber nachträglich ändern.

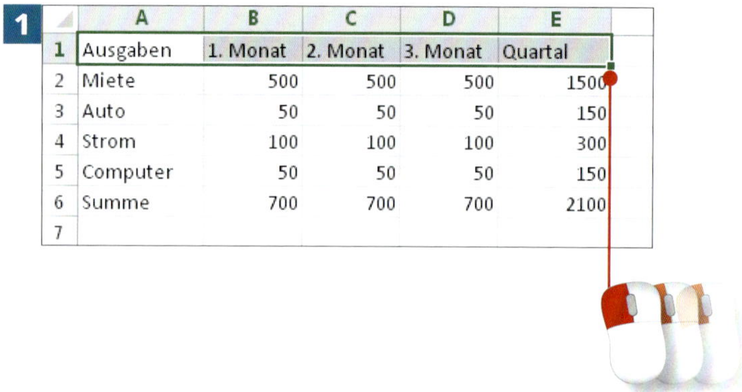

Schritt 1

Zuerst markieren Sie wieder den Bereich, dessen Inhalt Sie anders ausrichten möchten, z. B. A1:E1.

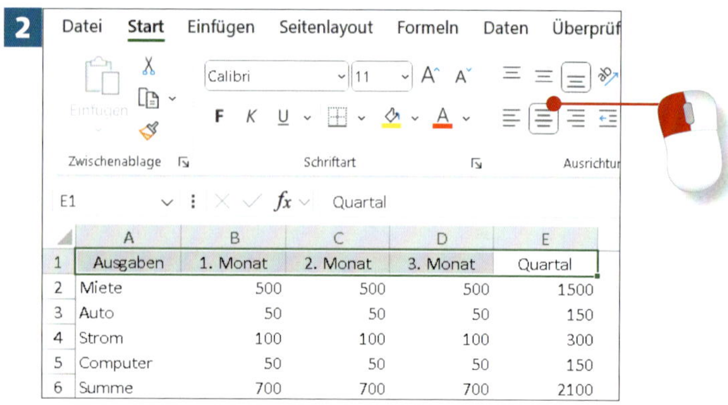

Schritt 2

Auf der Registerkarte **Start** finden Sie die Gruppe **Ausrichtung**. Die häufigsten Befehle sind hier als Symbole enthalten. Klicken Sie zum Zentrieren des Textes auf das mittlere Symbol. Die Inhalte der markierten Zellen werden nun mittig gesetzt, ausgerichtet an den seitlichen Rändern der Zelle.

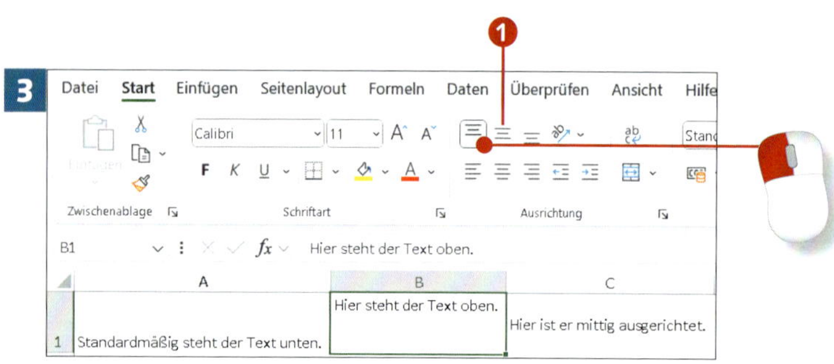

Schritt 3

Sie können die Inhalte auch am oberen bzw. unteren Rand der Zelle ausrichten. Vergrößern Sie die Zeilenhöhe, und wählen Sie eine Zelle aus, z. B. B1. Klicken Sie dann auf das Symbol **Oben**. In der Zelle C1 testen Sie den Befehl **Zentriert** ❶.

Schritt 4

Zu guter Letzt lässt sich der Text – z. B. in langen Überschriften – auch schräg ausrichten. So sparen Sie Platz in der Breite. Markieren Sie die entsprechenden Zellen. Klicken Sie dann auf das kleine Dreieck neben der Schaltfläche **Ausrichtung**, und wählen Sie **Gegen den Uhrzeigersinn drehen**.

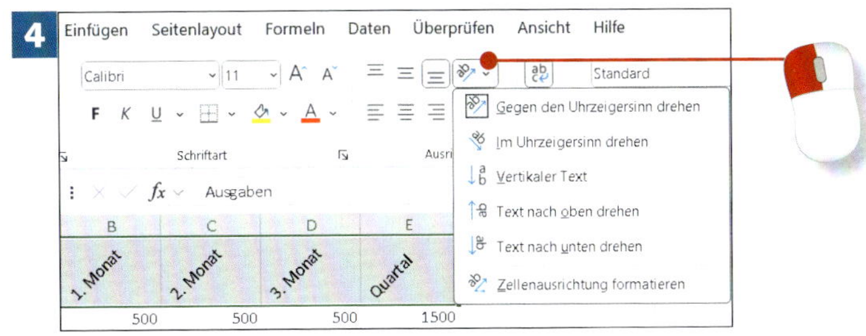

Schritt 5

Um Zahlen ein wenig vom rechten Zellenrand weg einzurücken, markieren Sie die entsprechenden Zellen und klicken dann auf das Symbol **Einzug vergrößern**. Um den Einzug zu verringern, klicken Sie auf **Einzug verkleinern** 2.

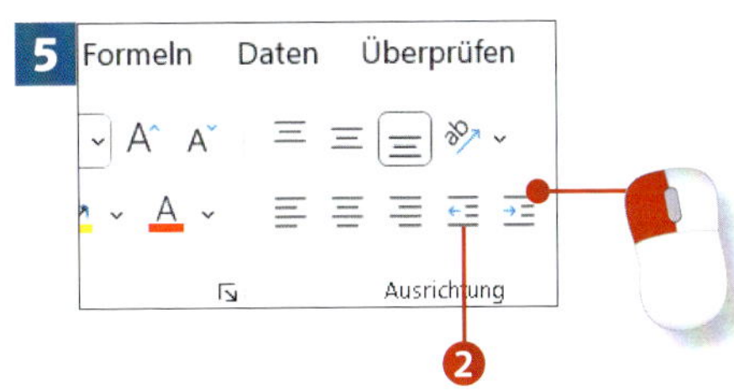

Schritt 6

Individuelle Ausrichtungen nehmen Sie in der Gruppe **Ausrichtung** über den Pfeil zum Dialogstart 3 vor. Im Dialogfenster **Zellen formatieren** wählen Sie die Registerkarte **Ausrichtung** 4 und stellen den Einzug z. B. auf »3«. Bestätigen Sie mit **OK**.

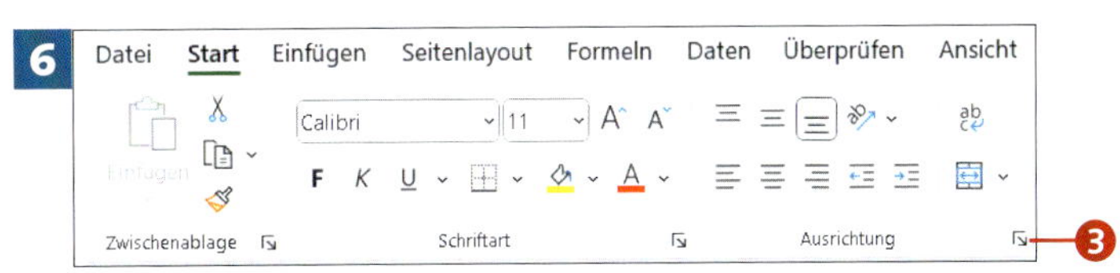

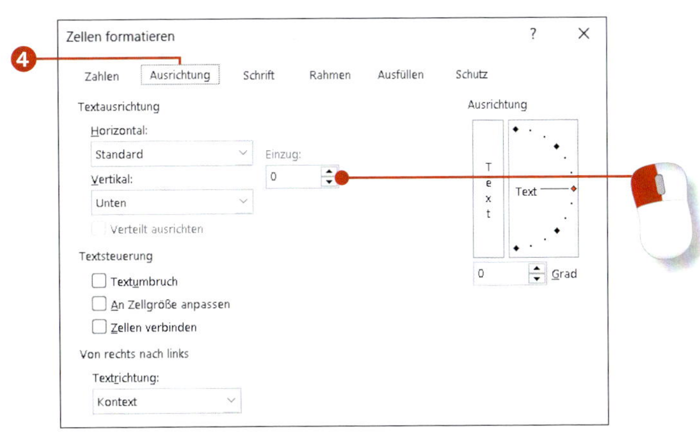

Ausrichtung von Zahlen

Zahlen werden standardmäßig rechtsbündig ausgerichtet, um ihren Stellenwert als Einer, Zehner, Hunderter oder Tausender auf den ersten Blick anzuzeigen.

Zellen verbinden und Textumbrüche vornehmen

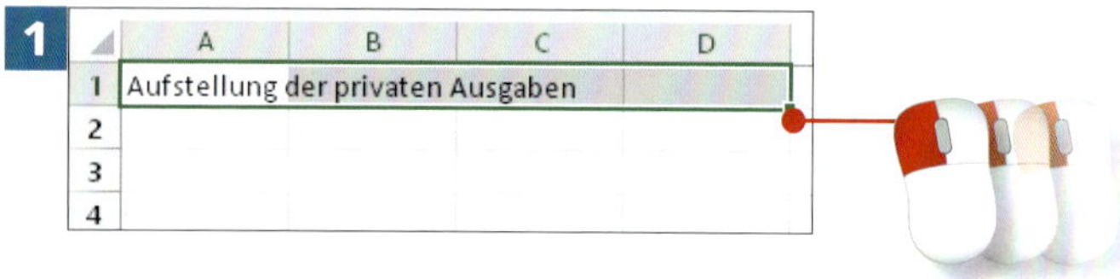

Um Texte unterzubringen, die zu lang für eine Zelle sind, können Sie den Text über mehrere Spalten schreiben und die Zellen miteinander verbinden. Oder Sie fügen einen Textumbruch ein.

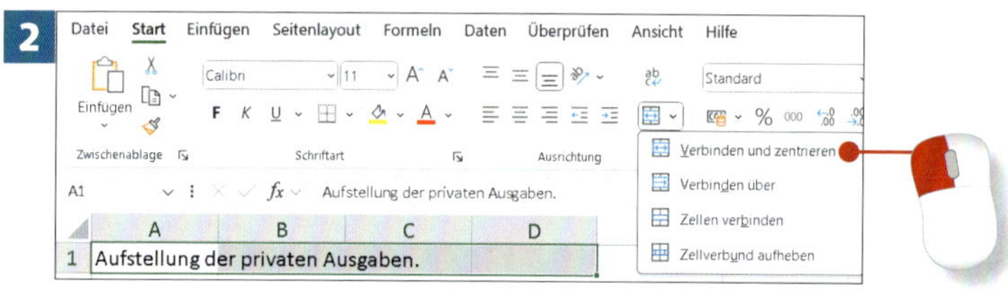

Schritt 1

Zunächst markieren Sie den gesamten Bereich, über den sich die Überschrift erstrecken soll, z. B. A1:D1. Es müssen natürlich zusammenhängende Zellen sein.

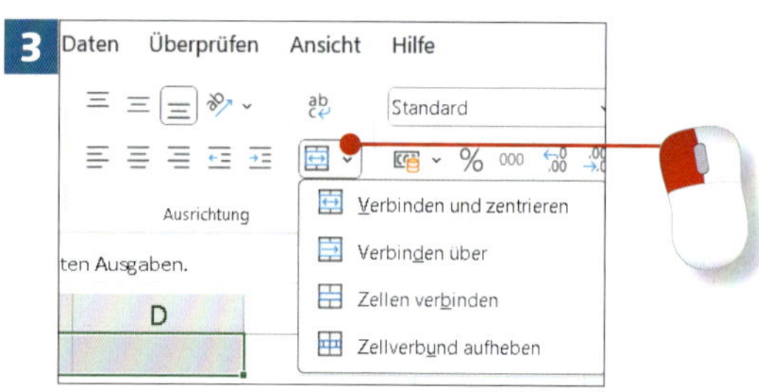

Schritt 2

Klicken Sie dann auf der Registerkarte **Start** in der Gruppe **Ausrichtung** auf **Verbinden und zentrieren**. Die markierten Zellen werden zu einer großen Zelle verbunden, und ihr Inhalt wird mittig ausgerichtet.

Schritt 3

Sie können aber auch auf den kleinen Pfeil rechts an der Schaltfläche klicken, dann erscheint ein Menü mit mehreren Möglichkeiten. Wählen Sie den ersten Eintrag **Verbinden und zentrieren**. Das Ergebnis ist das gleiche wie im Schritt zuvor.

Verbindungsoptionen

Es gibt in diesem Menü weitere Optionen: Mit **Verbinden über** werden die markierten Zellen einer Zeile miteinander verbunden, ohne die Inhalte zu zentrieren. Mit **Zellen verbinden** werden alle markierten Zellen miteinander verbunden. Mit **Zellverbund aufheben** machen Sie die Einstellung wieder rückgängig.

Schritt 4

Wenn der Text zu lang für eine Zelle ist, können Sie auch einen Textumbruch einfügen. Leider macht Excel das nicht automatisch. Wählen Sie also die entsprechende Zelle aus.

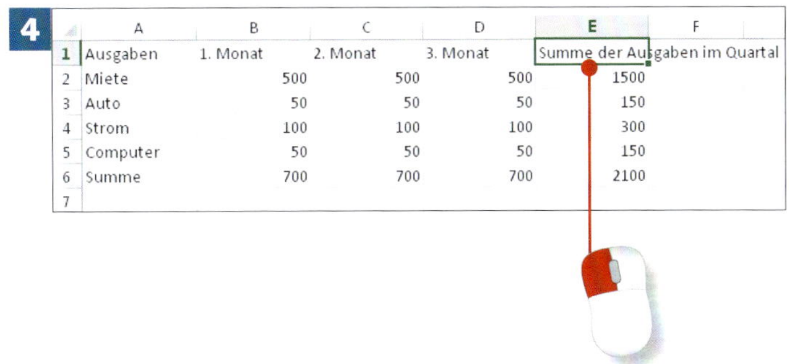

Schritt 5

Klicken Sie dann auf die Schaltfläche **Textumbruch** in der Gruppe **Ausrichtung**.

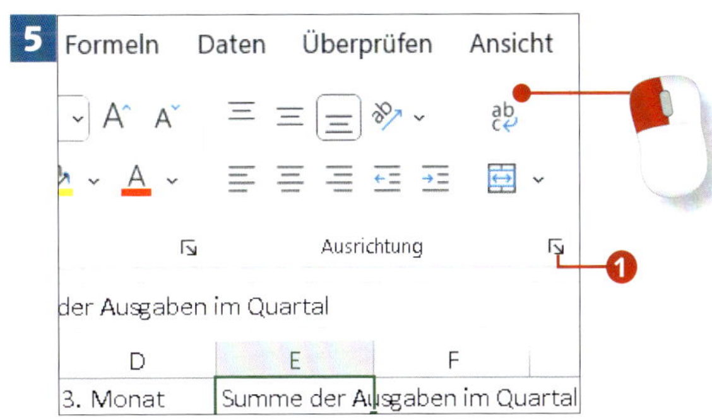

Schritt 6

Wie Sie sehen, wird die lange Zeile umbrochen, d. h., die Länge der Zeile wird automatisch an die Breite der Spalte angepasst. Dadurch lassen sich die Spalten schmaler und weitaus gleichmäßiger darstellen.

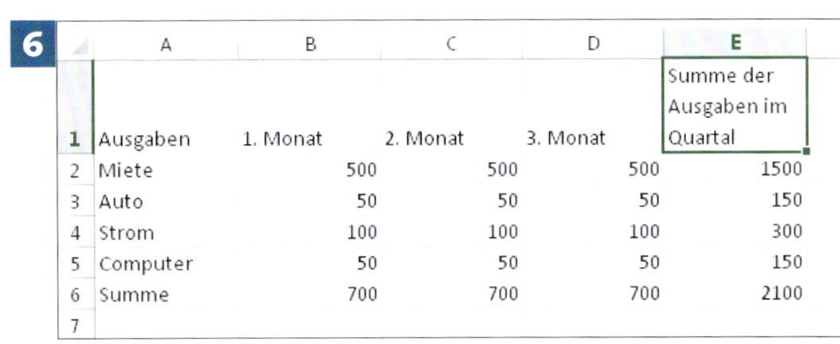

Textumbruch

Sie können auch manuell einen Textumbruch erzeugen, indem Sie Alt+↵ drücken. Eine dritte Möglichkeit besteht darin, in der Gruppe **Ausrichtung** auf den Dialogfeldstarter 1 zu klicken und auf der Registerkarte **Ausrichtung** ein Häkchen bei **Textumbruch** zu setzen.

Zahlen formatieren

Wenn Sie viele Zahlen in ein Arbeitsblatt eingeben, wird es schnell unübersichtlich. Um dem entgegenzuwirken, können Sie das Aussehen der Zahlen verändern, indem Sie die Zahlen formatieren.

1
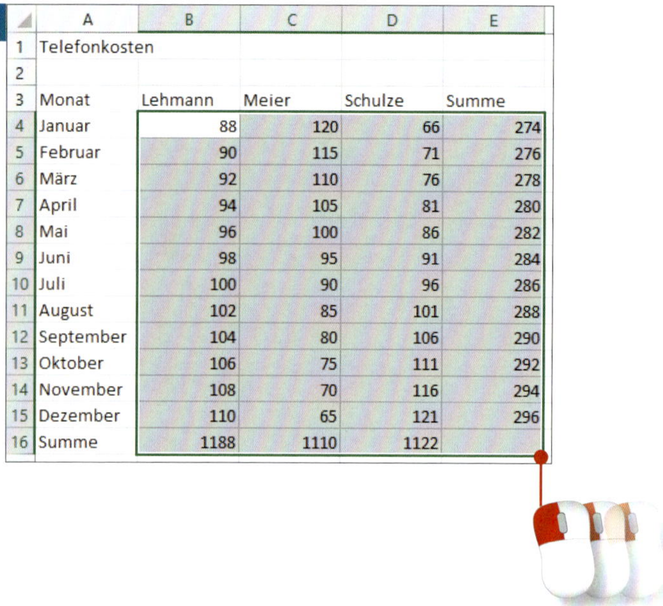

	A	B	C	D	E
1	Telefonkosten				
2					
3	Monat	Lehmann	Meier	Schulze	Summe
4	Januar	88	120	66	274
5	Februar	90	115	71	276
6	März	92	110	76	278
7	April	94	105	81	280
8	Mai	96	100	86	282
9	Juni	98	95	91	284
10	Juli	100	90	96	286
11	August	102	85	101	288
12	September	104	80	106	290
13	Oktober	106	75	111	292
14	November	108	70	116	294
15	Dezember	110	65	121	296
16	Summe	1188	1110	1122	

Schritt 1

Öffnen Sie die Telefonkostenaufstellung. Die Tabelle ist nicht optimal gestaltet, denn die Zahlen sind nicht als Beträge formatiert: Es gibt z. B. keine Währungsangaben. Das lässt sich schnell ändern. Um zunächst die Zahlen im Währungsformat darzustellen, markieren Sie den Bereich B4:E16.

2
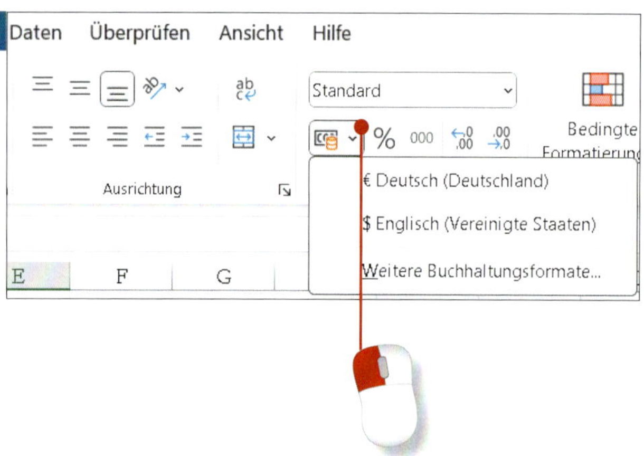

Schritt 2

Klicken Sie nun auf der Registerkarte **Start** in der Gruppe **Zahl** auf den Pfeil neben dem Symbol **Buchhaltungszahlenformat**. Es stehen **€** und **$** zur Auswahl.

3
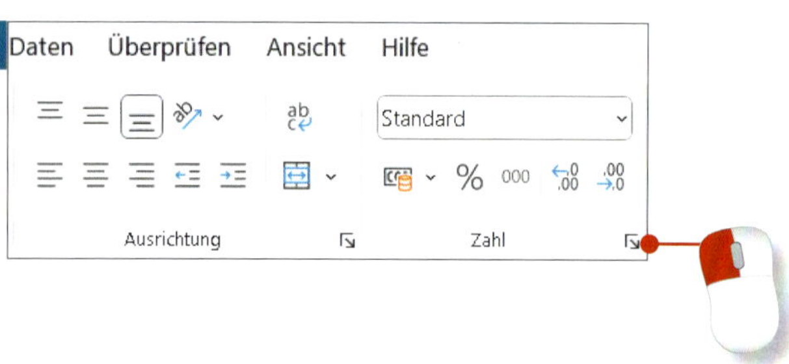

Schritt 3

Wenn Sie ein anderes Währungssymbol nutzen wollen, markieren Sie die betreffenden Zellen. Klicken Sie auf der Registerkarte **Start** in der Gruppe **Zahl** auf den Dialogpfeil unten rechts. Das Dialogfenster **Zellen formatieren** öffnet sich.

Schritt 4

Klicken Sie links auf **Währung** ❶. Geben Sie im Feld **Dezimalstellen** die Anzahl der anzuzeigenden Dezimalstellen an, in unserem Fall »2« ❷. Über den Pfeil rechts neben dem Feld **Symbol** wählen Sie eine Währung aus der Liste aus, in diesem Fall also **€**.

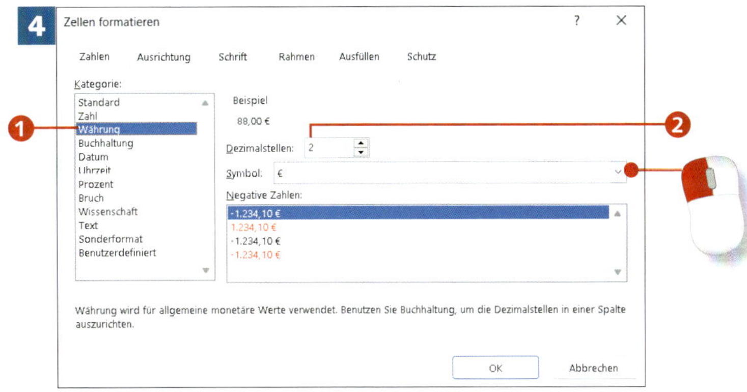

Schritt 5

Im Dialogfenster stehen zahlreiche weitere Formatierungsmöglichkeiten zur Auswahl. Wir haben hier einige Beispiele für Sie zusammengetragen, aber probieren Sie einfach selbst ein paar Formate aus.

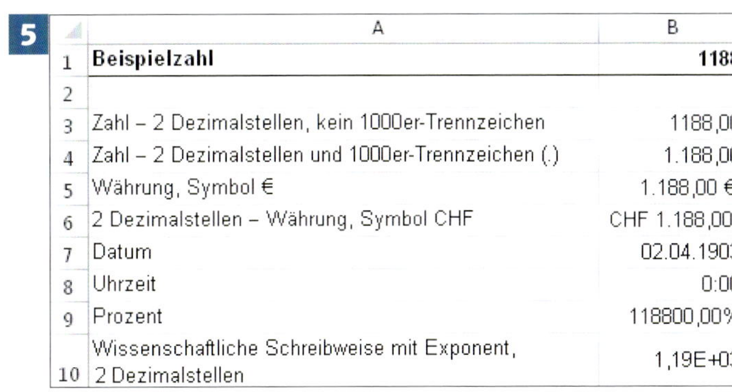

	A	B
1	**Beispielzahl**	**1188**
2		
3	Zahl – 2 Dezimalstellen, kein 1000er-Trennzeichen	1188,00
4	Zahl – 2 Dezimalstellen und 1000er-Trennzeichen (.)	1.188,00
5	Währung, Symbol €	1.188,00 €
6	2 Dezimalstellen – Währung, Symbol CHF	CHF 1.188,00
7	Datum	02.04.1903
8	Uhrzeit	0:00
9	Prozent	118800,00%
10	Wissenschaftliche Schreibweise mit Exponent, 2 Dezimalstellen	1,19E+03

Schritt 6

Wenn Sie nach Ihren Experimenten wieder das Standardformat für Zahlen einstellen wollen, wählen Sie dafür einfach die Kategorie **Standard** aus und bestätigen das Dialogfenster mit einem Klick auf **OK**.

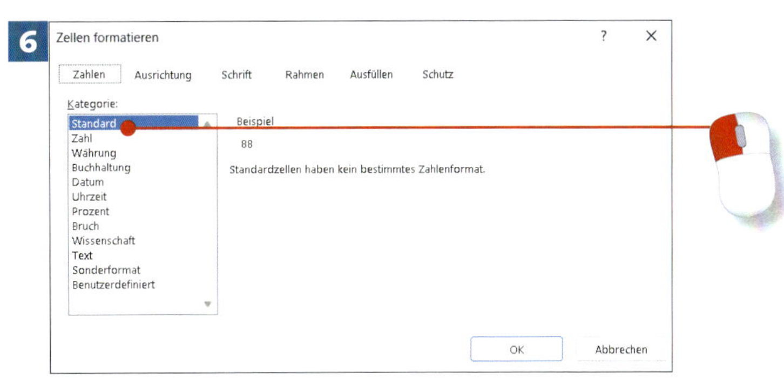

!

Markierung nicht vergessen!

Wenn Sie die Markierung vergessen, gilt die Formatierung nur für die aktuelle Zelle.

Zahlen formatieren (Forts.)

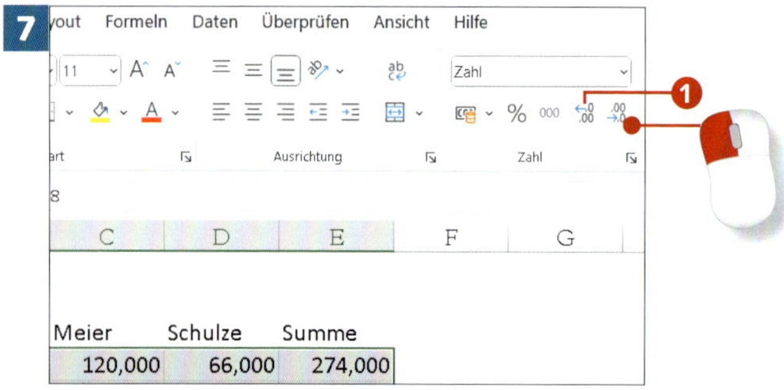

Schritt 7

Die Anzahl der Dezimalstellen lässt sich noch einfacher ändern. Klicken Sie auf der Registerkarte **Start** in der Gruppe **Zahl** auf das Symbol **Dezimalstelle hinzufügen**, um mehr Nachkommastellen anzuzeigen. Pro Klick wird eine Stelle ergänzt. Wenn Sie Stellen hinter dem Komma löschen möchten, klicken Sie auf das Symbol **Dezimalstelle** ❶.

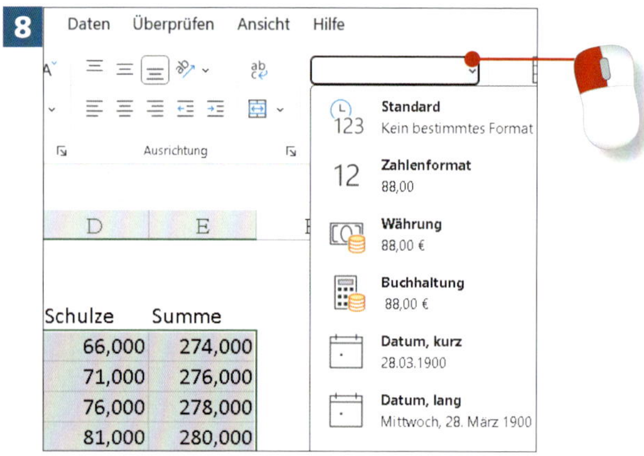

Schritt 8

Für die am häufigsten gebrauchten Formate bietet Excel eine Auswahlliste an, die Sie ebenfalls in der Gruppe **Zahl** finden. Klicken Sie auf den Pfeil rechts neben dem Feld, und wählen Sie eine Darstellung aus der Liste aus, z. B. **Währung**.

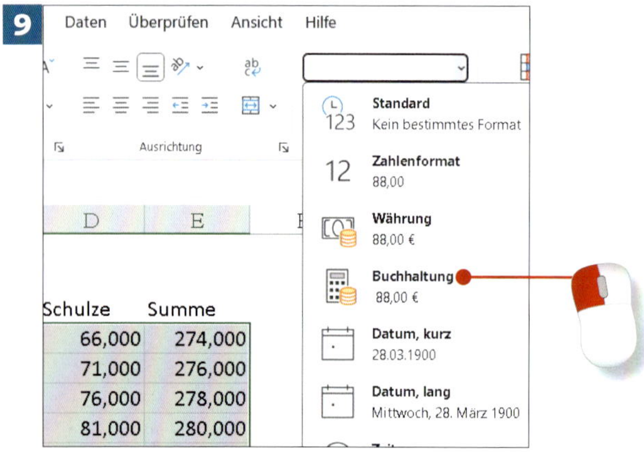

Schritt 9

Wenn Sie auf das Format **Buchhaltung** klicken, wird ebenfalls die Währung Euro eingestellt, doch hinter dem Eurozeichen wird jeweils noch ein Leerzeichen ergänzt, um die Übersichtlichkeit der Tabelle zu erhöhen.

Landeswährung

Das Format **Währung** nutzt die Währung, die in der Windows-Systemsteuerung hinterlegt ist.

Schritt 10

Ein anderer Fall einer Zahlenangabe ist die Postleitzahl. Nehmen wir an, die Überschrift Ihrer Tabelle lautet »Telefonkosten aus dem Postleitzahlenbereich«. In die Zelle E1 geben Sie nun die Postleitzahl »04329« ein.

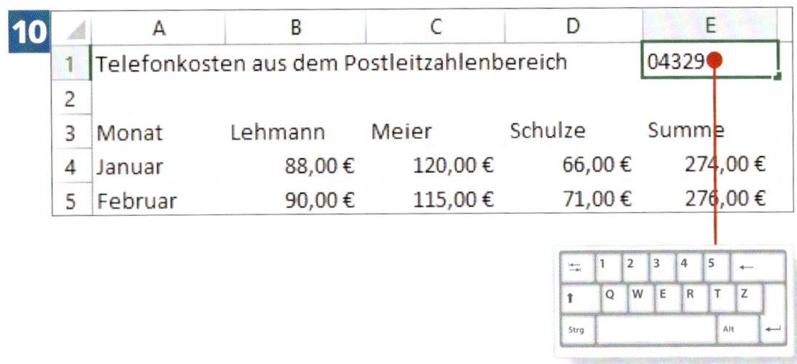

Schritt 11

Bestätigen Sie Ihre Eingabe mit ↵. Excel macht daraufhin aus Ihrer Eingabe automatisch die Zahl 4329: Die führende Null ist durch die Standardformatierung verloren gegangen. Für dieses Problem gibt es aber natürlich eine Lösung.

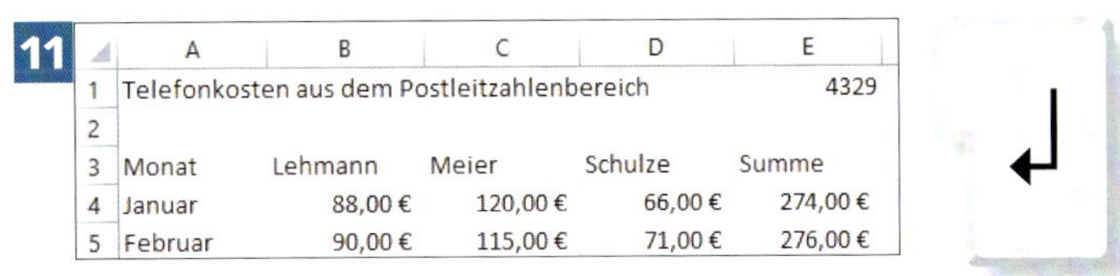

Schritt 12

Markieren Sie die Zelle E1. Klicken Sie auf der Registerkarte **Start** in der Gruppe **Zahl** auf den Dialogfeldstarter. Im Dialog wählen Sie **Sonderformat** ❷. Aus der Liste **Typ** auf der rechten Seite des Fensters wählen Sie **Postleitzahl**, und dann klicken Sie auf **OK**, um Ihre Eingabe zu bestätigen.

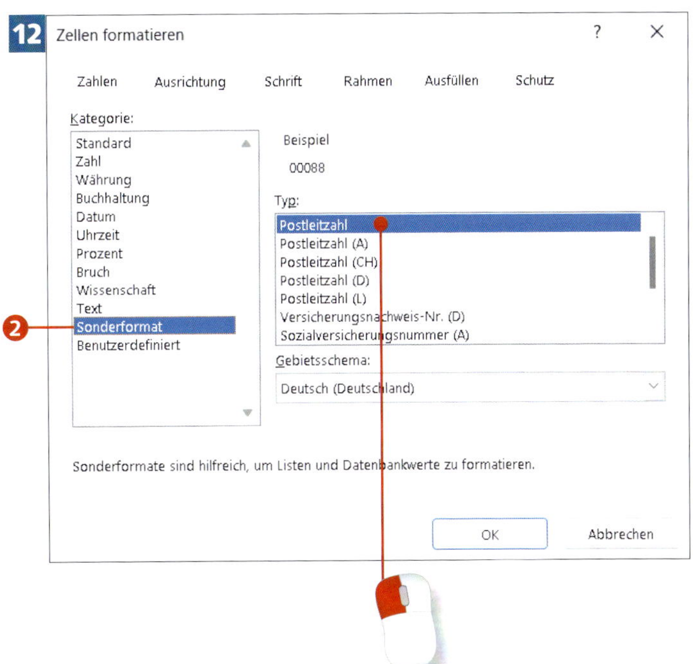

Zellen formatieren

Das Dialogfenster **Zellen formatieren** erreichen Sie auch über den gleichnamigen Befehl im Kontextmenü.

Schriftart, -größe und -farbe von Text ändern

Sie können die Schriftart, -größe und -farbe für markierte Bereiche auf einem Arbeitsblatt ändern. Zudem können Sie die in neuen Arbeitsmappen verwendete Standardschriftart sowie die Standardschriftgröße ändern.

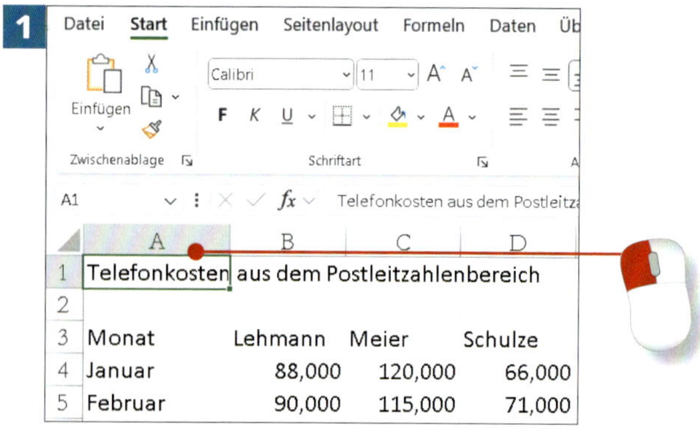

Schritt 1

Markieren Sie die Zelle A1, um die Überschrift zu formatieren. Auf der Registerkarte **Start** in der Gruppe **Schriftart** stehen Ihnen nun verschiedene Möglichkeiten der Schriftformatierung zur Verfügung.

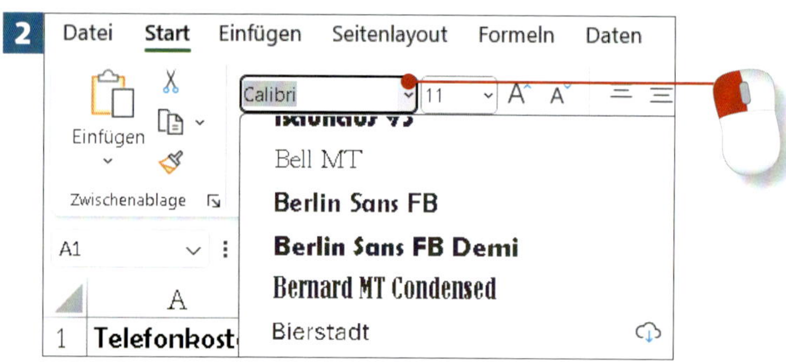

Schritt 2

Um eine andere Schriftart auszuwählen, klicken Sie auf den kleinen Pfeil neben dem Feld mit der voreingestellten Schriftart. Aus der Liste können Sie eine passende Schrift wählen. Auch hierbei wird Ihnen eine Vorschau angezeigt.

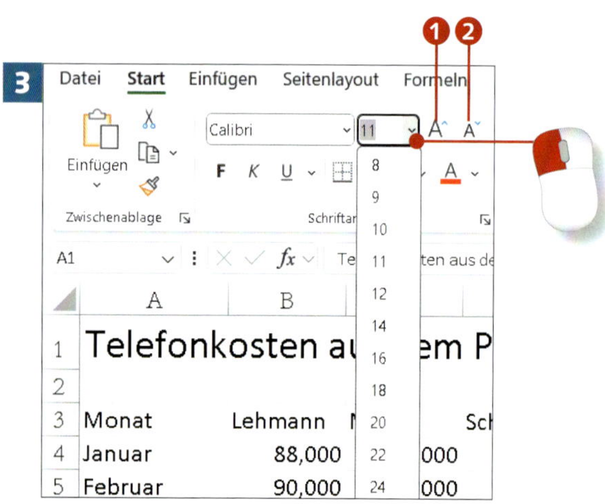

Schritt 3

Wenn Sie die Größe der Schrift (den Schriftgrad) ändern möchten, gehen Sie genauso vor. Alternativ können Sie die Symbole **Schriftgrad vergrößern** ❶ und **Schriftgrad verkleinern** ❷ nutzen.

Schritt 4

Für eine weitere Gestaltung markieren Sie die entsprechenden Zellen und klicken auf **Fett**, **Kursiv** oder **Unterstrichen** ❸. Alternativ können Sie auf der Registerkarte **Start** in der Gruppe **Schriftart** auf den Dialogfeldstarter unten rechts klicken und Ihre Wahl im Dialogfenster vornehmen.

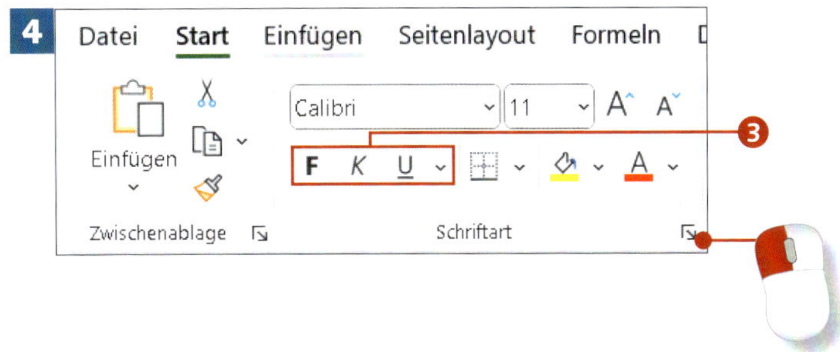

Schritt 5

Im Dialogfenster wählen Sie dann z. B. einen anderen **Schriftschnitt**, in unserem Fall **Fett**.

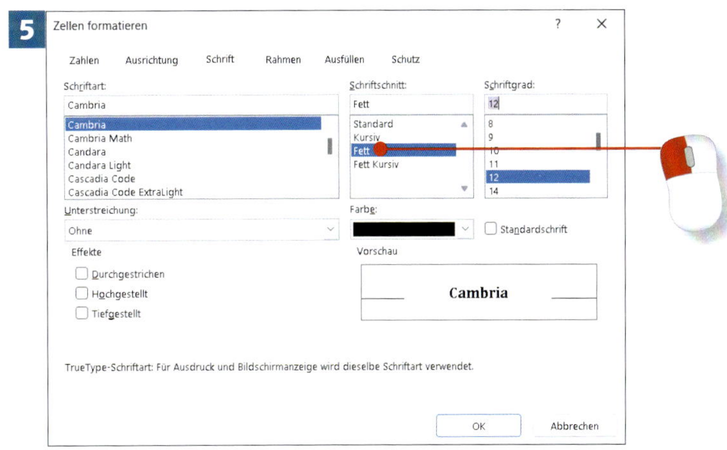

Schritt 6

Zu guter Letzt passen Sie die Farbe der Schrift an. Klicken Sie auf den Pfeil neben dem Symbol **Schriftfarbe**, und wählen Sie dann unter **Designfarben**, **Standardfarben** oder **Weitere Farben** die Farbe aus, die Sie verwenden möchten.

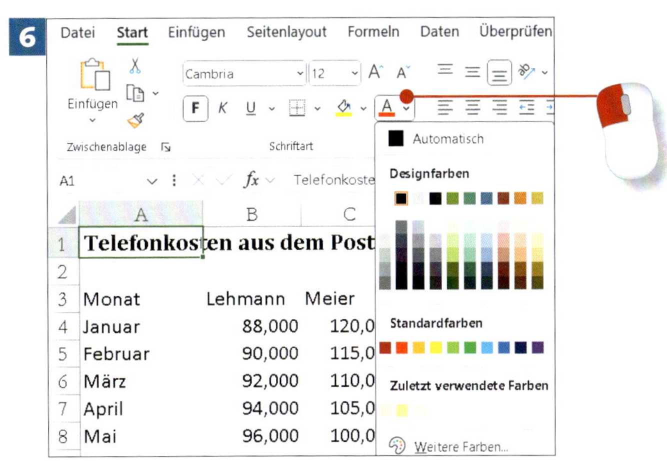

Welche Schriftart darf es sein?
Die gewünschte Schriftart können Sie aus allen installierten Windows-Schriften auswählen. Um sich einen Überblick zu verschaffen, klicken Sie in der **Systemsteuerung** auf **Schriftarten**.

Schriftart, -größe und -farbe von Text ändern (Forts.)

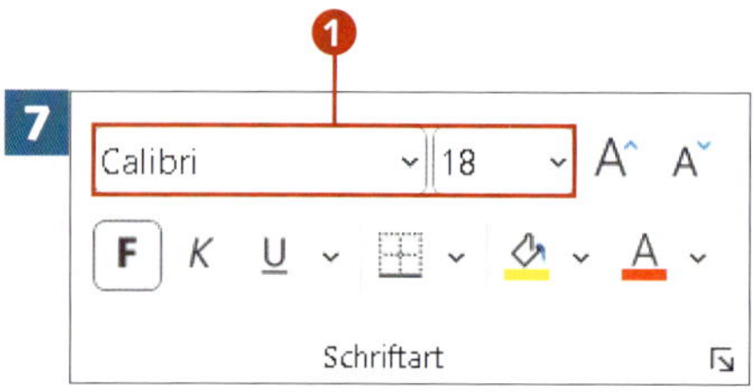

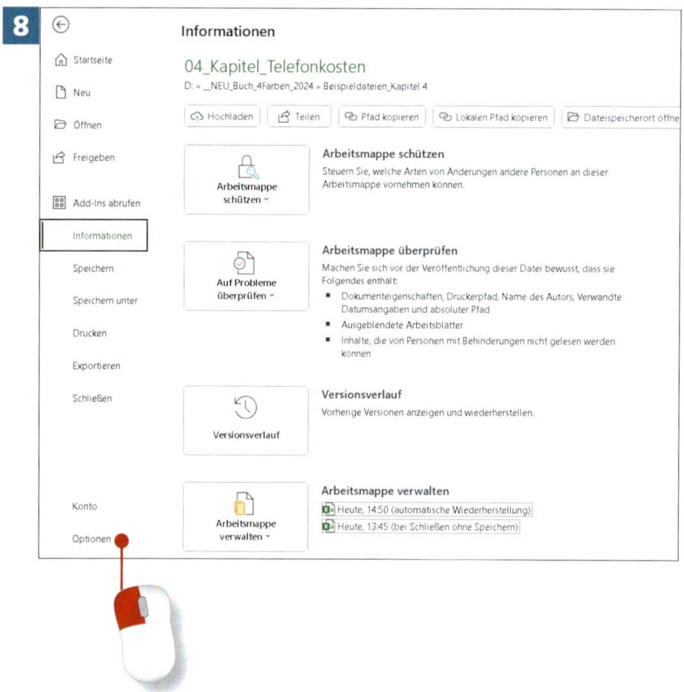

Schritt 7

Auch für die Schrift gibt es in Excel Standardeinstellungen. Wenn Sie das Programm öffnen, wird in einer neuen Tabelle dieser Standard angezeigt. Excel 2024 nutzt statt **Calibri** ❶ die Standard-Schrift **Aptos** mit dem Schriftgrad **11**. Calibri ist natürlich weiterhin verfügbar.

Schritt 8

Um die Standardeinstellungen dauerhaft zu verändern, können Sie die Einstellungen in den Excel-Optionen verändern. Klicken Sie auf die Registerkarte **Datei**, um in die Backstage-Ansicht zu gelangen. Dort klicken Sie auf den Befehl **Optionen**. Daraufhin öffnet sich das Dialogfenster **Excel-Optionen**.

Schritt 9

In der Kategorie **Allgemein** ❷ können Sie in der Gruppe **Beim Erstellen neuer Arbeitsmappen** nun die gewünschte Schriftart (in unserem Beispiel »Arial«) sowie den gewünschten Schriftgrad (»10 Punkt«) hinterlegen. Bestätigen Sie Ihre Eingaben mit **OK**.

Schritt 10

Excel weist Sie darauf hin, dass Sie das Programm beenden und neu starten müssen, damit die Änderungen wirksam werden. Bestätigen Sie das Pop-up mit einem Klick auf **OK**.

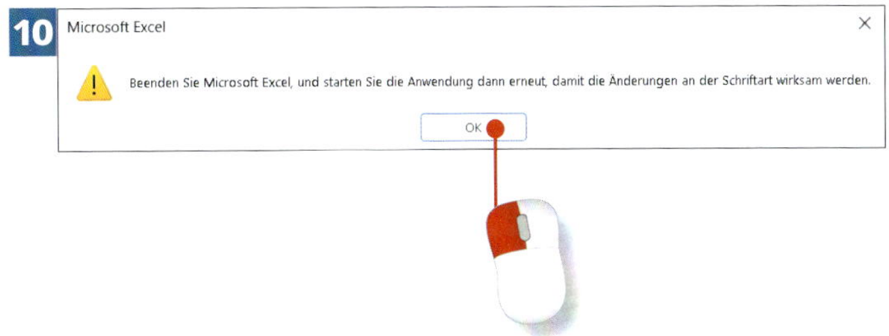

Schritt 11

Wenn Sie Excel erneut öffnen, sehen Sie die Veränderung in den Feldern **Schriftart** und **Schriftgrad** ❸. Die neue Standardschriftart **Arial** und der neue Standardschriftgrad **10** werden nun in allen neuen Arbeitsmappen verwendet. Sie können diese Änderungen auf dem gleichen Weg wieder rückgängig machen.

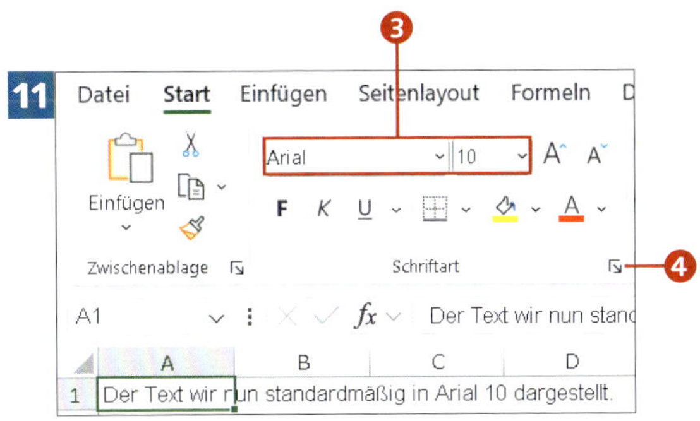

Schritt 12

Auch im Dialogfenster **Zellen formatieren**, das Sie über den Dialogfeldstarter ❹ in der Gruppe **Schriftart** öffnen, ist die neu eingestellte Schriftart jetzt als Standardschrift ❺ ausgewählt.

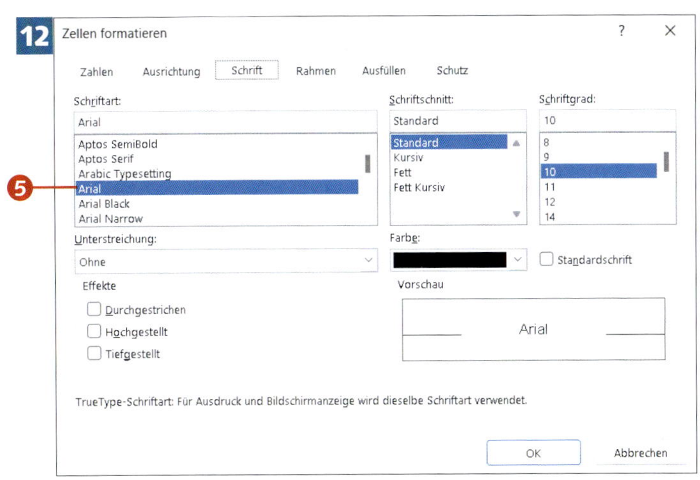

Die Einheit der Schriftgröße

Die Schriftgröße wird in *Punkt* angegeben. Gut lesbar ist eine Schriftgröße ab 11 Punkt.

Rahmenlinien verwenden

Sie können das Aussehen Ihrer Tabelle durch den Einsatz von vordefinierten oder benutzerdefinierten Rahmenlinien übersichtlicher gestalten.

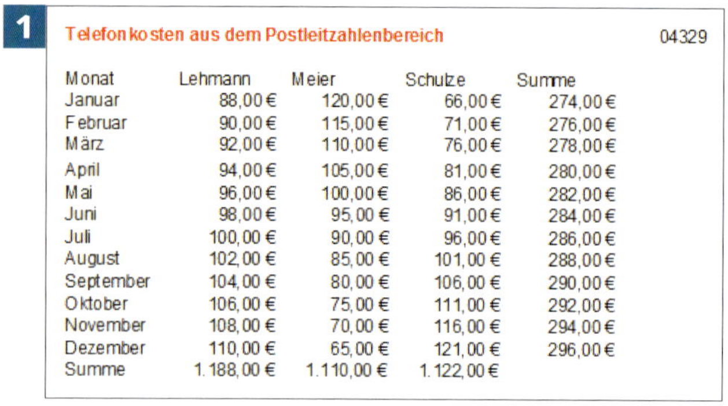

Telefonkosten aus dem Postleitzahlenbereich 04329

Monat	Lehmann	Meier	Schulze	Summe
Januar	88,00 €	120,00 €	66,00 €	274,00 €
Februar	90,00 €	115,00 €	71,00 €	276,00 €
März	92,00 €	110,00 €	76,00 €	278,00 €
April	94,00 €	105,00 €	81,00 €	280,00 €
Mai	96,00 €	100,00 €	86,00 €	282,00 €
Juni	98,00 €	95,00 €	91,00 €	284,00 €
Juli	100,00 €	90,00 €	96,00 €	286,00 €
August	102,00 €	85,00 €	101,00 €	288,00 €
September	104,00 €	80,00 €	106,00 €	290,00 €
Oktober	106,00 €	75,00 €	111,00 €	292,00 €
November	108,00 €	70,00 €	116,00 €	294,00 €
Dezember	110,00 €	65,00 €	121,00 €	296,00 €
Summe	1.188,00 €	1.110,00 €	1.122,00 €	

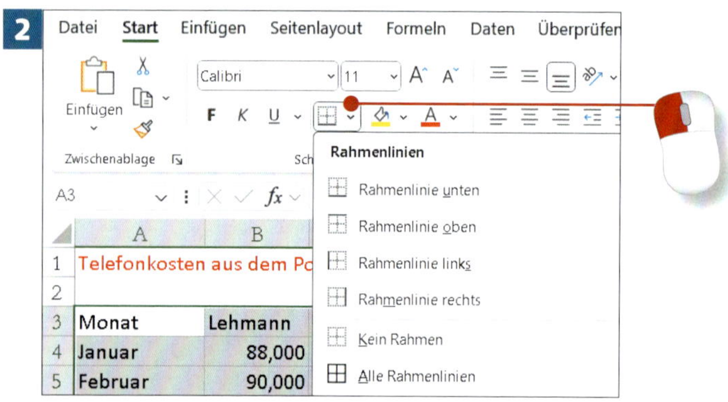

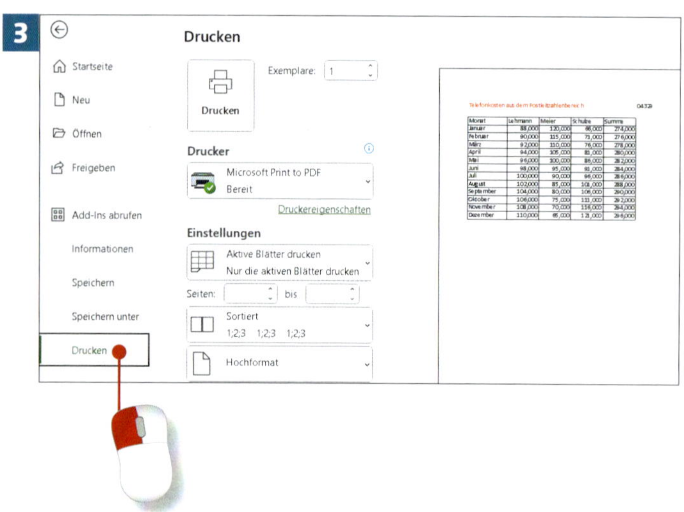

Schritt 1

Für den Ausdruck werden standardmäßig keine Rahmenlinien angezeigt. Sie können Zellen oder Zellbereichen jedoch einen Rahmen hinzufügen, indem Sie vordefinierte Rahmenarten verwenden.

Schritt 2

Wählen Sie dazu beispielsweise den Zellbereich A3:E16 aus. Auf der Registerkarte **Start** in der Gruppe **Schriftart** klicken Sie auf den Pfeil neben dem Rahmensymbol. Eine Liste mit verschiedenen Rahmenarten wird eingeblendet. Wählen Sie **Alle Rahmenlinien**.

Schritt 3

Sie können sich vom neuen Aussehen Ihrer Tabelle überzeugen, indem Sie in der Backstage-Ansicht den Befehl **Drucken** wählen. Auf der rechten Seite des Fensters wird Ihnen eine Druckvorschau angezeigt. Ausführlichere Informationen dazu finden Sie in Kapitel 5, »Drucken«.

Schritt 4

Auch die Rahmen selbst können Sie nach Ihren Wünschen verändern, d.h., Sie können sie beispielsweise dicker machen oder verdoppeln. Für den Bereich A3:E3 nutzen Sie aus der Liste der verschiedenen Rahmenarten **Dicke Rahmenlinie außen**.

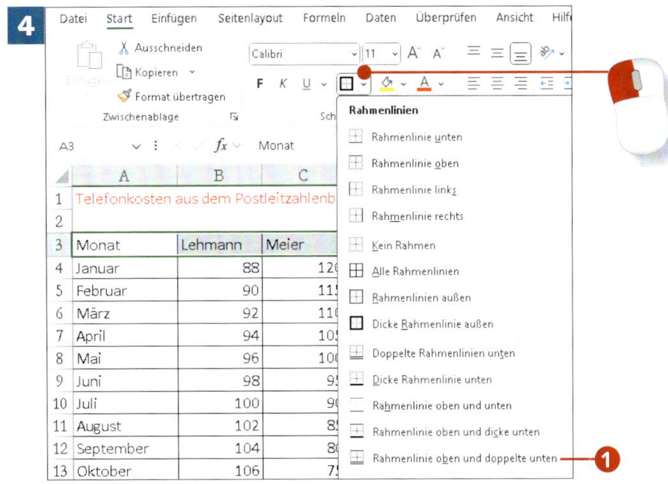

Schritt 5

Für den Bereich A16:E16 verwenden Sie dann die Rahmenart **Rahmenlinie oben und doppelte unten** ❶.

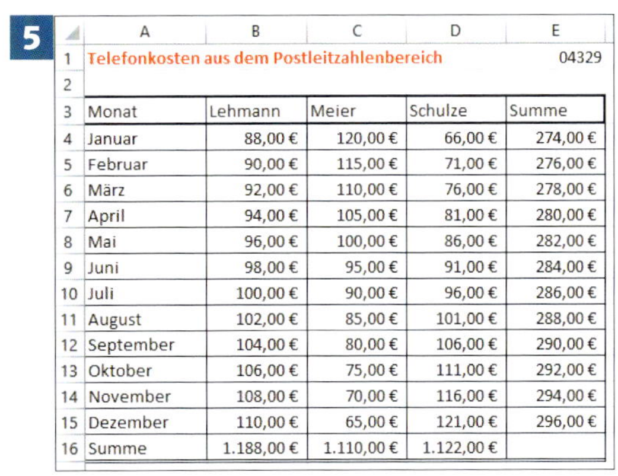

	A	B	C	D	E
1	Telefonkosten aus dem Postleitzahlenbereich				04329
2					
3	Monat	Lehmann	Meier	Schulze	Summe
4	Januar	88,00 €	120,00 €	66,00 €	274,00 €
5	Februar	90,00 €	115,00 €	71,00 €	276,00 €
6	März	92,00 €	110,00 €	76,00 €	278,00 €
7	April	94,00 €	105,00 €	81,00 €	280,00 €
8	Mai	96,00 €	100,00 €	86,00 €	282,00 €
9	Juni	98,00 €	95,00 €	91,00 €	284,00 €
10	Juli	100,00 €	90,00 €	96,00 €	286,00 €
11	August	102,00 €	85,00 €	101,00 €	288,00 €
12	September	104,00 €	80,00 €	106,00 €	290,00 €
13	Oktober	106,00 €	75,00 €	111,00 €	292,00 €
14	November	108,00 €	70,00 €	116,00 €	294,00 €
15	Dezember	110,00 €	65,00 €	121,00 €	296,00 €
16	Summe	1.188,00 €	1.110,00 €	1.122,00 €	

Schritt 6

Natürlich können Sie diese Einstellungen auch wieder rückgängig machen. Markieren Sie den Bereich, dessen Rahmen entfernt werden soll. Klicken Sie auf der Registerkarte **Start** in der Gruppe **Schriftart** auf den Pfeil neben dem Rahmensymbol, und wählen Sie im Menü **Kein Rahmen** ❷.

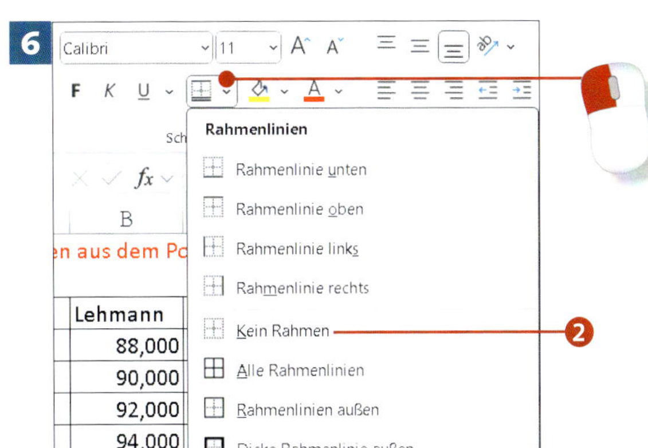

Schneller Rahmen

Möchten Sie einen Tabellenbereich schnell mit Rahmenlinien versehen, können Sie dafür den Befehl **Als Tabelle formatieren** auf der Registerkarte **Start** in der Gruppe **Formatvorlagen** verwenden.

Rahmenlinien verwenden (Forts.)

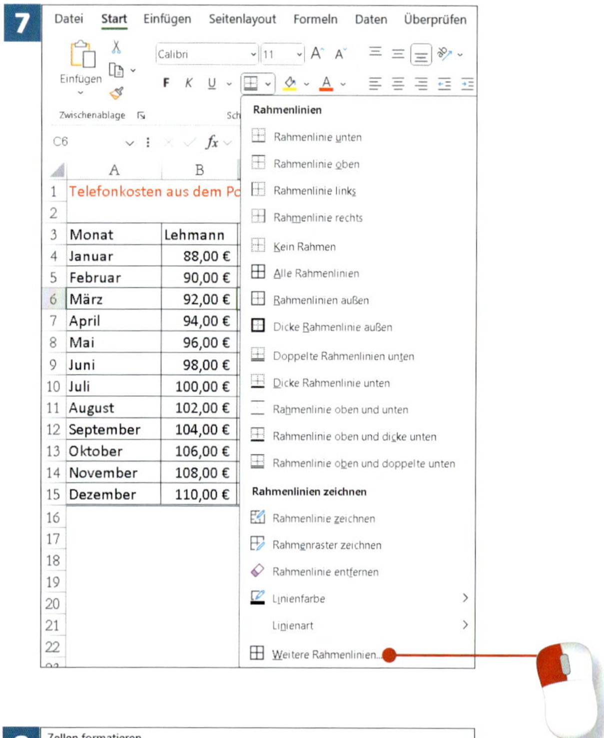

Schritt 7

Sie können auch benutzerdefinierte Rahmen verwenden. Markieren Sie dazu einen Zellbereich, z. B. A3:E16. Klicken Sie dann wieder auf den Pfeil neben dem Rahmensymbol, und wählen Sie im Menü die Option **Weitere Rahmenlinien**.

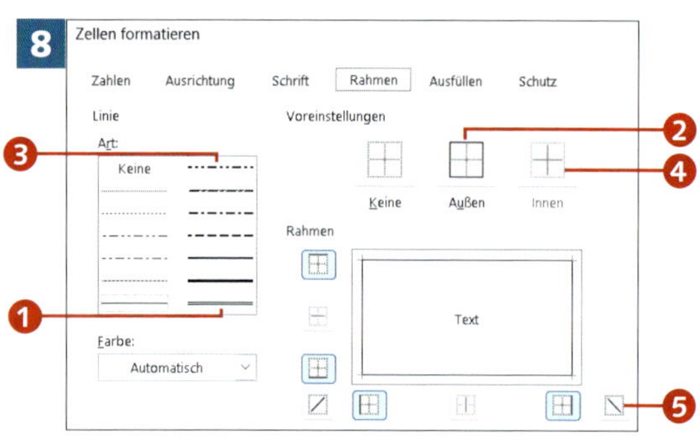

Schritt 8

Das Dialogfenster **Zellen formatieren** erscheint. Auf der Registerkarte **Rahmen** legen Sie für den gesamten markierten Bereich Rahmenlinien fest. Man unterscheidet dabei die Rahmen außen und innen. Wählen Sie unter **Art** die doppelte Linie ❶, dann klicken Sie auf **Außen** ❷. Im Anschluss klicken Sie auf die gestrichelte Linie ❸ und auf **Innen** ❹. Bestätigen Sie mit [↵].

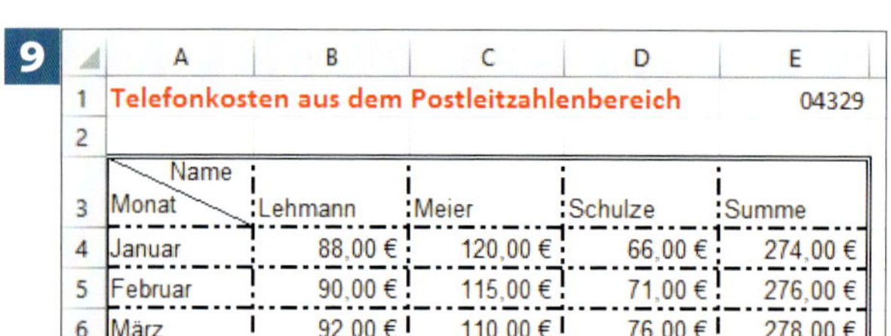

Schritt 9

Um eine diagonale Linie zu verwenden, markieren Sie z. B. die Zelle A3, wählen im Dialogfenster **Zellen formatieren** die diagonale Linie ❺ und bestätigen Ihre Wahl. In Zelle A3 schreiben Sie nun noch den Text »Name« vor den bestehenden Text »Monat«, erzeugen mit [Alt]+[↵] einen Textumbruch und fügen vor »Name« einige Leerzeichen ein.

Schritt 10

Erstellen Sie eine Zellenformatvorlage mit diesem Rahmen. Markieren Sie eine Zelle mit Rahmen, z. B. C6. Klicken Sie dann auf der Registerkarte **Start** in der Gruppe **Formatvorlagen** auf **Zellenformatvorlagen**. Im Menü klicken Sie unten auf **Neue Zellenformatvorlage**.

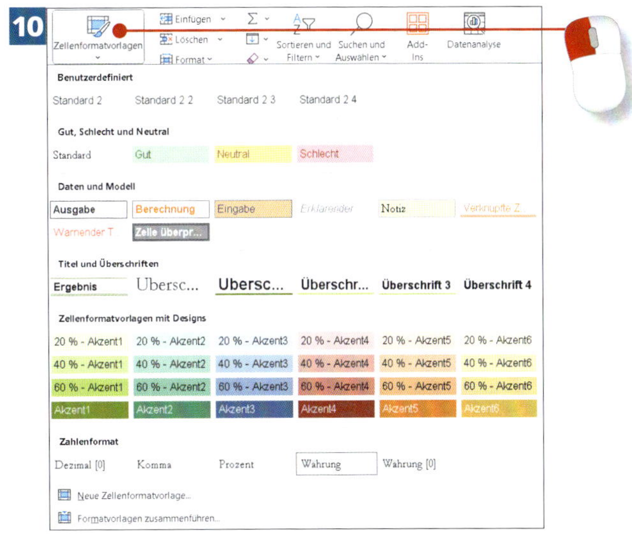

Schritt 11

Das Dialogfenster **Formatvorlage** öffnet sich. Geben Sie im Feld **Name der Formatvorlage** eine passende Bezeichnung ein. Im unteren Teil stehen Ihre Formatierungen, die Excel automatisch übernommen hat. Klicken Sie auf **OK**.

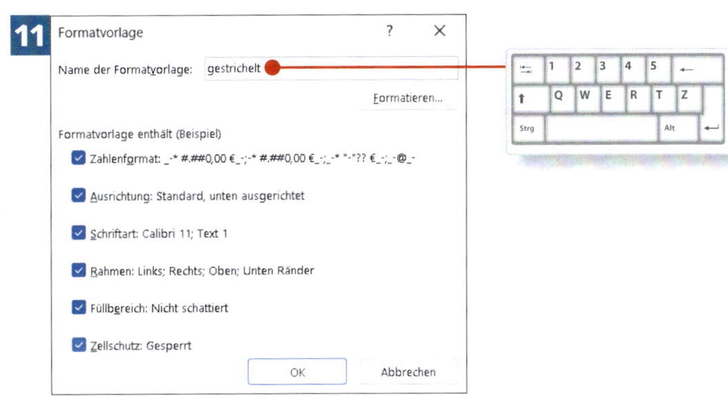

Schritt 12

Markieren Sie die Zellen, denen Sie die Vorlage zuweisen möchten. Dann klicken Sie im Menü der Schaltfläche **Zellenformatvorlagen** auf Ihre eigene Formatvorlage. Die markierten Zellen erhalten einen gestrichelten Rahmen.

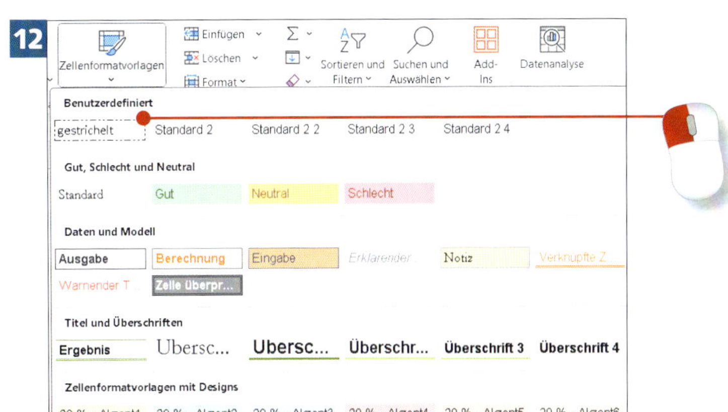

Gestaltungsvarianten

Über die Schaltfläche **Formatieren** im Dialogfenster **Formatvorlage** können Sie weitere Gestaltungsvarianten hinzufügen.

Hintergrundfarbe von Zellen festlegen

Sie können Zellen oder Zellbereiche z. B. als Überschriften kennzeichnen, indem Sie sie mit Vollton- oder Designfarben füllen.

1

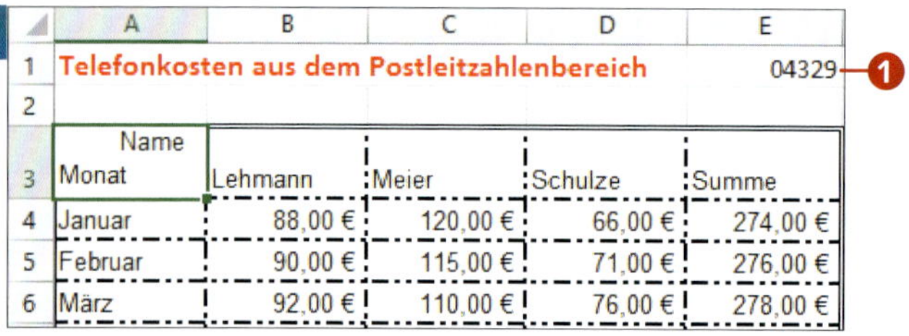

2

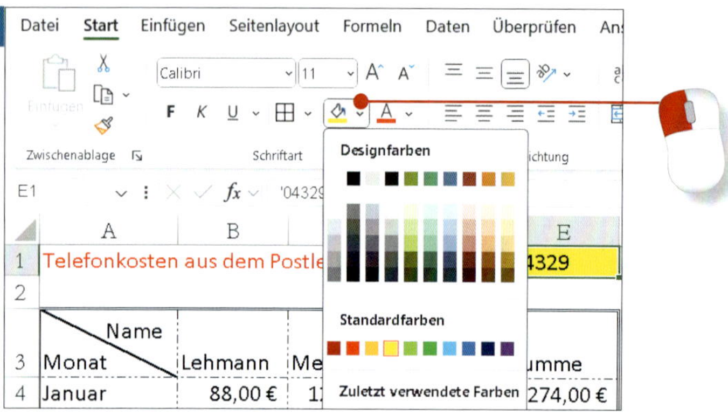

3

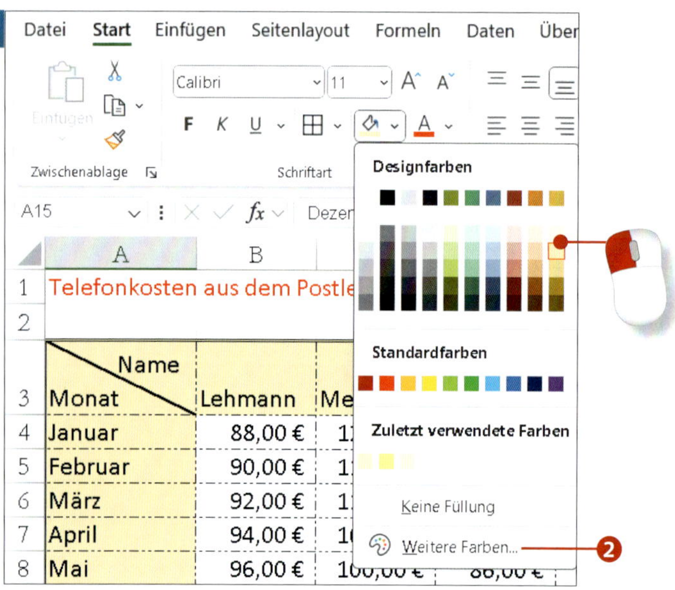

Schritt 1

Zunächst wählen Sie die Zelle oder den Zellbereich aus, den Sie farbig gestalten möchten. In unserem Beispiel hinterlegen wir den Postleitzahlenbereich mit Farbe, also die Zelle E1 **1**.

Schritt 2

Klicken Sie dann auf der Registerkarte **Start** in der Gruppe **Schriftart** auf den Pfeil am Symbol **Füllfarbe**. Wählen Sie unter **Standardfarben** eine Farbe aus. Die Zelle E1 soll in unserem Beispiel gelb hinterlegt werden.

Schritt 3

Markieren Sie nun die Überschriftenzellen Ihrer Tabelle. Nachdem Sie den Bereich A3:E3 makiert haben, halten Sie die Strg-Taste gedrückt, um den Bereich A4:A16 zusätzlich zu markieren. Öffnen Sie wieder das Füllfarben-Menü, und wählen Sie die Designfarbe **Orange, Akzent 2, heller 60 %**.

Schritt 4

Nun markieren Sie den Zahlenbereich B4:E16, öffnen das Menü für die Füllfarbe und wählen **Weitere Farben** ❷. Im Dialogfenster gibt es auf der Registerkarte **Standard** eine größere Palette, aus deren Spektrum Sie sich eine Farbe aussuchen können, indem Sie auf sie klicken. Wenn Sie etwas Passendes gefunden haben, klicken Sie auf **OK**.

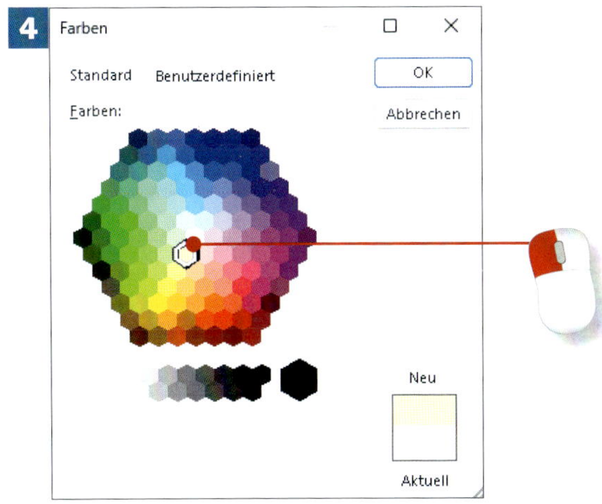

Schritt 5

Alternativ gibt es die Registerkarte **Benutzerdefiniert** ❸. Verschieben Sie dort einfach das Kreuz an die gewünschte Stelle des Spektrums. Rechts daneben gibt es eine Skala für die Helligkeit. Um sie zu verändern, verschieben Sie den schwarzen Pfeil ❹ mit der Maus. Bestätigen Sie Ihre Auswahl mit **OK**.

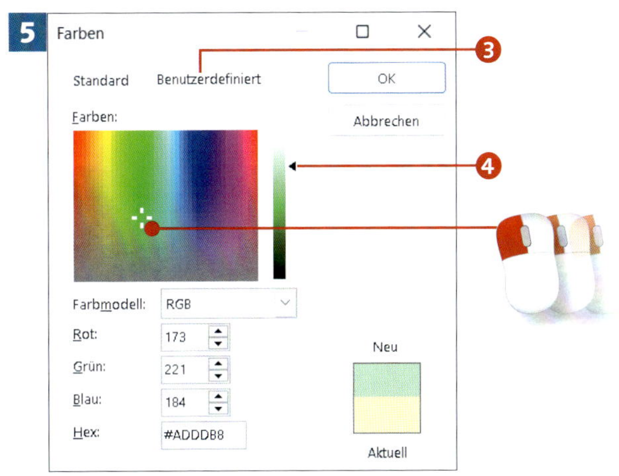

Schritt 6

Füllfarben können selbstverständlich wieder gelöscht werden. Markieren Sie die Zelle E1, und klicken Sie auf der Registerkarte **Start** in der Gruppe **Schriftart** auf den Pfeil am Symbol **Füllfarbe**. Im Menü wählen Sie **Keine Füllung** aus.

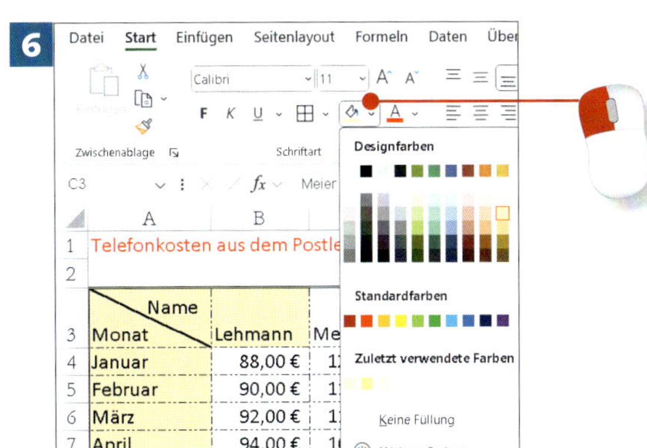

Die Zellformatierung übertragen

Mithilfe des Pinselwerkzeugs lassen sich Formate aus einer Zelle kopieren und auf eine andere übertragen. So müssen Sie Ihre Einstellungen nicht jedes Mal neu vornehmen.

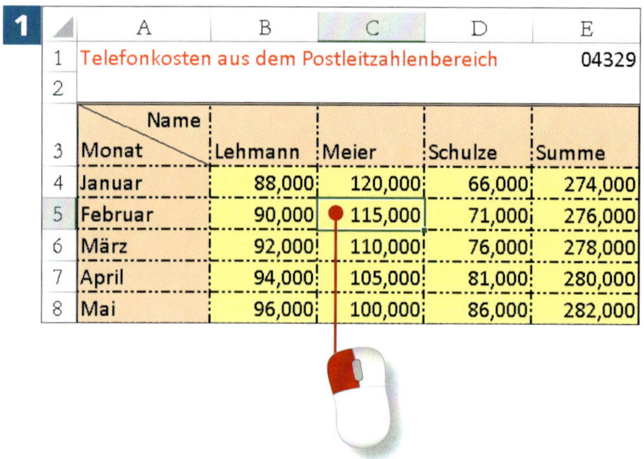

Schritt 1

Sie möchten die Zelle E1 mit derselben Farbe hinterlegen wie die Zahlen der übrigen Tabelle, nämlich mit Hellgelb. Wählen Sie also eine Zelle aus, deren Formatierung Sie kopieren möchten. Für unser Beispiel kommt dafür z. B. die Zelle C5 infrage.

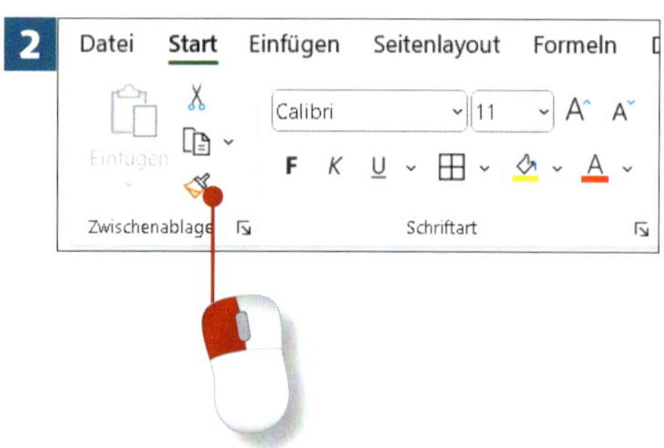

Schritt 2

Klicken Sie auf der Registerkarte **Start** in der Gruppe **Zwischenablage** auf **Format übertragen**. Das Format der markierten Zelle wird zwischengespeichert.

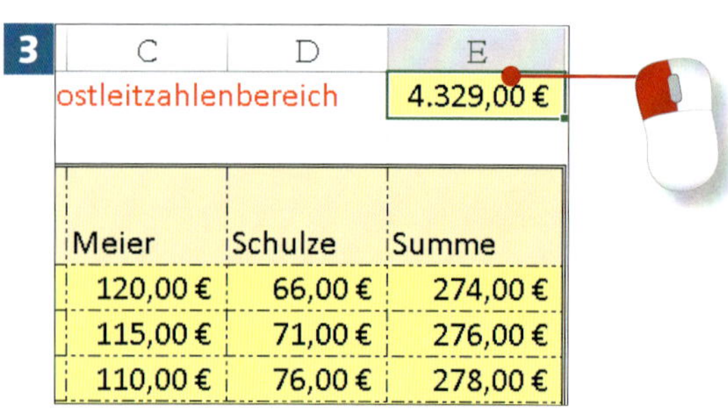

Schritt 3

Klicken Sie dann auf die Zelle, die Sie formatieren wollen (E1). Nun ist auch sie hellgelb. Aber Excel hat auch die Postleitzahl in einen Eurobetrag verwandelt und eine Rahmenlinie eingefügt. Der Pinsel überträgt nämlich sämtliche Formate einer Zelle.

Schritt 4

Sie müssen also für die Postleitzahl das Währungsformat wieder zurücksetzen. Klicken Sie mit der rechten Maustaste auf die Zelle E1, und wählen Sie aus dem Kontextmenü die Option **Zellen formatieren**.

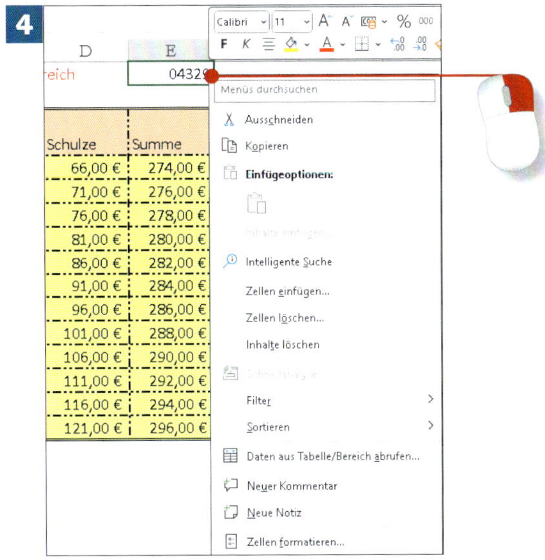

Schritt 5

Im Dialogfenster wählen Sie in der Kategorie **Sonderformat** ❶ den Typ **Postleitzahl**. Auch den gestrichelten Rahmen könnten Sie in diesem Fenster auf der Registerkarte **Rahmen** ❷ wieder entfernen. Klicken Sie nach der Auswahl auf **OK**.

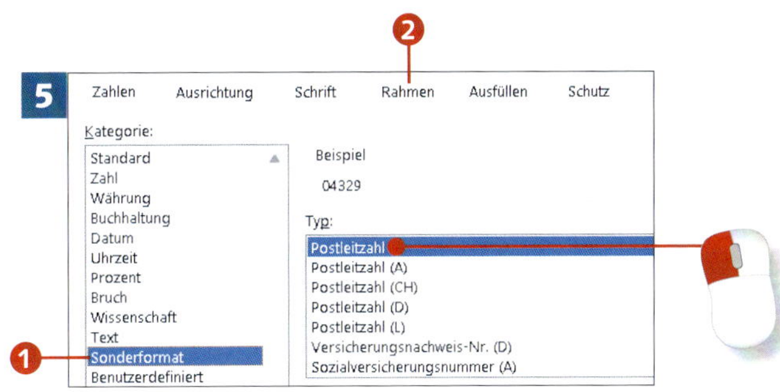

Schritt 6

Normalerweise wird das kopierte Format sofort wieder aus dem Zwischenspeicher gelöscht. Mehrere Übertragungen sind möglich, wenn Sie auf den Pinsel doppelklicken. Zur Deaktivierung klicken Sie noch einmal auf **Format übertragen** oder drücken Esc.

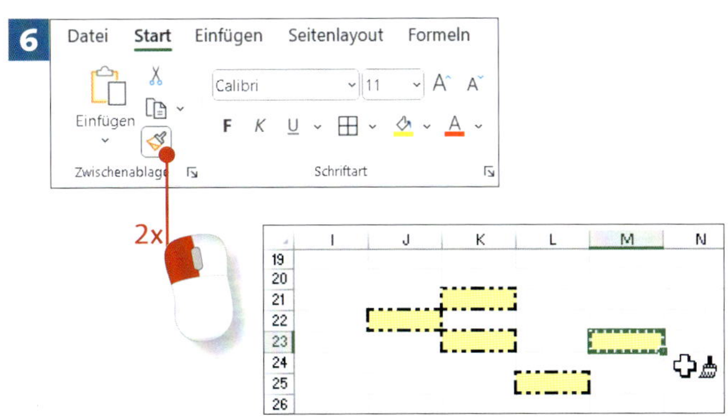

Format übertragen

Wollen Sie nur ein Format von einer Zelle auf eine andere übertragen, stellen Sie den Formatbefehl ein, markieren den anderen Zellbereich und drücken F4. Das funktioniert, bis Sie einen anderen Befehl einstellen.

Tabelle drehen

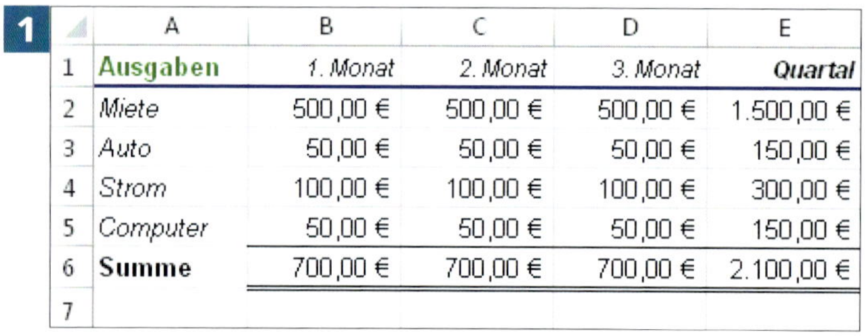

Wenn Sie feststellen, dass die Daten in den Spalten und Zeilen anders doch besser organisiert wären, können Sie sie transponieren, d. h. Spalten und Zeilen tauschen.

Schritt 1

Wir nutzen wieder die Beispieltabelle zu den privaten Ausgaben. Aktuell sind die Monatsangaben spaltenweise angeordnet. Sie würden sie aber lieber zeilenweise nutzen.

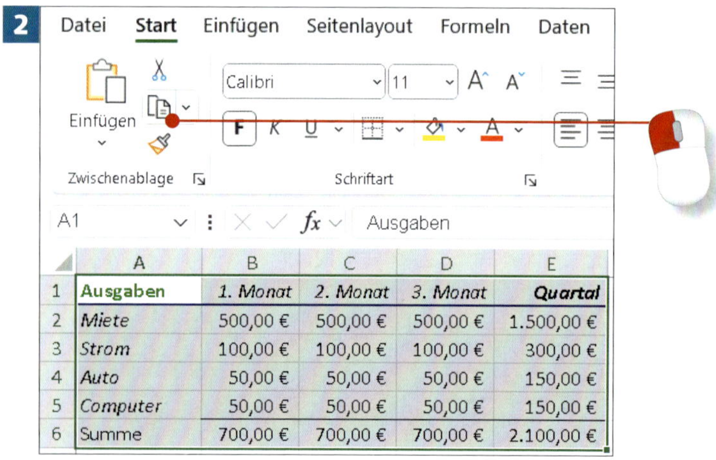

Schritt 2

Markieren Sie alle Zellen, die Sie umorganisieren wollen. Klicken Sie dann auf der Registerkarte **Start** in der Gruppe **Zwischenablage** auf das Symbol **Kopieren**.

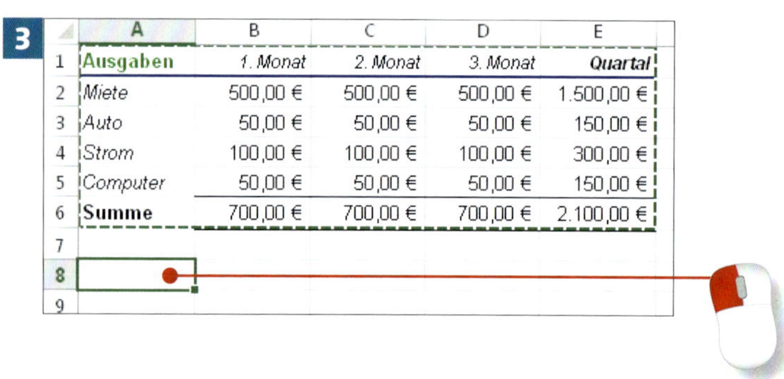

Schritt 3

Danach wählen Sie den Bereich aus, in den die kopierten Daten eingefügt werden sollen. Markieren Sie dafür auf dem Arbeitsblatt die erste Zelle des Bereichs, z. B. A8.

Keine Überlappung

Der Bereich, den Sie kopieren, und der Bereich, in den Sie die Kopie einfügen wollen, dürfen sich nicht überlappen.

Schritt 4

Nachdem Sie die Zelle markiert haben, klicken Sie auf der Registerkarte **Start** in der Gruppe **Zwischenablage** auf den kleinen Pfeil unter **Einfügen**. Im Menü klicken Sie im Bereich **Einfügen** auf die Schaltfläche **Transponieren** 1.

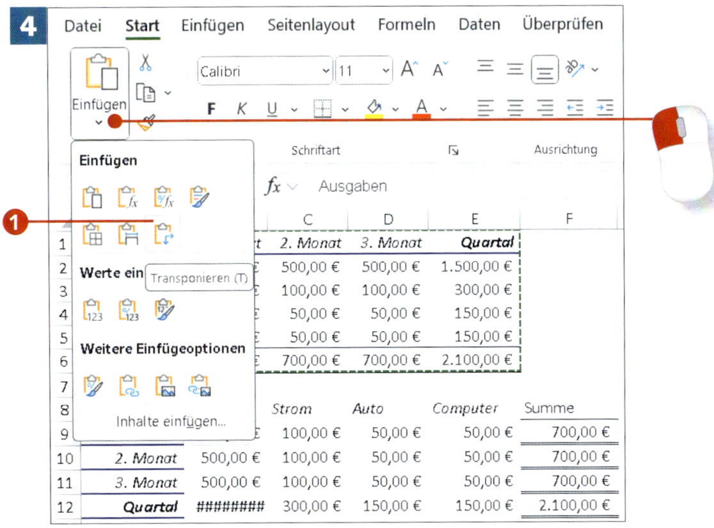

Schritt 5

Nachdem Sie die Daten erfolgreich transponiert haben, können Sie den ursprünglichen Tabellenbereich löschen. Markieren Sie die Zeilen 1 bis 6, und wählen Sie im Kontextmenü (rechte Maustaste) die Option **Zellen löschen**.

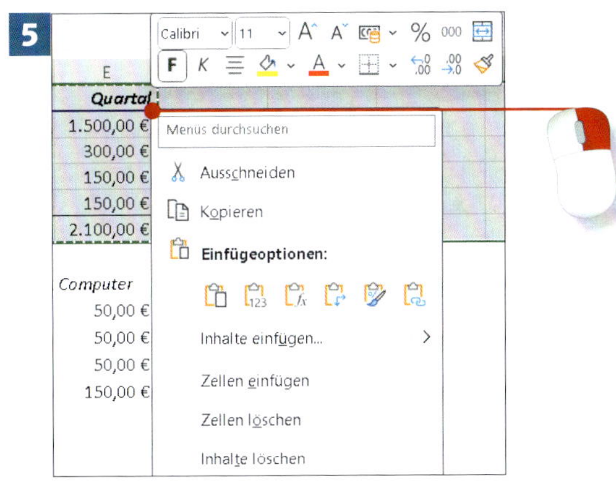

Schritt 6

Gestalten Sie nun die Tabelle entsprechend Ihren Wünschen. Im Beispiel vergeben wir für den Bereich A2:F6 die Formatierung **Alle Rahmenlinien**.

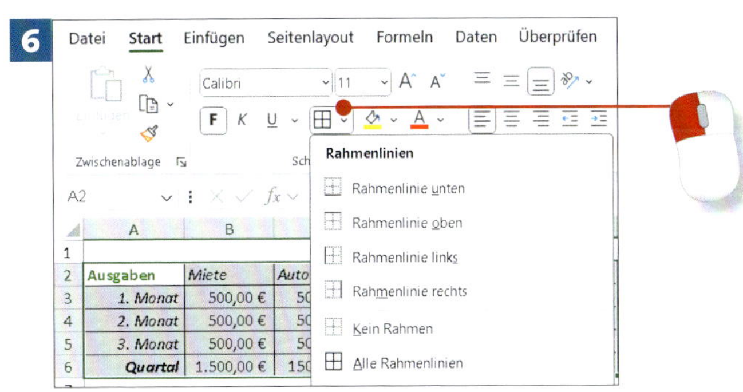

Formeln transponieren

Wenn die transponierten Zellen Formeln enthalten, werden diese Formeln ebenfalls transponiert, d. h., die in ihnen enthaltenen Zellverweise werden automatisch angepasst.

Einheitliche Gestaltung mit Zellenformatvorlagen

1

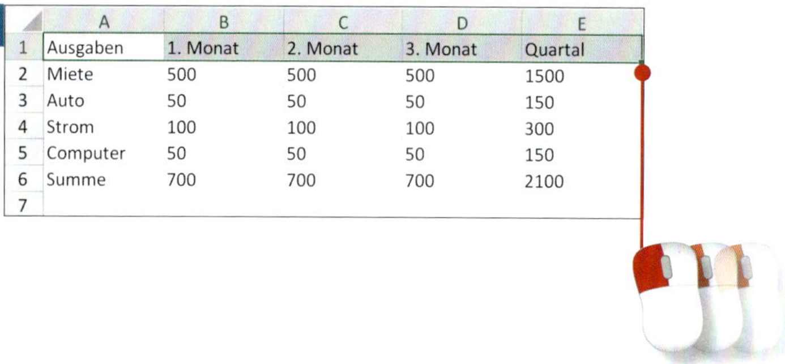

2

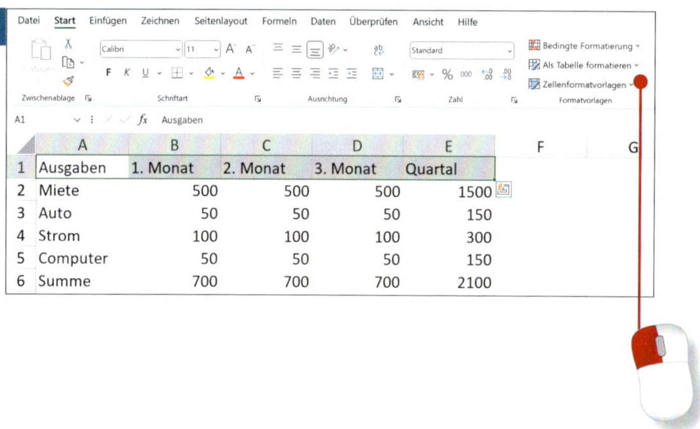

3

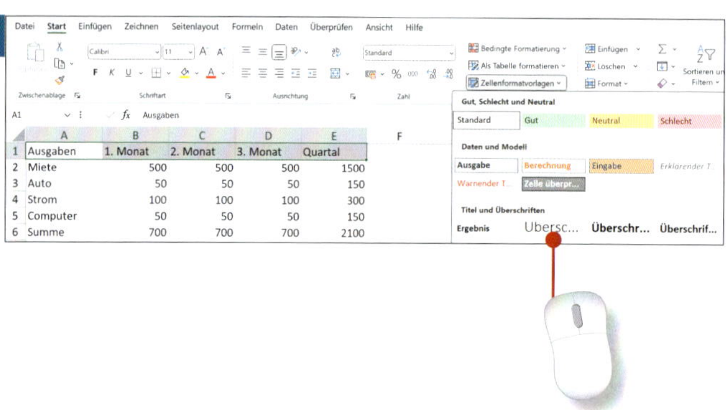

Professionell gestaltete Tabellen erkennen Sie an ihrer klaren Struktur und an der einheitlichen Gestaltung inhaltlich gleicher Aussagen. Dafür stehen Ihnen 42 vorgefertigte Gestaltungsbefehle zur Auswahl, die Zellenformatvorlagen.

Schritt 1

Um eine Überschrift für Ihre Tabelle zu gestalten, markieren Sie zunächst die Zellen, die die Tabellenüberschrift bilden sollen (hier A1:E1).

Schritt 2

Klicken Sie auf der Registerkarte **Start** in der Gruppe **Formatvorlagen** auf die Schaltfläche **Zellenformatvorlagen**.

Schritt 3

In der Mitte des Menüs finden Sie die Zellenformatvorlagen der Kategorie **Titel und Überschriften**. Wenn Sie den Mauszeiger nur auf **Überschrift 1** setzen, ohne zu klicken, wird Ihnen in der Tabelle eine Live-Vorschau dieser Gestaltung angezeigt.

Schritt 4

Für unser Beispiel ist **Überschrift 3** passend. Indem Sie auf die Zellenformatvorlage klicken, weisen Sie den markierten Zellen diese Gestaltung zu.

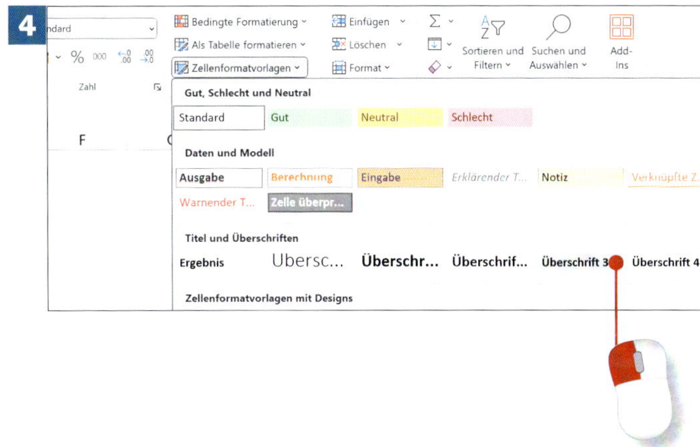

Schritt 5

Sie können auf diese Weise auch Tabellenbereiche formatieren und ihnen – entsprechend der Bedeutung der Daten – eine passende Gestaltung zuweisen. So werden z. B. im Zellbereich A2:D5 Eingaben gemacht. Markieren Sie diesen Bereich, und wählen Sie die Zellenformatvorlage **Eingabe**.

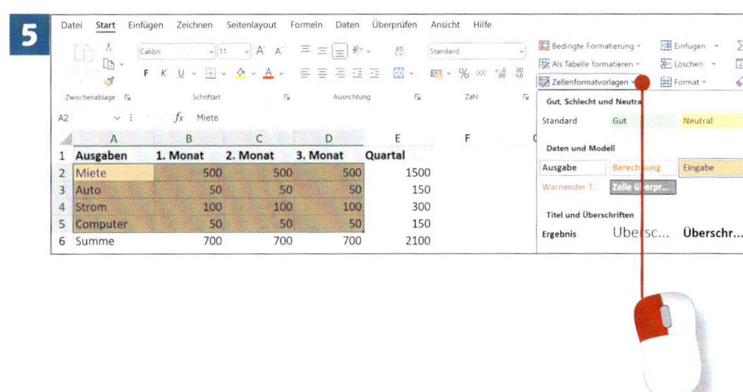

Schritt 6

Markieren Sie zum Abschluss die Zellen, die Formeln enthalten, z. B. A6 bis E6. Diesen Bereich formatieren Sie – ihrer Bedeutung entsprechend – mit der Zellenformatvorlage **Berechnung**.

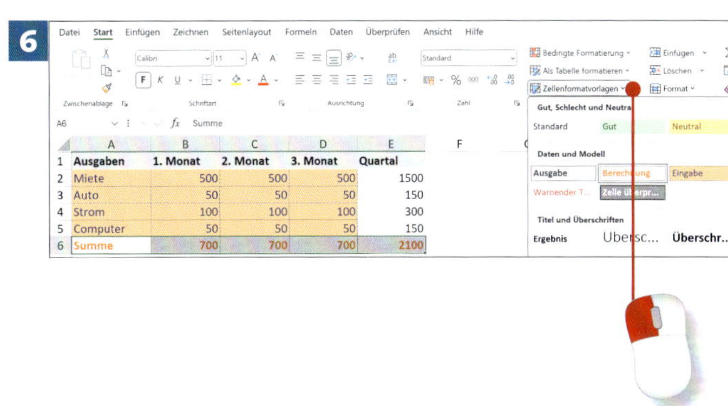

Spezifische Vorlagen

Die Zellenformatvorlagen gehören zum jeweils verwendeten Design. Wenn Sie ein anderes Design auswählen, stehen Ihnen auch andere Zellenformatvorlagen zur Verfügung.

Intelligente Tabellen mit »Als Tabelle formatieren«

Am schnellsten gestalten Sie eine komplette Tabelle mit »Als Tabelle formatieren«. So ist die Tabelle nicht nur schnell schön, sondern auch schlau. Sie wird auch als »intelligente Tabelle« bezeichnet.

1

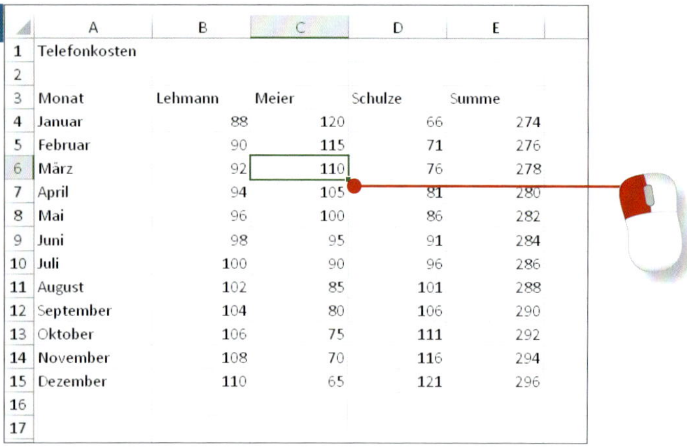

	A	B	C	D	E
1	Telefonkosten				
2					
3	Monat	Lehmann	Meier	Schulze	Summe
4	Januar	88	120	66	274
5	Februar	90	115	71	276
6	März	92	110	76	278
7	April	94	105	81	280
8	Mai	96	100	86	282
9	Juni	98	95	91	284
10	Juli	100	90	96	286
11	August	102	85	101	288
12	September	104	80	106	290
13	Oktober	106	75	111	292
14	November	108	70	116	294
15	Dezember	110	65	121	296
16					
17					

Schritt 1

Sie müssen nichts markieren! Excel geht immer davon aus, dass Sie die gesamte Tabelle formatieren wollen. Deshalb genügt ein Klick in eine Zelle der Tabelle, z. B. in C6.

2

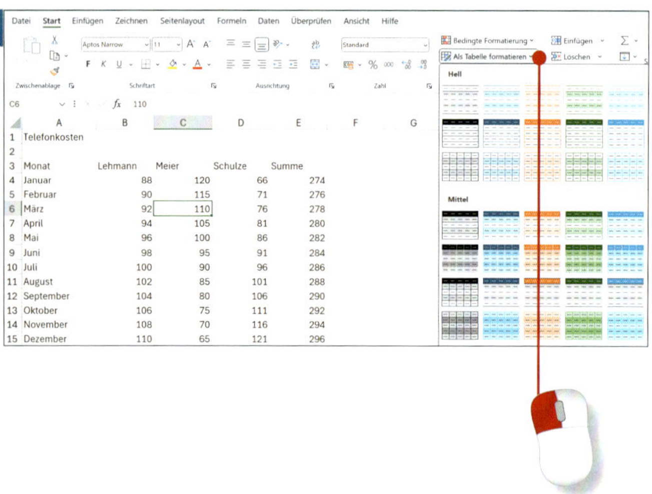

Schritt 2

Auf der Registerkarte **Start** finden Sie in der Gruppe der Formatvorlagen die Schaltfläche **Als Tabelle formatieren**. Klicken Sie auf den Auswahlpfeil. Nutzen Sie das Format **Hellorange, Tabellenformat-Hell3**.

3

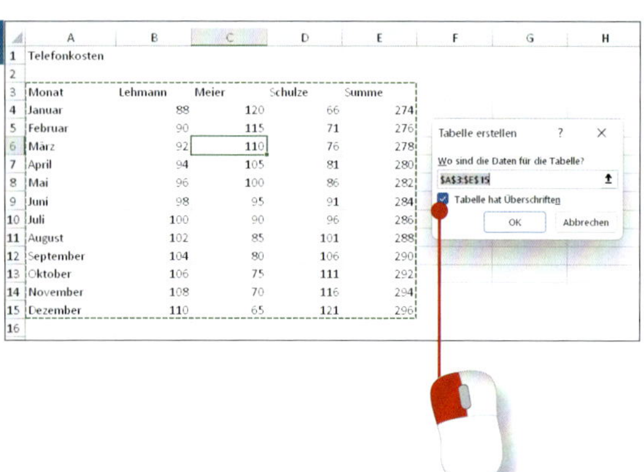

Schritt 3

Excel kennzeichnet den erkannten Tabellenbereich durch eine gestrichelte Linie. Im Fenster wird der Bereich mit absoluten Bezügen (dafür steht das Dollarzeichen) angegeben, also =*$A$3:$E$15*. Mithilfe eines Häkchens können Sie angeben, ob Ihre Tabelle Überschriften enthält.

Schritt 4

Nun sieht Ihre Tabelle sehr professionell aus. Es wurden außerdem Filterpfeile ❶ an den Zellen der Überschrift eingefügt. Im unteren Bereich des Filtermenüs können Sie mithilfe der Häkchen auswählen, was angezeigt werden soll, und so die Tabelle schnell auswerten.

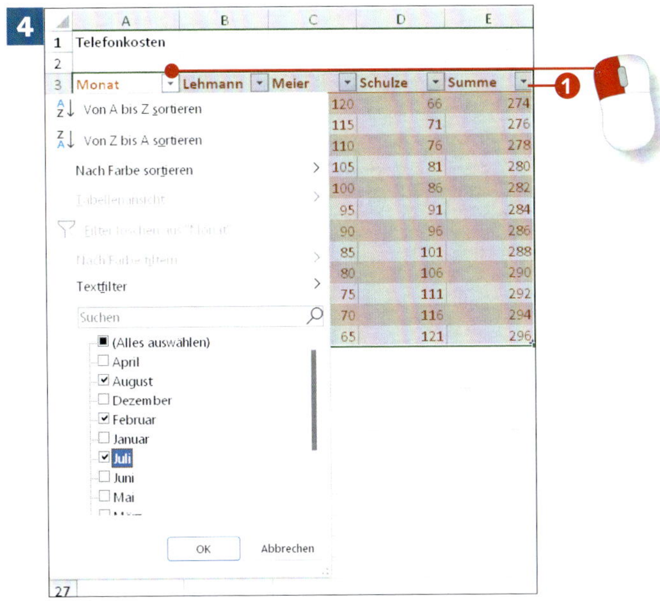

Schritt 5

Oben im Programmfenster sehen Sie eine neue Registerkarte mit dem Namen **Tabellenentwurf**. Setzen Sie z. B. ein Häkchen links neben die Schaltfläche **Ergebniszeile**. In E16 sehen Sie jetzt die Summe, ohne dass Sie selbst rechnen mussten.

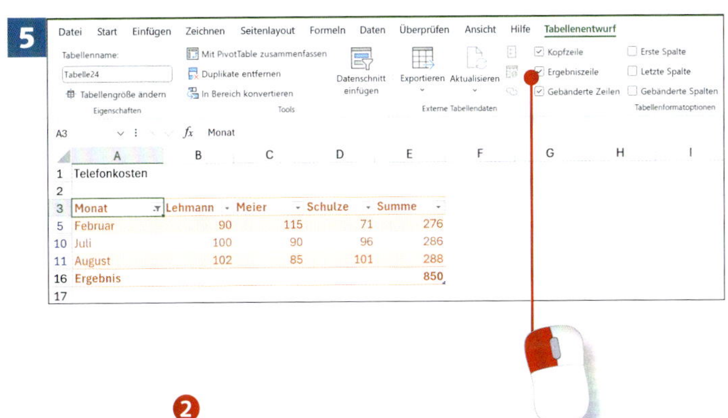

Schritt 6

Sie können im Handumdrehen auch für die anderen Spalten Berechnungen erledigen. Dazu klicken Sie einfach in der Ergebniszeile in eine Zelle ❷ und wählen die Berechnungsart, z. B. in Zelle B16 die **Summe**.

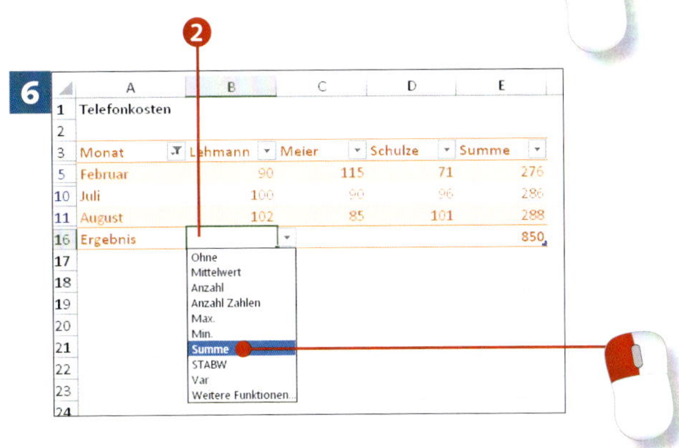

Intelligente Befehle

Die Tabelle ist dynamisch, d. h., sie erweitert ihre Gestaltung bei neuen Einträgen, egal ob es sich um eine neue Spalte oder eine neue Zeile handelt. Diese neuen Daten werden in bestehende Berechnungen automatisch mit einbezogen.

Mit Designs die gesamte Arbeitsmappe gestalten

Mit Designs stellen Sie eine einheitliche Schriftart, passende Farben und Formeffekte für die Excel-Datei ein.

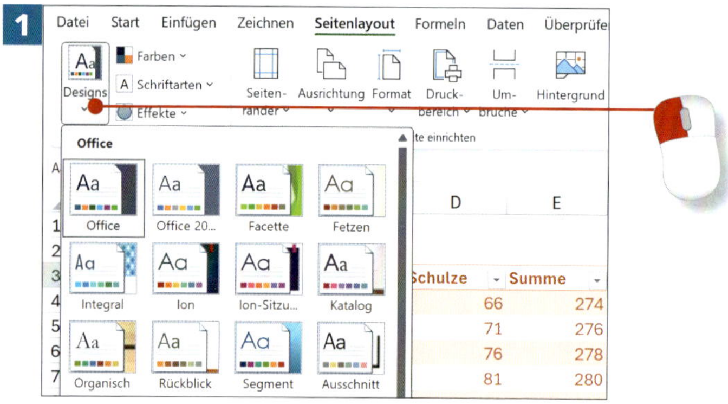

Schritt 1

Excel enthält umfangreiche Gestaltungsvorlagen (Schriftart, Farben, Effekte), die auch für Word und PowerPoint gültig sind. So wirken z. B. Berichte, Tabellen und Präsentationen einheitlich. Klicken Sie auf der Registerkarte **Seitenlayout** auf die Schaltfläche **Designs**.

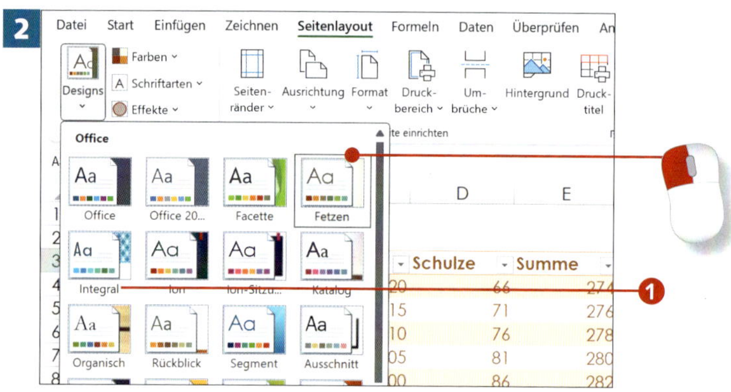

Schritt 2

Setzen Sie den Mauszeiger auf ein beliebiges Design, z. B. **Fetzen**, und warten Sie einen Moment. Excel bietet sofort eine Live-Vorschau.

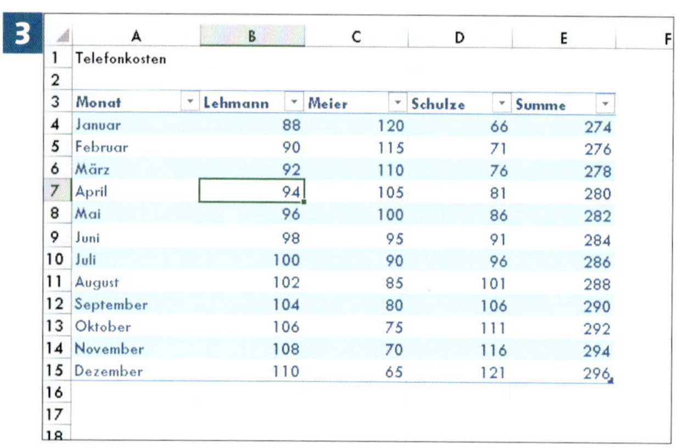

	A	B	C	D	E
1	Telefonkosten				
2					
3	Monat	Lehmann	Meier	Schulze	Summe
4	Januar	88	120	66	274
5	Februar	90	115	71	276
6	März	92	110	76	278
7	April	94	105	81	280
8	Mai	96	100	86	282
9	Juni	98	95	91	284
10	Juli	100	90	96	286
11	August	102	85	101	288
12	September	104	80	106	290
13	Oktober	106	75	111	292
14	November	108	70	116	294
15	Dezember	110	65	121	296
16					
17					
18					

Schritt 3

Entscheiden Sie sich mit einem Mausklick z. B. für das Design **Integral** ❶. Damit erstrahlt Ihre Tabelle in neuem Design.

!

Designs zum Corporate Design Ihrer Firma oder Behörde

Oberhalb der Standarddesigns finden Sie vielleicht ein benutzerdefiniertes Design. In diesem Fall hat z. B. Ihre IT-Abteilung die Gestaltungsbefehle vorbereitet. Mit einem Mausklick wählen Sie das Corporate Design aus.

Schritt 4

Enthält Ihre Arbeitsmappe Zeichnungen oder Diagramme, dann nehmen auch diese die Gestaltung des Designs an. Auf diesem Tabellenblatt sehen Sie einen Blockpfeil, ein Diagramm und eine SmartArt **2**, die passend im Design **Integral** formatiert sind.

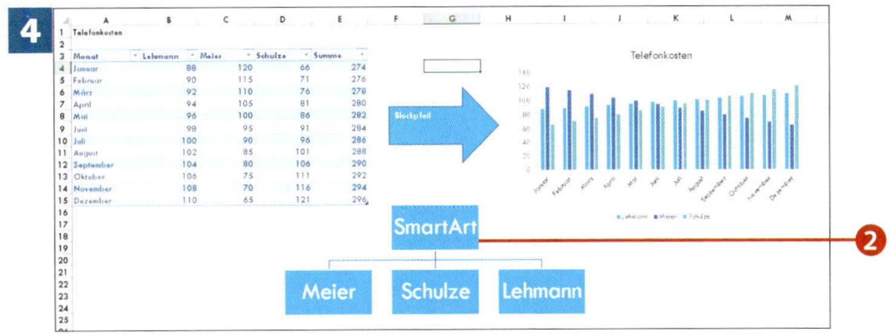

Schritt 5

Ändern Sie auf der Registerkarte **Seitenlayout** das Design, z. B. mit einem Mausklick auf **Organisch**. Die Tabelle, der Blockpfeil, das Diagramm und die SmartArt passen sich entsprechend in Farbe und Schriftart an.

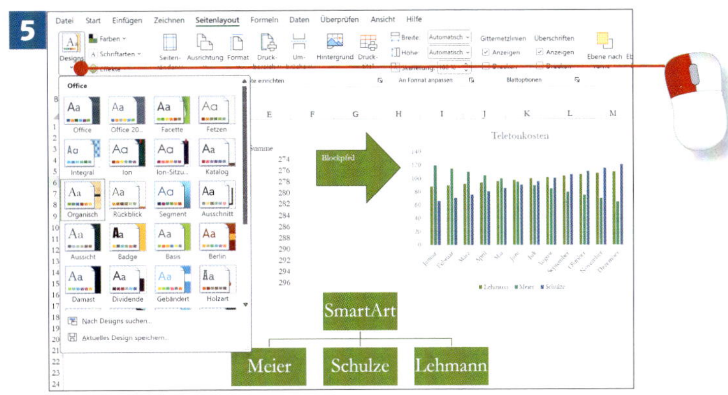

Schritt 6

Fügen Sie ein neues Tabellenblatt ein, indem Sie auf das kleine Plussymbol **3** unten im Programmfenster klicken. Schreiben Sie in die Zelle A1 den Text »hier die neue Zahl«. Sie sehen, dass auf dem neuen Tabellenblatt das eingestellte Design wirkt.

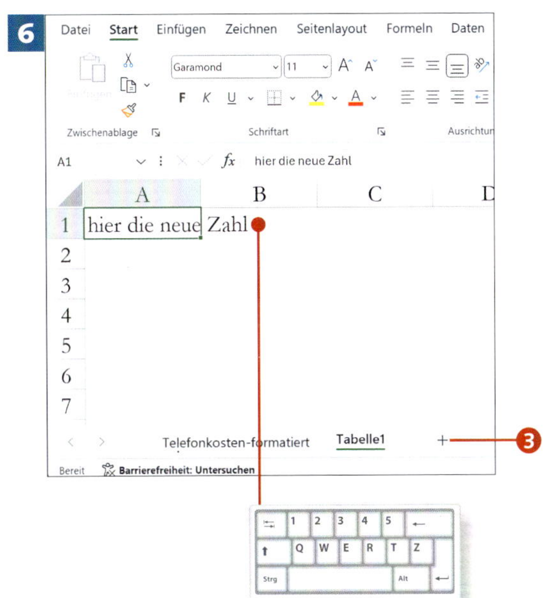

!

Designs

Die Auswahl eines Designs wirkt sich auf alle Blätter Ihrer Arbeitsmappe, auf Effekte bei SmartArts (Zeichnungen) und auf vorhandene Diagramme aus.

Highlights setzen mit der bedingten Formatierung

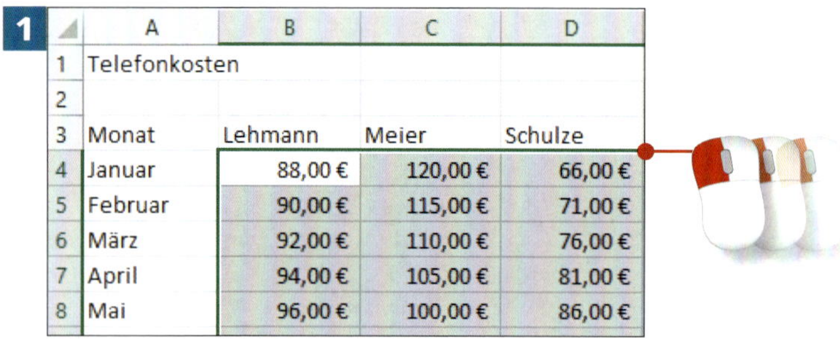

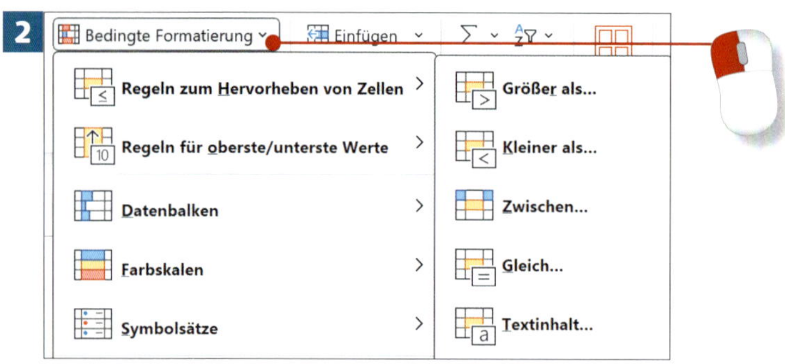

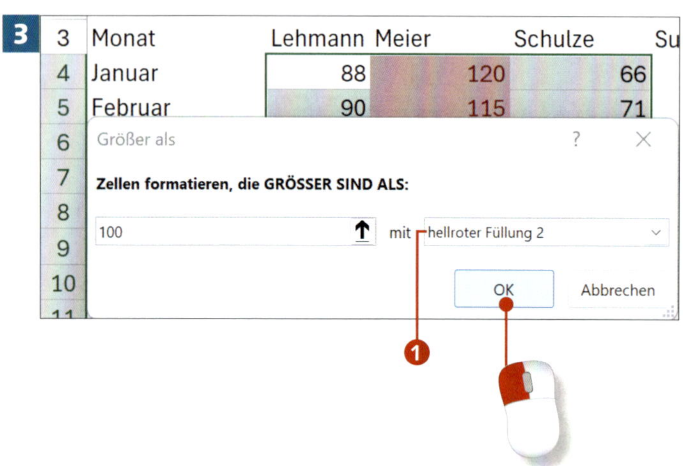

Geben Sie Excel den Auftrag, Ihre Daten – Wörter oder Zahlen – zu überwachen und ein optisches Highlight zu setzen, falls die vorgegebenen Bedingungen erfüllt sind. So können Sie nichts übersehen.

Schritt 1

Im ersten Beispiel sollen in der schon bekannten Telefonkostenaufstellung alle monatlichen Telefonkosten über 100 € farbig hinterlegt werden. Markieren Sie dazu den gewünschten Zellbereich von B4:D15.

Schritt 2

Im Anschluss wählen Sie die Registerkarte **Start** und klicken auf die Schaltfläche **Bedingte Formatierung**. Für unser Beispiel klicken Sie im Menü **Regeln zum Hervorheben von Zellen** auf den Unterpunkt **Größer als**.

Schritt 3

Im Dialogfeld geben Sie an, dass Zellen formatiert werden, die größer sind als 100. Für die Formatierung stehen Ihnen verschiedene Optionen zur Auswahl, z. B. **mit hellroter Füllung 2** ❶. Klicken Sie auf **OK**.

Schritt 4

Anstatt in der Regel einen festen Wert einzugeben, kann man auch auf eine Zelle des Tabellenblattes verweisen. Auf diese Weise lässt sich der Wert bei Bedarf schnell ändern. Geben Sie z. B. in die Zelle D1 einen Grenzwert ein.

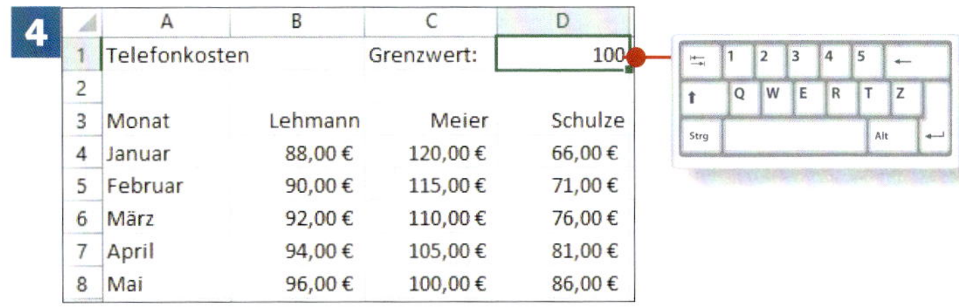

	A	B	C	D
1	Telefonkosten		Grenzwert:	100
2				
3	Monat	Lehmann	Meier	Schulze
4	Januar	88,00 €	120,00 €	66,00 €
5	Februar	90,00 €	115,00 €	71,00 €
6	März	92,00 €	110,00 €	76,00 €
7	April	94,00 €	105,00 €	81,00 €
8	Mai	96,00 €	100,00 €	86,00 €

Schritt 5

Für diese flexiblere Variante ersetzen Sie im Dialogfeld des Funktionsassistenten dann einfach den Wert *100* durch die Formel *=$D$1*, indem Sie mit der Maus auf die Zelle D1 klicken. Excel setzt hier selbst durch die Dollarzeichen einen absoluten Bezug. Bestätigen Sie das Dialogfenster dann mit einem Klick auf **OK**.

Schritt 6

Eine weitere Möglichkeit ist, die Zellen zu formatieren, die über dem Durchschnitt liegen. Markieren Sie den zu formatierenden Bereich, und öffnen Sie abermals das Menü **Bedingte Formatierung**. Klicken Sie auf **Obere/untere Regeln** und dann auf **Über dem Durchschnitt**.

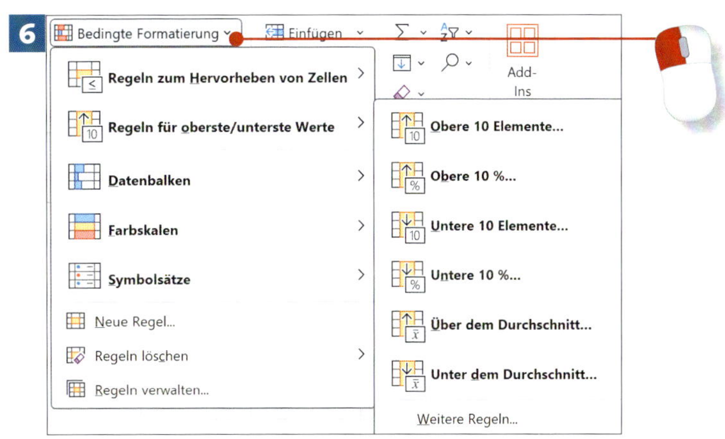

Highlights setzen mit der bedingten Formatierung (Forts.)

Schritt 7

Im zugehörigen Dialogfenster können Sie erneut eine Füllung wählen, die Ihnen gefällt, z. B. **mit hellroter Füllung 2**. Klicken Sie auf **OK**.

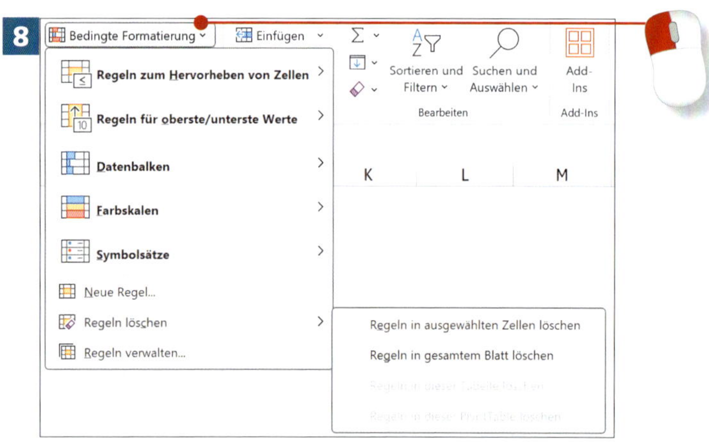

Schritt 8

Wir experimentieren nun etwas weiter. Löschen Sie zunächst die aktuelle Formatierung, indem Sie auf der Registerkarte **Start** auf **Bedingte Formatierung ▸ Regeln löschen ▸ Regeln in gesamtem Blatt löschen** klicken. Auch die Angabe zum Grenzwert brauchen wir nicht mehr.

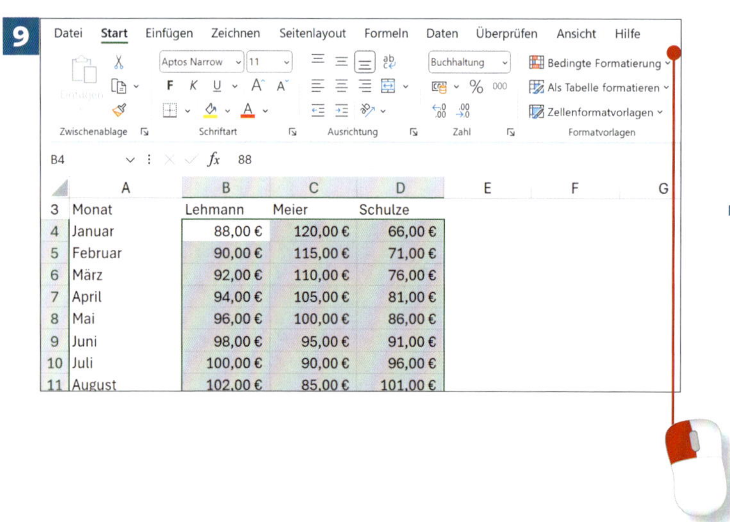

Schritt 9

Nun können Sie die Formatierung mithilfe von Datenbalken ausprobieren. Nachdem Sie den Bereich B4:D15 markiert haben, klicken Sie auf der Registerkarte **Start** auf **Bedingte Formatierung**.

Füllung selbst erstellen

Falls Ihnen keine der vorgegebenen Füllungen zur bedingten Formatierung zusagt, können Sie aus dem Dropdown-Menü des Dialogfensters die Option **mit benutzerdefiniertem Format** wählen und eine eigene Füllung erstellen.

Schritt 10

Nutzen Sie aus dem Menü **Datenbalken** eine beliebige Füllung, z. B. **lilafarbener Datenbalken**.

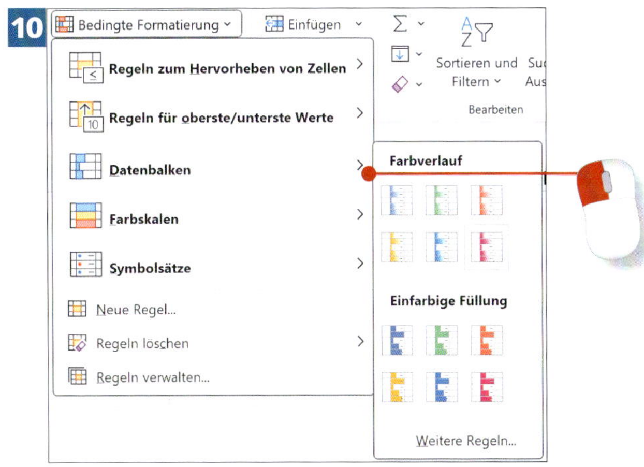

Schritt 11

Ihre Tabelle wird nun formatiert. Dabei wird die Länge der Balken dem Wert entsprechend angepasst. Um nun die Darstellung mit Farbskalen auszuprobieren, löschen Sie die Formatierung erneut über den Befehl **Regeln in gesamtem Blatt löschen**.

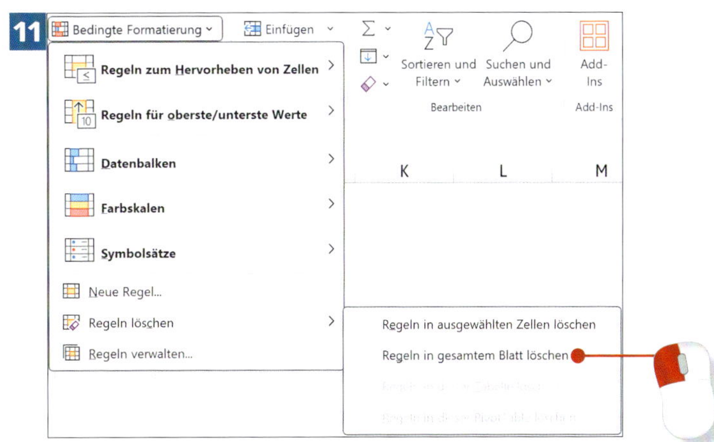

Schritt 12

Markieren Sie dann den Bereich B4:D15, und klicken Sie auf der Registerkarte **Start** auf die Schaltfläche **Bedingte Formatierung**. Suchen Sie sich aus dem Menü **Farbskalen** eine beliebige Skala aus, z. B. **Rot-Gelb-Grün-Farbskala**.

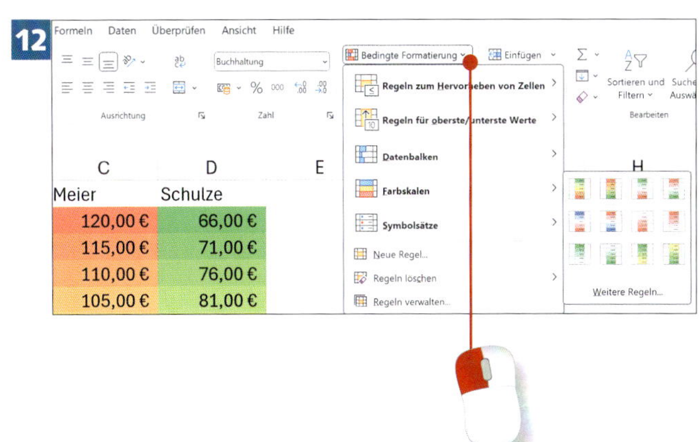

Bereich erweitern

Soll die bedingte Formatierung auf andere Zellen übertragen werden, nutzen Sie den Befehl **Format übertragen** (Pinselsymbol) auf der Registerkarte **Start** in der Gruppe **Zwischenablage** (siehe dazu den Abschnitt »Die Zellformatierung übertragen« auf Seite 104).

Highlights setzen mit der bedingten Formatierung (Forts.)

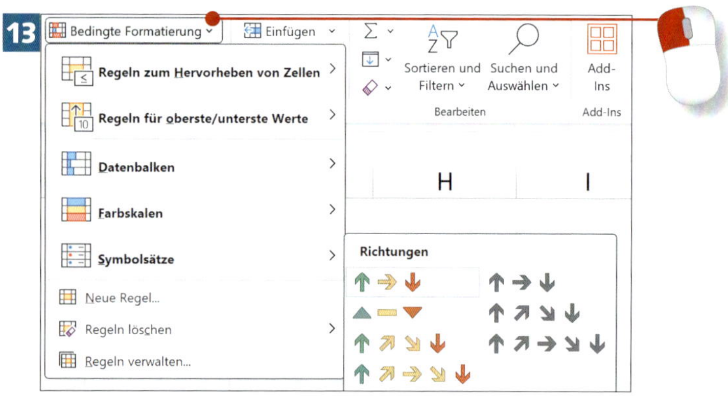

Schritt 13

Sie können z. B. auch Symbolsätze nutzen. Markieren Sie den Bereich B4:D15, und wählen Sie aus dem Menü **Bedingte Formatierung** die Option **Symbolsätze** und dort im Bereich **Richtungen** z. B. **3 Pfeile (farbig)**.

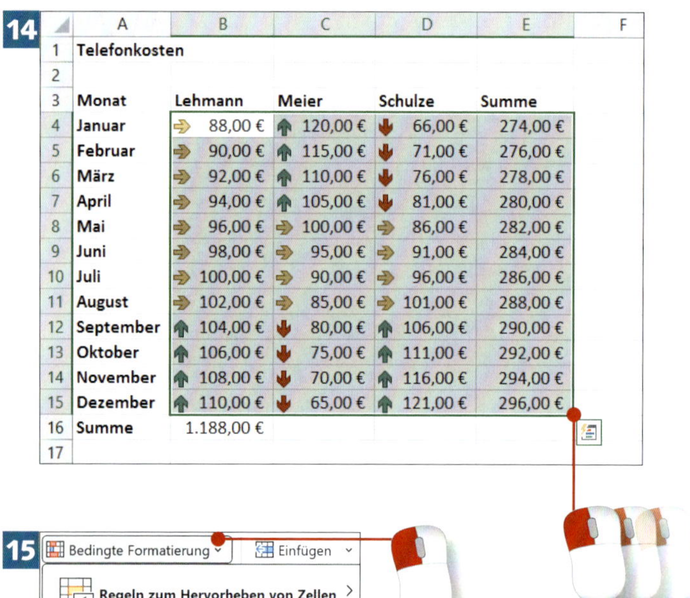

	A	B	C	D	E
1	Telefonkosten				
2					
3	Monat	Lehmann	Meier	Schulze	Summe
4	Januar	88,00 €	120,00 €	66,00 €	274,00 €
5	Februar	90,00 €	115,00 €	71,00 €	276,00 €
6	März	92,00 €	110,00 €	76,00 €	278,00 €
7	April	94,00 €	105,00 €	81,00 €	280,00 €
8	Mai	96,00 €	100,00 €	86,00 €	282,00 €
9	Juni	98,00 €	95,00 €	91,00 €	284,00 €
10	Juli	100,00 €	90,00 €	96,00 €	286,00 €
11	August	102,00 €	85,00 €	101,00 €	288,00 €
12	September	104,00 €	80,00 €	106,00 €	290,00 €
13	Oktober	106,00 €	75,00 €	111,00 €	292,00 €
14	November	108,00 €	70,00 €	116,00 €	294,00 €
15	Dezember	110,00 €	65,00 €	121,00 €	296,00 €
16	Summe	1.188,00 €			
17					

Schritt 14

Für unser Beispiel benötigen wir die Symbole aber in umgekehrter Reihenfolge: Hohe Telefonkosten erfordern eine negative Bewertung, also einen roten Pfeil nach unten. Um die Zuordnung umzudrehen, markieren Sie die Zellen B4:D15.

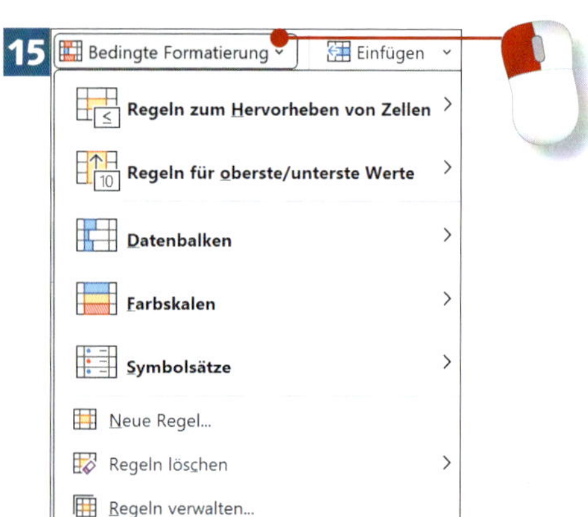

Schritt 15

Klicken Sie auf der Registerkarte **Start** auf **Bedingte Formatierung**, und wählen Sie im Menü den Befehl **Regeln verwalten**.

Symbolsätze
Im Gegensatz zu Füllungen können Sie keine eigenen Symbolsätze erstellen. Excel 2024 besitzt 20 verschiedene Symbolsätze, eingeteilt in vier Kategorien. Insgesamt stehen 52 Symbole zur Verfügung.

Schritt 16

Im zugehörigen Dialogfenster können Sie die aktuelle Auswahl an Formatierungen und Regeln verwalten. Klicken Sie auf **Regel bearbeiten**.

16

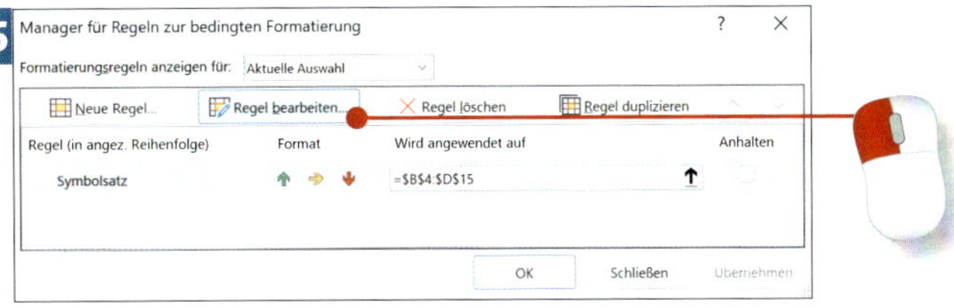

Schritt 17

Klicken Sie im nächsten Dialogfenster im Bereich **Regelbeschreibung bearbeiten** auf die Schaltfläche **Symbolreihenfolge umkehren**, und schließen Sie die beiden Dialogfelder mit **OK**.

17

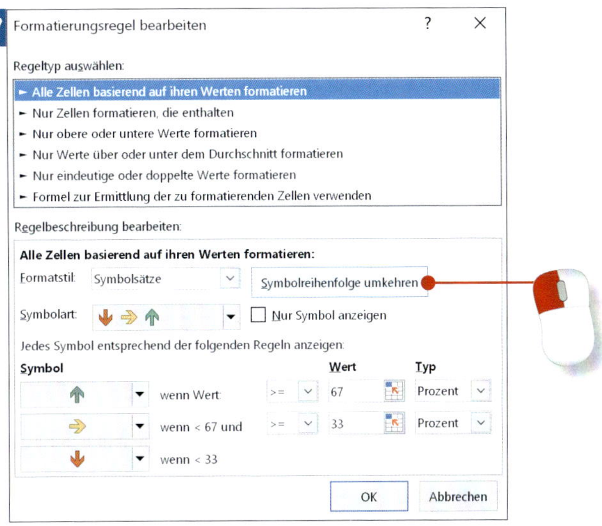

Schritt 18

Die fertige Telefonkostenaufstellung ist nun wesentlich anschaulicher gestaltet. Verändern Sie ruhig einmal einzelne Werte: Die Pfeile werden dann automatisch angepasst.

18

	A	B	C	D
1	**Telefonkosten**			
2				
3	**Monat**	**Lehmann**	**Meier**	**Schulze**
4	**Januar**	88,00 €	120,00 €	66,00 €
5	**Februar**	90,00 €	115,00 €	71,00 €
6	**März**	92,00 €	110,00 €	76,00 €
7	**April**	94,00 €	105,00 €	81,00 €
8	**Mai**	96,00 €	100,00 €	86,00 €
9	**Juni**	98,00 €	95,00 €	91,00 €
10	**Juli**	100,00 €	90,00 €	96,00 €
11	**August**	102,00 €	85,00 €	101,00 €
12	**September**	104,00 €	80,00 €	106,00 €
13	**Oktober**	106,00 €	75,00 €	111,00 €
14	**November**	108,00 €	70,00 €	116,00 €
15	**Dezember**	110,00 €	65,00 €	121,00 €

Nicht zu viele Symbole

Auch wenn der Einsatz von Symbolsätzen durchaus seine Berechtigung hat, sollten Sie es nicht übertreiben und die Symbole mit Bedacht verwenden: Zu viele kleine Grafiken machen eine Tabelle schnell unübersichtlich.

Eigene Regel für die bedingte Formatierung erstellen

1

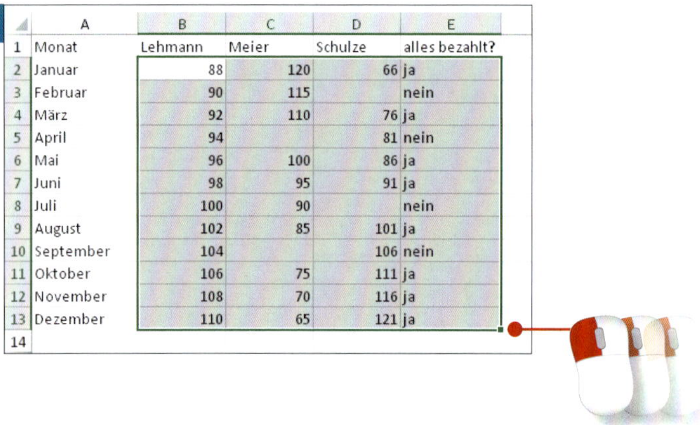

2

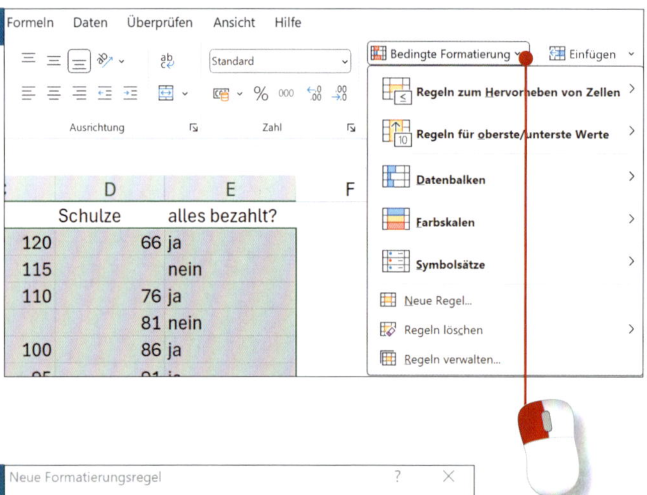

3

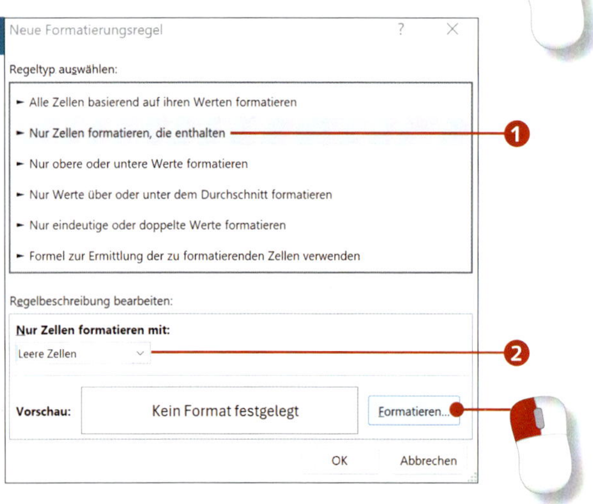

Fast alles, was Sie für die bedingte Formatierung benötigen, gibt es schon vorgefertigt in Excel. Sie können aber auch eigene Regeln einrichten, z. B. wenn Sie nicht nur einzelne Zellen, sondern eine ganze Zeile hervorheben wollen.

Schritt 1

Excel soll Ihnen alle Zellen gelb anzeigen, in die Sie noch nichts eingetragen haben. Dazu markieren Sie den hervorzuhebenden Tabellenbereich, z. B. B2:E13.

Schritt 2

Wählen Sie auf der Registerkarte **Start** in der Gruppe **Formatvorlagen** den Befehl **Bedingte Formatierung**. Klicken Sie auf **Neue Regel**.

Schritt 3

Klicken Sie auf den Regeltyp **Nur Zellen formatieren, die enthalten** 1. Bei **Nur Zellen formatieren mit** wählen Sie **Leere Zellen** 2 aus. Für die Gestaltung der Zellen nutzen Sie die Schaltfläche **Formatieren**, die zum Dialogfenster **Zellen formatieren** führt.

Schritt 4

Stellen Sie auf der Registerkarte **Ausfüllen** die Hintergrundfarbe Gelb ein, und bestätigen Sie zweimal mit **OK**. Fertig! Tragen Sie jetzt z. B. in die Zelle D8 die Zahl 4 ein, verschwindet der gelbe Hintergrund, weil die Zelle nun nicht mehr leer ist.

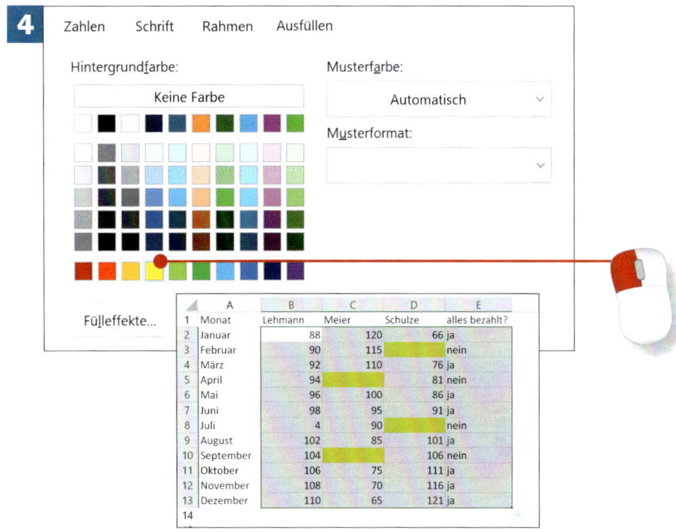

Schritt 5

Im zweiten Beispiel wollen Sie die ganze Zeile des jeweiligen Monats hervorheben, die noch leere Einträge hat. Wiederholen Sie dazu die Schritte 1 und 2, und stellen Sie den Regeltyp **Formel zur Ermittlung der zu formatierenden Zellen verwenden** ein ❸. Tragen Sie die Formel *=$E2="nein"* ein, und wählen Sie über die Schaltfläche **Formatieren** ❹ die Ausfüllfarbe Gelb.

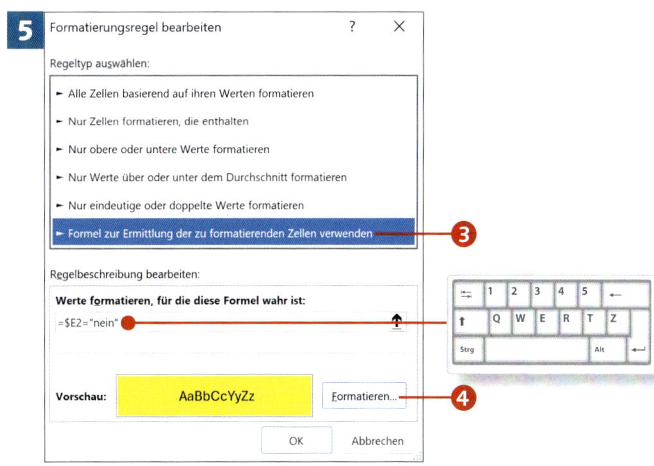

Schritt 6

Alle Monate, die noch offene Beträge haben, werden gelb hervorgehoben. Wenn Sie den Eintrag in der Zelle E7 in »ja« ändern, verschwindet die gelbe Hervorhebung für diese Zeile.

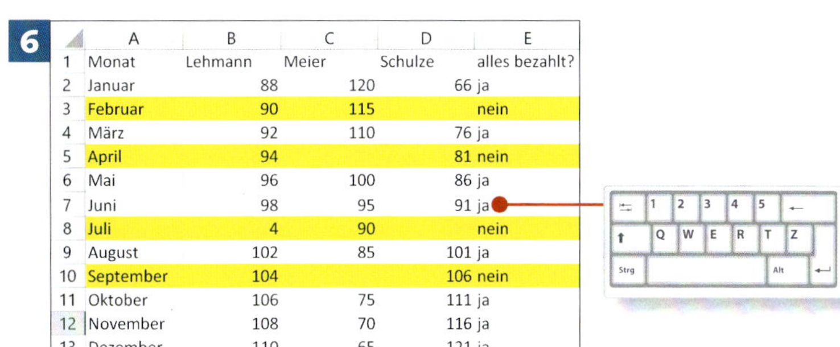

Verbesserung der Barrierefreiheit

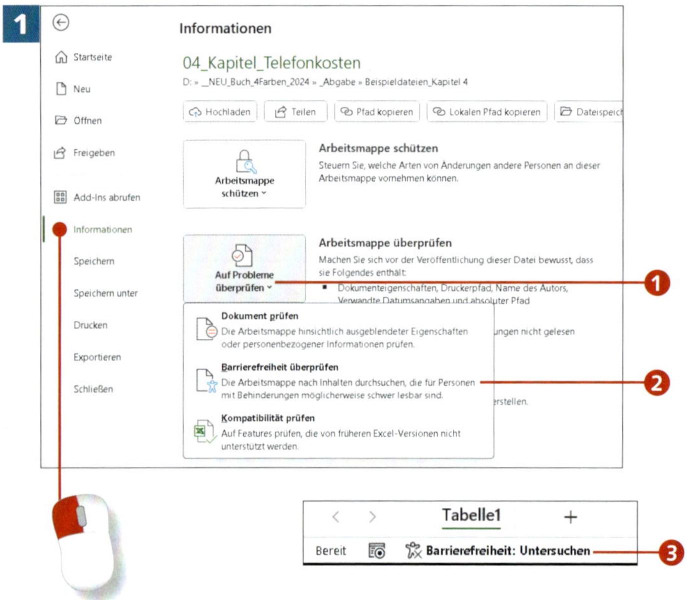

Sollen Ihre Ergebnisse anderen Menschen zur Verfügung gestellt werden, sollten Sie dafür sorgen, dass Ihre Excel-Dateien den Kriterien der digitalen Barrierefreiheit genügen.

Schritt 1

Nutzen Sie das Tool *Barrierefreiheitsprüfung* unter **Datei ▸ Informationen ▸ Auf Probleme überprüfen** ❶ ▸ **Barrierefreiheit überprüfen** ❷. Alternativ können Sie in der Statuszeile **Barrierefreiheit: Untersuchen** wählen ❸.

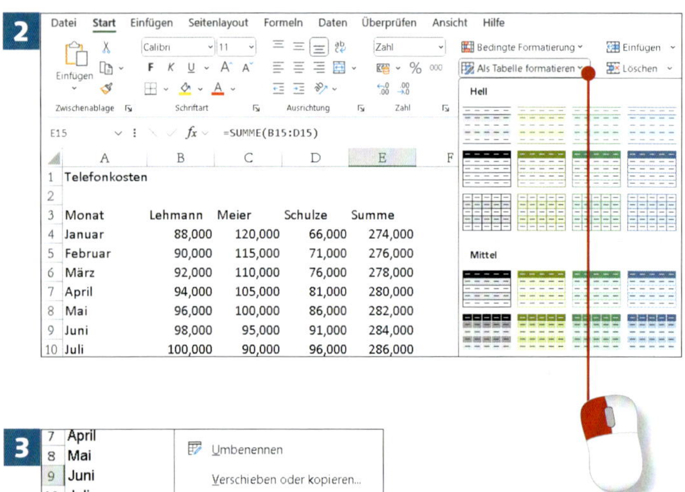

Schritt 2

Beim Erstellen barrierearmer Tabellen sollten Sie sich an bestimmte Regeln halten. So ist eine Tabelle möglichst einfach zu gestalten. Überschriftenzeilen für jede Spalte helfen bei der Navigation. Nutzen Sie am besten die Formatvorlage **Als Tabelle formatieren**.

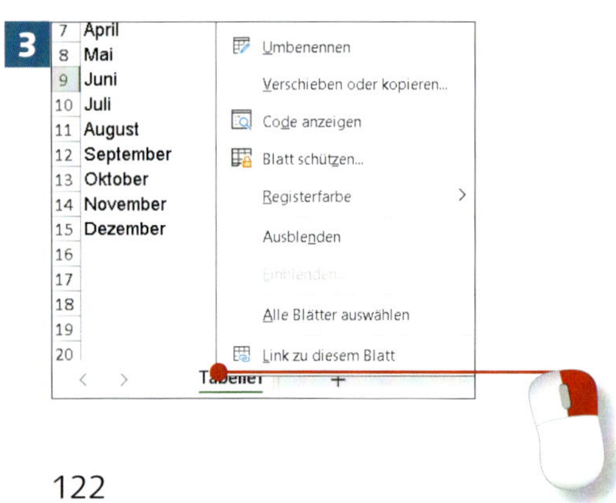

Schritt 3

Weisen Sie Tabellenblättern aussagekräftige Namen zu. Klicken Sie dazu mit der rechten Maustaste auf die Registerkarte **Tabelle 1**, und wählen Sie im Kontextmenü den Punkt **Umbenennen** aus. Nennen Sie das Tabellenblatt »Telefonkosten 2024«.

Schritt 4

Objekte wie *Grafiken*, *Diagramme* oder *Textfelder* benötigen einen Alternativtext. Klicken Sie mit der rechten Maustaste auf das Diagramm. Im folgenden Dialogfenster wählen Sie die Registerkarte **Alternativtext anzeigen** und ergänzen eine aussagekräftige Information.

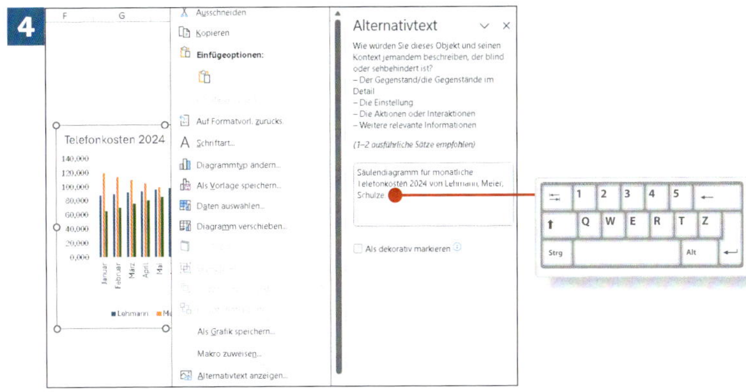

Schritt 5

Testen Sie, ob Ihre Bemühungen erfolgreich waren. Wählen Sie, wie in Schritt 1 beschrieben, die Registerkarte **Datei** und dann **Informationen**. Klicken Sie anschließend auf die Schaltfläche **Auf Probleme überprüfen**.

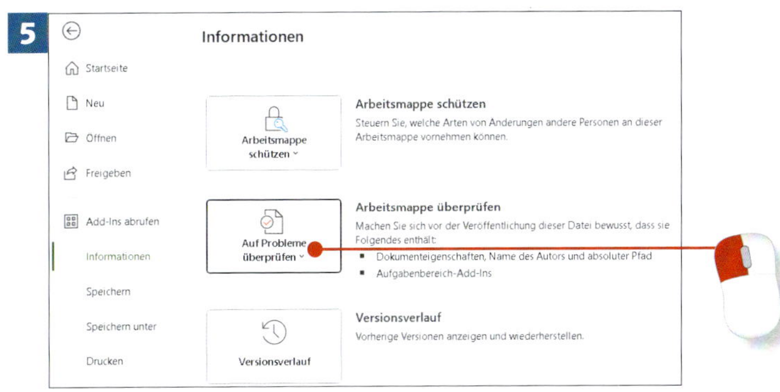

Schritt 6

Wählen Sie nun **Barrierefreiheit überprüfen** bzw. **Barrierefreiheit: Untersuchen** ❹. Excel prüft Ihre Datei nun anhand eines Regelsatzes auf mögliche Probleme. Je nach Schweregrad klassifiziert es Probleme als *Fehler* oder *Warnung*.

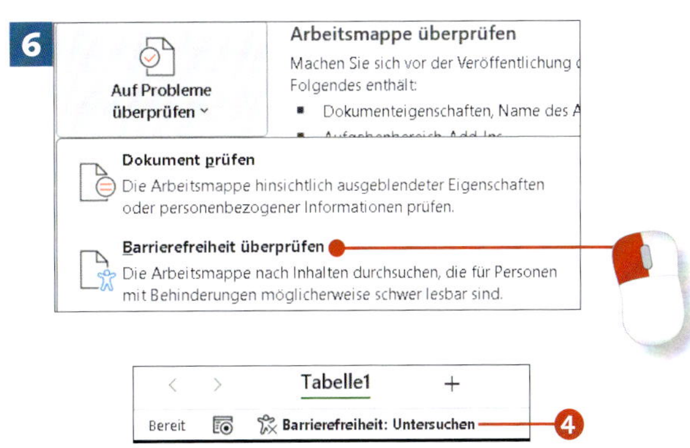

!

Das Menüband »Barrierefreiheit«

Das eingeblendete Menüband **Barrierefreiheit** vereint alle Tools, die Sie zum Erstellen von barrierefreien Inhalten benötigen.

Verbesserung der Barrierefreiheit (Forts.)

7

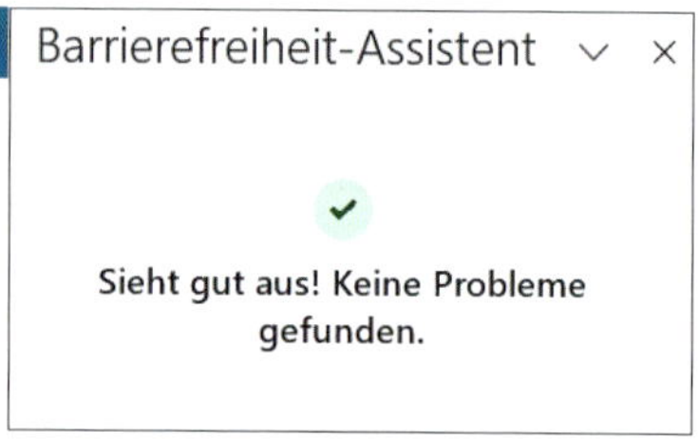

8

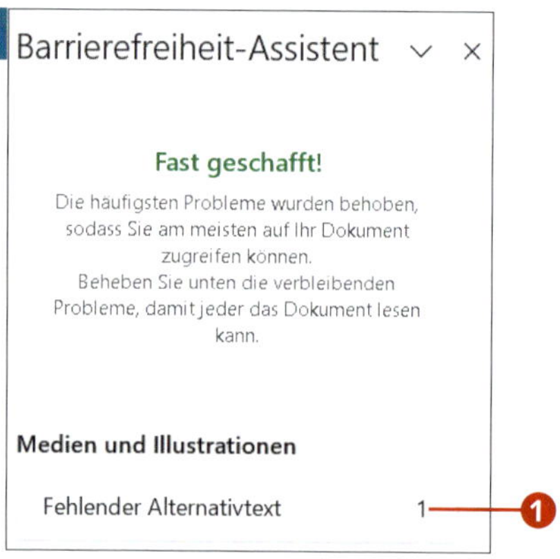

9

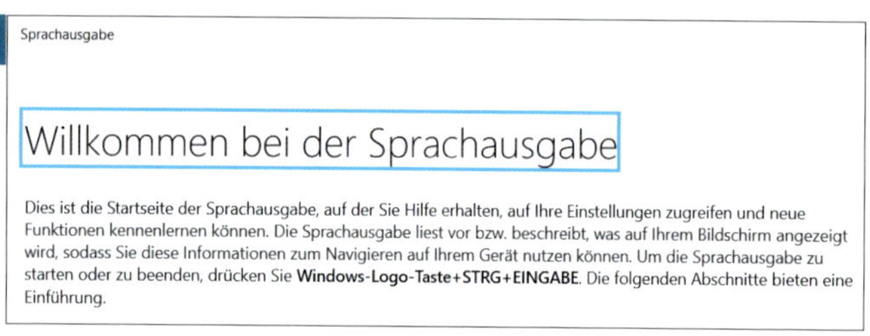

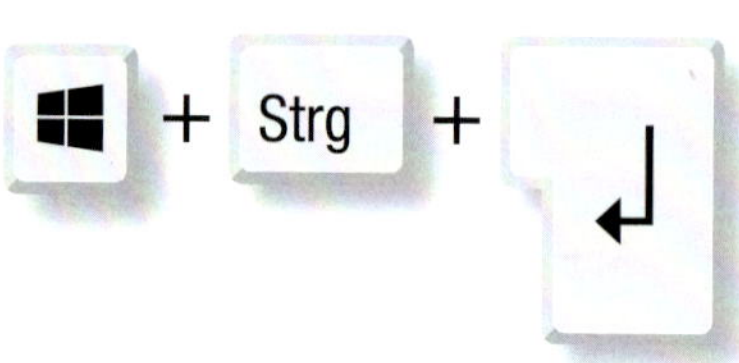

Schritt 7

In unserem Beispiel gibt es weder *Fehler* noch *Warnungen*.

Schritt 8

Haben Sie in Schritt 4 keinen Alternativtext eingegeben, wird Ihnen das im Rahmen der *Barrierefreiheitsprüfung* als **Fehler** angezeigt. Mit **Fehlender Alternativtext** wird das betroffene Objekt im Detail benannt ❶.

Schritt 9

Die *Barrierefreiheitsprüfung* kann nicht alle Barrierefreiheitsprobleme erfassen. Daher ist es wichtig, dass Sie Ihre Arbeit visuell, aber auch auditiv überprüfen. Um die Sprachausgabe zu starten oder zu schließen, drücken Sie die ⊞-Taste + Strg + ↵.

Schritt 10

Wollen Sie Ihre Ergebnisse im Internet präsentieren, wird empfohlen, die Excel-Dateien ins *PDF-Format* zu konvertieren. Da Screenreader auch die sogenannten Metadaten auswerten, müssen Sie diese hinterlegen. Öffnen Sie dazu das Menü **Datei ▸ Informationen**. Durch einen Klick auf die **Eigenschaften** erreichen Sie die **Erweiterten Eigenschaften**. Hier tragen Sie Informationen zu **Titel**, **Autor** und **Thema** Ihrer Datei ein.

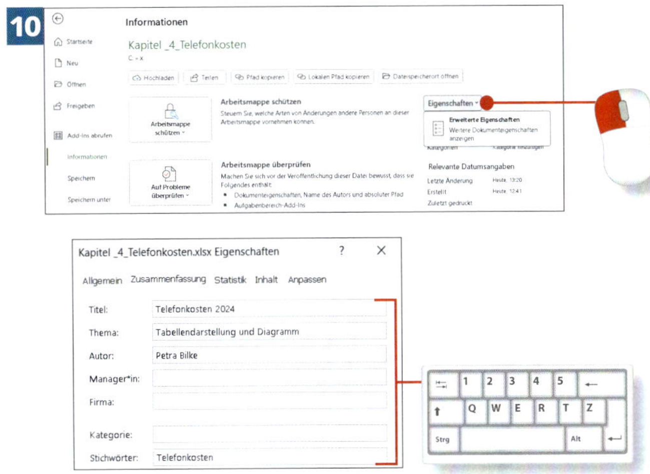

Schritt 11

Nun konvertieren Sie das Dokument über **Datei ▸ Exportieren ▸ PDF/XPS Dokument erstellen** und die gleichnamige Schaltfläche. Tragen Sie einen Dateinamen **2** ein, und klicken Sie auf **Optionen** **3**.

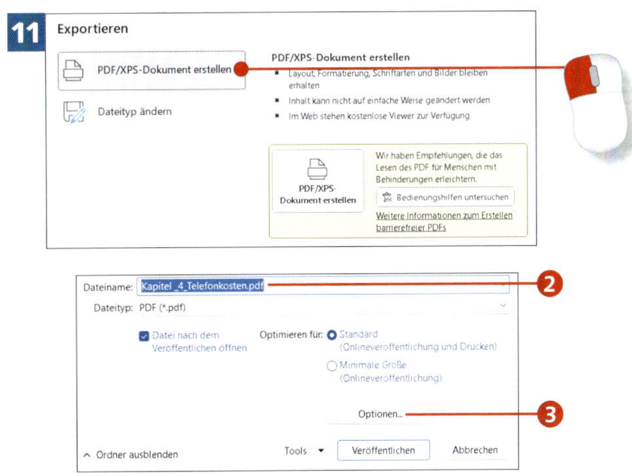

Schritt 12

Im Abschnitt **Nicht druckbare Informationen einschließen** wählen Sie die Kontrollkästchen **Dokumenteigenschaften** und **Dokumentstrukturtags für Barrierefreiheit**. Über die Schaltflächen **OK** und anschließend **Veröffentlichen** erstellen Sie jetzt die barrierearme PDF-Datei.

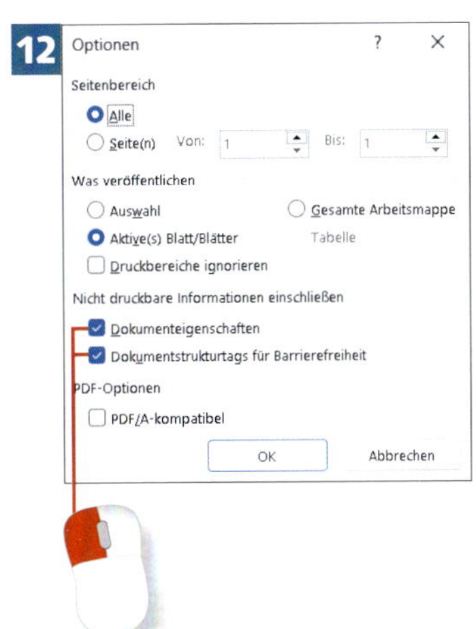

Kapitel 5
Drucken

Ab und an müssen Sie Tabellen auch ausdrucken. Das führt gelegentlich zu ärgerlichen Fehldrucken, falls Sie vergessen, vorher den Seitenumbruch einzustellen, also zu bestimmen, wo eine Seite des Ausdrucks aufhört und die nächste beginnt.

Mit verschiedenen Ansichten arbeiten
Auf der Registerkarte **Ansicht** finden Sie viele Möglichkeiten, das optische Erscheinungsbild der Excel-Tabelle an Ihre Bedürfnisse anzupassen. Unter anderem können Sie sich dort eine **Umbruchvorschau** anzeigen lassen, anhand derer Sie sehen, wo Excel beim Ausdruck eine neue Seite beginnt.

Die Druckvorschau
Über **Drucken** in der Backstage-Ansicht können Sie sich anzeigen lassen, wie der Ausdruck später aussehen wird. Die Druckvorschau stellt nur dar, was nachher wirklich auf dem Papier zu sehen ist. Hier lässt sich außerdem der Seitenrand verbreitern, das Format einstellen (z. B. DIN A3) und bestimmen, ob hochkant oder quer gedruckt wird.

Kopf- und Fußzeilen einfügen
Wenn Sie über die Registerkarte **Ansicht** die Ansicht **Seitenlayout** wählen, können Sie Ihrer Tabelle Kopf- und Fußzeilen hinzufügen. Darin stehen z. B. Seitenzahlen oder auch das Firmenlogo. Sobald der Bereich aktiviert wurde, erscheint die Registerkarte **Kopf- und Fußzeile** mit einem passenden Menüband.

1 Auf der Registerkarte »Ansicht« finden Sie die verschiedenen Ansichten passend zu Ihrer Arbeit in der Tabelle.

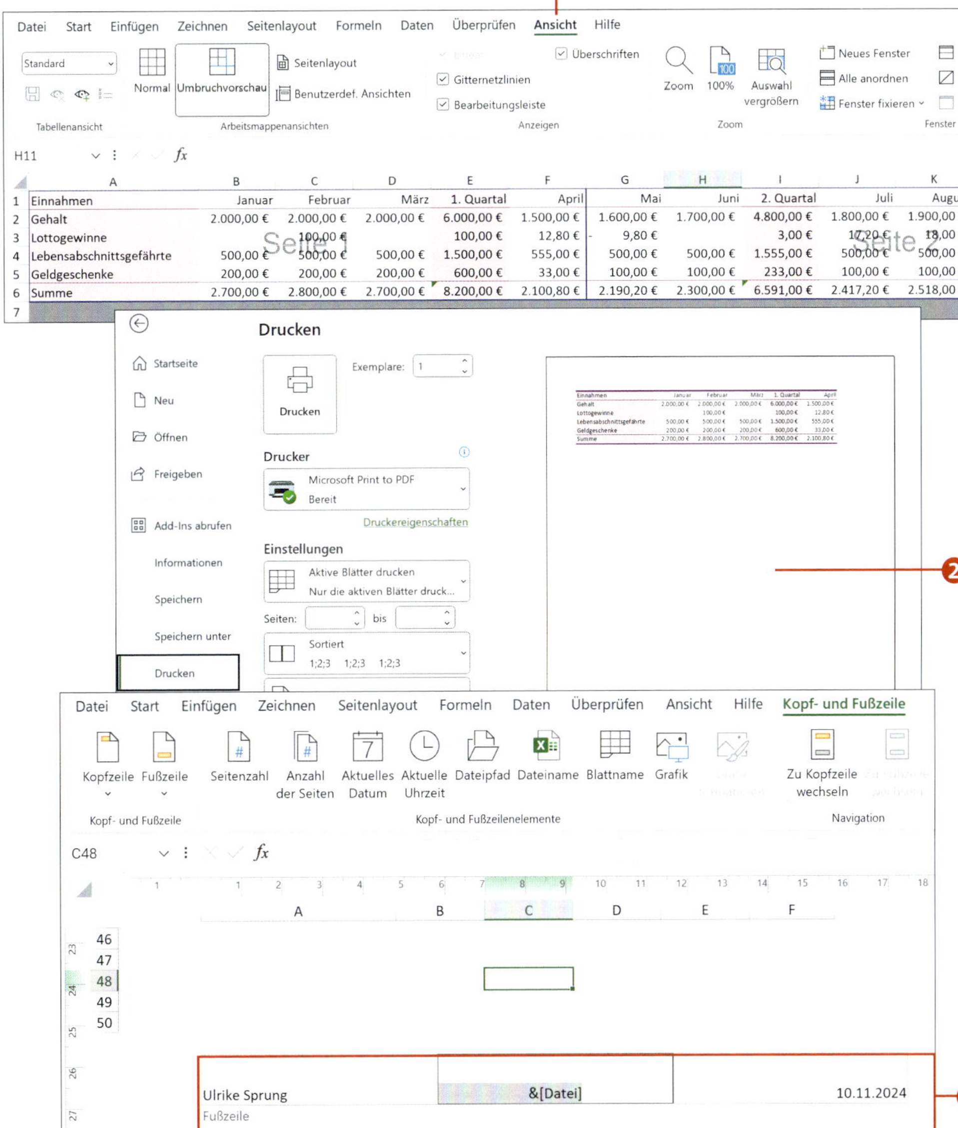

2 Von allen Ansichten ist die Druckvorschau Ihrem Ausdruck am ähnlichsten.

3 In Kopf- und Fußzeilen können Sie zusätzliche Informationen unterbringen.

Ein erster Druckversuch

Ein Ausdruck Ihrer Tabelle ist vor allem dann nützlich, wenn Sie Zahlen dokumentieren möchten oder wenn Sie deren Inhalte anderen zur Verfügung stellen wollen. Wir zeigen Ihnen hier, wie Sie Ihre Excel-Tabelle schnell ausdrucken.

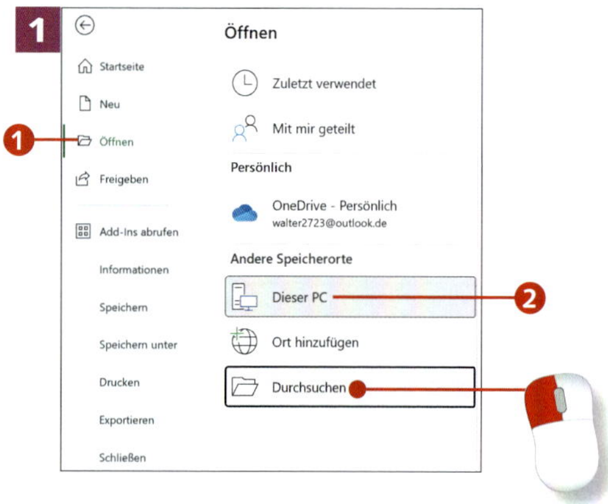

Schritt 1

Um die Tabelle zu öffnen, die Sie drucken möchten, wählen Sie in der Backstage-Ansicht den Befehl **Öffnen** ❶. Suchen Sie den Speicherort, z. B. **Dieser PC** ❷, und klicken Sie auf **Durchsuchen**, um den Ordner und den Dateinamen auszuwählen.

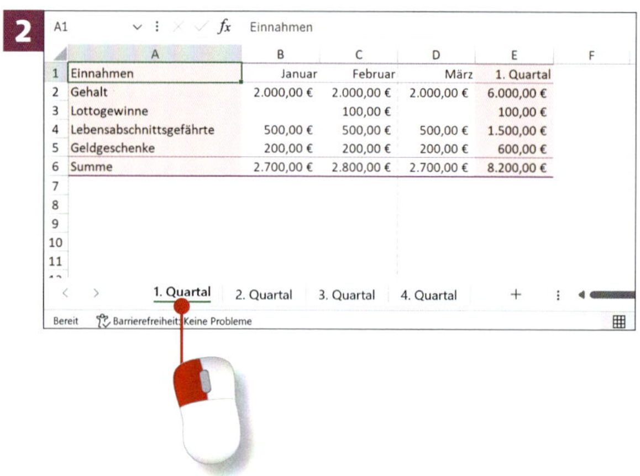

Schritt 2

Wird das Tabellenblatt angezeigt, das Sie drucken wollen? Falls nicht, klicken Sie auf die Blattregisterkarte, auf der sich die gewünschte Tabelle befindet, z. B. auf **1. Quartal**.

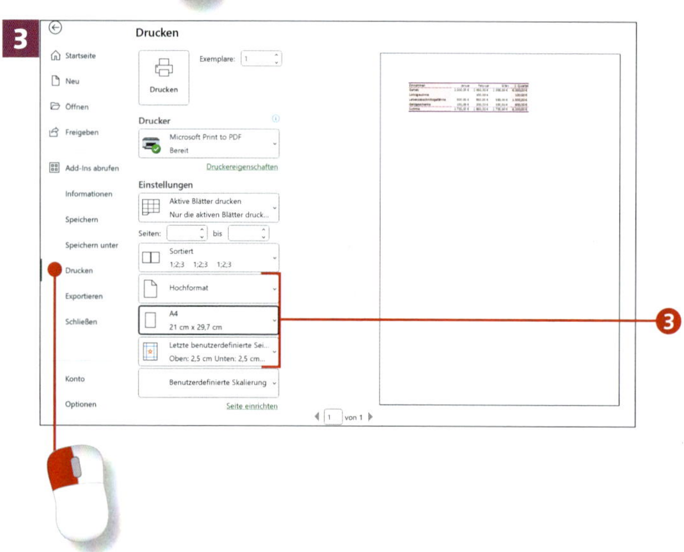

Schritt 3

Klicken Sie auf die Registerkarte **Datei**, und wählen Sie in der Backstage-Ansicht den Befehl **Drucken**. Für den schnellen Ausdruck ist bereits alles Wesentliche voreingestellt: **Hochformat**, **A4** und die Seitenränder ❸. Rechts im Bild sehen Sie die Druckvorschau Ihrer Tabelle.

Schritt 4

Wenn der richtige Drucker eingestellt ist, können Sie direkt loslegen. Um einen bestimmten Drucker anzusteuern, klicken Sie auf den Auswahlpfeil am Feld und wählen Ihren Drucker aus.

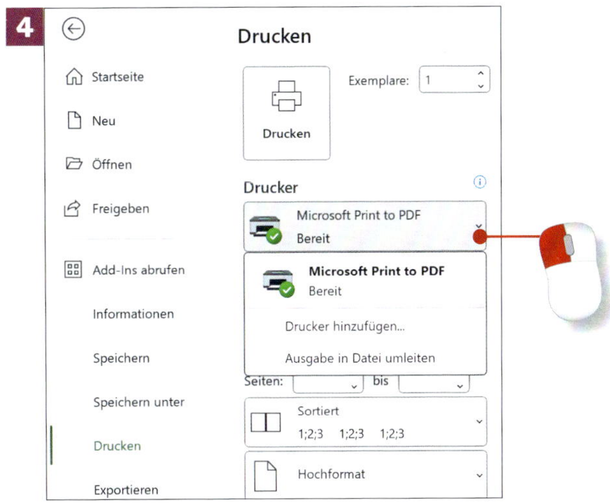

Schritt 5

Nun haben Sie fast alles passend eingestellt. Allerdings brauchen Sie nicht nur ein Exemplar, sondern zwei. Wenn Sie auf den Pfeil nach oben klicken, können Sie dies einstellen.

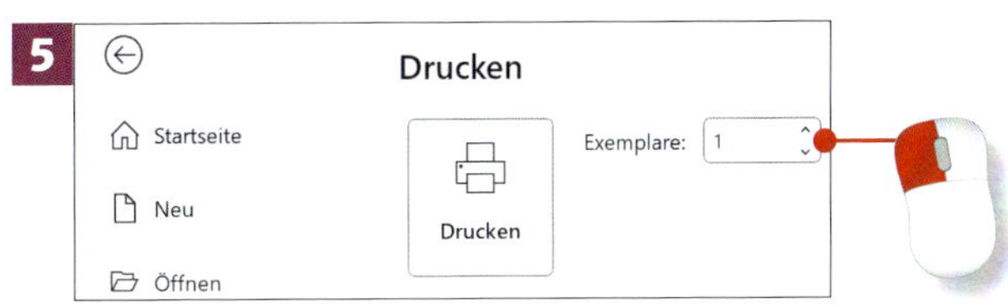

Schritt 6

Achten Sie darauf, dass in Ihrem Drucker genügend Papier eingelegt ist, und starten Sie den Ausdruck mit einem Klick auf die Schaltfläche **Drucken**.

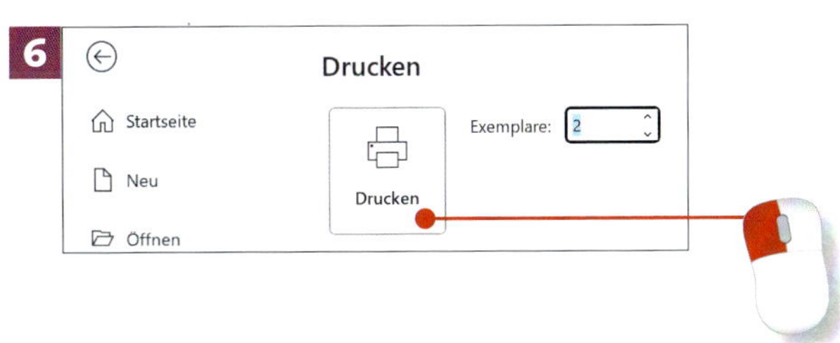

Tabelle blitzschnell drucken

Klicken Sie im Explorer mit der rechten Maustaste auf eine Excel-Datei. Wählen Sie aus dem Kontextmenü **Weitere Optionen anzeigen** und den Eintrag **Drucken**. Die Tabelle wird sofort von Ihrem Standard-Drucker gedruckt, ohne dass Sie sie vorher öffnen müssen.

Die Arbeitsmappen-Ansichten

1
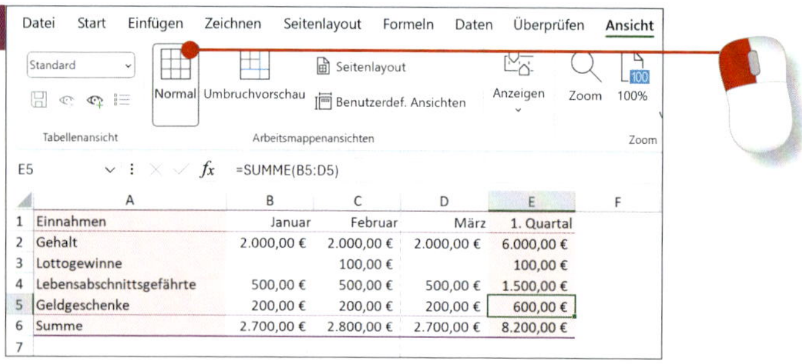

2
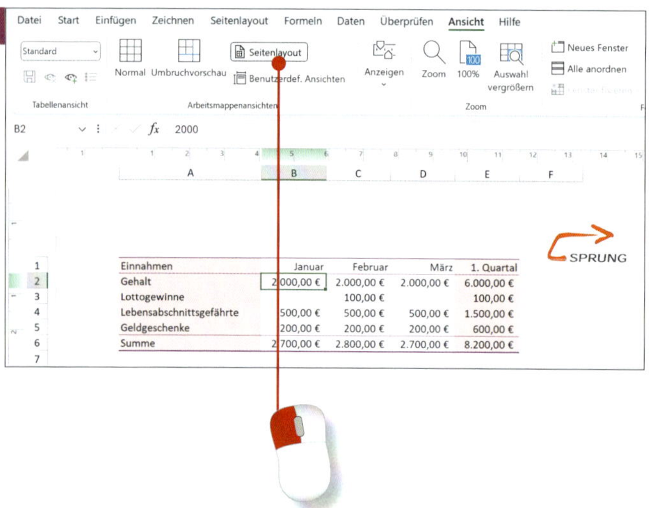

3
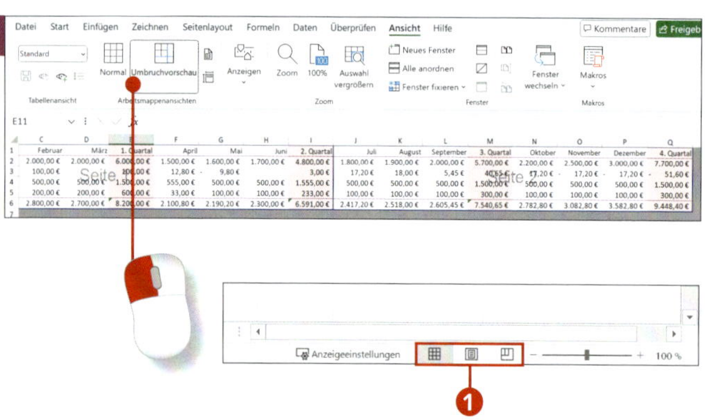

Alles ist eine Frage der Ansicht – das gilt auch für Excel-Arbeitsmappen. Was sie zeigen und was sie »verschweigen«, erfahren Sie in diesem Abschnitt.

Schritt 1

Wechseln Sie über die Registerkarte **Ansicht** mit einem Klick auf die Schaltfläche **Normal** in die Normalansicht. Sie dient zum Bearbeiten von Tabellentexten, -zahlen und -formeln. Ränder, Kopf- und Fußzeilen sehen Sie hier nicht!

Schritt 2

Indem Sie auf der Registerkarte **Ansicht** auf **Seitenlayout** klicken, wechseln Sie in eine andere Ansicht. Nun sehen Sie auch den Bereich für die Formatierung des Tabellenblattes: Kopfzeile, Seitenränder und Lineale.

Schritt 3

Wählen Sie auf der Registerkarte **Ansicht** die Schaltfläche **Umbruchvorschau**. Excel begrüßt Sie mit einem Blick auf die gesamte Tabelle.

Schneller Ansichtswechsel

Die Ansichten ❶ können Sie auch über die Befehle am rechten unteren Fensterrand wechseln.

Schritt 4

Ist Ihnen die Darstellung zu klein, zoomen Sie die Tabelle heran, indem Sie gleichzeitig [Strg] drücken und am Mausrad drehen oder den Zoomregler unten rechts im Fenster mit der Maus ziehen. So können Sie die Standardseitenumbrüche besser erkennen und sehen z. B. auch die Information *Seite 1* besser.

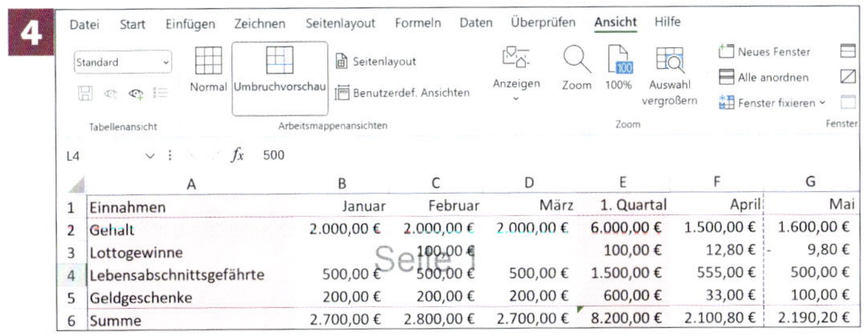

	A	B	C	D	E	F	G
1	Einnahmen	Januar	Februar	März	1. Quartal	April	Mai
2	Gehalt	2.000,00 €	2.000,00 €	2.000,00 €	6.000,00 €	1.500,00 €	1.600,00 €
3	Lottogewinne		100,00 €		100,00 €	12,80 €	9,80 €
4	Lebensabschnittsgefährte	500,00 €	500,00 €	500,00 €	1.500,00 €	555,00 €	500,00 €
5	Geldgeschenke	200,00 €	200,00 €	200,00 €	600,00 €	33,00 €	100,00 €
6	Summe	2.700,00 €	2.800,00 €	2.700,00 €	8.200,00 €	2.100,80 €	2.190,20 €

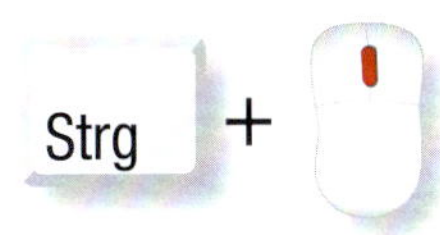

Schritt 5

Ziehen Sie die Linie, die den Standardseitenumbruch anzeigt, mit der Maus eine Spalte nach links, sodass die neue Seite nach dem 1. Quartal beginnt. Wenn Sie die Maus loslassen, wird der von Ihnen festgelegte Seitenumbruch als durchgehende blaue Linie dargestellt.

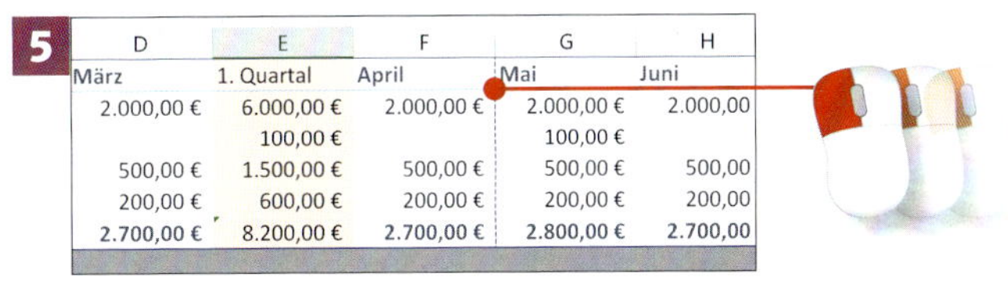

D	E	F	G	H
März	1. Quartal	April	Mai	Juni
2.000,00 €	6.000,00 €	2.000,00 €	2.000,00 €	2.000,00
	100,00 €		100,00 €	
500,00 €	1.500,00 €	500,00 €	500,00 €	500,00
200,00 €	600,00 €	200,00 €	200,00 €	200,00
2.700,00 €	8.200,00 €	2.700,00 €	2.800,00 €	2.700,00

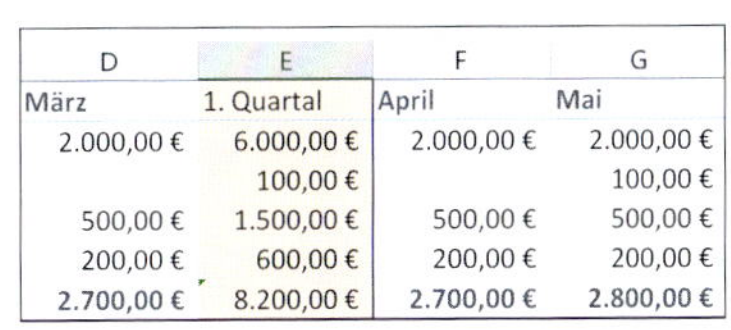

D	E	F	G
März	1. Quartal	April	Mai
2.000,00 €	6.000,00 €	2.000,00 €	2.000,00 €
	100,00 €		100,00 €
500,00 €	1.500,00 €	500,00 €	500,00 €
200,00 €	600,00 €	200,00 €	200,00 €
2.700,00 €	8.200,00 €	2.700,00 €	2.800,00 €

Schritt 6

Lassen Sie sich den neuen Seitenumbruch in der Seitenansicht anzeigen. Dazu klicken Sie auf die Registerkarte **Datei** und in der Backstage-Ansicht auf **Drucken** ❷. Blättern Sie zur nächsten Seite, um den Seitenumbruch zu kontrollieren.

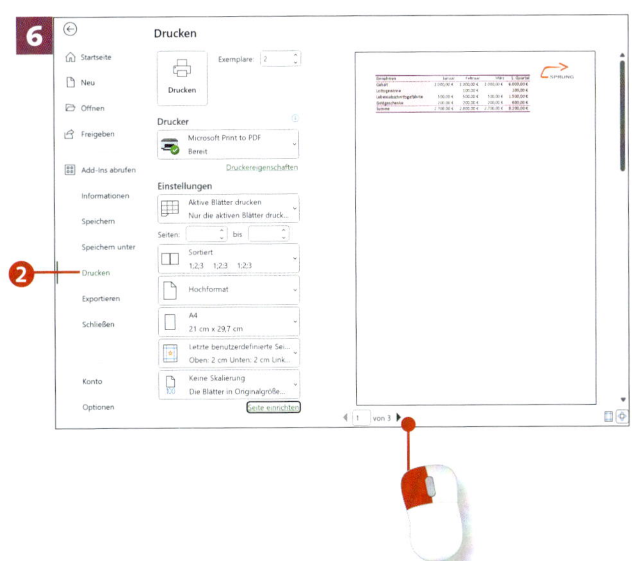

i Wieder Ansicht Normal

Excel zeigt die Tabelle beim nächsten Öffnen automatisch in der Ansicht **Normal** an.

Die Seitenansicht kontrollieren

1

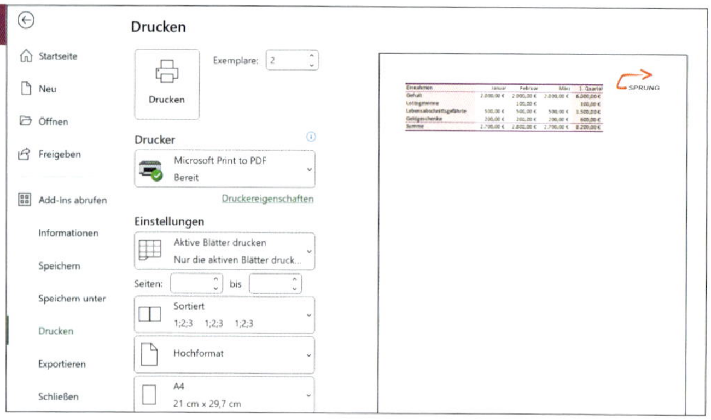

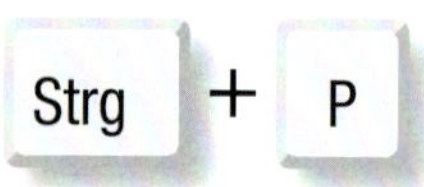

2

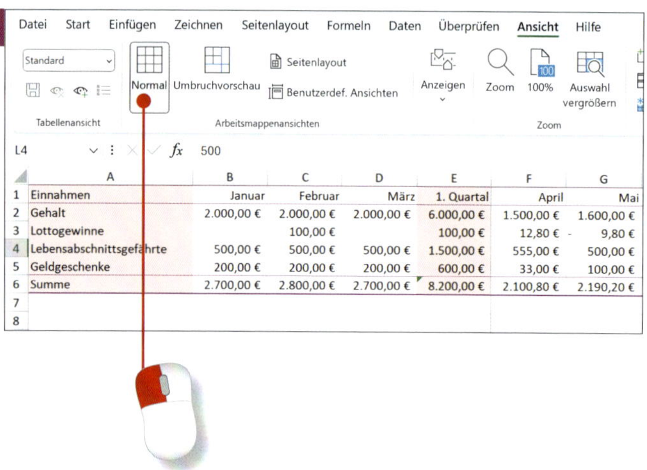

3

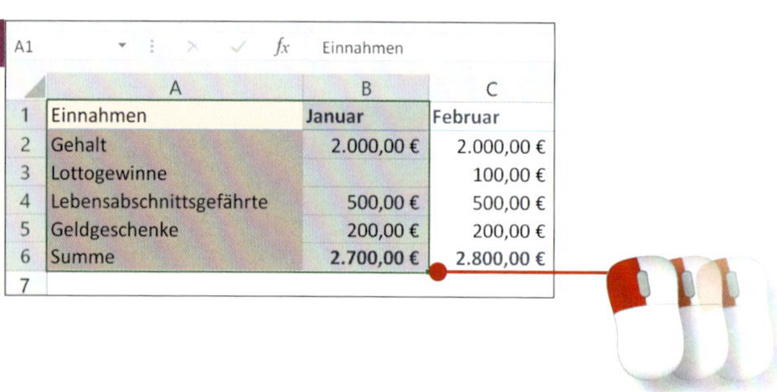

Eine Kontrolle vor dem Ausdruck ist besser, als noch einmal drucken zu müssen. Deshalb zeigen wir Ihnen hier die wichtigsten Kontrollmöglichkeiten in der Seitenansicht.

Schritt 1

Rufen Sie mit einem Klick auf die Registerkarte **Datei** die Backstage-Ansicht auf. Über die Option **Drucken** gelangen Sie zur Seitenansicht. Alternativ drücken Sie die Tastenkombination [Strg]+[P], um in das **Drucken**-Menü zu gelangen. Wenn Sie hier Einstellungen für den Ausdruck vornehmen, sehen Sie deren Auswirkung rechts in der Druckvorschau.

Schritt 2

Sie wollen z. B. nur einen Tabellenbereich und nicht die ganze Tabelle drucken? Brechen Sie die Druckansicht mit der [Esc]-Taste ab, oder klicken Sie noch einmal auf **Normal** auf der Registerkarte **Ansicht**, um in die Normalansicht zurückzukehren.

Schritt 3

Markieren Sie den Bereich, den Sie drucken möchten, z. B. A1:B6.

Schritt 4

Klicken Sie in der Backstage-Ansicht auf **Drucken**. In den Einstellungen wählen Sie **Auswahl drucken**. Auf diese Weise wird nur der markierte Bereich gedruckt.

Schritt 5

Heben Sie die Einstellung **Auswahl drucken** auf, indem Sie auf **Aktive Blätter drucken** klicken.

Schritt 6

Um Papier zu sparen, können Sie die Tabelle auf nur einer Seite drucken. Klicken Sie auf den Pfeil neben **Keine Skalierung**, und wählen Sie den Eintrag **Blatt auf einer Seite darstellen**. Starten Sie den Druck mit einem Klick auf die Schaltfläche **Drucken** ❶.

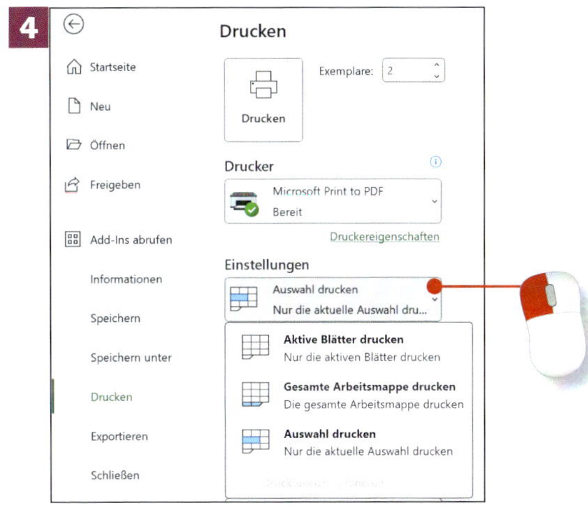

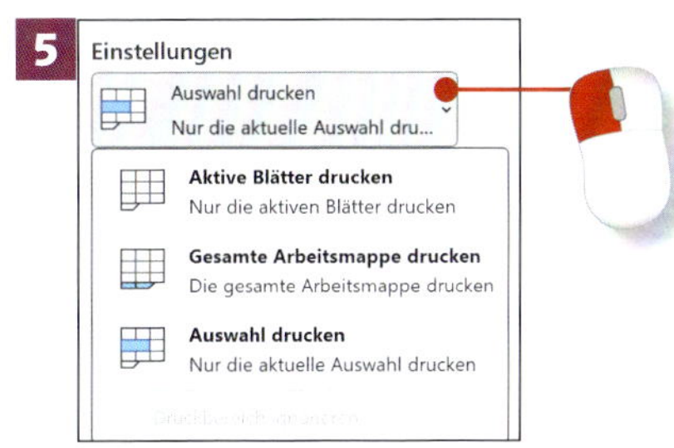

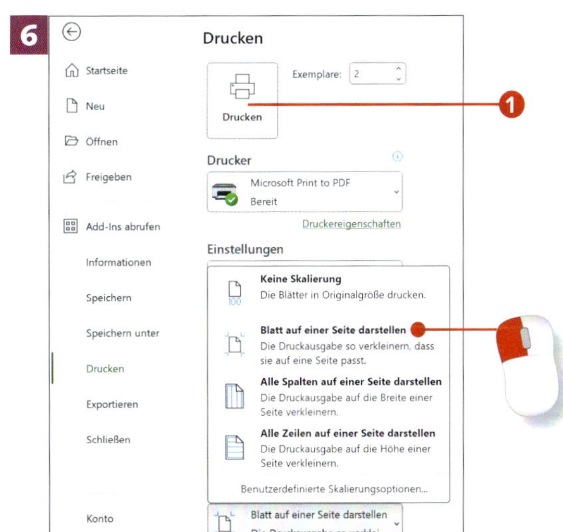

Tabelle zentrieren

Um Ihre Tabelle mittig zu drucken, klicken Sie auf den Link **Seite einrichten** und im Dialogfenster auf die Registerkarte **Seitenränder**. Setzen Sie ein Häkchen sowohl neben **Horizontal** als auch neben **Vertikal**, und bestätigen Sie mit einem Klick auf **OK**.

Die Ausrichtung – hoch oder quer?

Um den Platz auf dem Blatt besser auszunutzen, ist das Querformat oft hilfreich. Wir zeigen Ihnen, wie Sie den Formatwechsel einstellen.

1

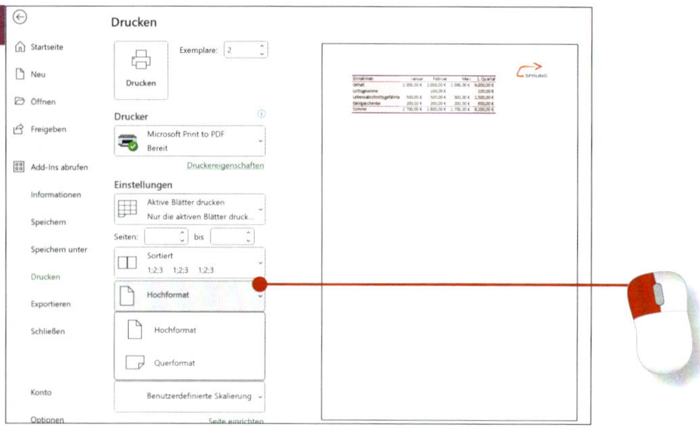

Schritt 1

Die Standardeinstellung für den Druck ist immer **Hochformat**. Sie können diese Einstellung wie hier im Bereich **Drucken** in der Seitenansicht überprüfen.

2

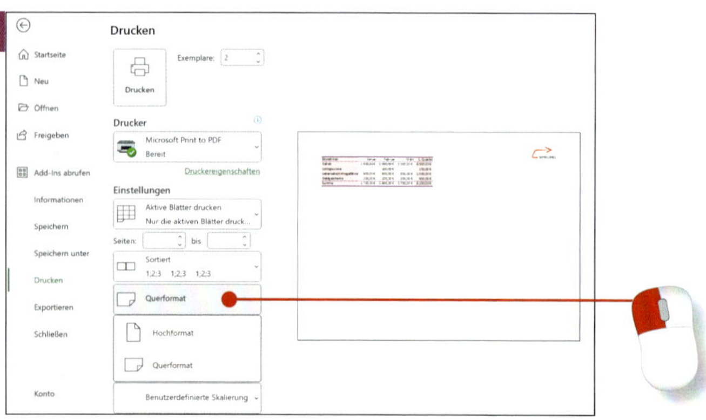

Schritt 2

In unserem Beispiel ist die Tabelle im Hochformat nicht gut lesbar, darum entscheiden wir uns für das Querformat. Klicken Sie in der Seitenansicht auf den Pfeil neben **Hochformat**, und wählen Sie aus der Liste die Option **Querformat** aus.

3

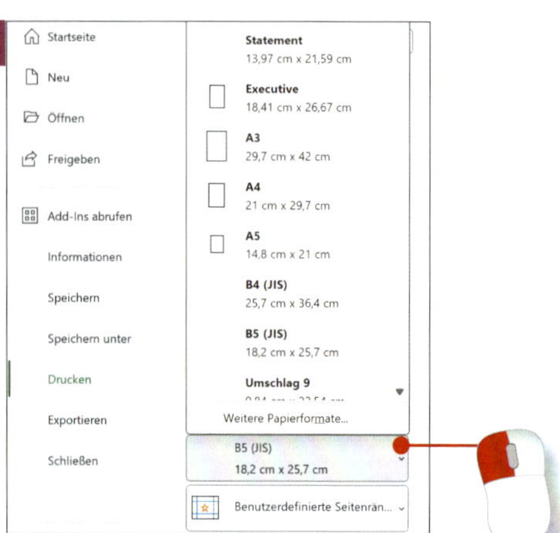

Schritt 3

Auch das Papierformat können Sie in der Seitenansicht einstellen. Wenn Sie auf den Auswahlpfeil neben der Voreinstellung **A4** klicken, erscheint eine Auswahl der Papierformate. Stellen Sie hier z. B. **B5 (JIS)** ein. Die Tabelle wird nun entsprechend an das Format angepasst.

Schritt 4

Wechseln Sie in die Normalansicht, indem Sie auf die Registerkarte **Ansicht** und dann auf die Schaltfläche **Normal** klicken. Hier sieht man das Querformat nicht, weil in dieser Ansicht der Fokus auf dem Eingeben und Ändern von Tabellendaten liegt.

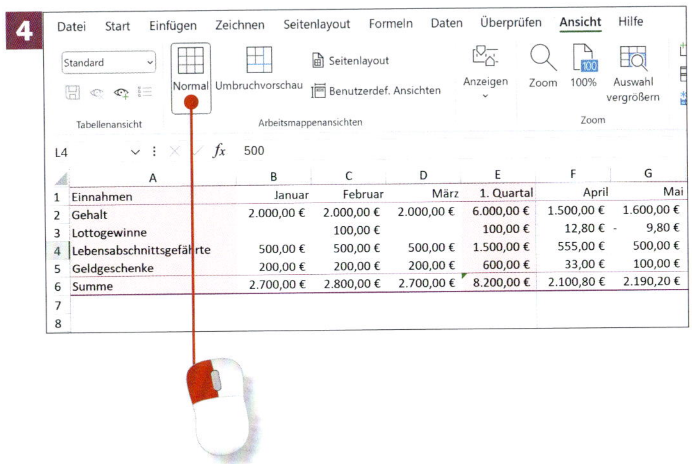

Schritt 5

Wechseln Sie in die Ansicht **Seitenlayout**. Hier erkennen Sie das Querformat.

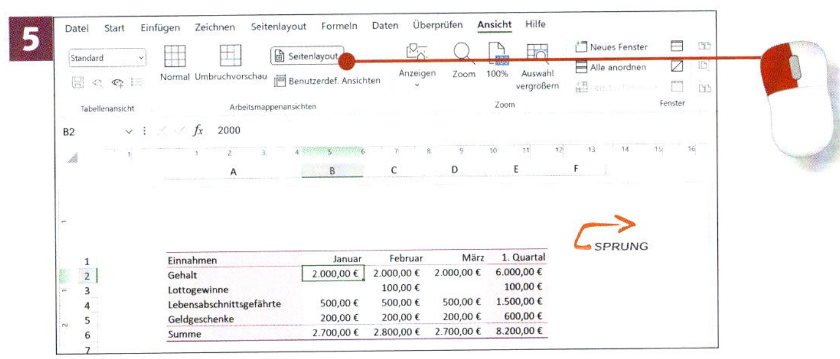

Schritt 6

Wenn Sie dann zur Registerkarte **Seitenlayout** wechseln, finden Sie im Menüband die Gruppe **Seite einrichten**. Klicken Sie auf die Schaltfläche **Ausrichtung**, und wählen Sie **Hochformat**. Das Ergebnis ist sofort sichtbar.

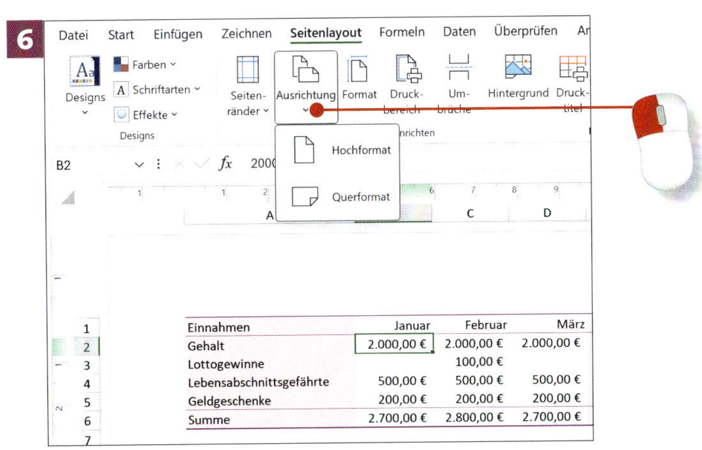

i

Die Ansicht »Seitenlayout«

In der Ansicht **Seitenlayout** können Sie alle Arbeiten erledigen, die Sie auch in der Normalansicht durchführen, z. B. Formeln erstellen oder Zellen formatieren. Sie sehen dabei allerdings immer mehr als in der Normalansicht, z. B. die Kopf- und Fußzeilenbereiche, die Randeinstellungen oder die anschaulich dargestellten Seitenumbrüche.

Seitenränder einstellen

Haben Sie daran gedacht, genug Platz zum Lochen und Abheften des Tabellenausdrucks freizulassen? In diesem Abschnitt erfahren Sie, wie Sie die Seitenränder verbreitern oder mit individuellen Maßen versehen.

1

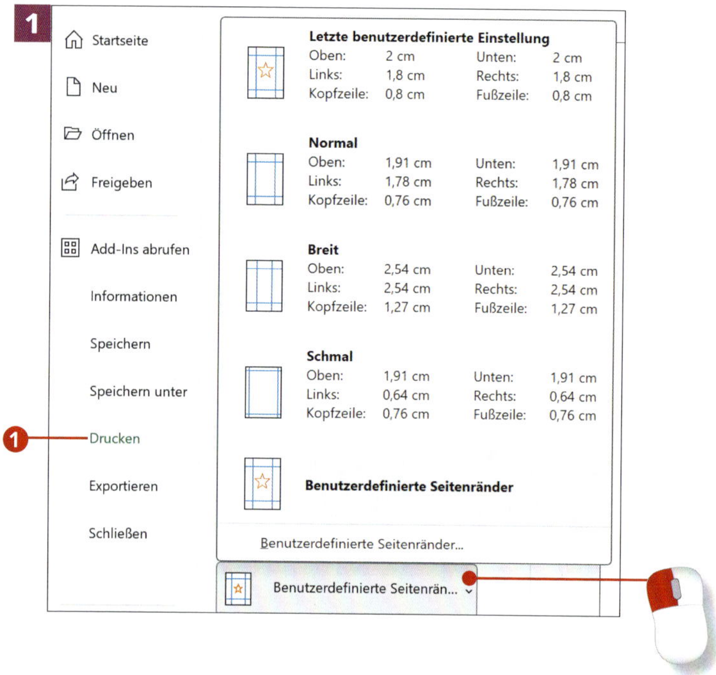

Schritt 1

Auch die Seitenränder können Sie Ihren Wünschen gemäß anpassen. Dazu klicken Sie auf die Registerkarte **Datei**. In der Backstage-Ansicht rufen Sie über **Drucken** ❶ die Druckvorschau auf. Die Standardeinstellung ist **Normal**.

2

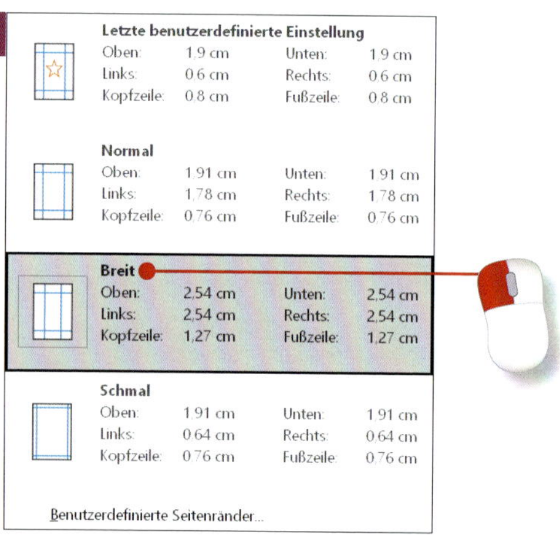

Schritt 2

Wenn Sie Ihren Ausdruck später lochen und abheften möchten, sollten Sie die Seitenränder vergrößern. Dazu klicken Sie auf den Auswahlpfeil rechts neben **Benutzerdefinierte Seitenränder** und wählen den Eintrag **Breit** aus.

3

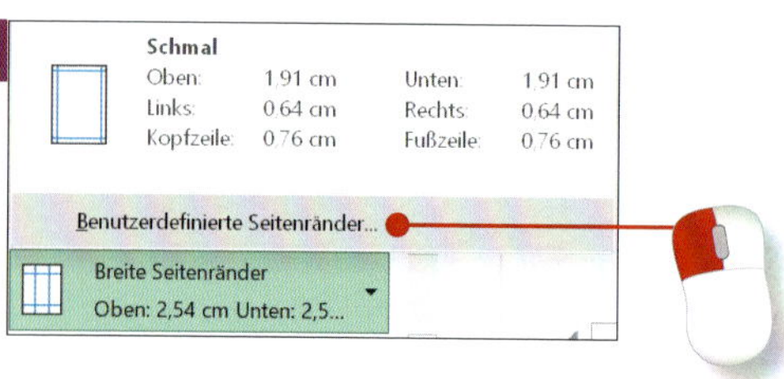

Schritt 3

Obwohl der Rand nun 2,54 cm breit ist, finden Sie ihn noch immer zu schmal. Klicken Sie also auf die Auswahl **Benutzerdefinierte Seitenränder**.

Schritt 4

Das Dialogfeld **Seite einrichten** erscheint. Auf der Registerkarte **Seitenränder** ❷ stellen Sie unter **Links** mithilfe der Pfeile eine Breite von 5 cm für den linken Rand ein. Bestätigen Sie Ihre Eingabe mit einem Klick auf **OK**. Alternativ können Sie auch direkt einen Wert eingeben, indem Sie den vorhandenen überschreiben.

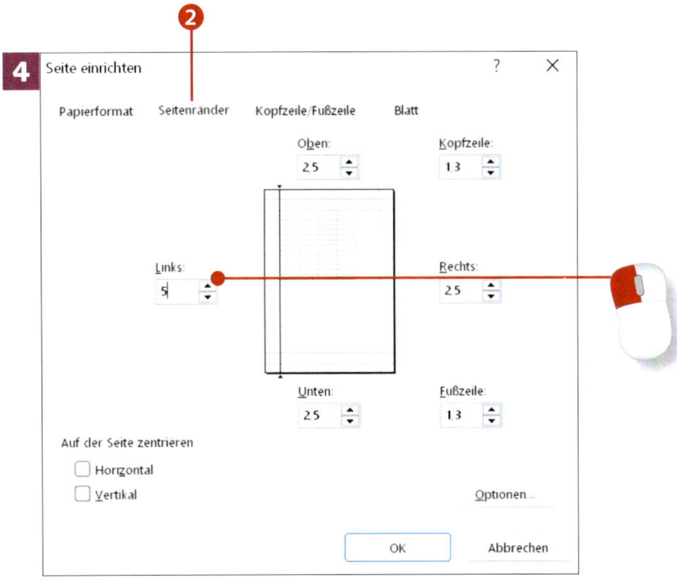

Schritt 5

Die Druckvorschau zeigt die verbreiterten Ränder. Excel »merkt« sich diese benutzerdefinierte Einstellung für den nächsten Ausdruck ❸. Sobald Sie das Programm jedoch ganz beenden oder eine neue Arbeitsmappe erstellen, gehen die Einstellungen verloren.

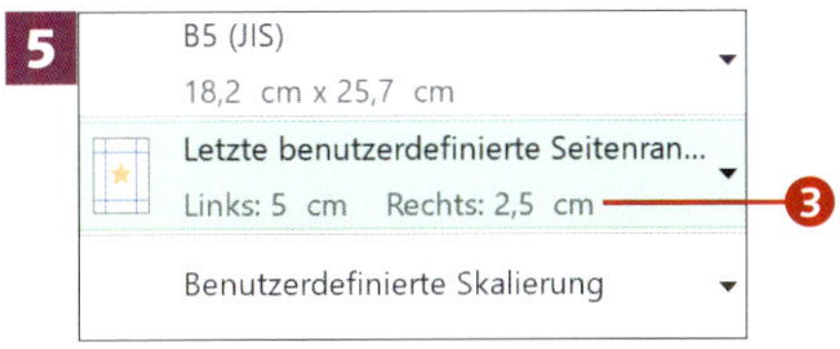

Schritt 6

Öffnen Sie eine weitere Excel-Tabelle, und rufen Sie die Seitenansicht auf. Wie Sie sehen, hält Excel sofort die von Ihnen definierten Einstellungen für die Ränder bereit. Wenn Sie also erneut breite Ränder brauchen, klicken Sie auf **Letzte benutzerdefinierte Einstellung**.

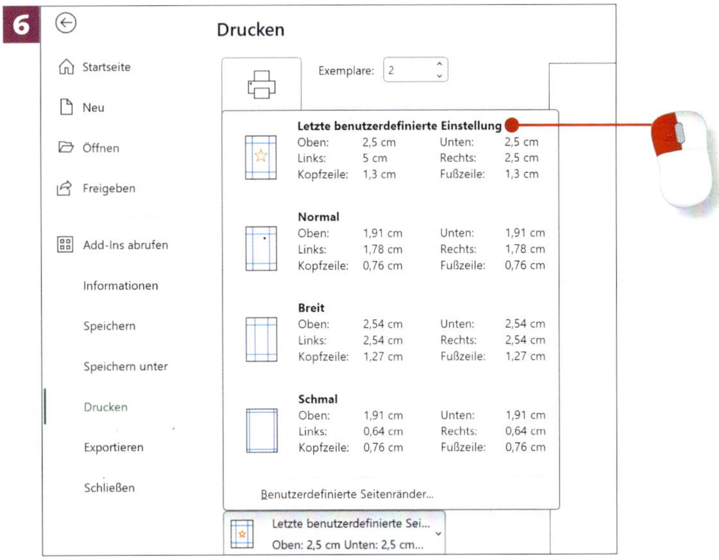

Kopf- und Fußzeilen einfügen

1

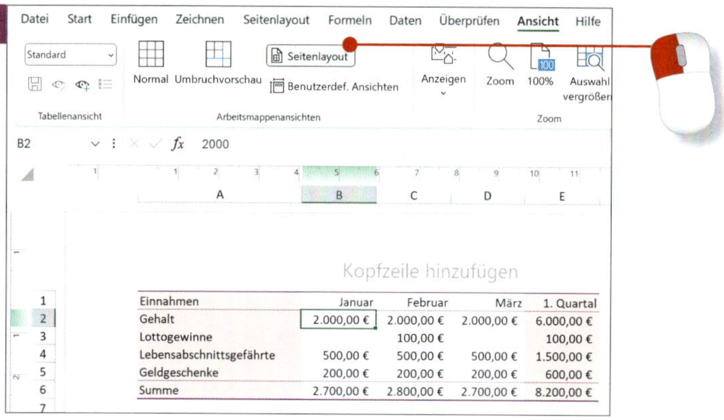

2

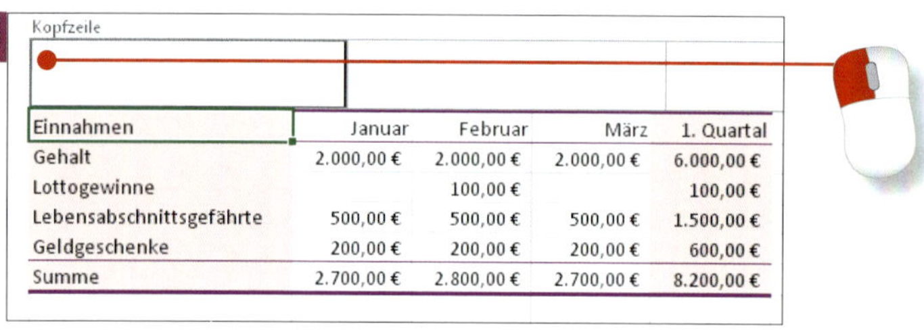

3

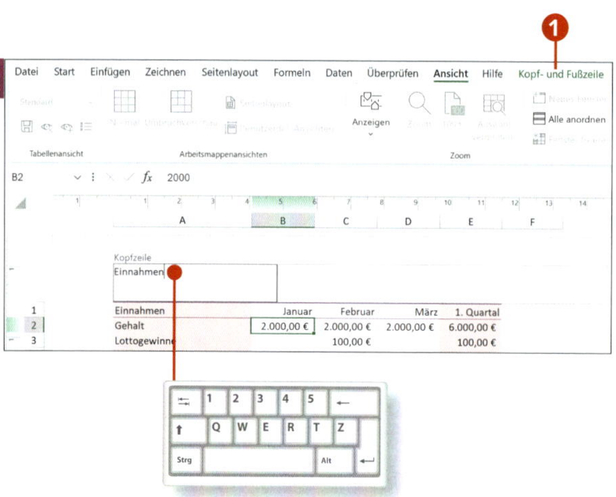

Kopf- und Fußzeilen sind Bereiche am oberen bzw. unteren Blattrand, die Platz für zusätzliche Angaben lassen. Das können z. B. Seitennummern, Dateinamen oder Grafiken wie Logos und Wappen sein. Auf den nächsten Seiten erfahren Sie, wie Sie Kopf- und Fußzeilen gestalten.

Schritt 1

Um die Kopfzeile zu gestalten, wechseln Sie über die Registerkarte **Ansicht** in die Ansicht **Seitenlayout**. Sie können auch auf das Symbol unten rechts in der Statuszeile, direkt neben dem Zoomregler, klicken.

Schritt 2

Sie können den Bereich der Kopfzeile links, in der Mitte und rechts anklicken – auf diese Weise aktivieren Sie ihn für die Bearbeitung.

Schritt 3

Klicken Sie in den linken Bereich der Kopfzeile, und schreiben Sie einen entsprechenden Text hinein, z. B. »Einnahmen«. Die Befehle, die Sie nun benötigen, werden auf einer zusätzlichen Registerkarte **Kopf- und Fußzeile** 1 angezeigt.

Schritt 4

Um eine Seitenzahl zu ergänzen, klicken Sie in den mittleren Kopfzeilenbereich und wählen in der Gruppe **Kopf- und Fußzeilenelemente** die Schaltfläche **Seitenzahl**. Der Platzhalter *&[Seite]* ❷ wird eingefügt: Er sorgt dafür, dass beim Ausdruck die aktuelle Seitenzahl angezeigt wird.

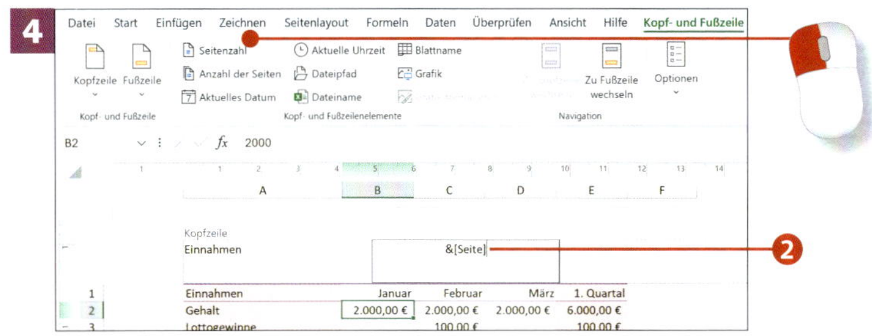

Schritt 5

Wenn Sie auf eine beliebige Zelle *außerhalb* der Kopfzeile klicken, können Sie sich die Kopfzeile mit dem Ergebnis Ihrer Eingaben anschauen.

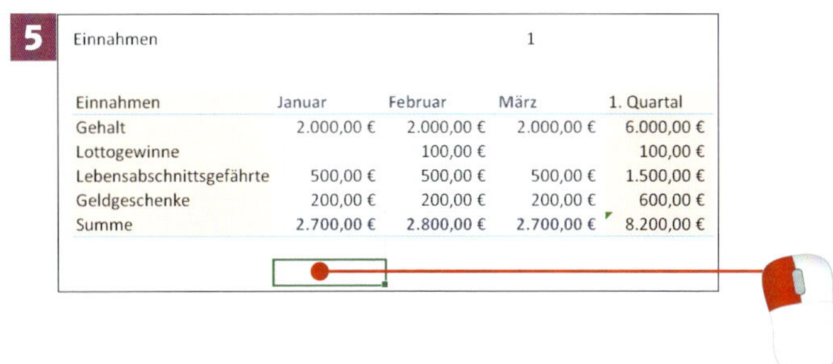

Einnahmen	Januar	Februar	März	1. Quartal
Gehalt	2.000,00 €	2.000,00 €	2.000,00 €	6.000,00 €
Lottogewinne		100,00 €		100,00 €
Lebensabschnittsgefährte	500,00 €	500,00 €	500,00 €	1.500,00 €
Geldgeschenke	200,00 €	200,00 €	200,00 €	600,00 €
Summe	2.700,00 €	2.800,00 €	2.700,00 €	8.200,00 €

Schritt 6

Nun möchten Sie noch eine Grafik einfügen, z. B. Ihr Firmenlogo. Klicken Sie dazu in den rechten Kopfzeilenbereich. Wählen Sie im Menüband die Schaltfläche **Grafik** ❸, klicken Sie anschließend auf **Aus einer Datei**, und suchen Sie sich auf Ihrem PC die passende Grafikdatei aus. Klicken Sie doppelt auf die gewünschte Datei, oder bestätigen Sie Ihre Wahl mit **Einfügen**.

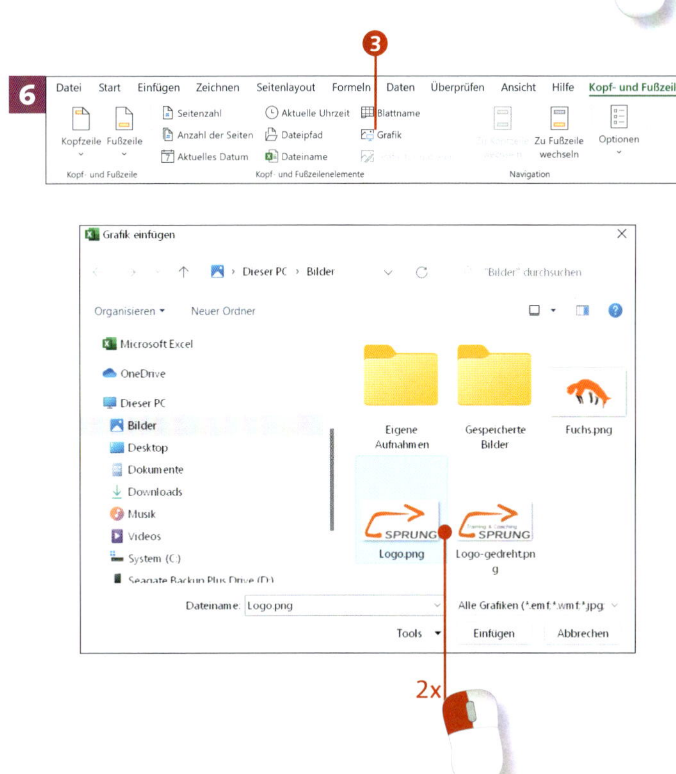

Kopf- und Fußzeilen einfügen (Forts.)

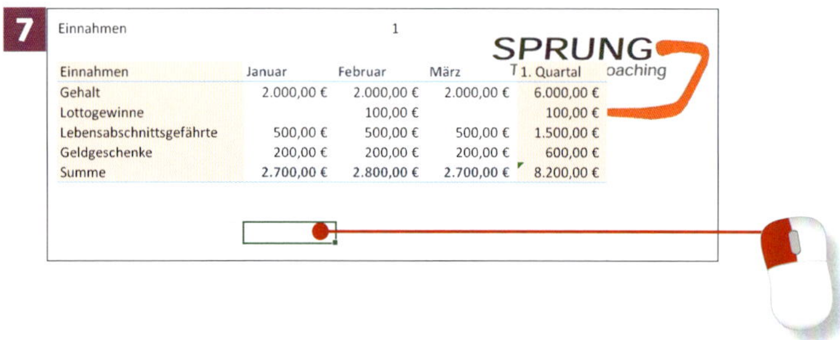

Schritt 7

Klicken Sie in eine Zelle *außerhalb* der Kopfzeile, um das Logo in der Kopfzeile zu begutachten. Wie Sie sehen, ist es hier zu groß.

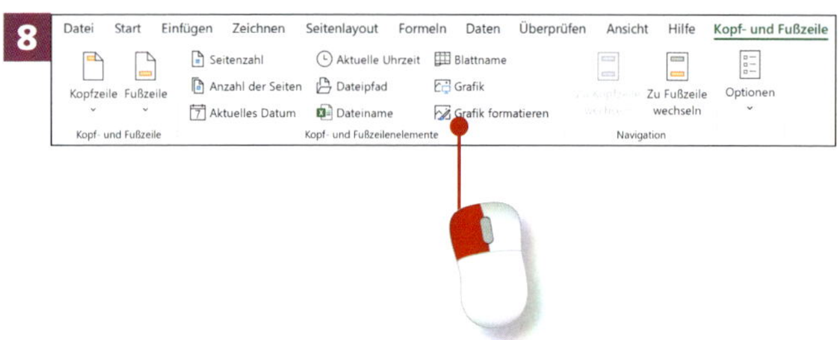

Schritt 8

Klicken Sie also erneut in den rechten Kopfzeilenbereich, und wählen Sie dann die Schaltfläche **Grafik formatieren**.

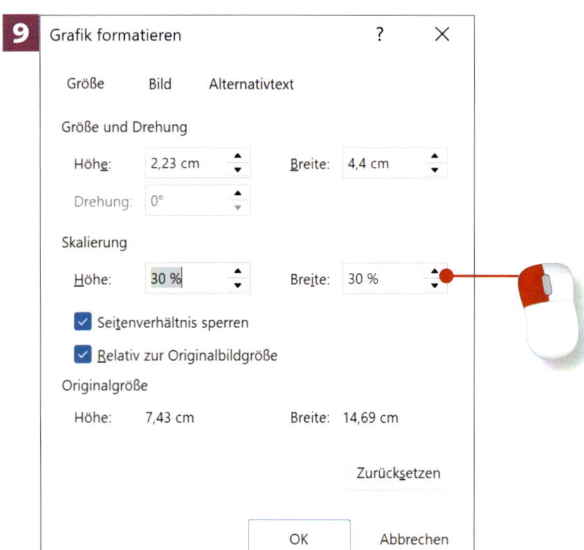

Schritt 9

Stellen Sie im Dialogfeld auf der Registerkarte **Größe** unter **Skalierung** bei **Höhe** und **Breite** jeweils »30 %« ein. Bestätigen Sie mit **OK**. Dann können Sie das Ergebnis erneut betrachten, indem Sie auf einen Bereich außerhalb der Kopfzeile klicken.

Bildbearbeitungstipp

Der Dialog **Grafik formatieren** bietet Ihnen auf der Registerkarte **Bild** die Möglichkeiten, das Bild zuzuschneiden, zu komprimieren und die Bildsteuerung zu ändern, z. B. Graustufen einzustellen. Ist Ihr Änderungsversuch misslungen, finden Sie auch den Befehl **Zurücksetzen**, der Ihr Bild in den Ausgangszustand nach dem Einfügen zurücksetzt.

Schritt 10

Nun kommen wir zur Fußzeile: Die Bearbeitung funktioniert nach dem gleichen Prinzip wie bei der Kopfzeile. Klicken Sie in der Ansicht **Seitenlayout** in die Fußzeile, und tragen Sie in den linken Bereich Ihren Namen ein.

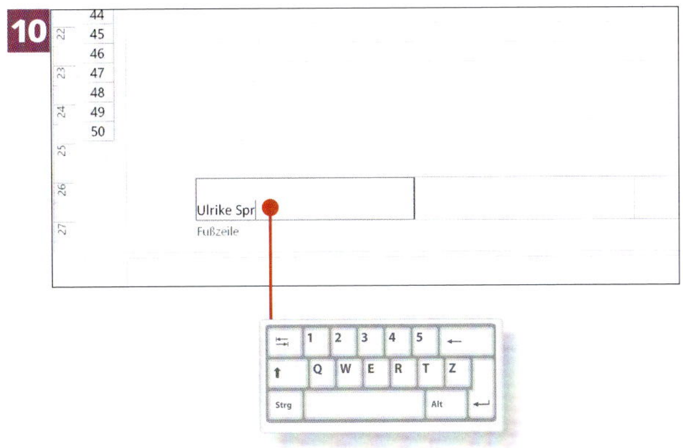

Schritt 11

Wenn Sie den Zellcursor auf eine Zelle außerhalb der Fußzeile setzen, sehen Sie das Ergebnis unten.

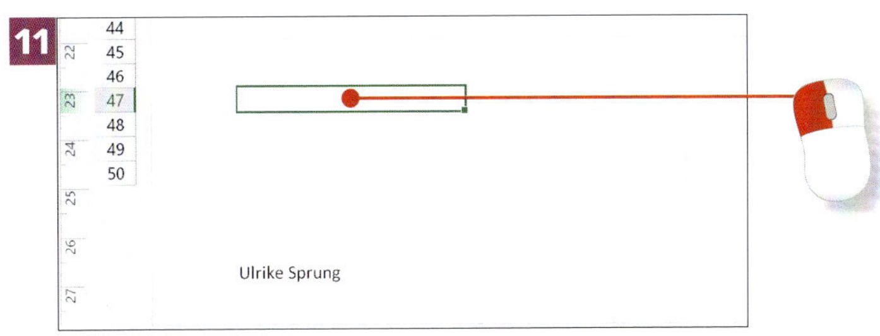

Schritt 12

Auch der Dateiname soll in der Fußzeile stehen. Klicken Sie also auf den mittleren Bereich und dann auf die Schaltfläche **Dateiname**. Der Platzhalter für den Dateinamen, *&[Datei]*, erscheint ❶.

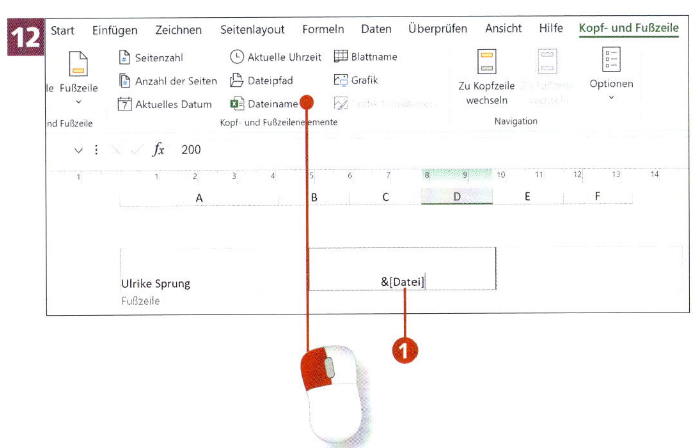

Den Dateipfad mitdrucken

Wenn Sie Ihre Tabellen oder Diagramme mit Kopf- und Fußzeilen versehen und z. B. Dateiname und Speicherpfad einfügen, finden Sie auch nach langer Zeit schnell die zugehörigen Arbeitsmappen in Ihrer Dateiablage wieder.

Kopf- und Fußzeilen einfügen (Forts.)

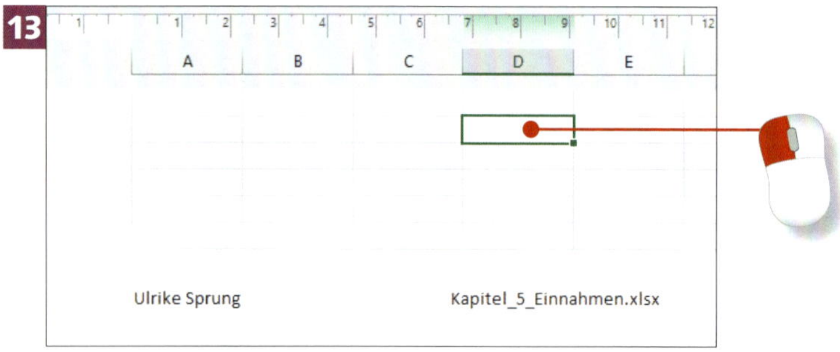

Schritt 13

Wenn Sie auf einen Tabellenbereich außerhalb der Fußzeile klicken, erscheint der aktuelle Dateiname.

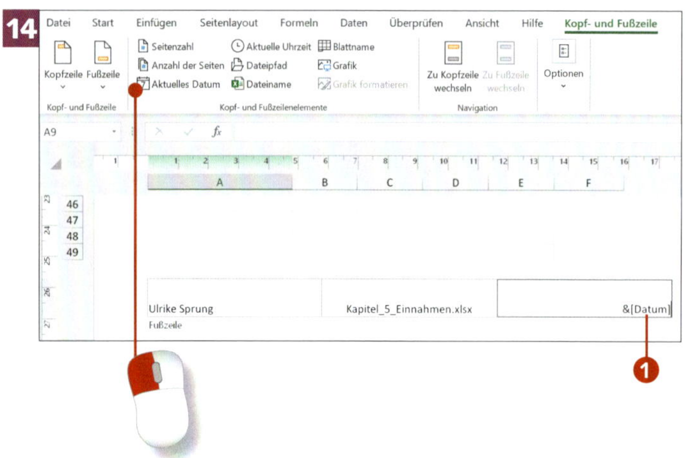

Schritt 14

Im rechten Bereich der Fußzeile soll das aktuelle Datum stehen. Klicken Sie auf diesen Bereich und dann auf die Schaltfläche **Aktuelles Datum**. Der Platzhalter *&[Datum]* ❶ steht für das Systemdatum und aktualisiert sich täglich. Es ist auch möglich, den Platzhalter einfach direkt einzugeben, ohne auf eine Schaltfläche klicken zu müssen.

Schritt 15

Wenn Sie dann auf eine Zelle außerhalb der Fußzeile klicken, sehen Sie das aktuelle Datum als Ergebnis in der Fußzeile.

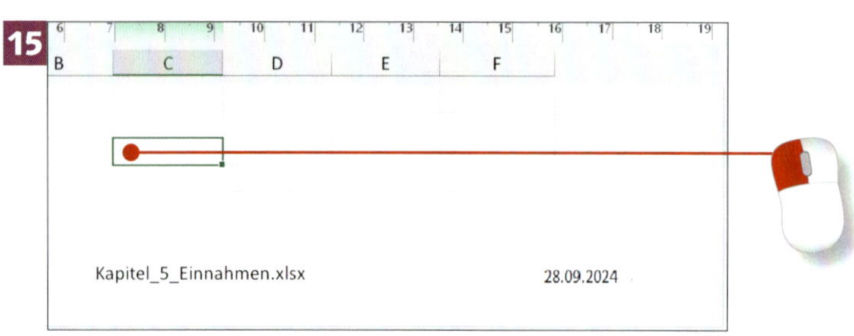

Arbeitsstand mit Datumsangabe

Wenn Sie einen Arbeitsstand mit einem Datum in der Kopf- oder Fußzeile festhalten wollen, müssen Sie jedoch das Datum selbst eintippen. Das Feld **Datum** liefert immer das aktuelle Tagesdatum beim Öffnen der Datei.

Schritt 16

Sollten Sie Ihre Kopf- oder Fußzeile noch einmal ändern wollen, klicken Sie einfach erneut in den jeweiligen Bereich und nehmen die Änderung vor. Tragen Sie z. B. im mittleren Bereich der Kopfzeile neben *&[Seite]* ein Leerzeichen und das Wort »von« ein. Dann klicken Sie auf **Anzahl der Seiten** ❷.

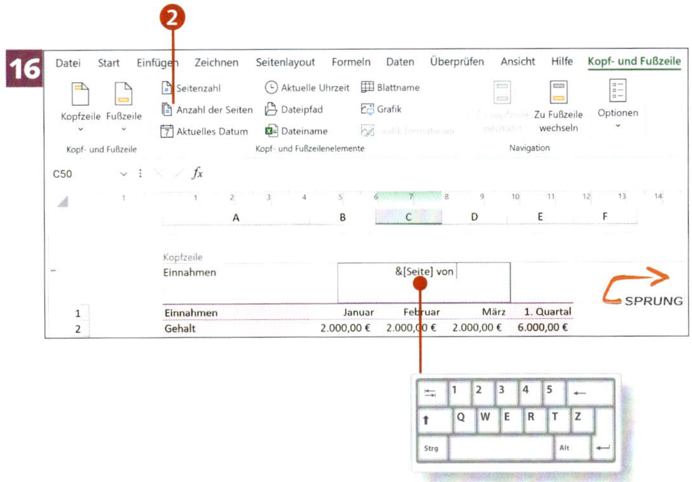

Schritt 17

Der Platzhalter *&[Seite] von &[Seiten]* ❸ bewirkt, dass die Gesamtseitenzahl der Tabelle angezeigt wird. Das Ergebnis in unserem Beispiel ist »1 von 3«. Das bedeutet, wir befinden uns auf Seite 1 von insgesamt 3 Seiten.

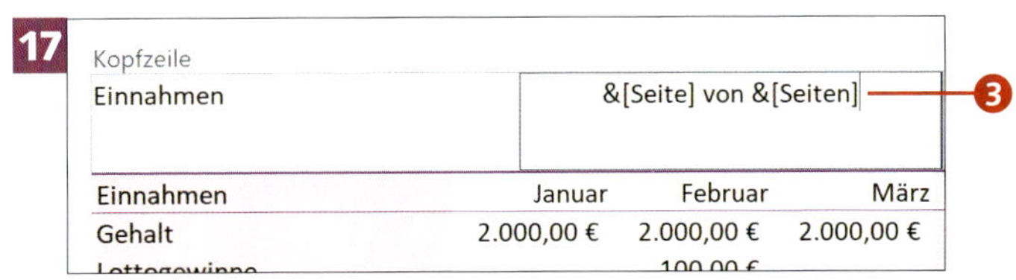

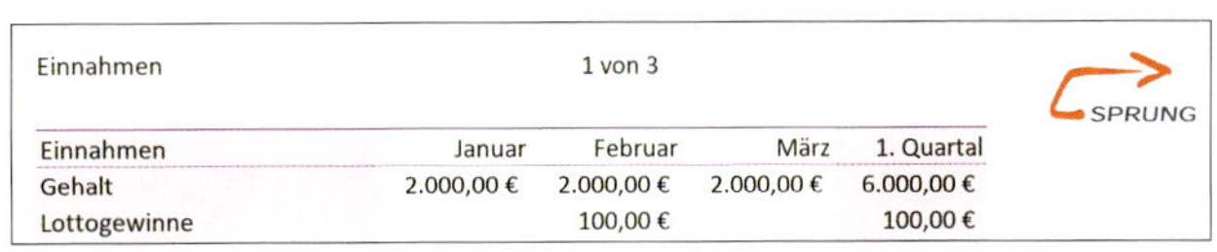

Schritt 18

Um Einträge in Kopf- und Fußzeilen wieder zu löschen, klicken Sie in den entsprechenden Bereich. Markieren Sie dann z. B. den Platzhalter für die Seitenzahlen, und löschen Sie ihn mit der `Entf`-Taste.

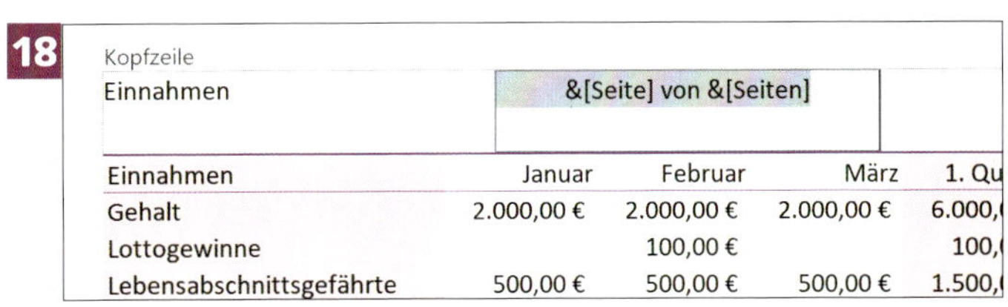

Gültigkeit im Tabellenblatt

Die Kopf- und Fußzeilen gelten nur für das aktuelle Tabellenblatt einer Arbeitsmappe.

Seitenumbrüche festlegen und löschen

Den Seitenumbruch legt Excel automatisch fest, aber nicht immer an einer günstigen Stelle. Wie Sie nachhelfen und einen inhaltlich passenden Seitenwechsel einstellen, erfahren Sie hier.

1

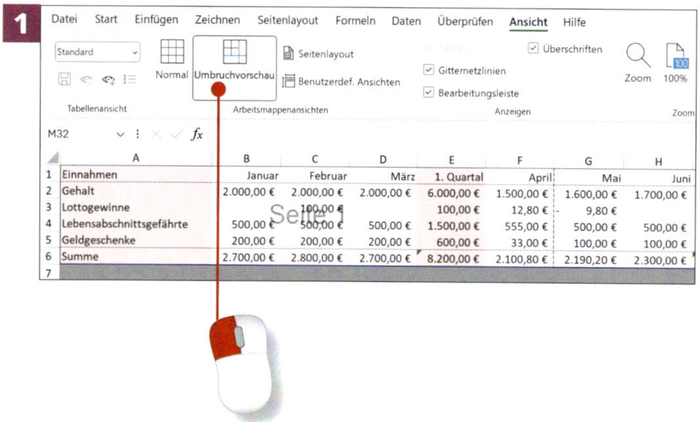

Schritt 1

Aktivieren Sie auf der Registerkarte **Ansicht** die Schaltfläche **Umbruchvorschau**. Sie erkennen den Seitenumbruch an der blau gestrichelten Linie – hier nach dem Monat April, was nicht passt.

2

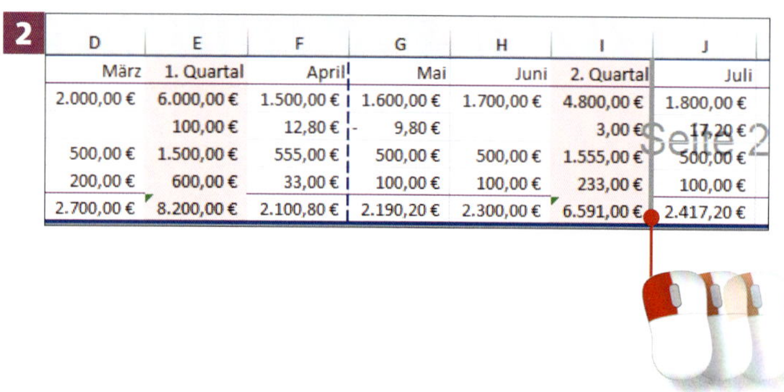

Schritt 2

Ziehen Sie die blau gestrichelte Umbruchlinie mit der Maus nach rechts bis vor den Monat Juli, sodass auch das 2. Quartal mit auf die erste Seite kommt.

3

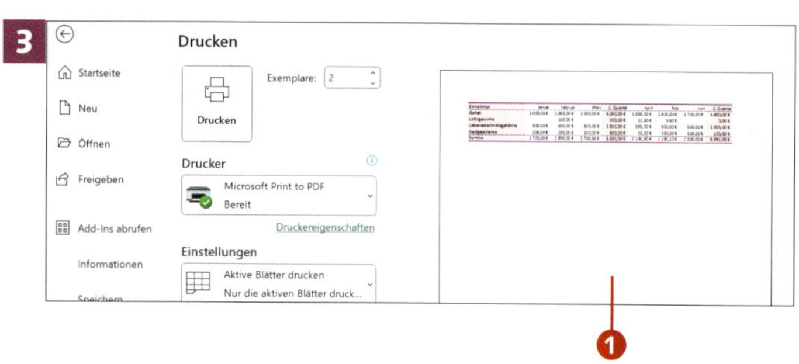

Schritt 3

Wechseln Sie über die Registerkarte **Datei** in die Backstage-Ansicht und dort zur Kategorie **Drucken**, um den neuen Seitenumbruch in der Vorschau zu sehen ❶.

Schritt 4

Eine andere Möglichkeit, den Umbruch zu bestimmen, besteht darin, den Zellcursor in einer anderen Ansicht, z. B. **Normal**, direkt in die Zelle zu setzen, mit der die neue Seite beginnen soll. Klicken Sie also z. B. in die Zelle F1.

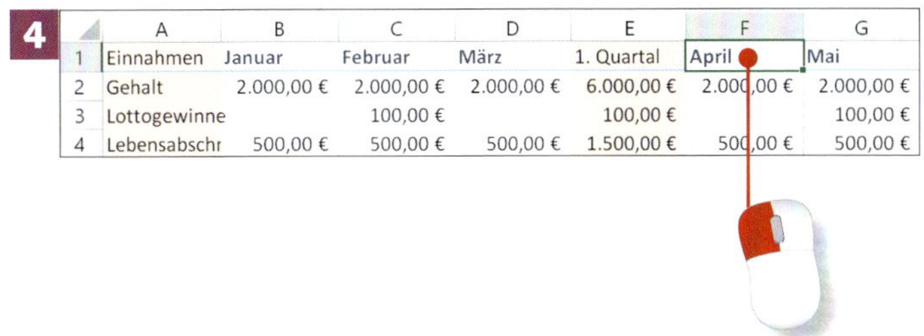

Schritt 5

Wählen Sie dann auf der Registerkarte **Seitenlayout** in der Gruppe **Seite einrichten** die Schaltfläche **Umbrüche**. Im zugehörigen Menü aktivieren Sie den Befehl **Seitenumbruch einfügen**.

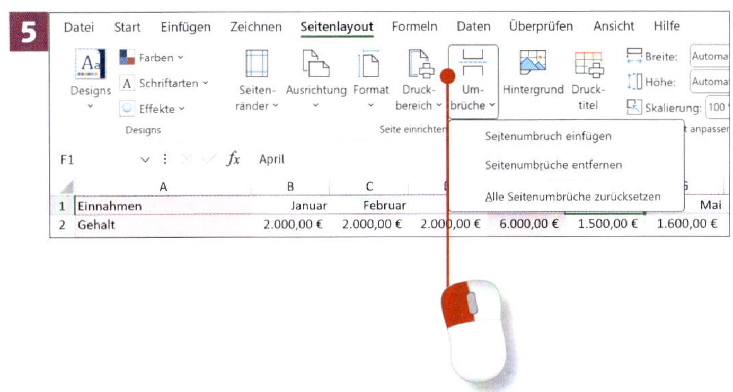

Schritt 6

Nun sehen Sie links neben der aktiven Zelle F1 Ihren eigenen Seitenumbruch als dünne Linie **2**. Er erfolgt jetzt nach dem 1. Quartal. Kontrollieren Sie das Ergebnis erneut in der Seitenansicht.

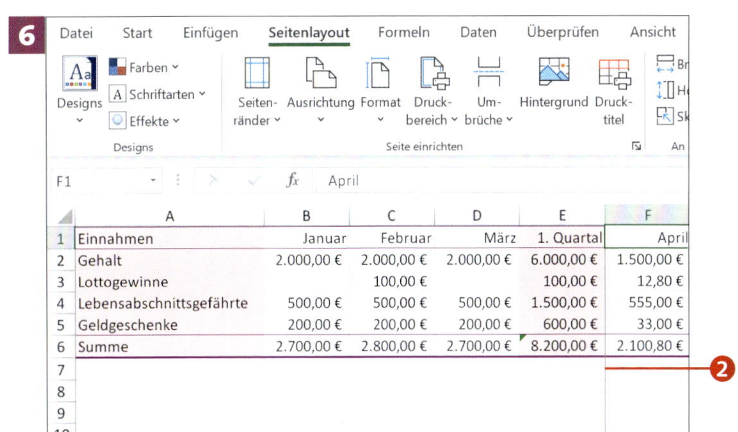

Umbruch mit der Maus

Sie können den Seitenumbruch innerhalb der Umbruchvorschau auch mit der Maus an eine andere Stelle verschieben.

Seitenumbrüche festlegen und löschen (Forts.)

7

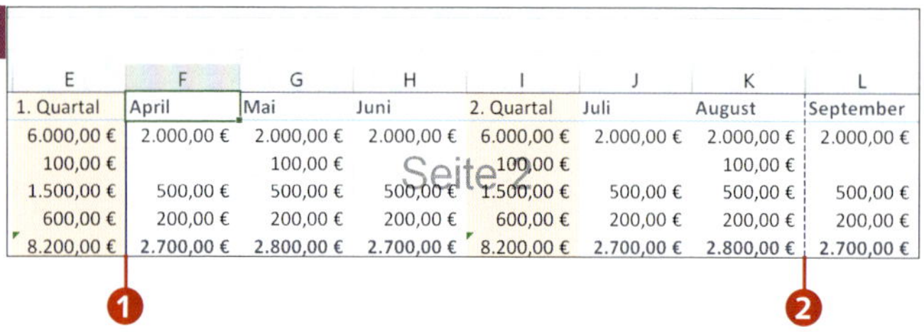

Schritt 7

Kehren Sie in die Umbruchvorschau zurück, indem Sie auf der Registerkarte **Ansicht** die Schaltfläche **Umbruchvorschau** wählen und den Dialog mit **OK** bestätigen. Sie sehen den von Ihnen eingestellten Seitenumbruch als durchgehende blaue Linie ❶, der automatische Seitenumbruch hingegen wird gestrichelt dargestellt ❷.

8

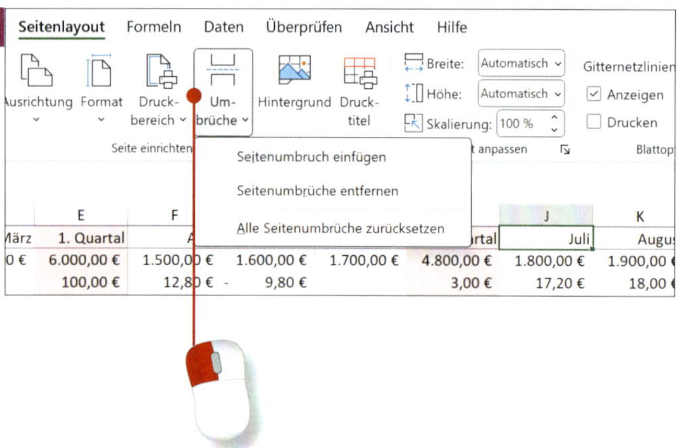

Schritt 8

Klicken Sie auf der Registerkarte **Seitenlayout** in der Gruppe **Seite einrichten** auf **Umbrüche ▸ Seitenumbruch einfügen**. Fügen Sie nun weitere eigene Seitenumbrüche ein: hinter dem 2. und 3. Quartal und – nur zum Test – vor November.

9

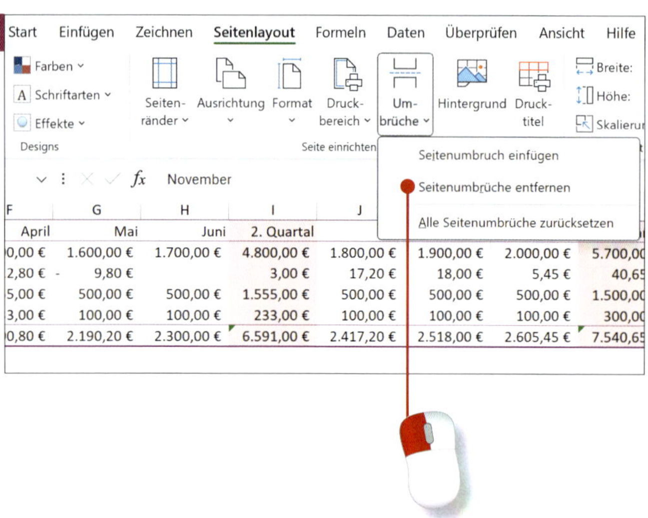

Schritt 9

Wenn Sie den ungünstigen Umbruch links neben November wieder entfernen wollen, klicken Sie auf die Zelle O2 und dann auf **Umbrüche ▸ Seitenumbrüche entfernen**. So wird nur der Seitenumbruch links neben der Zelle O2 gelöscht.

Schritt 10

Wenn Sie alle manuell eingefügten Umbrüche auf diesem Tabellenblatt wieder entfernen wollen, wechseln Sie zur Registerkarte **Seitenlayout** und klicken auf die Schaltfläche **Umbrüche**. Wählen Sie den Menüeintrag **Alle Seitenumbrüche zurücksetzen**. Nur die Standardseitenumbrüche bleiben übrig, die Sie an den gestrichelten blauen Linien erkennen können.

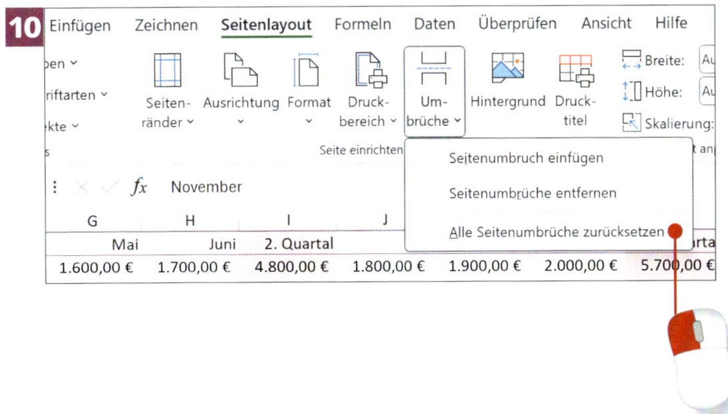

Schritt 11

Auch in der Seitenansicht können Sie das Löschergebnis noch einmal kontrollieren, indem Sie in der Backstage-Ansicht auf die Kategorie **Drucken** klicken. Alle Seitenumbrüche sind wieder in den Ausgangszustand versetzt worden.

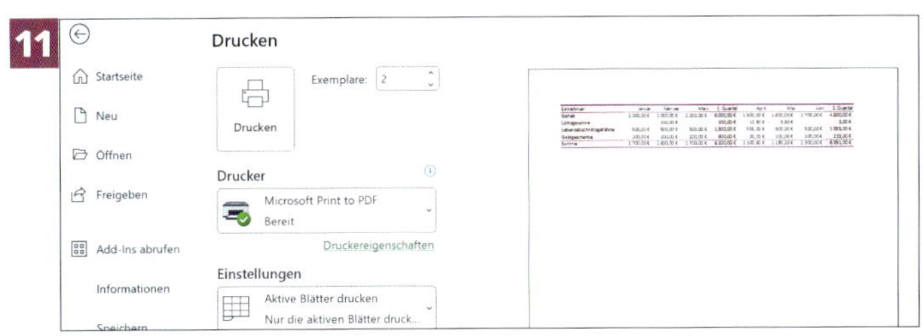

Schritt 12

Drucken Sie die Tabelle zur Kontrolle aus, indem Sie auf die Schaltfläche **Drucken** klicken.

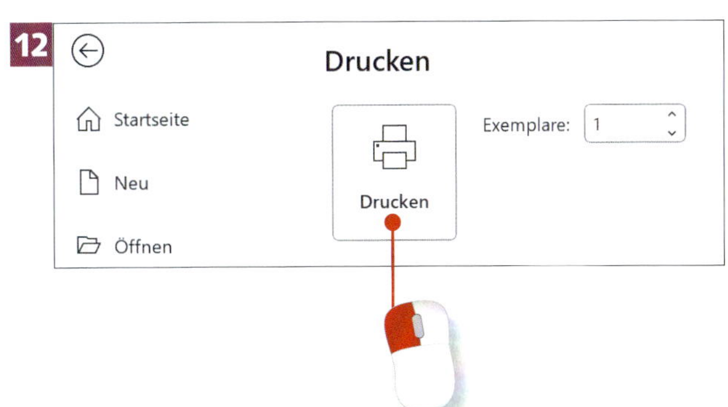

Rückgängig machen

Falls Sie mit dem Löschen oder Einfügen von Seitenumbrüchen etwas zu schnell waren, können Sie dies mit Strg + Z wieder rückgängig machen.

Zeilen oder Spalten wiederholen

1

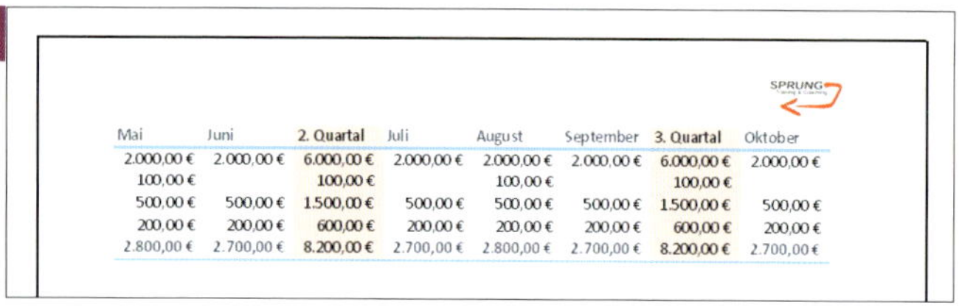

Sehr große Tabellen müssen auf mehreren Seiten gedruckt werden. Die Überschriften sind normalerweise nur auf der ersten Seite zu sehen, sodass man auf den Folgeseiten schwer erkennt, welcher Wert in welche Spalte oder Zeile gehört.

Schritt 1

Lassen Sie sich Ihre große Tabelle in der Seitenansicht anzeigen. Blättern Sie in der Druckvorschau zur zweiten Seite. Wie Sie sehen, ist die Beschriftung der Spalte A nicht mehr zu sehen, sodass man die Werte nicht mehr zuordnen kann.

2

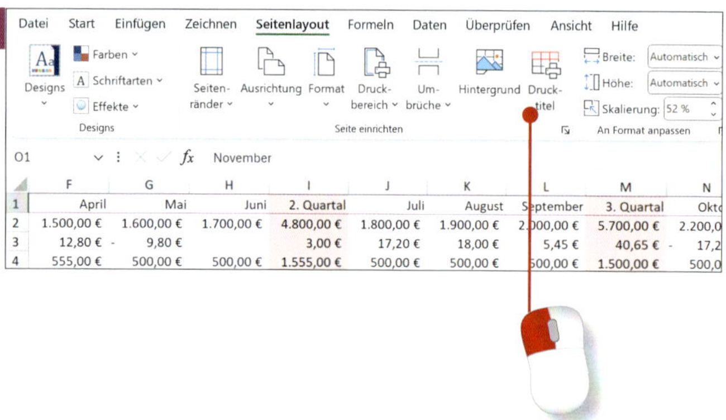

Schritt 2

Brechen Sie die Druckvorschau mit Esc ab, und rufen Sie die Registerkarte **Seitenlayout** auf. Klicken Sie in der Gruppe **Seite einrichten** auf **Drucktitel**.

3

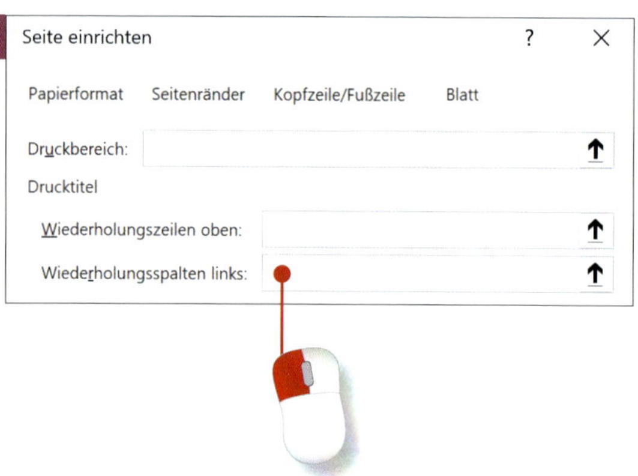

Schritt 3

Wählen Sie im Dialogfenster **Seite einrichten** das Feld **Wiederholungsspalten links**.

Schritt 4

Tragen Sie dort die Spalte ein, die sich wiederholen soll, also *A:A*. Excel ergänzt im Feld zwei Dollarzeichen $A:$A, um den Zellbezug absolut zu machen (siehe den Abschnitt »Relative und absolute Adressierung« auf Seite 156). Bestätigen Sie mit **OK**.

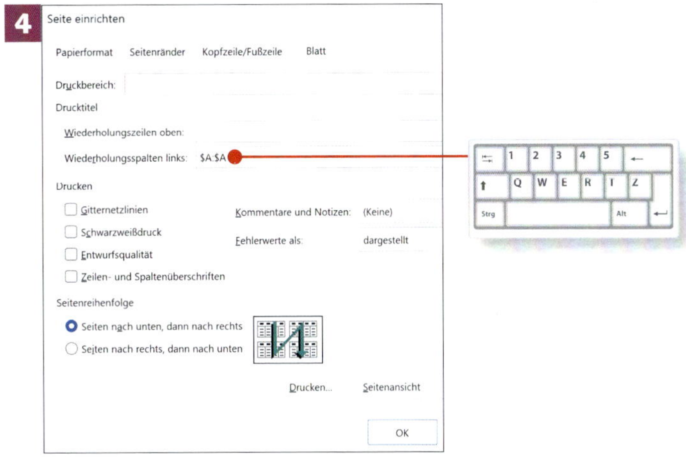

Schritt 5

Wenn Sie nun in der Druckvorschau blättern, werden Sie erfreut feststellen, dass die Beschriftung aus der Spalte A auch auf den Folgeseiten zu sehen ist.

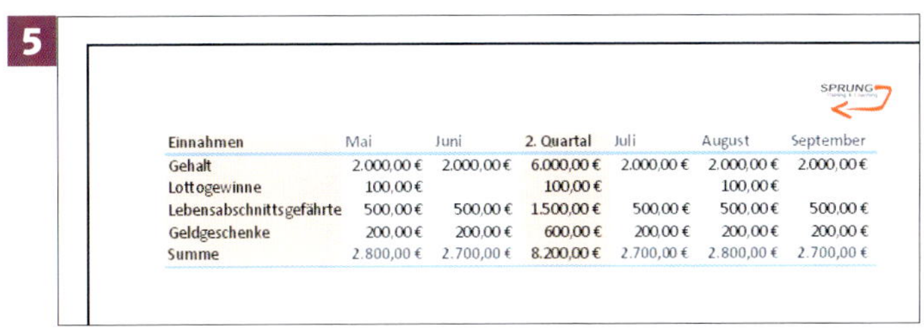

Einnahmen	Mai	Juni	2. Quartal	Juli	August	September
Gehalt	2.000,00 €	2.000,00 €	6.000,00 €	2.000,00 €	2.000,00 €	2.000,00 €
Lottogewinne	100,00 €		100,00 €		100,00 €	
Lebensabschnittsgefährte	500,00 €	500,00 €	1.500,00 €	500,00 €	500,00 €	500,00 €
Geldgeschenke	200,00 €	200,00 €	600,00 €	200,00 €	200,00 €	200,00 €
Summe	2.800,00 €	2.700,00 €	8.200,00 €	2.700,00 €	2.800,00 €	2.700,00 €

Schritt 6

Um die Wiederholung zu löschen, rufen Sie auf der Registerkarte **Seitenlayout** erneut **Drucktitel** auf. Klicken Sie im Dialog in das Feld **Wiederholungsspalten links**. Löschen Sie den Eintrag *$A:$A*, und klicken Sie auf **OK**.

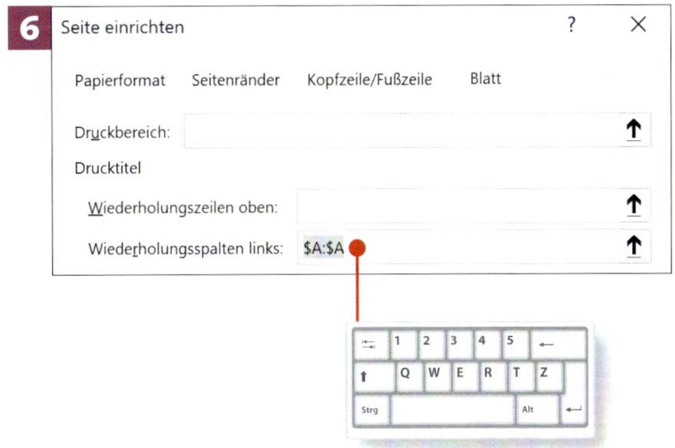

Wiederholungszeile

Nach dem gleichen Prinzip können Sie einstellen, dass sich eine Zeile wiederholt. Geben Sie einfach *$1:$1* in das Feld **Wiederholungszeilen oben** ein.

Kapitel 6
Formeln und Funktionen

Formeln und Funktionen zählen naturgemäß zu den größten Stärken von Excel. Mit ihnen können Sie von einfachen Additionen bis hin zu verschachtelten Wenn-dann-Berechnungen (z. B. für Rabatte) alles berechnen – und das mit wenigen Mausklicks.

Zellbezüge in Formeln
Zellbezüge innerhalb von Formeln dürfen relativ oder absolut sein. Normalerweise werden Zelladressen beim Autoausfüllen zeilen- bzw. spaltenweise angepasst (Spalte D in der Abbildung). Setzt man sie absolut, indem man ein Dollarzeichen ($) ergänzt, wird die Adresse nicht verändert, und die Formel bezieht sich fortlaufend auf dieselbe Zelle (Spalte E in der Abbildung).

Funktionsbibliothek
Die Funktionsbibliothek auf der Registerkarte **Formeln** beinhaltet alle Funktionen, die Excel standardmäßig anbietet. Sie sind in Gruppen sortiert und können über die jeweiligen Menüs direkt ins Arbeitsblatt eingefügt werden.

Funktionsassistent
Im Feld **Kategorie auswählen** des Funktionsassistenten können Sie Themenfelder angeben, z. B. **Statistik**, **Datum u. Zeit** oder **Finanzmathematik** – je nachdem, welche Aufgabe Sie gerade lösen möchten –, und so gezielt nach passenden Funktionen suchen.

Einsatz von Variablen
Mit der LET-Funktion können Sie benannte Variablen in neuen oder bereits vorhandenen Formeln erstellen.

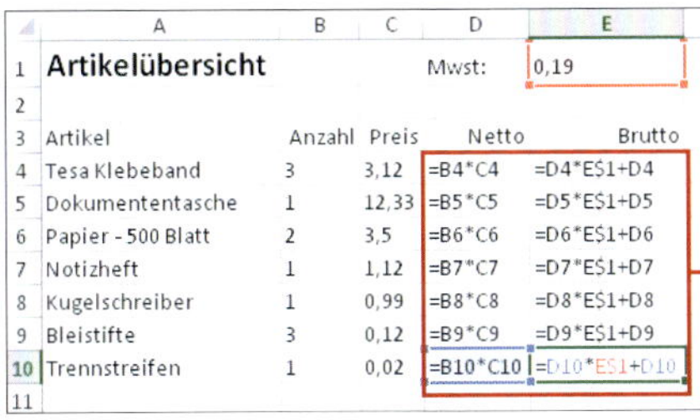

1 Excel unterscheidet relative und absolute Bezüge.

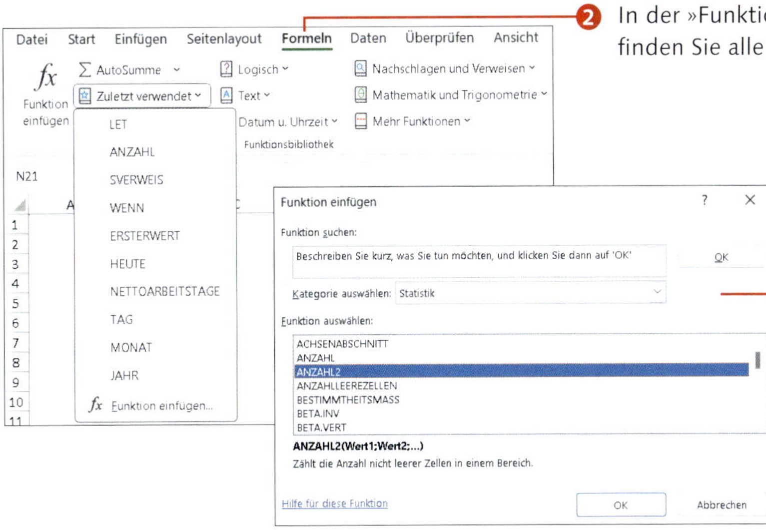

2 In der »Funktionsbibliothek« finden Sie alle Funktionen.

3 Bei der Auswahl einer Funktion hilft Ihnen der Funktionsassistent.

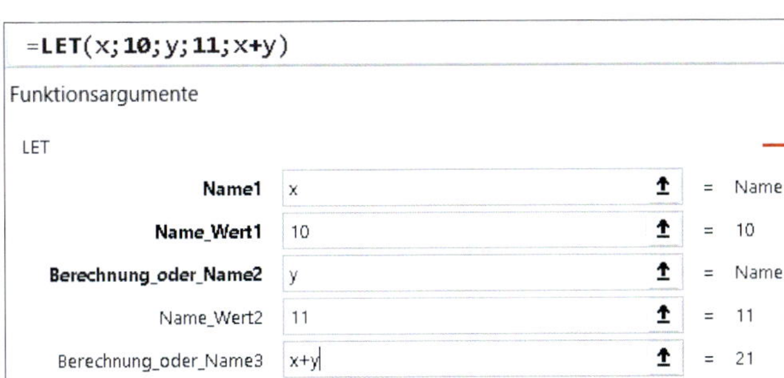

4 Mit der LET-Funktion können Zwischenberechnungen, Werte oder definierte Namen innerhalb einer Formel gespeichert werden.

Formeln als Text wiedergeben mit FORMELTEXT

Für diejenigen, die die Ergebnisse und die Formelsyntax zusammen im Arbeitsblatt sehen wollen, gibt es seit Excel 2016 die Funktion FORMELTEXT.

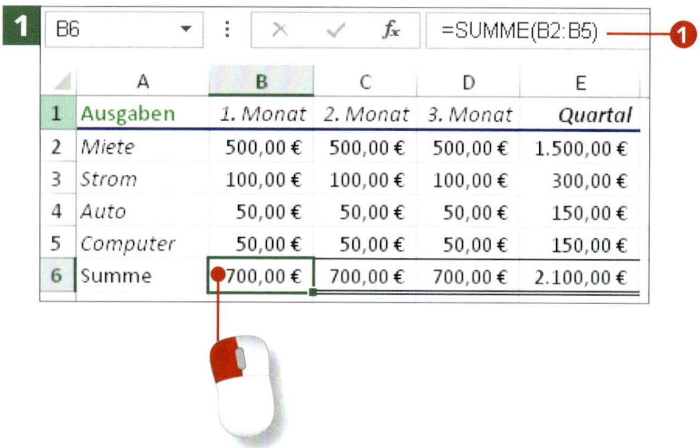

Schritt 1

Zur Veranschaulichung der Funktion FORMELTEXT öffnen Sie ein vorhandenes Beispiel, z. B. die Datei Ausgaben.xlsx aus Kapitel 3, »Es geht noch viel schneller!«. Wenn Sie Ihren Cursor in die Zelle B6 setzen, sehen Sie die Formel in der Bearbeitungszeile **1**.

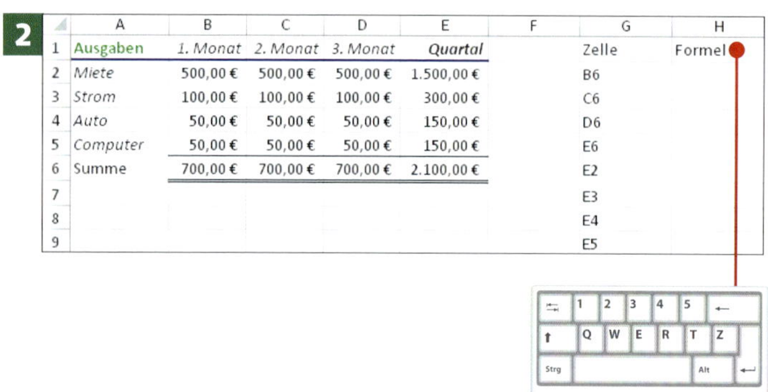

Schritt 2

Für den Einsatz der Funktion FORMELTEXT erweitern Sie das Beispiel um eine kleine Hilfstabelle mit den Überschriften Zelle und Formel. Füllen Sie die Hilfstabelle so wie im nebenstehenden Bild.

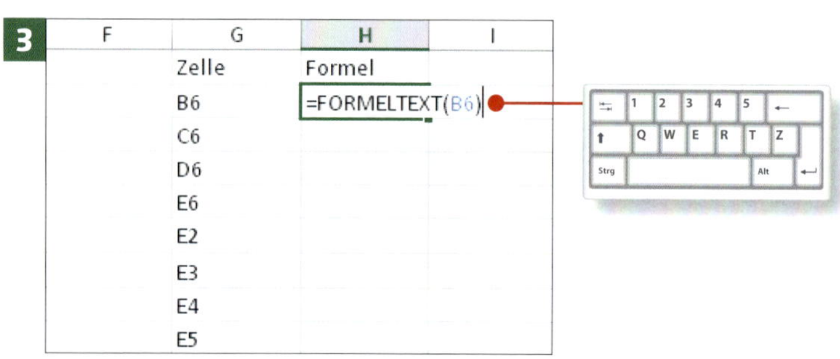

Schritt 3

In der Zelle H2 soll nun der Formeltext erscheinen. Aus diesem Grund geben Sie in der Zelle H2 die Formel *=FORMELTEXT(B6)* ein.

Schritt 4

Wenn Sie [↵] drücken, gibt die Funktion FORMELTEXT die eingegebene Formel *=SUMME(B2:B5)* als eine Zeichenfolge zurück.

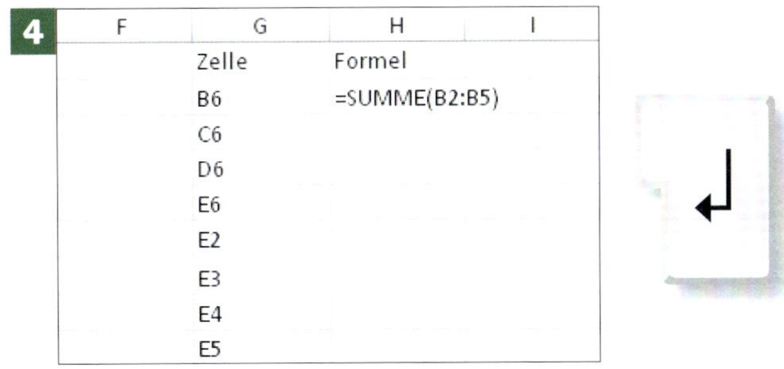

Schritt 5

Füllen Sie im Anschluss die Zellen H3 bis H9 aus. In H3 steht nun *=FORMELTEXT(C6)* und in H9 *=FORMELTEXT(E5)*. Angezeigt werden die Summenformeln der vorgegebenen Zellen.

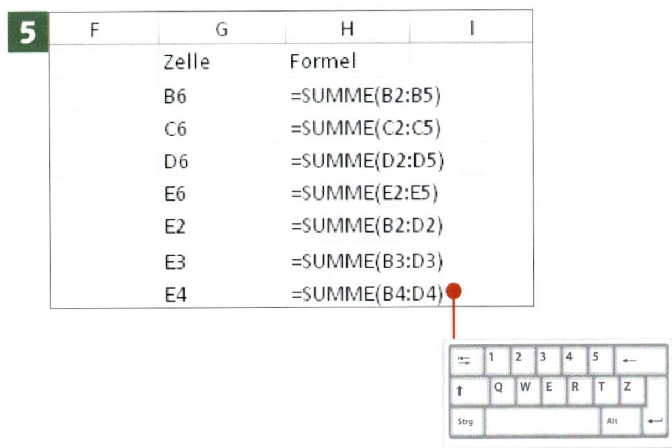

Schritt 6

Erhalten Sie nach der Formeleingabe den Fehlerwert *#NV* ❷, kann das folgende Ursachen haben:

- Die als Argument verwendete Zelle enthält keine Formel.
- Die Formel in der Zelle umfasst mehr als 8.192 Zeichen.
- Die Formel kann nicht im Arbeitsblatt angezeigt werden, da das Arbeitsblatt geschützt ist.

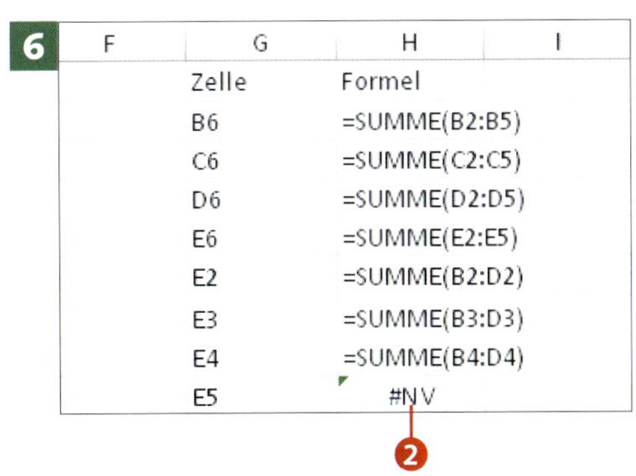

So funktioniert FORMELTEXT

Die Funktion FORMELTEXT zeigt die Formel an, die in der angegebenen Zelle genutzt wird. In Schritt 3 ist es also die Zelle B6, deren Formel angezeigt wird. FORMELTEXT hilft so z. B. beim Aufspüren von Fehlern.

Formeln per Ausfüllfunktion erzeugen

1

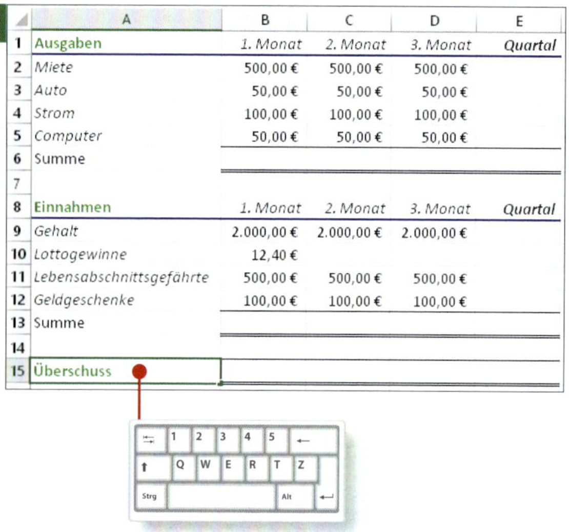

	A	B	C	D	E
1	Ausgaben	*1. Monat*	*2. Monat*	*3. Monat*	*Quartal*
2	*Miete*	500,00 €	500,00 €	500,00 €	
3	*Auto*	50,00 €	50,00 €	50,00 €	
4	*Strom*	100,00 €	100,00 €	100,00 €	
5	*Computer*	50,00 €	50,00 €	50,00 €	
6	Summe				
7					
8	Einnahmen	*1. Monat*	*2. Monat*	*3. Monat*	*Quartal*
9	*Gehalt*	2.000,00 €	2.000,00 €	2.000,00 €	
10	*Lottogewinne*	12,40 €			
11	*Lebensabschnittsgefährte*	500,00 €	500,00 €	500,00 €	
12	*Geldgeschenke*	100,00 €	100,00 €	100,00 €	
13	Summe				
14					
15	Überschuss				

2

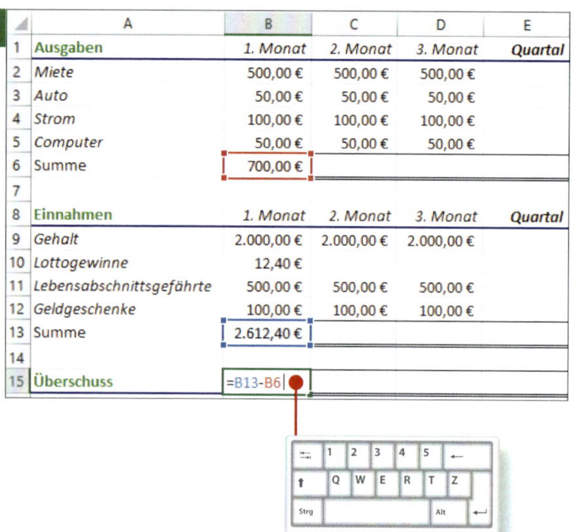

	A	B	C	D	E
1	Ausgaben	*1. Monat*	*2. Monat*	*3. Monat*	*Quartal*
2	*Miete*	500,00 €	500,00 €	500,00 €	
3	*Auto*	50,00 €	50,00 €	50,00 €	
4	*Strom*	100,00 €	100,00 €	100,00 €	
5	*Computer*	50,00 €	50,00 €	50,00 €	
6	Summe	700,00 €			
7					
8	Einnahmen	*1. Monat*	*2. Monat*	*3. Monat*	*Quartal*
9	*Gehalt*	2.000,00 €	2.000,00 €	2.000,00 €	
10	*Lottogewinne*	12,40 €			
11	*Lebensabschnittsgefährte*	500,00 €	500,00 €	500,00 €	
12	*Geldgeschenke*	100,00 €	100,00 €	100,00 €	
13	Summe	2.612,40 €			
14					
15	Überschuss	=B13-B6			

3

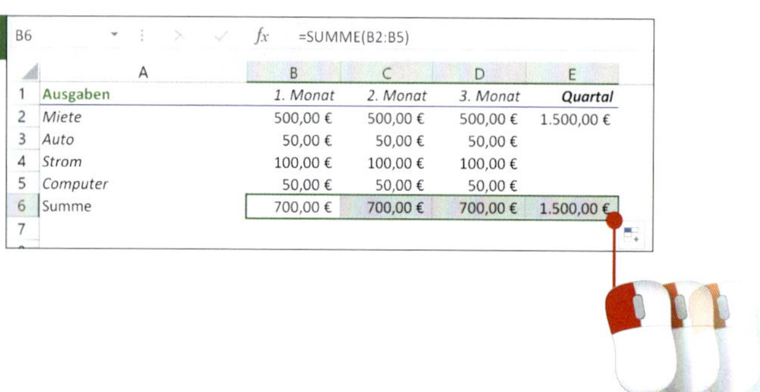

B6 fx =SUMME(B2:B5)

	A	B	C	D	E
1	Ausgaben	*1. Monat*	*2. Monat*	*3. Monat*	*Quartal*
2	*Miete*	500,00 €	500,00 €	500,00 €	1.500,00 €
3	*Auto*	50,00 €	50,00 €	50,00 €	
4	*Strom*	100,00 €	100,00 €	100,00 €	
5	*Computer*	50,00 €	50,00 €	50,00 €	
6	Summe	700,00 €	700,00 €	700,00 €	1.500,00 €
7					

Bei der Arbeit mit Formeln ist das Autoausfüllen mit der Maus eine große Arbeitserleichterung.

Schritt 1

Für das Beispiel erfassen Sie Ausgaben und Einnahmen für jeweils drei Monate. Im Anschluss daran fügen Sie noch eine Zeile mit der Beschriftung »Überschuss« ein.

Schritt 2

Um nun die Summen der Ausgaben und Einnahmen pro Quartal sowie den Überschuss zu errechnen, geben Sie in die entsprechenden Zellen folgende Formeln ein:

- E2: *=SUMME(B2:D2)*
- E9: *=SUMME(B9:D9)*
- B6: *=SUMME(B2:B5)*
- B13: *=SUMME(B9:B12)*
- B15: *=B13-B6*

Schritt 3

Um die Zellen automatisch zu füllen, zeigen Sie mit der Maus auf das Ausfüllkästchen der Zelle B6. Der Mauszeiger verwandelt sich in ein Kreuz. Ziehen Sie den Rahmen nun mit gedrückter Maustaste nach rechts bis zur Zelle E6.

Schritt 4

Auch die Formeln für die Quartalssummen können Sie schnell füllen, entweder so, wie in Schritt 3 beschrieben, oder per Doppelklick. Zeigen Sie dazu mit der Maus auf das Ausfüllkästchen der Zelle E2. Wenn der Mauszeiger sich in ein Kreuz verwandelt, klicken Sie doppelt. Die Formel wird nun in den Bereich E3:E5 kopiert.

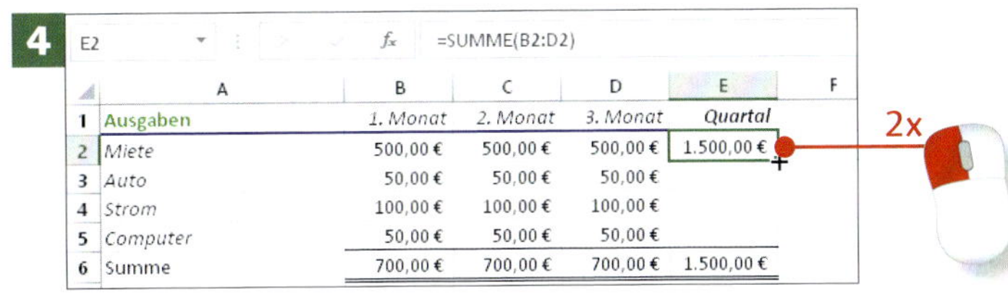

	A	B	C	D	E	F
1	Ausgaben	1. Monat	2. Monat	3. Monat	Quartal	
2	Miete	500,00 €	500,00 €	500,00 €	1.500,00 €	
3	Auto	50,00 €	50,00 €	50,00 €		
4	Strom	100,00 €	100,00 €	100,00 €		
5	Computer	50,00 €	50,00 €	50,00 €		
6	Summe	700,00 €	700,00 €	700,00 €	1.500,00 €	

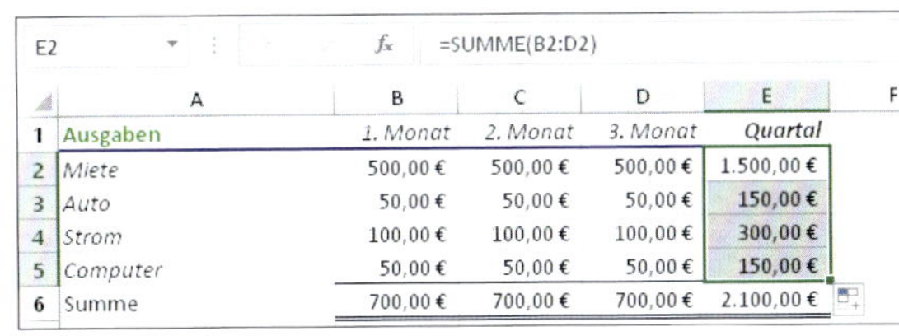

	A	B	C	D	E	F
1	Ausgaben	1. Monat	2. Monat	3. Monat	Quartal	
2	Miete	500,00 €	500,00 €	500,00 €	1.500,00 €	
3	Auto	50,00 €	50,00 €	50,00 €	150,00 €	
4	Strom	100,00 €	100,00 €	100,00 €	300,00 €	
5	Computer	50,00 €	50,00 €	50,00 €	150,00 €	
6	Summe	700,00 €	700,00 €	700,00 €	2.100,00 €	

Schritt 5

Übertragen Sie auf dieselbe Art und Weise auch die Formeln der Zellen B13, E9 und B15.

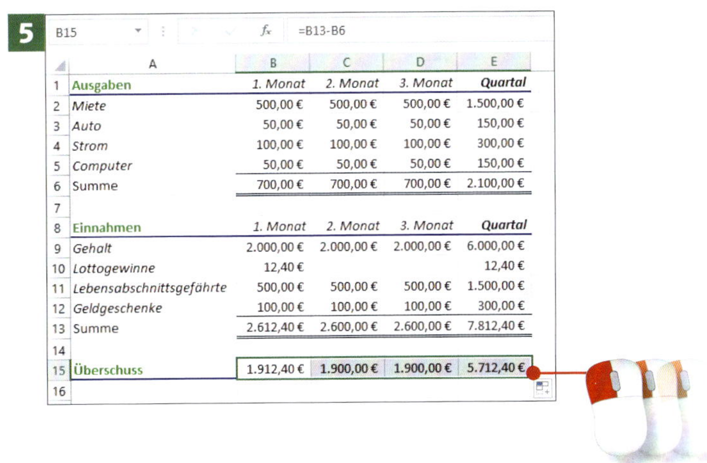

	A	B	C	D	E
1	Ausgaben	1. Monat	2. Monat	3. Monat	Quartal
2	Miete	500,00 €	500,00 €	500,00 €	1.500,00 €
3	Auto	50,00 €	50,00 €	50,00 €	150,00 €
4	Strom	100,00 €	100,00 €	100,00 €	300,00 €
5	Computer	50,00 €	50,00 €	50,00 €	150,00 €
6	Summe	700,00 €	700,00 €	700,00 €	2.100,00 €
7					
8	Einnahmen	1. Monat	2. Monat	3. Monat	Quartal
9	Gehalt	2.000,00 €	2.000,00 €	2.000,00 €	6.000,00 €
10	Lottogewinne	12,40 €			12,40 €
11	Lebensabschnittsgefährte	500,00 €	500,00 €	500,00 €	1.500,00 €
12	Geldgeschenke	100,00 €	100,00 €	100,00 €	300,00 €
13	Summe	2.612,40 €	2.600,00 €	2.600,00 €	7.812,40 €
14					
15	Überschuss	1.912,40 €	1.900,00 €	1.900,00 €	5.712,40 €
16					

Schritt 6

Nun lassen Sie sich zur Kontrolle noch einmal die Formeln anzeigen. Dafür drücken Sie Alt, 0, F (nacheinander, nicht gleichzeitig!). Genauso können Sie die Anzeige auch wieder ausschalten.

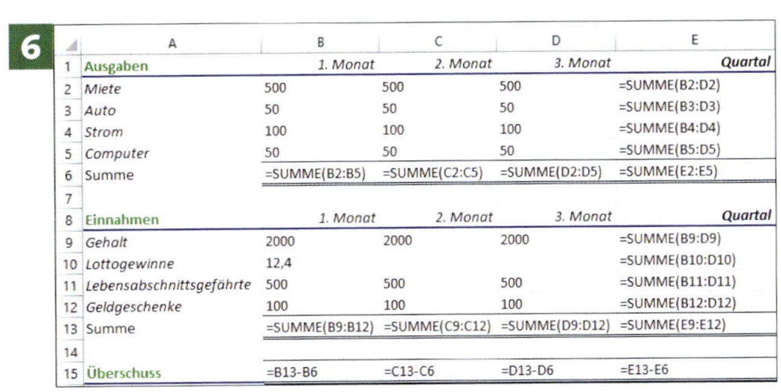

	A	B	C	D	E
1	Ausgaben	1. Monat	2. Monat	3. Monat	Quartal
2	Miete	500	500	500	=SUMME(B2:D2)
3	Auto	50	50	50	=SUMME(B3:D3)
4	Strom	100	100	100	=SUMME(B4:D4)
5	Computer	50	50	50	=SUMME(B5:D5)
6	Summe	=SUMME(B2:B5)	=SUMME(C2:C5)	=SUMME(D2:D5)	=SUMME(E2:E5)
7					
8	Einnahmen	1. Monat	2. Monat	3. Monat	Quartal
9	Gehalt	2000	2000	2000	=SUMME(B9:D9)
10	Lottogewinne	12,4			=SUMME(B10:D10)
11	Lebensabschnittsgefährte	500	500	500	=SUMME(B11:D11)
12	Geldgeschenke	100	100	100	=SUMME(B12:D12)
13	Summe	=SUMME(B9:B12)	=SUMME(C9:C12)	=SUMME(D9:D12)	=SUMME(E9:E12)
14					
15	Überschuss	=B13-B6	=C13-C6	=D13-D6	=E13-E6

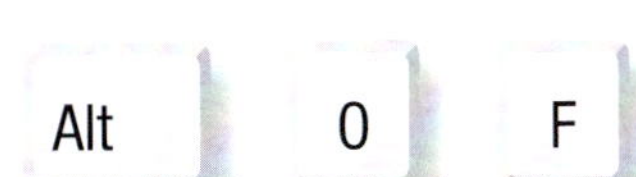

Relative und absolute Adressierung

Excel unterscheidet zwischen relativen und absoluten Bezügen. Der Unterschied zwischen den jeweiligen Bezügen zeigt sich erst, wenn Sie Daten kopieren, hinzufügen oder entfernen.

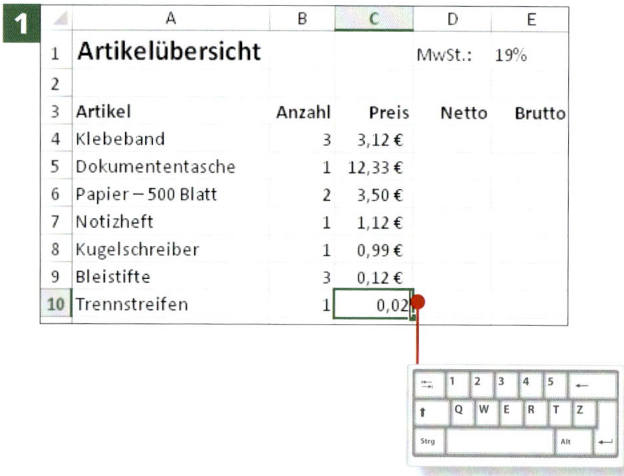

Schritt 1

Um Unterschiede zwischen relativen und absoluten Bezügen zu demonstrieren, nutzen wir als Beispiel eine Artikelübersicht. Geben Sie dazu entsprechende Texte und Zahlen ein, und gestalten Sie die Tabelle nach Ihren Wünschen.

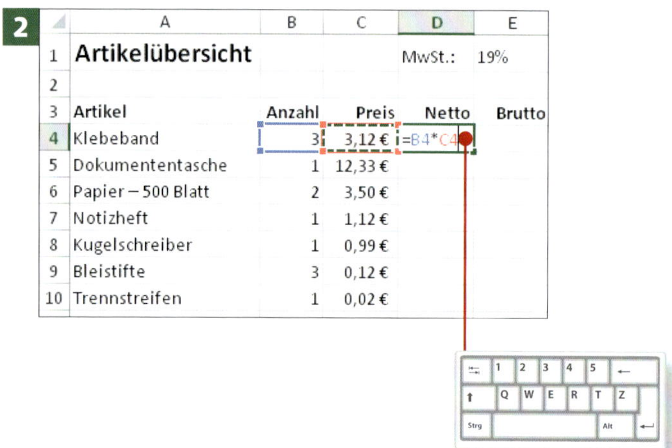

Schritt 2

Zunächst berechnen Sie den Nettowert. Dafür geben Sie in die Zelle D4 die Formel *=B4*C4* ein. Drücken Sie [↵].

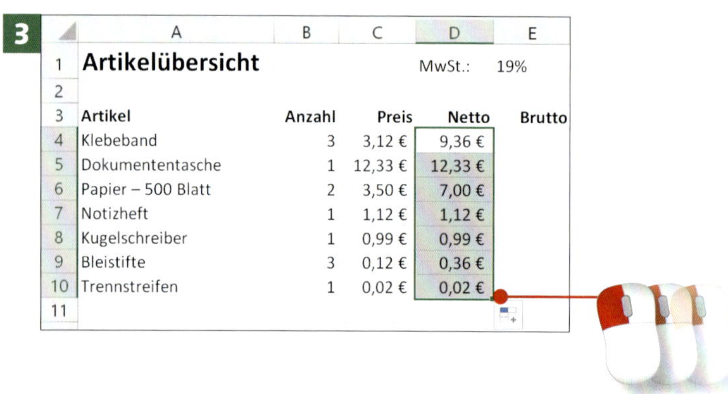

Schritt 3

Um die nächsten Zellen auszufüllen, ziehen Sie mit der Maus am Ausfüllkästchen.

Relative Zellbezüge

Zellbezüge werden beim Kopieren relativ zur Zielposition angepasst. Das heißt, beim waagerechten Kopieren wird der Spaltenbuchstabe, beim senkrechten Kopieren die Zeilennummer angepasst.

Schritt 4

Wenn Sie mit der Tastenkombination [Alt], [0], [F] (nacheinander drücken) auf die Formeldarstellung umschalten, sehen Sie, dass die Formeln zeilenweise angepasst wurden. Es handelt sich hier um relative Bezüge.

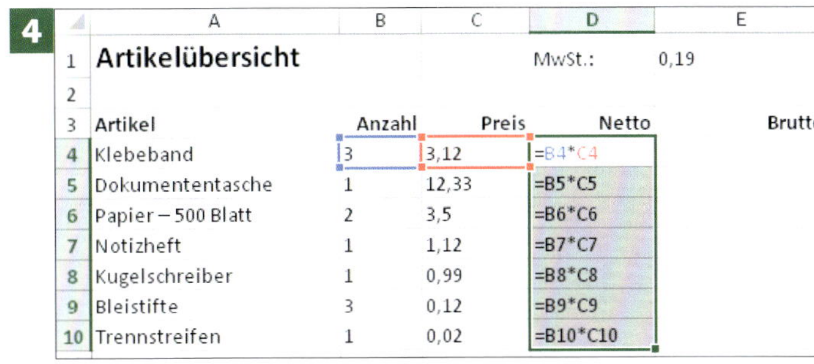

	A	B	C	D	E
1	Artikelübersicht		MwSt.:	0,19	
2					
3	Artikel	Anzahl	Preis	Netto	Brutto
4	Klebeband	3	3,12	=B4*C4	
5	Dokumententasche	1	12,33	=B5*C5	
6	Papier – 500 Blatt	2	3,5	=B6*C6	
7	Notizheft	1	1,12	=B7*C7	
8	Kugelschreiber	1	0,99	=B8*C8	
9	Bleistifte	3	0,12	=B9*C9	
10	Trennstreifen	1	0,02	=B10*C10	

Schritt 5

Die Tastenkombination [Alt], [0], [F] schaltet die Formeldarstellung wieder aus. Geben Sie nun für den Bruttobetrag in die Zelle E4 die Formel *=D4*E1+D4* ein.

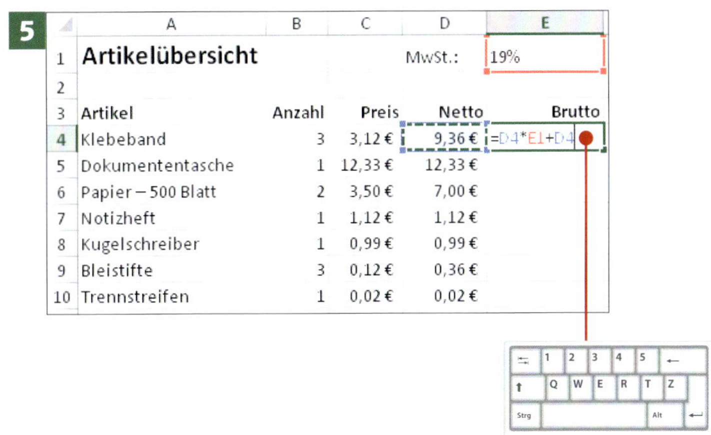

	A	B	C	D	E
1	Artikelübersicht			MwSt.:	19%
2					
3	Artikel	Anzahl	Preis	Netto	Brutto
4	Klebeband	3	3,12 €	9,36 €	=D4*E1+D4
5	Dokumententasche	1	12,33 €	12,33 €	
6	Papier – 500 Blatt	2	3,50 €	7,00 €	
7	Notizheft	1	1,12 €	1,12 €	
8	Kugelschreiber	1	0,99 €	0,99 €	
9	Bleistifte	3	0,12 €	0,36 €	
10	Trennstreifen	1	0,02 €	0,02 €	

Schritt 6

Füllen Sie dann, wie in Schritt 3 beschrieben, die folgenden Zellen automatisch aus. Wie Sie in der Spalte E sehen, führt das Autoausfüllen in diesem Fall leider nicht zum gewünschten Ergebnis. Es werden falsche Werte für die ausgefüllten Bruttopreise ausgewiesen. Sie ahnen, dass hier etwas mit den Bezügen nicht stimmt.

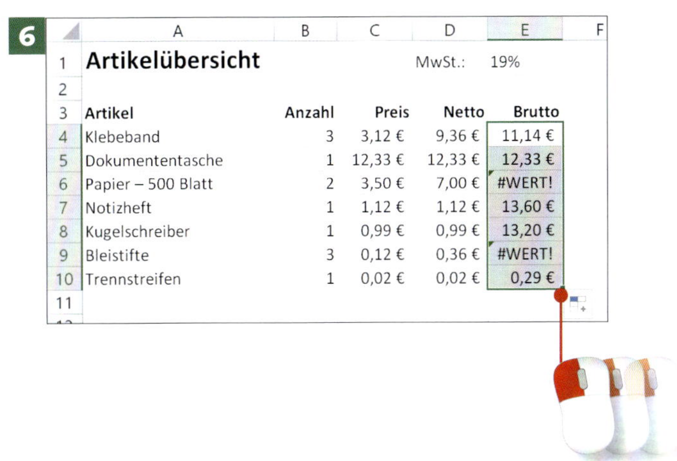

	A	B	C	D	E
1	Artikelübersicht			MwSt.:	19%
2					
3	Artikel	Anzahl	Preis	Netto	Brutto
4	Klebeband	3	3,12 €	9,36 €	11,14 €
5	Dokumententasche	1	12,33 €	12,33 €	12,33 €
6	Papier – 500 Blatt	2	3,50 €	7,00 €	#WERT!
7	Notizheft	1	1,12 €	1,12 €	13,60 €
8	Kugelschreiber	1	0,99 €	0,99 €	13,20 €
9	Bleistifte	3	0,12 €	0,36 €	#WERT!
10	Trennstreifen	1	0,02 €	0,02 €	0,29 €
11					

!

Fehleranzeige #WERT!

Excel zeigt den Fehlerwert *#WERT!* an, wenn die Formel auf Zellen mit unterschiedlichen Datentypen zugreift.

Relative und absolute Adressierung (Forts.)

7

	A	B	C	D	E
1	Artikelübersicht			MwSt.:	0,19
2					
3	Artikel	Anzahl	Preis	Netto	Brutto
4	Klebeband	3	3,12	=B4*C4	=D4*E1+D4
5	Dokumententasche	1	12,33	=B5*C5	=D5*E2+D5
6	Papier – 500 Blatt	2	3,5	=B6*C6	=D6*E3+D6
7	Notizheft	1	1,12	=B7*C7	=D7*E4+D7
8	Kugelschreiber	1	0,99	=B8*C8	=D8*E5+D8
9	Bleistifte	3	0,12	=B9*C9	=D9*E6+D9
10	Trennstreifen	1	0,02	=B10*C10	=D10*E7+D10

Alt, 0, F

Schritt 7

Wenn Sie auf die Formeldarstellung umstellen, sehen Sie, warum das Ergebnis nicht stimmt: Excel hat, wie bei *relativen Bezügen* üblich, die Zelle E1 in den Formeln angepasst, was nicht zielführend ist (denn es muss ja immer mit dem Wert aus Zelle E1 gerechnet werden).

8

	A	B	C	D	E
1	Artikelübersicht			MwSt.:	19%
2					
3	Artikel	Anzahl	Preis	Netto	Brutto
4	Klebeband	3	3,12 €	9,36 €	11,14 €
5	Dokumententasche	1	12,33 €	12,33 €	
6	Papier – 500 Blatt	2	3,50 €	7,00 €	
7	Notizheft	1	1,12 €	1,12 €	
8	Kugelschreiber	1	0,99 €	0,99 €	
9	Bleistifte	3	0,12 €	0,36 €	
10	Trennstreifen	1	0,02 €	0,02 €	

Entf

Schritt 8

Sie müssen in diesem Fall also die zeilenweise Anpassung verhindern. Markieren Sie die fehlerhaften Formeln mit der Maus, und löschen Sie diese mit [Entf].

9

	A	B	C	D	E
1	Artikelübersicht			MwSt.:	19%
2					
3	Artikel	Anzahl	Preis	Netto	Brutto
4	Klebeband	3	3,12 €	9,36 €	=D4*E$1+D4
5	Dokumententasche	1	12,33 €	12,33 €	
6	Papier – 500 Blatt	2	3,50 €	7,00 €	
7	Notizheft	1	1,12 €	1,12 €	
8	Kugelschreiber	1	0,99 €	0,99 €	
9	Bleistifte	3	0,12 €	0,36 €	
10	Trennstreifen	1	0,02 €	0,02 €	

Schritt 9

Die Spaltennummer bleibt beim automatischen Ausfüllen unverändert. Damit die Zeilennummer nicht angepasst wird, setzen Sie diese absolut. Verändern Sie dazu die Ursprungsformel in der Zelle E4 wie folgt: *=D4*E$1+D4*, d.h., fügen Sie genau zwischen E und 1 ein Dollarzeichen ([⇧]+[4]) ein.

Prozentangaben formatieren
Das Prozentformat finden Sie auf der Registerkarte **Start ▸ Zahl**. Klicken Sie auf die Schaltfläche **%**.

Schritt 10

Weil Sie das Dollarzeichen eingefügt haben, wird die 1 im Zellbezug beim Autoausfüllen der Formeln nicht mehr angepasst. Jetzt zeigt sich das Ergebnis wie gewünscht.

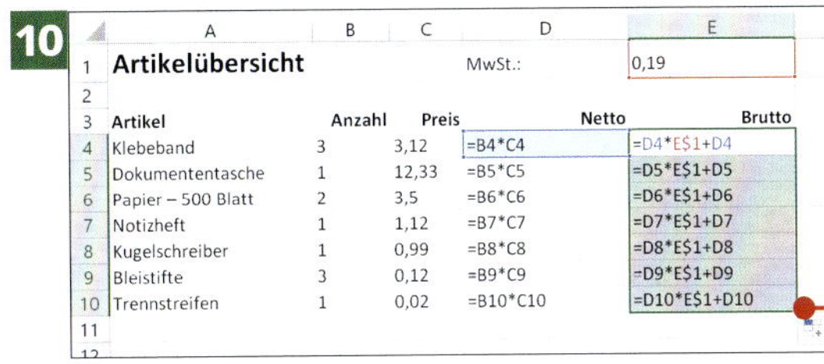

	A	B	C	D	E
1	Artikelübersicht			MwSt.:	0,19
2					
3	Artikel	Anzahl	Preis	Netto	Brutto
4	Klebeband	3	3,12	=B4*C4	=D4*E$1+D4
5	Dokumententasche	1	12,33	=B5*C5	=D5*E$1+D5
6	Papier – 500 Blatt	2	3,5	=B6*C6	=D6*E$1+D6
7	Notizheft	1	1,12	=B7*C7	=D7*E$1+D7
8	Kugelschreiber	1	0,99	=B8*C8	=D8*E$1+D8
9	Bleistifte	3	0,12	=B9*C9	=D9*E$1+D9
10	Trennstreifen	1	0,02	=B10*C10	=D10*E$1+D10
11					

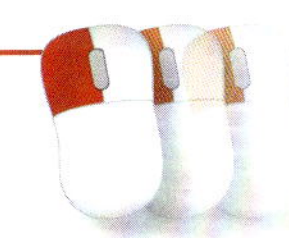

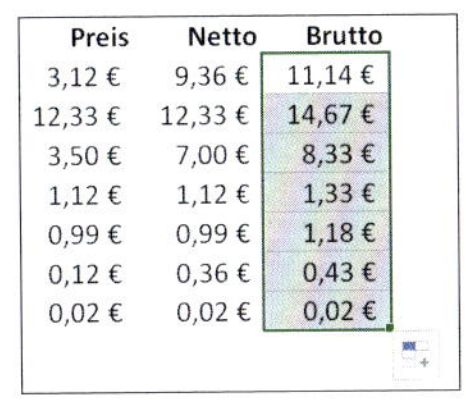

Preis	Netto	Brutto
3,12 €	9,36 €	11,14 €
12,33 €	12,33 €	14,67 €
3,50 €	7,00 €	8,33 €
1,12 €	1,12 €	1,33 €
0,99 €	0,99 €	1,18 €
0,12 €	0,36 €	0,43 €
0,02 €	0,02 €	0,02 €

Schritt 11

Nun möchten Sie wissen, wie groß die prozentualen Anteile der jeweiligen Bruttoausgaben sind. Ergänzen Sie das Beispiel in der Zelle E11 um die Formel =*SUMME (E4:E10)*, und in die Zelle F3 geben Sie den Text »prozentuale Anteile« ein.

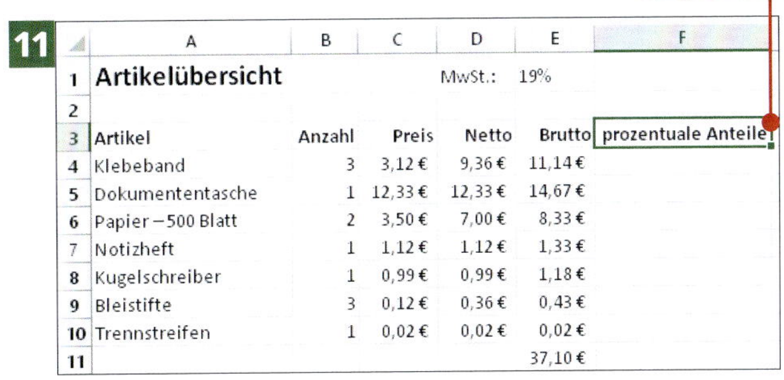

	A	B	C	D	E	F
1	Artikelübersicht			MwSt.:	19%	
2						
3	Artikel	Anzahl	Preis	Netto	Brutto	prozentuale Anteile
4	Klebeband	3	3,12 €	9,36 €	11,14 €	
5	Dokumententasche	1	12,33 €	12,33 €	14,67 €	
6	Papier – 500 Blatt	2	3,50 €	7,00 €	8,33 €	
7	Notizheft	1	1,12 €	1,12 €	1,33 €	
8	Kugelschreiber	1	0,99 €	0,99 €	1,18 €	
9	Bleistifte	3	0,12 €	0,36 €	0,43 €	
10	Trennstreifen	1	0,02 €	0,02 €	0,02 €	
11					37,10 €	

Schritt 12

In der Zelle F4 ergänzen Sie die Formel =*E4/E11*. Bevor Sie sie bestätigen, drücken Sie F4, um den Wert E11 absolut zu setzen. Nun können Sie die Formel mit der Maus ausfüllen. Die Ergebnisse formatieren Sie mit dem Prozentformat.

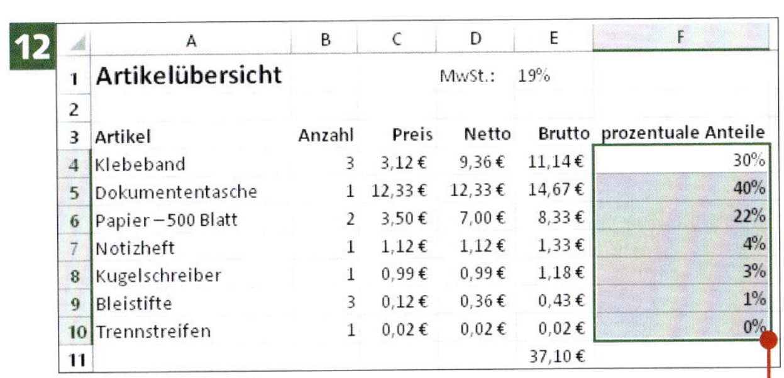

	A	B	C	D	E	F
1	Artikelübersicht			MwSt.:	19%	
2						
3	Artikel	Anzahl	Preis	Netto	Brutto	prozentuale Anteile
4	Klebeband	3	3,12 €	9,36 €	11,14 €	30%
5	Dokumententasche	1	12,33 €	12,33 €	14,67 €	40%
6	Papier – 500 Blatt	2	3,50 €	7,00 €	8,33 €	22%
7	Notizheft	1	1,12 €	1,12 €	1,33 €	4%
8	Kugelschreiber	1	0,99 €	0,99 €	1,18 €	3%
9	Bleistifte	3	0,12 €	0,36 €	0,43 €	1%
10	Trennstreifen	1	0,02 €	0,02 €	0,02 €	0%
11					37,10 €	

Funktionstaste F4

Markieren Sie die absolut zu setzende Zelle. Wenn Sie nun F4 drücken, wird der gesamte Zellbezug absolut. Beim zweiten Druck auf F4 wird die Spalte und beim dritten Drücken die Zeile absolut gesetzt. Das vierte Drücken führt wieder zu relativen Zellbezügen.

Die Funktionsbibliothek

Funktionen unterstützen Sie bei der Realisierung komplizierter Rechenformeln. In der Funktionsbibliothek auf der Registerkarte »Formeln« finden Sie verschiedene Funktionsgruppen.

1

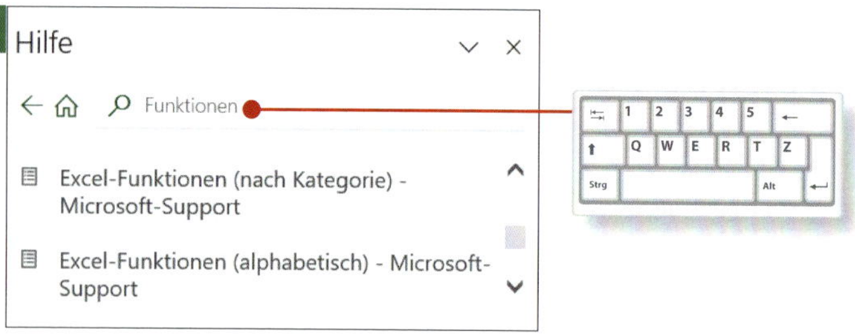

2

3	Monat	Lehmann	Meier	Schulze	Summe
4	Januar	88	120	66	274
5	Februar	90	115	71	276
6	März	92	110	76	278
7	April	94	105	81	280
8	Mai	96	100	86	282
9	Juni	98	95	91	284
10	Juli	100	90	96	286
11	August	102	85	101	288
12	September	104	80	106	290
13	Oktober	106	75	111	292
14	November	108	70	116	294
15	Dezember	110	65	121	296
16	Summe	1188	1110	1122	3420
17	Mittelwert	=MITTELWERT(B4:B15)		93,5	285

1

2

3

	A	B	C	D	E
1	Geburtstagsliste				=HEUTE()
2					
3	Vorname	Name	Geburtstag	Alter in Tagen	Alter in Jahren
4	Barbara	Scholz	24.03.1962	20652	56
5	Ingeborg	Möller	23.12.1983	12708	34
6	Karin	Peters	22.04.1978	14779	40
7	Renate	Fuchs	21.01.1953	24001	65
8	Brigitte	Keinmann	20.05.1963	20230	55
9	Ingrid	Köhler	18.07.1987	11405	31
10	Rosemarie	Maier	19.07.1961	20900	57
11	Rottraut	Schulze	20.10.1989	10580	28
12	Ingeburg	Schmid	21.06.1947	26042	71

Schritt 1

Für anspruchsvollere Berechnungen gibt es in Excel 2024 über 600 Funktionen. Einen guten Überblick liefert die Funktionsreferenz, die Sie in der Excel-Hilfe unter dem Stichwort »Funktionen« finden.

Schritt 2

Beim Einsatz einer Funktion 1 beginnen Sie mit einem Gleichheitszeichen. Dann folgen der Funktionsname, eine öffnende Klammer, durch Semikola getrennte Argumente und eine schließende Klammer. Argumente können Zahlen, Text, logische Werte, Matrizen oder Zellbezüge sein.

Schritt 3

Es gibt auch *argumentlose Funktionen*. Als Beispiel dient die Funktion für das heutige Datum, nämlich *=HEUTE()* 2.

Schritt 4

Wenn Sie Ihre Formeln nicht von Hand eingeben möchten, hält Excel einige Unterstützung für Sie bereit. Über die Multifunktionsleiste in der Gruppe **Funktionsbibliothek** auf der Registerkarte **Formeln** finden Sie eine Übersicht über die verschiedenen Funktionskategorien. Klicken Sie auf eine Kategorie, z. B. **Datum u. Uhrzeit**. Ein Menü klappt auf, in dem die zugehörigen Funktionen zu sehen sind.

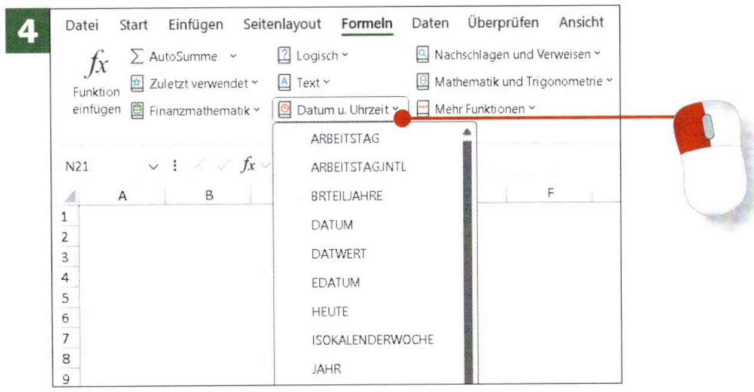

Schritt 5

Excel fordert Sie mit einem Dialogfeld auf, Argumente einzugeben. Diese hängen von der ausgewählten Funktion ab. Achten Sie bei der Eingabe auf die angezeigte Hilfe, die Ihnen jedes Argument erklärt ❸.

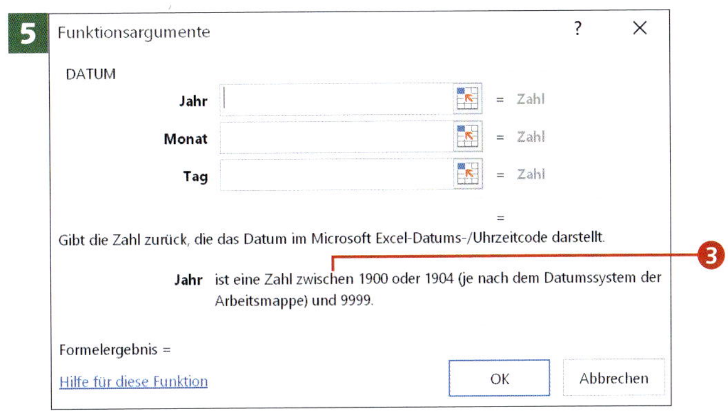

Schritt 6

Alternativ zu den Funktionskategorien können Sie in der Gruppe **Funktionsbibliothek** auch direkt den Funktionsassistenten ❹ wählen. Hier stehen Ihnen die Funktionen nach Kategorien sortiert zur Verfügung. Auch hier erhalten Sie auf Wunsch zu jeder Funktion Hilfestellung ❺.

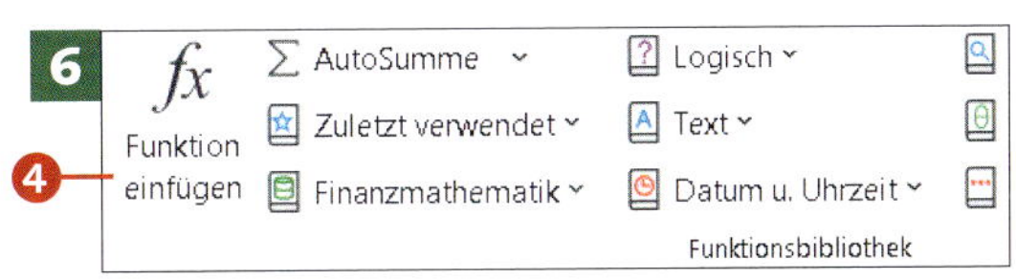

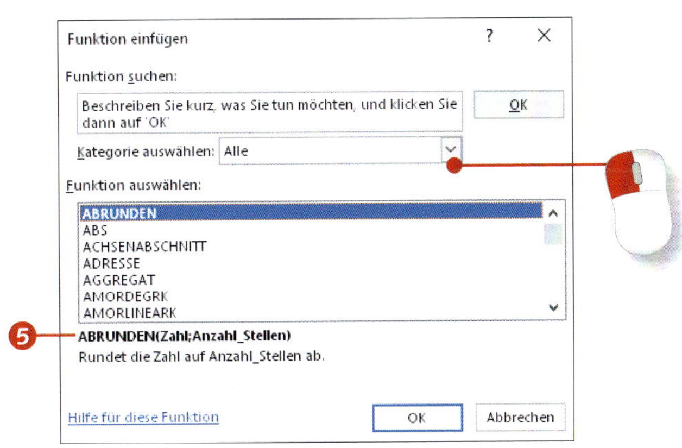

Sich vom Funktionsassistenten helfen lassen

Mithilfe des Funktionsassistenten, den Sie vielleicht schon aus den Vorgängerversionen von Excel kennen, können Sie nach einer passenden Funktion suchen und diese erstellen. Wie Sie ihn nutzen, zeigen wir Ihnen im Folgenden.

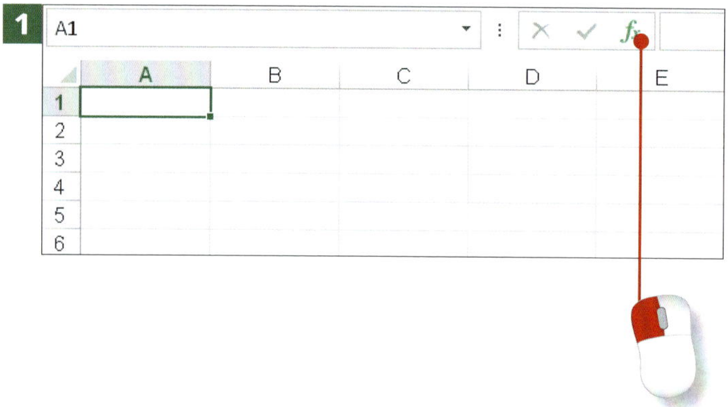

Schritt 1

Den Funktionsassistenten erreichen Sie auf verschiedenen Wegen. Eine Möglichkeit ist der Klick auf die Schaltfläche **Funktion einfügen** in der Bearbeitungsleiste.

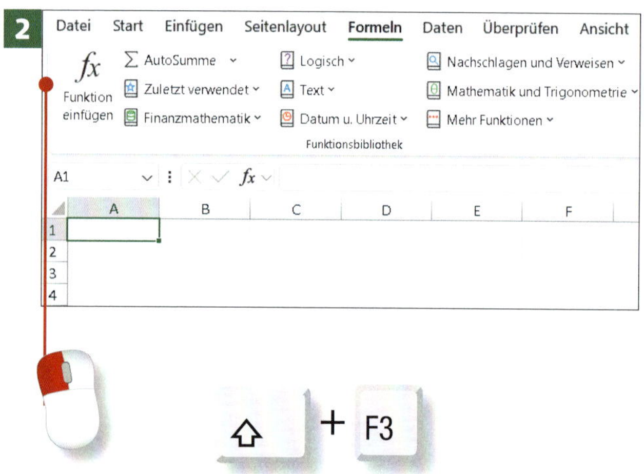

Schritt 2

Alternativ können Sie auf der Registerkarte **Formeln** die Schaltfläche **Funktion einfügen** in der Gruppe **Funktionsbibliothek** wählen. Am schnellsten öffnen Sie den Funktionsassistenten jedoch mit ⇧+F3.

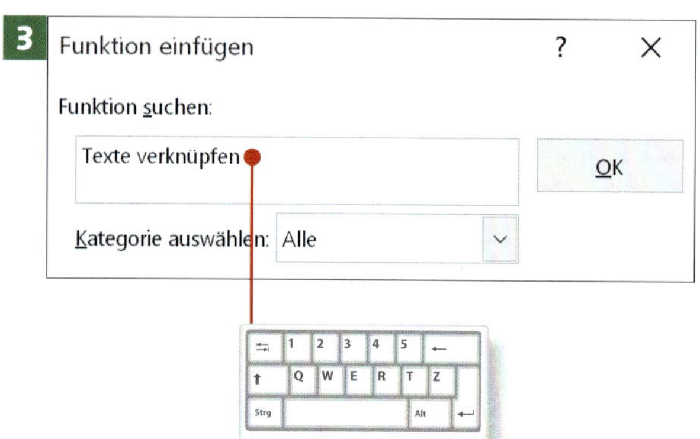

Schritt 3

Um eine Funktion zu suchen, geben Sie eine Kurzbeschreibung oder den Funktionsnamen ein, wenn Sie ihn kennen. Im Beispiel wollen wir »Texte verknüpfen«. Klicken Sie dann auf **OK**.

Schritt 4

Excel gibt die Ergebnisse in einem Listenfeld aus. Wählen Sie dort die passende Funktion aus, hier **TEXTKETTE**. Sie erhalten eine Kurzbeschreibung ❶. Eine detaillierte Beschreibung finden Sie über den Link **Hilfe für diese Funktion** ❷. Wenn Sie die gewünschte Funktion gefunden haben, können Sie den Eingabeassistenten mit **OK** starten.

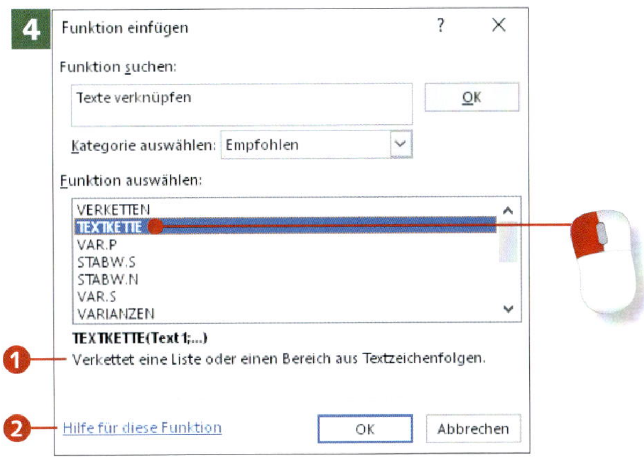

Schritt 5

Im nächsten Dialogfenster stellt der Assistent Eingabefelder bereit, in die Sie die Argumente der Funktion schreiben können. Auch hierzu erhalten Sie eine Kurzinformation ❸.

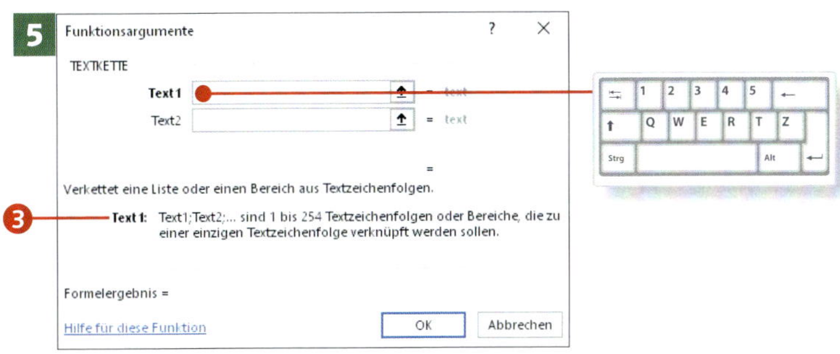

Schritt 6

Der zu verkettende Text unseres Beispiels kann Inhalt einer Zelle sein, wie im Feld **Text1**, oder Sie können ihn direkt eingeben (Felder **Text2** und **Text3**). Bestätigen Sie Ihre Eingabe mit **OK**.

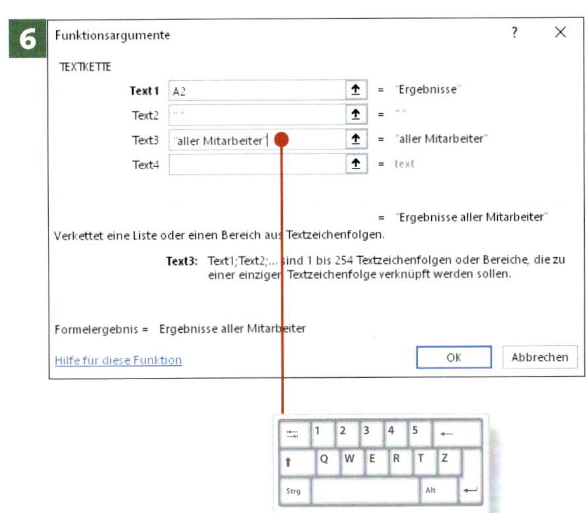

Funktionsargumente

Sie können bis zu 255 Funktionsargumente verketten.

Summe, Mittelwert und Co.

In Excel 2024 gibt es zahlreiche Funktionen für aussagekräftige Statistiken. Hier lernen Sie die wichtigsten Funktionen kennen.

1

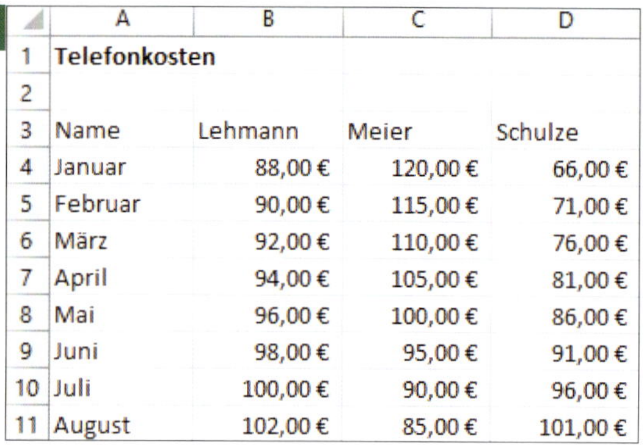

	A	B	C	D
1	Telefonkosten			
2				
3	Name	Lehmann	Meier	Schulze
4	Januar	88,00 €	120,00 €	66,00 €
5	Februar	90,00 €	115,00 €	71,00 €
6	März	92,00 €	110,00 €	76,00 €
7	April	94,00 €	105,00 €	81,00 €
8	Mai	96,00 €	100,00 €	86,00 €
9	Juni	98,00 €	95,00 €	91,00 €
10	Juli	100,00 €	90,00 €	96,00 €
11	August	102,00 €	85,00 €	101,00 €

Schritt 1

Als Beispiel für diese Lektion nutzen wir die Telefonkostenaufstellung aus den vorherigen Kapiteln. Sie soll um Funktionen für die Summe, den Mittelwert, den kleinsten Wert, den größten Wert und die Anzahl ergänzt werden.

2

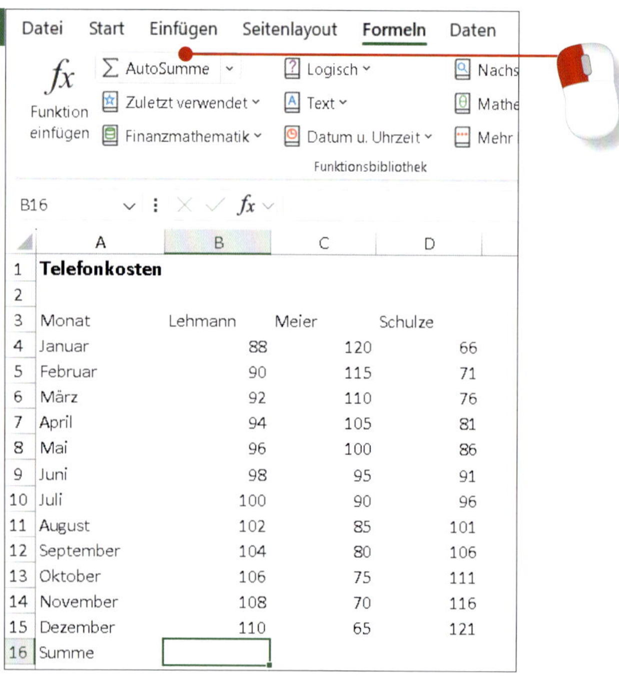

	A	B	C	D
1	Telefonkosten			
2				
3	Monat	Lehmann	Meier	Schulze
4	Januar	88	120	66
5	Februar	90	115	71
6	März	92	110	76
7	April	94	105	81
8	Mai	96	100	86
9	Juni	98	95	91
10	Juli	100	90	96
11	August	102	85	101
12	September	104	80	106
13	Oktober	106	75	111
14	November	108	70	116
15	Dezember	110	65	121
16	Summe			

Schritt 2

Die einfachste Statistikfunktion ist die Summenfunktion. Wir wollen Herrn Lehmanns Telefonkosten zusammenrechnen. Platzieren Sie den Cursor in der Zelle B16. Auf der Registerkarte **Formeln** klicken Sie in der Gruppe **Funktionsbibliothek** auf **AutoSumme**.

3

14	November	108,00 €	70,00 €	116,00 €
15	Dezember	110,00 €	65,00 €	121,00 €
16	Summe	=Summe(B4:B15)		
17		SUMME(Zahl1; [Zahl2]; ...)		
18				

Schritt 3

In der Zelle B16 wird die Formel *=SUMME(B4:B15)* ergänzt. Wenn Sie nun ↵ drücken, erhalten Sie die Summe der Telefonkosten als Ergebnis in derselben Zelle.

Schritt 4

Als Nächstes berechnen Sie den *Mittelwert*. Erweitern Sie Ihre Tabelle, indem Sie in die Zelle A17 den Text »Mittelwert« eintragen, und positionieren Sie dann den Cursor in der Zelle B17.

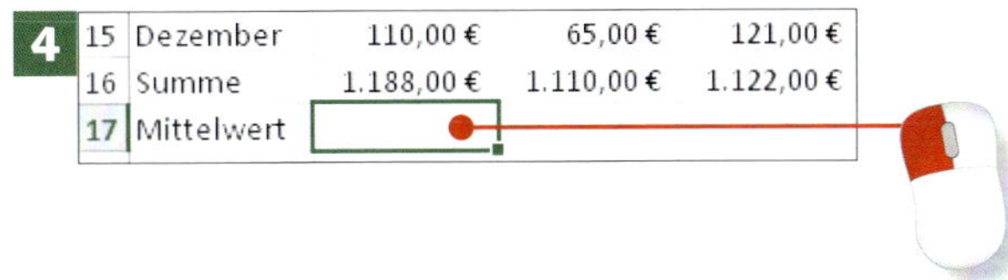

Schritt 5

Klicken Sie nun auf den Pfeil neben **AutoSumme**, und wählen Sie den Menüeintrag **Mittelwert**. Bevor Sie die Formel mit ↵ bestätigen, markieren Sie mit der Maus den Bereich B4:B16. So verhindern Sie, dass der Wert der Summe (B17) in die Berechnung einfließt. Die fertige Formel sieht dann wie folgt aus: *=MITTELWERT(B4:B16)*.

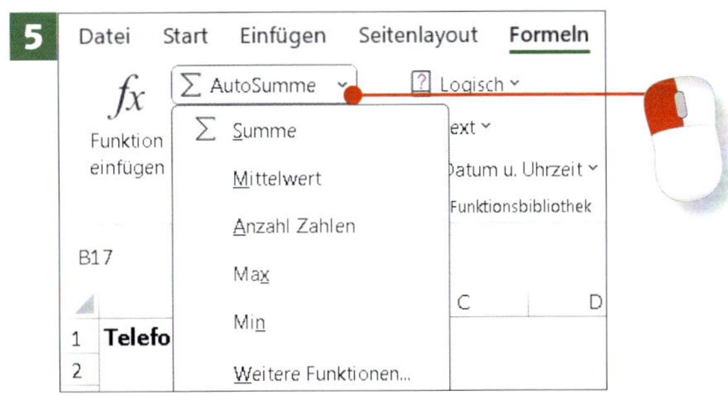

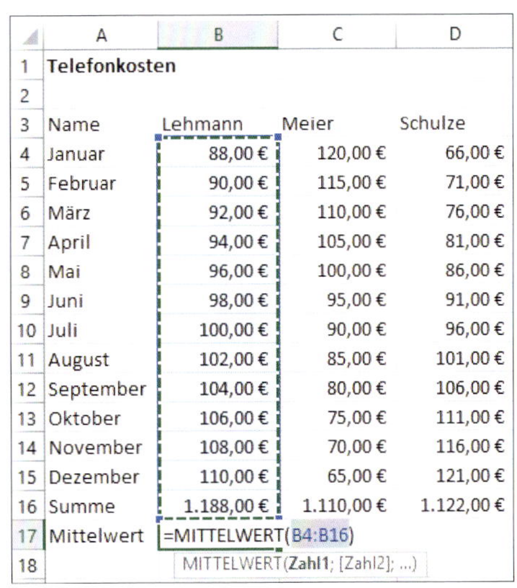

	A	B	C	D
1	Telefonkosten			
2				
3	Name	Lehmann	Meier	Schulze
4	Januar	88,00 €	120,00 €	66,00 €
5	Februar	90,00 €	115,00 €	71,00 €
6	März	92,00 €	110,00 €	76,00 €
7	April	94,00 €	105,00 €	81,00 €
8	Mai	96,00 €	100,00 €	86,00 €
9	Juni	98,00 €	95,00 €	91,00 €
10	Juli	100,00 €	90,00 €	96,00 €
11	August	102,00 €	85,00 €	101,00 €
12	September	104,00 €	80,00 €	106,00 €
13	Oktober	106,00 €	75,00 €	111,00 €
14	November	108,00 €	70,00 €	116,00 €
15	Dezember	110,00 €	65,00 €	121,00 €
16	Summe	1.188,00 €	1.110,00 €	1.122,00 €
17	Mittelwert	=MITTELWERT(B4:B16)		
18		MITTELWERT(Zahl1; [Zahl2]; ...)		

Schritt 6

Auch den größten Betrag innerhalb einer Aufstellung können Sie mit einer Formel herausfinden. Ergänzen Sie in der Zelle A18 den Text »Maximum«. Zur Formeleingabe setzen Sie Ihren Cursor dann in die Zelle B18.

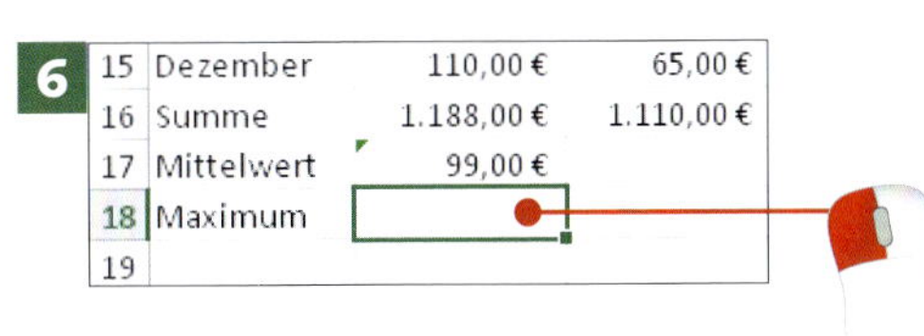

Mittelwert

Der Mittelwert, oft auch *Durchschnitt* genannt, wird berechnet, indem eine Gruppe von Zahlen addiert und anschließend durch deren Anzahl dividiert wird.

Summe, Mittelwert und Co. (Forts.)

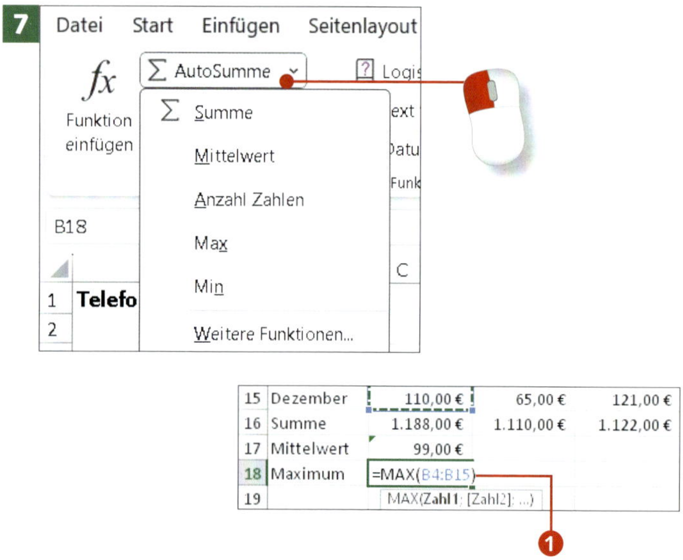

Schritt 7

Klicken Sie nun auf den Pfeil neben **AutoSumme**, und wählen Sie den Menüeintrag **Max**. Bevor Sie Ihre Formel mit [↵] bestätigen, korrigieren Sie die Bereichsangabe in B4:B15 ❶, um nur diese Werte in die Berechnung aufzunehmen. Die fertige Formel lautet dementsprechend *=MAX(B4:B15)*.

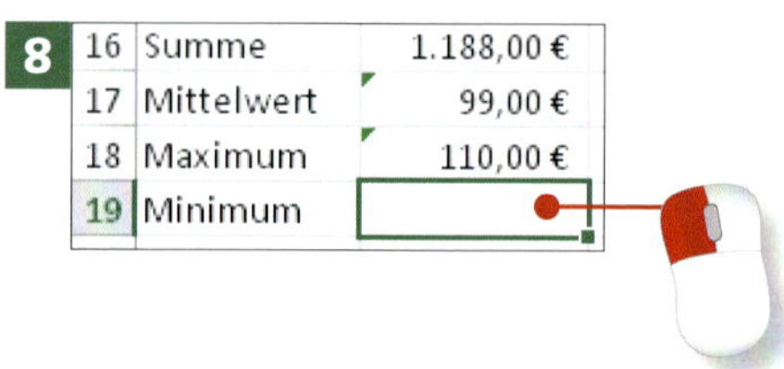

Schritt 8

Auf die gleiche Weise finden Sie den kleinsten Betrag in der Tabelle. Ergänzen Sie zunächst den beschreibenden Text »Minimum« in der Zelle A19, und setzen Sie Ihren Cursor in die Zelle B19.

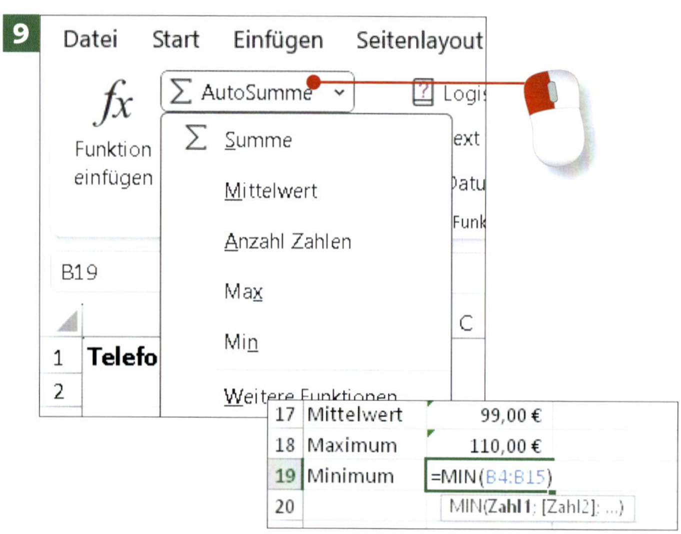

Schritt 9

Klicken Sie nun wieder auf den Pfeil neben **AutoSumme**, und wählen Sie diesmal **Min**. Auch hier korrigieren Sie den Bereich, der mit einbezogen werden soll, bevor Sie Ihre Formel mit [↵] bestätigen. Die fertige Formel sieht wie folgt aus: *=MIN(B4:B15)*.

Schritt 10

Ebenfalls mit einer Formel lässt sich die Anzahl der Werte insgesamt ermitteln – auch wenn wir das Ergebnis in diesem Fall schon kennen. Geben Sie in die Zelle A20 den Text »Anzahl« ein, und setzen Sie Ihren Cursor in die Zelle B20.

10

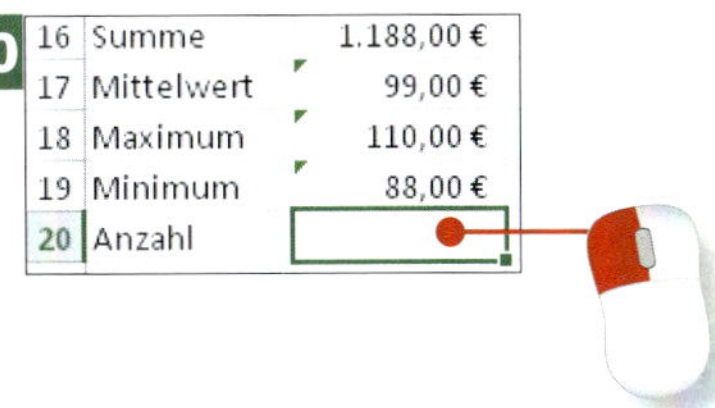

Schritt 11

Klicken Sie nun auf den Pfeil neben **AutoSumme**, und wählen Sie dann den Menüeintrag **Anzahl Zahlen**. Bevor Sie Ihre Formel mit ↵ bestätigen, ändern Sie den Bereich in B4:B15. Die fertige Formel ❷ sieht wie folgt aus: *=ANZAHL(B4:B15)*.

11

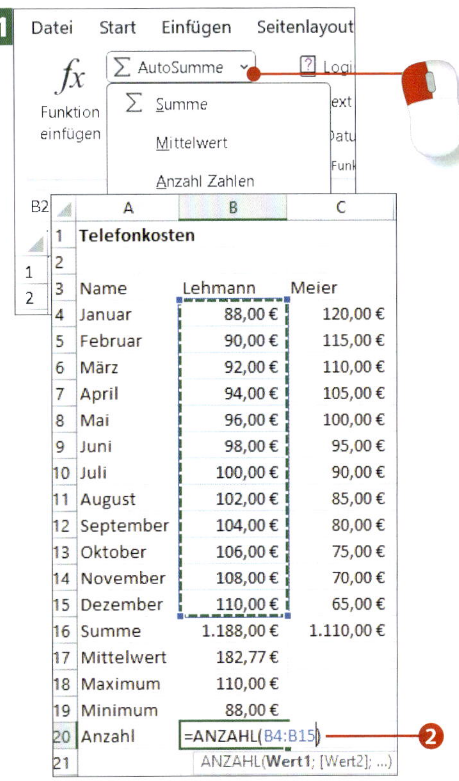

Schritt 12

Wenden Sie diese Formeln nun auf Herrn Meier (Spalte C) und Herrn Schulze (Spalte D) an – das ist eine prima Übung. Wenn es schnell gehen soll, markieren Sie den Formelbereich B16:B20 und lassen Excel die Zellbereiche C16:C20 und D16:D20 automatisch ausfüllen, indem Sie das Ausfüllkästchen mit der Maus nach rechts ziehen.

12

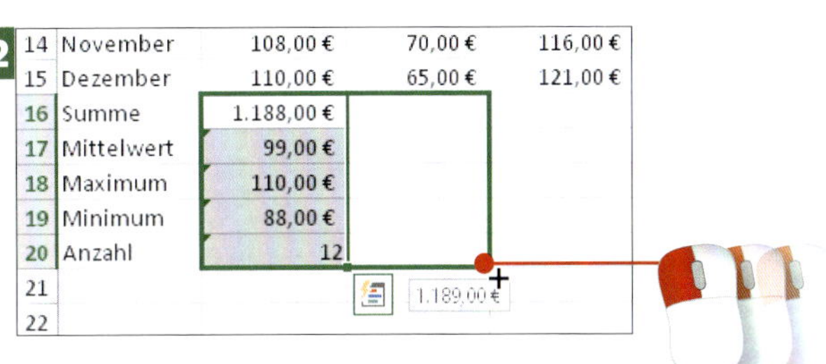

Summe, Mittelwert und Co. (Forts.)

13
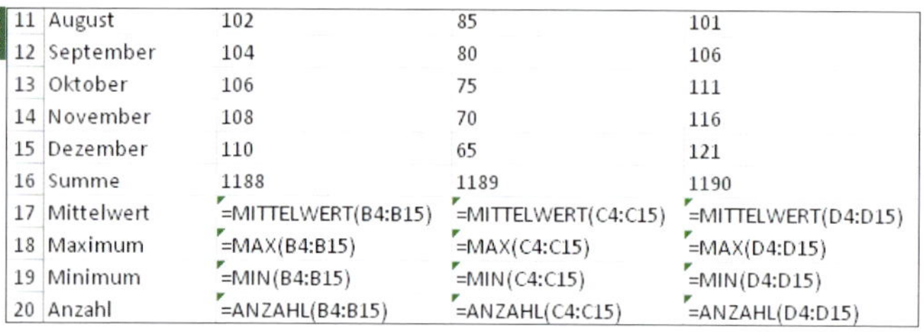

11	August	102	85	101
12	September	104	80	106
13	Oktober	106	75	111
14	November	108	70	116
15	Dezember	110	65	121
16	Summe	1188	1189	1190
17	Mittelwert	=MITTELWERT(B4:B15)	=MITTELWERT(C4:C15)	=MITTELWERT(D4:D15)
18	Maximum	=MAX(B4:B15)	=MAX(C4:C15)	=MAX(D4:D15)
19	Minimum	=MIN(B4:B15)	=MIN(C4:C15)	=MIN(D4:D15)
20	Anzahl	=ANZAHL(B4:B15)	=ANZAHL(C4:C15)	=ANZAHL(D4:D15)

14
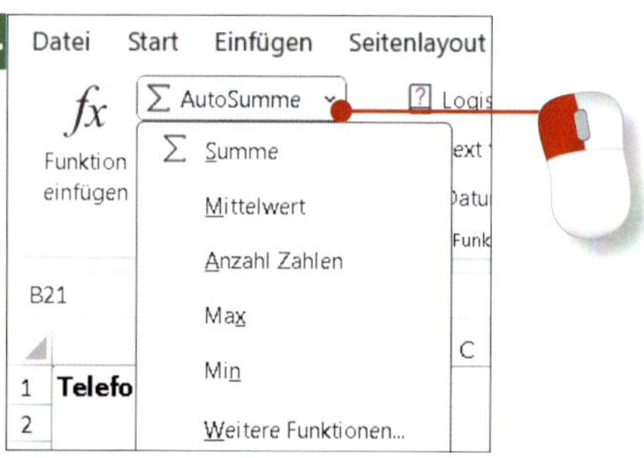

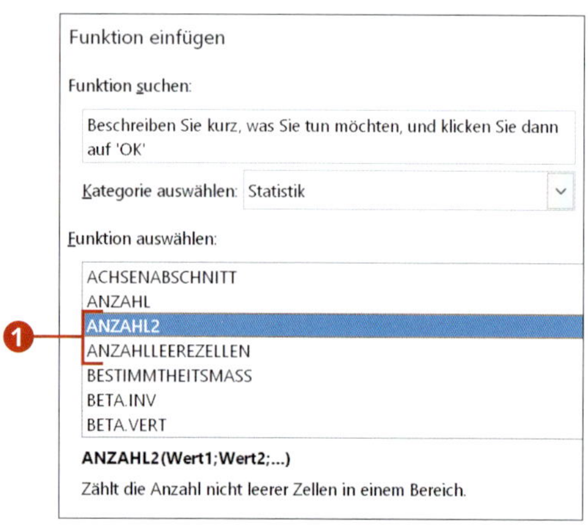

15
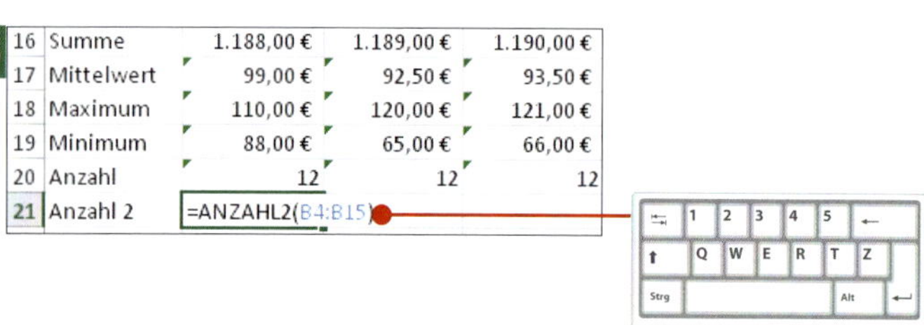

16	Summe	1.188,00 €	1.189,00 €	1.190,00 €
17	Mittelwert	99,00 €	92,50 €	93,50 €
18	Maximum	110,00 €	120,00 €	121,00 €
19	Minimum	88,00 €	65,00 €	66,00 €
20	Anzahl	12	12	12
21	Anzahl 2	=ANZAHL2(B4:B15)		

Schritt 13

Schalten Sie jetzt zur Überprüfung der Formeln auf die Formelansicht um. Nutzen Sie dazu die Tastenkombination Alt, 0, F (nacheinander drücken, nicht gleichzeitig!).

Schritt 14

Wenn Sie weitere Statistikfunktionen benötigen, wählen Sie im Menü **AutoSumme** den Punkt **Weitere Funktionen**. Im entsprechenden Dialogfenster sehen Sie noch weitere Funktionen für die Anzahl, z. B. **ANZAHL2** und **ANZAHLLEEREZELLEN** 1.

Schritt 15

Mit der Funktion **ANZAHL2** werden Zellen ermittelt, die beliebige Arten von Informationen enthalten, Fehlerwerte und leerer Text eingeschlossen.

ANZAHLLEEREZELLEN

Mit der Funktion **ANZAHLLEEREZELLEN** wird ermittelt, wie viele Zellen in einem Bereich leer sind.

Schritt 16

Die Funktion **ANZAHL2** kann aber noch mehr. Während die Funktion **ANZAHL** nur Zellen berücksichtigt, die Zahlen enthalten, werden bei der Funktion **ANZAHL2** auch Zellen mit Textinhalt bearbeitet. Ergänzen Sie Ihre Tabelle so wie in der nebenstehenden Abbildung.

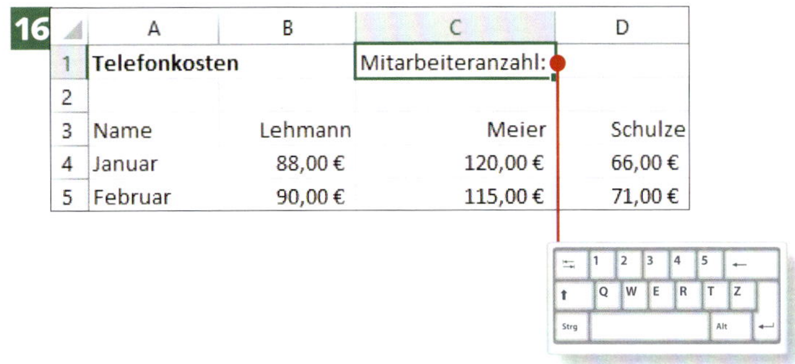

Schritt 17

Für die Formeleingabe positionieren Sie den Cursor in der Zelle D1. Wählen Sie dann den Funktionsassistenten, indem Sie auf der Registerkarte **Formeln** auf die Schaltfläche **Funktion einfügen** klicken.

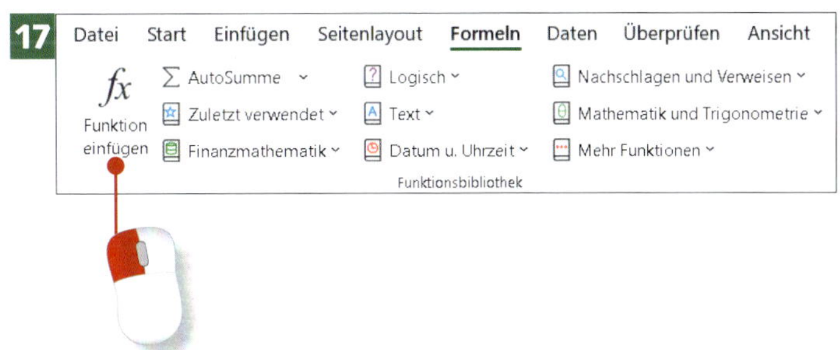

Schritt 18

Im ersten Dialogfenster des Funktionsassistenten wählen Sie die Funktion **ANZAHL2** aus der Kategorie **Statistik** und klicken dann auf **OK**.

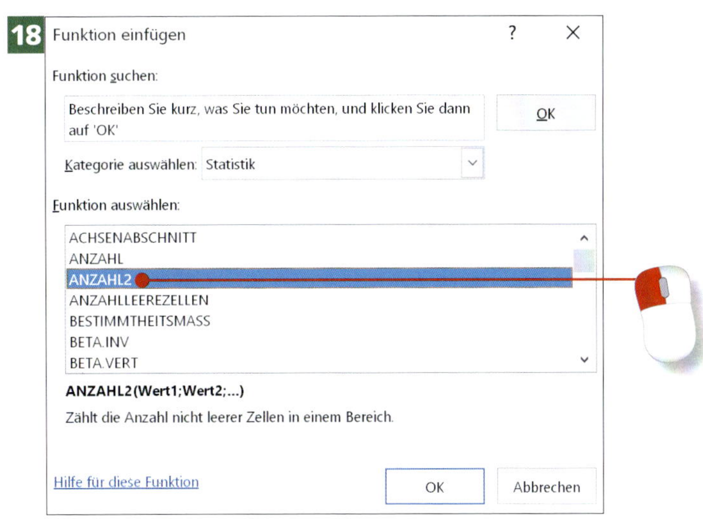

Sind Kriterien zu erfüllen?

Wenn nur Zahlen einbezogen werden sollen, die bestimmte Kriterien erfüllen, verwenden Sie die Funktion **ZÄHLENWENN**, über die Sie mehr im Abschnitt »Statistik mit ZÄHLENWENN« auf Seite 172 erfahren.

Summe, Mittelwert und Co. (Forts.)

19

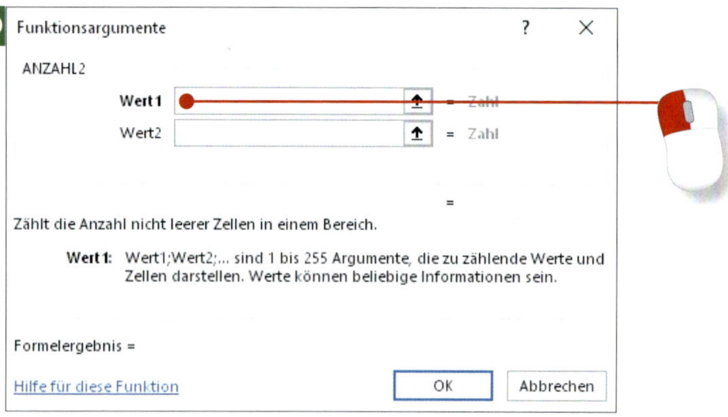

Schritt 19

Im zweiten Schritt des Funktionsassistenten geben Sie den Bereich der auszuwertenden Zellen ein. Insgesamt können Sie bis zu 255 Bereiche hinterlegen. Sie können sie von Hand eingeben, einfacher ist es aber mit der Maus. Wenn Sie den Cursor in das unterste Feld setzen, wird automatisch ein weiteres Feld hinzugefügt.

20

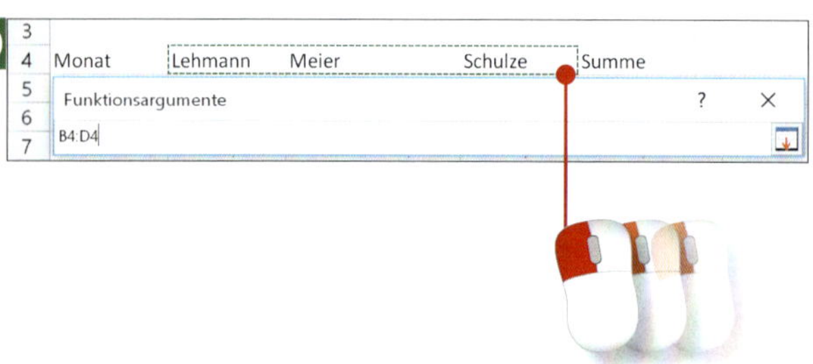

Schritt 20

Schieben Sie dazu das Dialogfenster mit der Maus zur Seite, sodass Sie den Bereich der Tabelle sehen, den Sie markieren wollen. Wenn Sie nun den Bereich in der Tabelle durch Ziehen mit der Maus markieren, wird das Dialogfenster automatisch verkleinert.

21

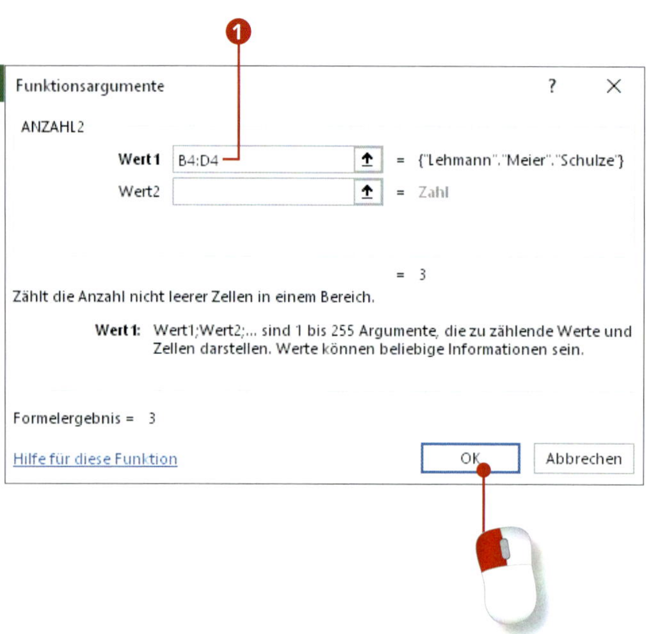

Schritt 21

Die Zelladressen des markierten Bereichs werden automatisch übernommen ❶. Nachdem Sie den Wertebereich vollständig angegeben haben, vergrößert Excel das Fenster wieder. Die fertige Formel bestätigen Sie mit einem Klick auf **OK**.

Schritt 22

Die Funktion **ANZAHLLEEREZELLEN** zählt die leeren Zellen in einem Zellbereich. Um das zu demonstrieren, haben wir unser Beispiel durch einige Löschungen modifiziert. Die Anzahl der fehlenden Eingaben soll in der Zelle D2 ausgewiesen werden. Setzen Sie also den Cursor in die Zelle D2.

22

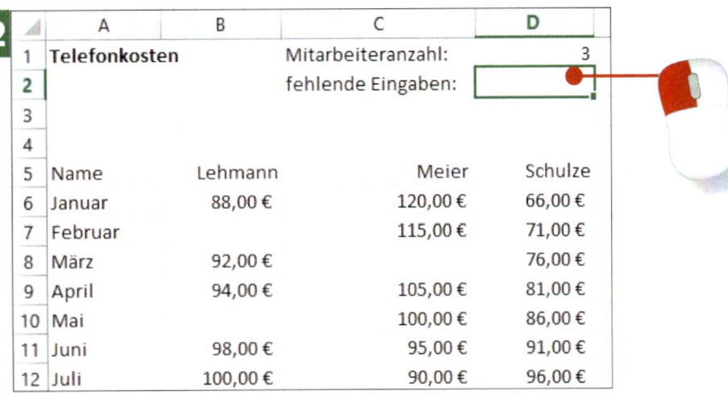

	A	B	C	D
1	**Telefonkosten**		Mitarbeiteranzahl:	3
2			fehlende Eingaben:	
3				
4				
5	Name	Lehmann	Meier	Schulze
6	Januar	88,00 €	120,00 €	66,00 €
7	Februar		115,00 €	71,00 €
8	März	92,00 €		76,00 €
9	April	94,00 €	105,00 €	81,00 €
10	Mai		100,00 €	86,00 €
11	Juni	98,00 €	95,00 €	91,00 €
12	Juli	100,00 €	90,00 €	96,00 €

Schritt 23

Öffnen Sie erneut den Funktionsassistenten über einen Klick auf die Schaltfläche **Funktion einfügen**. Im ersten Schritt wählen Sie aus der Kategorie **Statistik** die Funktion **ANZAHLLEEREZELLEN**. Klicken Sie dann auf **OK**.

23

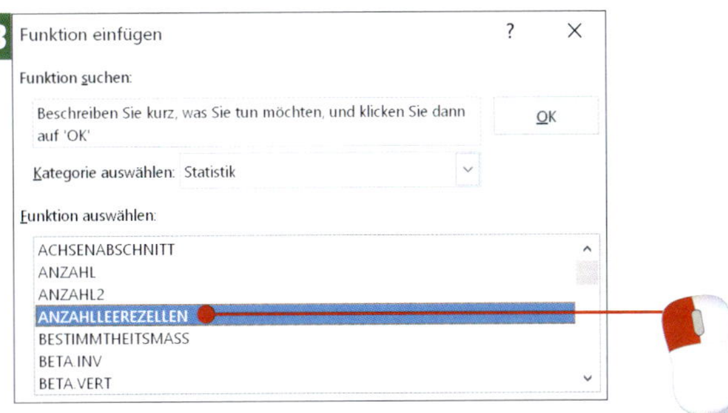

Schritt 24

Nun markieren Sie mit der Maus den Wertebereich B5:D16. Die Formel *=ANZAHLLEEREZELLEN(B5:D16)* ermittelt vier leere Zellen ❷. Bestätigen Sie Ihre Eingabe mit **OK**.

24

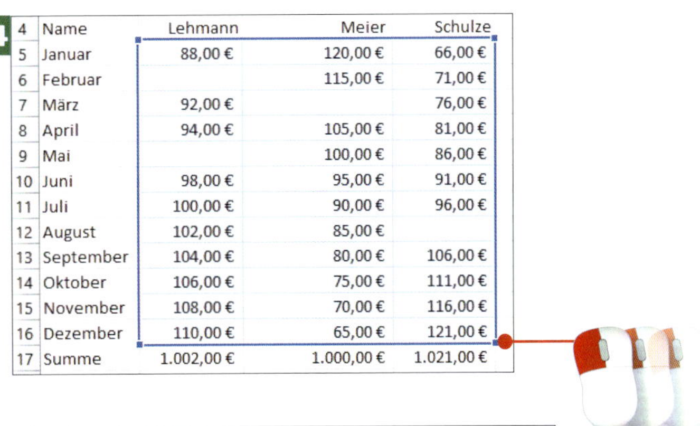

4	Name	Lehmann	Meier	Schulze
5	Januar	88,00 €	120,00 €	66,00 €
6	Februar		115,00 €	71,00 €
7	März	92,00 €		76,00 €
8	April	94,00 €	105,00 €	81,00 €
9	Mai		100,00 €	86,00 €
10	Juni	98,00 €	95,00 €	91,00 €
11	Juli	100,00 €	90,00 €	96,00 €
12	August	102,00 €	85,00 €	
13	September	104,00 €	80,00 €	106,00 €
14	Oktober	106,00 €	75,00 €	111,00 €
15	November	108,00 €	70,00 €	116,00 €
16	Dezember	110,00 €	65,00 €	121,00 €
17	Summe	1.002,00 €	1.000,00 €	1.021,00 €

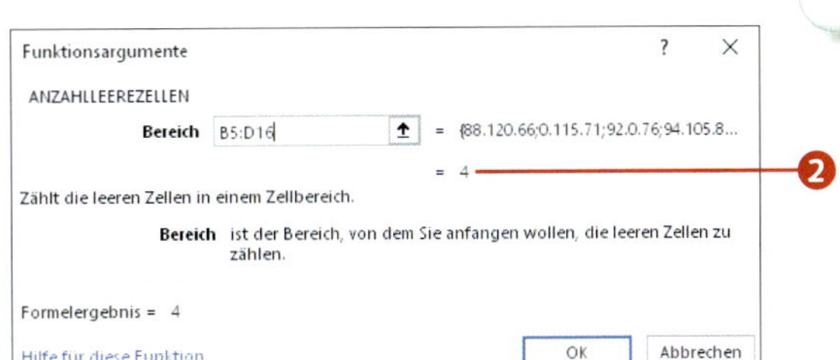

Manuelle Eingabe

Sie können alle Formeln auch per Hand eintragen, allerdings ist diese Methode fehleranfälliger als der Weg über den Assistenten.

Statistik mit ZÄHLENWENN

1

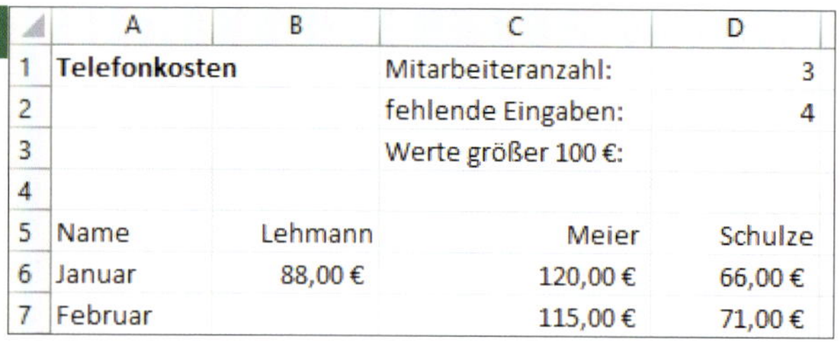

	A	B	C	D
1	**Telefonkosten**		Mitarbeiteranzahl:	3
2			fehlende Eingaben:	4
3			Werte größer 100 €:	
4				
5	Name	Lehmann	Meier	Schulze
6	Januar	88,00 €	120,00 €	66,00 €
7	Februar		115,00 €	71,00 €

Noch interessantere Statistikfunktionen sind die Funktionen, die Bedingungen enthalten, also ein Wenn. Diese Funktionen werten nur Zellen aus, die einem bestimmten Kriterium entsprechen.

2

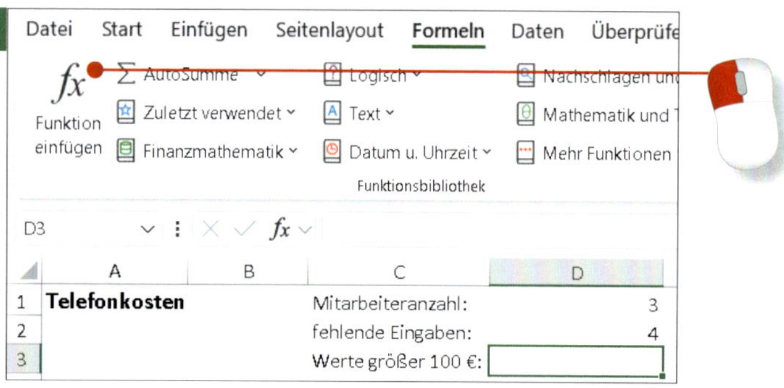

Schritt 1

Mit der Funktion **ZÄHLENWENN** wird die Anzahl der Zellen in einem Bereich ermittelt, die einem bestimmten Kriterium entsprechen. In unserem Beispiel soll die Anzahl der Werte ermittelt werden, die größer als 100 € sind.

3

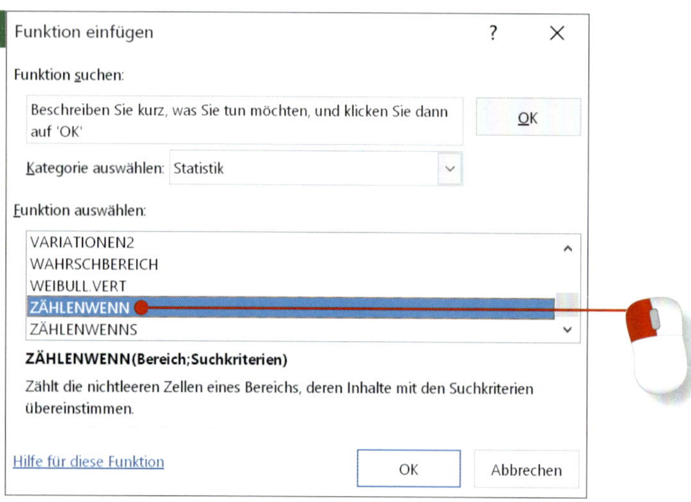

Schritt 2

Positionieren Sie den Cursor in der Ergebniszelle D3, und wählen Sie den Funktionsassistenten durch einen Klick auf die Schaltfläche **Funktion einfügen**.

Schritt 3

Im ersten Schritt wählen Sie wieder die Funktion aus. Sie finden auch die Funktion **ZÄHLENWENN** in der Kategorie **Statistik**, wenn Sie mit der Bildlaufleiste rechts ganz nach unten scrollen. Bestätigen Sie Ihre Auswahl mit **OK**.

Schritt 4

Im nächsten Schritt markieren Sie erneut die Zellen, die in der Formel berücksichtigt werden sollen: Hier ist es der Bereich B6:D17.

4

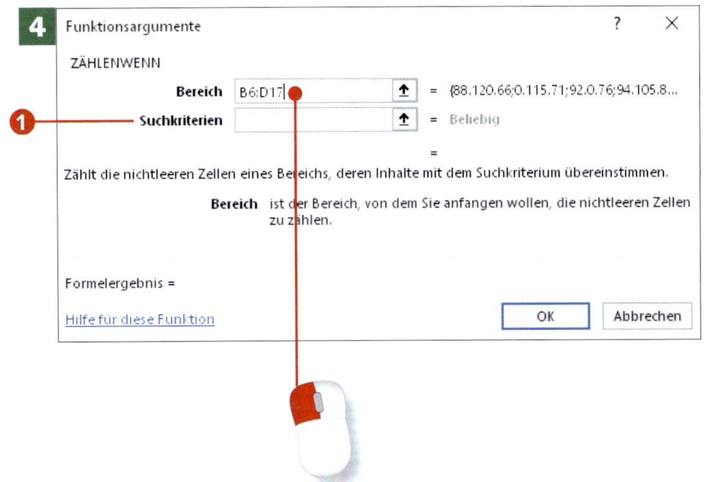

Schritt 5

Im Feld **Suchkriterien** 1 müssen Sie nun festlegen, wonach gesucht werden soll. In unserem Beispiel tragen Sie also *">100"* ein. Als Vergleichsoperatoren dürfen nebenstehende Ausdrücke eingegeben werden.

5

>	**größer**
>=	**größer gleich**
<	**kleiner**
<=	**kleiner gleich**
=	**gleich**
<>	**ungleich**

Schritt 6

Bestätigen Sie die fertige Formel *=ZÄHLENWENN(B6:D17;">100")* mit **OK**. Das Ergebnis erscheint in der Zelle D3.

6

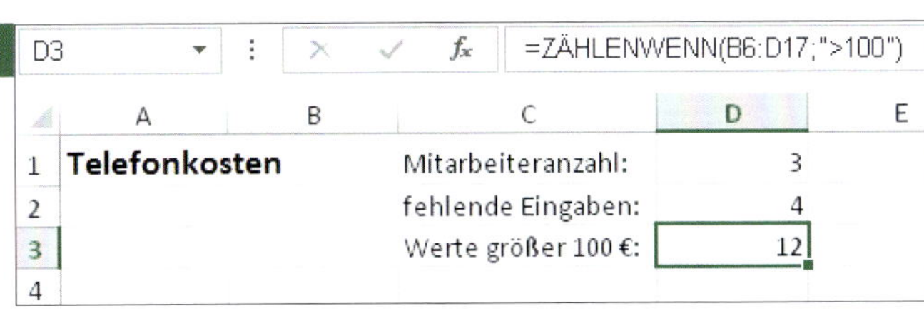

Platzhalterzeichen

Eine Zeichenfolge im Suchkriterium darf die Platzhalterzeichen Fragezeichen [?] und Sternchen [*] enthalten. Ein Fragezeichen ersetzt dabei ein einzelnes Zeichen, ein Sternchen eine Zeichenfolge. Die Formel *=ZÄHLENWENN (A6:A17;"J*")* zählt z. B. Wörter im Bereich A6:A17, die mit J beginnen.

Jahre, Monate, Tage

Excel speichert alle Datums- und Zeitwerte intern als Zahlen ab. Das erlaubt Ihnen, Datums- und Zeitwerte für Berechnungen einzusetzen.

1

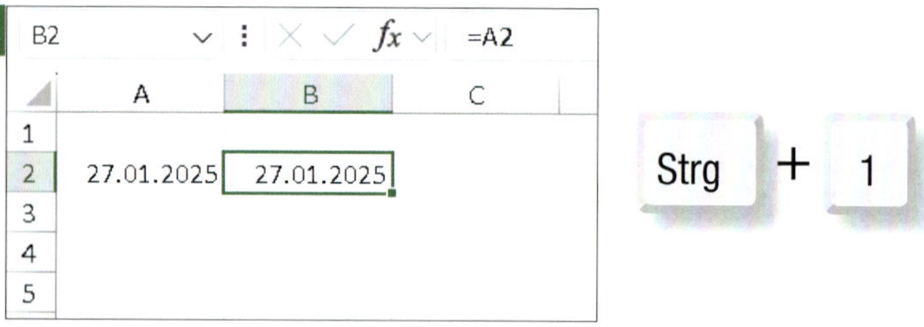

2

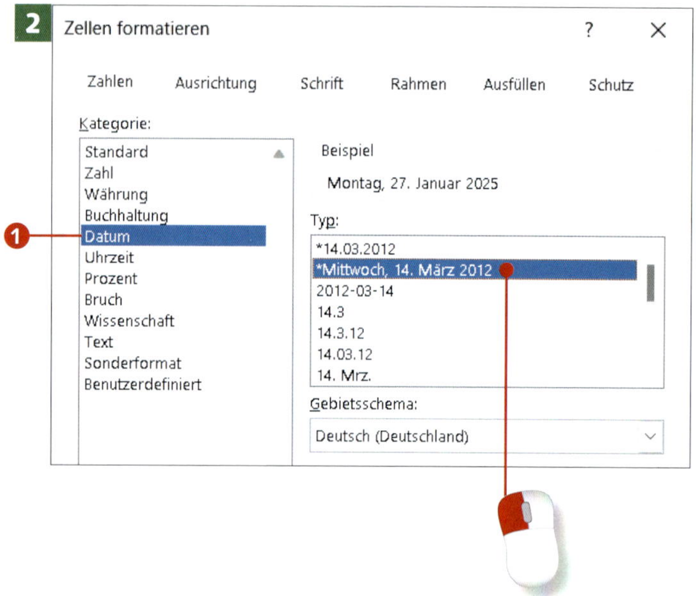

3

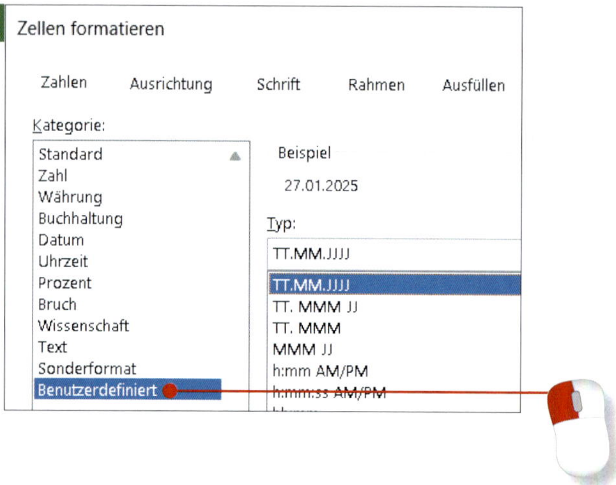

Schritt 1

Erfassen Sie ein Datum in der Zelle A2. Wenn Sie in Zelle B2 die Formel =*A2* hinterlegen, übernimmt Excel das Datum aus der Zelle A2 automatisch in diese Zelle. Klicken Sie dann in die Zelle B2, und drücken Sie Strg + 1, um die Zelle zu formatieren.

Schritt 2

Das Dialogfenster **Zellen formatieren** öffnet sich. Klicken Sie unter **Kategorie** auf **Datum** 1. Rechts wählen Sie dann eine Datumsdarstellung.

Schritt 3

Sie können die Datumsformate nicht nur in der Kategorie **Datum** wählen. In der Kategorie **Benutzerdefiniert** finden Sie viele speziellere Formate und können auch selbst welche anlegen.

Schritt 4

Ein Beispiel: In die Zellen B2:B9 tragen Sie die Formate ein, z. B. »TTTT« für die ausgeschriebene Tagesangabe (»Montag«), »TTT« für die Abkürzung (»Mo«) etc. In C2:C9 tragen Sie jeweils den absoluten Bezug auf Zelle A2 ein: =*$A$2*.

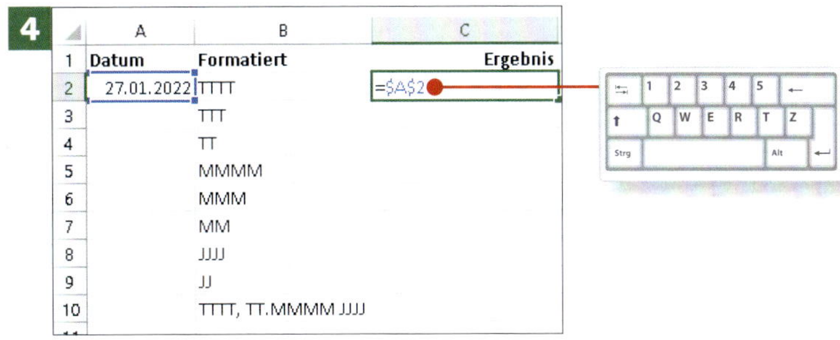

Schritt 5

Markieren Sie nun zuerst die Zelle C2. Um sie mit dem Format TTTT zu versehen, drücken Sie erneut Strg+1. In der Kategorie **Benutzerdefiniert** ❷ tragen Sie dann »TTTT« unter **Typ** ein. Wenn Sie auf **OK** klicken, wird Ihr Format für die markierte Zelle übernommen.

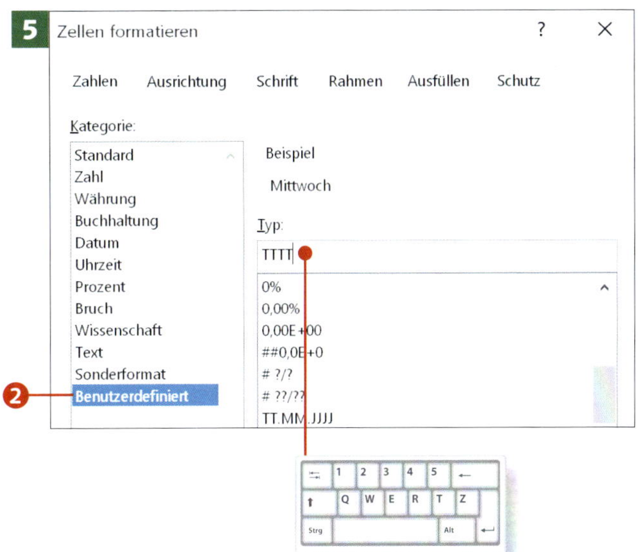

Schritt 6

Auf die gleiche Art und Weise können Sie nun auch die Zellen C3:C9 mit verschiedenen Datumsformaten versehen. Auch Kombinationen von Formaten sind möglich. Für Zelle C10 wurde z. B. das Format *TTTT, TT. MMMM JJJJ* ❸ vergeben.

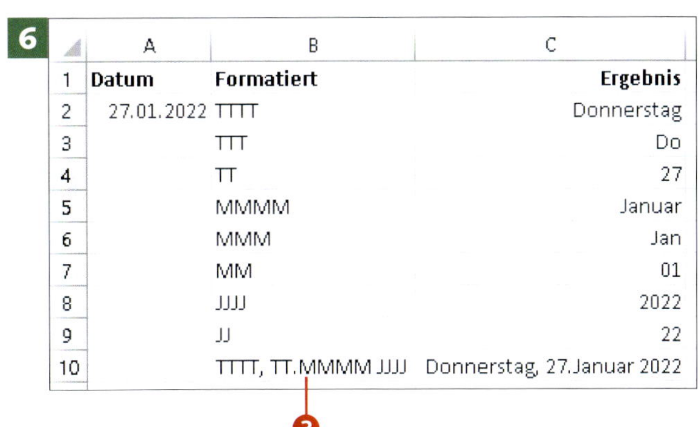

Sie sehen nur Rauten?

Keine Panik, falls Ihnen in der Zelle C10 nur Rauten angezeigt werden: Verbreitern Sie die Spalte einfach etwas, dann kann das ganze Datum angezeigt werden.

Jahre, Monate, Tage (Forts.)

Schritt 7

Für Berechnungen stehen Ihnen zahlreiche Funktionen zur Verfügung. Schauen wir uns zunächst die einfachen Datumsfunktionen an, die wir Ihnen im Einzelnen in den nächsten Arbeitsschritten vorstellen werden.

7

	A	B
1	**Funktion**	**Erläuterung**
2	HEUTE() ohne Argumente	Liefern das Datum als fortlaufende Zahl, ausgehend vom 1.1.1900, 00:00 Uhr (=1,0). JETZT() liefert auch den abgelaufenen Bruchteil des Tages.
3	JETZT() ohne Argumente	
4	JAHR(Zahl)	Ermitteln die jeweiligen Werte als ganze Zahlen aus der fortlaufenden Datumszahl.
5	MONAT(Zahl)	
6	TAG(Zahl)	
7	WOCHENTAG(Zahl;Typ)	Ermittelt aus einer Datumszahl eine Zahl von 1 (Sonntag) bis 7 (Samstag), die den Wochentag angibt.
8	DATUM(Jahr;Monat;Tag)	Ermittelt die fortlaufende Datumszahl aus berechneten Werten für Jahr, Monat und Tag.
9	EDATUM(Ausgangsdatum; Monate)	Liefert die Monate vor bzw. nach dem angegebenen Datum.

Schritt 8

Wenn Sie in einer Zelle immer automatisch das aktuelle Datum anzeigen wollen, können Sie die Funktion **HEUTE()** nutzen. Die Funktion **JETZT()** liefert Ihnen zusätzlich auch die aktuelle Uhrzeit.

8

	A	B	C
1	27.01.2025	←	=HEUTE()
2	27.1.25 14:24	←	=JETZT()

Schritt 9

Oft benötigen Sie aus der Datumsangabe nur das Jahr, den Monat oder den Tag. Für diese Aufschlüsselung können Sie Formeln nutzen, die jeweils auf Zelle A1 mit dem Datum verweisen:

- *=JAHR(A1)* für die Jahreszahl, hier in der Zelle B4
- *=MONAT(A1)* für den Monat, hier in der Zelle B5
- *=TAG(A1)* für den Tag, hier in der Zelle B6

9

	A	B
1	27.01.2025	
2	27.1.25 14:24	
3		
4	Jahr	2025
5	Monat	1
6	Tag	=TAG(A1
7		TAG(**Zahl**)

Schritt 10

Um herauszufinden, was für ein Tag z. B. der 13.06.2024 war, nutzen Sie die Funktion *=WOCHENTAG(Zahl;[Typ])*. Die Zählung der Wochentage legen Sie über den Typ fest.

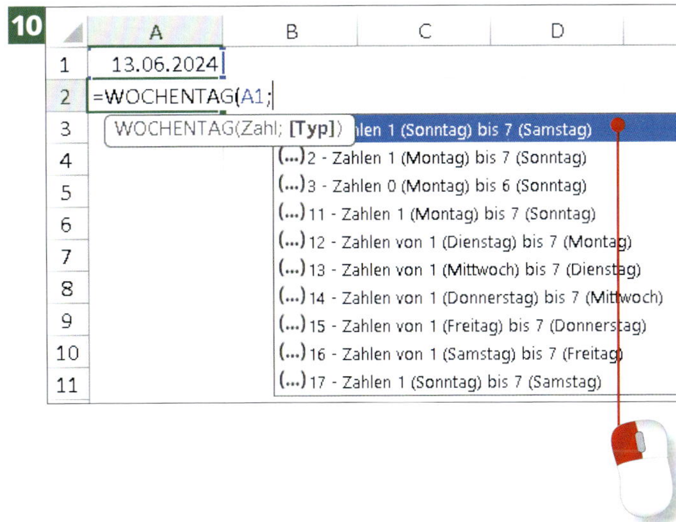

Schritt 11

Bestätigen Sie unsere Beispielformel *=WOCHENTAG(A1;1)* mit [↵]. Sie liefert als Ergebnis 1 zurück, d. h., der Tag war der erste Tag der Woche. Da wir mit der Zählung bei Sonntag beginnen, war der 13.06.2024 also ein Sonntag.

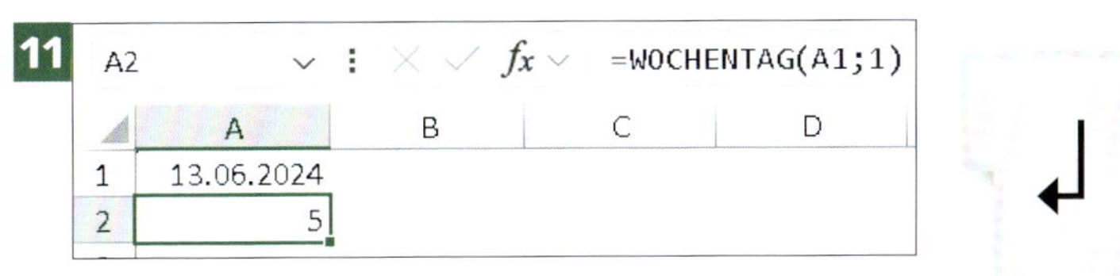

Schritt 12

Aus den Angaben zu Jahr, Monat und Tag lässt sich wiederum ein Datum erzeugen, indem Sie die Funktion *=DATUM(Jahr;Monat;Tag)* einsetzen. Um diese Funktion auszuprobieren, geben Sie in die Zelle B1 einen Tag, in die Zelle B2 einen Monat und in die Zelle B3 ein Jahr ein. Die Formel *=DATUM(B3;B2;B1)* ergibt dann den 12.05.2025.

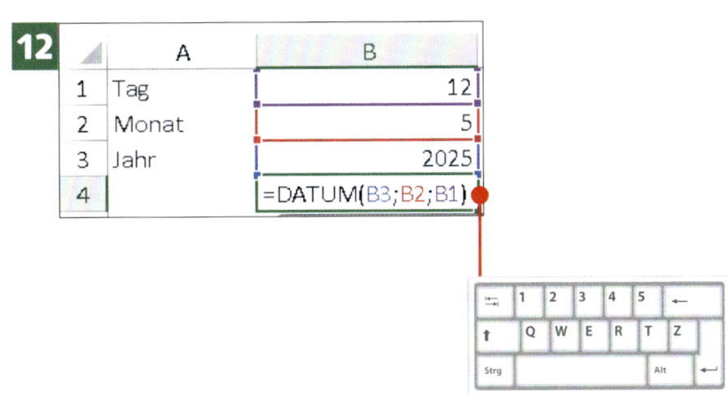

Wochentag als Text

Wollen Sie den Wochentag aus Schritt 11 direkt als Text sehen, verwenden Sie die Formel *=TEXT(A1;"TTTT")*.

Jahre, Monate, Tage (Forts.)

13

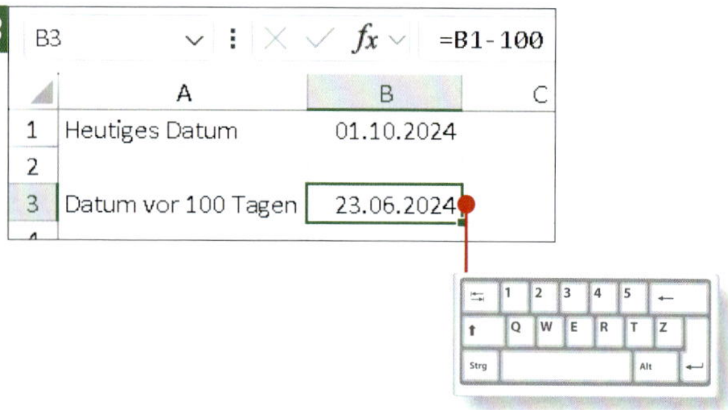

Schritt 13

Lassen Sie uns nun einige Rechnungen ausprobieren. Finden Sie z. B. das Datum heraus, das 100 Tage vor dem aktuellen liegt. In unserem Beispiel erhalten Sie diese Information, wenn Sie *=B1-100* in die Zelle B3 eintragen und ↵ drücken.

14

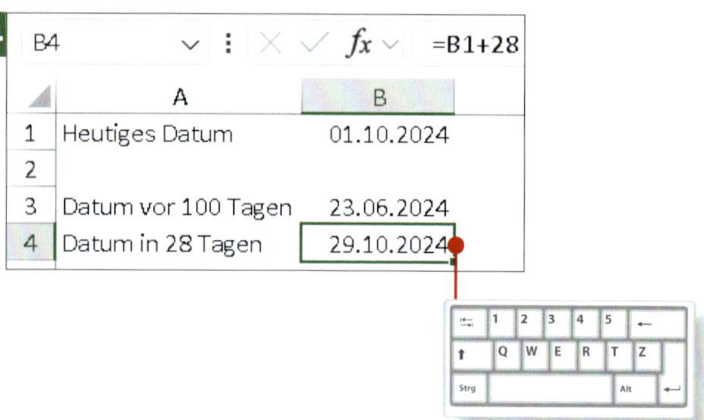

Schritt 14

Die Bücher aus der Bibliothek müssen in vier Wochen zurückgegeben werden, daher interessiert Sie das Datum in 28 Tagen. Die Formel, die Sie dafür in die Ergebniszelle B4 eintragen müssen, lautet *=B1+28*.

15

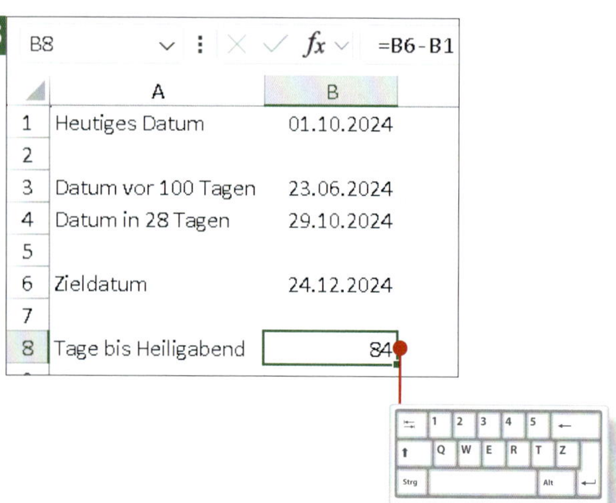

Schritt 15

Heiligabend ist nicht mehr lange hin. Aber wie viele Tage haben Sie wirklich noch Zeit, um die Geschenke zu besorgen? Geben Sie zunächst das Zieldatum in die Zelle B6 ein, also 24.12.2024, und ziehen Sie davon das aktuelle Datum ab. Die fertige Formel lautet also *=B6-B1*.

Tagesrechner online

Falls Ihnen Excel einmal nicht zur Verfügung stehen sollte, gibt es Tagesrechner auch im Internet. Geben Sie einfach »Tagesrechner« in eine Suchmaschine ein.

Schritt 16

Sie können auch monatsweise rechnen. Dazu bietet sich die Funktion *=EDATUM(Ausgangsdatum;Monate)* an. Sie gibt das Datum zurück, das eine bestimmte Anzahl von Monaten vor bzw. nach einem Ausgangsdatum liegt. Geben Sie in die Zelle A2 ein Ausgangsdatum ein.

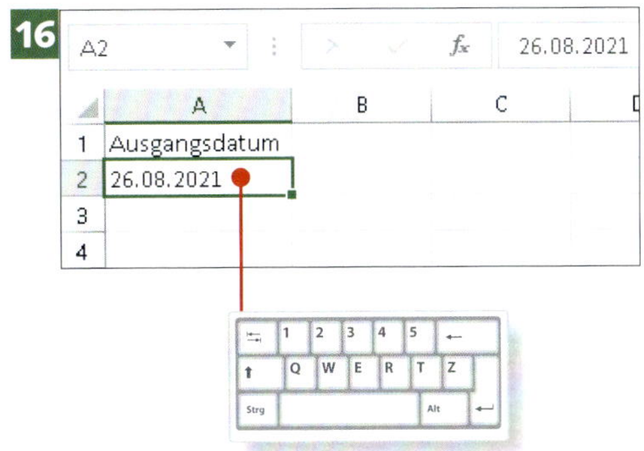

Schritt 17

Geben Sie nun die entsprechenden Formeln ein:

- Zelle A5: *=EDATUM(A2;1)*
- Zelle A6: *=EDATUM(A2;-1)*
- Zelle A7: *=EDATUM(A2;2)*
- Zelle A8: *=EDATUM(A2;-7)*

Wenn Sie ↵ drücken, sehen Sie das Ergebnis als Zahl.

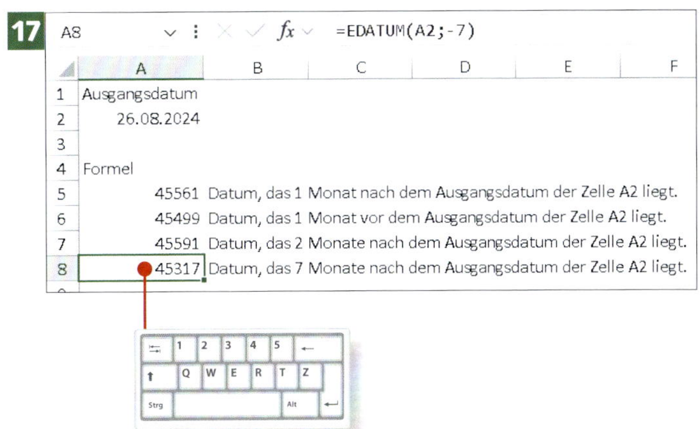

Schritt 18

Markieren Sie die Zellen A5:A8, und stellen Sie auf der Registerkarte **Start** in der Gruppe **Zahl** das Format **Datum, kurz** ein, um sich die Daten im richtigen Format anzeigen zu lassen.

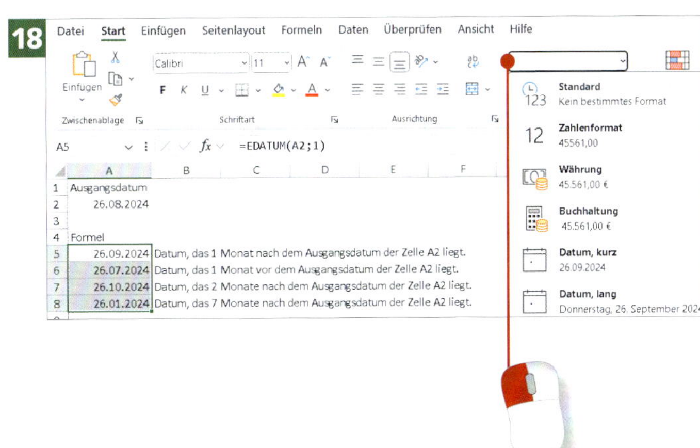

!

Datumsfunktion nutzen

Verwenden Sie als Ausgangsdatum nicht das konkrete Datum, sondern die Funktion **HEUTE()**, um Ihre Berechnungen stets aktuell zu halten.

Arbeitstage

Auch Berechnungen der Arbeitstage sind wichtig. Nicht zu den Arbeitstagen gezählt werden Wochenenden und Feiertage.

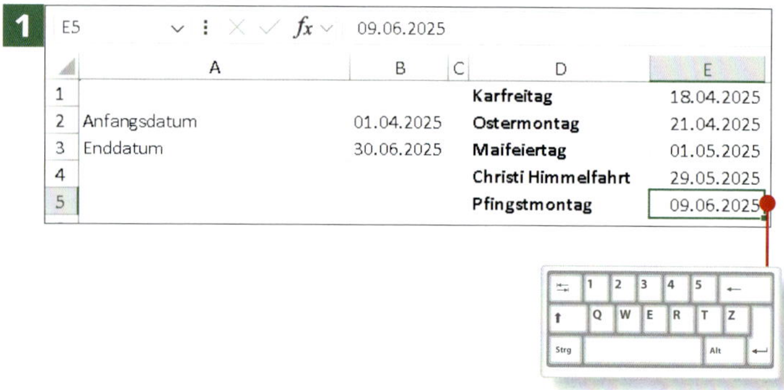

Schritt 1

Bereiten Sie zunächst eine Tabelle vor. Geben Sie, wie im Bild zu sehen, das Anfangs- und das Enddatum des Zeitraums ein, den Sie betrachten wollen, sowie die Feiertage, die in dieser Zeit anstehen.

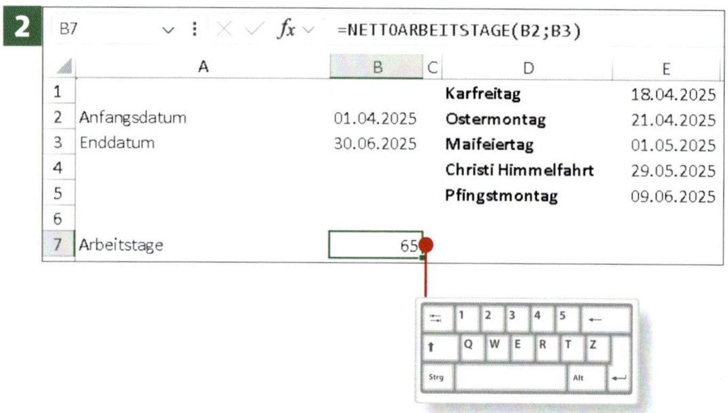

Schritt 2

Um herauszufinden, wie viele Arbeitstage zwischen dem 01.04.2025 und dem 30.06.2025 liegen, geben Sie *=NETTOARBEITSTAGE(B2;B3)* in die Zelle B7 ein. Wenn Sie ↵ drücken, werden 65 Arbeitstage ausgewiesen (alle Tage im Zeitraum abzüglich der Wochenenden).

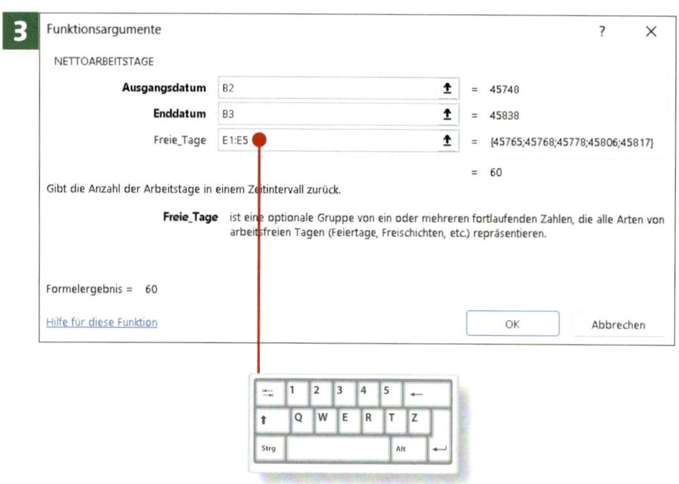

Schritt 3

Um noch die Feiertage herauszurechnen, öffnen Sie den Funktionsassistenten über die Schaltfläche **Funktion einfügen**. Geben Sie im Feld **Freie_Tage** den Bereich an, in den Sie in Schritt 1 die Feiertage eingetragen hatten, hier also »E1:E5«, und klicken Sie auf **OK**.

Schritt 4

Excel »denkt« in jedem Fall mit: Wenn der 1. Mai auf einen Sonntag fällt, würden in unserer Rechnung statt fünf nur vier Feiertage beachtet. Das Ergebnis sehen Sie in der Zelle B8 ❶.

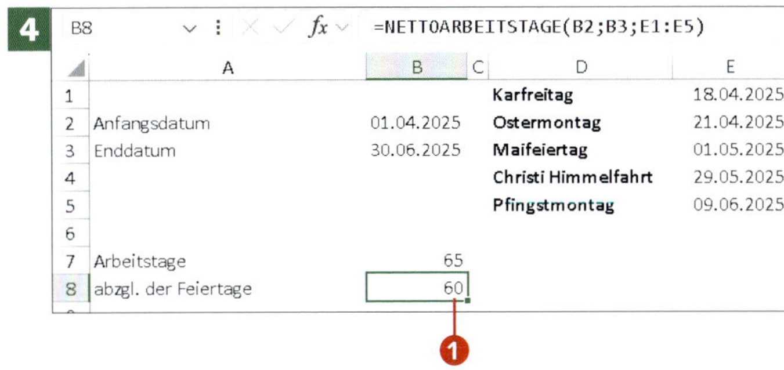

Schritt 5

Lassen Sie uns eine weitere Rechnung anstellen. Sie haben für ein Projekt eine Dauer von 100 Arbeitstagen vereinbart. Das Projekt beginnt am 01.04.2025, und Sie möchten nun wissen, wann genau es beendet sein wird. Geben Sie *=ARBEITSTAG(B2;B10)* in die Zelle B11 ein, und drücken Sie ↵.

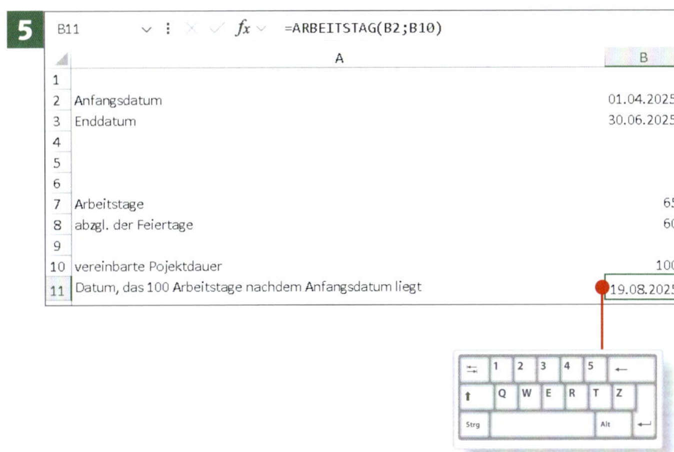

Schritt 6

Auch bei dieser Rechnung müssen die Feiertage einkalkuliert werden. Die Formel lautet dann so: *=ARBEITSTAG(B2;B10;E1:E5)* ❷. Dadurch verschiebt sich das Ende des Projekts auf den 25.08.2025.

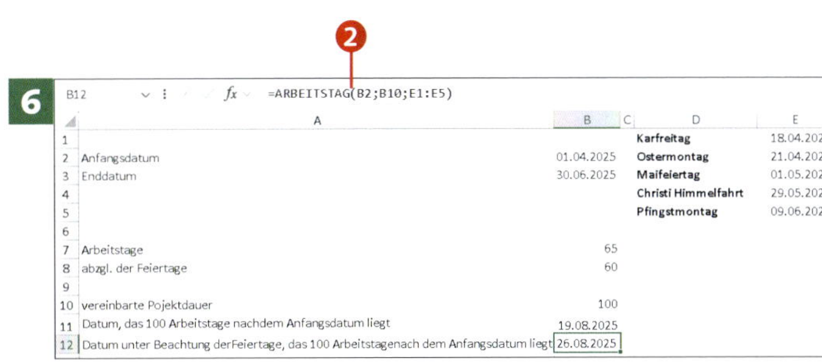

Feiertage

Sie müssen Feiertage nicht selbst in eine Excel-Tabelle eintragen. Suchen Sie im Internet nach »Feiertage CSV« und öffnen Sie die entsprechende CSV-Datei in Excel. Alternativ können Sie die Daten auch selbst berechnen.

Mit dem Datum rechnen

In diesem Abschnitt erstellen wir zunächst eine anpassbare Feiertagsliste. Im Anschluss daran lernen Sie, wie Sie wichtige Jubiläen berechnen.

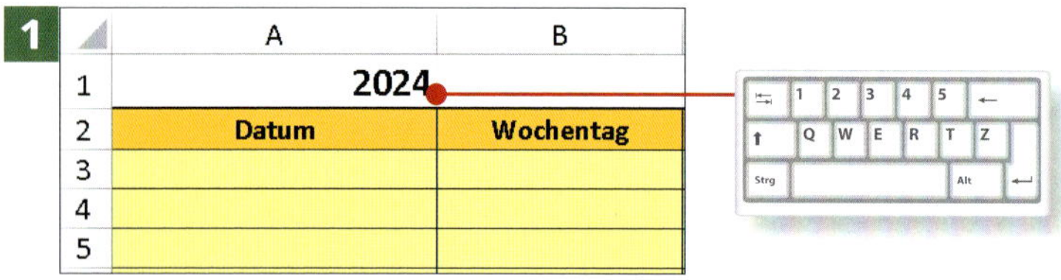

Schritt 1

Wir gestalten nun eine Feiertagsliste, die sich für verschiedene Jahre nutzen lässt. Bereiten Sie eine Tabelle vor, und gestalten Sie sie nach Ihren Wünschen. Dann tragen Sie in der Zelle A1 das aktuelle Jahr ein.

Schritt 2

Einige Feiertage fallen immer auf ein festes Datum, z. B. der Tag der Deutschen Einheit, die Weihnachtsfeiertage sowie Neujahr. Geben Sie also die passenden Formeln in die Zellen für die feststehenden Daten ein.

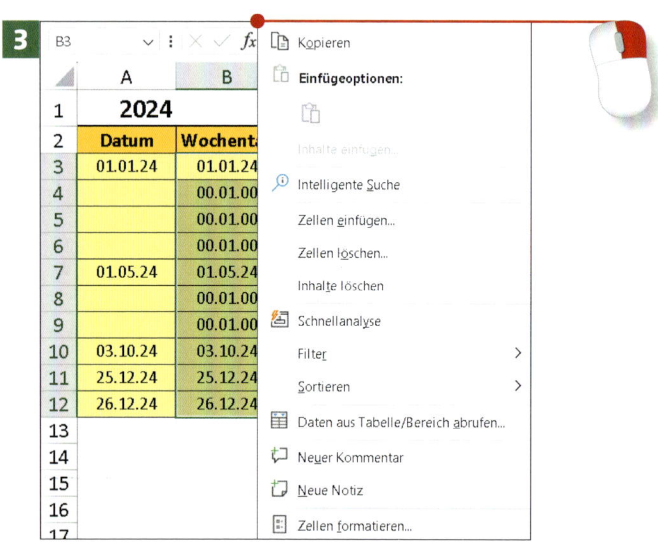

Schritt 3

Um den entsprechenden Wochentag zuzuordnen, geben Sie *=A3* in die Zelle B3 ein und vervielfältigen diese Eingabe mit der Autoausfüllen-Funktion. Markieren Sie dann die Zellen B3:B12, und klicken Sie im Kontextmenü auf **Zellen formatieren**. Im Dialogfenster wählen Sie unter **Benutzerdefiniert** den Typ **TTTT**.

Schritt 4

Da alle anderen Feiertage ausgehend von Ostersonntag berechnet werden, brauchen wir zuerst dieses Datum. Die *gaußsche Osterformel* erlaubt die Berechnung des Osterdatums für das jeweilige Jahr, das bei uns in Zelle A1 steht. Geben Sie also exakt folgende Formel in die Zelle A5 ein: *=DM((TAG(MINUTE(A1/38)/2+55)&".4."&A1)/7;)*7-6*.

A5 =DM((TAG(MINUTE(A1/38)/2+55)&".4."&A1)/7;)*7-6

	A	B	C
1	2024		
2	Datum	Wochentag	Feiertag
3	01.01.24	Montag	Neujahr
4	29.03.24	Freitag	Karfreitag
5	31.03.24	Sonntag	Ostersonntag
6	01.04.24	Montag	Ostermontag
7	01.05.24	Mittwoch	Maifeiertag
8	09.05.24	Donnerstag	Christi Himmelfahrt
9	20.05.24	Montag	Pfingstmontag
10	03.10.24	Donnerstag	Tag der Deutschen Einheit
11	25.12.24	Mittwoch	1. Weihnachtsfeiertag
12	26.12.24	Donnerstag	2. Weihnachtsfeiertag

Schritt 5

Nun brauchen wir noch die restlichen Feiertage. Karfreitag liegt immer zwei Tage vor Ostern, also geben Sie *=A5-2* in die Zelle A4 ein. Der Rest geht so:

- Ostermontag: *=A5+1*
- Christi Himmelfahrt: *=A5+39*
- Pfingstmontag: *=A5+50*

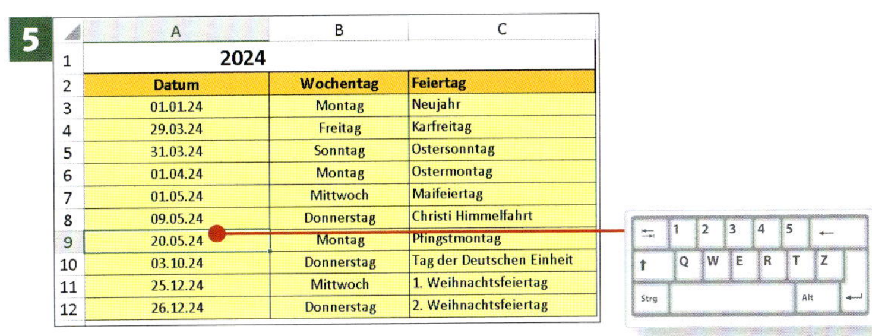

	A	B	C
1	2024		
2	Datum	Wochentag	Feiertag
3	01.01.24	Montag	Neujahr
4	29.03.24	Freitag	Karfreitag
5	31.03.24	Sonntag	Ostersonntag
6	01.04.24	Montag	Ostermontag
7	01.05.24	Mittwoch	Maifeiertag
8	09.05.24	Donnerstag	Christi Himmelfahrt
9	20.05.24	Montag	Pfingstmontag
10	03.10.24	Donnerstag	Tag der Deutschen Einheit
11	25.12.24	Mittwoch	1. Weihnachtsfeiertag
12	26.12.24	Donnerstag	2. Weihnachtsfeiertag

Schritt 6

Fertig ist der dynamische Kalender! Sie können ihn nun testen, indem Sie in die Zelle A1 verschiedene Jahreszahlen eingeben, z. B. 2025, wie in der nebenstehenden Abbildung zu sehen.

	A	B	C
1	2025		
2	Datum	Wochentag	Feiertag
3	01.01.25	Mittwoch	Neujahr
4	18.04.25	Freitag	Karfreitag
5	20.04.25	Sonntag	Ostersonntag
6	21.04.25	Montag	Ostermontag
7	01.05.25	Donnerstag	Maifeiertag
8	29.05.25	Donnerstag	Christi Himmelfahrt
9	09.06.25	Montag	Pfingstmontag
10	03.10.25	Freitag	Tag der Deutschen Einheit
11	25.12.25	Donnerstag	1. Weihnachtsfeiertag
12	26.12.25	Freitag	2. Weihnachtsfeiertag

Mit dem Datum rechnen (Forts.)

7

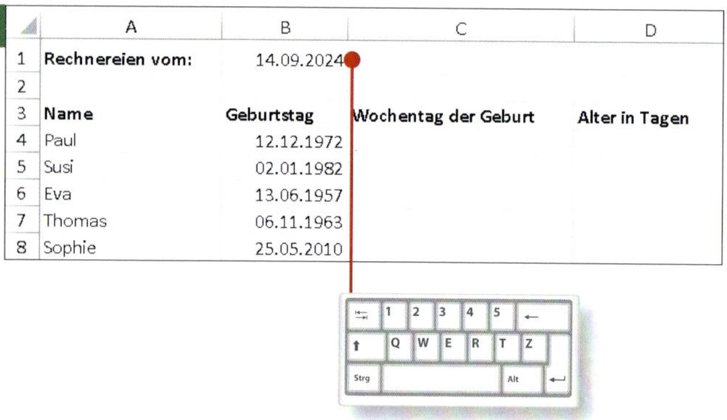

	A	B	C	D
1	Rechnereien vom:	14.09.2024		
2				
3	Name	Geburtstag	Wochentag der Geburt	Alter in Tagen
4	Paul	12.12.1972		
5	Susi	02.01.1982		
6	Eva	13.06.1957		
7	Thomas	06.11.1963		
8	Sophie	25.05.2010		

Schritt 7

In der nächsten Beispielrechnung geht es um Festtage unserer Freunde und Verwandten. Erfassen Sie zunächst die Texte für die Überschriften sowie verschiedene Geburtstage. In die Zelle B1 geben Sie die Formel für das aktuelle Datum ein: =*HEUTE()*. Auf diese Art sind Sie beim Öffnen der Tabelle immer auf dem aktuellen Stand.

8

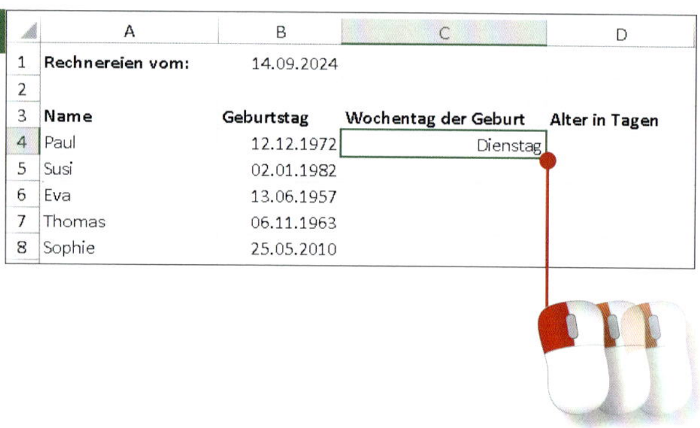

	A	B	C	D
1	Rechnereien vom:	14.09.2024		
2				
3	Name	Geburtstag	Wochentag der Geburt	Alter in Tagen
4	Paul	12.12.1972	Dienstag	
5	Susi	02.01.1982		
6	Eva	13.06.1957		
7	Thomas	06.11.1963		
8	Sophie	25.05.2010		

Schritt 8

Den Wochentag der Geburt finden Sie so heraus: Geben Sie z. B. =*B4* in die Zelle C4 ein, und formatieren Sie die Zelle mit dem Datumsformat **TTTT**. Die anderen Zellen füllen Sie mithilfe der Autoausfüllen-Funktion.

9

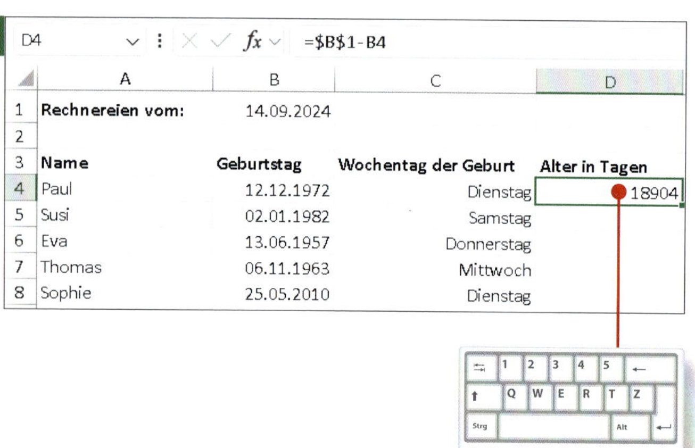

D4 fx =$B$1-B4

	A	B	C	D
1	Rechnereien vom:	14.09.2024		
2				
3	Name	Geburtstag	Wochentag der Geburt	Alter in Tagen
4	Paul	12.12.1972	Dienstag	18904
5	Susi	02.01.1982	Samstag	
6	Eva	13.06.1957	Donnerstag	
7	Thomas	06.11.1963	Mittwoch	
8	Sophie	25.05.2010	Dienstag	

Schritt 9

Pauls Alter in Tagen berechnen Sie, indem Sie sein Geburtsdatum vom aktuellen Datum abziehen. Vergessen Sie nicht, den Verweis auf das aktuelle Datum vor dem Autoausfüllen als absolut zu formatieren. Die Formel lautet also =*$B$1-B4*.

Autoausfüllen

Wie Sie die Autoausfüllen-Funktion nutzen können, lesen Sie im Abschnitt »Formeln per Ausfüllfunktion erzeugen« auf Seite 154.

Schritt 10

Es kann nicht genug Anlässe für Feiern mit seinen Liebsten geben. Wie wäre es z. B., Paul zu 19.000 Tagen auf dieser Welt zu gratulieren? Geben Sie dazu 19000 in die Zelle E4 ein. Für andere Freunde oder Verwandte können Sie sich andere Jubiläen ausdenken.

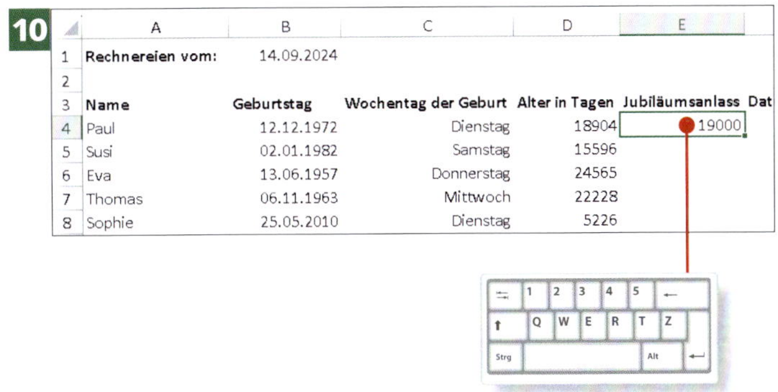

Schritt 11

Nun wollen wir das Datum errechnen, auf das das Jubiläum fällt. Addieren Sie dazu in der Zelle F4 das Geburtsdatum und die Jubiläumstage, hier also mithilfe der Formel *=B4+E4*.

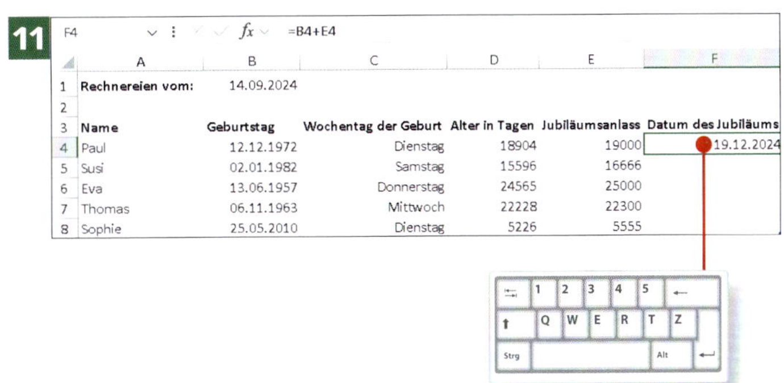

Schritt 12

Sie können die Tabelle nach Ihren Wünschen gestalten (siehe Kapitel 4, »Tabellen professionell gestalten«). Markieren Sie dazu den Bereich, und klicken Sie auf der Registerkarte **Start** in der Gruppe **Formatvorlagen** auf **Als Tabelle formatieren**. Wir haben hier das Tabellenformat **Orange, Tabellenformat - Mittel 7** verwendet.

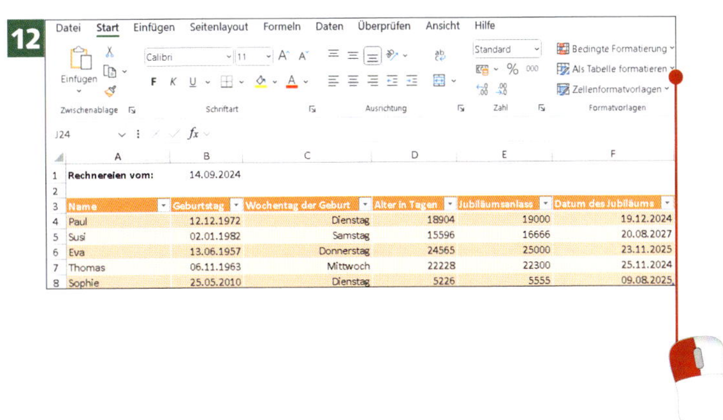

Eine Geburtstagsliste erstellen

1

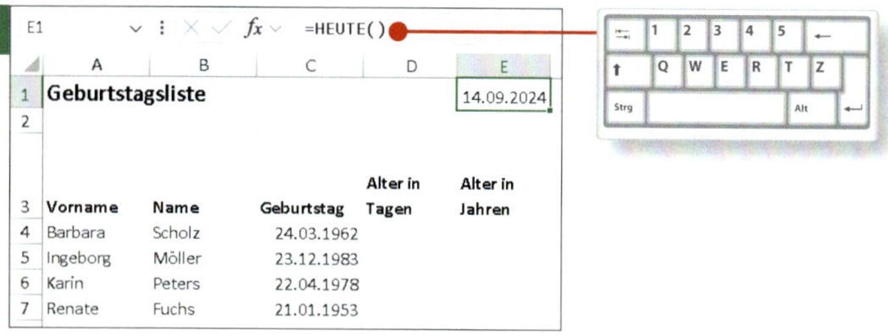

2

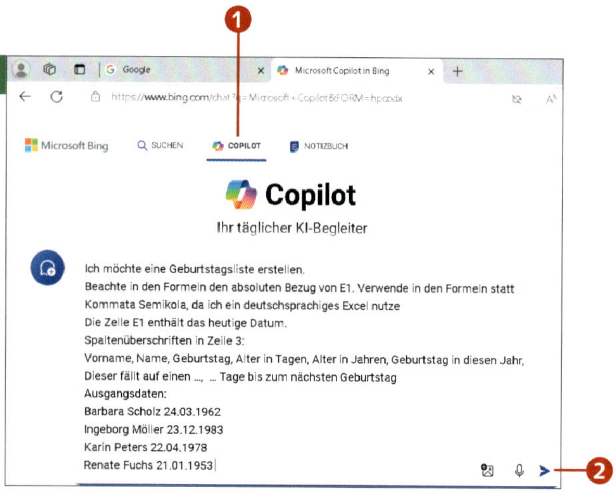

3

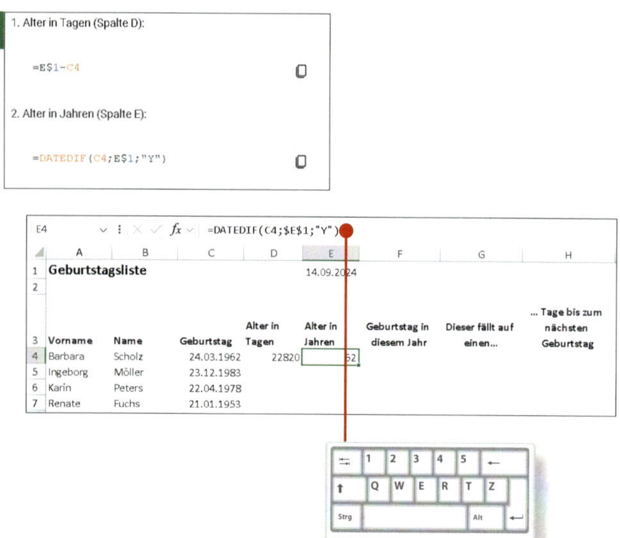

In diesem Abschnitt erstellen Sie eine Übersicht, die die Geburtstage Ihrer Freunde einschließlich ihres aktuellen Alters enthält. Lassen Sie sich bei der Erstellung von der KI unterstützen.

Schritt 1

Erfassen Sie zunächst die Namen und Geburtstage Ihrer Liebsten. In der Zelle E1 stellen Sie mithilfe der Formel *=HEUTE()* das aktuelle Datum dar.

Schritt 2

Diesen Entwurf und Ihre Wünsche in Hinblick auf das fertige Resultat teilen Sie nun Microsoft Copilot mit. Nutzen Sie dazu Microsoft Copilot **1** in Bing. Der blaue Pfeil rechts unten **2** sendet die Anweisungen zur Ausführung ab. Sie erhalten dann eine detaillierte Anleitung zur Umsetzung.

Schritt 3

Die vorgeschlagenen Formeln *=$E$1-C4* und *=DATEDIF(C4;$E$1;"Y")* tragen Sie in die Zellen D4 und E4 ein. Die Syntax von DATEDIF lautet: *=DATEDIF(Startdatum; Enddatum; "Einheit")*.

Schritt 4

Anschließend können Sie Excel die beiden Formeln für alle anderen Personen automatisch ausfüllen lassen, indem Sie das Ausfüllkästchen nach unten ziehen.

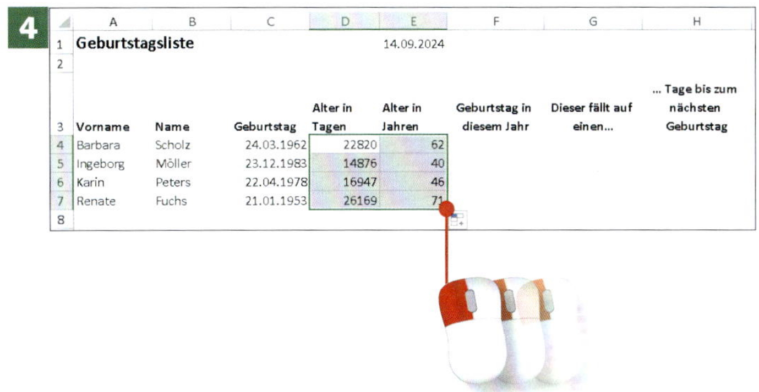

Schritt 5

Nun wollen wir den Wochentag herausfinden, auf den der Geburtstag jeweils fällt. Copilot schlägt die Datumsfunktion =*DATUM(Jahr; Monat;Tag)* vor. Tragen Sie in Zelle F4 =*DATUM(JAHR($E$1);MONAT (C4);TAG(C4))* ein.

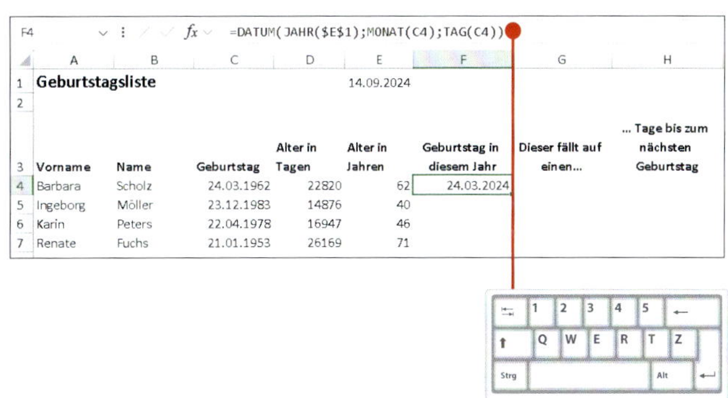

Schritt 6

Wir wollen wissen, auf welchen Wochentag der Geburtstag fällt. Das könnten Sie über die Formatierung realisieren. Drücken Sie Strg + 1. In der Kategorie **Benutzerdefiniert** ❸ tragen Sie bei **Typ** Ihr Wunschformat ein: »TTTT«. Bestätigen Sie es mit **OK**.

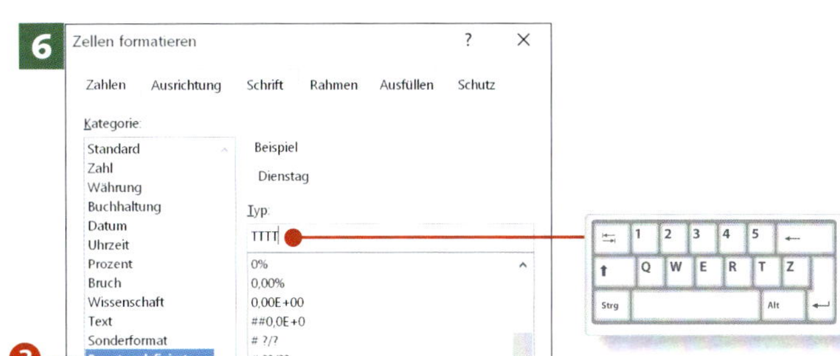

Copilot-Eingabe: Prompt

Geben Sie einer KI möglichst präzise Anweisungen. Geben Sie auch an, dass Sie ein deutschsprachiges Excel nutzen, um die richtigen Funktionen zu erhalten.

Eine Geburtstagsliste erstellen (Forts.)

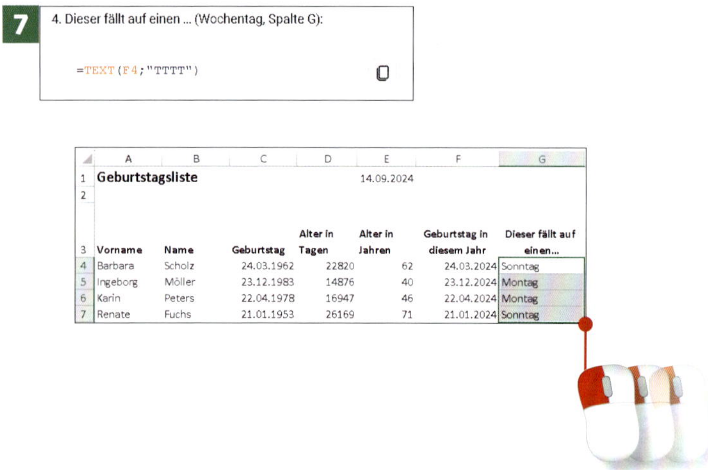

Schritt 7

Copilot schlägt stattdessen eine Formel *=TEXT(F4;"TTTT")* in der Zelle G4 vor. Nun zeigt Excel Ihnen den Wochentag an, auf den der Geburtstag im jeweiligen Jahr fällt. Die Formel kann über Autoausfüllen vervielfältigt werden.

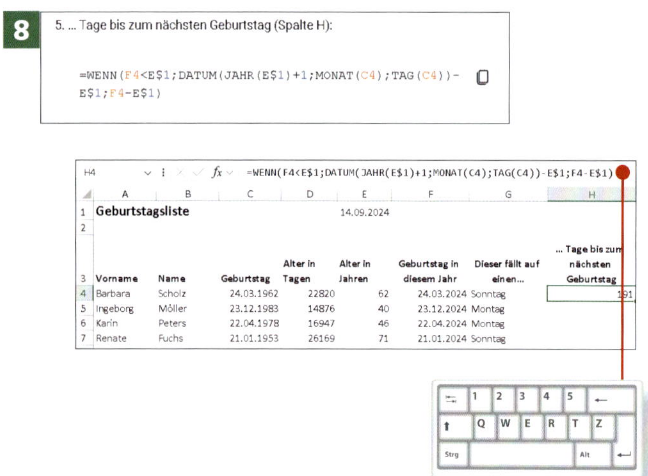

Schritt 8

In der Spalte H soll zu guter Letzt noch angezeigt werden, wie lange es noch bis zum nächsten Geburtstag dauert. Copilot schlägt als Lösung eine WENN-Funktion vor. Diese untersucht, ob der Geburtstag vor oder nach dem heutigen Datum liegt. *=WENN(F4<E$1;DATUM(JAHR(E$1)+1;MONAT(C4);TAG(C4))-E$1;F4-E$1)*

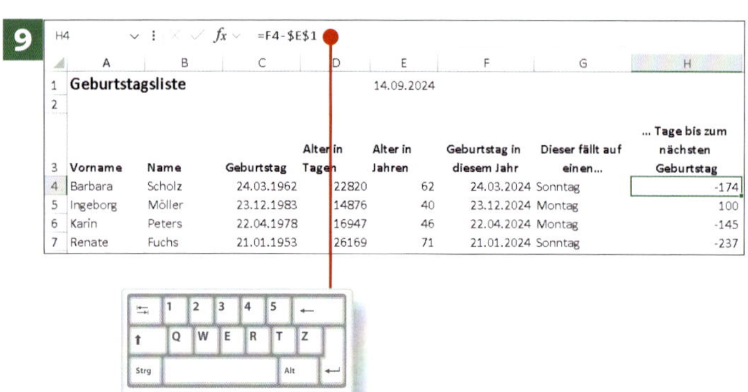

Schritt 9

Da die WENN-Funktion erst im übernächsten Kapitel eingeführt wird, können Sie auch die kürzere Formel *=F4-$E$1* nutzen. Der Ausfüllmodus füllt die jeweils fehlenden Formeln automatisch aus. Ein Minus vor der Zahl zeigt an, dass der Geburtstag bereits vorbei ist.

Schritt 10

Copilot stellt abschließend alle Vorschläge noch einmal tabellarisch dar.

Schritt 11

Es wird sogar angeboten, die Tabelle durch Klick rechts oben in Excel zu bearbeiten ❶. Die Tabelle wird in der Version *Excel für das Web* dargestellt.

Schritt 12

Leider wird dieser Schritt zur Zeit der Drucklegung nicht befriedigend ausgeführt. Die Anweisung, dass die Zelle E1 das heutige Datum enthält und die Spaltenüberschriften in Zeile 3 stehen, wurde nicht umgesetzt. Hier müssen Sie von Hand nachbessern.

10

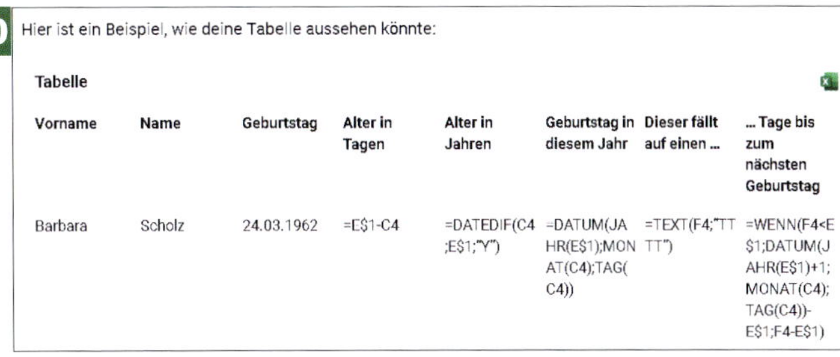

11

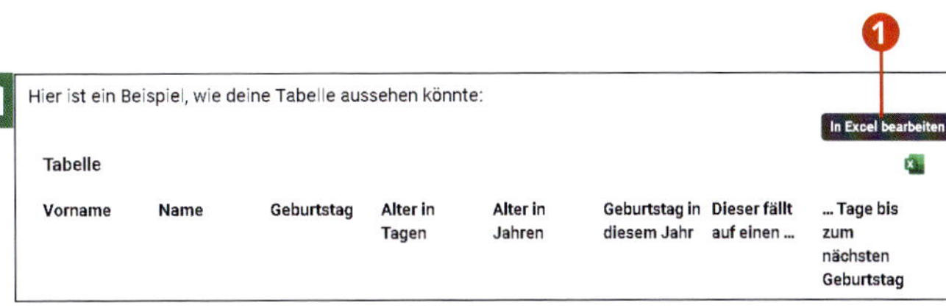

12

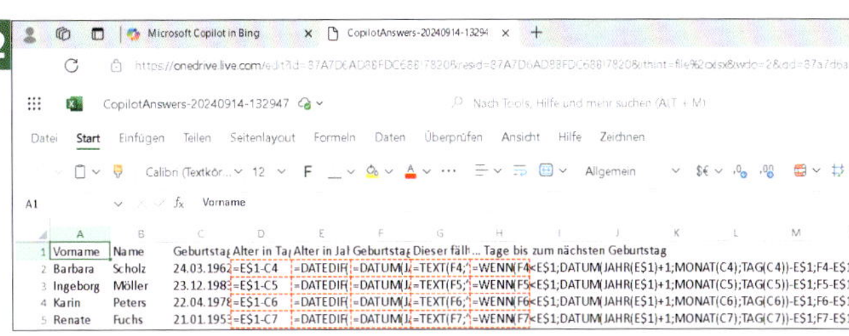

Copilot

Copilot in Excel selbst steht Ihnen nur in Microsoft 365 zur Verfügung, wenn Sie eine auf OneDrive oder SharePoint gespeicherte Arbeitsmappe öffnen.

Mit Zeitangaben rechnen

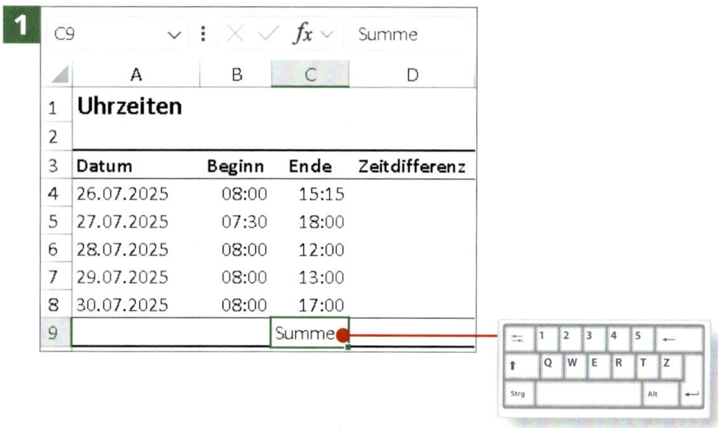

Beim Rechnen mit Zeitangaben gibt es ein paar Besonderheiten, die wir in diesem Abschnitt betrachten werden.

Schritt 1

Uhrzeiten werden im Format *hh:mm* eingegeben. Bereiten Sie ein entsprechendes Beispiel vor, wie es in der nebenstehenden Abbildung zu sehen ist.

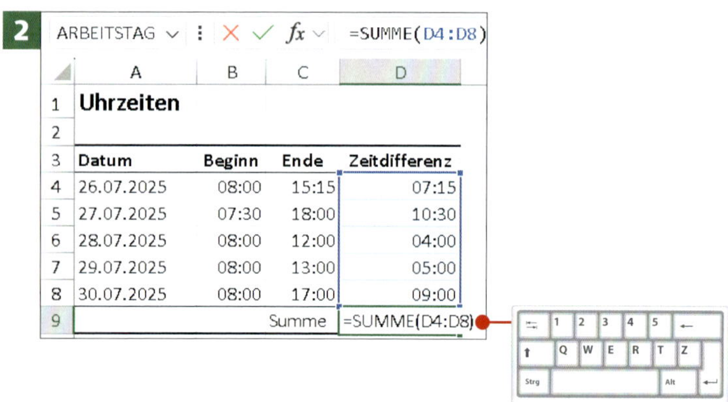

Schritt 2

Zeitangaben lassen sich addieren und subtrahieren. Berechnen Sie die Differenzen, indem Sie *=C4-B4* in die Zelle D4 eingeben und die Formel in die darunterliegenden Zellen kopieren. Dann berechnen Sie die Summe aller Differenzen in der Zelle D9 mit *=SUMME(D4:D8)*.

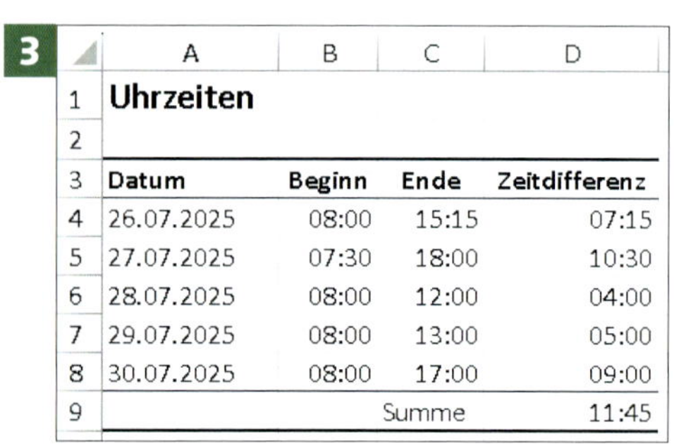

Schritt 3

Was sonst sehr praktisch ist, ist hier leider hinderlich: Das Ergebnis in Zelle D9 ist falsch, weil Excel beim Erreichen von 24 Stunden automatisch wieder bei 0 zu zählen beginnt. Die Summe wird also als Uhrzeit angezeigt. Ähnlich ist es bei Minutenangaben: Hier fängt Excel beim Erreichen von 60 Minuten wieder bei 0 an.

Schritt 4

Dieses Problem lösen Sie, indem Sie das Format der Zellen ändern. Markieren Sie die markierten Zellen durch einen Rechtsklick, und wählen Sie aus dem Kontextmenü **Zellen formatieren**.

4

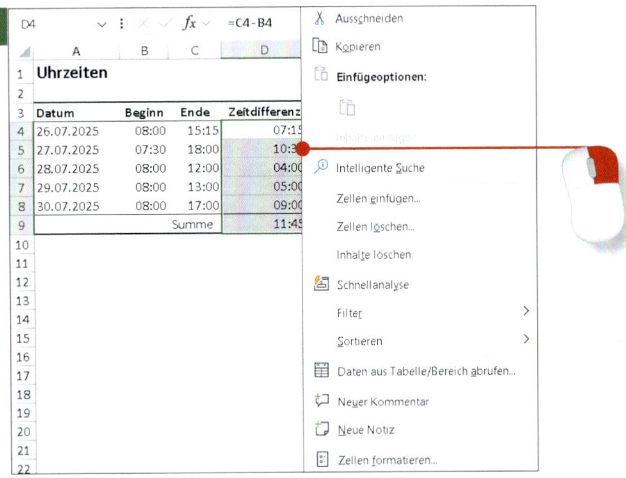

Schritt 5

Auf der Registerkarte **Zahlen** wählen Sie unter **Kategorie** den Eintrag **Benutzerdefiniert** ❶ und rechts dann den Typ **[h]:mm:ss**. Prima – nun wird das Ergebnis in der Zelle D9 exakt angezeigt, nämlich die Summe der Stunden, Minuten und Sekunden.

5

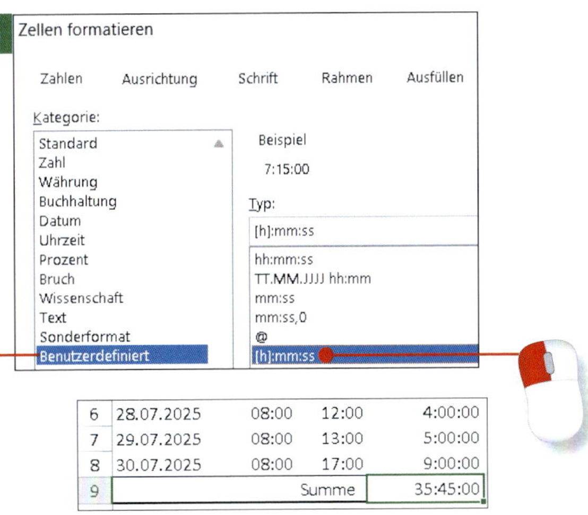

Schritt 6

Für den nächsten Fall ändern Sie die Beispielzeiten so, dass sie über die Tagesgrenze hinausgehen. Wenn Sie so beispielsweise die Dauer Ihrer Nachtschicht berechnen wollen, liefert die Funktion in Spalte D Fehlerwerte ❷.

6

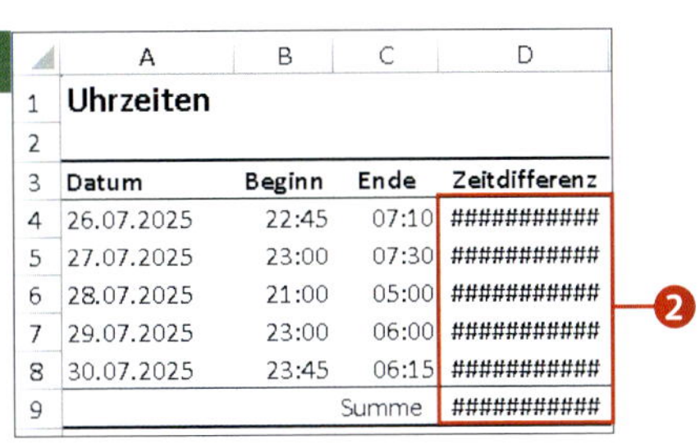

!

Falsche Berechnungen sehen

Wenn – wie hier – in Spalte D nur Rauten angezeigt werden, müssen Sie die Spalte breiter ziehen.

Mit Zeitangaben rechnen (Forts.)

7

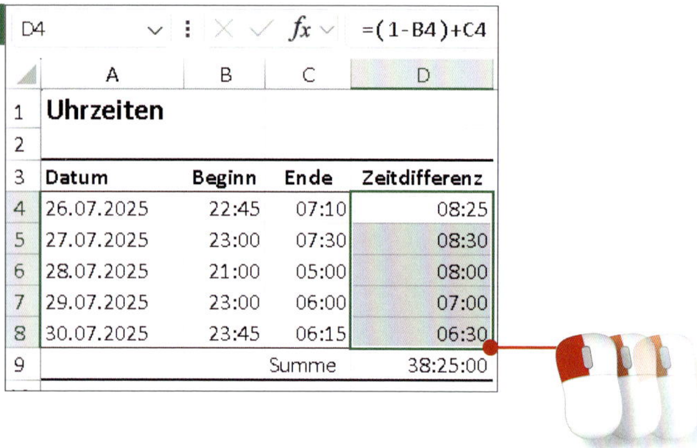

Schritt 7

Verändern Sie die Formel in der Zelle D4 wie folgt: *=(1-B4)+C4*. Füllen Sie dann die Zellen D5:D8 automatisch aus. Wird eine Tagesgrenze überschritten, berechnet die Formel nun zuerst die Stunden bis 24:00 Uhr und addiert dann die Stunden des neuen Tages.

8

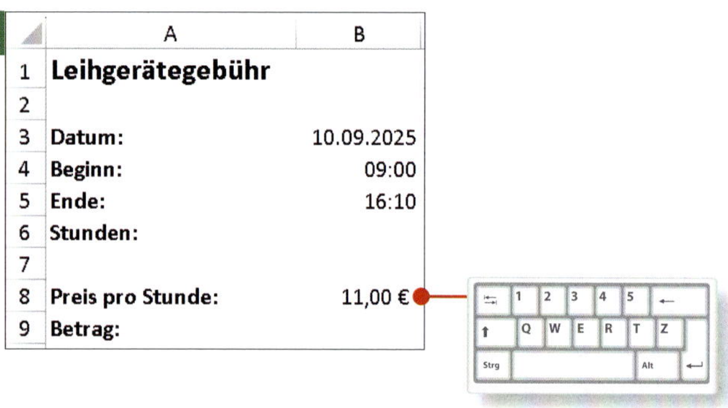

Schritt 8

Möchten Sie bei einer Zeitangabe auf Stunden, Minuten oder Sekunden zurückgreifen, ist das mithilfe der entsprechenden Funktionen möglich. Wir probieren nun die Zeitfunktionen am Beispiel einer Rechnungserstellung für die Leihgerätegebühr aus. Bereiten Sie das Beispiel so vor wie in der nebenstehenden Abbildung.

9

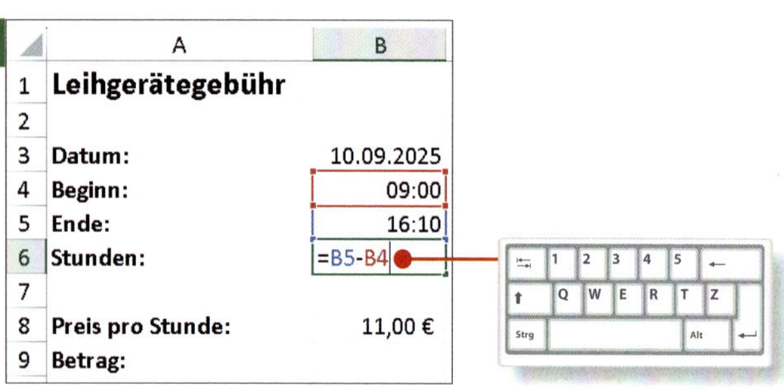

Schritt 9

Die Bezahlung erfolgt pro Stunde. Für jede angefangene Stunde wird die Gebühr für eine volle Stunde berechnet. Aus der Beginn- und der Endzeit können Sie für die Zelle B6 mit der Formel *=B5-B4* die genaue Nutzungszeit von 07:10 ermitteln. Dieser Wert hilft Ihnen aber nicht weiter, da Sie für die Betragsberechnung die Zeit als Zahl benötigen.

Schritt 10

Ermitteln Sie also zunächst Stunden und Minuten, indem Sie die Formel entsprechend ändern: *=STUNDE(B5-B4)+MINUTE(B5-B4)/60*. Falls Ihr Ergebnis nicht 7,166666667 lautet, hat die Zelle B6 das Zeitformat. Formatieren Sie die Zelle als **Standard**.

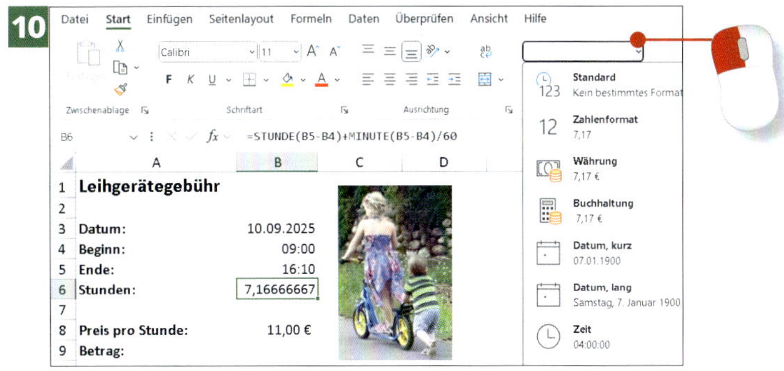

Schritt 11

Nun können Sie das ermittelte Ergebnis auch noch auf ganze Stunden aufrunden. Ändern Sie die Formel in der Zelle B6 wie folgt: *=AUFRUNDEN(STUNDE(B5-B4)+MINUTE(B5-B4)/60;0)*.

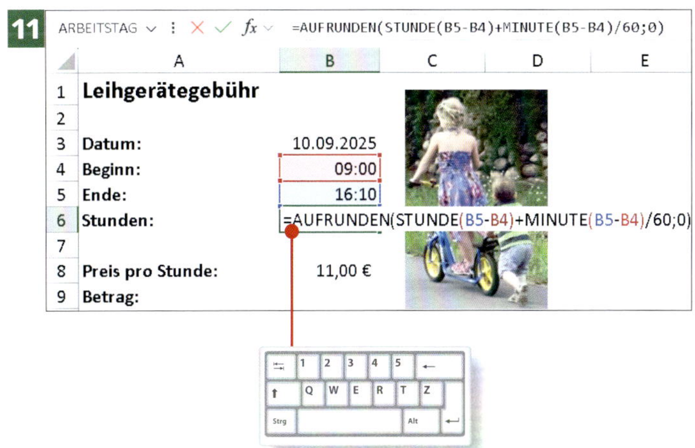

Schritt 12

Die Berechnung der Gebühr ist nun ganz einfach. Geben Sie die Formel *=B6*B8* in die Zelle B9 ein. Das Ergebnis von 88,00 € wird in derselben Zelle angezeigt, wenn Sie [↵] drücken.

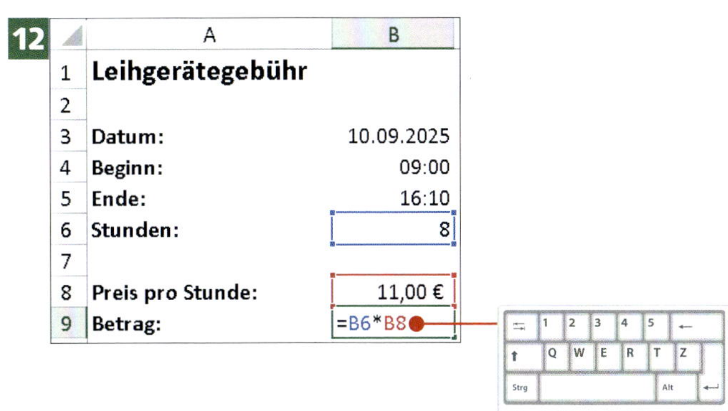

Funktion ABRUNDEN

Entsprechend der Funktion **AUFRUNDEN** funktioniert auch die Funktion **ABRUNDEN**.

Die WENN-Funktion am Beispiel erklärt

Die WENN-Funktion gehört zu den Logikfunktionen, die recht häufig in der Praxis eingesetzt werden.

Schritt 1

Mit der Funktion **WENN** prüfen Sie Werte oder Formeln und können je nach Ergebnis über die Folge entscheiden. Sie können Sachverhalte testen und abhängig vom Ergebnis Berechnungen durchführen, Texte ausgeben oder auf andere Zellinhalte verweisen.

1

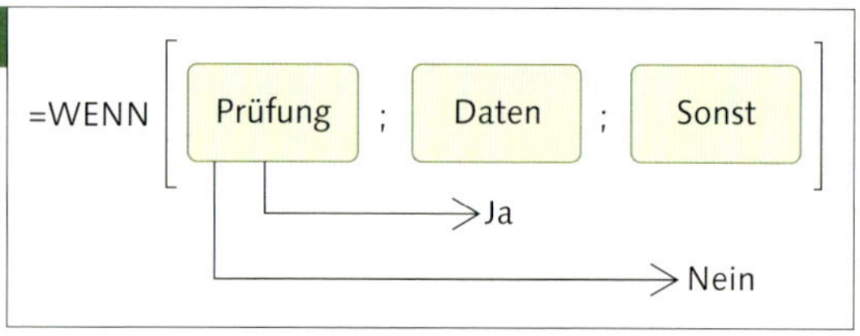

Schritt 2

In einer solchen Prüfung kommen verschiedene Vergleichsoperatoren zum Einsatz. Sie hat folgende Syntax: *=WENN(Prüfung;Dann-Wert;Sonst-Wert)*. Das Resultat der Prüfung ist **WAHR** (Dann-Wert) oder **FALSCH** (Sonst-Wert).

2

Vergleichsoperator	Bedeutung
=	gleich
>	größer als
<	kleiner als
>=	größer oder gleich
<=	kleiner oder gleich
<>	ungleich

Schritt 3

Wir wollen nun mithilfe der Funktion **WENN** einen umsatzabhängigen Rabatt errechnen. Wer weniger als 10.000€ Umsatz macht, bekommt 10€ Rabatt, die anderen bekommen 120€. Bereiten Sie die Tabelle so vor wie im nebenstehenden Bild.

3

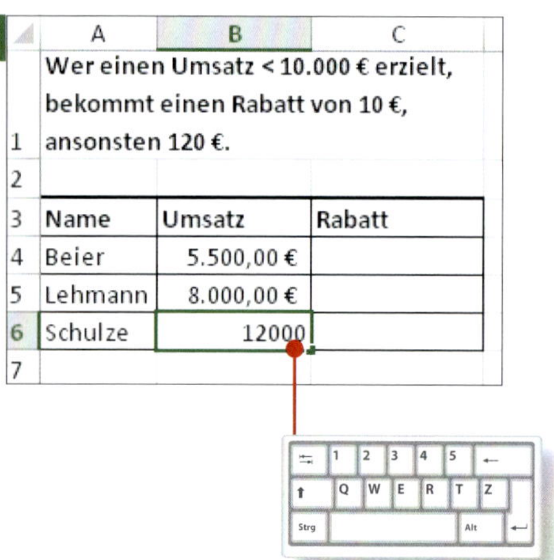

Schritt 4

Markieren Sie die Zelle C4; hier wollen Sie das Ergebnis darstellen. Zur Eingabe der Formel öffnen Sie den Funktionsassistenten über die Schaltfläche **Funktion einfügen**. Im Bereich **Kategorie auswählen** wählen Sie die Option **Logik** ❶ und unter **Funktion auswählen** die Funktion **WENN**. Bestätigen Sie Ihre Wahl mit **OK**.

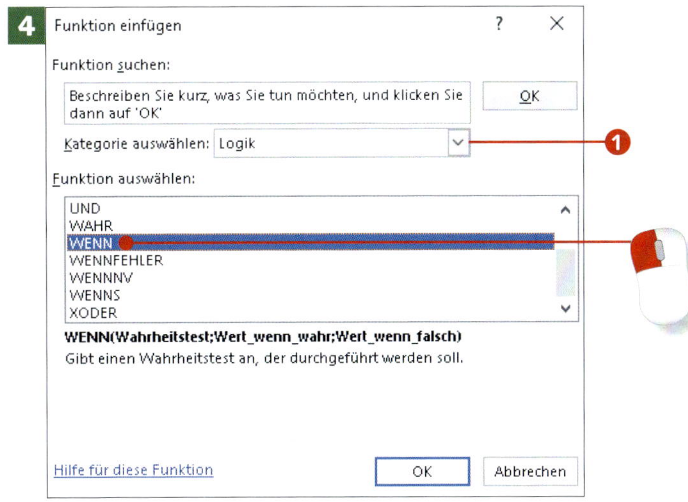

Schritt 5

Im zweiten Schritt geben Sie als Funktionsargumente folgende Werte ein:

- **Wahrheitstest**: B4<10000
- **Wert_wenn_wahr**: 10
- **Wert_wenn_falsch**: 120

Bestätigen Sie Ihre Eingaben erneut mit **OK**.

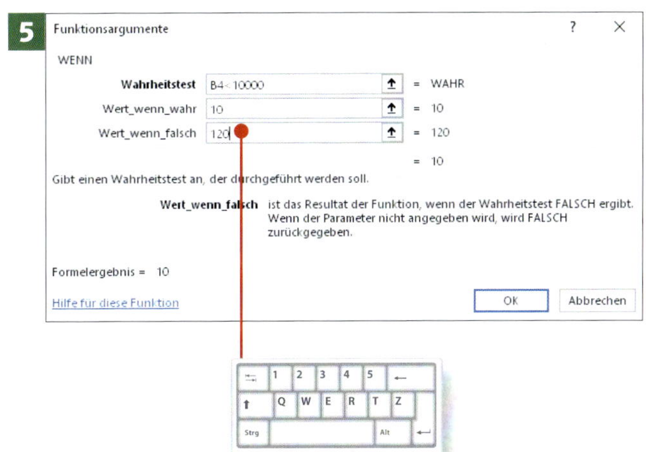

Schritt 6

Die fertige Formel, *=WENN(B4<10000;10;120)*, können Sie nun automatisch in die nächsten Zellen übertragen, indem Sie das Ausfüllkästchen mit gedrückter Maustaste über die entsprechenden Zellen ziehen.

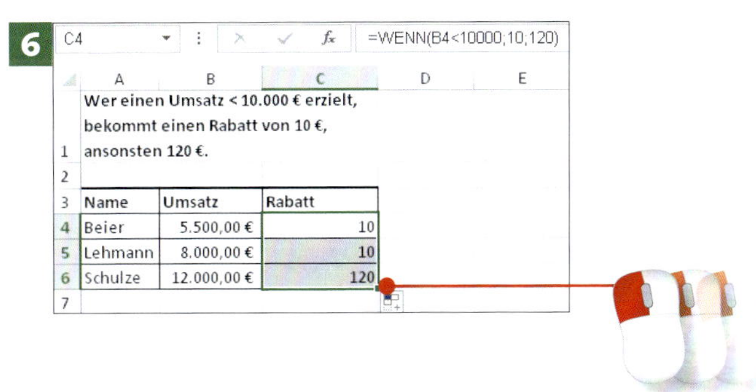

Die WENN-Funktion am Beispiel erklärt (Forts.)

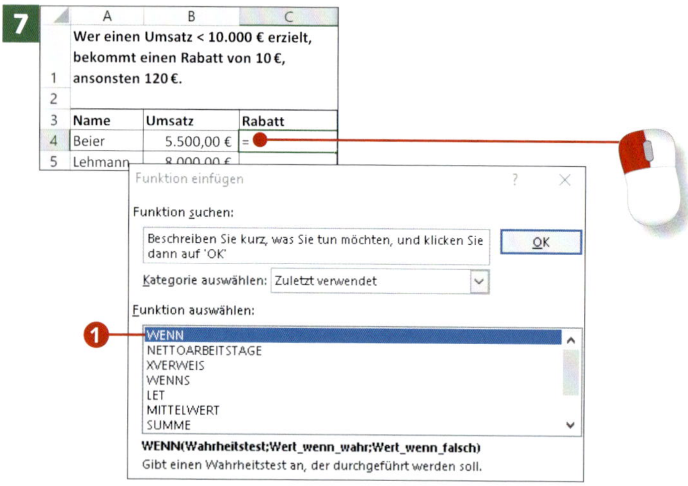

Schritt 7

Im nächsten Beispiel tragen Sie für den Rabatt keinen festen Wert ein, sondern berechnen ihn prozentual. Markieren Sie wie zuvor die Ergebniszelle, öffnen Sie den Funktionsassistenten, wählen Sie die Funktion **WENN** ❶ aus, und bestätigen Sie mit **OK**.

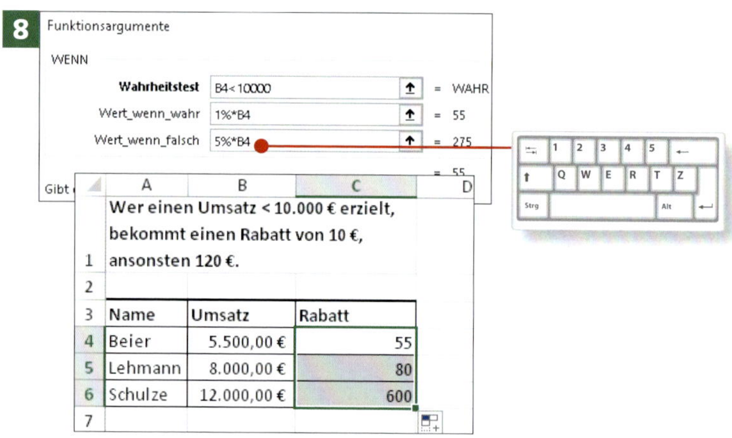

Schritt 8

Im zweiten Schritt des Funktionsassistenten geben Sie die entsprechenden Argumente wie folgt ein:

- **Wahrheitstest**: B4<10000
- **Wert_wenn_wahr**: 1%*B4
- **Wert_wenn_falsch**: 5%*B4

Nun bestätigen Sie Ihre Eingaben mit **OK**. Die fertige Formel lautet: *=WENN(B4<10000;1%*B4;5%*B4)*, und in den Zellen wird der zahlbare Rabatt angezeigt.

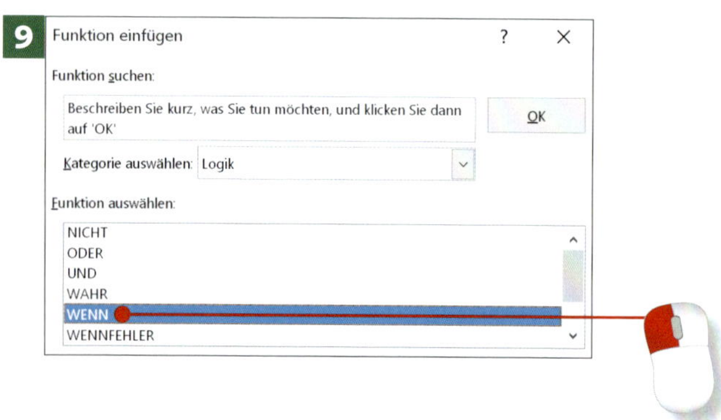

Schritt 9

Nun können Sie in Spalte D noch einen beschreibenden Text ergänzen. Markieren Sie dazu die Zelle D4, wählen Sie im Funktionsassistenten die Funktion **WENN** aus, und klicken Sie auf **OK**.

Schritt 10

Im dritten Schritt des Funktionsassistenten geben Sie diesmal die Beschreibungen als Argumente an. Die Texte kennzeichnet der Assistent automatisch durch Anführungszeichen. Bestätigen Sie Ihre Eingaben mit **OK**. Die fertige Formel können Sie auf die anderen Zeilen übertragen: *=WENN(B4<10000;"leider nur 1 % Rabatt";"super, 5 % Rabatt!").*

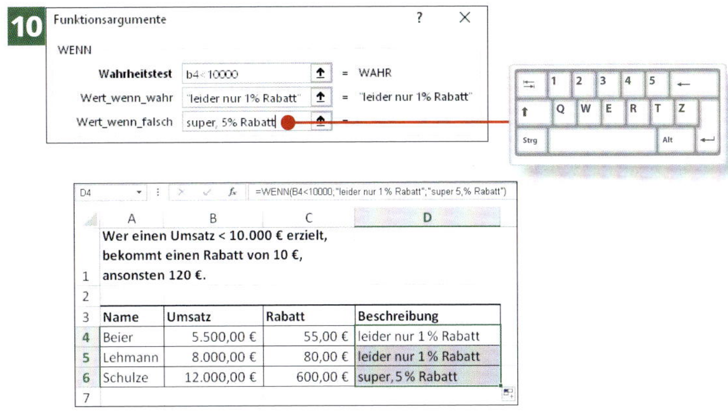

Schritt 11

Das letzte Beispiel ist eine Ja/Nein-Entscheidung. Wir fragen ab, ob eine Zelle die Zeichenkette *Ja* oder *Nein* enthält. Markieren Sie die Zelle C4, wählen Sie im Funktionsassistenten die Funktion **WENN** aus, und klicken Sie auf **OK**.

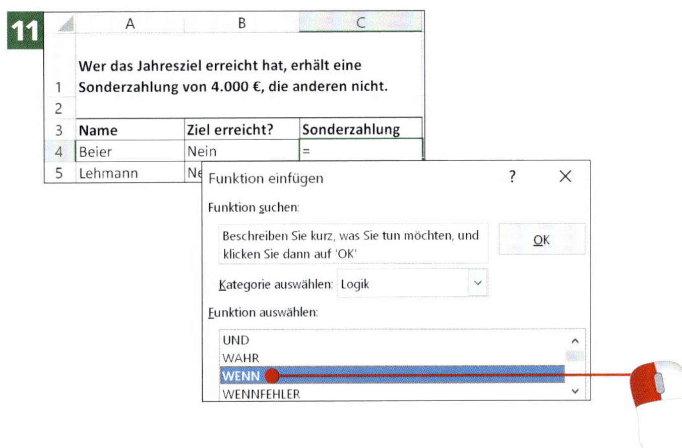

Schritt 12

Geben Sie folgende Argumente an:

- **Wahrheitstest**: B4="Nein"
- **Wert_wenn_wahr**: 0
- **Wert_wenn_falsch**: 4000

Hier müssen Sie den Text selbst in Anführungszeichen setzen. Nachdem Sie auf **OK** geklickt haben, sehen Sie das Ergebnis in der Tabelle.

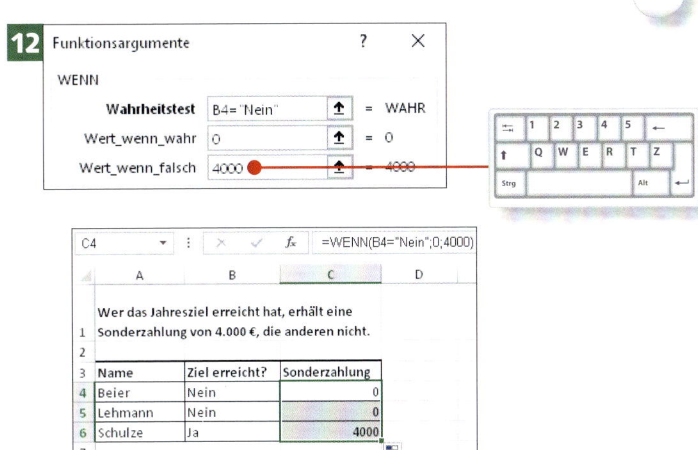

Funktionen verschachteln

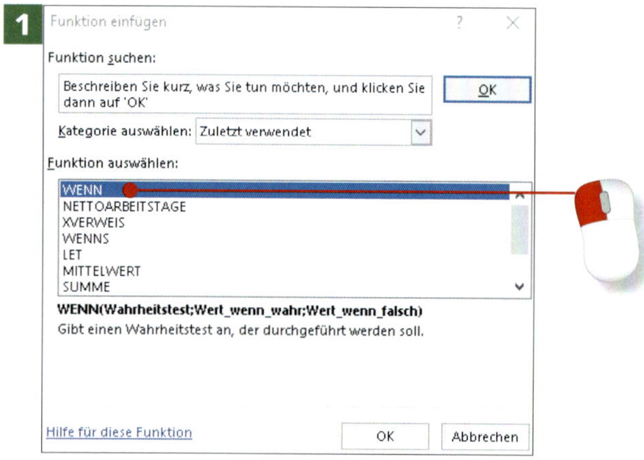

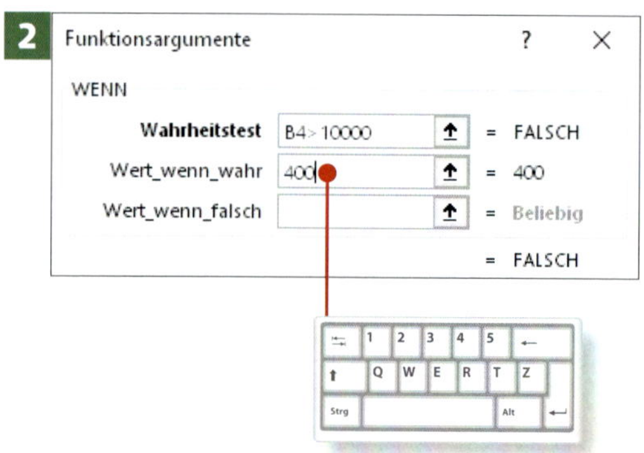

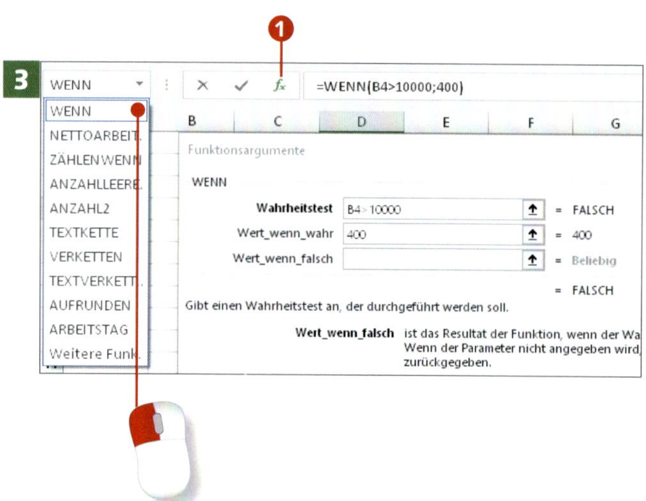

Manchmal ist es nötig, eine Funktion als eines der Argumente einer anderen Funktion zu nutzen. So können Sie bis zu 64 WENN-Funktionen als Argument für den Dann- und den Sonst-Wert verschachteln.

Schritt 1

Wir berechnen einen umsatzabhängigen Rabatt. Allerdings formulieren wir diesmal eine dritte Rabattstufe und damit eine weitere Bedingung. Wählen Sie wie gehabt im Funktionsassistenten die Funktion **WENN** aus.

Schritt 2

Im zweiten Schritt geben Sie Folgendes ein:

- **Wahrheitstest**: B4>10000
- **Wert_wenn_wahr**: 400

In das Feld **Wert_wenn_falsch** fügen Sie nun eine weitere WENN-Funktion ein.

Schritt 3

Klicken Sie dazu in das Feld und dann in der Bearbeitungsleiste auf die Schaltfläche **fx** (1), und wählen Sie aus der Liste **WENN** aus.

Schritt 4

Im Dialogfeld der zweiten Funktion hinterlegen Sie dann wiederum folgende Werte:

- **Wahrheitstest**: B4>=5000
- **Wert_wenn_wahr**: 200
- **Wert_wenn_falsch**: 100

Klicken Sie zur Bestätigung auf **OK**.

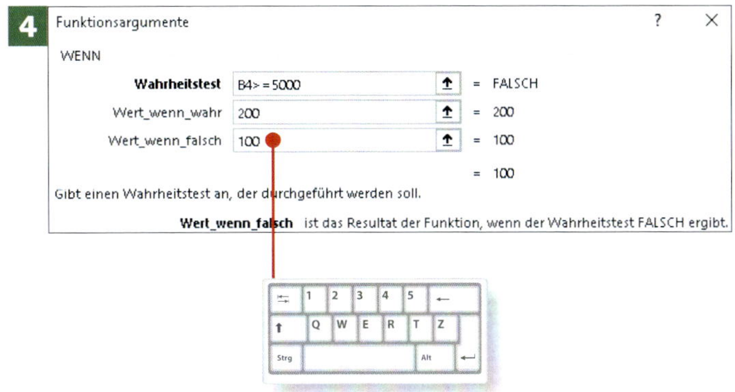

Schritt 5

Nach Ihrer Bestätigung sieht die fertige Formel wie folgt aus: *=WENN(B4>10000;400; WENN(B4>=5000;200;100))*. Die anderen Zellen füllen Sie anschließend wie gehabt mit dem Autoausfüllcursor.

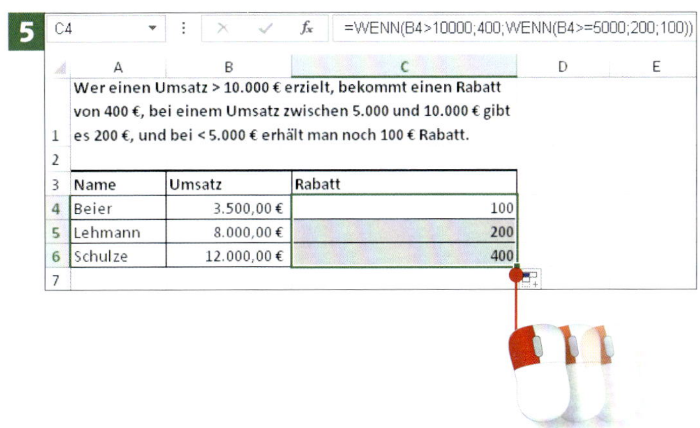

Schritt 6

Für zusätzliche Bedingungen können Sie weitere WENN-Funktionen einsetzen ❷, z. B. so: *=WENN(B4> 10000;400;WENN(B4>5000;200; WENN(B4>=1000;100;0)))*. Formeln mit geschachtelten Funktionen sind jedoch recht unübersichtlich. In solchen Fällen schafft die Funktion **SVERWEIS** Abhilfe (siehe dazu den folgenden Abschnitt auf Seite 200).

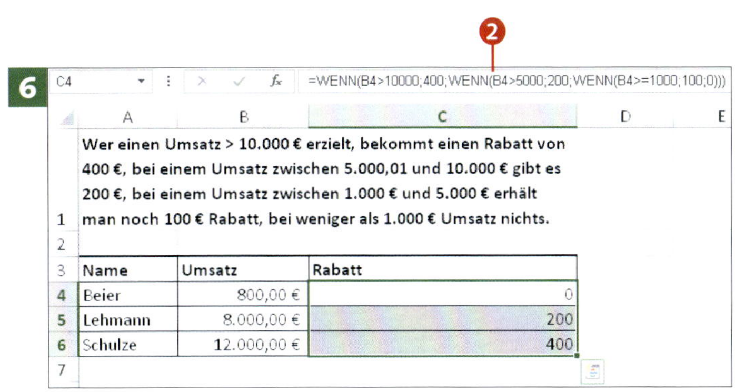

Die Funktionen SVERWEIS und XVERWEIS

1

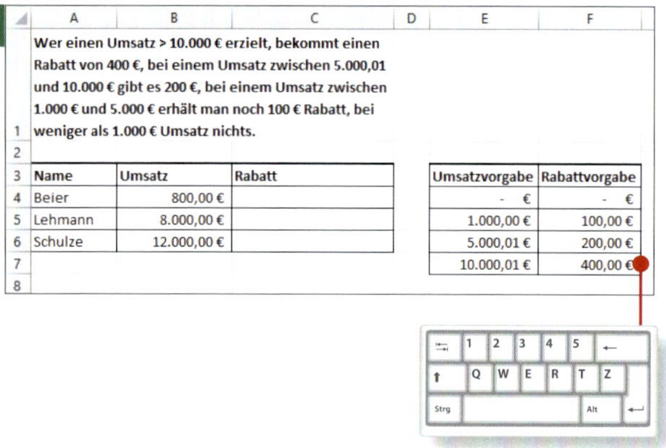

2

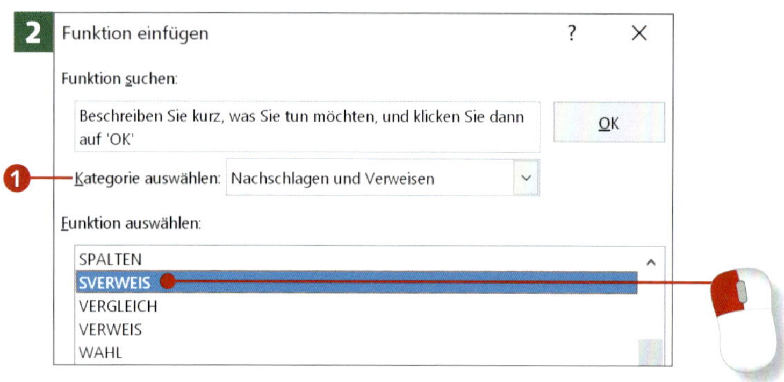

3

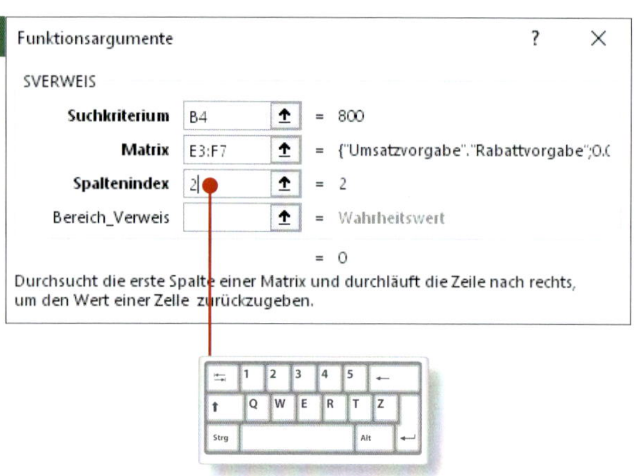

Wenn Sie viele Bedingungen auswerten möchten, sind die Funktionen SVERWEIS oder XVERWEIS eine gute Alternative zu verschachtelten WENN-Funktionen.

Schritt 1

Ergänzen Sie Ihr Beispiel um eine Hilfstabelle (Matrix) im Bereich E3:F7. Diese Tabelle enthält die angegebenen Vergleichskriterien. Die Funktion **SVERWEIS** benötigt die Matrix bei der Formeleingabe.

Schritt 2

Markieren Sie die Zelle, in der Sie das Ergebnis darstellen wollen, z. B. C4. Zur Eingabe der Formel nutzen Sie den Funktionsassistenten. Im Bereich **Kategorie auswählen** ❶ wählen Sie **Nachschlagen und Verweisen** und unter **Funktion auswählen** diesmal **SVERWEIS**. Bestätigen Sie mit **OK**.

Schritt 3

Geben Sie Folgendes ein:

- **Suchkriterium**: B4
- **Matrix**: E3:F7
- **Spaltenindex**: 2 (für die zweite Spalte in der Matrix)

Bestätigen Sie Ihre Eingabe mit **OK**.

Schritt 4

Das Ergebnis ist zwar das gleiche wie bei der verschachtelten WENN-Funktion, die Formel ist mit **SVERWEIS** aber viel übersichtlicher: *=SVERWEIS(B4;E3:F7;2)*. Der Umsatz der Zelle B4 (800,00 €) wird in der Umsatzvorgabe der Matrix (E3:F7) gesucht und nicht gefunden. Die nächstkleinere Umsatzvorgabe ist 0 €. Der Rückgabewert steht in der zweiten Spalte der Matrix und beträgt in diesem Fall auch 0 € ❷.

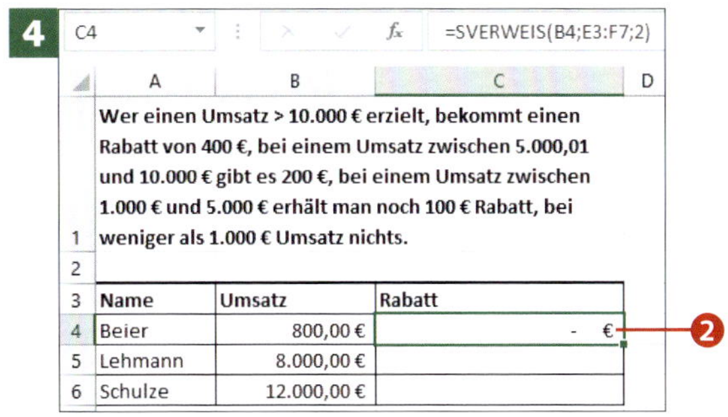

Schritt 5

Bevor Sie die Formel mithilfe der Autoausfüllen-Funktion in die anderen Zellen übertragen, setzen Sie die Zellen des Matrixbereichs absolut: *=SVERWEIS(B4;$E$3:$F$7;2)* ❸.

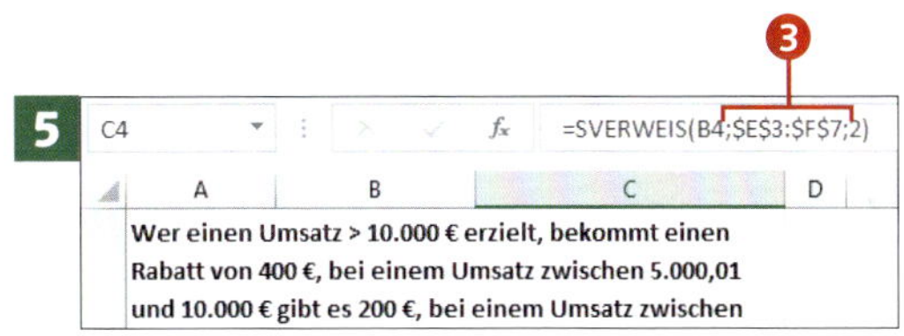

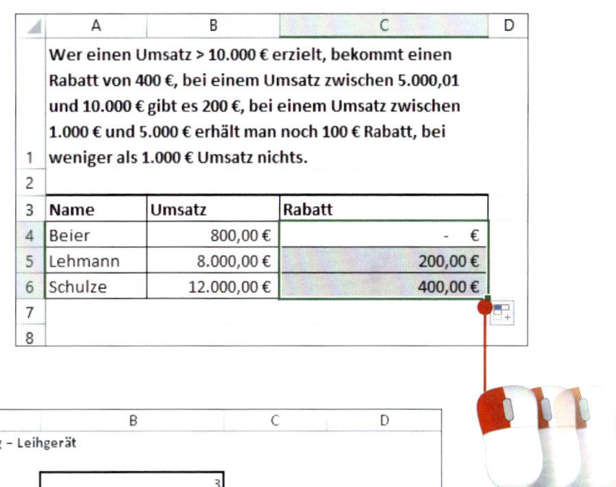

Schritt 6

Wir demonstrieren die Vorteile der Funktion **SVERWEIS** an einem weiteren Beispiel. Wir erstellen eine Rechnung für ein Gerät, das tage- bzw. stundenweise ausgeliehen wird. Bereiten Sie die Tabelle vor: Tragen Sie die Nummer des Geräts in die Zelle B3 ein. Die Leihdauer hinterlegen Sie als Tage und Stunden in den Zellen B6 und B7.

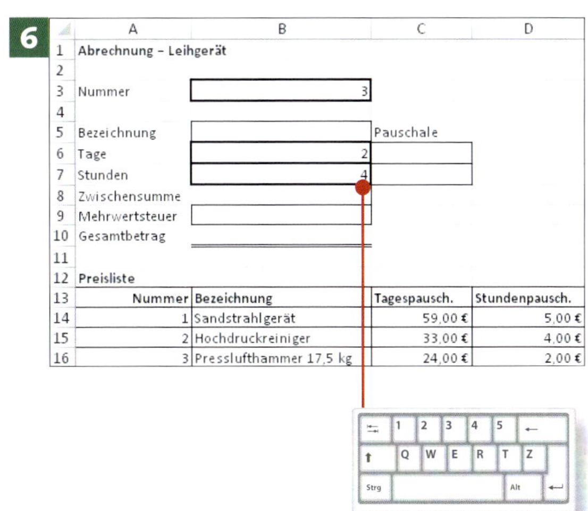

Die Funktionen SVERWEIS und XVERWEIS (Forts.)

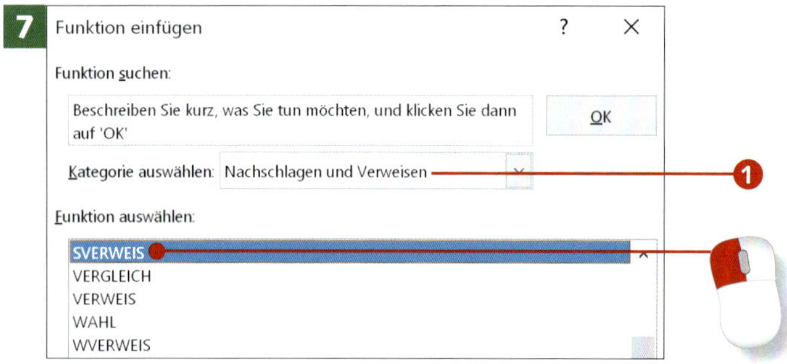

Schritt 7

Zunächst ermitteln wir die Bezeichnung. Setzen Sie den Cursor in die Ergebniszelle, hier B5. Zur Eingabe der Formel mit der Funktion **SVERWEIS** nutzen Sie wieder den Funktionsassistenten. Im Bereich **Kategorie auswählen** wählen Sie **Nachschlagen und Verweisen** 1 und unter **Funktion auswählen** dann **SVERWEIS**.

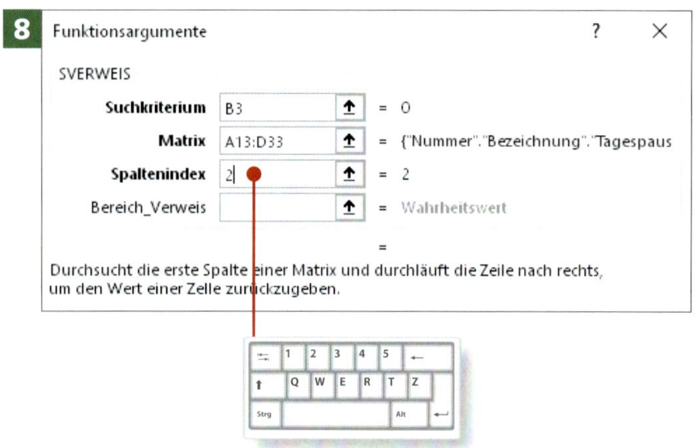

Schritt 8

Im zweiten Schritt geben Sie die nötigen Argumente an:

- **Suchkriterium**: B3
- **Matrix**: A13:D33
- **Spaltenindex**: 2 (für die zweite Spalte in der Matrix)

Bestätigen Sie Ihre Eingaben mit **OK**. Die Formel in der Zelle B5 lautet *=SVERWEIS(B3;A13:D33;2)*.

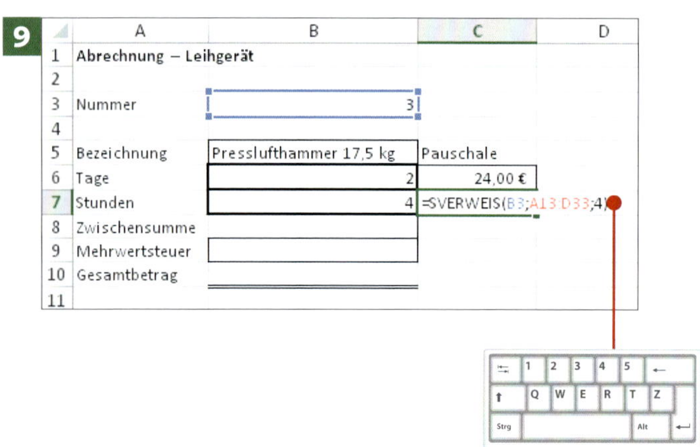

Schritt 9

Nun ergänzen Sie nach dem gleichen Muster die Formeln zur Berechnung der Tagespauschale in der Zelle C6, *=SVERWEIS(B3;A13:D33;3)*, und der Stundenpauschale in der Zelle C7, *=SVERWEIS(B3;A13:D33;4)*. Der Spaltenindex ist im Fall der Tagespauschale 3 (für die dritte Spalte in der Matrix) und bei der Stundenpauschale 4 (für die vierte Spalte).

Schritt 10

Die Zwischensumme in der Zelle B8 setzt sich aus den Tagen der Nutzung multipliziert mit der Tagespauschale und aus den Stunden der Nutzung multipliziert mit der Stundenpauschale zusammen: *=B6*C6+B7*C7*.

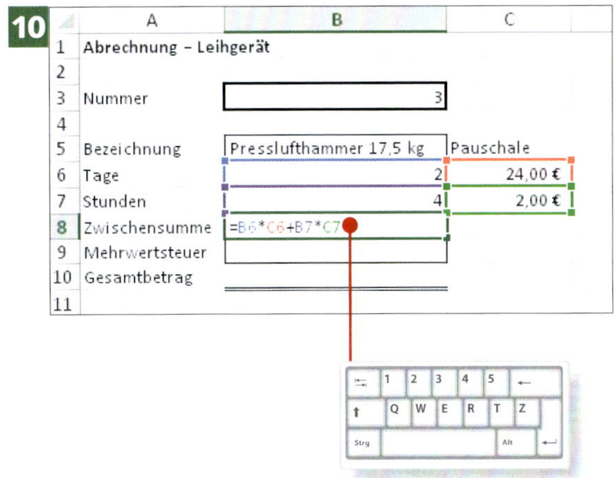

Schritt 11

Die Mehrwertsteuer in der Zelle B9 lässt sich mithilfe der Formel *=B8*19%* berechnen. Der Gesamtbetrag ergibt sich aus der Zwischensumme und der Mehrwertsteuer: *=B8+B9*.

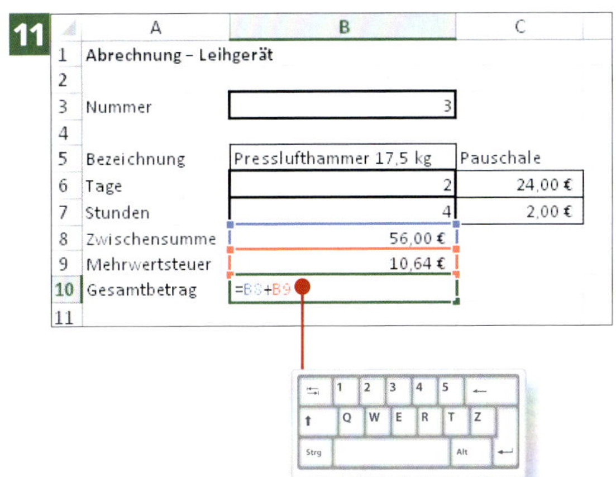

Schritt 12

Wollen Sie die Hilfstabelle in Ihrem Tabellenblatt nicht anzeigen, können Sie die entsprechenden Zeilen ausblenden. Markieren Sie dazu vollständig die Spalten mit der Hilfstabelle, klicken Sie mit rechts auf sie, und wählen Sie **Ausblenden**. Um die Tabelle wieder einzublenden, markieren Sie jeweils die erste Zelle vor und nach der Tabelle und klicken im Kontextmenü auf **Einblenden**.

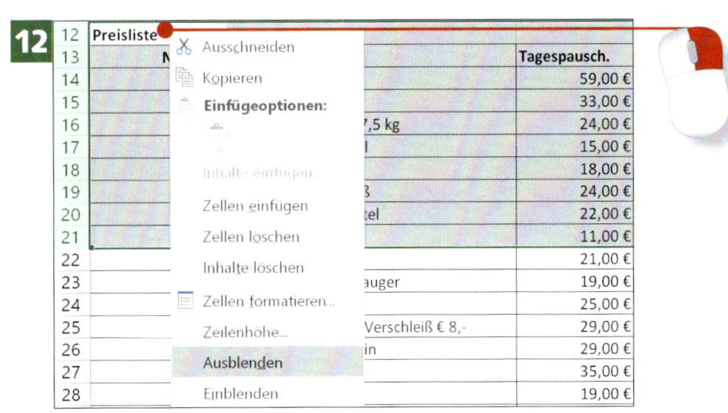

Die Funktionen SVERWEIS und XVERWEIS (Forts.)

13

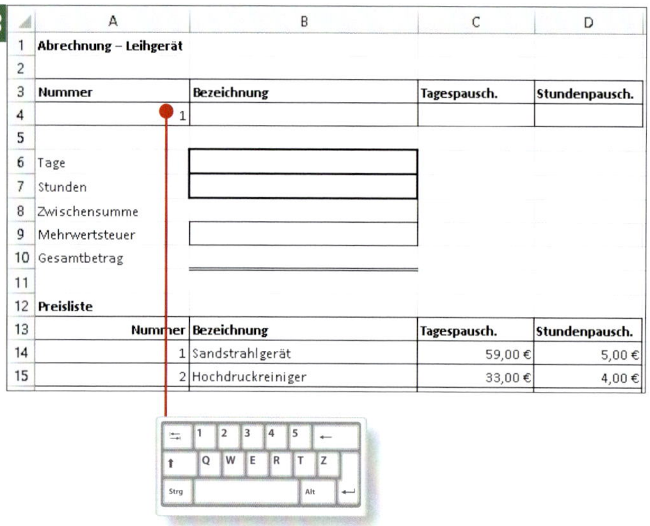

Schritt 13

Eine Alternative zur letzten Lösung bietet die Funktion **XVERWEIS**. Um sie zu veranschaulichen, modifizieren wir jetzt das letzte Beispiel. Diesmal sollen die Bezeichnung, die Tages- und die Stundenpauschale mit nur einer Formel ermittelt werden. Ändern Sie das Beispiel entsprechend der rechten Abbildung.

14

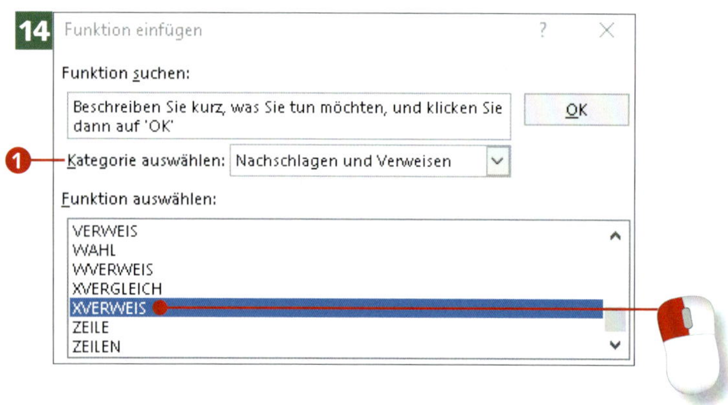

Schritt 14

Setzen Sie den Cursor in die Ergebniszelle B4. Zur Eingabe der Formel mit der Funktion **XVERWEIS** nutzen Sie den Funktionsassistenten. Im Bereich **Kategorie auswählen** ❶ wählen Sie **Nachschlagen und Verweisen** und unter **Funktion auswählen** dann **XVERWEIS**.

15

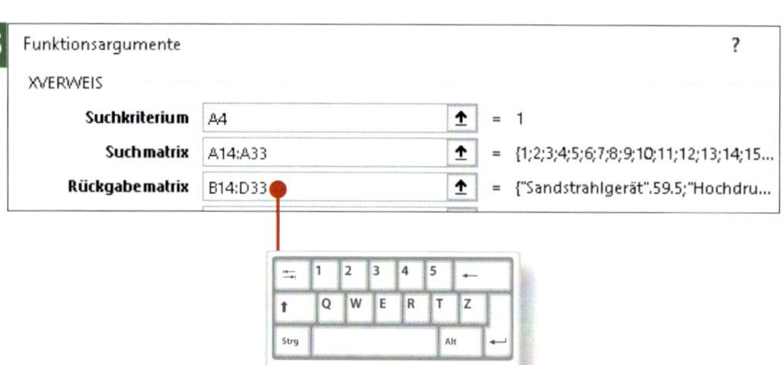

Schritt 15

Im nächsten Schritt geben Sie die nötigen Argumente an:

- **Suchkriterium**: A4
- **Suchmatrix**: A13:A33
- **Rückgabematrix**: B14:D33

Bestätigen Sie Ihre Eingaben mit **OK**. Die Formel in der Zelle B4 lautet *=XVERWEIS(A4;A14:A33;B14:D33)*.

Schritt 16

Nach Eingabe einer beliebigen Nummer stellen Sie fest, dass die Formel in der Zelle B4 *=XVERWEIS(A4;A14:A33;B14:D33)* gleich drei Zellen befüllt.

Schritt 17

Die Zwischensumme in der Zelle B8 ergibt sich wieder aus den Tagen der Nutzung, multipliziert mit der Tagespauschale, und aus den Stunden der Nutzung, multipliziert mit der Stundenpauschale: *=C4*B6+B7*D4*.

Schritt 18

Auch hier ändert sich nichts. Die Mehrwertsteuer in der Zelle B9 lässt sich wieder mithilfe der Formel *=B8*19%* berechnen. Der Gesamtbetrag ergibt sich aus der Zwischensumme und der Mehrwertsteuer: *=B8+B9*.

16

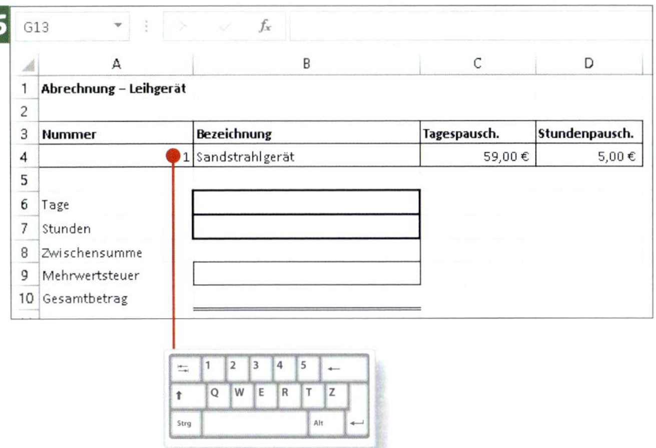

17

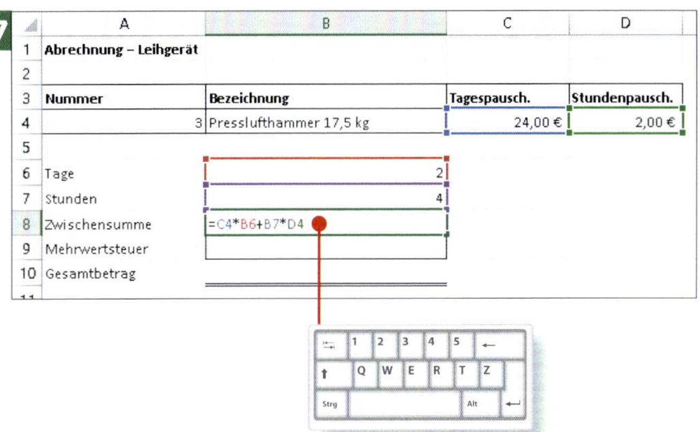

18

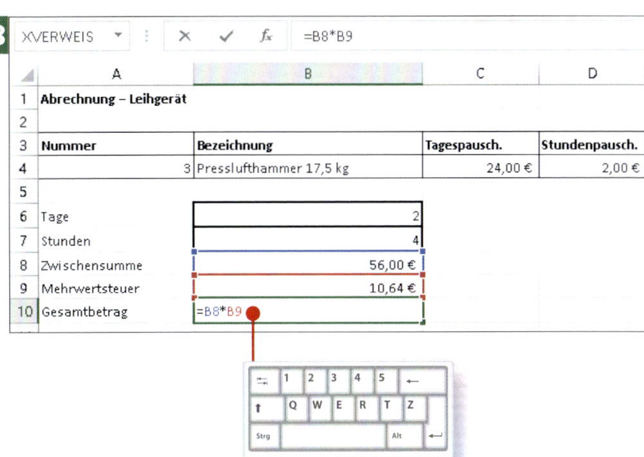

Finanzmathematik? RMZ hilft!

Die Abkürzung RMZ steht für »regelmäßige Zahlung«. Die Funktion berechnet gleichbleibende regelmäßige Zahlungen pro Periode, wobei ein konstanter Zinssatz vorausgesetzt wird.

1

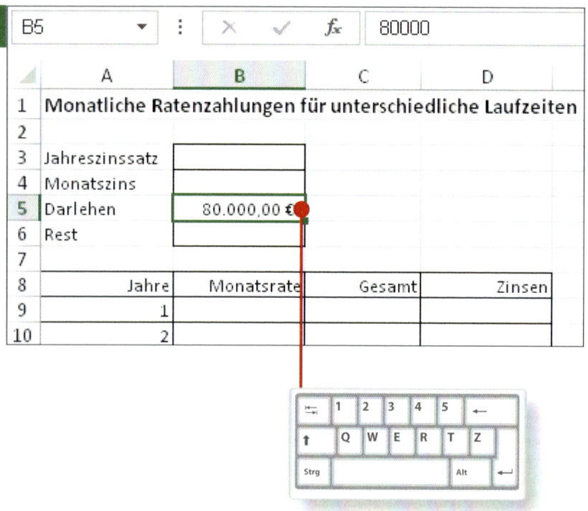

Schritt 1

Für den Hauskauf fehlen Ihnen noch 80.000 €. Bevor Sie mit der Bank verhandeln, wollen Sie herausfinden, wie lange die Rückzahlung jeweils dauert. Geben Sie in die Zelle B5 die Gesamtsumme ein.

2

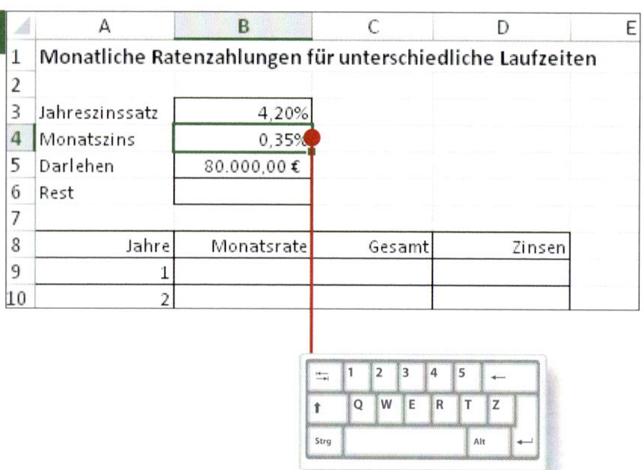

Schritt 2

In die Zelle B3 schreiben Sie den Jahreszinssatz. Zunächst berechnen Sie in der Zelle B4 den Monatszins mithilfe der Formel *=B3/12*.

3

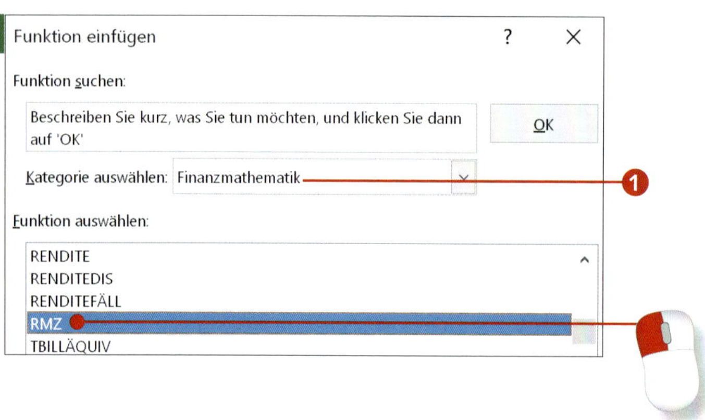

Schritt 3

Die Monatsrate berechnen Sie nun mit der Funktion RMZ. Markieren Sie dazu die Ergebniszelle B9. Im Bereich **Kategorie auswählen** des Funktionsassistenten wählen Sie **Finanzmathematik** ❶, und unter **Funktion auswählen** entscheiden Sie sich für **RMZ**. Bestätigen Sie das Ganze mit **OK**.

Schritt 4

Im zweiten Schritt geben Sie folgende Argumente an:

- **Zins** (Monatszins): B4
- **Zzr** (Anzahl der Zahlungszeiträume): A9*12
- **Bw** (zu leihender Barwert): -B5
- **Zw** (Endwert): B6

Klicken Sie auf **OK**, um Ihre Eingaben zu bestätigen.

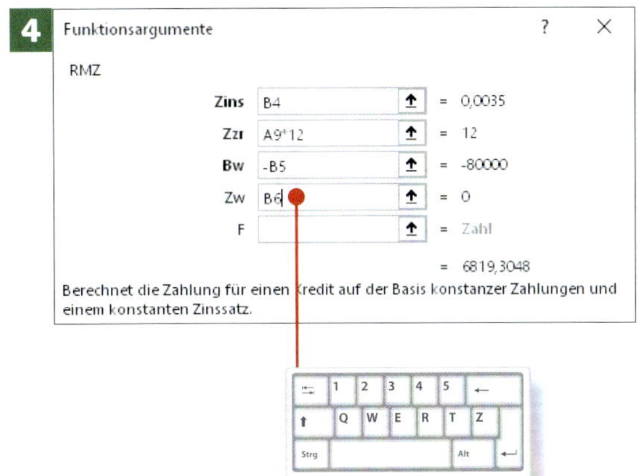

Schritt 5

Für die Rückzahlung wollen Sie sich etwas mehr Zeit lassen, deshalb berechnen Sie auch die Monatsraten für die folgenden 19 Jahre (B10:B28). Bevor Sie die Formel kopieren, müssen Sie die Werte für **Zins**, **Bw** und **Zw** absolut setzen. Ändern Sie die Formel also in: *=RMZ($B$4;A9*12;-$B$5;$B$6)*.

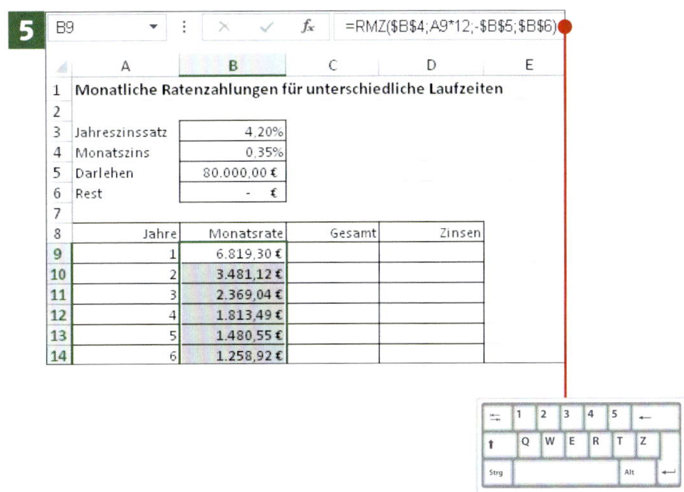

Schritt 6

Sie sind jedoch weiterhin am Gesamtbetrag der Rückzahlung interessiert. Geben Sie also für das erste Jahr *=B9*A9*12* in die Zelle C9 ein. Die darunterliegenden Zellen füllen Sie auch hier mithilfe des Autoausfüllcursors.

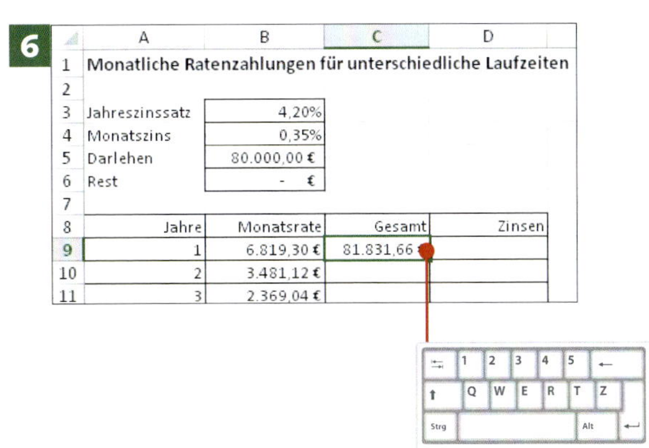

Finanzmathematik? RMZ hilft! (Forts.)

7

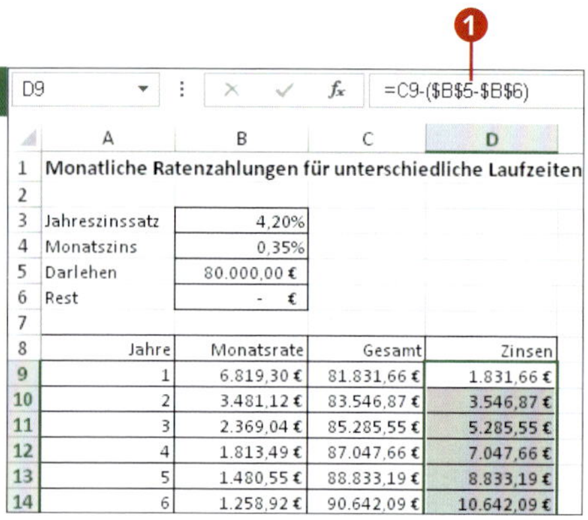

	A	B	C	D
1	Monatliche Ratenzahlungen für unterschiedliche Laufzeiten			
2				
3	Jahreszinssatz	4,20%		
4	Monatszins	0,35%		
5	Darlehen	80.000,00 €		
6	Rest	- €		
7				
8	Jahre	Monatsrate	Gesamt	Zinsen
9	1	6.819,30 €	81.831,66 €	1.831,66 €
10	2	3.481,12 €	83.546,87 €	3.546,87 €
11	3	2.369,04 €	85.285,55 €	5.285,55 €
12	4	1.813,49 €	87.047,66 €	7.047,66 €
13	5	1.480,55 €	88.833,19 €	8.833,19 €
14	6	1.258,92 €	90.642,09 €	10.642,09 €

Schritt 7

In der Spalte D weisen Sie mit der Formel *=C9-(B5-B6)* die anfallenden Zinsen aus. Vergessen Sie vor dem Ausfüllen der übrigen Zellen (D10:D28) nicht, B5 und B6 absolut zu setzen, indem Sie Dollarzeichen ergänzen: *=C9-($B$5-$B$6)* 1.

8

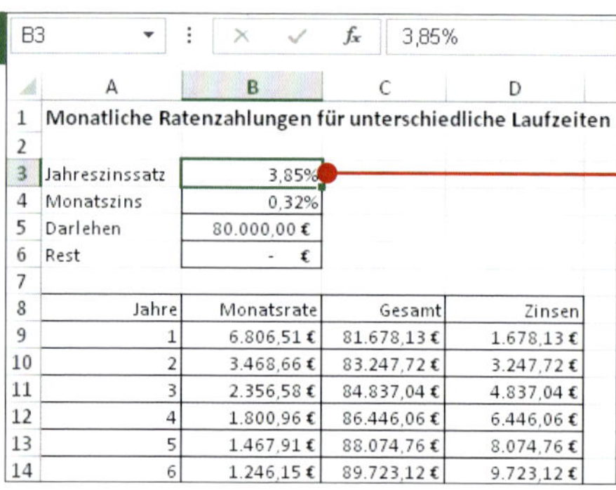

	A	B	C	D
1	Monatliche Ratenzahlungen für unterschiedliche Laufzeiten			
2				
3	Jahreszinssatz	3,85%		
4	Monatszins	0,32%		
5	Darlehen	80.000,00 €		
6	Rest	- €		
7				
8	Jahre	Monatsrate	Gesamt	Zinsen
9	1	6.806,51 €	81.678,13 €	1.678,13 €
10	2	3.468,66 €	83.247,72 €	3.247,72 €
11	3	2.356,58 €	84.837,04 €	4.837,04 €
12	4	1.800,96 €	86.446,06 €	6.446,06 €
13	5	1.467,91 €	88.074,76 €	8.074,76 €
14	6	1.246,15 €	89.723,12 €	9.723,12 €

Schritt 8

Wenn Sie nun beispielsweise den Zinssatz in der Zelle B3 senken, sehen Sie, wie die Formeln wirken. Sowohl der Monatszins in der Zelle B4 als auch die Werte in den Zellen B9:D28 werden automatisch berechnet.

9

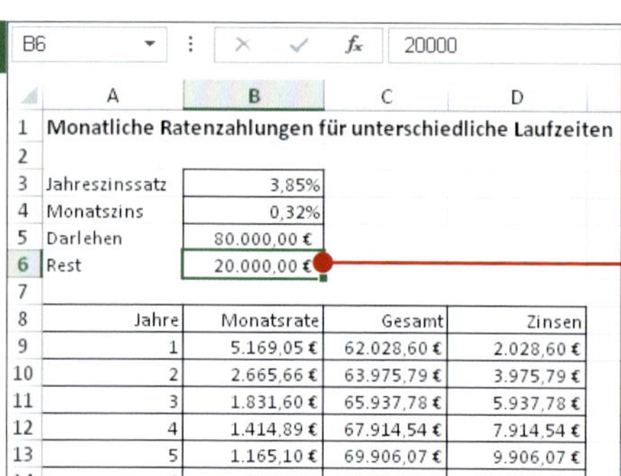

	A	B	C	D
1	Monatliche Ratenzahlungen für unterschiedliche Laufzeiten			
2				
3	Jahreszinssatz	3,85%		
4	Monatszins	0,32%		
5	Darlehen	80.000,00 €		
6	Rest	20.000,00 €		
7				
8	Jahre	Monatsrate	Gesamt	Zinsen
9	1	5.169,05 €	62.028,60 €	2.028,60 €
10	2	2.665,66 €	63.975,79 €	3.975,79 €
11	3	1.831,60 €	65.937,78 €	5.937,78 €
12	4	1.414,89 €	67.914,54 €	7.914,54 €
13	5	1.165,10 €	69.906,07 €	9.906,07 €
14	6	998,78 €	71.912,34 €	11.912,34 €

Schritt 9

Sie können z. B. auch den zahlbaren Restbetrag in der Zelle B6 verändern, dann passt sich die Tabelle ebenso entsprechend an.

i

Weitere interessante Funktionen

BW – Barwert einer Investition
KAPZ – Kapitalrückzahlung einer Investition für eine Periode
ZINS – Zinssatz pro Periode
ZW – zukünftiger Endwert einer Investition
ZZR – Anzahl der Zahlungszeiträume (Zahlungsperioden)

Schritt 10

Haben Sie vor, den vollständigen Betrag über Ihre Lebensversicherung zurückzuzahlen, die erst in 20 Jahren fällig wird, geben Sie für den Restbetrag 80.000 € ein. Die Tabelle weist nun konstante Monatsraten aus.

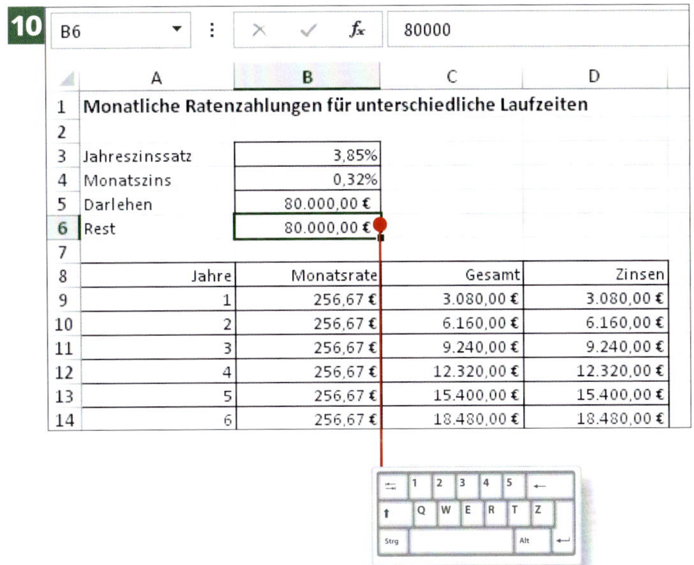

	A	B	C	D
1	**Monatliche Ratenzahlungen für unterschiedliche Laufzeiten**			
2				
3	Jahreszinssatz	3,85%		
4	Monatszins	0,32%		
5	Darlehen	80.000,00 €		
6	Rest	80.000,00 €		
7				
8	Jahre	Monatsrate	Gesamt	Zinsen
9	1	256,67 €	3.080,00 €	3.080,00 €
10	2	256,67 €	6.160,00 €	6.160,00 €
11	3	256,67 €	9.240,00 €	9.240,00 €
12	4	256,67 €	12.320,00 €	12.320,00 €
13	5	256,67 €	15.400,00 €	15.400,00 €
14	6	256,67 €	18.480,00 €	18.480,00 €

Schritt 11

Zeigt die Excel-Tabelle etwas andere Werte als ein Bank- oder Onlinekreditrechner, liegt der Unterschied vermutlich daran, dass Sie den Effektivzinssatz genutzt haben. Excel benötigt den Nominalzinssatz. Zur Demonstration geben Sie nebenstehende Zahlen und Texte ein.

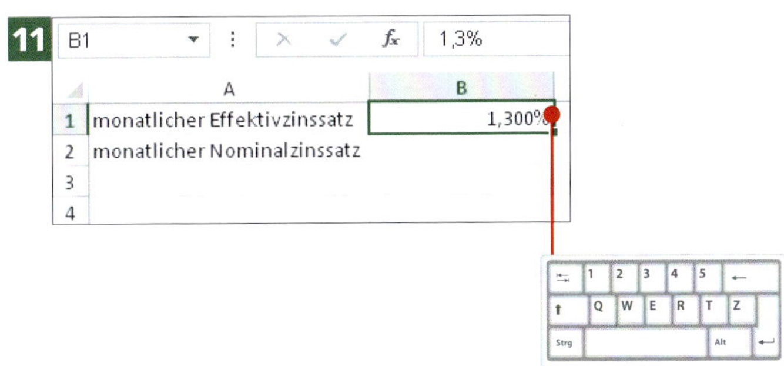

	A	B
1	monatlicher Effektivzinssatz	1,300%
2	monatlicher Nominalzinssatz	
3		
4		

Schritt 12

Über die Funktion *=NOMINAL(B1; 12)* können Sie einen monatlichen Effektivzinssatz in den monatlichen Nominalzinssatz umrechnen. Excel sollte nun genau rechnen.

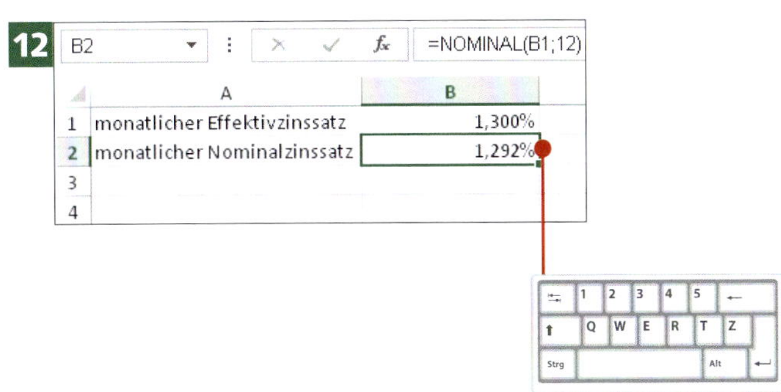

	A	B
1	monatlicher Effektivzinssatz	1,300%
2	monatlicher Nominalzinssatz	1,292%
3		
4		

Nominalzinssatz umrechnen

Möchten Sie hingegen einen Nominalzinssatz in einen Effektivzinssatz umrechnen, nutzen Sie die Funktion *=EFFEKTIV(Nominalzins; Perioden)*.

Einsatz von Variablen für Formeln

1

=LET(Variablenname; Wert; Berechnung)

=LET(x;10;x+11) ergibt 21

=LET(Variablenname 1; Wert 1;
Variablenname 2; Wert 2;
Berechnung)

=LET(x;10;y;11;x+y) ergibt 21

2

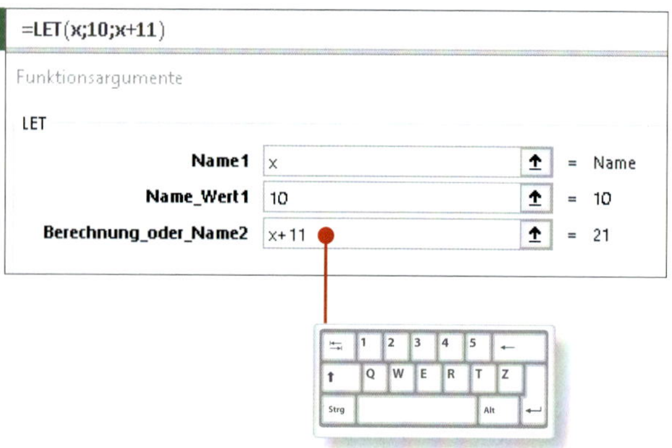

3

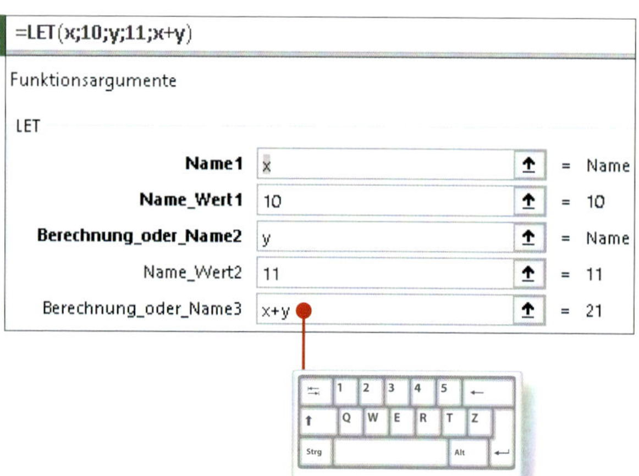

Die Funktion LET gestattet es, in einer Formel mithilfe von Variablen Berechnungen oder Werte zu speichern. LET unterstützt bis 126 Variablen in einer Formel.

Schritt 1

Um die LET-Funktion zu verwenden, müssen Sie in der Formel Variablennamenspaare und zugeordnete Werte definieren sowie eine Berechnung, die diese verwendet. Probieren Sie zunächst diese beiden Beispiele aus.

Schritt 2

Für das erste Beispiel rufen Sie den Funktionsassistenten mit der Tastenkombination [⇧]+[F3] auf. In der Kategorie **Text** wählen Sie die Funktion **LET** aus und geben die Werte wie angegeben ein. Für die Variable *x* geben Sie »10« ein. Bei der Berechnung addieren Sie zu der Variablen »11«. Das Ergebnis lautet 21.

Schritt 3

Beim zweiten Beispiel werden die beiden Variablen *x* und *y* mit »10« bzw. »11« belegt. Die Berechnung addiert die Inhalte der Variablen. Das Ergebnis lautet wieder 21.

Schritt 4

Nun können Sie mit dem eigentlichen Beispiel starten. Zur bekannten Telefonliste soll eine Bewertungsspalte *Summe kleiner Mittelwert?* ❶ hinzugefügt werden. Wenn die in der Spalte E ausgewiesene Summe kleiner als der Mittelwert ist, soll *Ja*, ansonsten *Nein* angezeigt werden.

4

	A	B	C	D	E	F
1	Telefonkosten					
2						
3	Monat	Lehmann	Meier	Schulze	Summe	Summe kleiner Mittelwert? ❶
4	Januar	88,00 €	120,00 €	66,00 €	274,00 €	
5	Februar	90,00 €	115,00 €	71,00 €	276,00 €	
6	März	92,00 €	110,00 €	76,00 €	278,00 €	
7	April	94,00 €	105,00 €	81,00 €	280,00 €	
8	Mai	96,00 €	100,00 €	86,00 €	282,00 €	
9	Juni	98,00 €	95,00 €	91,00 €	284,00 €	
10	Juli	100,00 €	90,00 €	96,00 €	286,00 €	
11	August	102,00 €	85,00 €	101,00 €	288,00 €	
12	September	104,00 €	80,00 €	106,00 €	290,00 €	
13	Oktober	106,00 €	75,00 €	111,00 €	292,00 €	
14	November	108,00 €	70,00 €	116,00 €	294,00 €	
15	Dezember	110,00 €	65,00 €	121,00 €	296,00 €	

Schritt 5

Wählen Sie zur Formeleingabe nun die Zelle F4. Anschließend rufen Sie den Funktionsassistenten über die Tastenkombination ⇧+F3 auf. In der Kategorie **Logik** wählen Sie die Funktion **LET** ❷ aus.

Schritt 6

Tragen Sie nun für **Name1** den Variablennamen »MW« ein.

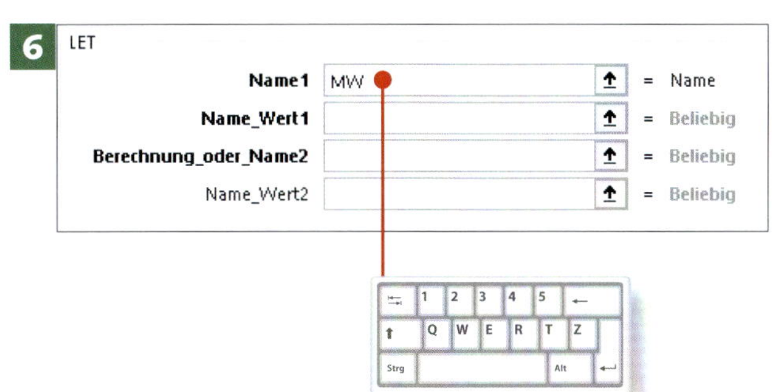

Einsatz von Variablen für Formeln (Forts.)

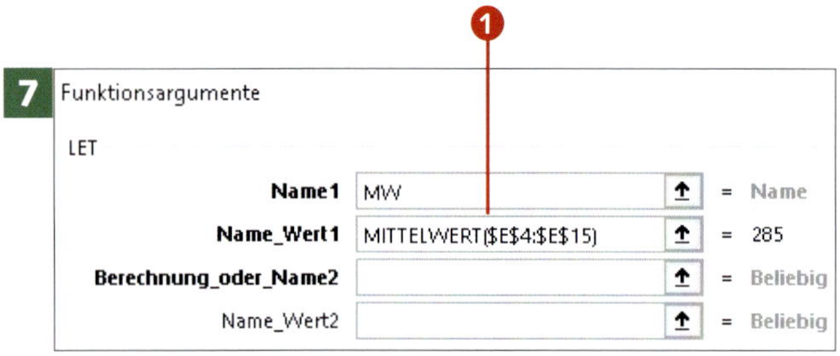

Schritt 7

Der Variablen MW wird nun der Mittelwert der Werte im Bereich E4:E15 zugewiesen. Klicken Sie in das Feld **Name_Wert1**, und geben Sie *MITTELWERT(E4:E15)* ein. Da Sie die Formel auch für die weiteren Monate benötigen, müssen Sie für das Autoausfüllen den zu mittelnden Bereich absolut setzen. Der Eintrag lautet: *MITTELWERT($E$4:$E$15)* ❶.

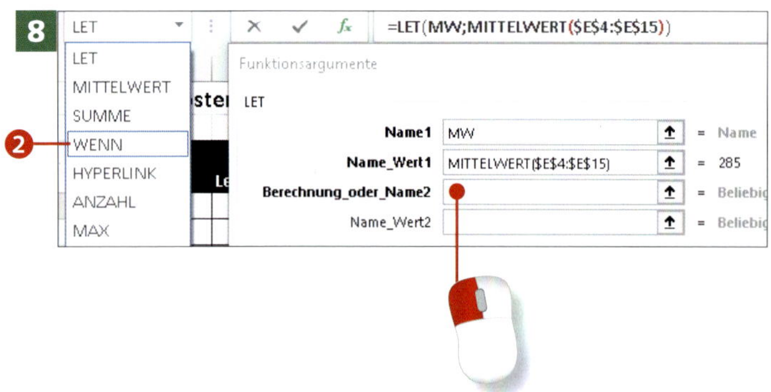

Schritt 8

Für die gewünschte Bewertung mit *Ja* oder *Nein* markieren Sie das Feld **Berechnung_oder_Name2**. Da das Feld das letzte ist, das wir benötigen, können Sie sich wieder vom Assistenten helfen lassen. Ganz links in der Bearbeitungszeile wählen Sie im Namensfeld die Funktion **WENN** ❷ aus.

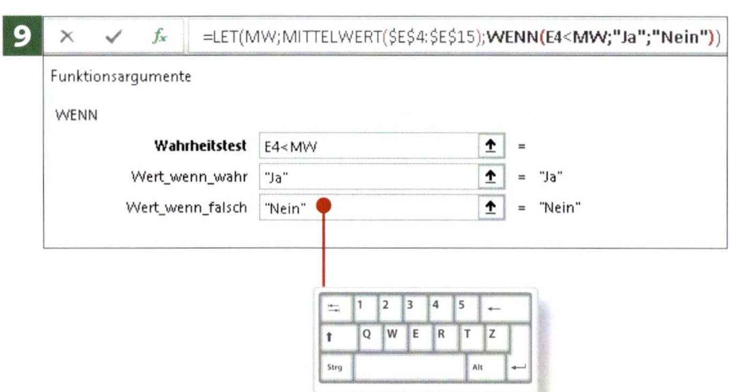

Schritt 9

Geben Sie beim **Wahrheitstest** »E4< MW«, beim **Wert_wenn_wahr** »Ja« und beim **Wert_wenn_falsch** »Nein« ein. Der Variablen MW wurde bereits der *MITTELWERT($E$4:$E$15)* zugewiesen, der nun zur Anwendung kommt.

Schritt 10

Die fertige Formel in der Zelle F4 lautet: *=LET(MW;MITTELWERT($E$4:$E$15);WENN(E4<MW;"Ja";"Nein"))*
Da der Mittelwert der Summe kleiner ist als der Wert in der Zelle E4, wird als Ergebnis Ja ausgegeben ❸.

10

	A	B	C	D	E	F
1	Telefonkosten					
2						
3	Monat	Lehmann	Meier	Schulze	Summe	Summe kleiner Mittelwert?
4	Januar	88,00 €	120,00 €	66,00 €	274,00 €	ja ❸
5	Februar	90,00 €	115,00 €	71,00 €	276,00 €	
6	März	92,00 €	110,00 €	76,00 €	278,00 €	
7	April	94,00 €	105,00 €	81,00 €	280,00 €	
8	Mai	96,00 €	100,00 €	86,00 €	282,00 €	
9	Juni	98,00 €	95,00 €	91,00 €	284,00 €	
10	Juli	100,00 €	90,00 €	96,00 €	286,00 €	
11	August	102,00 €	85,00 €	101,00 €	288,00 €	
12	September	104,00 €	80,00 €	106,00 €	290,00 €	
13	Oktober	106,00 €	75,00 €	111,00 €	292,00 €	
14	November	108,00 €	70,00 €	116,00 €	294,00 €	
15	Dezember	110,00 €	65,00 €	121,00 €	296,00 €	

Schritt 11

Ein Doppelklick auf den Autoausfüllcursor liefert die Werte für die anderen Monate.

11

	A	B	C	D	E	F
1	Telefonkosten					
2						
3	Monat	Lehmann	Meier	Schulze	Summe	Summe kleiner Mittelwert?
4	Januar	88,00 €	120,00 €	66,00 €	274,00 €	ja
5	Februar	90,00 €	115,00 €	71,00 €	276,00 €	
6	März	92,00 €	110,00 €	76,00 €	278,00 €	
7	April	94,00 €	105,00 €	81,00 €	280,00 €	
8	Mai	96,00 €	100,00 €	86,00 €	282,00 €	
9	Juni	98,00 €	95,00 €	91,00 €	284,00 €	
10	Juli	100,00 €	90,00 €	96,00 €	286,00 €	
11	August	102,00 €	85,00 €	101,00 €	288,00 €	
12	September	104,00 €	80,00 €	106,00 €	290,00 €	
13	Oktober	106,00 €	75,00 €	111,00 €	292,00 €	
14	November	108,00 €	70,00 €	116,00 €	294,00 €	
15	Dezember	110,00 €	65,00 €	121,00 €	296,00 €	

2x

Schritt 12

Die Tabelle bewertet nun, ob die Summe kleiner oder größer als der Mittelwert des Bereichs E4:E15 ist.

12

	A	B	C	D	E	F
1	Telefonkosten					
2						
3	Monat	Lehmann	Meier	Schulze	Summe	Summe kleiner Mittelwert?
4	Januar	88,00 €	120,00 €	66,00 €	274,00 €	ja
5	Februar	90,00 €	115,00 €	71,00 €	276,00 €	ja
6	März	92,00 €	110,00 €	76,00 €	278,00 €	ja
7	April	94,00 €	105,00 €	81,00 €	280,00 €	ja
8	Mai	96,00 €	100,00 €	86,00 €	282,00 €	ja
9	Juni	98,00 €	95,00 €	91,00 €	284,00 €	ja
10	Juli	100,00 €	90,00 €	96,00 €	286,00 €	Nein
11	August	102,00 €	85,00 €	101,00 €	288,00 €	Nein
12	September	104,00 €	80,00 €	106,00 €	290,00 €	Nein
13	Oktober	106,00 €	75,00 €	111,00 €	292,00 €	Nein
14	November	108,00 €	70,00 €	116,00 €	294,00 €	Nein
15	Dezember	110,00 €	65,00 €	121,00 €	296,00 €	Nein

Übersicht über weitere Funktionen

Datum & Zeit

Funktion	Beschreibung	Beispiel
ARBEITSTAG(Ausgangsdatum; Tage;[Freie_Tage])	Ermittelt das Datum vor oder nach einer bestimmten Anzahl von Arbeitstagen.	*=ARBEITSTAG("10.07.2024"; 150;20)* liefert das Datum, das 150 Arbeitstage hinter dem Ausgangsdatum liegt, 20 freie Tage ausgenommen, also den 05.02.2025.
DATEDIF(Startdatum; Enddatum;"Einheit")	Ermittelt eine Datumsdifferenz in einer angegebenen Einheit.	*=DATEDIF("13.06.1957"; "03.08.2024";"Y")* ermittelt das Alter in Jahren, also 67.
DATUM(Jahr;Monat;Tag)	Ermittelt ein Datum.	*=DATUM(2024;7;8)* liefert das Datum 08.07.2024.
DATWERT(Datumstext)	Wandelt ein Datum, das in Form von Text vorliegt, in eine Zahl um, die als Berechnungsgrundlage dienen kann.	*=DATWERT("01.01.2024")* liefert den Wert 45292.
EDATUM(Ausgangsdatum; Monate)	Ermittelt das Datum, bei dem es sich um die angegebene Anzahl von Monaten vor oder nach dem Anfangstermin handelt.	*=EDATUM("10.07.2024";2)* liefert das Datum, das zwei Monate nach dem genannten Datum liegt, also den 10.09.2024.
HEUTE()	Ermittelt das aktuelle Datum.	*=HEUTE()+10* addiert zehn Tage zum aktuellen Datum.
ISOKALENDERWOCHE (Datum)	Wandelt ein Datum in eine Zahl um, die angibt, in welche ISO-Kalenderwoche eines Jahres das angegebene Datum fällt.	*=ISOKALENDERWOCHE ("22.11.2024")* ermittelt die 47. Kalenderwoche.
JAHR(Zahl)	Reduziert eine vollständige Datumsangabe auf die Jahresangabe.	*=JAHR("24.12.2024")* ergibt das Jahr 2024.
JETZT()	Ermittelt das aktuelle Datum und die aktuelle Uhrzeit.	*=JETZT()* zeigt das aktuelle Datum in der Form 30.09.2024 07:52 an.

Funktion	Beschreibung	Beispiel
KALENDERWOCHE(Zahl)	Wandelt ein Datum in eine Zahl um, die angibt, in welche Kalenderwoche eines Jahres das angegebene Datum fällt.	*=KALENDERWOCHE ("22.11.2024")* ermittelt die 47. Kalenderwoche.
MINUTE(Zahl)	Reduziert eine vollständige Uhrzeit auf die Minutenangabe.	*=MINUTE("15:58:00")* ergibt 58.
MONAT(Zahl)	Reduziert ein vollständiges Datum auf die Monatsangabe.	*=MONAT("24.12.2024")* ermittelt 12.
MONATSENDE (Ausgangsdatum;Monate)	Gibt die Zahl des letzten Tages des Monats vor oder nach einer festgelegten Anzahl von Monaten zurück.	*=MONATSENDE("01.02. 2025";1)* ermittelt den 28.02.2025 als den letzten Tag des Monats, der einen Monat nach dem aufgeführten Datum liegt.
NETTOARBEITSTAGE (Ausgangsdatum; Enddatum;[Freie_Tage])	Ermittelt die Anzahl voller Arbeitstage zwischen zwei Datumswerten.	*=NETTOARBEITSTAGE ("01.01.2024";"31.12.2024";40)* ermittelt 262 Arbeitstage vom 01.01.2024 bis zum 31.12.2024.
SEKUNDE(Zahl)	Reduziert eine vollständige Uhrzeit auf die Sekundenangabe.	*=SEKUNDE("15:58:13")* ergibt 13.
STUNDE(Zahl)	Reduziert eine vollständige Uhrzeit auf die Stundenangabe.	*=STUNDE("15:58:13")* ergibt 15.
TAG(Zahl)	Reduziert eine vollständige Datumsangabe auf die Tagesangabe.	*=TAG("24.12.2024")* ergibt 24.
WOCHENTAG(Zahl;[Typ])	Wandelt eine Zahl in einen Wochentag um. Der Tag wird als ganze Zahl ausgegeben, die einen Wert von 1 (Sonntag) bis 7 (Samstag) annehmen kann.	*=WOCHENTAG ("15.09.2024")* ergibt 1 für Sonntag.
ZEIT(Stunde;Minute;Sekunde)	Ermittelt eine Uhrzeit.	*=ZEIT(1;7;52)* ergibt 1:07:52.

Übersicht über weitere Funktionen (Forts.)

Finanzmathematik

Funktion	Beschreibung	Beispiel
BW(Zinssatz;Zahlungs-zeiträume; Regelmäßige Zahlung;[Endwert]; [Fälligkeit])	Ermittelt den Barwert einer Investition.	*=BW(5%/12;12*20;-500)* ergibt für eine Versicherung über eine Laufzeit von 20 Jahren bei einer monatlichen Zahlung von 500 € mit 5 % Verzinsung einen Wert von 75.762,66 €.
NOMINAL(Effektiver_Zins; Perioden)	Gibt die Nominalverzinsung zurück, ausgehend vom effektiven Zinssatz und von der Anzahl der Verzinsungsperioden.	*=NOMINAL(B1;12)* liefert 1,292 %, wenn in der Zelle B1 der effektive Zinssatz von 1,3 % steht.
RMZ(Zinssatz; Zahlungszeiträume;Barwert; [Endwert];[Fälligkeit])	Ermittelt die periodische Zahlung.	*=RMZ(4%/12; 10*12; 0; -50000)* liefert den Betrag, den man monatlich sparen muss, um nach zehn Jahren mit einer Verzinsung von 4 % auf die Zielsparsumme von 50.000 € zu kommen: 339,56 €.
ZINS(Zahlungszeiträume; Regelmäßige Zahlung;Barwert; [Endwert];[Fälligkeit];[Schätzwert])	Ermittelt den Zinssatz pro angegebenem Zeitraum.	*=ZINS(5*12; -250; 10000)* ermittelt einen monatlichen Zinssatz von 1,44 % bei einer Laufzeit von fünf Jahren, einem Darlehen von 10.000 € und einer monatlichen Zahlung von 250 €. *=ZINS(5*12; -250; 10000)*12* ermittelt bei gleichen Konditionen einen jährlichen Zinssatz von 17,27 %.
ZZR(Zins;Regelmäßige Zahlung; Barwert;[Endwert];[Fälligkeit])	Ermittelt die Anzahl der Zahlungszeiträume, die für eine bestimmte Investition erforderlich sind. Anders ausgedrückt: Wie lange muss ich sparen?	*=ZZR(12%/12; -100; -1000; 10000; 1)* ermittelt 59,67 Monate, um bei einen Barwert von 1.000 € mit monatlichen Zahlungen von 100 € am Monatsanfang 10.000 € anzusparen.

Funktion	Beschreibung	Beispiel
ZW(Zinssatz; Zahlungszeiträume; Regelmäßige Zahlung; [Barwert]; [Fälligkeit])	Ermittelt den zukünftigen Wert (Endwert) einer Investition.	*=ZW(5%/12;12;-200;1)* ermittelt 2.454,72 € bei einer Verzinsung von 5 % bei zwölf Zahlungen von 200 € am Monatsende.

Informationen

Funktion	Beschreibung	Beispiel
ISTGERADE(Zahl)	Gibt WAHR zurück, wenn es sich um eine gerade Zahl handelt.	*=ISTGERADE(17)* überprüft, ob 17 eine gerade Zahl ist, und gibt FALSCH aus.
ISTLEER(Wert)	Gibt WAHR zurück, wenn der Wert leer ist.	*=ISTLEER(B2)* überprüft, ob die Zelle B2 leer ist.
ISTUNGERADE(Zahl)	Gibt WAHR zurück, wenn es sich um eine ungerade Zahl handelt.	*=ISTUNGERADE(17)* überprüft, ob 17 eine ungerade Zahl ist, und gibt WAHR aus.
ISTZAHL(Wert)	Gibt WAHR zurück, wenn der Wert eine Zahl ist.	*=ISTZAHL(8)* überprüft, ob 8 eine Zahl ist, und gibt WAHR aus.
ZELLE(Infotyp;[Bezug])	Gibt Informationen zu Formatierung, Position oder Inhalt einer Zelle zurück.	*=ZELLE("Dateiname")* gibt den Pfad und den Dateinamen der geöffneten Excel-Tabelle aus.

Logik

Funktion	Beschreibung	Beispiel
LAMBDA([Wert1; Wert2; …;] Berechnung)	Ermöglicht benutzerdefinierte und wiederverwendbare Funktionen.	Mit *=LAMBDA(x; x * 2)(5)* wird 5 verdoppelt und ergibt 10. Zur Wiederverwendung legen Sie im Menü **Formeln ▸ Namensmanager ▸ Neu** den Namen Verdoppeln an und hinterlegen im Feld **Bezieht sich auf** *=LAMBDA(x; x * 2)*. Nun können Sie =Verdoppeln(5) nutzen.

Übersicht über weitere Funktionen (Forts.)

Funktion	Beschreibung	Beispiel
LET(Variable; Variablenwert; Berechnung)	Die Funktion LET gestattet es, in einer Formel mithilfe von Variablen Berechnungen oder Werte zu speichern.	*=LET(x;10;x+11)* liefert 21.
NICHT(Wahrheitswert)	Kehrt den Wahrheitswert der zugehörigen Argumente um. Die Funktion können Sie verwenden, um sicherzustellen, dass ein Wert nicht mit einem anderen Wert übereinstimmt.	*=NICHT(FALSCH)* kehrt den Wahrheitswert FALSCH in WAHR um.
ODER(Wahrheitswert1; Wahrheitswert2;...)	Gibt WAHR zurück, wenn mindestens ein Argument zutrifft.	*=ODER(2+7=1;2+4=6)* gibt WAHR aus, weil mindestens ein Argument stimmt (2+4 ist wirklich 6).
UND(Wahrheitswert1; Wahrheitswert2;...)	Gibt WAHR zurück, wenn alle zugehörigen Argumente zutreffen.	*=UND(2+7=9;2+4=6)* gibt WAHR aus, weil alle Argumente wahr sind.
WENN(Prüfung; Dann-Wert; Sonst-Wert)	Gibt eine bedingte Prüfung für die Ausführung an.	*=WENN(A2<100; "im Finanzrahmen"; "Finanzrahmen überschritten")* zeigt als Ergebnis im Finanzrahmen an, wenn die Zahl in der Zelle A2 kleiner als 100 ist. Andernfalls wird Finanzrahmen überschritten ausgegeben.
WENNS(Prüfung auf Wahr1; Wert für Wahr1;Prüfung auf Wahr2; Wert für Wahr2;Prüfung auf Wahr3; Wert für Wahr3)	Die Funktion **WENNS** überprüft, ob eine oder mehrere Bedingungen zutreffen, und gibt einen Wert zurück, der der ersten WAHR-Bedingung entspricht.	*=WENNS(A1<40;6;A1<50;5; A1<60;4;A1<70;3;A1<80;2; A1>=80;1)* Die Zelle A1 weist 39 Punkte aus. Die Note 6 ist der Rückgabewert.

Nachschlagen und Verweisen

Funktion	Beschreibung	Beispiel
FORMELTEXT(Bezug)	Gibt eine Formel als Text aus.	= *FORMELTEXT(C7)* liefert als Ergebnis =*SUMME(B4:B20)*, weil diese Formel in der Zelle C7 steht.
SPALTE([Bezug])	Ermittelt die Spaltennummer eines Bezugs.	=*SPALTE(C5)* ermittelt 3, weil es sich bei Spalte C um die dritte Spalte in der Tabelle handelt.
SVERWEIS(Suchkriterium; Matrix;Spaltenindex;[Bereich])	Sucht in der ersten Spalte einer Liste (Matrix), um den zum Suchkriterium passenden Wert zu finden. Danach wird in der gleichen Zeile der Liste entsprechend dem Spaltenindex verzweigt und der gefundene Wert als Ergebnis zurückgegeben.	=*SVERWEIS(5;A2:B10;2)* sucht die Zahl 5 in der Spalte A und liefert als Resultat den passenden Wert in der zweiten Spalte in derselben Zeile.
XVERWEIS(Suchkriterium; Matrix; Rückgabematrix)	Die XVERWEIS-Funktion durchsucht einen Bereich und gibt dann das Element zurück, das der ersten gefundenen Übereinstimmung entspricht.	=*XVERWEIS(5;A1:A10;B1:C10)* sucht die Zahl 5 in einem Bereich und liefert als Resultat passende Werte der Rückgabematrix.
ZEILE([Bezug])	Ermittelt die Zeilennummer eines Bezugs.	=*ZEILE(C8)* liefert als Ergebnis 8, weil die Zelle C8 in der achten Zeile liegt.

Übersicht über weitere Funktionen (Forts.)

Mathematik und Trigonometrie

Funktion	**Beschreibung**	**Beispiel**
AUFRUNDEN(Zahl; Anzahl Stellen)	Rundet die Zahl auf die gewünschte Anzahl an Stellen auf.	*=AUFRUNDEN(7,234;1)* rundet die Zahl 7,234 auf eine Dezimalstelle auf (ergibt also 7,3).
GANZZAHL(Zahl)	Rundet eine Zahl auf die nächstkleinere ganze Zahl ab.	*=GANZZAHL(8,7)* rundet 8,7 auf 8 ab.
GERADE(Zahl)	Rundet eine Zahl auf die nächste ganze gerade Zahl auf.	*=GERADE(3)* rundet 3 auf die nächste gerade Zahl auf, also 4. *=GERADE(4,7)* ergibt 6.
KÜRZEN(Zahl;Anzahl Stellen)	"Schneidet" die Kommastellen einer Zahl ab und gibt als Ergebnis eine ganze Zahl zurück.	*=KÜRZEN(8,7)* macht aus der Kommazahl 8,7 die ganze Zahl 8.
OBERGRENZE(Zahl;Schritt)	Rundet eine Zahl auf die nächste ganze Zahl oder das nächste Vielfache von Schritt auf.	*=OBERGRENZE(1,5;1)* rundet 1,5 auf das nächste Vielfache von 1 auf (ergibt also 2).
REST(Zahl;Divisor)	Ermittelt den Rest einer Division.	*=REST(3;2)* gibt den Rest von 3/2, also 1, zurück.
RUNDEN(Zahl;Anzahl Stellen)	Rundet eine Zahl auf eine bestimmte Anzahl von Dezimalstellen.	*=RUNDEN(4,159;1)* rundet 4,159 auf eine Dezimalstelle (ergibt also 4,2).
SUMME(Zahl1;Zahl2;...)	Addiert die jeweiligen Argumente.	*=SUMME(4;12)* ergibt 16.
UNGERADE(Zahl)	Rundet eine Zahl auf die nächste ganze ungerade Zahl auf.	*=UNGERADE(1,5)* rundet 1,5 auf die nächste ganze ungerade Zahl auf, gibt also 3 aus.
UNTERGRENZE(Zahl;Schritt)	Rundet eine Zahl ab.	*=UNTERGRENZE(1,4666;0,1)* rundet 1,4666 auf das kleinste Vielfache von 0,1 ab (= 1,4).
WURZEL(Zahl)	Gibt die Quadratwurzel einer Zahl zurück.	*=WURZEL(16)* ergibt 4.

Statistik

Funktion	Beschreibung	Beispiel
ANZAHL(Wert1;Wert2;...)	Gibt die Anzahl der Zahlen in einer Liste mit Argumenten an.	*=ANZAHL(3;2;6)* ermittelt 3. *=ANZAHL("Text";2;6)* hingegen ergibt 2.
ANZAHL2(Wert1;Wert2;...)	Gibt die Anzahl der Werte in einer Liste mit Argumenten an.	*=ANZAHL2("Hallo";2;4;6)* ermittelt 4.
ANZAHLLEEREZELLEN(Bereich)	Gibt die Anzahl der leeren Zellen in einem Bereich an.	*=ANZAHLLEEREZELLEN (A1:B8)* ermittelt die Anzahl der leeren Zellen im Bereich A1:B8.
MAX(Zahl1;Zahl2;...)	Ermittelt den größten Wert in einer Liste von Argumenten, die nur Zahlen enthält.	*=MAX(3;2;4)* ermittelt 4.
MAXA(Wert1; Wert2;...)	Gibt den größten Wert einer Liste mit Argumenten zurück, die Zahlen, Text und Wahrheitswerte enthalten.	*=MAXA(WAHR;3;2;6)* ermittelt 6.
MEDIAN(Zahl1;Zahl2;...)	Ermittelt den Median aus einer Liste mit Argumenten.	*=MEDIAN(3;2;6)* ermittelt 3.
MIN(Zahl1;Zahl2;...)	Ermittelt den kleinsten Wert in einer Liste von Argumenten, die nur Zahlen enthält.	*=MIN(3;2;6)* ermittelt 2.
MINA(Wert1;Wert2;...)	Gibt den kleinsten Wert aus einer Liste mit Argumenten zurück, die Zahlen, Text und Wahrheitswerte umfasst.	*=MINA(WAHR;3;2;-6)* ermittelt -6.
MITTELWERT(Zahl1;Zahl2;...)	Gibt den Mittelwert (Durchschnitt) der Argumente einer Liste zurück.	*=MITTELWERT(3;2;6)* ermittelt 3,666666667.
MITTELWERTWENN(Bereich; Kriterium;[Mittelwert_Bereich])	Ermittelt den Durchschnitt aller Zellen im angegebenen Bereich, die einem bestimmten Kriterium entsprechen.	*=MITTELWERTWENN (A1:A9;"<2000")* ermittelt den Durchschnitt der Zellen im Bereich A1:A9, die kleiner als 2.000 sind.

Übersicht über weitere Funktionen (Forts.)

Funktion	Beschreibung	Beispiel
ZÄHLENWENN(Bereich; Kriterien)	Gibt die Anzahl der Zellen in einem Bereich an, deren Inhalte mit den Suchkriterien übereinstimmen.	*=ZÄHLENWENN(B1:B15;">55")* ergibt die Anzahl der Zellen im Bereich B1:B15, die einen Wert enthalten, der größer als 55 ist.

Technik

Funktion	Beschreibung	Beispiel
UMWANDELN(Zahl; Maßeinheit 1; Maßeinheit 2)	Wandelt eine Zahl von einer Maßeinheit in eine andere um.	
	Temperatur	*=UMWANDELN(73; "F";"C")* wandelt 73 Grad Fahrenheit in 23 Grad Celsius um.
	Entfernung	*=UMWANDELN(1; "m";"in")* wandelt 1 Meter in 39,4 Zoll (Inches) um.
	Flüssigmaß	*=UMWANDELN(1; "l"; "gal")* wandelt 1 Liter in 0,26 Gallonen um.
	Energie	*=UMWANDELN(1; "Wh";"J")* wandelt 1 Wattstunde in 3.600 Joule um.

Text

Funktion	Beschreibung	Beispiel
ERSETZEN(Alter Text; 1. Zeichen;Zeichenanzahl; Neuer Text)	Ersetzt Zeichen in einem Text.	*=ERSETZEN(2016;3;2;24)* ersetzt die beiden letzten Stellen von 2016 durch 24.
DM(Zahl [Dezimalstellen])	Diese Funktion wandelt eine Zahl in das Währungsformat um, das in der Ländereinstellung enthalten ist.	*=DM(969,88;2)* zeigt die Zahl mit zwei Ziffern links vom Dezimalkomma im Währungsformat an (969,88 €).

Funktion	Beschreibung	Beispiel
GLÄTTEN(Text)	Entfernt Leerzeichen aus einem Text.	*=GLÄTTEN(" Hallo ")* entfernt die Leerzeichen vor und nach dem Text. Übrig bleibt Hallo.
LÄNGE(Text)	Ermittelt die Anzahl der Zeichen in einer Zeichenfolge.	*=LÄNGE("Hallo")* ermittelt 5, weil sich das gesuchte Wort aus fünf Zeichen zusammensetzt.
LINKS(Text;Zeichenanzahl)	Ermittelt von links beginnend die Zeichen in einem Text, und zwar entsprechend der Zeichenanzahl.	*=LINKS("Berlin";1)* ergibt B.
RECHTS(Text;Zeichenanzahl)	Ermittelt von rechts beginnend die Zeichen in einem Text, und zwar entsprechend der Zeichenanzahl.	*=RECHTS("Berlin";1)* ergibt n.
SUCHEN(Suchtext;Text; [1. Zeichen])	Sucht nach einem Text, der in einem anderen Text enthalten ist. Als Ergebnis erhalten Sie die Nummer der Anfangsposition des Suchtextes.	*=SUCHEN("Berlin";"Hallo Berlin")* gibt zurück, dass der Suchtext ab Zeichen 7 im zweiten Text steht.
TEXT(Wert;Textformat)	Formatiert eine Zahl und wandelt sie in Text um.	*="Verkäufe im Wert von "&TEXT (88; "0,00€")* ergibt den Text Verkäufe im Wert von 88,00€.
TEXTVERKETTEN(Trennzeichen; Leer_Ignorieren;Text1;Text2;...) TEXTVERKETTEN(Trennzeichen; Leer_Ignorieren; Text1;Text2;...)	Verknüpft mehrere Textelemente zu einem Textelement. WAHR ignoriert leere Zellen.	*=TEXTVERKETTEN(""; WAHR; "Hallo";"Berlin")* ergibt den Text HalloBerlin.
TEXTKETTE (Text1;Text2;...)	Verknüpft mehrere Textelemente zu einem Textelement. Ersetzt die Funktion **VERKETTEN**.	*=TEXTKETTE("Hallo";" "; "Berlin")* ergibt den Text Hallo Berlin.
WIEDERHOLEN(Text; Multiplikator)	Wiederholt einen Text so oft wie angegeben.	*=WIEDERHOLEN("*";10)* ergibt **********.

Kapitel 7
Diagramme und Grafiken

Lange Zahlenkolonnen können ermüdend sein – da hilft es häufig, die Tabelle einmal in einem Säulen- oder Kreisdiagramm darzustellen oder um ein passendes Bild zu ergänzen. Auf diese Weise gestalten Sie Ihre Daten wesentlich übersichtlicher und interessanter.

Diagramme

Wenn Sie Ihre Tabelle grafisch darstellen möchten, um sie anschaulicher zu machen, bietet Ihnen die Registerkarte **Einfügen** dafür diverse Optionen. Und das nicht nur im Sinne der verschiedenen Diagrammarten – auch *Sparklines* (Minidiagramme), Bilder oder *SmartArts* und 3D-Modelle können Sie über dieses Menüband in Ihr Tabellenblatt integrieren.

Grafiken, Fotos und Screenshots

Sobald Sie z. B. ein Foto oder eine Grafik eingefügt und markiert haben, erscheint die Registerkarte **Bildformat**, mit deren Hilfe Sie Bilder weiterbearbeiten können. Geben Sie Ihrem Bild beispielsweise einen Rahmen oder versehen Sie es mit unterschiedlichen künstlerischen Effekten – der optischen Wirkung sind hier kaum Grenzen gesetzt.

Mit den Befehlen der Registerkarte »Einfügen« können Sie Ihre Tabelle anschaulich machen. ❶

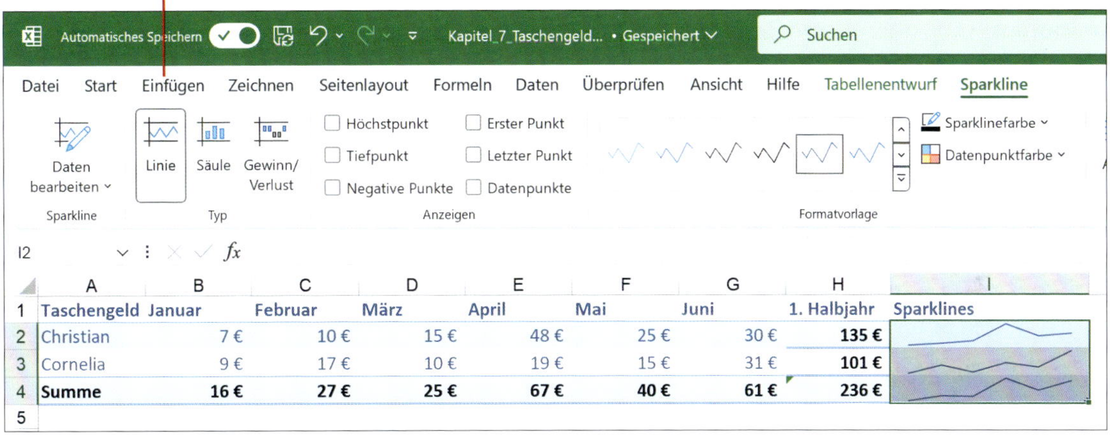

Auf der Registerkarte »Bildformat« finden Sie nützliche Befehle, die Ihre Grafiken noch schöner machen. ❷

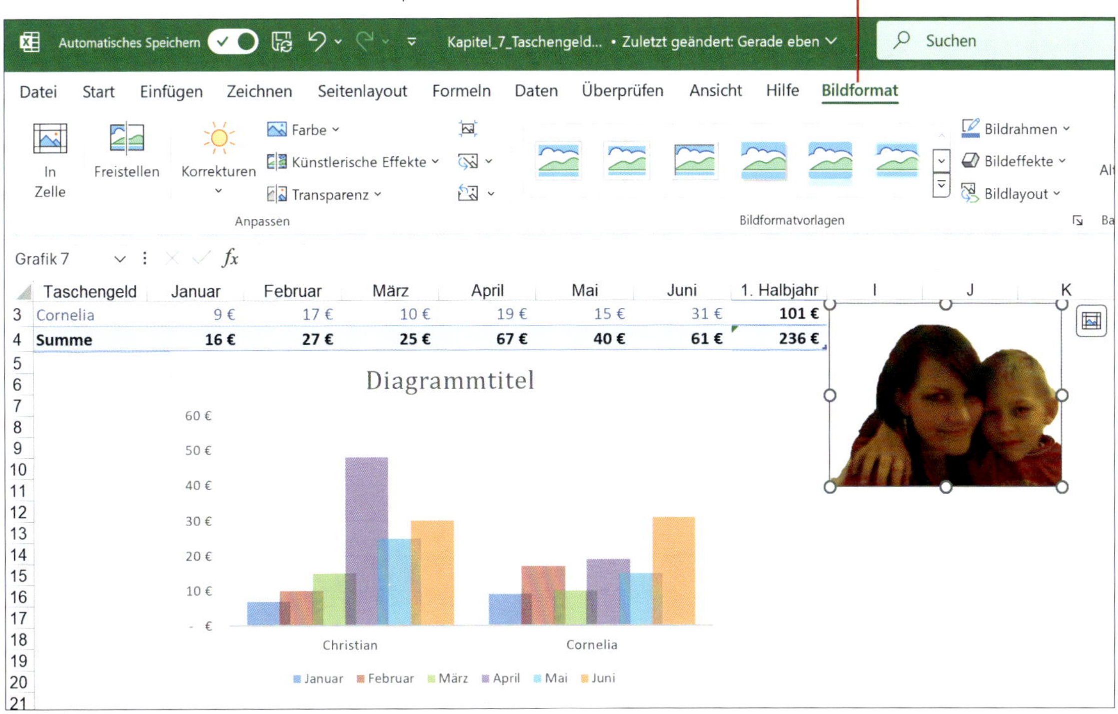

Diagramme erstellen

Große Tabellen mit mehr als 1.000 Zahlenwerten sind recht unübersichtlich und lassen sich daher besser grafisch darstellen. Wie Sie in Excel schnell ein schickes Diagramm zaubern, erfahren Sie hier.

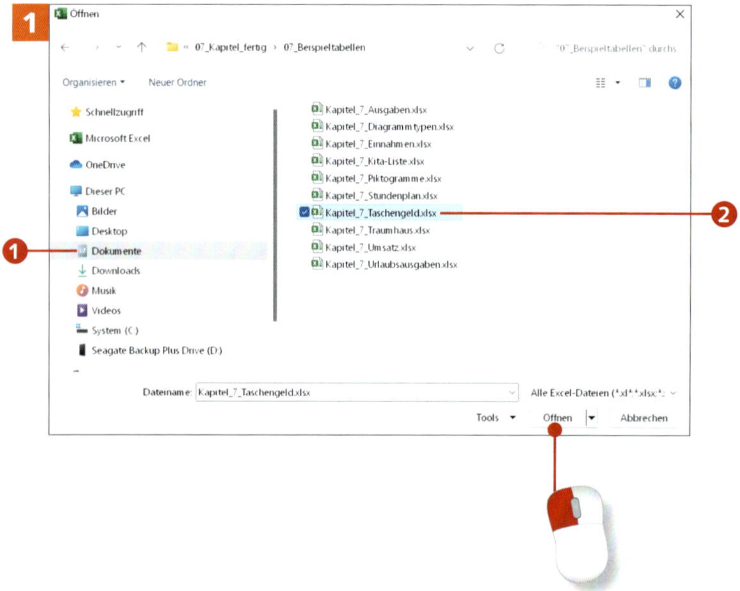

Schritt 1

Zunächst erstellen wir ein Diagramm auf klassischem Weg. Dazu öffnen Sie eine passende Tabelle. Klicken Sie auf die Registerkarte **Datei** und dann auf **Öffnen**. Wählen Sie den Speicherort ❶ der Datei und dann die Datei ❷. Klicken Sie auf **Öffnen**.

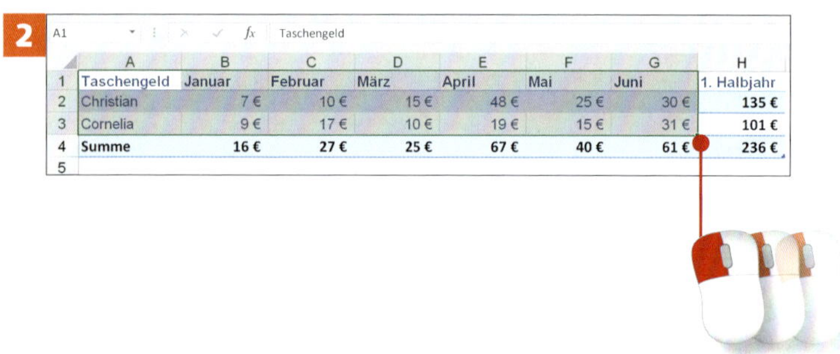

Schritt 2

Überlegen Sie, welche Aussage Sie mit dem Diagramm treffen und welche Zahlen Sie verdeutlichen wollen. In unserem Beispiel möchten wir die Taschengeldzahlungen im 1. Halbjahr darstellen. Markieren Sie den entsprechenden Bereich, hier A1:G3.

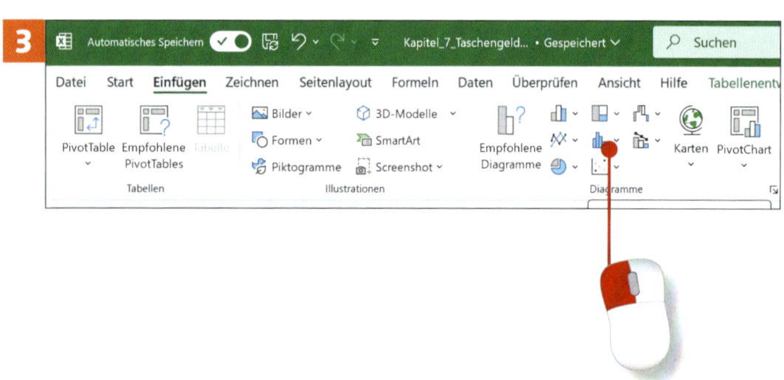

Schritt 3

Aktivieren Sie die Registerkarte **Einfügen**. In der Gruppe **Diagramme** sehen Sie die Symbole für die verschiedenen Diagrammarten. Klicken Sie auf das Symbol **Säule**.

Schritt 4

Ein Auswahlmenü wird angezeigt. Zeigen Sie mit der Maus auf die verschiedenen Diagramme im Bereich **2D-Säule**. Unten erscheint jeweils eine Vorschau. Sobald Sie auf einen Eintrag klicken, z. B. **Gruppierte Säulen**, wird das Diagramm als Objekt auf demselben Blatt wie die Tabelle eingefügt.

4
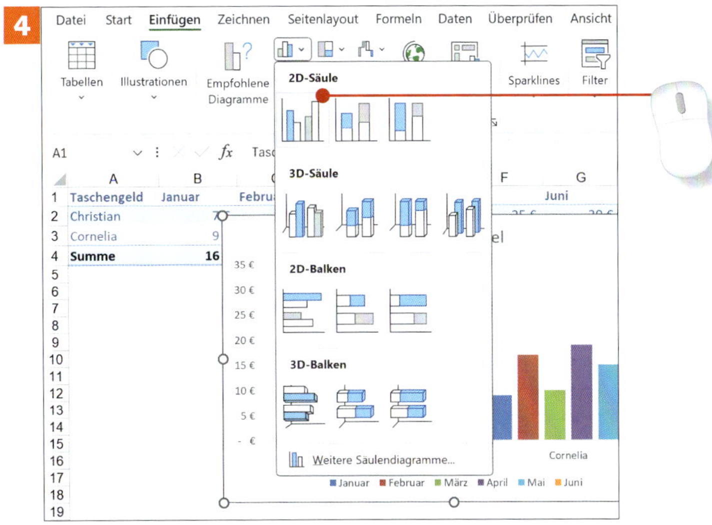

Schritt 5

Es verdeckt allerdings einen Teil der Tabelle. Zeigen Sie mit der Maus auf einen leeren Diagrammbereich. Der Mauszeiger wird zu einem *Vierfachpfeil*. Mit gedrückter Maustaste verschieben Sie das Diagramm.

5
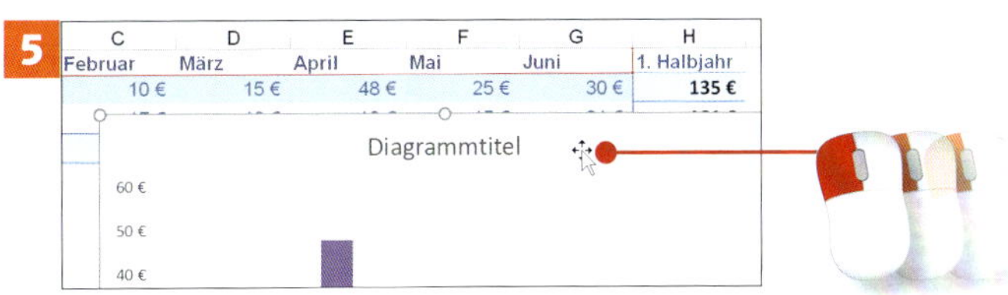

Schritt 6

Ändern Sie die Größe des Diagramms, indem Sie den Mauszeiger auf einer Ecke des Rahmens positionieren, dann mit gedrückter Maustaste nach innen oder außen ziehen und bei der gewünschten Größe loslassen.

6
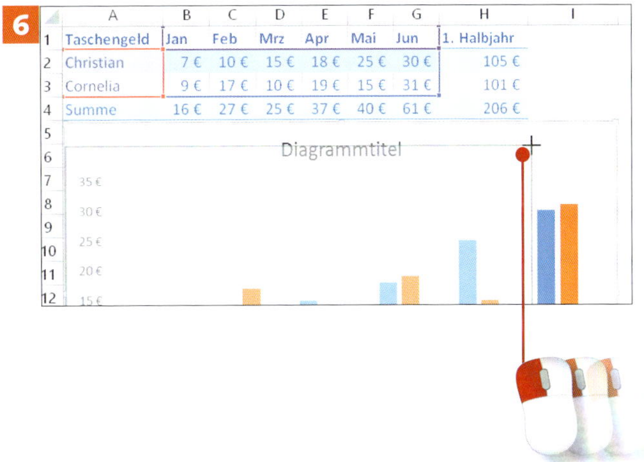

So geht's noch schneller

Sie können auf demselben Tabellenblatt mithilfe der Tastenkombination Alt + F1 blitzschnell ein neues Diagramm erstellen.

Diagramme erstellen (Forts.)

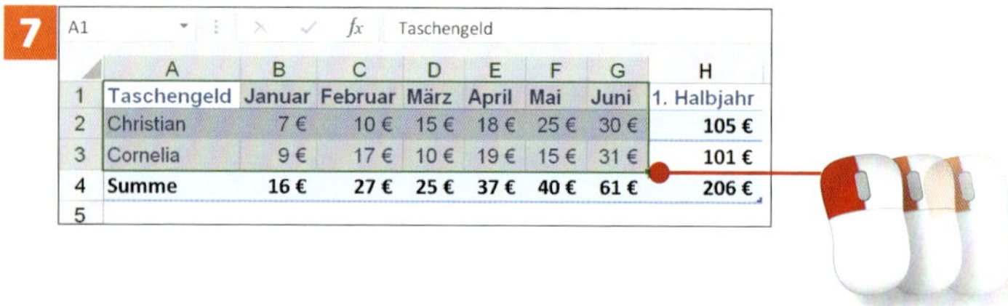

Schritt 7

Gestalterisch ist es fast immer sinnvoller, das Diagramm auf einem neuen Blatt zu erstellen. Dazu markieren Sie den Tabellenbereich, den Sie in einem Diagramm wiedergeben möchten, z. B. A1:G3.

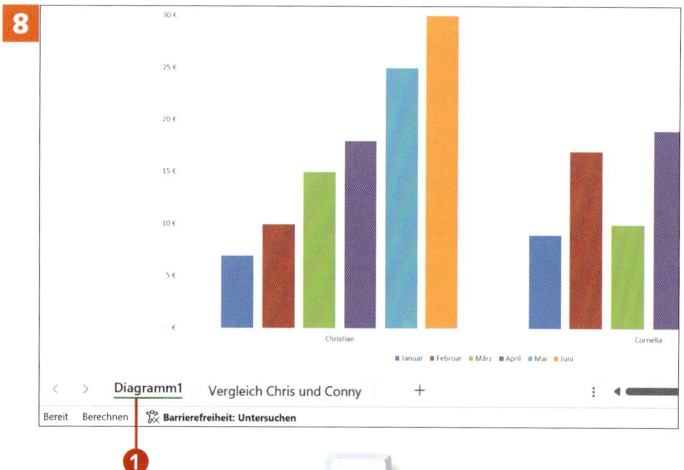

Schritt 8

Drücken Sie nun F11. Das Diagramm wird sofort auf einem Extra-Tabellenblatt mit dem Namen **Diagramm1** ❶ eingefügt. Mit einem Klick auf die andere Blattregisterkarte können Sie wieder zur Tabelle springen.

Schritt 9

Schauen Sie sich das Diagramm in der Druckvorschau an: Klicken Sie dazu auf die Registerkarte **Datei** und danach auf den Menüpunkt **Drucken**. Sie könnten das Diagramm nun per Mausklick auf die Schaltfläche **Drucken** ❷ ausdrucken.

Diagramm drucken

In der Mitte ganz unten finden Sie den Befehl **Seite einrichten**. Im zugehörigen Dialog können Sie auf der Registerkarte **Diagramm** z. B. einen Schwarzweißdruck festlegen.

Schritt 10

Ein Diagramm kann auch aus Tabellenbereichen entstehen, die nicht nebeneinanderliegen. Dazu markieren Sie den ersten Bereich, z. B. A1:A3. Dann halten Sie Strg gedrückt und markieren den zweiten Bereich, z. B. H1:H3.

10

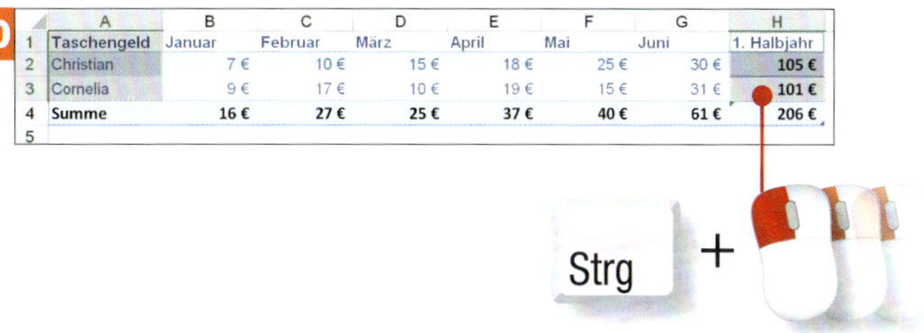

	A	B	C	D	E	F	G	H
1	Taschengeld	Januar	Februar	März	April	Mai	Juni	1. Halbjahr
2	Christian	7 €	10 €	15 €	18 €	25 €	30 €	105 €
3	Cornelia	9 €	17 €	10 €	19 €	15 €	31 €	101 €
4	Summe	16 €	27 €	25 €	37 €	40 €	61 €	206 €
5								

Schritt 11

Diesmal machen wir es uns ganz leicht und folgen Excels Diagrammempfehlungen. Aktivieren Sie die Registerkarte **Einfügen**. In der Gruppe **Diagramme** klicken Sie auf die Schaltfläche **Empfohlene Diagramme**.

11

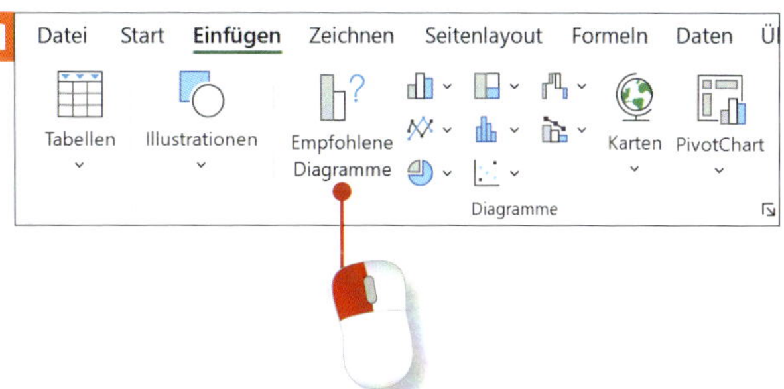

Schritt 12

Klicken Sie auf den ersten Eintrag **Gruppierte Säulen** und dann auf **OK**. Das Diagramm wird auf demselben Tabellenblatt eingefügt. Man erkennt einen deutlichen Unterschied beim Taschengeld von Christian und Cornelia. Die y-Achse beginnt leider nicht bei 0 €, sondern erst bei 99 €. Wie Sie das ändern, erfahren Sie im Abschnitt »Diagrammelemente bearbeiten und ergänzen« auf Seite 232.

12

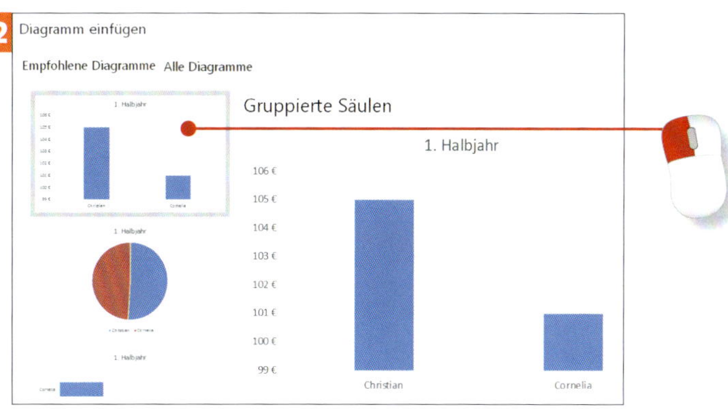

!

Markierte Bereiche

Wenn Sie ein Diagramm aus mehreren Tabellenbereichen erstellen wollen, müssen diese immer gleich groß sein. Markieren Sie in der Beispieltabelle z. B. A2:A3 und H1:H3, kann Excel die Daten im Diagramm nicht sinnvoll darstellen!

Diagramme erstellen (Forts.)

13
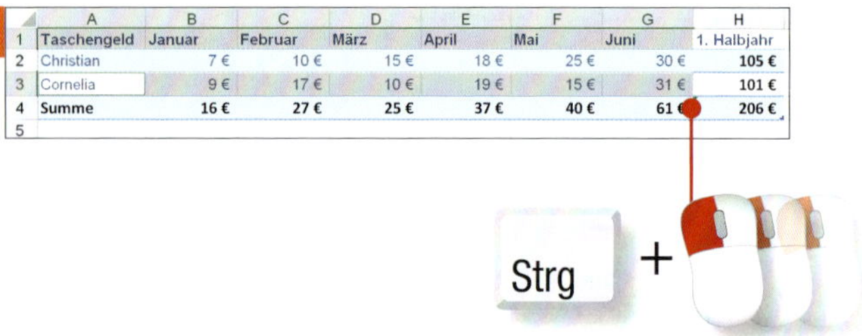

14
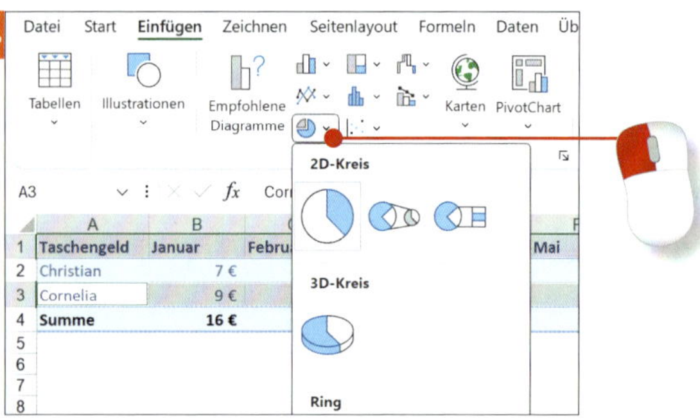

15
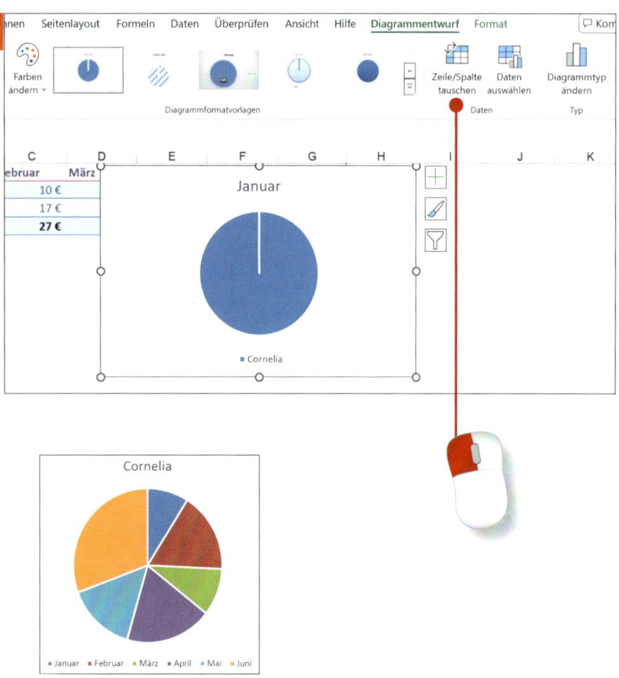

Schritt 13

Ein Kreisdiagramm zeigt immer die Zahlen einer *Datenreihe*, die zusammen ein Ganzes ergeben, also 100 %. Um Cornelias Taschengeld in einem Kreisdiagramm darzustellen, markieren Sie die Überschrift (A1:G1) und dann mit gedrückter Strg-Taste die Zellen A3:G3.

Schritt 14

Aktivieren Sie die Registerkarte **Einfügen**. In der Gruppe **Diagramme** klicken Sie auf die Schaltfläche **Kreis** und unter **2D-Kreis** auf das erste Symbol.

Schritt 15

Das Kreisdiagramm erscheint auf demselben Tabellenblatt. Klicken Sie es an, und wählen Sie auf der Registerkarte **Diagrammentwurf** in der Gruppe **Daten** die Schaltfläche **Zeile/Spalte tauschen**, damit Excel das Diagramm korrekt darstellt.

i

Prozente anzeigen lassen

Weil alle Kreissegmente zusammen 100 % ergeben, bietet Excel die Prozentbeschriftung automatisch an. Sie finden dafür auf der Registerkarte **Diagrammentwurf** in der Gruppe **Diagrammformatvorlagen** zwölf Formatvorlagen.

Schritt 16

Nun wollen wir das Taschengeld mehrerer Jahre in einem Diagramm darstellen. Markieren Sie den Bereich A1:G3. Auf der Registerkarte **Einfügen** wählen Sie in der Gruppe **Diagramme** das Symbol **Balken** und im Untermenü **2D-Balken** den ersten Eintrag. So werden allerdings auch die Jahreszahlen als Balken dargestellt.

16

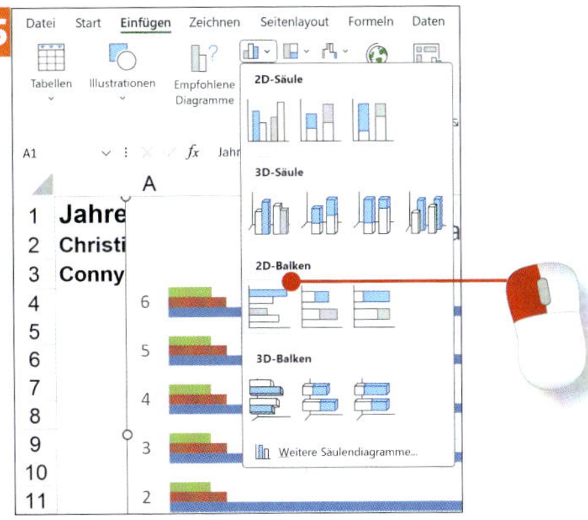

Schritt 17

Damit das nicht passiert, entfernen Sie die Datenreihe *Jahre*. Klicken Sie auf der Registerkarte **Diagrammentwurf** in der Gruppe **Daten** auf **Daten auswählen** ❶. Markieren Sie im Dialogfenster den Eintrag **Jahre** ❷, und klicken Sie auf **Entfernen**.

17

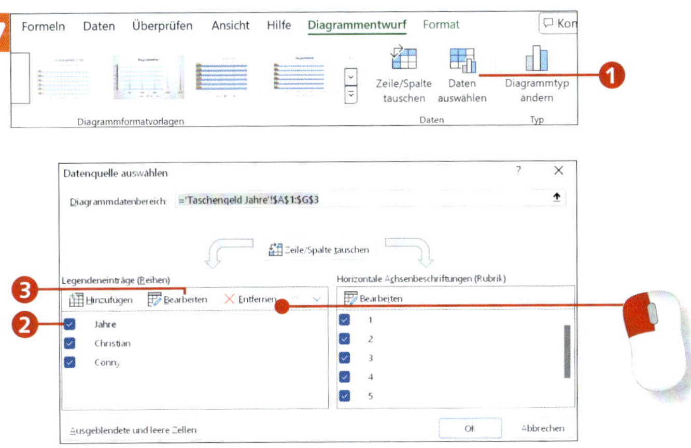

Schritt 18

Klicken Sie dann auf **Bearbeiten** ❸, und markieren Sie in der Tabelle die Zellen B1:G1. Bestätigen Sie die Dialogfenster **Achsenbeschriftungen** und **Datenquelle auswählen** jeweils mit einem Klick auf **OK**, und das Diagramm ist fertig!

18

Diagrammelemente bearbeiten und ergänzen

1

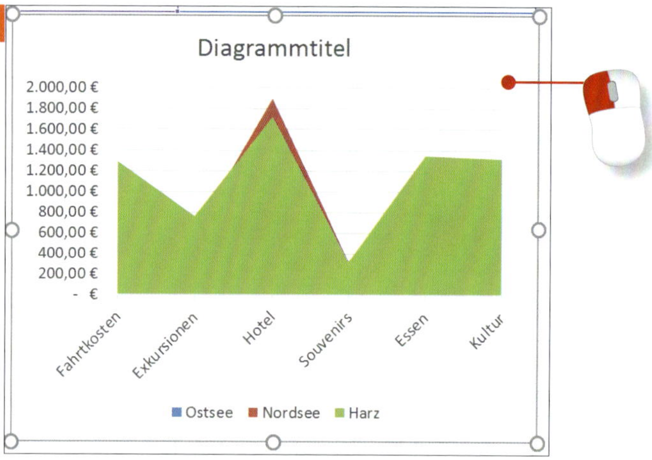

2

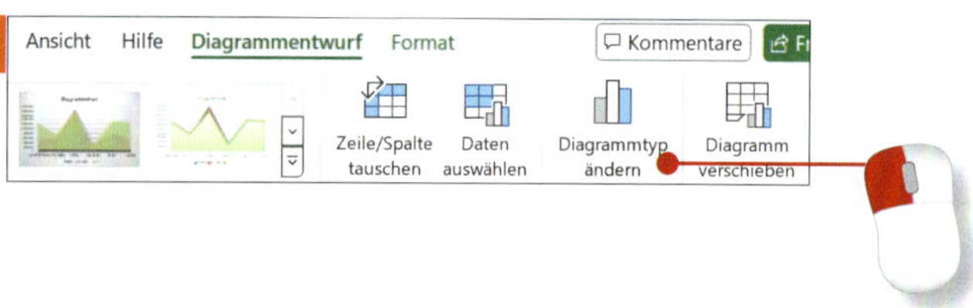

3

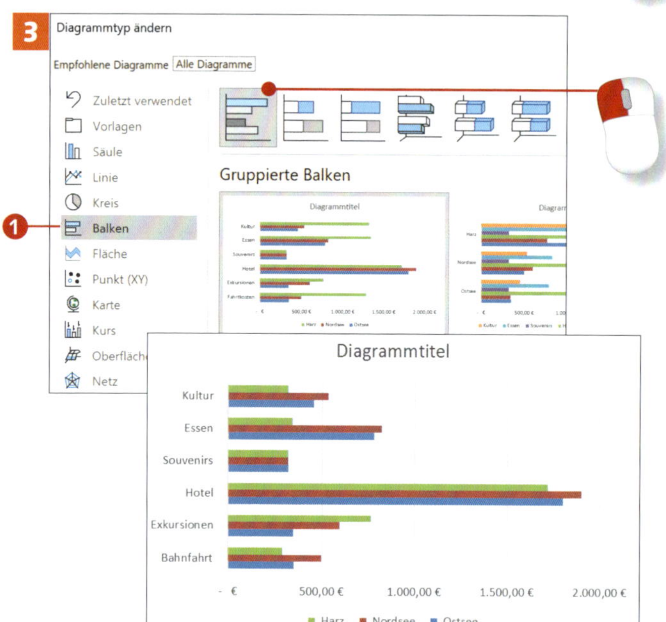

Wenn sich Daten verändern oder Ihnen die Optik des Diagramms nicht mehr gefällt, können Sie es jederzeit umgestalten.

Schritt 1

Ihre Urlaubsausgaben werden in diesem Flächendiagramm nicht gut dargestellt. Um den Diagrammtyp zu ändern, markieren Sie das Diagramm, indem Sie auf eine leere Stelle im Diagrammbereich klicken.

Schritt 2

Die Registerkarte **Diagrammentwurf** mit Befehlen zum Bearbeiten und Ergänzen von Diagrammelementen erscheint. Klicken Sie in der Gruppe **Typ** auf **Diagrammtyp ändern**.

Schritt 3

Das Dialogfenster listet alle Diagrammtypen auf. Klicken Sie links auf **Balken** ❶ und anschließend auf den Diagrammtyp **Gruppierte Balken**. Bestätigen Sie Ihre Auswahl mit **OK**. Das geänderte Diagramm zeigt nun auch die Urlaubsausgaben, die im Flächendiagramm nicht gleich zu sehen waren.

Schritt 4

Verfeinern Sie nun das Layout. Dazu klicken Sie auf der Registerkarte **Diagrammentwurf** in der Gruppe **Diagrammlayouts** auf **Schnelllayout** und im Auswahlmenü z. B. auf die Vorlage **Layout 3**.

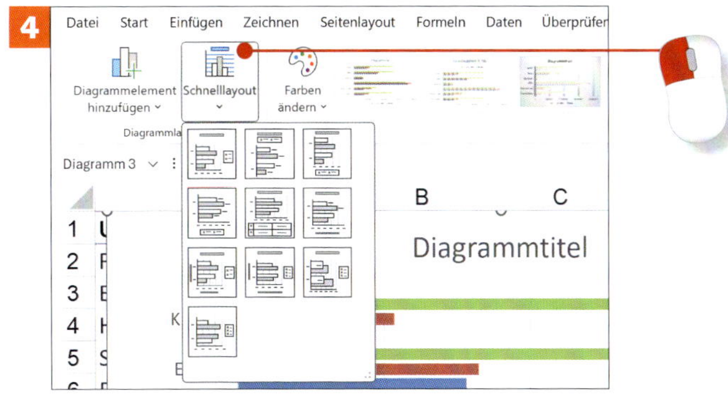

Schritt 5

Nun fügen Sie einen Diagrammtitel ein. Klicken Sie in das neue Feld **Diagrammtitel** in Ihrem Diagramm, und geben Sie »=« ein. Dann klicken Sie auf die Zelle A1, die den Tabellentitel »Urlaubsausgaben« enthält, und drücken [↵].

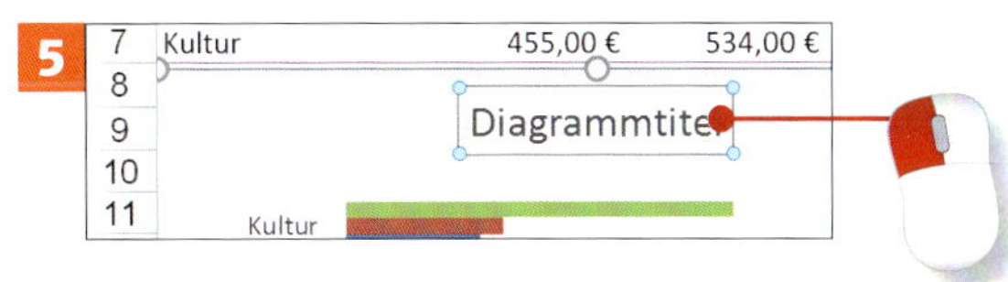

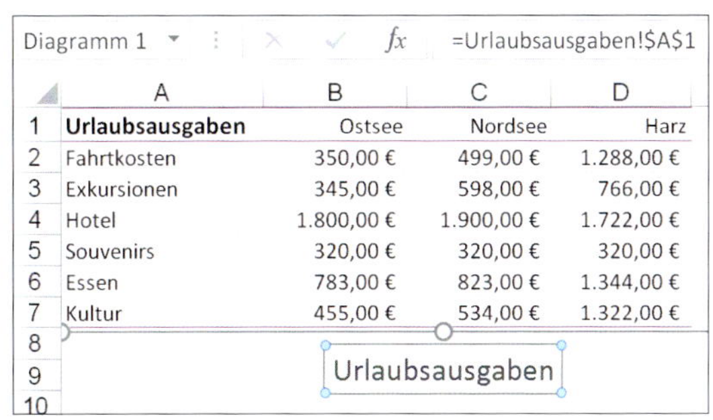

Schritt 6

Korrigieren Sie nun den Text in der Zelle A1 in »Urlaubsausgaben 2024«. Auch der Diagrammtitel aktualisiert sich sofort, weil Sie ihn mit der Zelle A1 verknüpft haben.

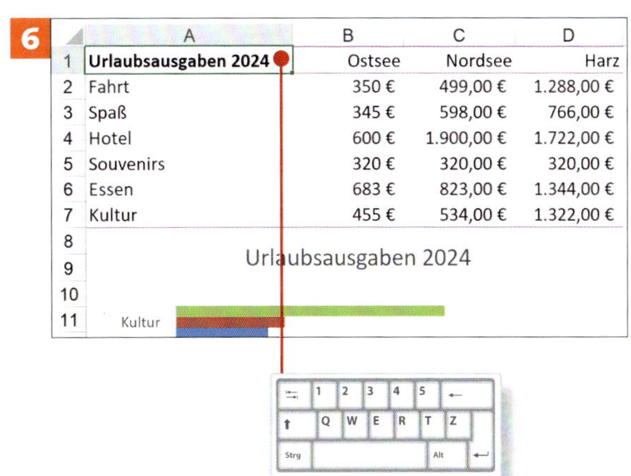

Zahlenwerte ändern

Tabelle und Diagramm sind miteinander verknüpft. Wenn Sie in der Tabelle einen Zahlenwert ändern, wird automatisch auch das Diagramm geändert.

Diagrammelemente bearbeiten und ergänzen (Forts.)

7

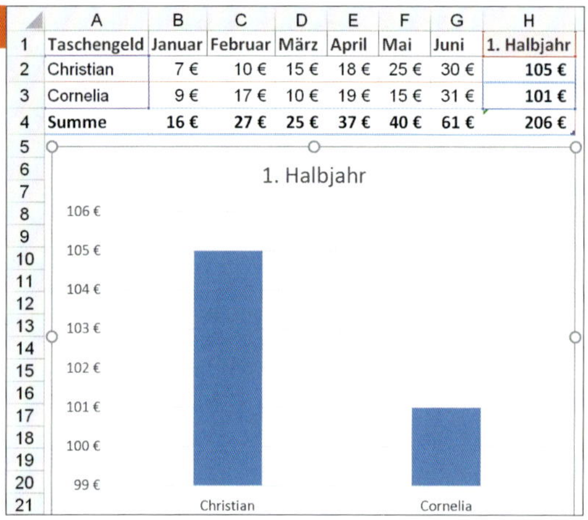

8

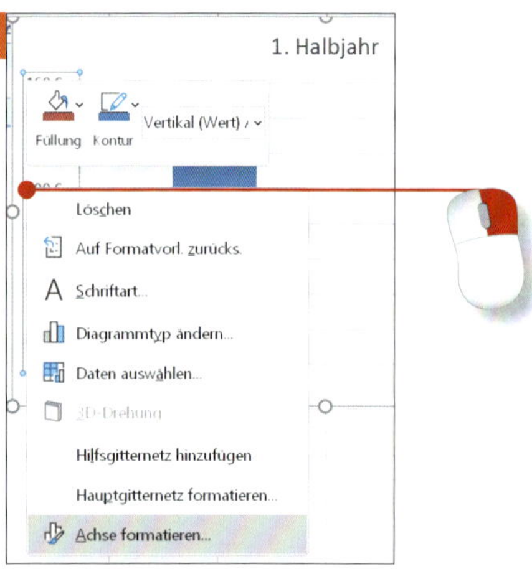

9

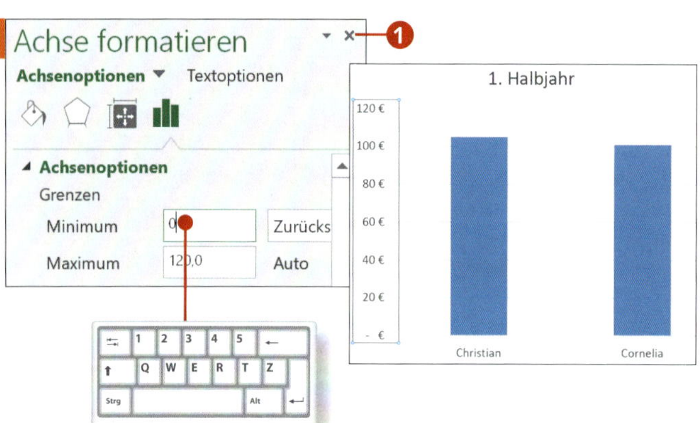

Schritt 7

Manchmal erweckt die Darstellung im Diagramm einen falschen Eindruck. Im Taschengeldbeispiel aus dem Abschnitt »Diagramme erstellen« auf Seite 226 sieht es aus, als hätte Cornelia nur etwa ein Drittel des Betrags ihres Bruders bekommen, weil die y-Achse nicht bei 0 beginnt.

Schritt 8

Klicken Sie mit der rechten Maustaste auf eine Zahl der y-Achse. Aus dem Kontextmenü wählen Sie die Option **Achse formatieren**.

Schritt 9

Im Aufgabenbereich rechts ersetzen Sie unter **Achsenoptionen** das automatische **Minimum** *99* durch *0*. Bestätigen Sie die Änderung mit einem Klick auf das Schließkreuz **1**. Nun stimmen die Verhältnisse.

Achsenoptionen

Mit einem Doppelklick auf die Größenachse gelangen Sie direkt zu den **Achsenoptionen**.

Schritt 10

Die Größenachse soll verschwinden, dafür sollen die Säulen selbst genaue Werte anzeigen. Klicken Sie das Diagramm an. Drei Schaltflächen erscheinen. Wählen Sie **Diagrammelemente** ❷, und entfernen Sie das Häkchen neben **Achsen** ❸. Zeigen Sie auf den Eintrag **Datenbeschriftungen**, und wählen Sie **Datenlegende**.

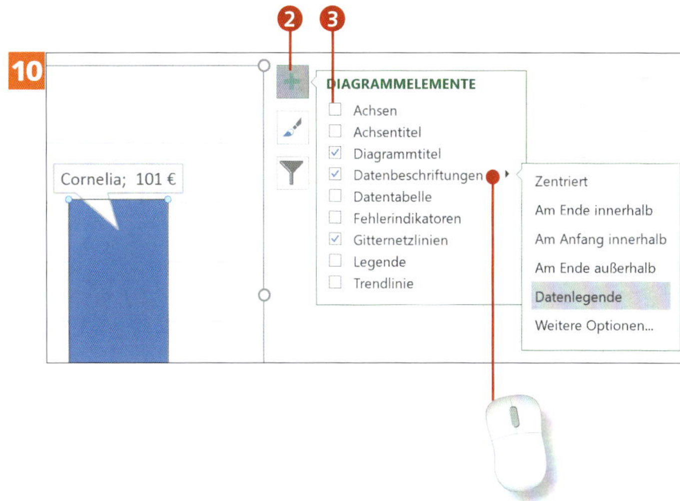

Schritt 11

Um die Farbe der Säulen zu ändern, klicken Sie auf **Diagrammformatvorlagen** und dann auf den Eintrag **Farbe** ❹. Wählen Sie z. B. **Farbe3**.

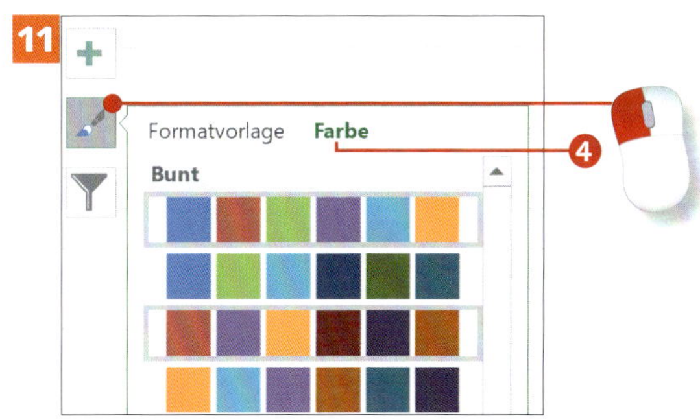

Schritt 12

Um nur Christians Säule anzuzeigen, klicken Sie auf das Symbol **Diagrammfilter** ❺. Im Bereich **Kategorien** entfernen Sie das Häkchen vor **Cornelia**. Wenn Sie auf **Anwenden** ❻ klicken, erscheint nur noch Christians Säule.

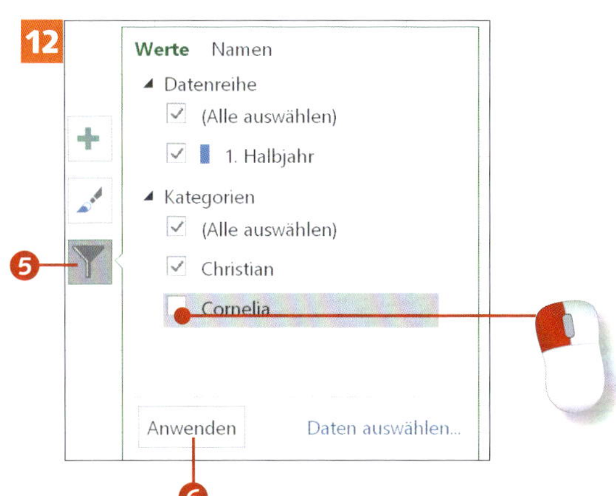

Einzelne Säule umfärben

Klicken Sie doppelt auf die Säule, und klicken Sie im Aufgabenbereich **Datenpunkt formatieren** auf **Farbeimer**. Stellen Sie unter **Füllung** eine andere Farbe ein.

Den richtigen Diagrammtyp wählen

1

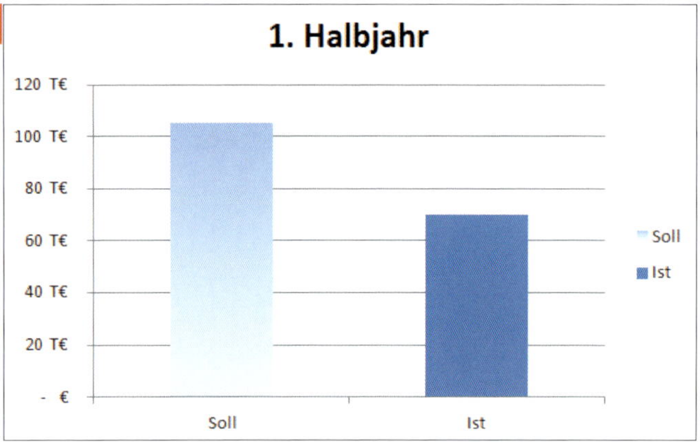

2

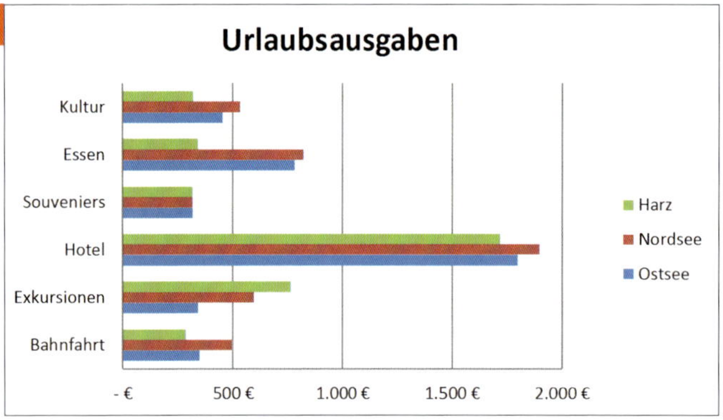

3

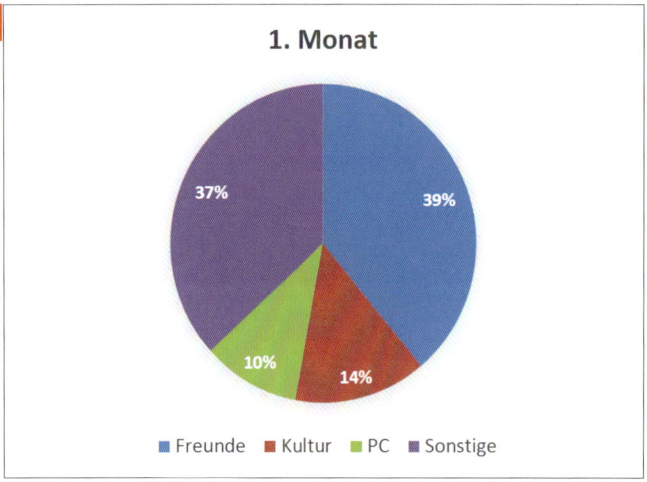

Den richtigen Diagrammtyp zu wählen ist schwierig. Sie finden die Diagramme auf der Registerkarte »Einfügen« in der Gruppe »Diagramme«. Nicht jeder Typ eignet sich für jede Darstellung.

Säulendiagramm

Säulendiagramme zeigen Schwankungen über einen bestimmten Zeitraum oder Vergleiche zwischen einzelnen Elementen. Weil das fast immer passt, ist dieser Typ voreingestellt.

Balkendiagramm

Balkendiagramme zeigen einzelne Zahlen zu einem bestimmten Zeitpunkt oder Vergleiche zwischen verschiedenen Elementen. Die Rubriken sind untereinander angeordnet, dadurch wird weniger Gewicht auf den zeitlichen Ablauf gelegt.

Tortendiagramm

Torten- oder *Kreisdiagramme* stellen eine Gesamtmenge dar (100 %). Die Segmente stehen für die prozentualen Anteile. Deshalb eignet sich das Kreisdiagramm nur für Tabellen mit einer Datenreihe. Diese sollte aus maximal acht Elementen bestehen, sonst wird es unübersichtlich.

Liniendiagramm

Liniendiagramme zeigen Trends oder Änderungen bei Daten über einen bestimmten Zeitraum an. Der Verlauf wird hierbei deutlich herausgestellt.

4

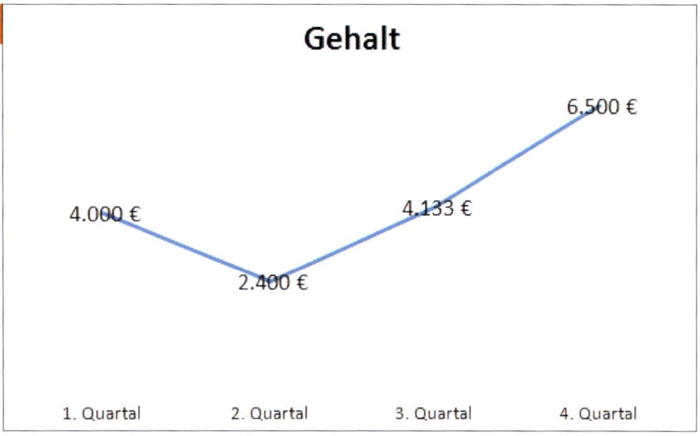

Sunburst-Diagramm

Sunburst-Diagramme stellen Daten in konzentrischen Kreisen dar und können aussehen wie eine »explodierende Sonne«. Jeder Ring entspricht einer hierarchischen Datenreihe. Der Ring in der Mitte stellt die obere Hierarchie dar, hier also die Einzelausgaben zusammengefasst nach den drei Urlaubsorten. Der zweite Ring zeigt die nächste Ebene der Hierarchie, d.h. die Detailausgaben für den jeweiligen Urlaub. Die dritte Ebene klassifiziert zusätzlich einzelne Ausgaben. So lassen sich z.B. Werte über Hierarchieebenen hinweg vergleichen.

5

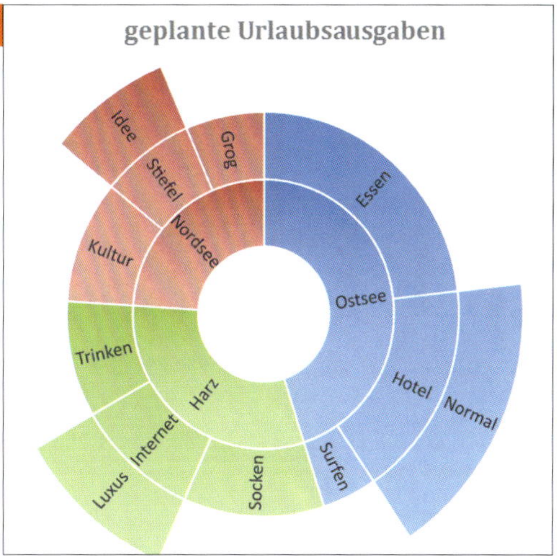

Flächendiagramm

Flächendiagramme zeigen die relative Bedeutung von Werten über einen bestimmten Zeitraum an. Sie heben das Ausmaß der Änderung bzw. Abweichung optisch stark hervor. Unser Beispiel zeigt die Differenz der Ausgaben zwischen Nordsee- und Harzurlaub.

6

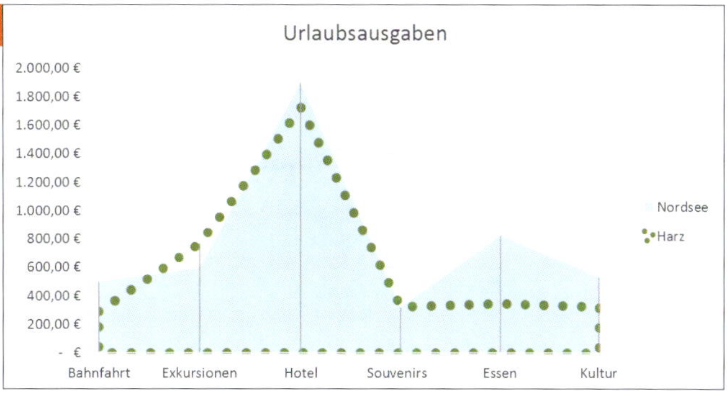

Den richtigen Diagrammtyp wählen (Forts.)

7
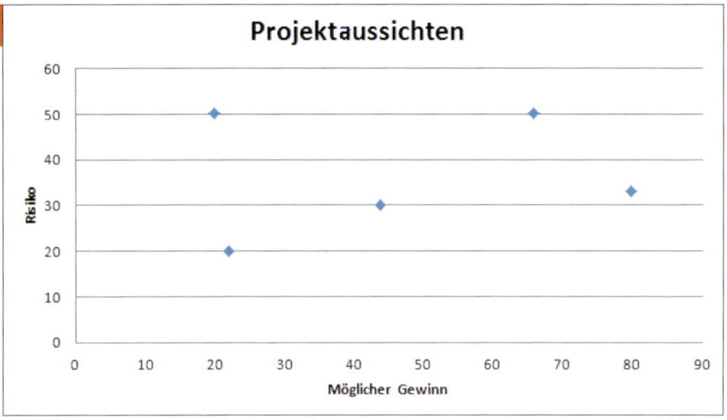

8
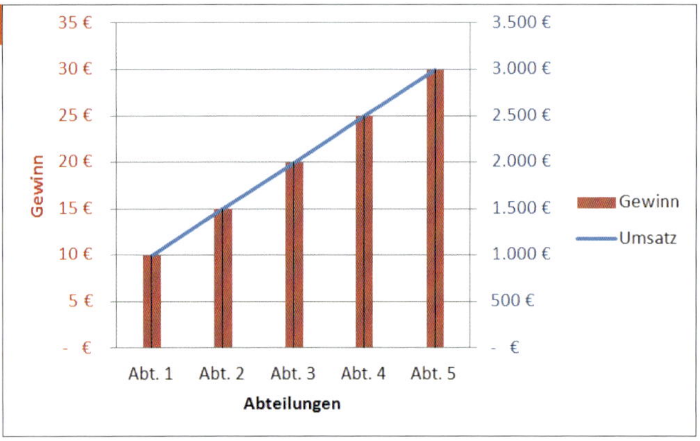

9
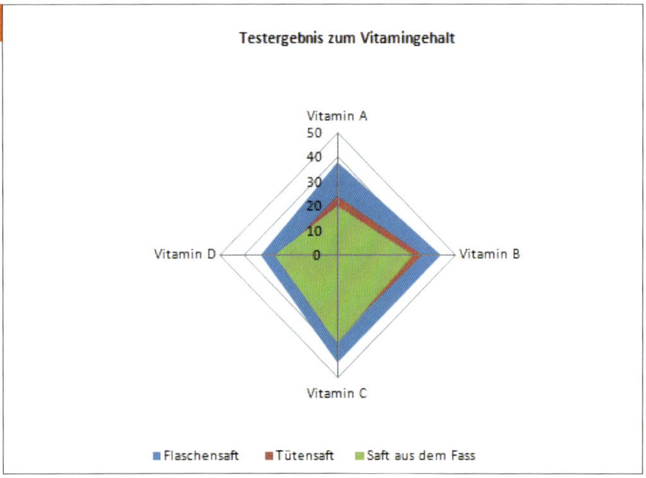

Punktdiagramm

Punktdiagramme zeigen Zahlenpaare, z. B. den Punktwert für das Risiko und den Punktwert möglicher Gewinne. Sie spiegeln also Trends oder Änderungen wider.

Verbunddiagramm

Verbund- oder *Kombinationsdiagramme* verbinden zwei Diagrammtypen miteinander, z. B. Säule und Linie. Sie verdeutlichen, dass ein Diagramm zwei verschiedene Arten von Informationen darstellt, etwa Umsatz und Gewinn.

Netzdiagramm

Netzdiagramme haben in der Mitte einen Nullpunkt, um den Linien gruppiert sind. So stellt man mehrere Faktoren auf einmal dar. Die Spannweite des Netzes macht den Vergleich besonders anschaulich.

Diagrammvarianten

Wenn Sie unsicher sind, welcher Diagrammtyp am besten passt, machen Sie mehrere unterschiedliche Diagramme aus Ihrer Tabelle. Dann schauen Sie sich diese in Hinblick darauf an, welcher Diagrammtyp die beabsichtigte Aussage am besten visualisiert.

Blasendiagramm

In *Blasendiagrammen* können Sie drei Werte als Blase darstellen, hier z. B. auf der x-Achse den möglichen Gewinn und auf der y-Achse das Risiko in Prozent. Die Größe der Blase bestimmen die Kosten aus der dritten Tabellenspalte. Das Blasendiagramm ist ein um einen dritten Wert »aufgeblasenes« Punktdiagramm.

Treemap

Treemaps sind, genauso wie Sunburst-Diagramme, *Hierarchiediagramme*. Benötigt wird dafür eine Tabelle mit einer Datenreihe, im Beispiel B1:B5, und einer Beschriftung, hier A1:A5. Die Zahlenwerte werden als proportional zu den Werten unterschiedlich große Rechtecke dargestellt. Sie sind damit gut vergleichbar.

Wasserfalldiagramm

Wasserfalldiagramme eignen sich zur Darstellung der Entwicklung eines Ausgangswertes, im Beispiel der Bevölkerungszahl in Zelle B2. Durch Zu- und Wegzug verändert sich dieser Wert. Das Diagramm zeigt eine Abnahme mit roten und eine Zunahme mit blauen Balken an. Der grüne Balken steht für den Endwert im Jahr 2024.

10

Projekt	Möglicher Gewinn	Risiko in %	Kosten
JuHi	89 €	80	22,99 €
Word	30 €	10	17,00 €
Excel	65 €	40	23,00 €
Outlook	15 €	30	55,77 €
PowerP	82 €	20	77,00 €

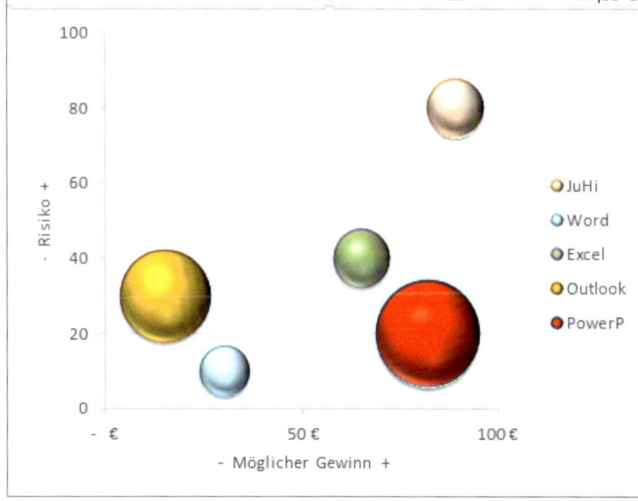

11

	A	B
1	in Werneuchen	Personen
2	Kenner	1112
3	Greenhorns	2000
4	Spezialisten	777
5	Gegner	553

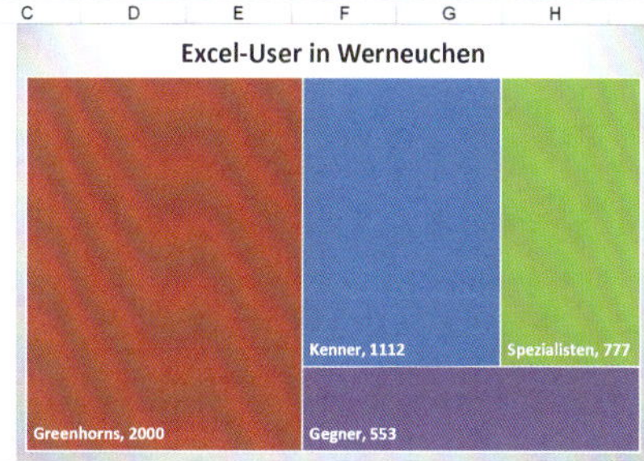

12

	A	B
1	in Werneuchen	Personen
2	Jan	8000
3	Feb	-1500
4	Mrz	550
5	Apr	1777
6	Mai	-553
7	Jun	-1000
8	Jul	-2000
9	Aug	-1500
10	Sep	2200
11	Okt	-999
12	Nov	1830
13	Dez	1990
14	2024	8795

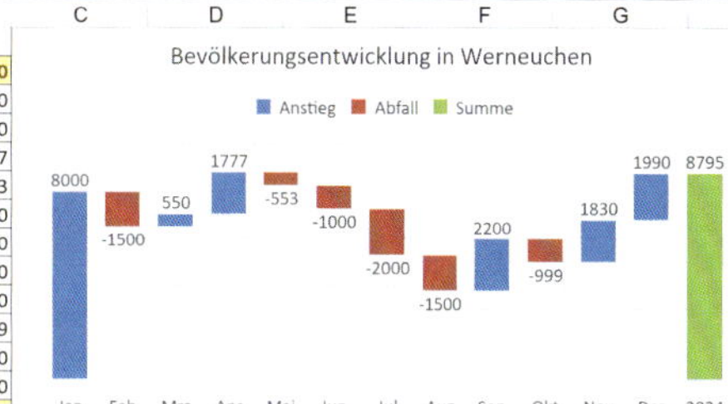

Diagramme für besondere Anlässe

Mit außergewöhnlichen Diagrammen setzen Sie Highlights in der Analyse, sei es mit einer Trichterdarstellung oder mit Umsatzzahlen, deren Werte Sie auf einer Landkarte animiert erscheinen lassen.

1

	A	B
1	Intelligente Staubsauger (ISTA)	
2	**Aktionen**	**Anzahl**
3	TV-Werbung	10.000
4	Telefonakquise	9.000
5	Verhandlungen	5.000
6	Aufträge	3.000
7		

2

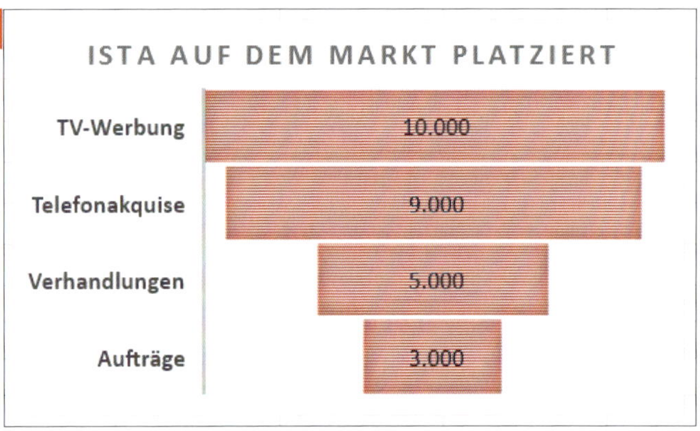

3

	A	B	C
1	**Postleitzahl**	**Ort**	**Umsatz**
2	D-10243	Berlin	25.677,00 €
3	D-31848	Hannover	19.800,00 €
4	D-80336	München	55.733,00 €

Trichterdiagramm 1

Trichterdiagramme eignen sich zum Visualisieren einer einzigen Zahlenreihe mit abnehmenden Werten. Wichtig ist, dass in der linken Spalte der Tabelle die Beschriftungen für die Prozessphasen stehen und daneben die entsprechenden Zahlen in absteigender Reihenfolge.

Trichterdiagramm 2

Besonders geeignet ist das Trichterdiagramm für die Darstellung des sogenannten *Verkaufstrichters*: Werbeaktionen von unterschiedlich großer Reichweite führen am Ende bei einem hier angegebenen Teil aller Zielgruppen zum Auftrag, z. B. zum Kauf des Produkts.

3D-Karte 1

3D-Karten eignen sich für Zahlen mit geografischem Bezug, z. B. Umsätze an verschiedenen Orten. Die Tabelle muss neben den darzustellenden Zahlenwerten Geodaten beinhalten (Land, Region oder PLZ).

3D-Karte 2

Das Erstellen einer 3D-Karte erfordert eine Internetverbindung zu den Microsoft-Karten der Suchmaschine Bing. Markieren Sie die Tabelle, und klicken Sie in der Registerkarte **Daten** auf **Datenmodell ▸ 3D-Karte**.

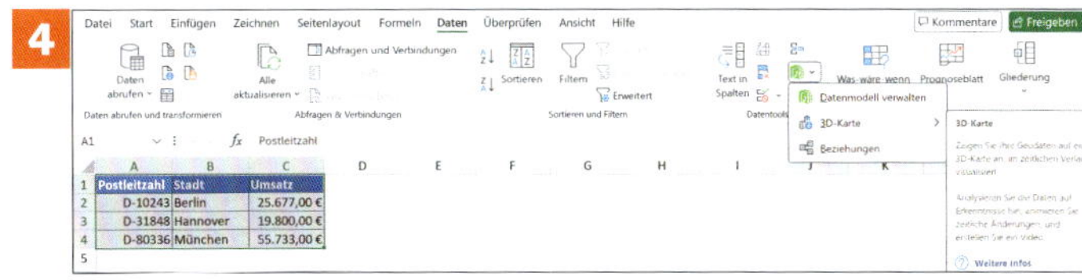

3D-Karte 3

Ein Programmfenster zum Bearbeiten der 3D-Karte öffnet sich. Hier können Sie z. B. die Felder für das Diagramm auswählen ❶ oder die Ansicht drehen und zoomen ❷. Diese erste Einstellung wird als *Schicht 1* zusammengefasst. Sie können weitere hinzufügen ❸. Die Schichten werden später genau in dieser Reihenfolge animiert als *Tour* wiedergeben.

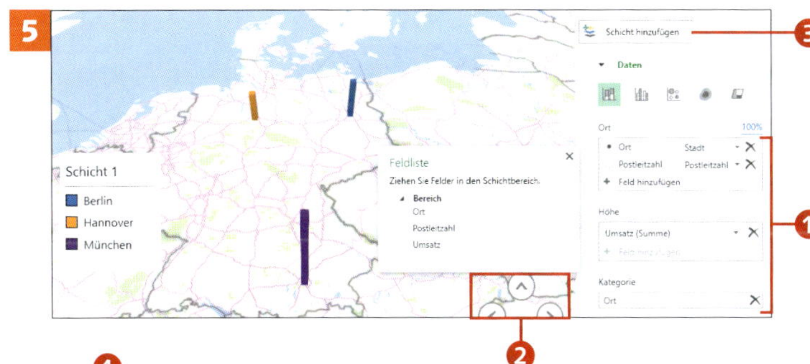

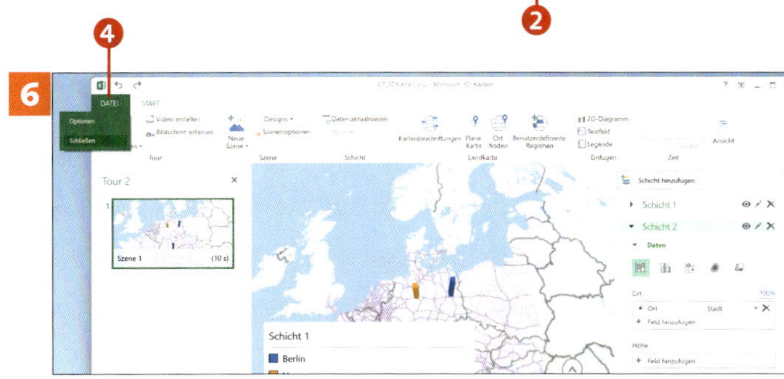

3D-Karte 4

Über die Registerkarte **Start** können Sie unter anderem Kartenbeschriftungen hinzufügen. Mit einem Klick auf **Datei** ❹ ▸ **Schließen** gelangen Sie wieder zum Excel-Programmfenster. Hier stehen Ihnen die Touren im Register **Einfügen** über die Schaltfläche **3D-Karte öffnen** ❺ zur Verfügung. Für die Wiedergabe benötigen Sie eine Internetverbindung.

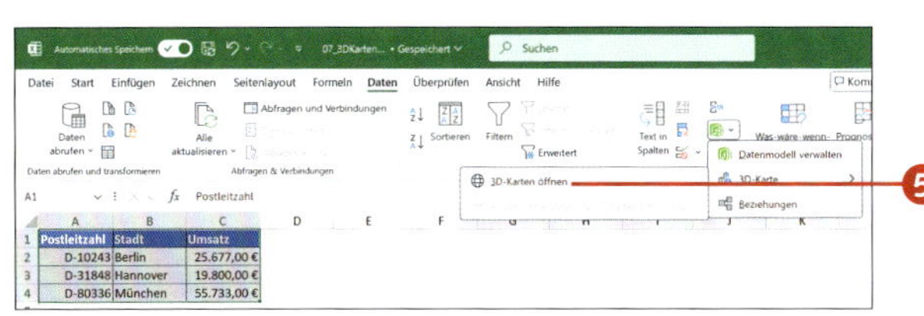

Auch ohne Internet
Haben Sie die Tour als Video gespeichert, benötigen Sie zum Vorführen der 3D-Karte weder eine Internetverbindung noch Excel!

Sparklines oder Minidiagramme

1

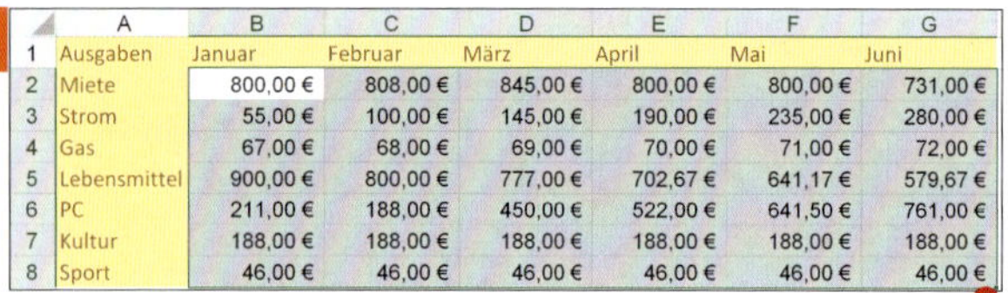

	A	B	C	D	E	F	G
1	Ausgaben	Januar	Februar	März	April	Mai	Juni
2	Miete	800,00 €	808,00 €	845,00 €	800,00 €	800,00 €	731,00 €
3	Strom	55,00 €	100,00 €	145,00 €	190,00 €	235,00 €	280,00 €
4	Gas	67,00 €	68,00 €	69,00 €	70,00 €	71,00 €	72,00 €
5	Lebensmittel	900,00 €	800,00 €	777,00 €	702,67 €	641,17 €	579,67 €
6	PC	211,00 €	188,00 €	450,00 €	522,00 €	641,50 €	761,00 €
7	Kultur	188,00 €	188,00 €	188,00 €	188,00 €	188,00 €	188,00 €
8	Sport	46,00 €	46,00 €	46,00 €	46,00 €	46,00 €	46,00 €

Sparklines sind Minidiagramme. Sie stehen in einer Zelle neben den Zahlen oder verdeutlichen als Hintergrundgrafik die Aussage einer Tabelle. In diesem Abschnitt erfahren Sie, wie Sie Sparklines erstellen und ändern.

Schritt 1

Markieren Sie die Zellen Ihrer Tabelle, die Sie mit Sparklines versehen wollen, z. B. B2:G8.

2

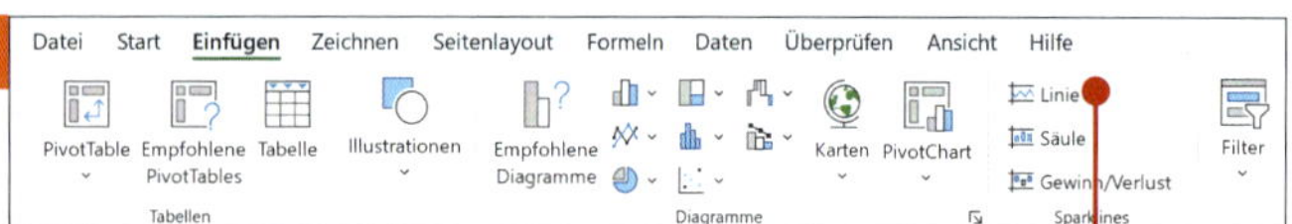

Schritt 2

Wählen Sie die Registerkarte **Einfügen**, und klicken Sie in der Gruppe **Sparklines** auf die Schaltfläche **Linie**.

3

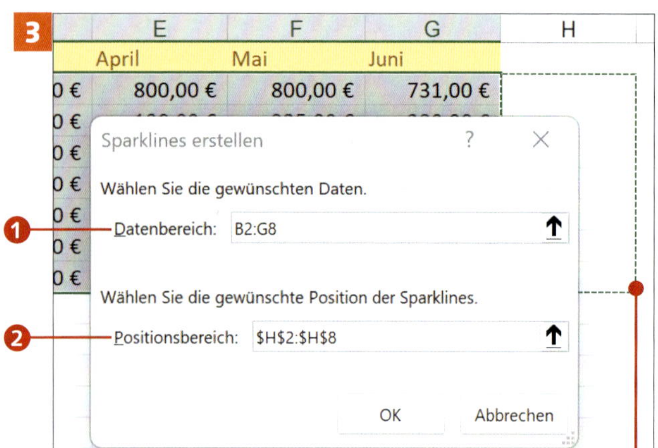

Schritt 3

Im Dialogfenster **Sparklines erstellen** wird der markierte Bereich im Feld **Datenbereich** ❶ angezeigt. Der Cursor blinkt im Feld **Positionsbereich** ❷; das ist der Bereich, in dem die Sparklines zu sehen sein sollen. Markieren Sie die leeren Zellen H2:H8, und klicken Sie auf **OK**.

Schritt 4

In den Zellen H2:H8 erscheinen Sparklines, die die Entwicklung der Ausgabenart darstellen. Außerdem erscheint die Registerkarte **Sparkline** ❸ mit weiteren Befehlen zum Bearbeiten der Sparklines.

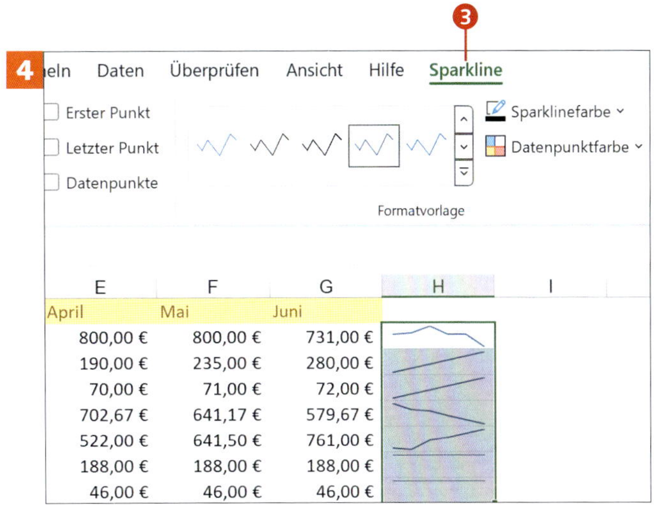

Schritt 5

Erstellen Sie auch für die Monate Sparklines. Dazu markieren Sie erneut den Tabellenbereich, für den die Sparklines erstellt werden sollen, hier B2:G8.

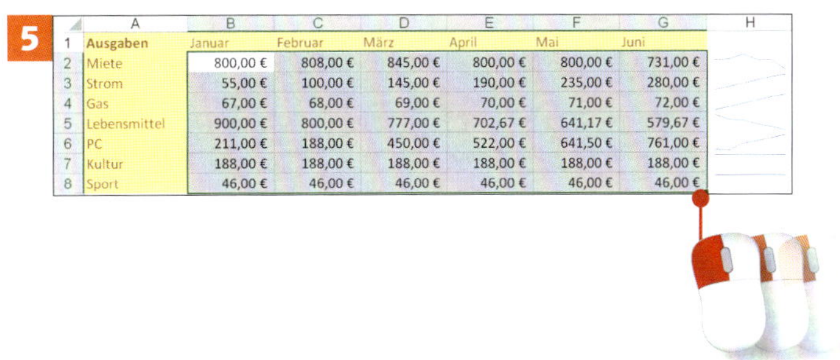

Schritt 6

Klicken Sie auf der Registerkarte **Einfügen** in der Gruppe **Sparklines** auf **Säule**. Bei **Positionsbereich** geben Sie im Dialog diesmal B9:G9 an und klicken dann auf **OK**. Die neuen Sparklines erscheinen unter den Monatssummen als kleine Säulendiagramme.

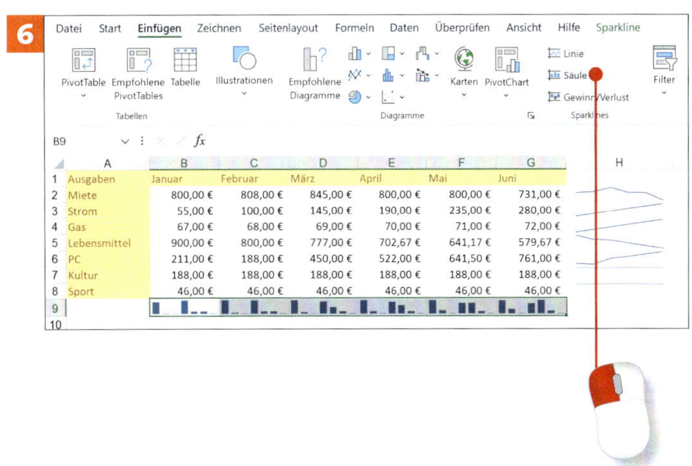

Trends

Sparklines eignen sich besonders, um Trends darzustellen, und sollten deshalb in größtmöglicher Nähe zu den zugehörigen Daten positioniert werden.

Sparklines oder Minidiagramme (Forts.)

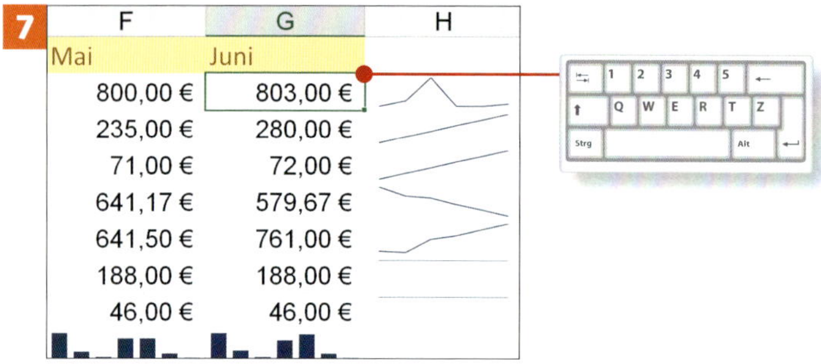

Schritt 7

Ändern Sie nun den Wert für die Miete in der Zelle G2 auf *803,00*. Wie Sie sehen, wird die Sparkline automatisch aktualisiert. Löschen Sie die Sparklines in Spalte H, und bilden Sie danach die Summe für die einzelnen Ausgaben.

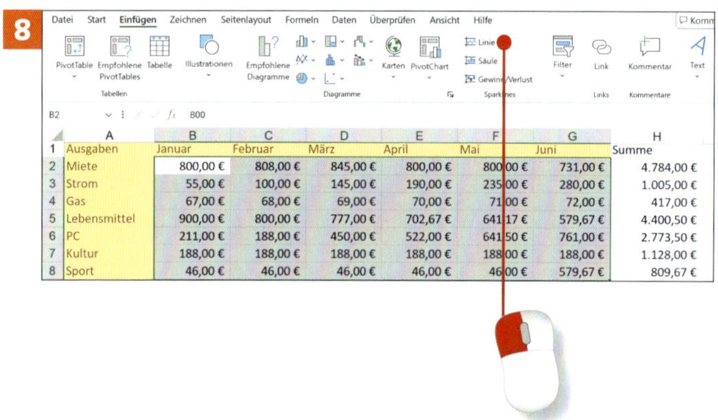

Schritt 8

Sparklines können auch als Hintergrund in Zellen mit Zahlen stehen. Markieren Sie die Zellen B2:G8. Auf der Registerkarte **Einfügen** klicken Sie in der Gruppe **Sparklines** auf die Schaltfläche **Linie**.

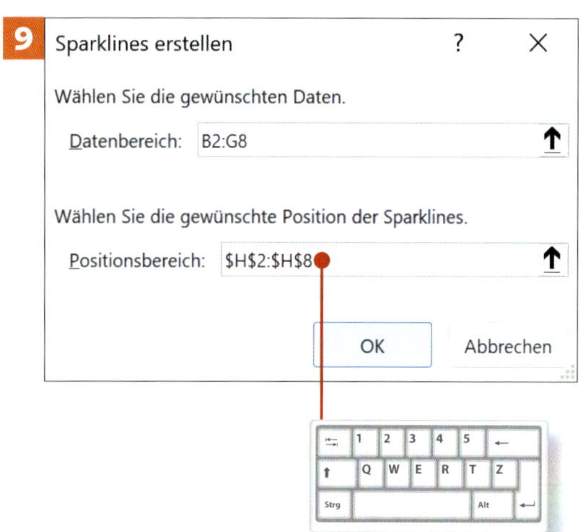

Schritt 9

Bei **Positionsbereich** geben Sie im Dialogfenster die Zellen H2:H8 an. Bestätigen Sie den Dialog mit einem Klick auf **OK**. Die Sparklines sind jetzt im Hintergrund der Summenzellen zu sehen.

Anderes Tabellenblatt

Sparklines können auch auf einem anderen Tabellenblatt stehen. Dazu klicken Sie im Dialog **Sparklines erstellen** in das Feld **Datenbereich** und zeigen mit der Maus auf das andere Tabellenblatt. Ziehen Sie anschließend den entsprechenden Bereich auf.

Schritt 10

Sie können Sparklines auch leicht verändern. Markieren Sie dazu die Zellen, die Sparklines enthalten, z. B. H2:H8. Oben erscheint die Registerkarte **Sparkline** mit ihrem Menüband.

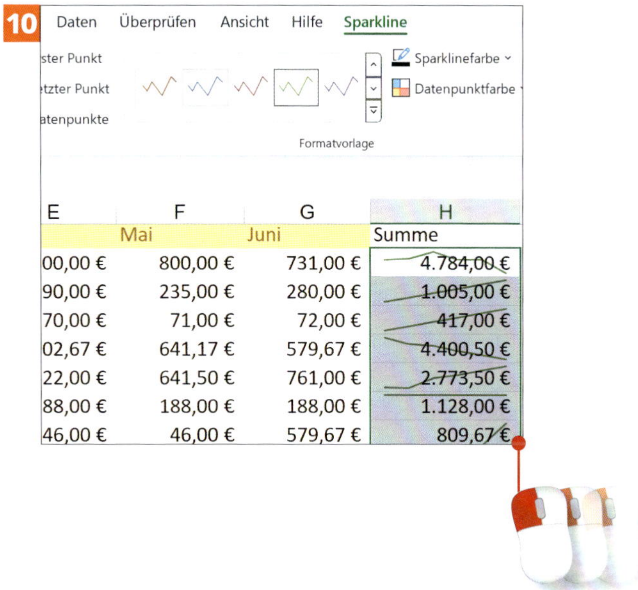

Schritt 11

Um sich z. B. den höchsten Wert als Punkt in der Sparkline anzeigen zu lassen, klicken Sie den Eintrag **Höchstpunkt** an. In der Gruppe **Formatvorlage** wählen Sie eine Formatvorlage, z. B. **Sparklineformat Akzent 2, 25 % dunkler** ❶.

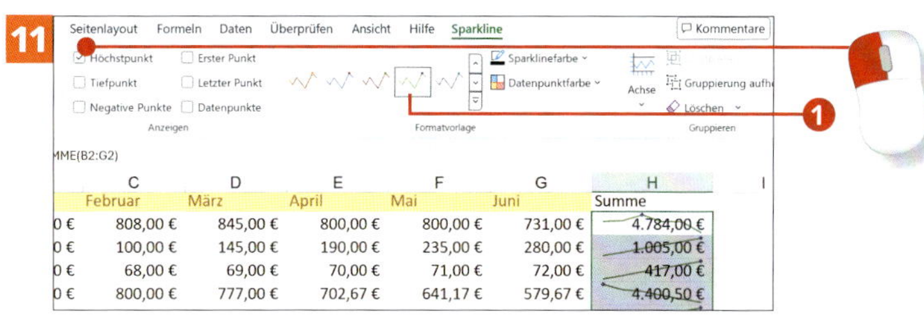

Schritt 12

Um Sparklines zu entfernen, markieren Sie eine betreffende Zelle. Die Sparkline-Gruppe wird grau umrandet. Auf der Registerkarte **Sparkline** klicken Sie in der Gruppe **Gruppieren** auf den Pfeil neben **Löschen** und dann auf **Ausgewählte Sparklinegruppen löschen**. Alle Sparklines im markierten Bereich werden gelöscht.

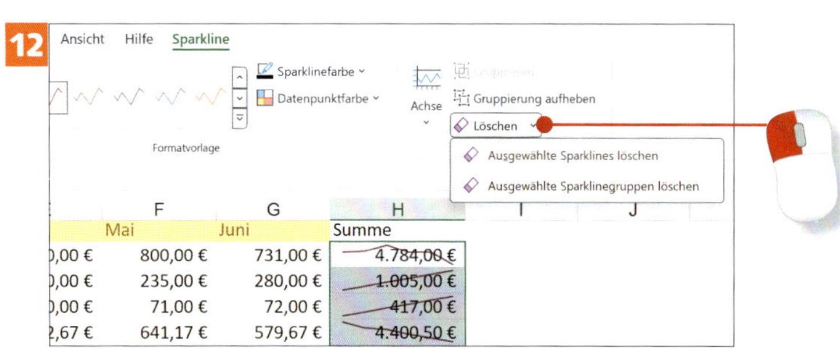

Einzelne Sparklines löschen
Wählen Sie **Ausgewählte Sparklines löschen**, um nur die eine Sparkline in der markierten Zelle zu entfernen.

Der Einsatz von Grafiken

1

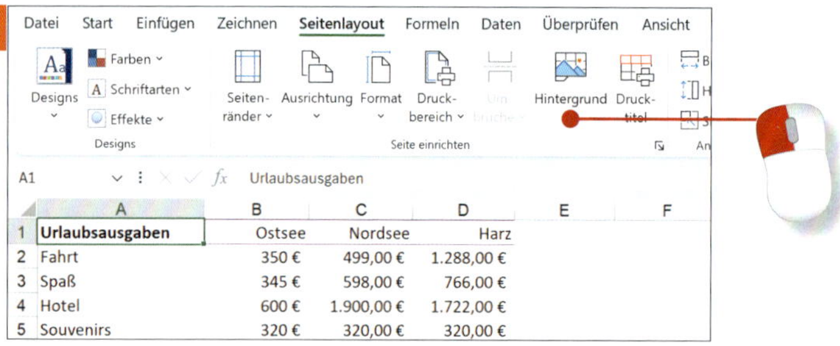

Sie können Ihre Tabelle oder Ihr Diagramm mithilfe von Grafiken verschönern. Dies ist auf und hinter dem Tabellenblatt oder direkt im Diagramm möglich.

2

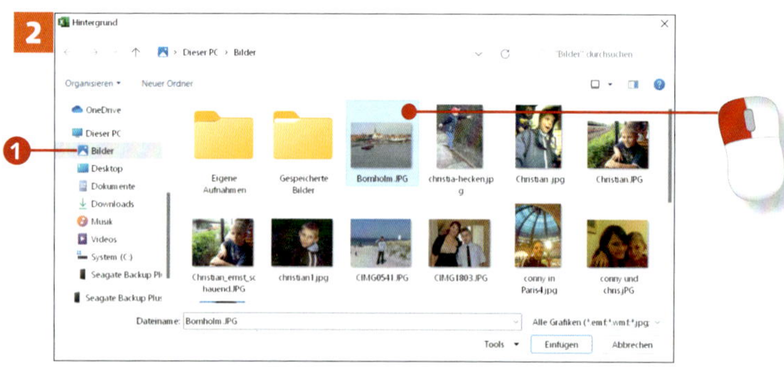

Schritt 1

Ein passendes Bild steigert die Freude bei der Arbeit an einer Tabelle. Öffnen Sie die Datei, und öffnen Sie das Tabellenblatt, das Sie mit einem Hintergrundfoto verschönern wollen. Lassen Sie sich die Registerkarte **Seitenlayout** anzeigen. In der Gruppe **Seite einrichten** klicken Sie auf **Hintergrund**.

Schritt 2

Wählen Sie im Dialogfenster zuerst den Speicherort ❶ und dann per Doppelklick die Grafik, z. B. *Bornholm.JPG*. Das Bild wird als Hintergrundgrafik über das gesamte Tabellenblatt gelegt; falls es sehr klein ist, auch mehrmals neben- bzw. untereinander.

3

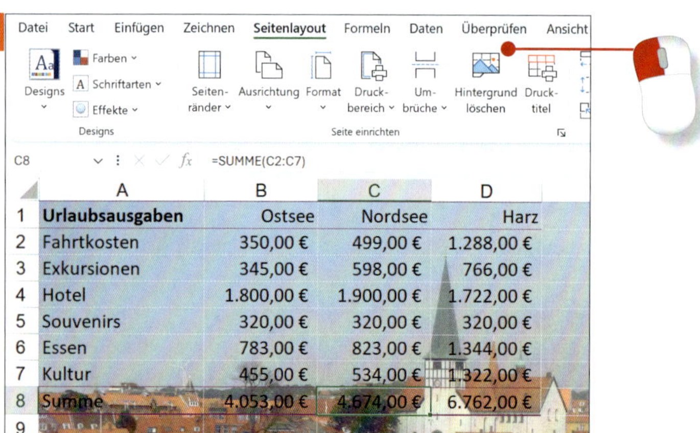

Schritt 3

Um einen Hintergrund wieder zu entfernen, klicken Sie auf der Registerkarte **Seitenlayout** in der Gruppe **Seite einrichten** auf die Schaltfläche **Hintergrund löschen**.

Schritt 4

Wenn Sie z. B. auf einem Stundenplan das Foto Ihres Kindes einfügen und ihn später drucken möchten, klicken Sie auf der Registerkarte **Einfügen** in der Gruppe **Illustrationen** auf die Schaltfläche **Bilder**. Hier entscheiden Sie sich für den Eintrag **Über Zellen einfügen** und danach für **Dieses Gerät**.

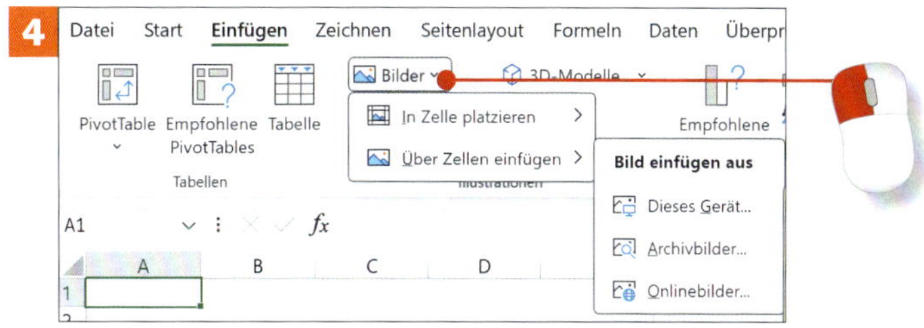

Schritt 5

Fügen Sie eine Grafikdatei ein, z. B. *Christian.jpg*. Ziehen Sie das Foto mit der Maus neben die Spalte G, und verkleinern Sie es, indem Sie die Eckpunkte verschieben.

Schritt 6

Um das Foto zu beschneiden, markieren Sie es mit einem Klick und wählen auf der Registerkarte **Bildformat** in der Gruppe **Größe** die Schaltfläche **Zuschneiden** ❷. Ziehen Sie die Zuschneidelinie mit der Maus nach rechts. Der graue Bereich ist der Bildteil, der abgeschnitten wird. Klicken Sie erneut auf **Zuschneiden**. Ziehen Sie das verkleinerte Foto an die richtige Stelle neben der Tabelle.

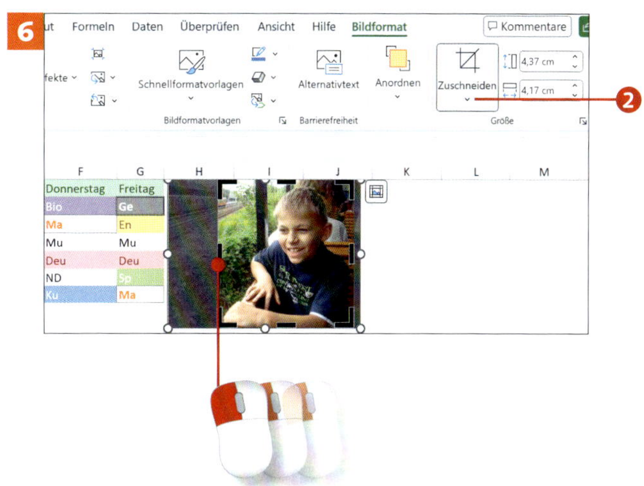

Darstellung im Menüband
Die Darstellung der Befehlsgruppen und Schaltflächen im Menüband passt sich der Fenstergröße und der Bildschirmauflösung an.

Der Einsatz von Grafiken (Forts.)

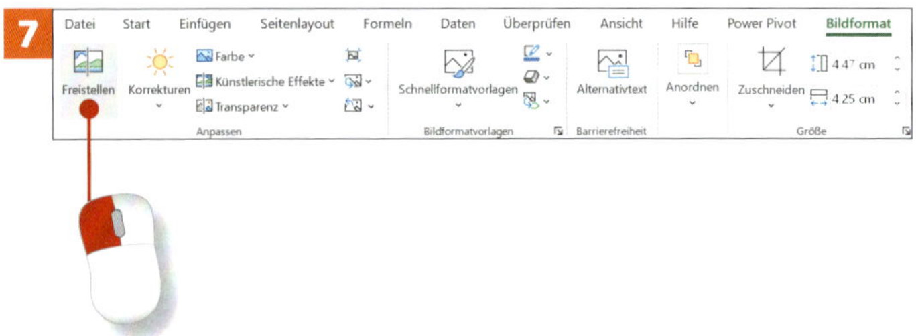

Schritt 7

Bilder lassen sich natürlich auch gestalten. Um z. B. den Bildhintergrund auszublenden, markieren Sie die Grafik und klicken auf der Registerkarte **Bildformat** in der Gruppe **Anpassen** auf die Schaltfläche **Freistellen**.

Schritt 8

Excel erkennt die wichtigen Bildinformationen. Über den Rahmen können Sie außerdem den freizustellenden Bereich bestimmen. Ziehen Sie den linken Markierungspunkt weiter nach links und den unteren weiter nach außen. Dann klicken Sie erneut auf **Freistellen**. Der eigentliche Bildgegenstand wird ausgeschnitten.

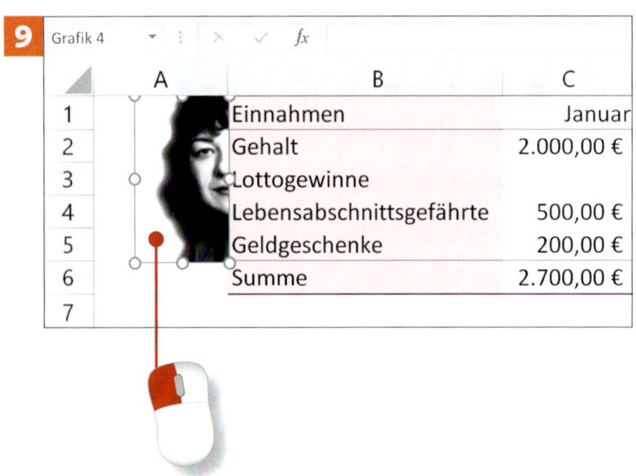

Schritt 9

Sie können ein Foto auch in der Farbe verändern, z. B. ein Schwarzweißfoto farblich passend zur Tabelle gestalten. Dazu markieren Sie das Foto mit einem Mausklick.

Handarbeit

Sie können ein Bild auch manuell freistellen. Klicken Sie auf **Freistellen** und dann auf **Zu behaltende Bereiche markieren**.

Schritt 10

Wählen Sie auf der Registerkarte **Bildformat** in der Gruppe **Anpassen** die Schaltfläche **Farbe**. Klicken Sie z. B. unter **Neu einfärben** auf **Rot, Akzentfarbe 2 dunkel** 1. Das Foto wird dann passend zum Rotton der Tabelle eingefärbt.

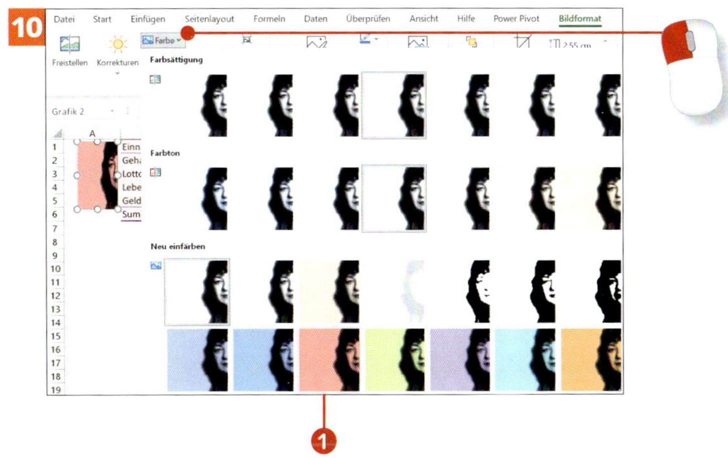

Schritt 11

Nun können Sie das Foto noch verfremden. Markieren Sie es, und klicken Sie auf die Schaltfläche **Künstlerische Effekte** und dann auf **Bleistift: Graustufen**.

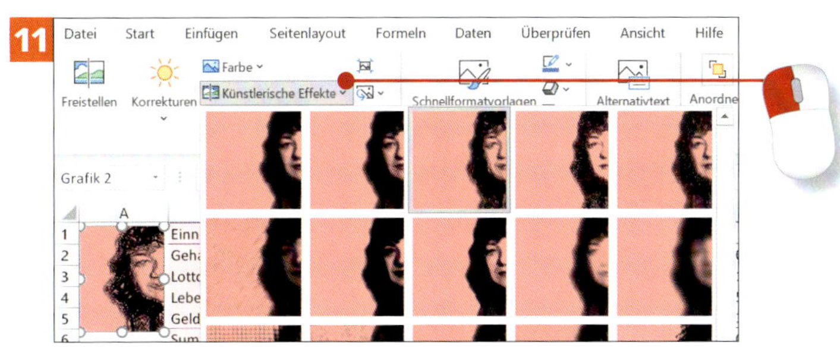

Schritt 12

Auch Diagramme können mit Fotos individuell gestaltet werden. Klicken Sie dazu mit der rechten Maustaste auf eine freie Stelle im Diagramm. Im Kontextmenü wählen Sie **Diagrammbereich formatieren**.

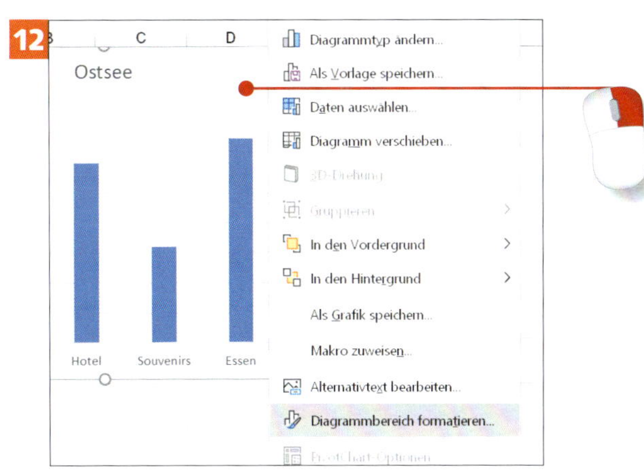

i

Gestaltung rückgängig machen

Um ein Bild wieder in den Ursprungszustand zu versetzen, markieren Sie es und wählen auf der Registerkarte **Bildformat** in der Gruppe **Anpassen** die Schaltfläche **Bild zurücksetzen**.

Der Einsatz von Grafiken (Forts.)

13
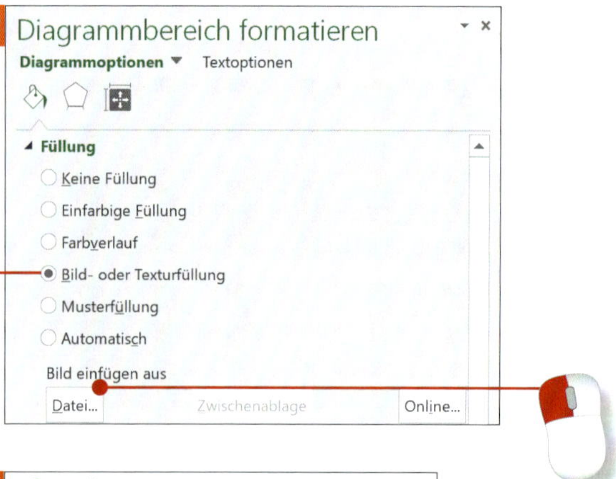

14
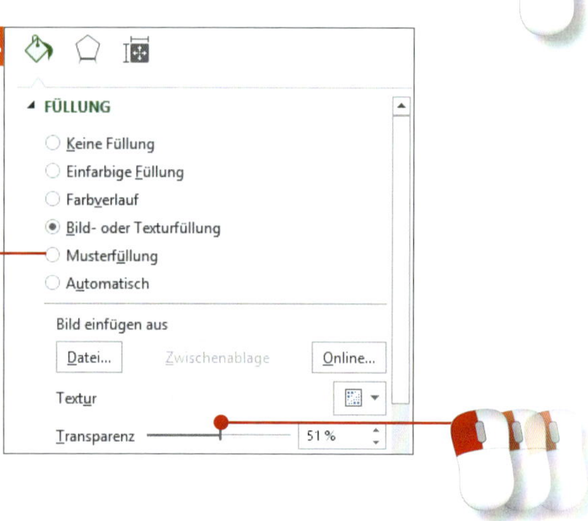

15
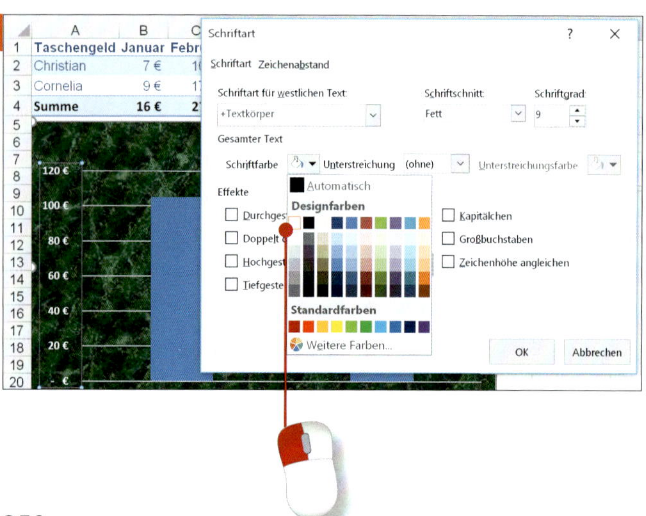

Schritt 13

Unter **Füllung** markieren Sie die Option **Bild- oder Texturfüllung** 1 und klicken dann auf **Datei**. Im zugehörigen Dialogfenster wählen Sie die Datei aus, die Sie einfügen wollen (siehe Seite 246), und bestätigen das Ganze mit **Einfügen**.

Schritt 14

Um die Diagrammbeschriftungen besser zu sehen, stellen Sie die **Transparenz** des Fotos auf 51 %.

Schritt 15

Um die Lesbarkeit zu erhöhen, könnten Sie bei einem dunklen Hintergrundfoto die Achsenbeschriftungen mit einer weißen Schrift versehen. Klicken Sie dazu mit rechts auf die Beschriftung, wählen Sie **Schriftart** und im Dialog die Schriftfarbe **Weiß**.

i

Muster sind auch schön

Drucken Sie Ihr Diagramm in Schwarzweiß, bietet sich die Füllung mit einem Muster 2 an, um die unterschiedlichen Säulen- oder Kreissegmente deutlich voneinander abzuheben.

Schritt 16

Auch Diagrammelemente können Sie mit Grafiken füllen. Markieren Sie z. B. die erste Säule im Diagramm mit einem Klick und einem nochmaligen Klick. Dann klicken Sie mit rechts auf die Markierung und wählen im Kontextmenü **Datenpunkt formatieren**.

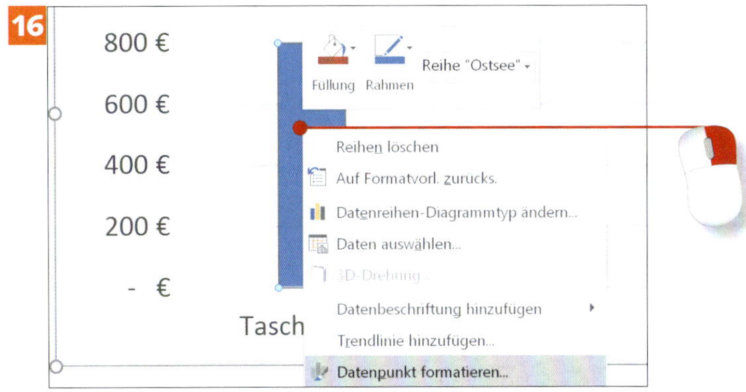

Schritt 17

Im Bereich **Füllung** wählen Sie die Option **Bild- oder Texturfüllung** aus. Klicken Sie auf die Schaltfläche **Datei** ❸, und wählen Sie im zugehörigen Dialog ein passendes Bild aus. Die Grafik erscheint in der Säule, ist allerdings etwas verzerrt.

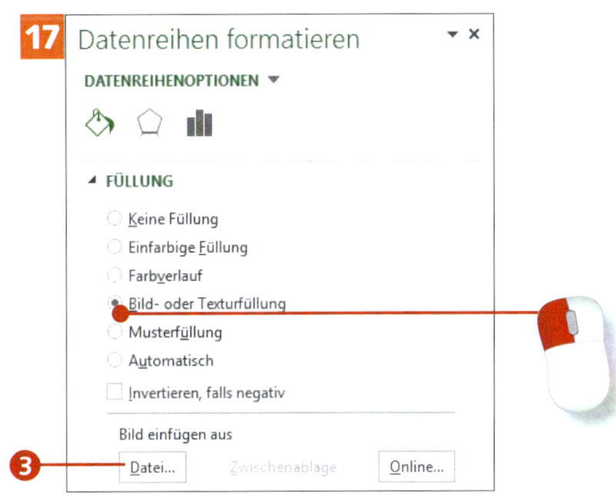

Schritt 18

Um das Foto mehrfach einzufügen, scrollen Sie mit der *Bildlaufleiste* ❹ ein wenig nach unten und markieren die Option **Stapeln**. Sie sehen das Ergebnis sofort. Probieren Sie mehrere Optionen aus, um die Darstellung zu finden, die Ihnen am besten gefällt.

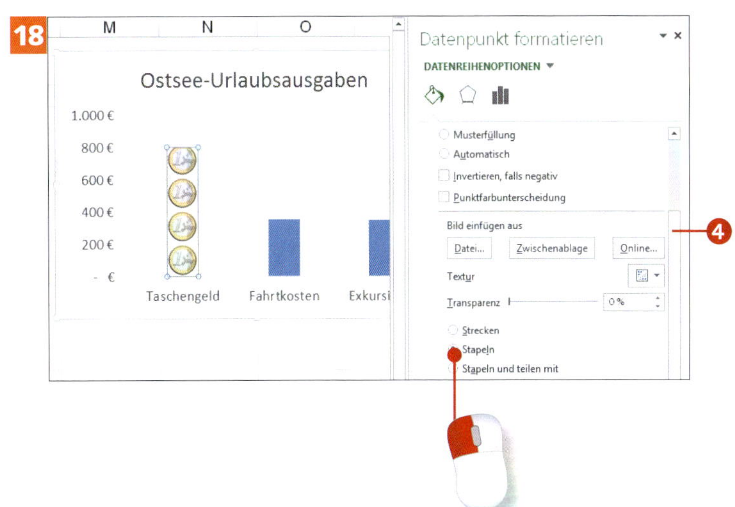

Einen Screenshot einfügen

Manchmal ist es nützlich, Fotos vom aktuellen Computerbildschirm in Ihre Tabelle einzufügen. Wir zeigen Ihnen im Folgenden, wie Sie diese Screenshots in Excel erstellen und Ihrer Arbeitsmappe hinzufügen.

1

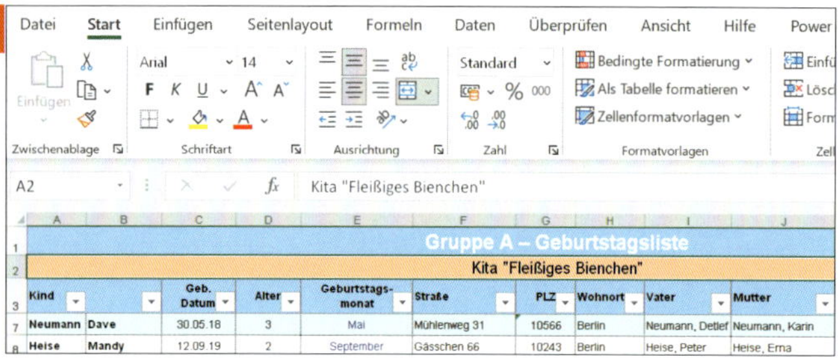

Schritt 1

Sie können z. B. einen Screenshot eines Word-Textes in Ihre Tabelle einfügen. Öffnen Sie eine Excel-Tabelle und die Word-Datei, die Sie »fotografieren« möchten.

2

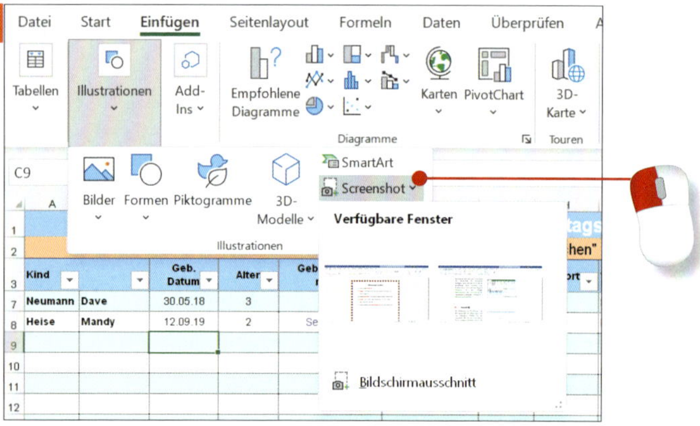

Schritt 2

Wählen Sie im Excel-Programmfenster die Registerkarte **Einfügen**, und klicken Sie in der Gruppe **Illustrationen** auf **Screenshot**. Das geöffnete Word-Programmfenster wird im Menü als Miniatur angezeigt. Klicken Sie darauf.

3

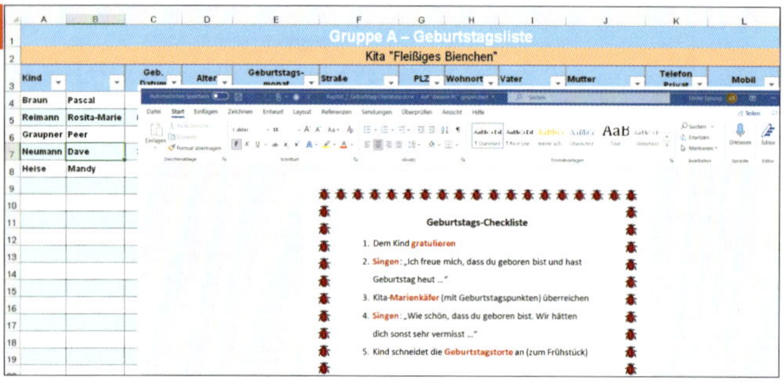

Schritt 3

Das »Foto« des Word-Fensters wird sofort eingefügt. Sie können es wie ein herkömmliches Foto bearbeiten, z. B. die Größe verändern oder es zuschneiden (siehe Seite 247).

Schritt 4

Die Registerkarte **Bildformat** bietet diverse Befehle zur Bildbearbeitung. Markieren Sie den Screenshot, und klicken Sie in der Gruppe **Bildformatvorlagen** auf **Weitere**. Wählen Sie mit einem Mausklick die Option **Perspektivischer Schatten, weiß** ❶.

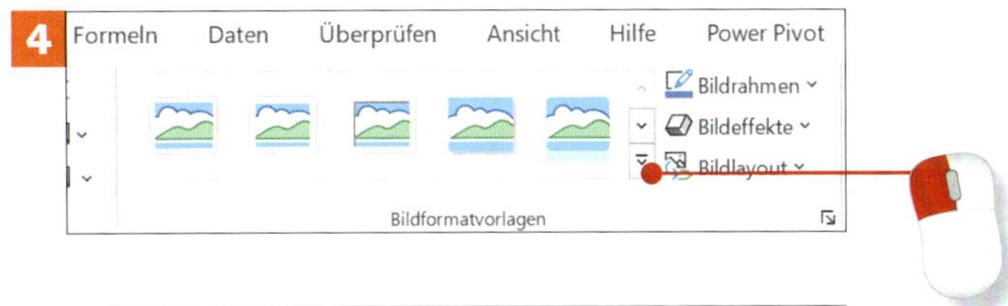

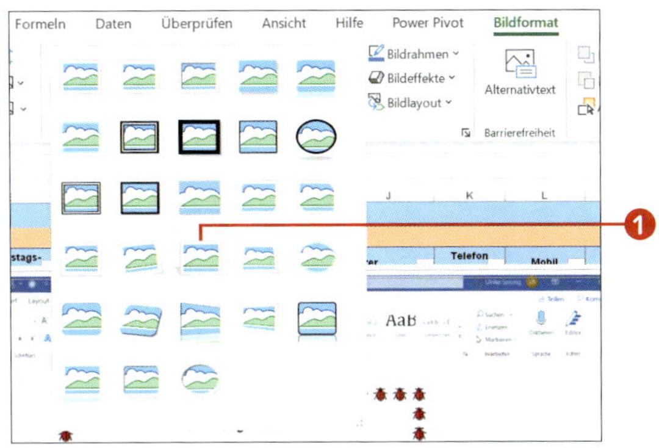

Schritt 5

Oder weisen Sie dem Screenshot einen künstlerischen Effekt zu. Dazu markieren Sie ihn und klicken auf der Registerkarte **Bildformat** in der Gruppe **Anpassen** auf **Künstlerische Effekte**. Wählen Sie z. B. den Effekt **Fotokopie**.

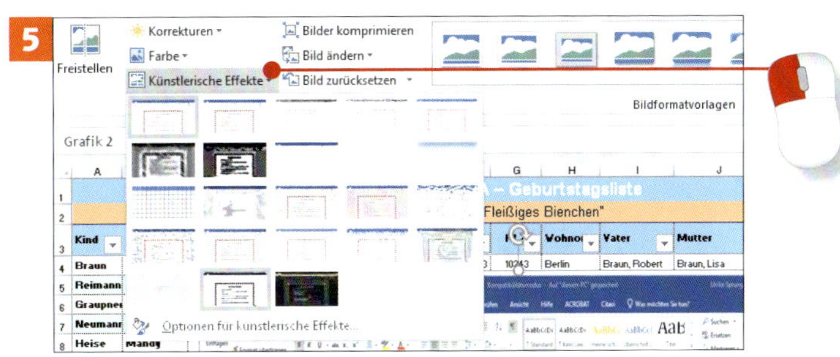

Schritt 6

Mit einem Klick auf den Pfeil an der Schaltfläche **Farbe** in der Gruppe **Anpassen** färben Sie den Screenshot ein. Wählen Sie hier unter **Farbton** beispielsweise **Temperatur 11200 K**.

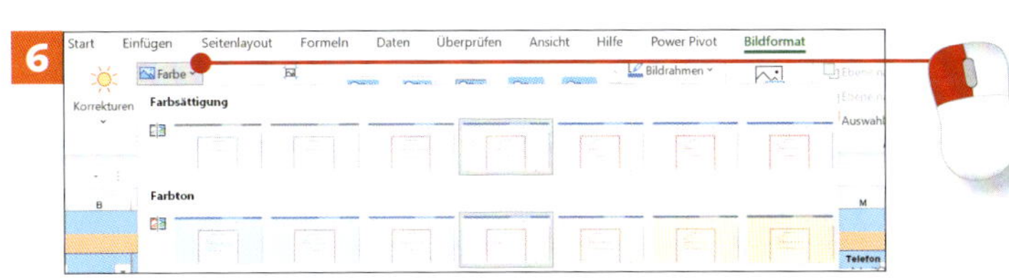

Mehr Information

Verweilen Sie mit der Maus auf einer Option, um durch die QuickInfo mehr über sie zu erfahren.

Einen Screenshot einfügen (Forts.)

7

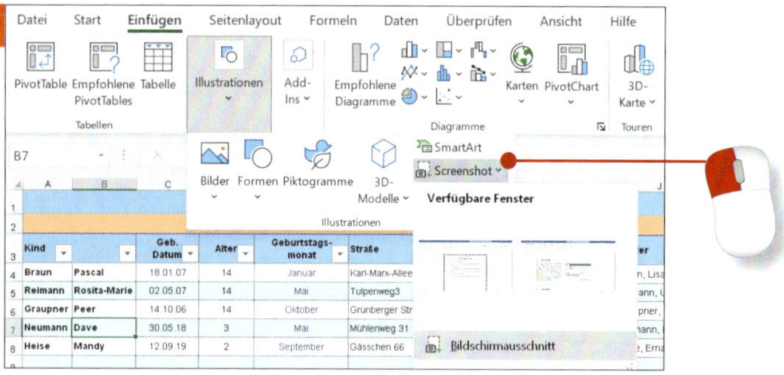

Schritt 7

Sie können auch nur einen Ausschnitt des Bildschirms als Screenshot einfügen. Dazu müssen Excel und die betreffende Datei geöffnet sein. Klicken Sie in Excel auf der Registerkarte **Einfügen** in der Gruppe **Illustrationen** auf **Screenshot ▸ Bildschirmausschnitt**.

8

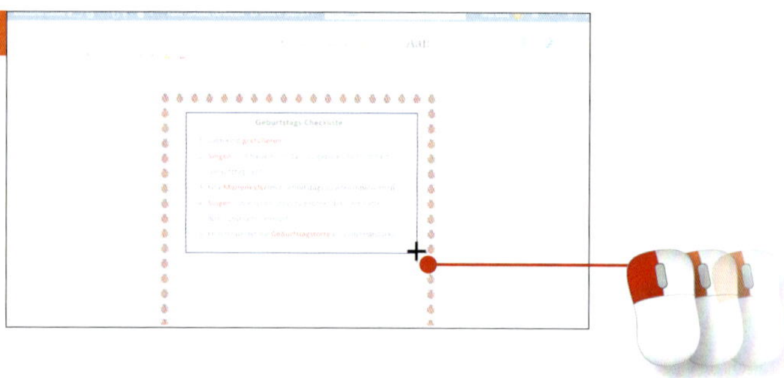

Schritt 8

Der Bildschirm der Word-Datei wird hell dargestellt, der Mauszeiger wird zum Fadenkreuz. Wählen Sie den Ausschnitt, den Sie als Screenshot in Excel einfügen möchten, indem Sie das Fadenkreuz mit gedrückter Maustaste über ihn ziehen.

9

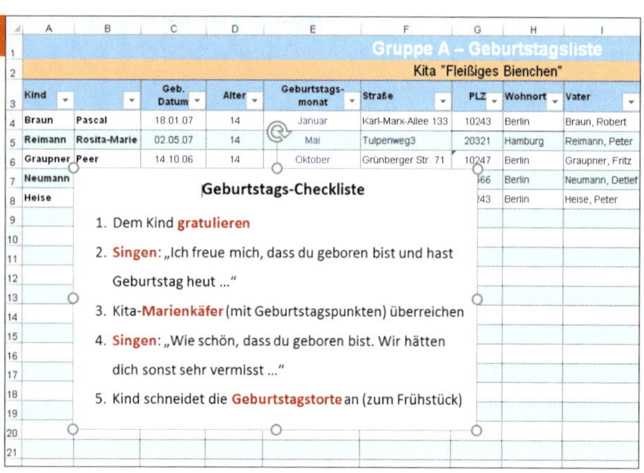

Schritt 9

Sobald Sie die Maustaste loslassen, wird die ausgewählte Passage auf dem Excel-Tabellenblatt als Grafik eingefügt, und Sie können sie wie gewohnt verschieben und bearbeiten.

!

Der richtige Ausschnitt

Haben Sie mehrere Programmfenster geöffnet, müssen Sie zunächst zu dem Fenster wechseln, das Sie fotografieren wollen. Es darf nicht minimiert sein.

Schritt 10

Klicken Sie unter **Bildformat** in der Gruppe **Anpassen** auf **Korrekturen**. Unter **Schärfen/Weichzeichnen** stellen Sie **Weichzeichnen: 25 %** ❶ ein, und unter **Helligkeit/Kontrast** wählen Sie **Helligkeit: –20 %** und **Kontrast: –20 %** ❷.

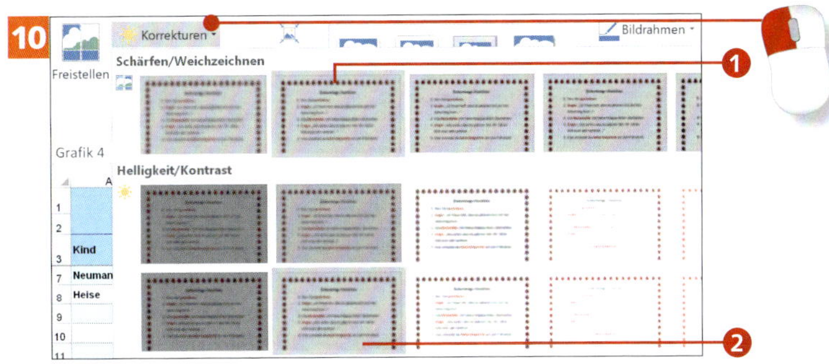

Schritt 11

Sie können einem Screenshot auch im Nachhinein noch Form geben. Dazu markieren Sie ihn und klicken auf der Registerkarte **Bildformat** in der Gruppe **Größe** auf die Schaltfläche **Zuschneiden**.

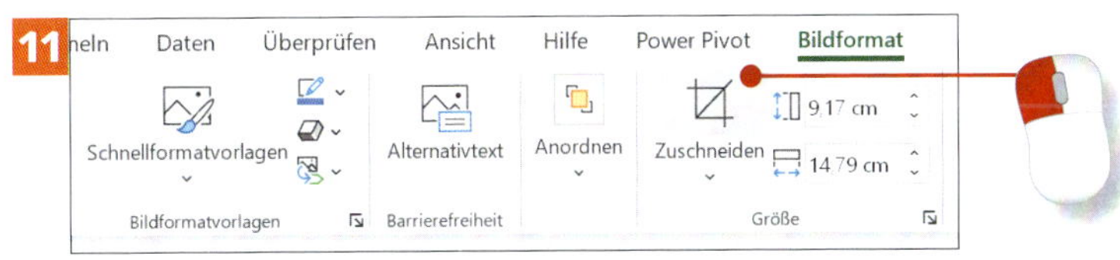

Schritt 12

Klicken Sie im Menü auf **Auf Form zuschneiden**, und wählen Sie unter **Standardformen** die Option **Gefaltete Ecke**.

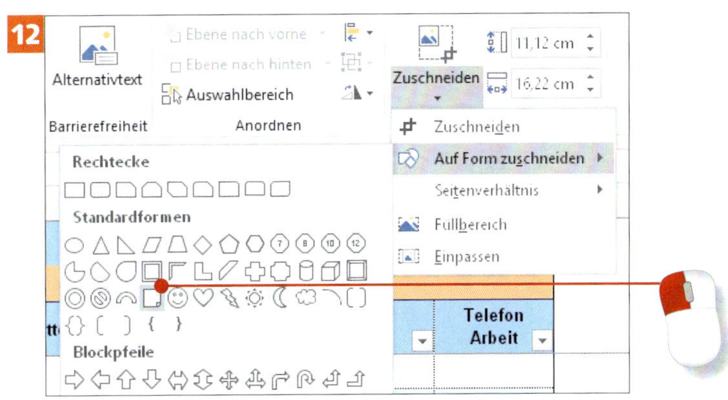

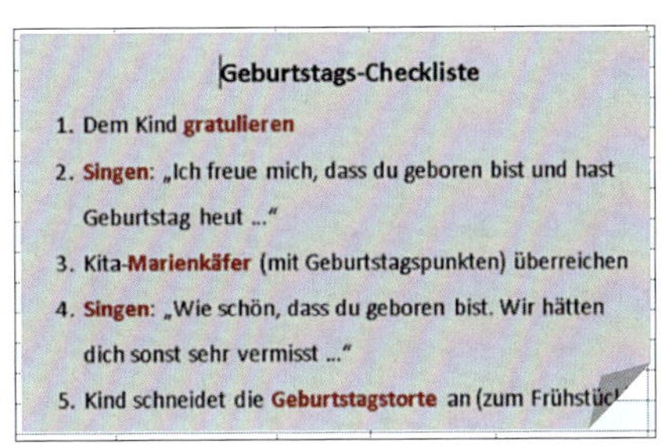

Mehr Übersicht

Minimieren Sie die nicht relevanten Fenster, bevor Sie einen Bildausschnitt machen, damit Sie von Excel aus gleich zum richtigen Fenster springen können.

Ein Piktogramm einfügen

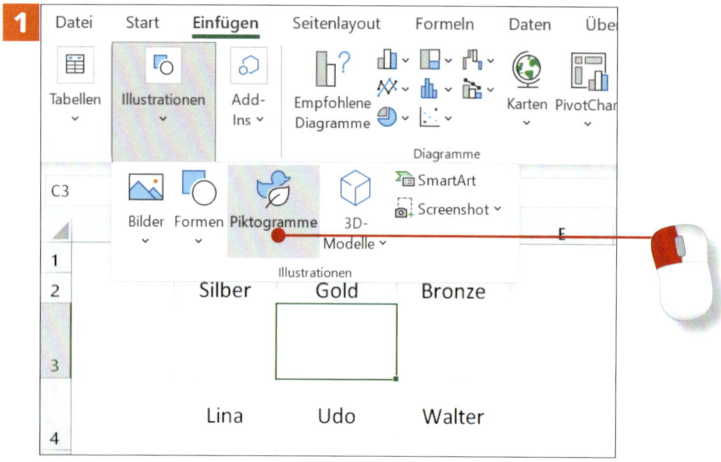

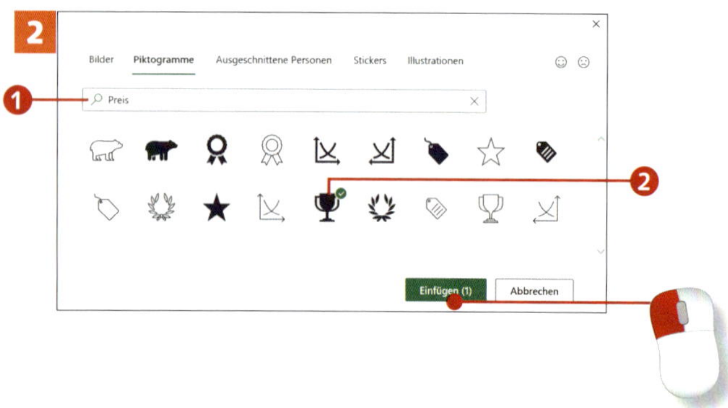

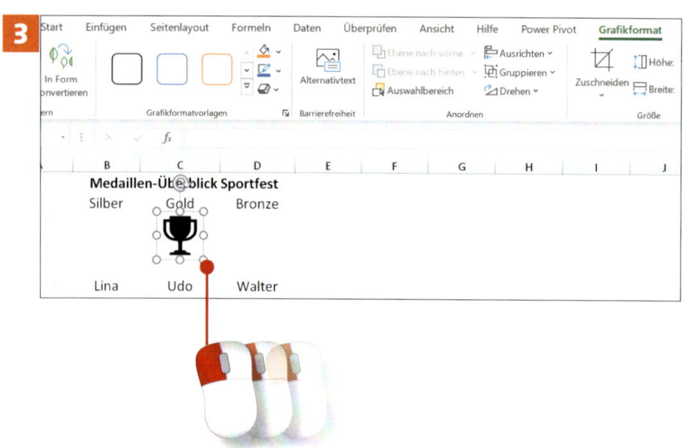

Statt einer langen Spaltenüberschrift können Sie ein Symbol einfügen. Es gibt neben den bekannten Symbolen 500 Piktogramme zur Auswahl, dafür brauchen Sie aber eine Internetverbindung. Wir zeigen Ihnen, wie Sie diese Piktogramme einfügen und anpassen.

Schritt 1

Klicken Sie in die Zelle, in die Sie ein Piktogramm einfügen möchten, z. B. C3. Wählen Sie auf der Registerkarte **Einfügen** in der Gruppe **Illustrationen** die Schaltfläche **Piktogramme**.

Schritt 2

Das Dialogfenster **Piktogramme einfügen** zeigt alle verfügbaren Piktogramme. Tragen Sie in das Suchfeld Ihr Thema ein, z. B. »Preis« 1. In der Auswahlliste klicken Sie das passende Piktogramm an 2 und klicken danach auf **Einfügen**.

Schritt 3

Das Piktogramm ist eine Grafik (Hinweise zum Bearbeiten finden Sie ab Seite 246). Ändern Sie z. B. die Größe des Piktogramms oder verschieben Sie es an die gewünschte Position auf dem Tabellenblatt.

Schritt 4

Nun können Sie das Piktogramm einfach kopieren und an anderen Stellen im Dokument einfügen. Dazu klicken Sie es an und ziehen es mit gedrückter Strg-Taste an die gewünschte Stelle. Lassen Sie erst die Maus- und danach die Strg-Taste los, um das Piktogramm einzufügen.

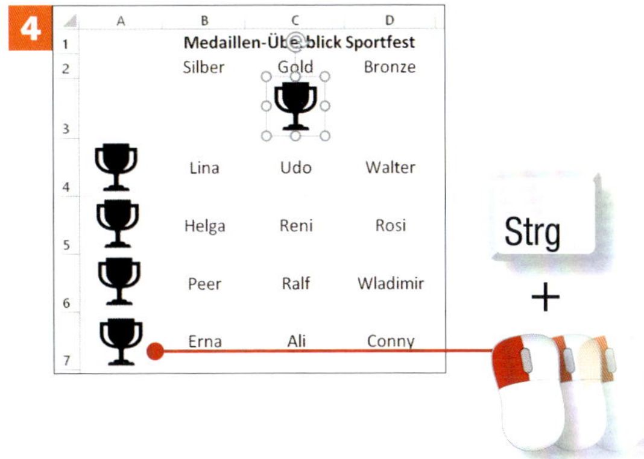

Schritt 5

Das Bild in Zelle A4 wollen Sie gegen ein Piktogramm zum Schwimmen austauschen. Klicken Sie mit der rechten Maustaste auf das Piktogramm, und wählen Sie den Befehl **Grafik ändern ▸ Aus Piktogrammen** im Kontextmenü.

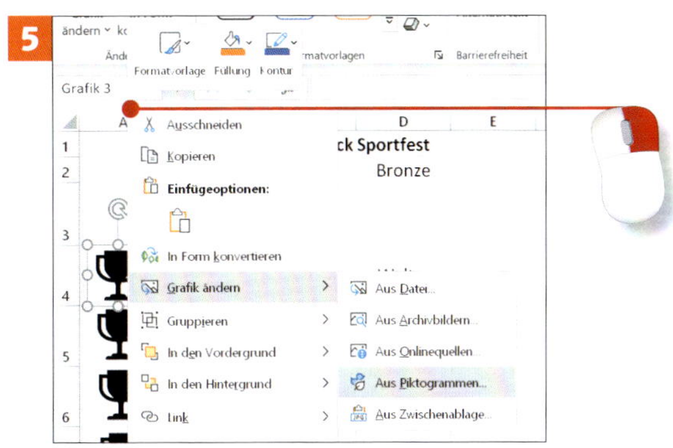

Schritt 6

Bringen Sie Farbe ins Spiel, indem Sie das Piktogramm anklicken und auf der Registerkarte **Grafikformat** eine Grafikformatvorlage auswählen. Sie finden alle Gestaltungsbefehle auch im Kontextmenü unter **Grafik formatieren**.

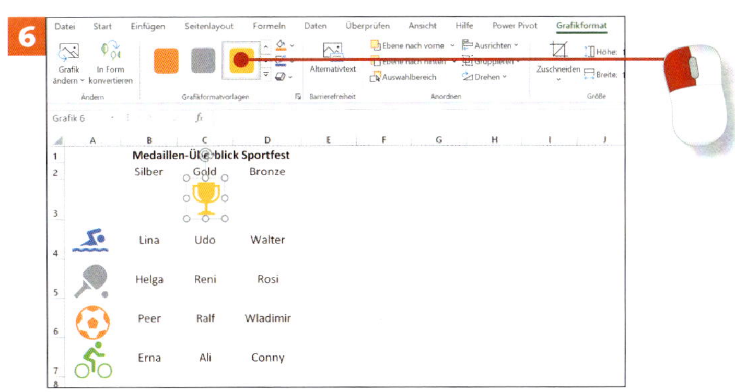

Ein 3D-Modell einfügen und drehen

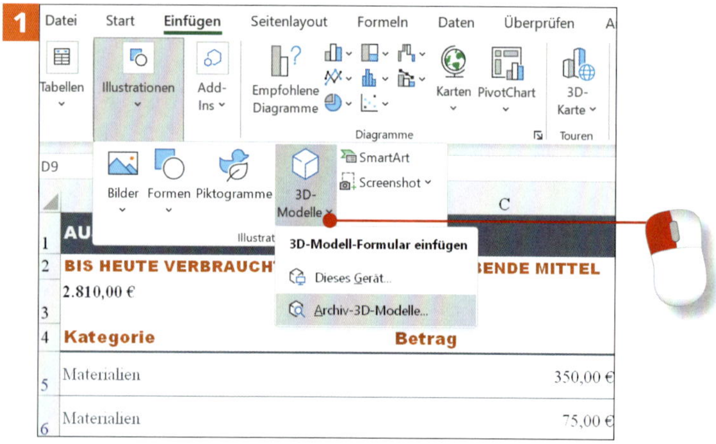

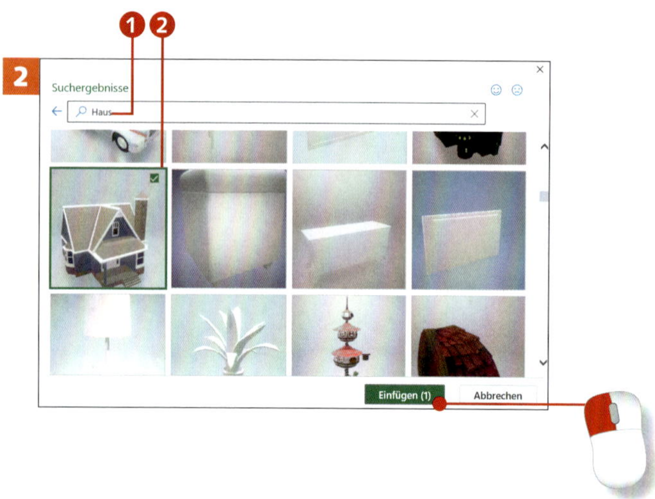

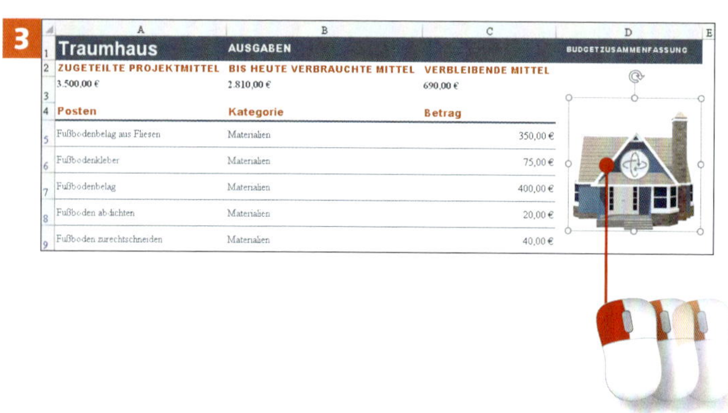

Sie können mit einem 3D-Modell Ihre Planung in Excel realitätsnah demonstrieren. Das Besondere daran ist, dass Sie es um 360° drehen können und so eine Rundumsicht erhalten.

Schritt 1

Klicken Sie in der Registerkarte **Einfügen** auf den Auswahlpfeil an der Schaltfläche **Illustrationen**. Hier finden Sie einen Auswahlpfeil rechts neben **3D-Modelle**. Wählen Sie im Untermenü den Eintrag **Archiv-3D-Modelle** aus.

Schritt 2

Tragen Sie in das Suchfeld ❶ einen Begriff ein, z. B. »Haus«, und bestätigen Sie mit ↵. Klicken Sie in der Auswahl auf ein passendes Wohnhaus ❷ und dann auf die Schaltfläche **Einfügen**.

Schritt 3

Das 3D-Modell erscheint als Objekt auf Ihrem Tabellenblatt und verdeckt es zum Teil. Ziehen Sie es mit gedrückter Maustaste neben die Tabelle. (Der Mauszeiger sieht dabei wie ein Vierfachpfeil aus.) Sie ändern seine Größe, indem Sie die äußeren Markierungspunkte anklicken und mit gedrückter Maustaste verschieben.

Schritt 4

In der Mitte des 3D-Modells sehen Sie eine Schaltfläche zum Drehen. Klicken Sie auf diese, und halten Sie die Maustaste gedrückt, während Sie die Maus in verschiedene Richtungen bewegen. Auf diese Art können Sie das Haus von allen Seiten betrachten.

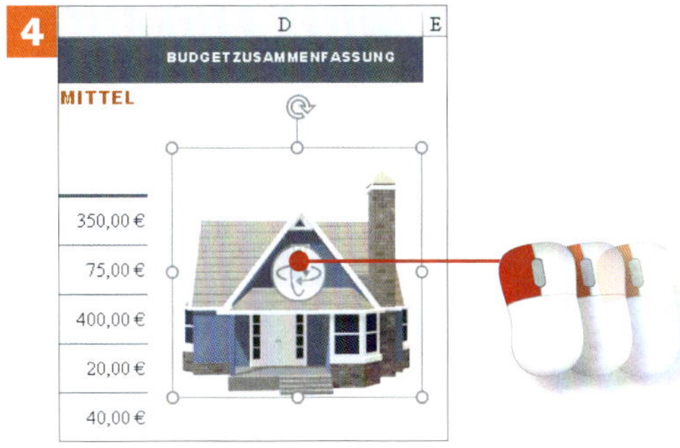

Schritt 5

Klicken Sie mit der rechten Maustaste auf das Modell, und rufen Sie im Kontextmenü den Befehl **3D-Modell formatieren** auf. Im zugehörigen Aufgabenbereich wählen Sie **Füllung**. Über **Bildquelle ▸ Einfügen** ❸ können Sie ein Foto von Ihrer Wohnumgebung einfügen, um z. B. zu sehen, wie das Haus wirkt.

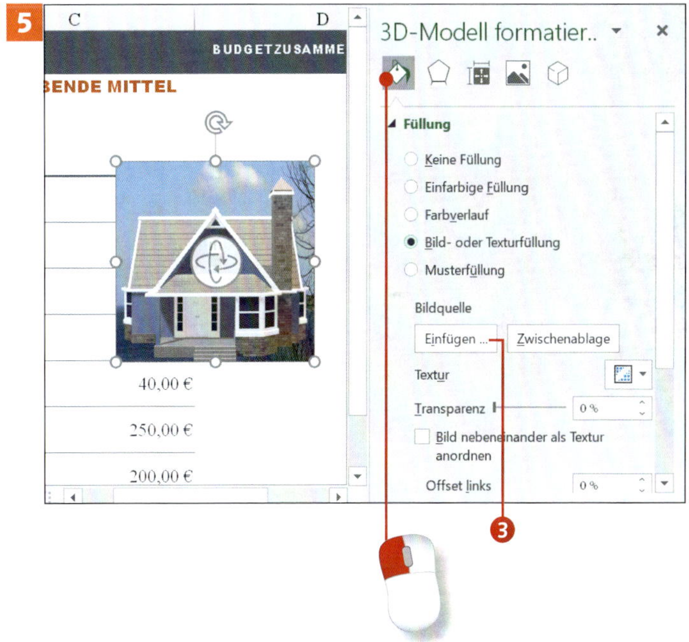

Schritt 6

Um zum Ausgangszustand zurückzukehren, klicken Sie auf der Registerkarte **3D-Modell** auf die Schaltfläche **3D-Modell zurücksetzen**.

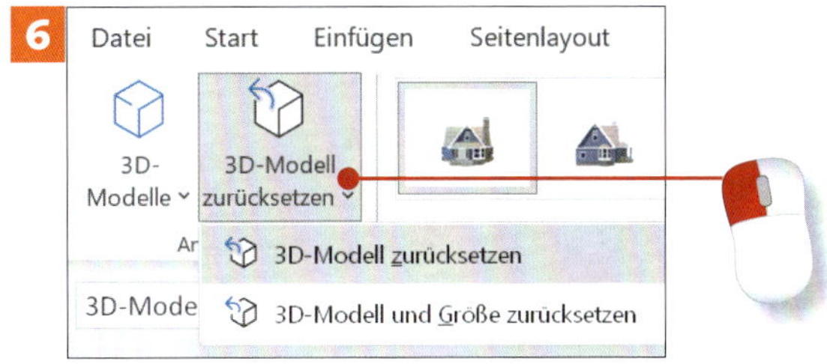

Analoge Tabellen per Foto digitalisieren

Sie müssen eine Tabelle, die nur auf Papier vorliegt, nicht mehr mühsam manuell in Excel erfassen. Denn Sie können diese Tabelle einfach mit Ihrem Smartphone fotografieren. Die Bilderkennungsfunktion wandelt das Foto der Tabelle automatisch in eine bearbeitbare Excel-Tabelle um.

1
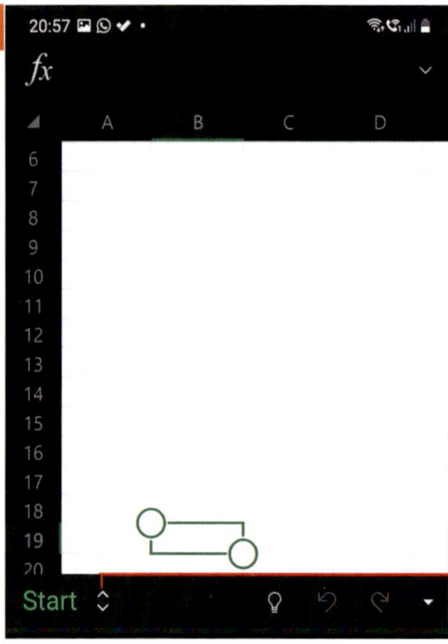

2
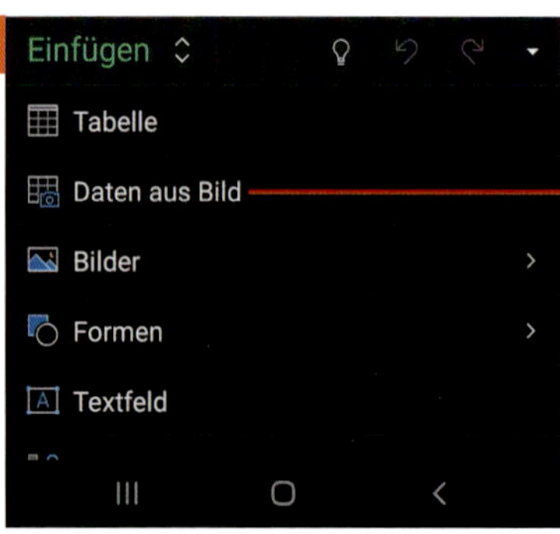

3
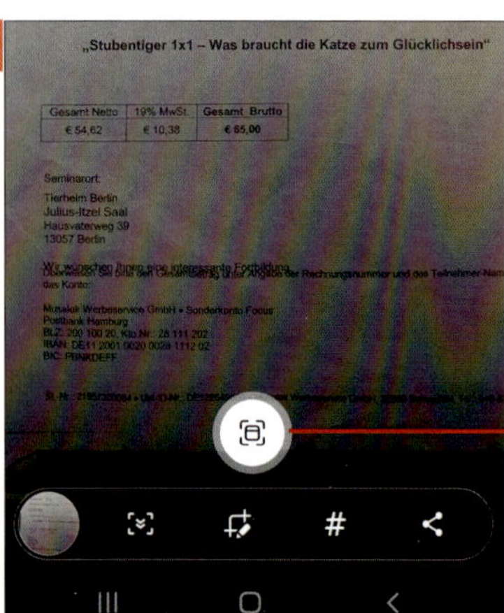

Schritt 1

Starten Sie die *Excel-App* auf Ihrem Smartphone, z. B. auf Ihrem Android-Gerät. Dazu öffnen Sie die Gruppe **Microsoft Apps** und klicken auf das Symbol **Excel**. Öffnen Sie eine bestehende Tabelle oder wählen Sie **Leere Arbeitsmappe**. Tippen Sie auf die Pfeile rechts neben **Start** ❶, bis der Eintrag **Einfügen** erscheint.

Schritt 2

Unter dem Eintrag **Einfügen** tippen Sie in der Auswahl, die sich nun zeigt, auf **Daten aus Bild** ❷. Jetzt sind Sie schon aufnahmebereit.

Schritt 3

Setzen Sie die analoge Tabelle, d. h. Ihr Fotomotiv, ins richtige Licht. Betätigen Sie die Schaltfläche **Aufnehmen** ❸, und die Papiertabelle wird fotografiert.

Schritt 4

Sie können die Ränder des Fotos ziehen, um das beste Ergebnis beim Extrahieren der gedruckten Tabelle zu erzielen, oder das Foto neu aufnehmen. Klicken Sie danach auf die Schaltfläche **Weiter** ❹.

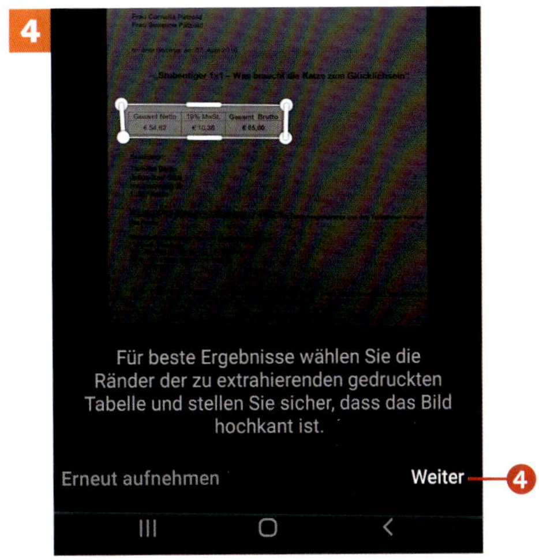

Schritt 5

Sie sehen in der Mitte die Vorschau der fotografierten Tabelle und weiter unten den Hinweis, dass hier zwei Elemente überprüft werden müssen. Klicken Sie auf **Alle überprüfen** ❺.

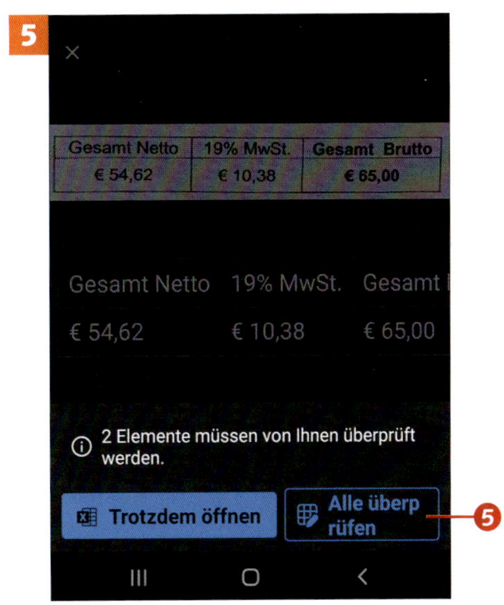

Schritt 6

Jetzt fragt Excel jeden unklaren Zelleintrag ab. Sie können ihn korrigieren oder **Ignorieren**. Zum Schluss tippen Sie auf die Schaltfläche **Fertig** und freuen sich über das Ergebnis und darüber, dass Sie die Daten nicht abtippen mussten.

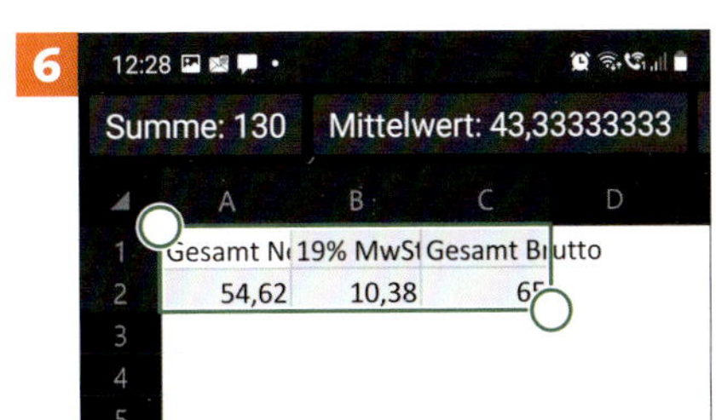

PDF-Datei in eine Excel-Tabelle umwandeln

Liegt Ihnen die Tabelle als PDF-Datei vor, dann können Sie im Register **Daten** auf die Schaltfläche **Daten abrufen** klicken. Hier wählen Sie den Eintrag **Aus Datei**. Dann finden Sie den Befehl **Aus PDF**. Excel wandelt die PDF-Datei in eine bearbeitbare Excel-Tabelle um.

Kapitel 8
Arbeitsmappen umfangreich nutzen

Excel bietet einige hilfreiche Funktionen, mit denen Sie Ihre Arbeitsmappen und Tabellenblätter organisieren und verwalten sowie vor ungewollten Veränderungen schützen können.

Arbeitsmappen
Wenn Sie zur gleichen Zeit an unterschiedlichen Arbeitsmappen arbeiten wollen, ohne dauernd die eine schließen und die andere öffnen zu müssen, können Sie das Excel-Fenster über die Registerkarte **Ansicht** in kleine Fenster aufteilen und so mehrere Arbeitsmappen neben- oder untereinander anordnen.

Tabellenblattübergreifende Formeln
Angenommen, Sie führen ein Haushaltsbuch und haben für jedes Quartal ein eigenes Tabellenblatt angelegt. Es wäre ja schön, auch die Gesamtsumme im Blick zu haben. Erstellen Sie einfach eine Formel, die die Tabellenblätter miteinander verknüpft. Das funktioniert sogar über verschiedene Arbeitsmappen hinweg.

Schreibschutz
Wenn Sie Ihre Tabelle(n) vor – möglicherweise auch unbeabsichtigten – Änderungen bewahren wollen, können Sie das ganz leicht tun. Über die Registerkarte **Überprüfen** legen Sie einen Schreibschutz für Zellen, Tabellenblätter oder ganze Arbeitsmappen fest. Sie können ein Kennwort vergeben und bestimmen, welche Aktionen in der Tabelle erlaubt sind und welche nicht.

Auf der Registerkarte »Ansicht« finden Sie die verschiedenen Darstellungen der Arbeitsmappen. (1)

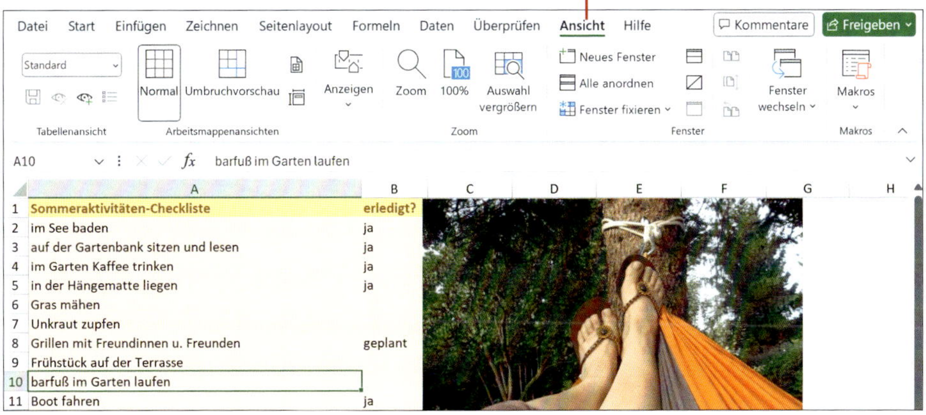

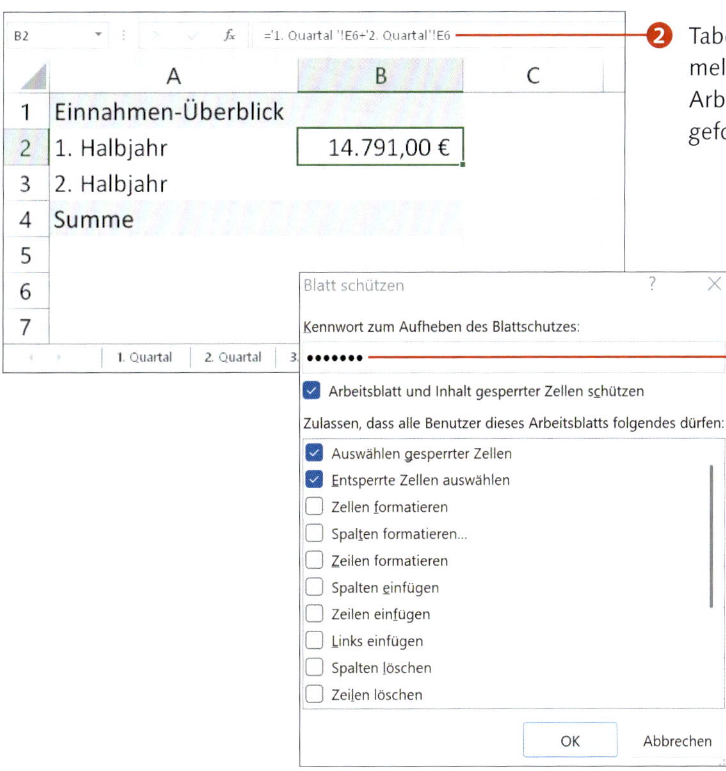

(2) Tabellenblattübergreifende Formeln erkennen Sie am Namen des Arbeitsblattes in Hochkommas, gefolgt von der Zelladresse.

(3) Tragen Sie ein Kennwort ein, damit andere Personen den Blattschutz nicht einfach aufheben können.

Mehrere Arbeitsmappen verwenden

Um einen guten Überblick zu behalten, ist es sinnvoll, inhaltlich nicht unmittelbar zusammengehörende Tabellen in jeweils eigenen Arbeitsmappen zu speichern.

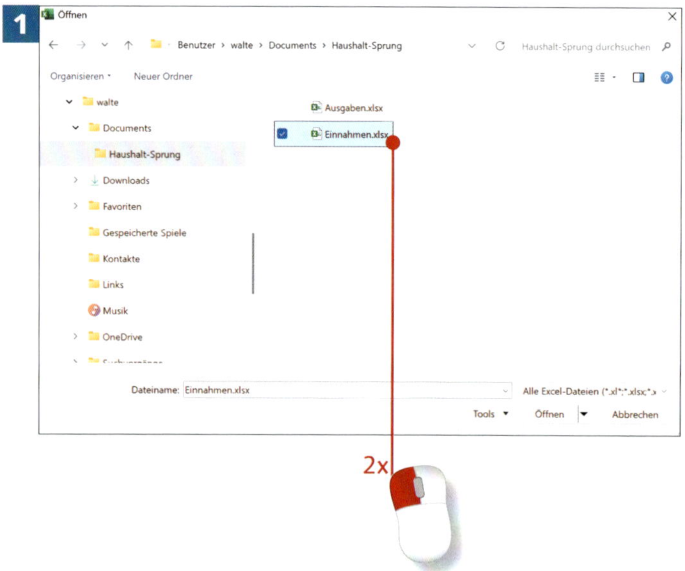

Schritt 1

Öffnen Sie die erste Datei, z. B. *Einnahmen.xlsx*. Die geöffnete Datei erscheint im Fenster und als Eintrag in der Taskleiste.

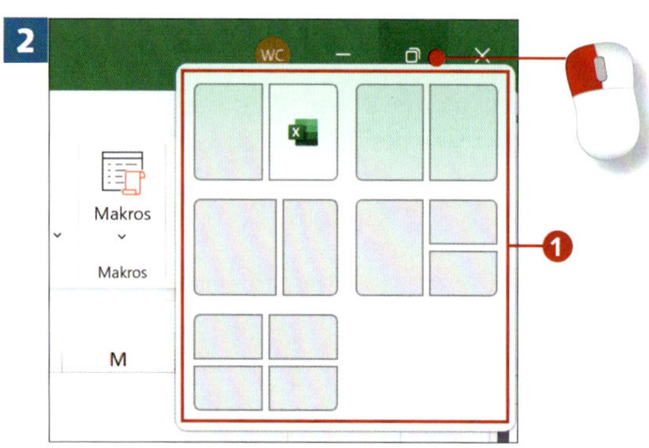

Schritt 2

Öffnen Sie nun die zweite Arbeitsmappe, z. B. *Ausgaben.xlsx*. Sie öffnet sich in einem neuen Fenster, das sich über das geöffnete Fenster *Einnahmen.xlsx* legt. Zeigen Sie mit der Maus auf die Schaltfläche **Maximieren** oben rechts im Programmfenster. Dann sehen Sie vier *Fancy Zones*, d. h. Möglichkeiten zum Anordnen der geöffneten Dateien ❶.

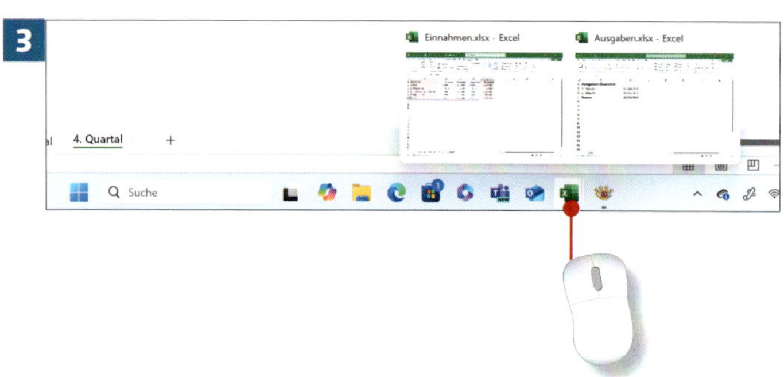

Schritt 3

Wenn Sie mit der Maus auf den Eintrag **Excel** in der Taskleiste zeigen, sehen Sie eine Minivorschau der geöffneten Tabellen. Klicken Sie z. B. auf *Einnahmen.xlsx*, erscheint die Tabelle im Vordergrund. So können Sie zwischen den Arbeitsmappen hin- und herspringen.

Schritt 4

Der Wechsel zwischen geöffneten Arbeitsmappen gelingt auch auf der Registerkarte **Ansicht** mit einem Klick auf **Fenster wechseln**. Das Menü listet die geöffneten Arbeitsmappen auf. Mit einem Mausklick wechseln Sie die Arbeitsmappe.

4
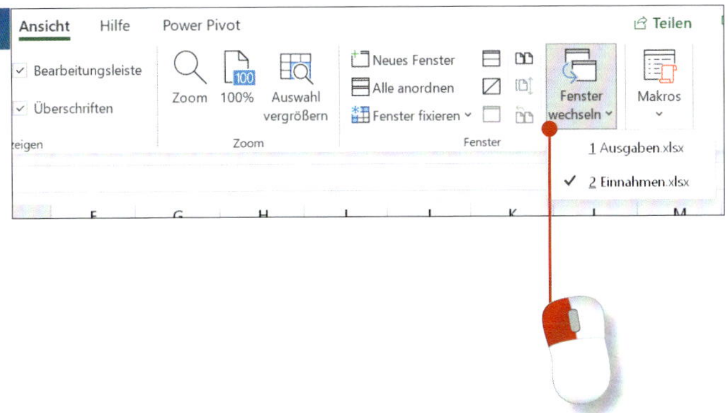

Schritt 5

Manchmal ist es hilfreich, beide Fenster nebeneinander zu sehen. Dazu klicken Sie auf der Registerkarte **Ansicht** in der Gruppe **Fenster** auf **Alle anordnen** und wählen im Dialog z. B. die Option **Unterteilt** ❷.

5
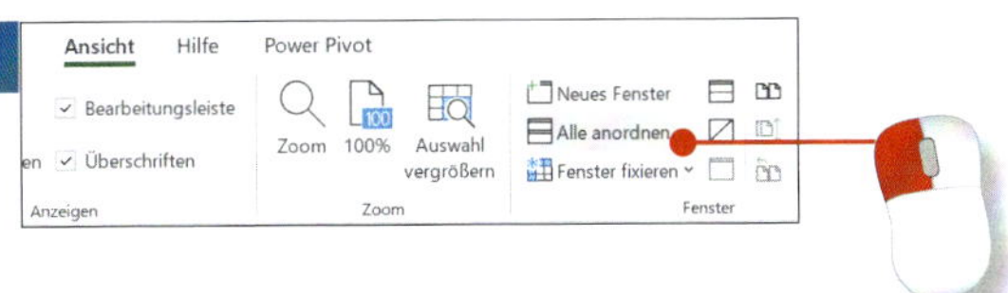

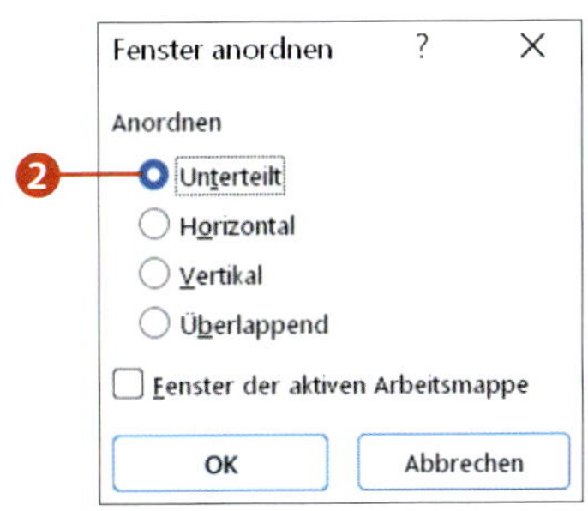

Schritt 6

Beide Fenster werden daraufhin nebeneinander angezeigt. Sie stellen das aktive Fenster wieder her, indem Sie im Dialog **Fenster anordnen** das Kontrollkästchen neben **Fenster der aktiven Arbeitsmappe** anklicken.

6
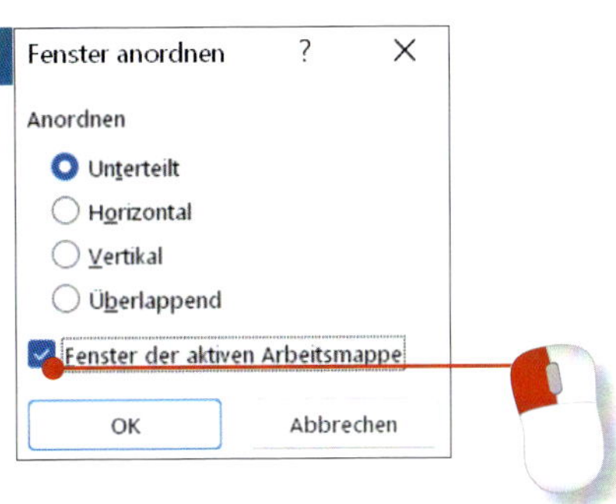

Schneller Wechsel

Am schnellsten wechseln Sie zwischen Arbeitsmappen mit der Tastenkombination Alt + ⭾.

Mit Tabellenblättern umgehen

1

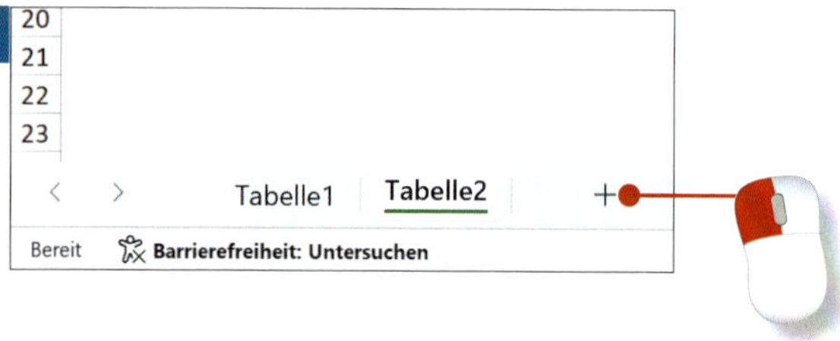

Sie können beliebig viele Tabellenblätter in einer Excel-Arbeitsmappe zusammenfassen. Wie Sie die Blätter einfügen, ihnen Namen geben, sie an eine andere Stelle verschieben oder kopieren, zeigen wir Ihnen hier.

2

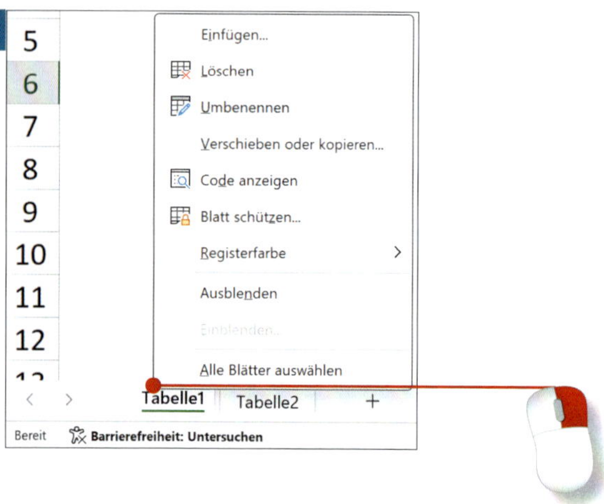

Schritt 1

Mit dem Start des Programms wird automatisch ein Tabellenblatt angelegt. Wenn Sie ein weiteres Tabellenblatt benötigen, klicken Sie auf das Plus. Excel fügt pro Klick ein neues Tabellenblatt ein und benennt es fortlaufend, z. B. **Tabelle2**.

Schritt 2

Wenn Sie einem Tabellenblatt einen passenden Namen geben wollen, klicken Sie mit der rechten Maustaste auf es und wählen den Befehl **Umbenennen** aus dem Kontextmenü.

3

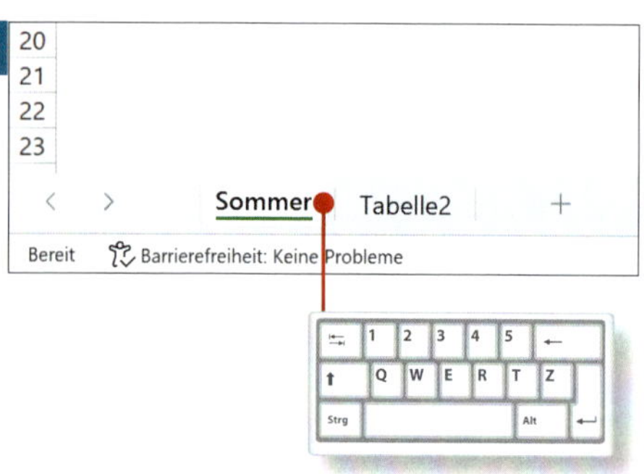

Schritt 3

Tragen Sie einen eindeutigen Namen ein, z. B. *Sommer*. Der Name darf maximal 32 Buchstaben oder Zahlen umfassen. Übernehmen Sie ihn durch Drücken der [↵]-Taste.

Schritt 4

Sie können die Übersicht noch erhöhen, indem Sie den Blattregisterkarten eine passende Farbe geben. Dazu klicken Sie mit der rechten Maustaste auf die Registerkarte **Sommer** und wählen **Registerfarbe**. Klicken Sie dann beispielsweise auf **Orange**.

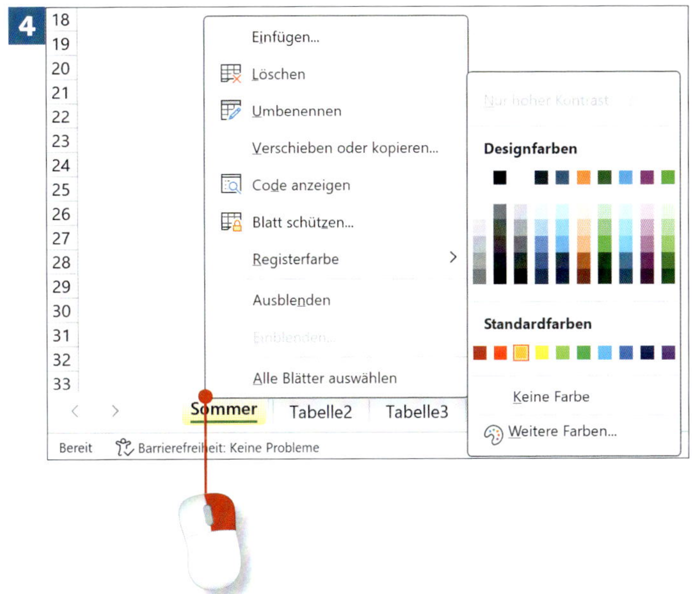

Schritt 5

Die neue Registerkartenfarbe wird erst deutlich erkennbar, wenn Sie eine andere Registerkarte auswählen. Klicken Sie deshalb also auf **Tabelle2**.

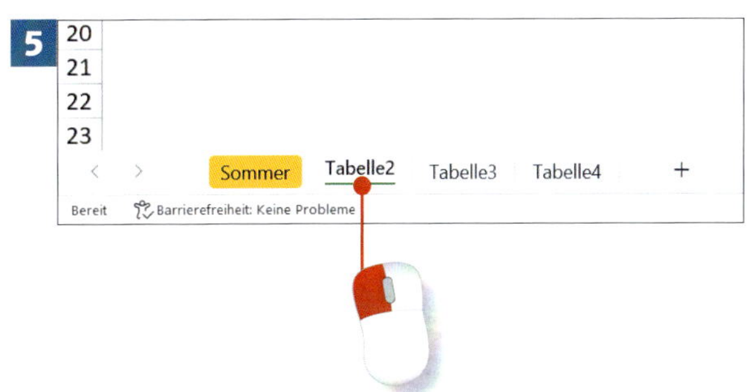

Schritt 6

Die Reihenfolge der Tabellenblätter lässt sich ändern. Sie verschieben ein Blatt, beispielsweise **Frühling**, indem Sie es mit gedrückter Maustaste vor ein anderes Tabellenblatt ziehen. Ein kleines Blattsymbol verdeutlicht die Aktion. Wenn Sie die Maustaste loslassen, wird das Blatt dort eingefügt, wo Sie den kleinen Pfeil ❶ sehen.

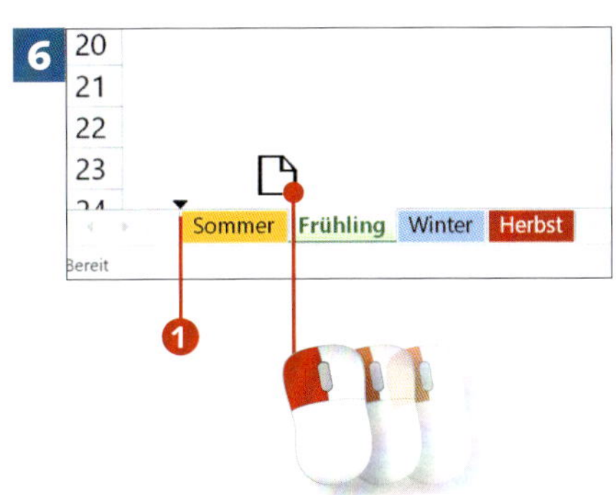

Mit Tabellenblättern umgehen (Forts.)

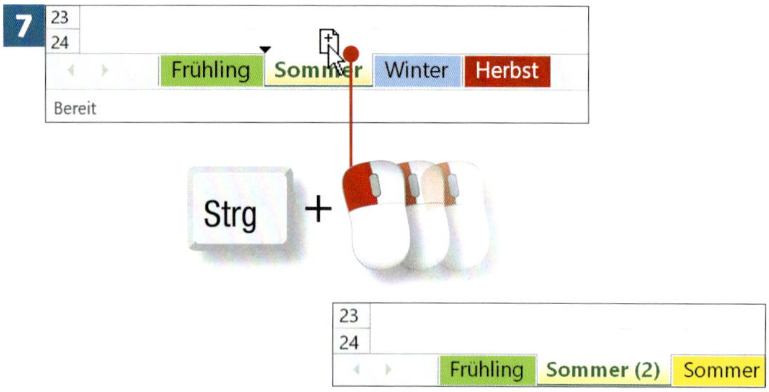

Schritt 7

Wollen Sie ein Tabellenblatt kopieren, z. B. **Sommer**, halten Sie beim Ziehen die Strg-Taste gedrückt. Das Blattsymbol zeigt nun ein kleines Plus. Lassen Sie zuerst die Maustaste und dann die Strg-Taste los. Die Kopie trägt den Namen des Originaltabellenblatts, gefolgt von **(2)**.

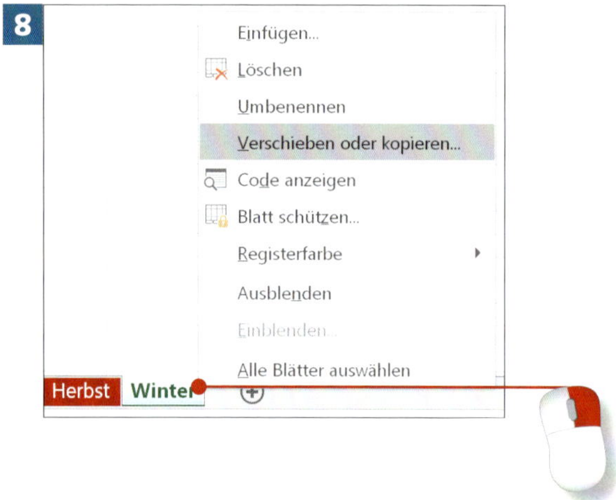

Schritt 8

Das Verschieben oder Kopieren ist auch zwischen verschiedenen Arbeitsmappen möglich. Die zweite Mappe muss dafür geöffnet sein. Klicken Sie mit der rechten Maustaste auf die Blattregisterkarte, die Sie verschieben wollen, z. B. **Winter**, und wählen Sie **Verschieben oder kopieren**.

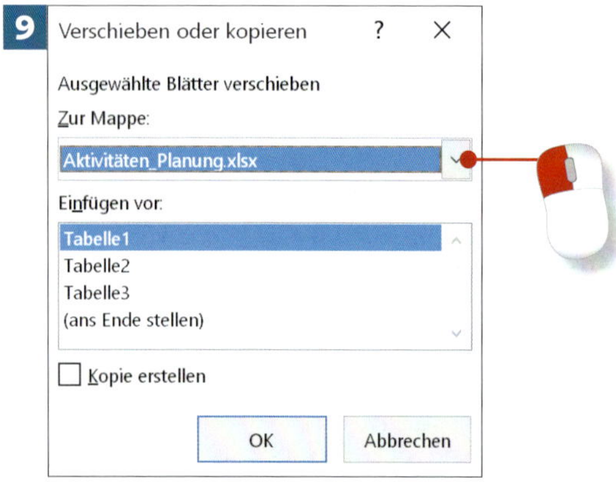

Schritt 9

Markieren Sie den Namen der Arbeitsmappe, in die das Tabellenblatt verschoben werden soll, z. B. *Aktivitäten_Planung.xlsx*, und klicken Sie auf **OK**. Das Tabellenblatt **Winter** wird in die Datei *Aktivitäten_Planung.xlsx* verschoben.

Schritt 10

Um das Tabellenblatt zu kopieren, gehen Sie genauso vor. Klicken Sie mit der rechten Maustaste auf die Blattregisterkarte, die Sie kopieren wollen, z. B. **Frühling**. Wählen Sie **Verschieben oder kopieren** aus dem Kontextmenü.

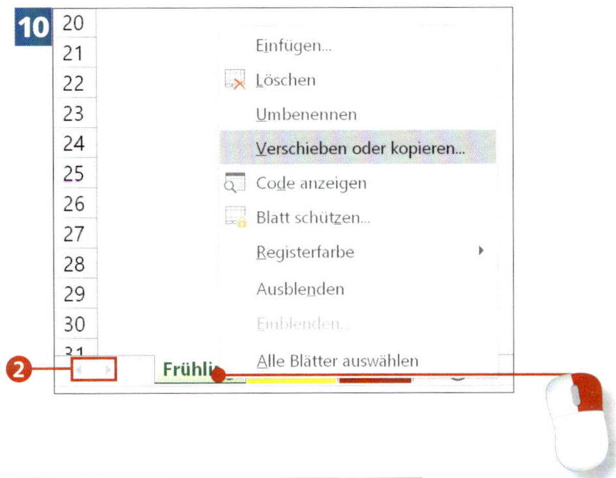

Schritt 11

Wählen Sie die Arbeitsmappe aus, in die Sie das Blatt kopieren wollen, und aktivieren Sie dann **Kopie erstellen** ❶, indem Sie ein Häkchen davorsetzen. Eine Kopie des Tabellenblatts wird in die zweite Arbeitsmappe eingefügt, sobald Sie auf **OK** klicken.

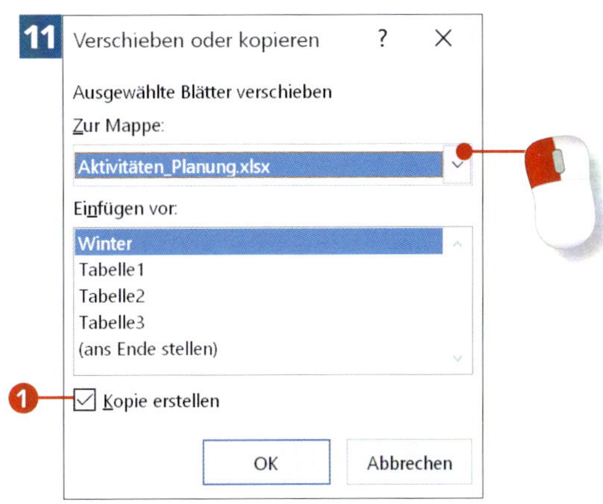

Schritt 12

Sie können mit der Kopie aber auch eine neue Arbeitsmappe erzeugen. Wählen Sie dazu im Dialog die Option **(neue Arbeitsmappe)**, und klicken Sie auf **OK**.

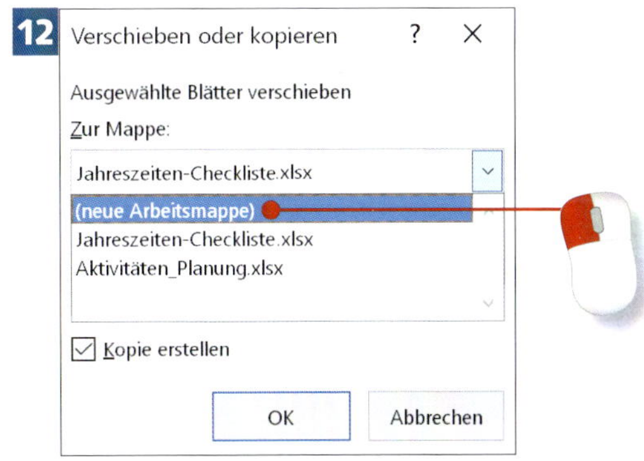

Schnell alle Blätter anzeigen

Sie können beliebig viele Tabellenblätter in einer Arbeitsmappe aufbewahren. Um sie durchzublättern, nutzen Sie die Navigationspfeile ❷ links neben dem ersten Tabellenblatt.

Mit Tabellenblättern umgehen (Forts.)

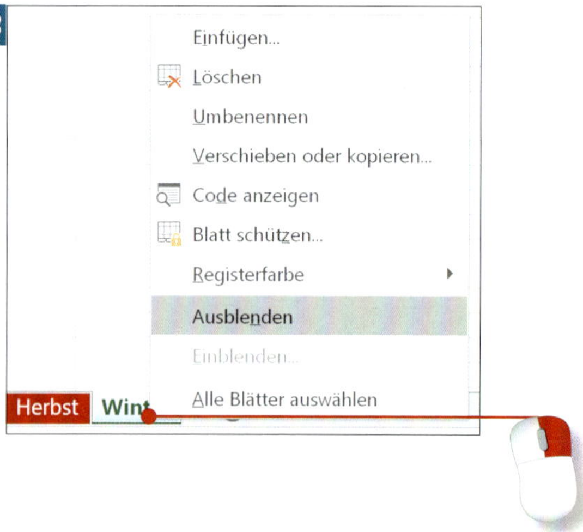

Schritt 13

Um die Arbeitsmappe übersichtlicher zu gestalten, können Sie die Tabellenblätter ausblenden, an denen Sie gerade nicht arbeiten. Klicken Sie mit der rechten Maustaste auf die Blattregisterkarte **Winter**, und wählen Sie den Befehl **Ausblenden**.

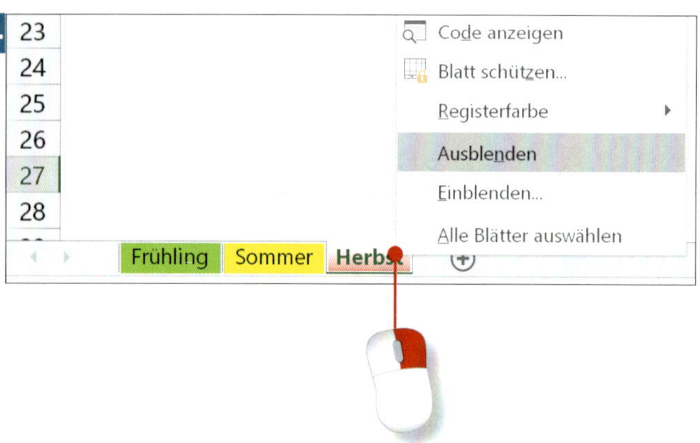

Schritt 14

Auch die Tabellenblätter **Herbst** und **Frühling** blenden Sie auf diese Weise aus. In der Arbeitsmappe ist anschließend nur noch das Tabellenblatt **Sommer** zu sehen.

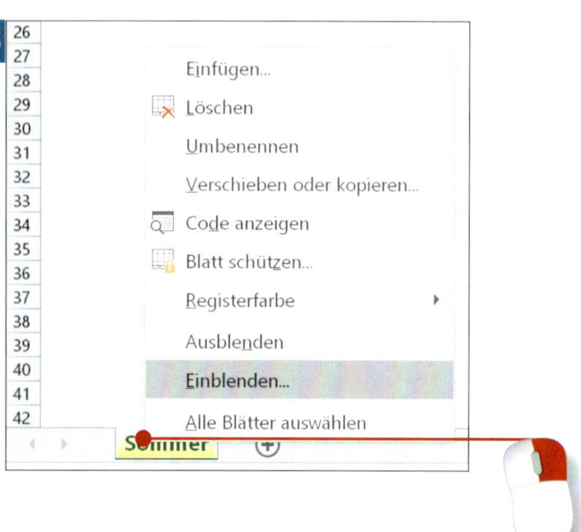

Schritt 15

Wenn Sie z. B. das Tabellenblatt **Herbst** wieder benötigen, klicken Sie mit der rechten Maustaste auf die Registerkarte **Sommer**. Wählen Sie im Kontextmenü die Option **Einblenden**. Sie taucht nur auf, wenn Blätter ausgeblendet sind.

Arbeitsmappe ausblenden

Das Ein- und Ausblenden gibt es auch für ganze Arbeitsmappen. Sie können auf der Registerkarte **Ansicht** in der Gruppe **Fenster** das aktuelle Fenster ausblenden. Hier finden Sie auch den Befehl **Fenster einblenden**, der die Mappe wieder zeigt.

Schritt 16

Ein Dialogfenster erscheint, in dem alle ausgeblendeten Tabellenblätter der Arbeitsmappe aufgelistet sind. Klicken Sie auf den Eintrag **Herbst**, und bestätigen Sie die Auswahl mit **OK**.

16
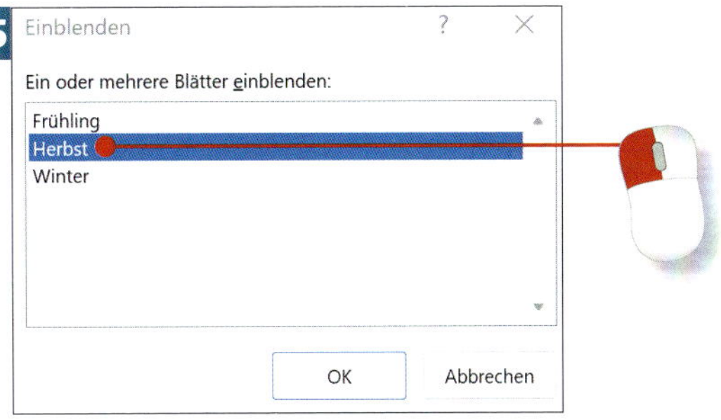

Schritt 17

Sie löschen Tabellenblätter, indem Sie mit der rechten Maustaste auf die entsprechende Blattregisterkarte klicken, z. B. **Sommer (2)**. Wählen Sie im Kontextmenü den Befehl **Löschen**.

17
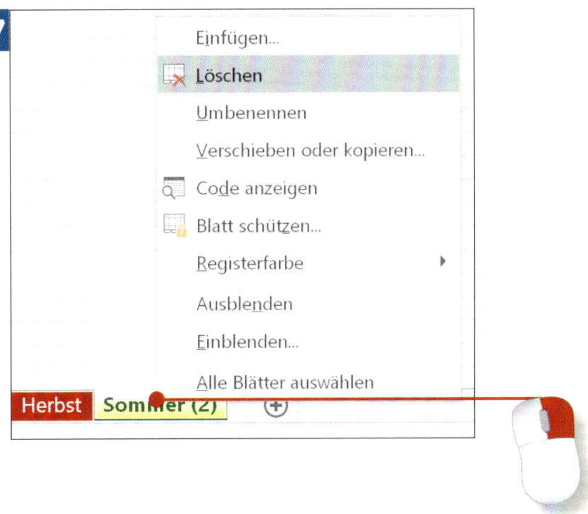

Schritt 18

Das Tabellenblatt ist ohne weitere Nachfrage verschwunden. Eine Arbeitsmappe muss aber immer mindestens ein Tabellenblatt enthalten, sodass Sie ein Blatt nicht löschen können, wenn es das einzige Blatt einer Arbeitsmappe ist.

18
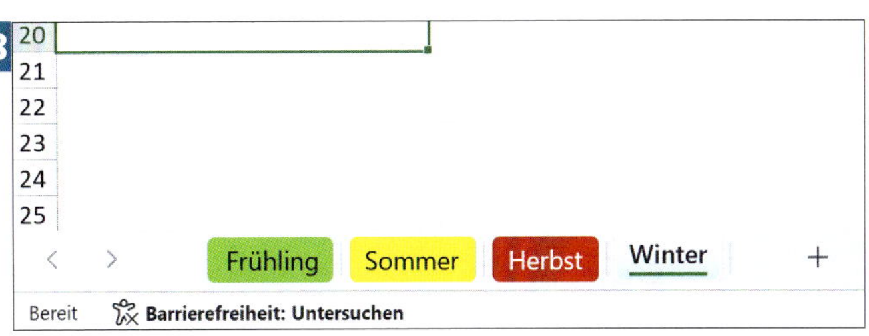

!

Gelöscht ist gelöscht

Das Löschen eines Tabellenblatts können Sie nicht wieder rückgängig machen!

Der Gruppenmodus

Um Daten gleichzeitig in mehreren Tabellen zu bearbeiten, fassen Sie Tabellenblätter einfach zu einer Gruppe zusammen.

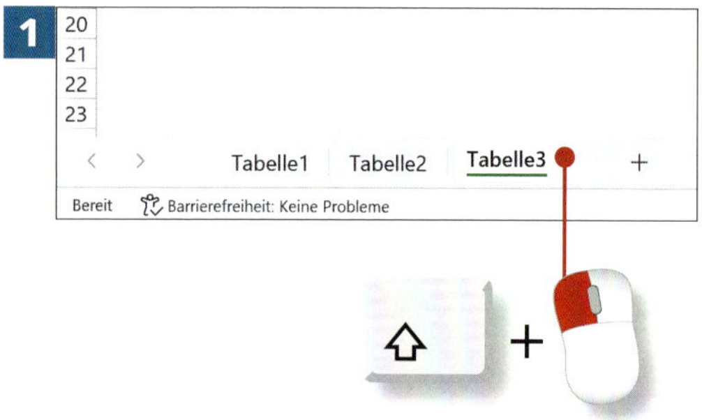

Schritt 1

Klicken Sie auf das Tabellenblatt **Tabelle1**, das zu der künftigen Gruppe gehören soll. Halten Sie die [⇧]-Taste gedrückt, und klicken Sie erst auf die Blattregisterkarte **Tabelle2**, dann auf **Tabelle3**. Lassen Sie [⇧] los.

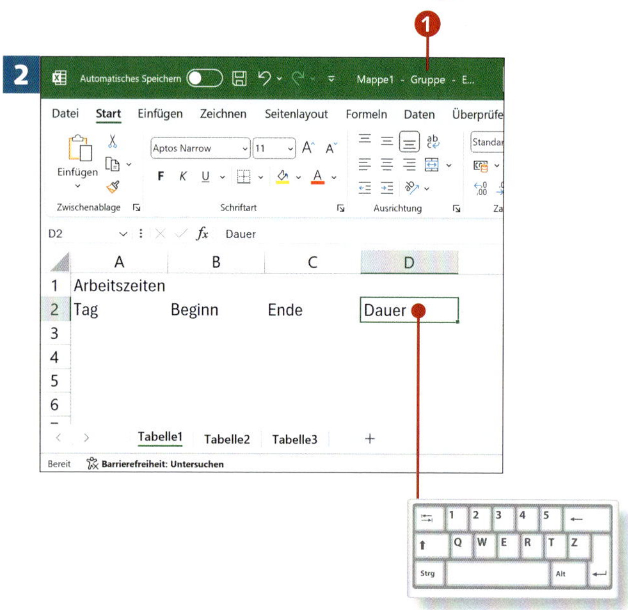

Schritt 2

Die drei Tabellenblätter bilden jetzt eine Gruppe, Was Sie am Zusatz **Gruppe** in der Titelleiste ❶ erkennen. Geben Sie nun folgende Daten ein: *Arbeitszeiten* in die Zelle A1, *Tag* in A2, *Beginn* in B2, *Ende* in C2 und *Dauer* in D2.

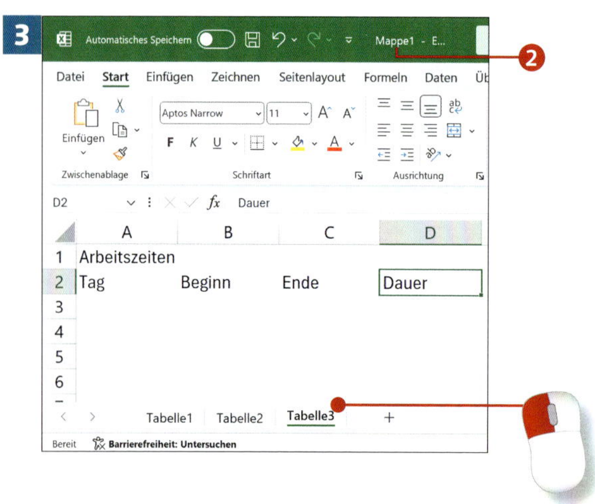

Schritt 3

Mit einem Klick auf eine beliebige Blattregisterkarte heben Sie den Gruppenmodus auf. Der Eintrag **Gruppe** verschwindet aus der Titelleiste ❷. Wie Sie sehen, ist die gleiche Eingabe aber auf jedem Blatt erfolgt.

Schritt 4

Sie können auch nur bestimmte Blätter zu einer Gruppe zusammenfassen. Halten Sie [⇧] gedrückt, und klicken Sie auf die Registerkarten der Blätter, die Sie gruppieren möchten, z. B. **Frühling** und **Sommer**. Excel zeigt in der Titelleiste neben dem Dateinamen wieder den Eintrag **Gruppe**.

Schritt 5

Geben Sie in die Zelle A16 folgenden Text ein: *Wie viele Aktivitäten sind bereits erledigt?* In die Zelle B16 tragen Sie die Funktion *=ZÄHLENWENN(B2:B15;"ja")* ein, die die Zahl der erledigten Aktivitäten im Bereich B2:B15 berechnet. Drücken Sie [↵].

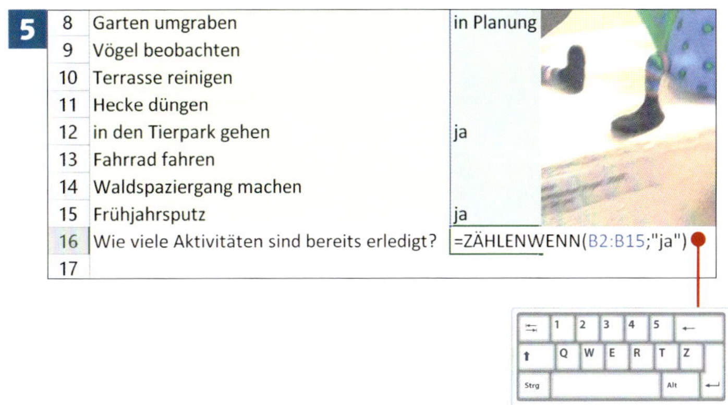

Schritt 6

Heben Sie den Gruppenmodus mit einem Klick auf ein Tabellenblatt außerhalb der Gruppe auf. Der Eintrag **Gruppe** verschwindet aus der Titelleiste. Das Blatt **Winter** war nicht Bestandteil der Gruppe, deshalb wurde die Berechnung hier nicht eingetragen.

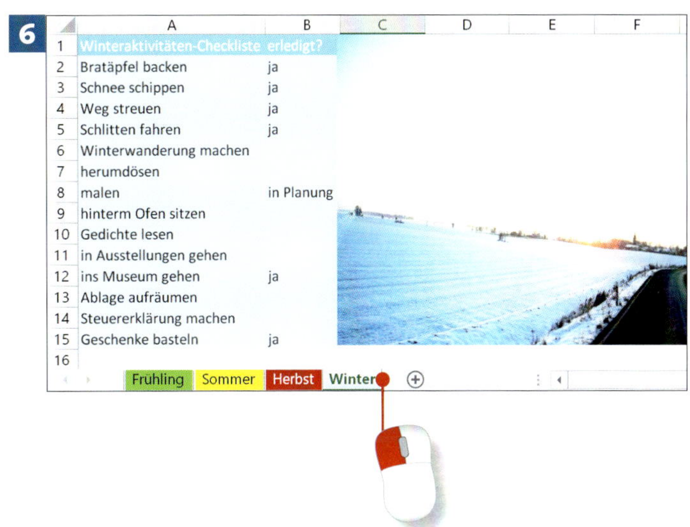

Der Gruppenmodus (Forts.)

7

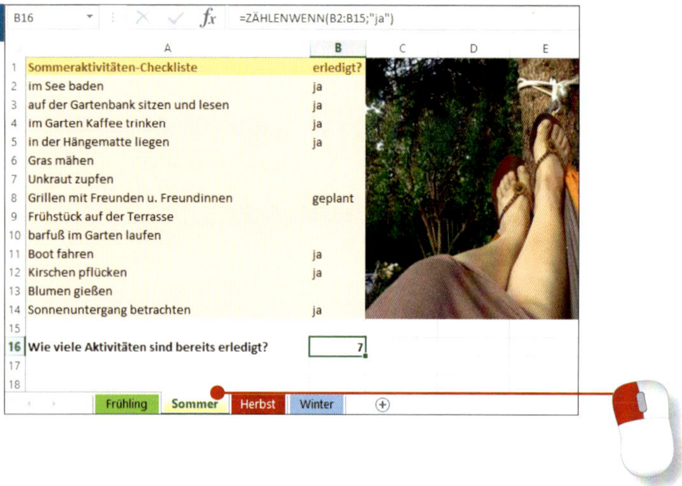

Schritt 7

Wechseln Sie zum Tabellenblatt **Sommer** (es war Bestandteil der Gruppe). Wie Sie sehen, wurden der zuvor eingegebene Text und die Funktion hier übernommen.

8

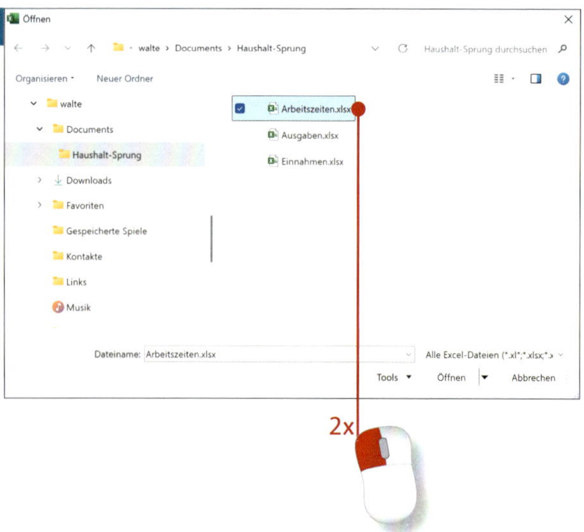

Schritt 8

Noch ein Beispiel: Tragen Sie einzelne Zahlenwerte in mehrere Tabellenblätter auf einmal ein, und ändern Sie sie nachträglich. Öffnen Sie dazu die Tabelle *Arbeitszeiten.xlsx*.

Schritt 9

Fassen Sie die drei Tabellenblätter zu einer Gruppe zusammen, indem Sie sie anklicken und dabei die [⇧]-Taste gedrückt halten. Tragen Sie dann die Anfangs- und Endzeiten ein, wie im Beispiel zu sehen.

9

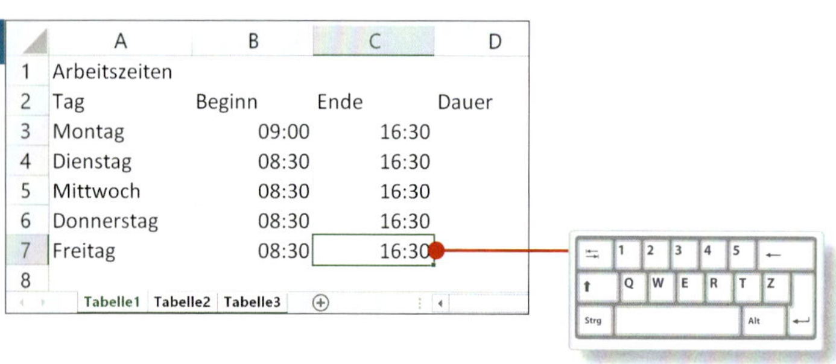

Schneller gruppieren

Sie können zum Gruppieren einzelner, nicht nebeneinanderliegender Blätter die [Strg]-Taste festhalten und dann nacheinander auf die Registerkarten der weiteren Tabellenblätter klicken. Aber Achtung: Bitte nicht an der Blattregisterkarte ziehen, sonst wird dieses Tabellenblatt nur kopiert!

Schritt 10

Berechnen Sie in der Zelle D3 die Länge der Arbeitstage, indem Sie die Formel *=C3-B3* eingeben und [↵] drücken. Übertragen Sie die Formel durch Ziehen mit der Maus auf die Zellen D4 bis D7.

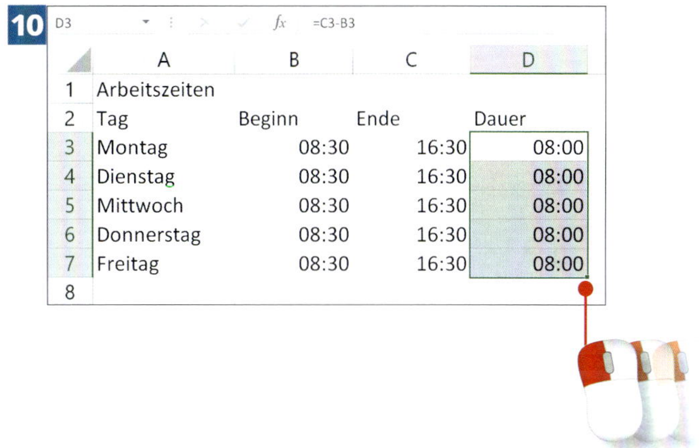

Schritt 11

Heben Sie den Gruppenmodus auf, indem Sie auf eine Blattregisterkarte der Gruppe klicken. Blättern Sie dann die einzelnen Tabellenblätter durch. Alle zeigen die Einträge und die Ergebnisse der Formel.

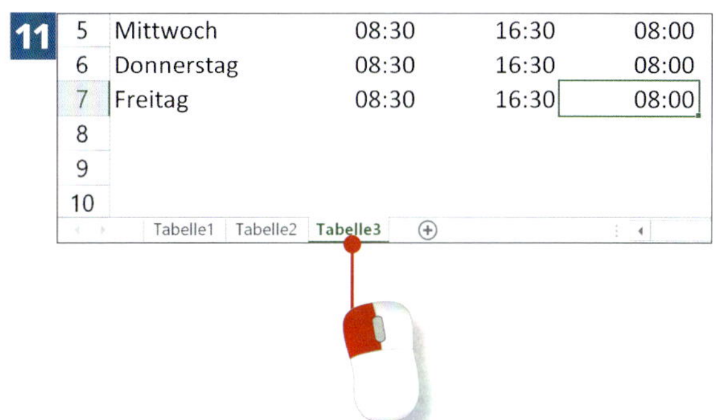

Schritt 12

Ändern Sie die Daten erneut. Bilden Sie den Gruppenmodus, und geben Sie eine andere Uhrzeit in Zelle B3 ein. Drücken Sie [↵]. Heben Sie die Gruppierung auf, und kontrollieren Sie, ob die Änderung auf allen Blättern erfolgt ist. Das Ergebnis in Zelle D3 wird ebenfalls angepasst.

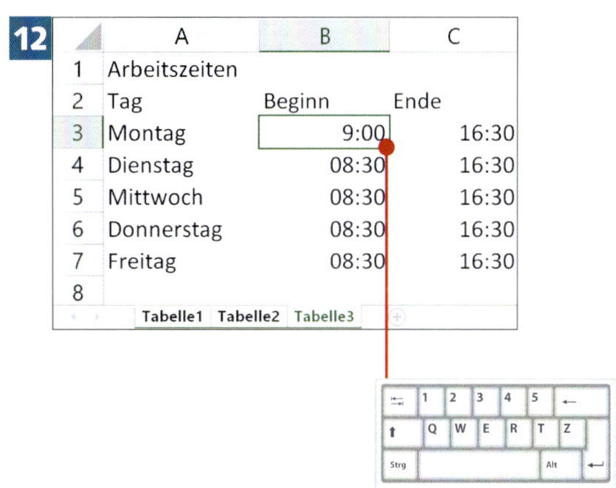

Schneller gruppieren, Teil 2

Klicken Sie mit der rechten Maustaste auf ein Tabellenblatt der Arbeitsmappe, und wählen Sie **Alle Blätter auswählen** im Kontextmenü.

Tabellenblattübergreifende Formeln

Sie haben z. B. Ihre Einnahmen für jedes Quartal auf einem separaten Tabellenblatt vermerkt. Dennoch möchten Sie stets auch Ihre Gesamteinnahmen im Blick haben. Dafür brauchen Sie eine blattübergreifende Formel.

Schritt 1

Öffnen Sie die Datei *Einnahmen.xlsx*, und fügen Sie ein neues Tabellenblatt ein. Auf diesem Blatt entsteht Ihre blattübergreifende Formel. Geben Sie dem neuen Blatt den Namen *Einnahmen_Überblick*.

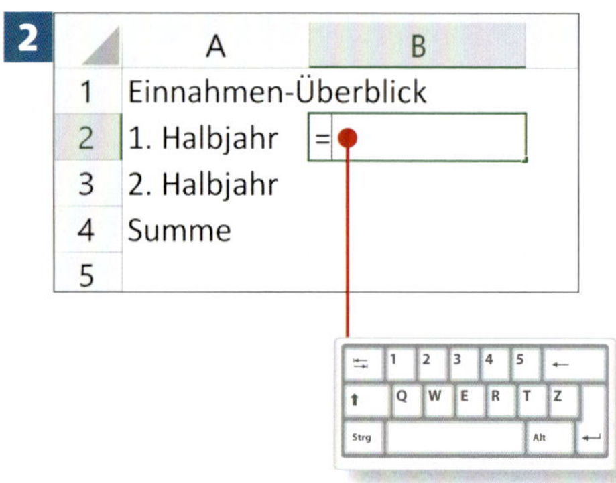

Schritt 2

In die Zelle A1 tragen Sie *Einnahmen-Überblick* ein, in A2 schreiben Sie *1. Halbjahr*, in A3 *2. Halbjahr* und in A4 *Summe*. In die leere Zelle B2 schreiben Sie =.

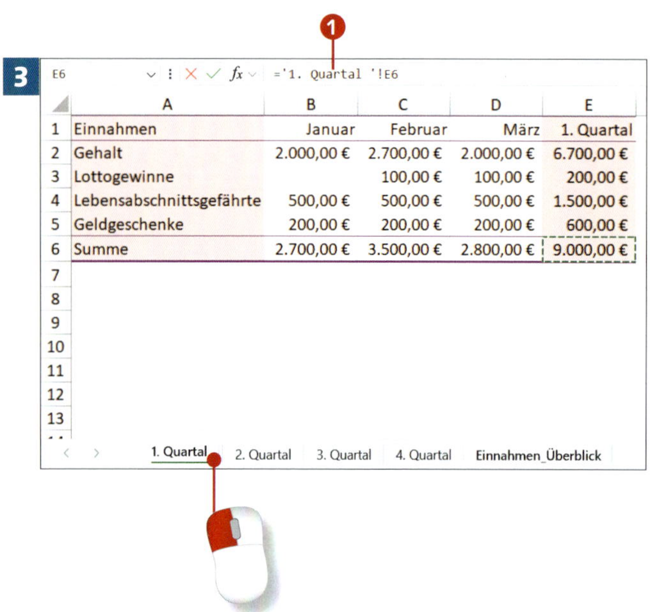

Schritt 3

Klicken Sie auf die Blattregisterkarte **1. Quartal** und dort auf die Zelle mit der Gesamtsumme (hier E6). So entsteht eine Verknüpfung zwischen den Tabellenblättern, die Excel in der Bearbeitungszeile automatisch nach dem Muster *'Tabellenblattname'!verknüpfte Zelle* schreibt **1**.

Schritt 4

Geben Sie dahinter nun + ein. Klicken Sie auf das Tabellenblatt **2. Quartal** und hier auf die Zelle E6. Bestätigen Sie mit [↵], fertig ist die blattübergreifende Formel ❷! Das Ergebnis in Zelle B2 auf dem Tabellenblatt **Einnahmen_Überblick** ❸ ist die Summe der beiden Quartale aus verschiedenen Tabellenblättern.

4

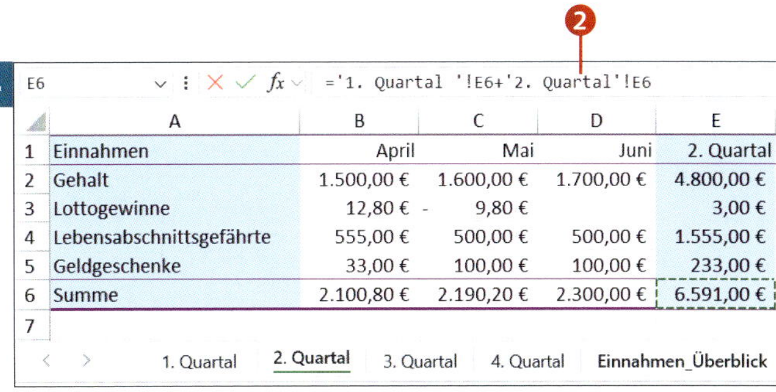

	A	B	C	D	E
1	Einnahmen	April	Mai	Juni	2. Quartal
2	Gehalt	1.500,00 €	1.600,00 €	1.700,00 €	4.800,00 €
3	Lottogewinne	12,80 €	- 9,80 €		3,00 €
4	Lebensabschnittsgefährte	555,00 €	500,00 €	500,00 €	1.555,00 €
5	Geldgeschenke	33,00 €	100,00 €	100,00 €	233,00 €
6	Summe	2.100,80 €	2.190,20 €	2.300,00 €	6.591,00 €
7					

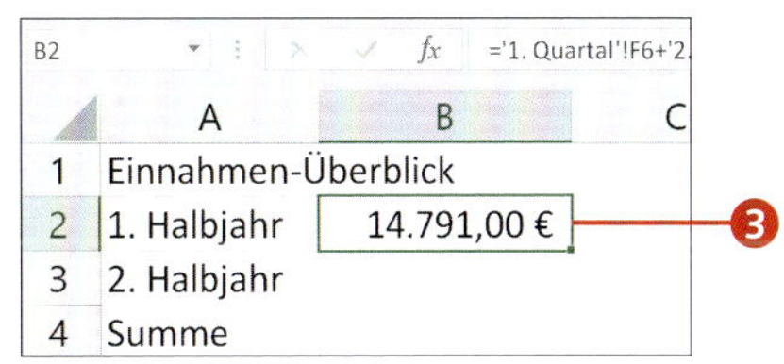

	A	B
1	Einnahmen-Überblick	
2	1. Halbjahr	14.791,00 €
3	2. Halbjahr	
4	Summe	

Schritt 5

Wechseln Sie nun zum Tabellenblatt **1. Quartal**, und tragen Sie dort für den Lottogewinn im Januar *777* ein. Drücken Sie dann [↵].

5

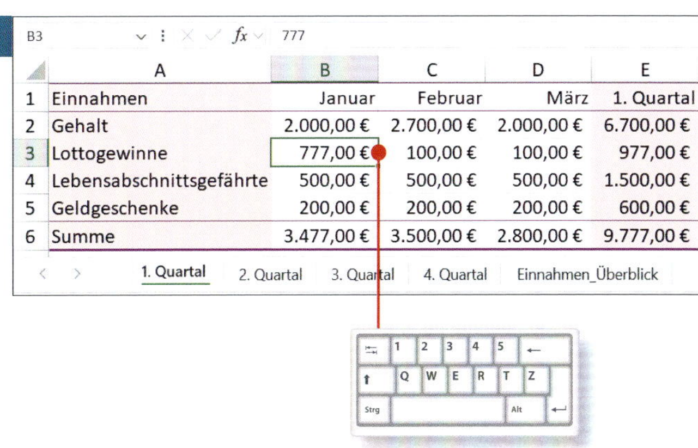

	A	B	C	D	E
1	Einnahmen	Januar	Februar	März	1. Quartal
2	Gehalt	2.000,00 €	2.700,00 €	2.000,00 €	6.700,00 €
3	Lottogewinne	777,00 €	100,00 €	100,00 €	977,00 €
4	Lebensabschnittsgefährte	500,00 €	500,00 €	500,00 €	1.500,00 €
5	Geldgeschenke	200,00 €	200,00 €	200,00 €	600,00 €
6	Summe	3.477,00 €	3.500,00 €	2.800,00 €	9.777,00 €

Schritt 6

Jetzt öffnen Sie wiederum das Tabellenblatt **Einnahmen_Überblick**. Die Summe in Zelle B2 aktualisiert sich automatisch, sobald Sie Ihre Eingaben speichern.

6

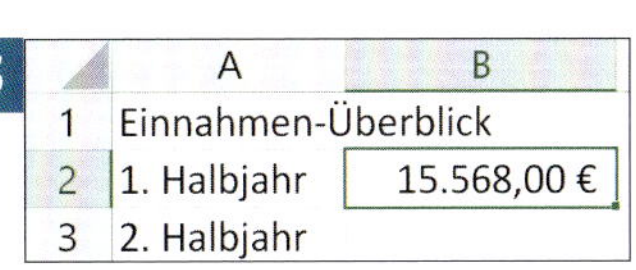

	A	B
1	Einnahmen-Überblick	
2	1. Halbjahr	15.568,00 €
3	2. Halbjahr	

Verknüpfen übers Kontextmenü
Klicken Sie mit der rechten Maustaste auf die Quellzelle, mit der Sie verknüpfen wollen, und wählen Sie **Kopieren**. Klicken Sie dann mit rechts auf die Zielzelle, und wählen Sie **Einfügen ▸ Verknüpfung einfügen**.

Tabellenblattübergreifende Formeln (Forts.)

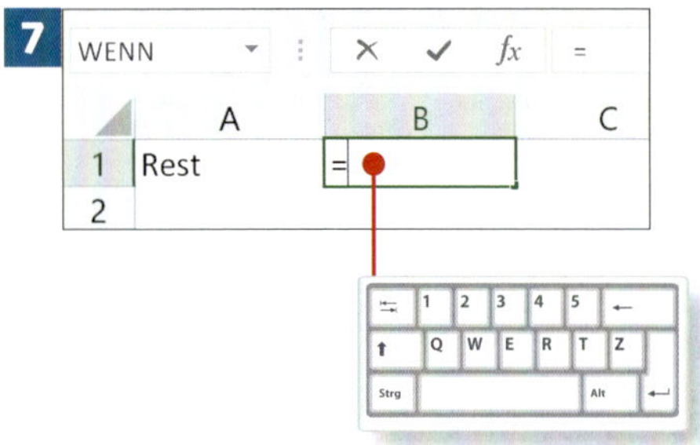

Schritt 7

Tabellenblattübergreifende Formeln können Sie auch über unterschiedliche Arbeitsmappen hinweg bilden. Öffnen Sie z. B. *Einnahmen.xlsx*, *Ausgaben.xlsx* und *Rest.xlsx*. Klicken Sie in der Datei *Rest.xlsx* in die Zelle B1, und geben Sie = ein.

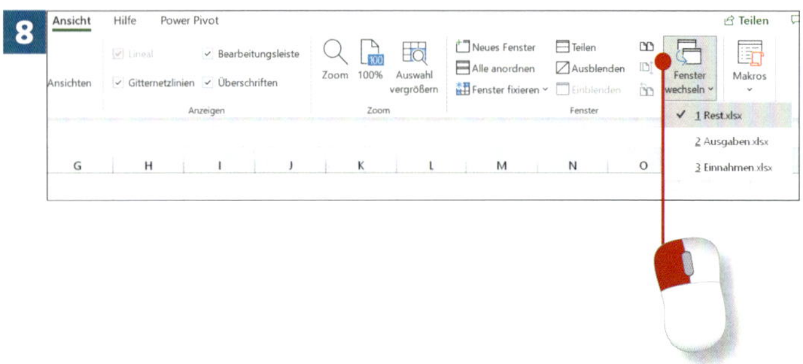

Schritt 8

Klicken Sie auf der Registerkarte **Ansicht** in der Gruppe **Fenster** auf die Schaltfläche **Fenster wechseln**. Wählen Sie den Eintrag **Einnahmen.xlsx** aus.

Schritt 9

In der Datei *Einnahmen.xlsx* klicken Sie auf das Blatt **Einnahmen_Überblick** und dort auf die Zelle B4. Der Zellbezug wird in die Formel der Mappe *Rest.xlsx* übernommen **1**.

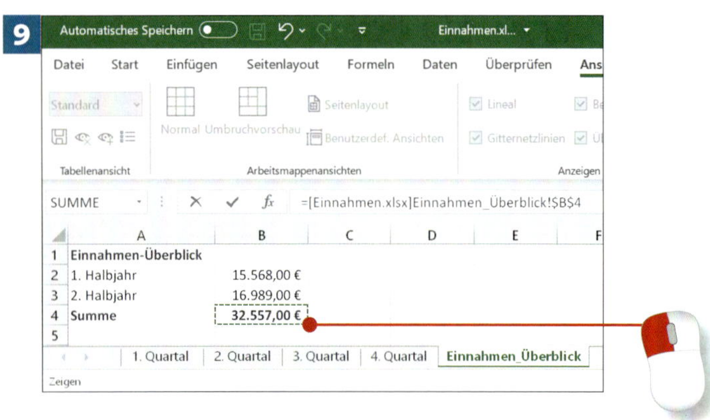

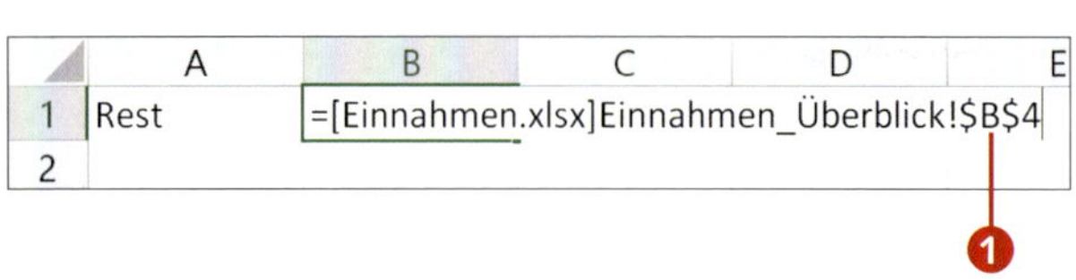

Tastatureingabe

Tabellenblattübergreifende Formeln können Sie auch einfach tippen. Sie müssen lediglich die Schreibweise beachten: *[Dateiname]Tabellenblattname!Zelladresse* oder *Bereich*.

Schritt 10

Geben Sie ein Minuszeichen ein, und wechseln Sie zur Datei *Ausgaben.xlsx*. Auf dem Tabellenblatt **Ausgaben_Überblick** klicken Sie in die Zelle B4 und drücken dann [↵]. Die fertige Formel sehen Sie in der Arbeitsmappe *Rest.xlsx* ❷.

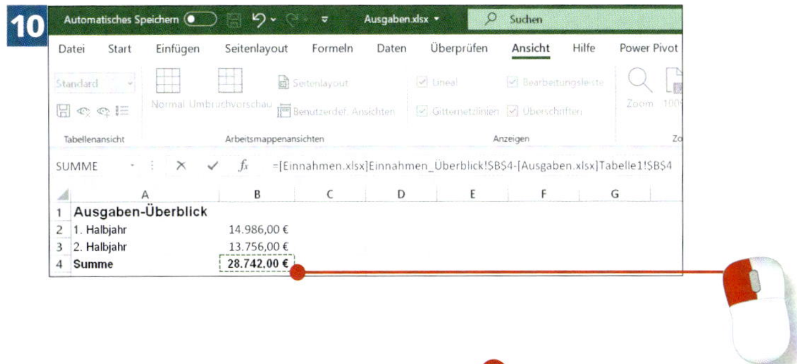

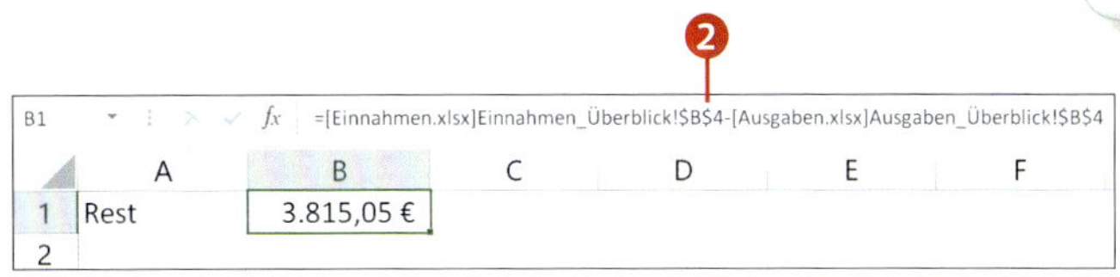

Schritt 11

Nun testen Sie die tabellenblattübergreifende Formel. Dazu springen Sie zur Datei *Einnahmen.xlsx* und wählen das Tabellenblatt **1. Quartal** aus ❸. Tragen Sie in die Zelle D3 den Lottogewinn *1000* ein. Drücken Sie [↵], und speichern Sie die Änderung.

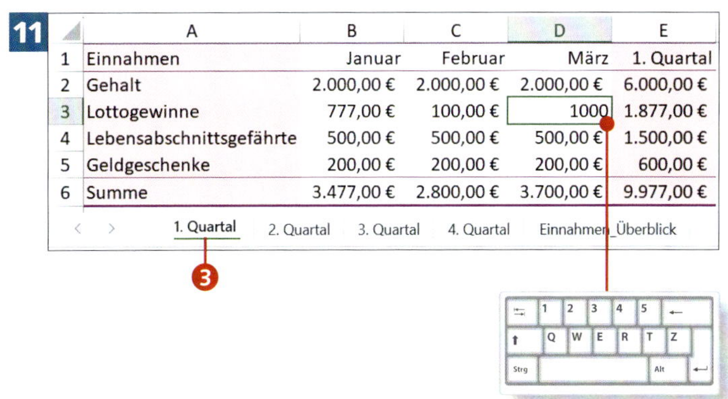

Schritt 12

Wechseln Sie dann zur Arbeitsmappe *Rest.xlsx*, und prüfen Sie dort die automatische Aktualisierung des Ergebnisses ❹.

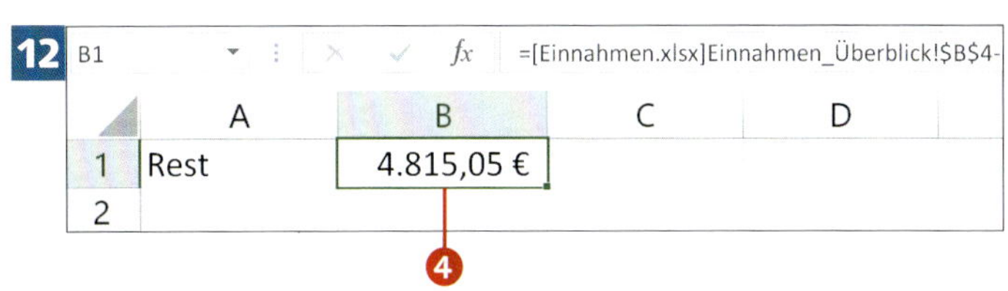

So geht es auch

Diese Änderungen können Sie auch vornehmen, wenn die Datei *Rest.xlsx* geschlossen ist.

Arbeitsblätter und Zellen schützen

Um unabsichtliche oder ungewollte Änderungen zu vermeiden, schützen Sie Ihre Tabelle. Wie das funktioniert, erfahren Sie hier.

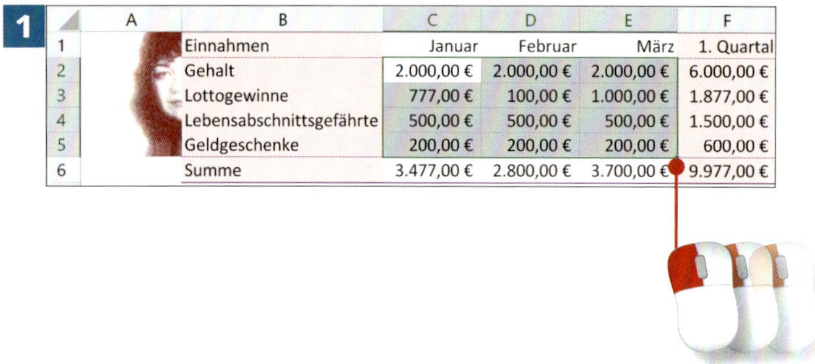

	A	B	C	D	E	F
1		Einnahmen	Januar	Februar	März	1. Quartal
2		Gehalt	2.000,00 €	2.000,00 €	2.000,00 €	6.000,00 €
3		Lottogewinne	777,00 €	100,00 €	1.000,00 €	1.877,00 €
4		Lebensabschnittsgefährte	500,00 €	500,00 €	500,00 €	1.500,00 €
5		Geldgeschenke	200,00 €	200,00 €	200,00 €	600,00 €
6		Summe	3.477,00 €	2.800,00 €	3.700,00 €	9.977,00 €

Schritt 1

Wenn Sie nicht wollen, dass z. B. Ihr Formelbereich verändert wird, können Sie ihn schützen. Markieren Sie dazu zunächst den Tabellenbereich, der für Eingaben offen bleiben soll. Hier ist es der Bereich C2:E5.

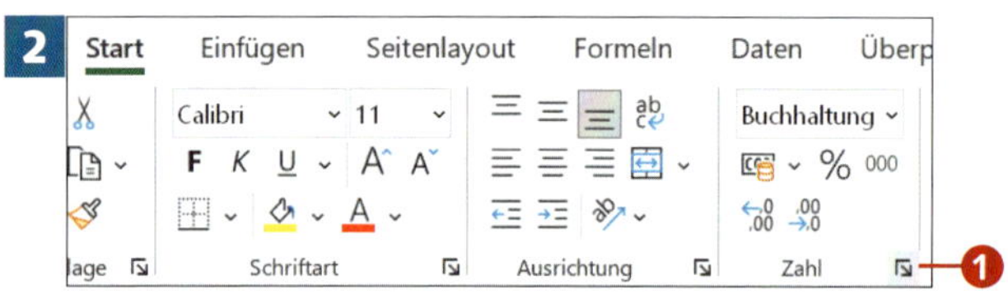

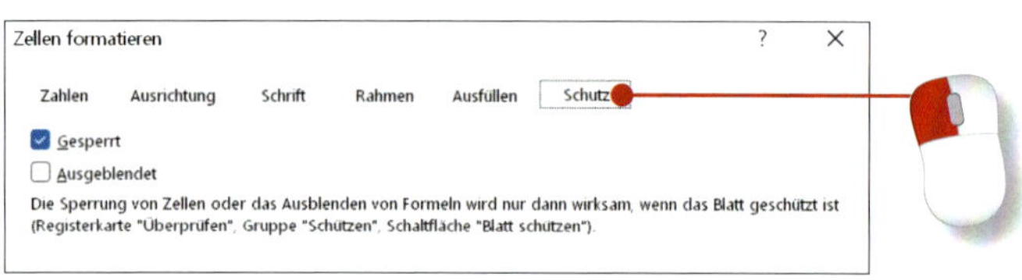

Schritt 2

Klicken Sie auf der Registerkarte **Start** in der Gruppe **Zahl** auf den Dialogfeldstarter ❶. Alternativ klicken Sie den markierten Bereich mit der rechten Maustaste an und wählen den Befehl **Zellen formatieren**. Klicken Sie dann im Dialog **Zellen formatieren** auf die Registerkarte **Schutz**.

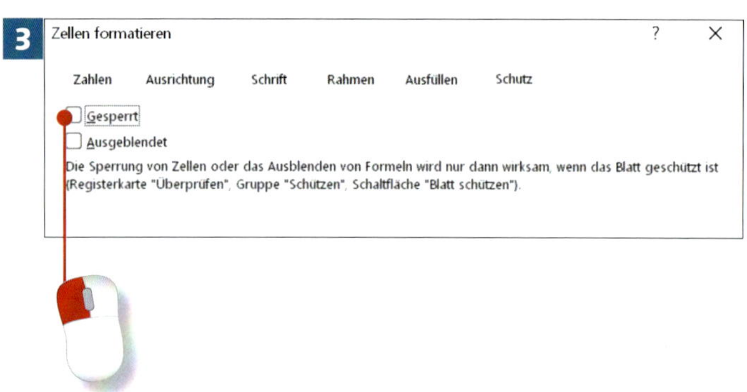

Schritt 3

Entfernen Sie das voreingestellte Häkchen neben **Gesperrt**, und schließen Sie den Dialog mit einem Klick auf **OK**. Damit haben Sie den Bereich festgelegt, in dem Eingaben erlaubt sind.

Schritt 4

Klicken Sie auf der Registerkarte **Überprüfen** in der Gruppe **Schützen** auf **Blatt schützen**. Im Dialogfenster können Sie bestimmte Aktionen erlauben ❷. Klicken Sie aber, ohne etwas zu ändern, auf **OK**.

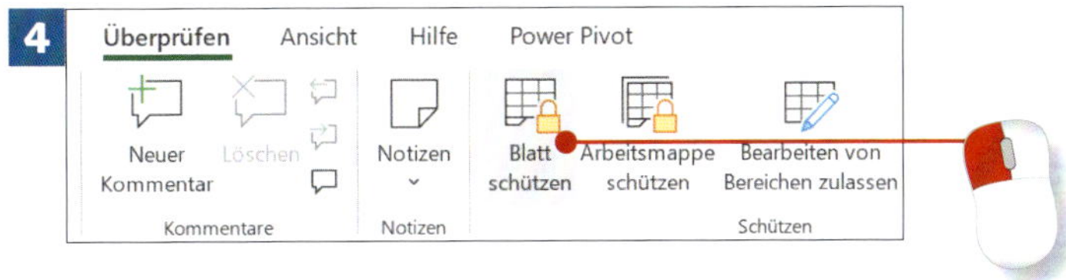

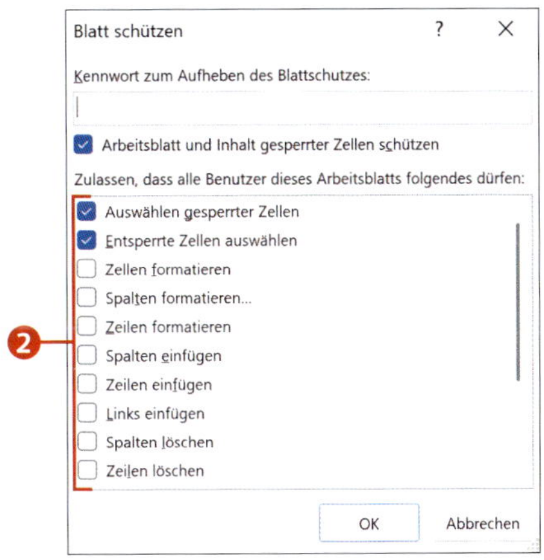

Schritt 5

Testen Sie den soeben eingestellten Schreibschutz. Dazu klicken Sie in die Zelle F2 und drücken Entf. Sofort erscheint ein Hinweis, dass die Zelle schreibgeschützt ist und nicht ohne Weiteres verändert werden darf.

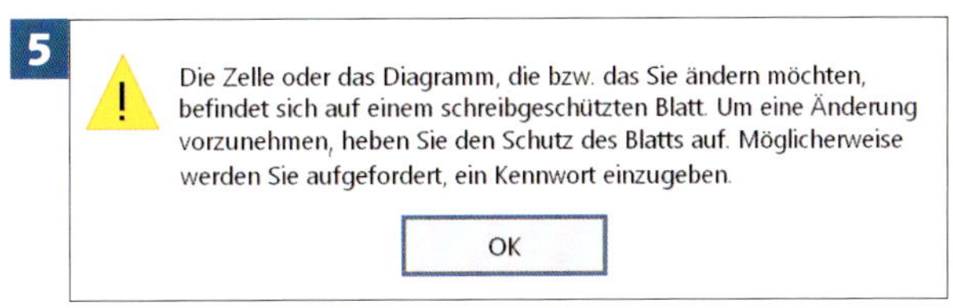

Schritt 6

Klicken Sie nun in die Zelle D2, und ändern Sie ihren Wert auf *2700*. Bestätigen Sie mit ↵. Das funktioniert, weil Sie in Schritt 3 die Eingabe für diesen Bereich erlaubt haben.

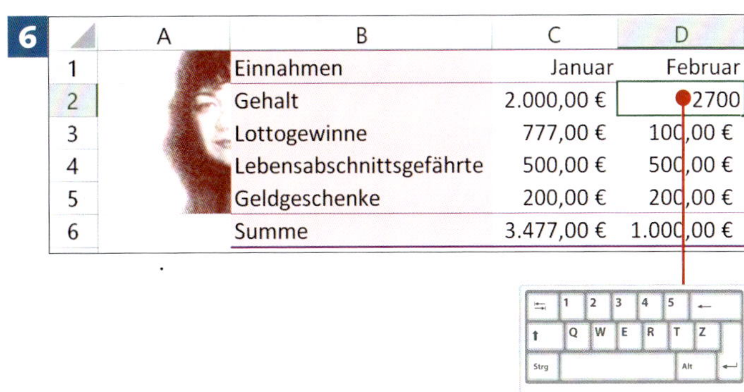

Noch sicherer

Den Schreibschutz kann so im Prinzip jeder wieder aufheben. Mit der Eingabe eines Kennworts ist der Blattschutz jedoch nicht so einfach zu »knacken« (siehe Seite 283).

Arbeitsblätter und Zellen schützen (Forts.)

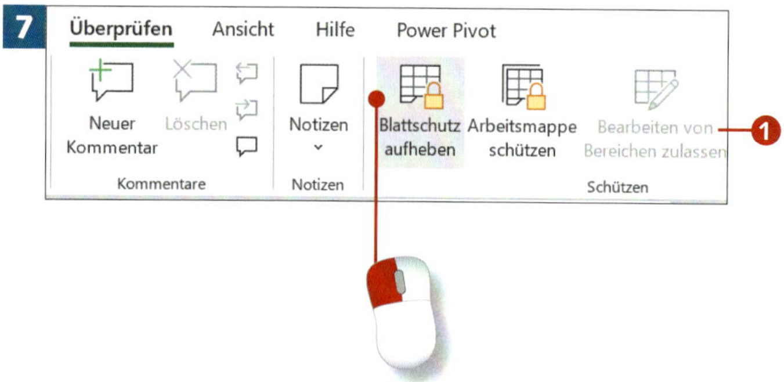

Schritt 7

Sie heben den Blattschutz ganz einfach wieder auf, indem Sie auf der Registerkarte **Überprüfen** auf die Schaltfläche **Blattschutz aufheben** klicken.

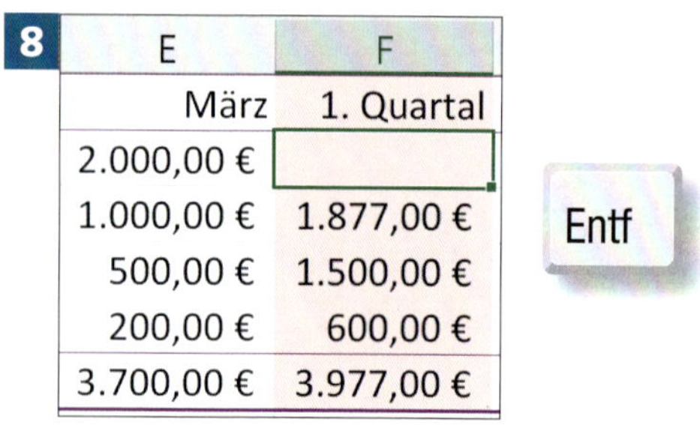

Schritt 8

Testen Sie erneut, ob Sie den Inhalt der Zelle F2 löschen können. Markieren Sie dazu die Zelle mit einem Klick, und drücken Sie die Taste Entf. Diesmal funktioniert es, weil der Blattschutz aufgehoben ist.

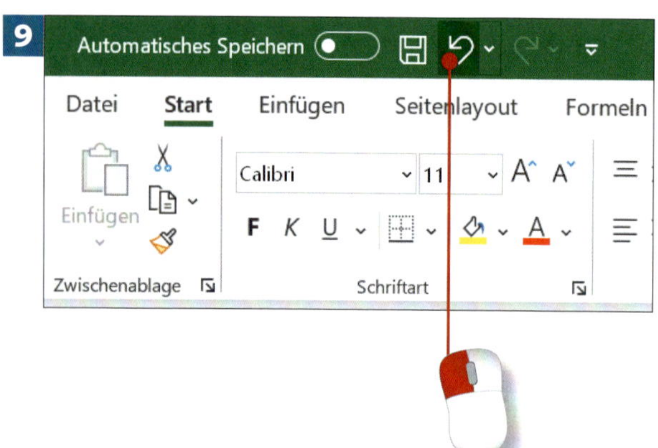

Schritt 9

Machen Sie Ihre Löschaktion rückgängig – mit einem Klick auf das Symbol **Rückgängig** in der Symbolleiste für den Schnellzugriff oder mit Strg + Z.

Bereiche zugänglich machen

Auf der Registerkarte **Überprüfen** finden Sie erweiterte Optionen für den Blattschutz in der Gruppe **Schützen** über **Bearbeiten von Bereichen zulassen** 1.

Schritt 10

Nun verfeinern Sie die Einstellungen. Markieren Sie den Bereich, der nicht gesperrt sein soll, z. B. C2:E5. Auf der Registerkarte **Start** klicken Sie in der Gruppe **Zahl** auf den Dialogfeldstarter 2 und im Dialog auf die Registerkarte **Schutz**. Stellen Sie sicher, dass das Häkchen neben **Gesperrt** 3 entfernt ist, und klicken Sie auf **OK**.

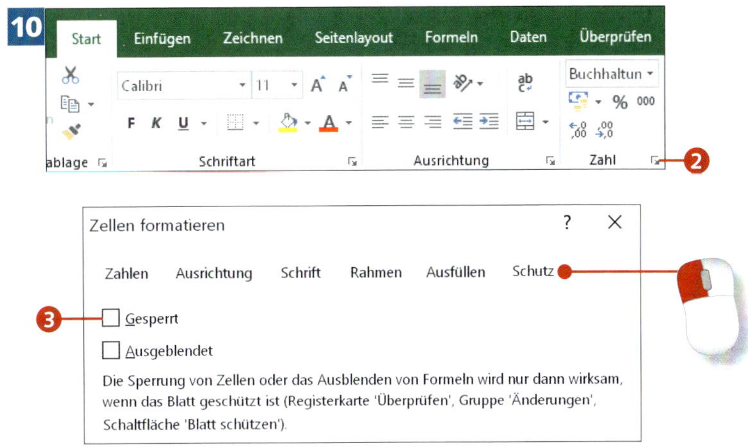

Schritt 11

Auf der Registerkarte **Überprüfen** klicken Sie auf **Blatt schützen**. Im Dialogfenster geben Sie ein Kennwort ein 4. Es wird mit Punkten dargestellt, damit es geheim bleibt.

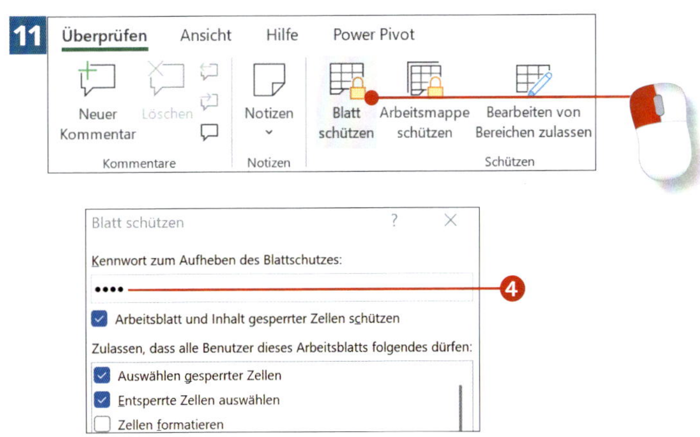

Schritt 12

Unter dem Eingabefeld können Sie bestimmen, was am Blatt bearbeitet werden darf. Setzen Sie z. B. ein Häkchen neben **Spalten formatieren**.

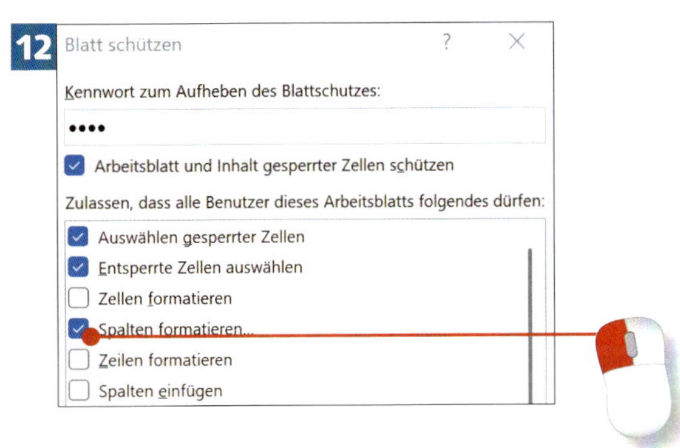

Kennwörter

Kennwörter können bis zu 255 Zeichen lang sein, Groß- und Kleinschreibung wird unterschieden. Merken Sie sich das Kennwort gut, weil Sie sonst den Blattschutz nicht deaktivieren können.

Arbeitsblätter und Zellen schützen (Forts.)

13
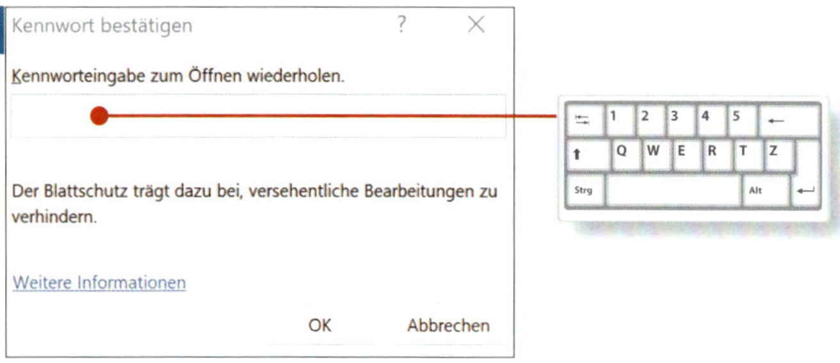

14
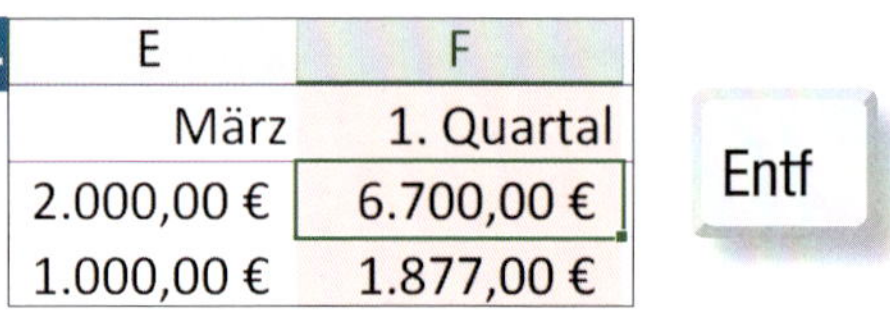

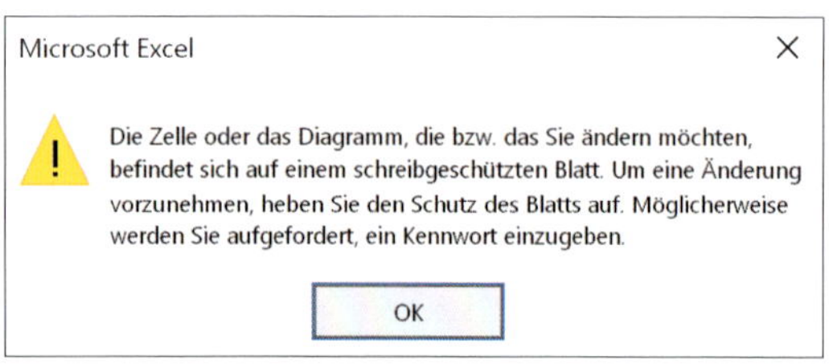

15
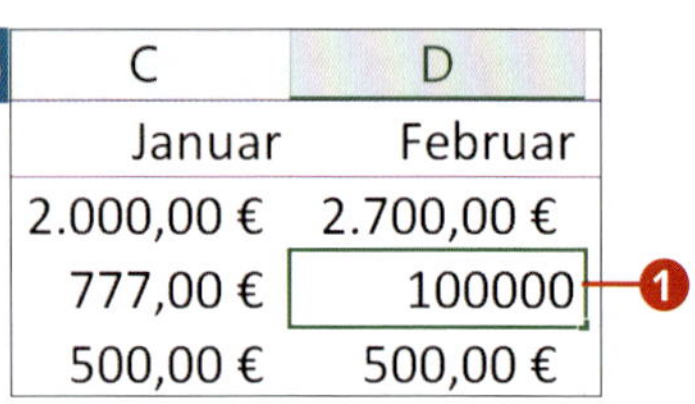

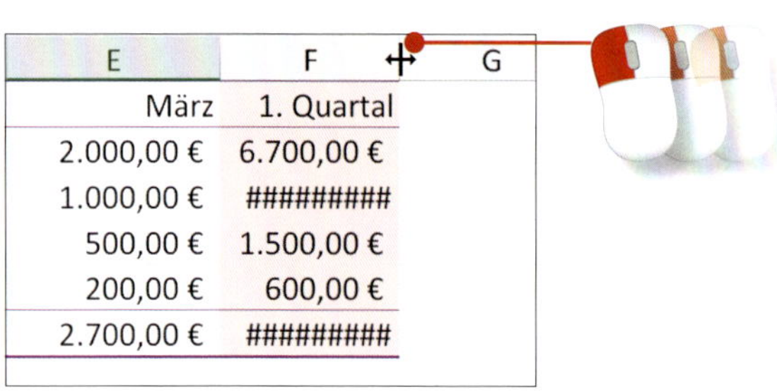

Schritt 13

Nachdem Sie auf **OK** geklickt haben, müssen Sie das Kennwort durch die erneute Eingabe bestätigen. Klicken Sie dann noch einmal auf **OK**.

Schritt 14

Testen Sie den eben eingestellten Blattschutz, und löschen Sie z. B. die Zelle F2. Geht nicht, weil schreibgeschützt. Prima, so soll es sein!

Schritt 15

Ändern Sie dann den Wert in Zelle D3 auf *100000* (1). Das funktioniert, aber die Ergebniszellen zeigen nun Rauten. Ziehen Sie also die Trennlinie zwischen den Spalten F und G mit gedrückter Maustaste nach rechts, bis die Zahlen korrekt angezeigt werden. Ihre Einstellung **Spalten formatieren** aus Schritt 12 funktioniert also auch.

Rauten

Excel zeigt Rauten an, wenn in einer Zelle zu wenig Platz ist, um einen Wert anzuzeigen.

Schritt 16

Klicken Sie auf der Registerkarte **Überprüfen** auf **Blattschutz aufheben**. Sie werden aufgefordert, das Kennwort einzutragen. Ohne dieses können Sie den Blattschutz nicht aufheben. Tragen Sie es also ein ❷, und bestätigen Sie es mit **OK**.

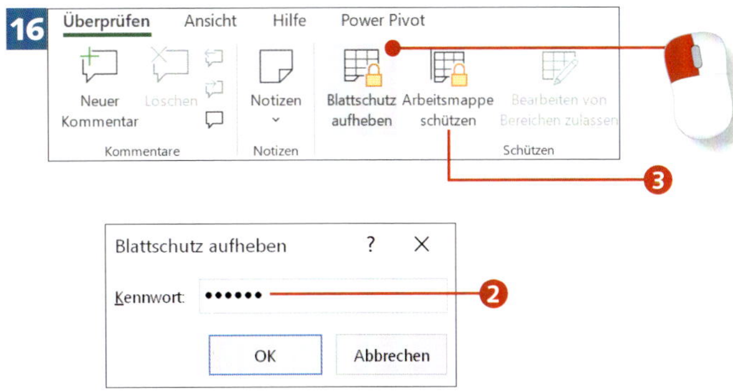

Schritt 17

Sie können auch die Struktur Ihrer Arbeitsmappe schützen, sodass keine Tabellenblätter eingefügt, verschoben, geändert oder gelöscht werden können. Auf der Registerkarte **Überprüfen** klicken Sie auf **Arbeitsmappe schützen** ❸, setzen ein Häkchen vor **Struktur** und tragen ein Kennwort ein. Klicken Sie auf **OK**, geben Sie das Kennwort nochmals ein, und klicken Sie erneut auf **OK**.

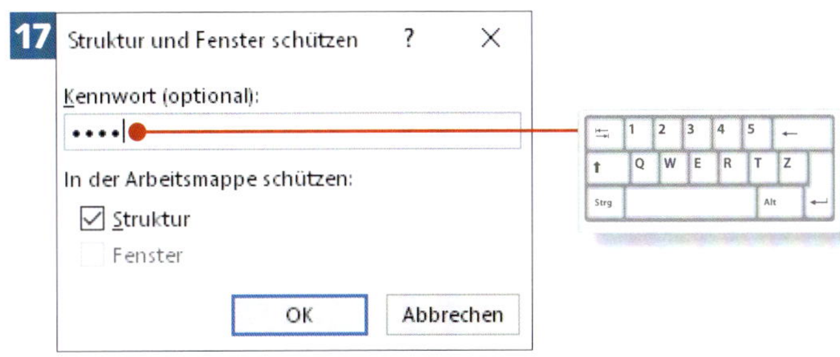

Schritt 18

Speichern Sie die Änderungen, und testen Sie den eingestellten Schutz, indem Sie mit der rechten Maustaste auf eine Blattregisterkarte klicken. Nun ist es z. B. nicht erlaubt, neue Blätter einzufügen – die Befehle sind ausgegraut, d. h., ihre Ausführung ist nicht möglich.

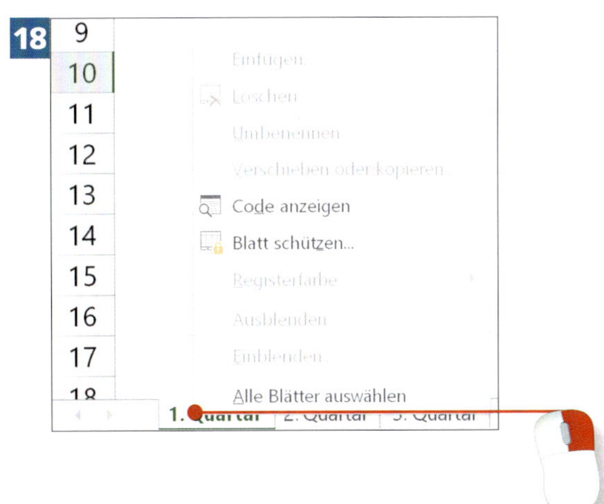

Excel im Team nutzen

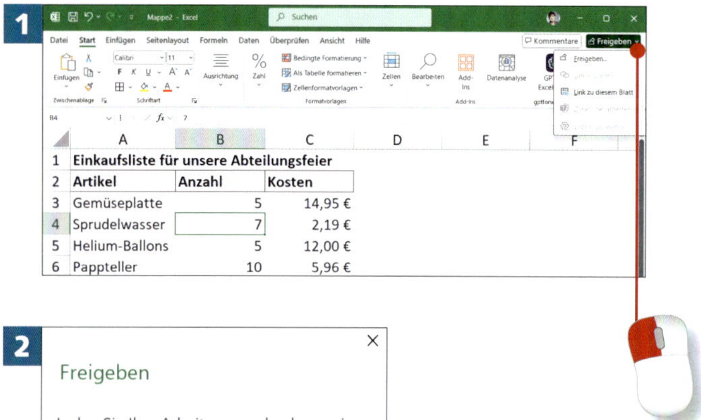

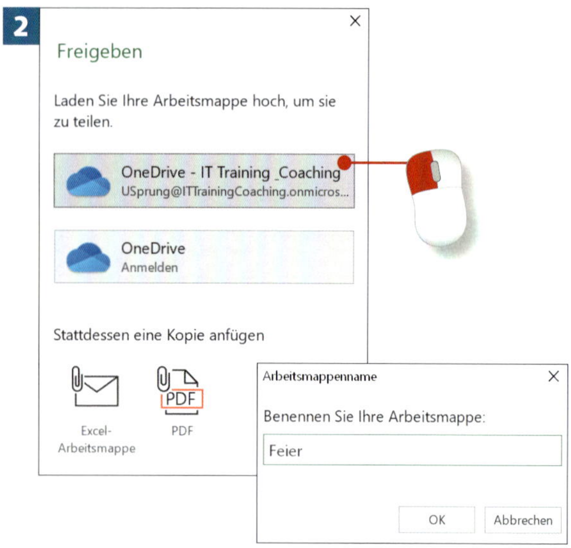

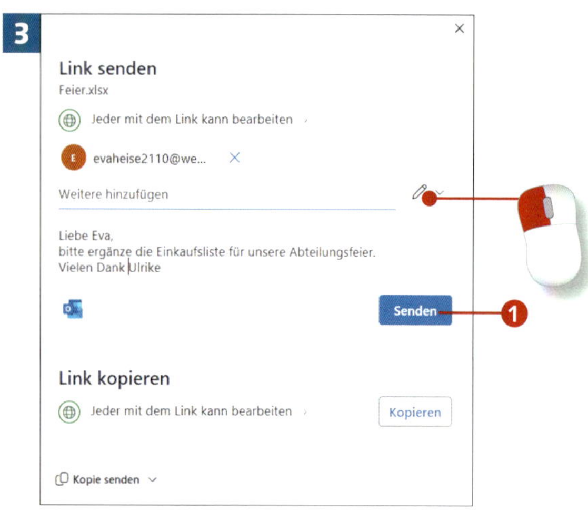

Wenn Sie Ihre Tabelle in OneDrive speichern, dann können Sie mit anderen zur selben Zeit an dieser Tabelle arbeiten. Die anderen erhalten eine Einladungs-E-Mail mit dem Link zur Tabelle. Ein Mausklick darauf und eine Internetverbindung genügen, um an der Tabelle mitzuarbeiten.

Schritt 1

Öffnen Sie die Tabelle, die Sie mit anderen bearbeiten wollen. Klicken Sie auf **Freigeben** oben rechts im Programmfenster.

Schritt 2

Klicken Sie auf **OneDrive**. Wenn Sie noch kein Microsoft-Konto haben, dann legen Sie es an und klicken auf den Eintrag **OneDrive Anmelden**. Dazu benötigen Sie eine E-Mail-Adresse und ein Kennwort. Geben Sie der Datei einen Namen, z. B. *Feier*, und klicken Sie auf **OK**.

Schritt 3

Tragen Sie die E-Mail-Adressen der anderen Personen ein. Klicken Sie auf das **Stiftsymbol**, und wählen Sie den Eintrag **Kann bearbeiten** aus. Dann schreiben Sie einen Einladungstext und klicken auf **Senden** ❶.

Schritt 4

Die E-Mail wurde an die Personen gesendet, z. B. an Ihre Kollegin Eva. Sie können jetzt beide zur selben Zeit an dieser Tabelle arbeiten – nur nicht in derselben Zelle.

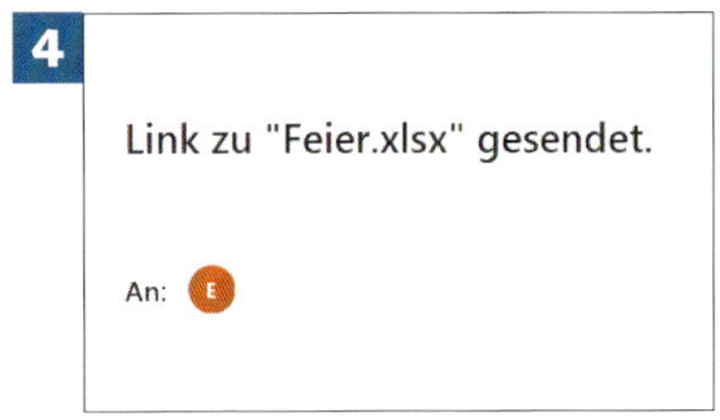

Schritt 5

Ihre Kollegin Eva erhält die E-Mail mit und dem Link zur Excel-Tabelle. Sie braucht nun einfach nur auf die Schaltfläche **Feier** klicken. Auch wenn Eva kein Excel auf ihrem PC hat, kann sie die Excel-Tabelle öffnen, weil die Tabelle im Browser mit *Excel Online* geöffnet wird. Hier trägt Eva z. B. in Zelle A7 *Kekse* ❷ ein. Das Speichern erfolgt automatisch.

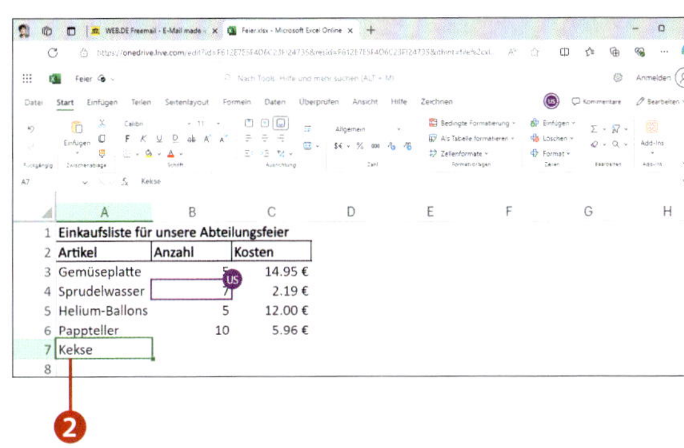

Schritt 6

Sie sehen live, dass andere Personen gerade an der Tabelle arbeiten, z. B. was Eva in Zelle A7 einträgt. Links neben der Schaltfläche **Freigeben** ist das Symbol **C** sichtbar und an der Zelle A7 erscheint der Name des Users, z. B. **Cacao (Guest)** ❸. Die Änderungen werden automatisch auf OneDrive gespeichert!

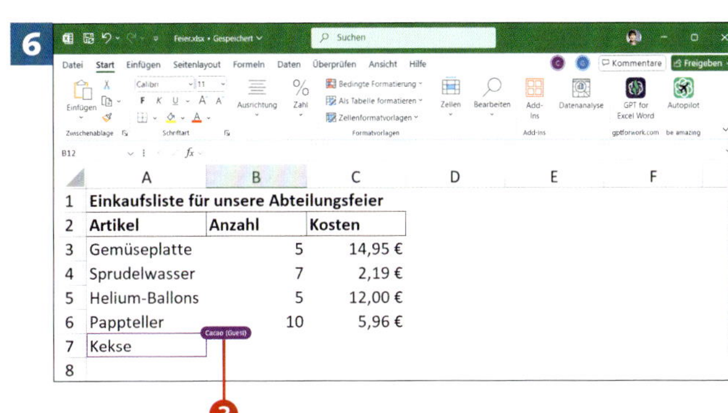

Kapitel 9
Listen gekonnt auswerten

Mitunter werden in Excel geführte Listen sehr lang und damit extrem unübersichtlich. Gerade wenn man in ihnen blättern (scrollen) muss, kann man schon einmal schnell den Überblick verlieren. Aber es gibt natürlich auch hierbei Funktionen, die Ihnen das Leben erleichtern.

Daten sortieren

Lange Listen lassen sich sehr leicht automatisch sortieren oder nach bestimmten Gesichtspunkten filtern. Die entsprechenden Befehle, beispielsweise **Von A bis Z sortieren**, finden Sie auf der Registerkarte **Daten**. In der Gruppe **Datentools** gibt es außerdem die Möglichkeit, Duplikate aus Ihrer Liste zu entfernen, um z. B. Fehler bei der Rechnungsstellung zu vermeiden.

Fixierung

Um z. B. auch bei nahezu unendlichen Kundenlisten immer sofort sehen zu können, in welchem Bereich Sie sich gerade befinden, gibt es Befehle zum Feststellen von Zeilen (z. B. Überschriften), Spalten oder sogar ganzer Fenster.

Pivot-Tabelle, PivotChart und Datenschnitte

Eine auf den ersten Blick kompliziert anmutende, aber im Prinzip gar nicht so schwere Funktion ist die Pivot-Tabelle. Mit ihrer Hilfe können Sie Daten auswerten und sortieren, ohne dabei die Originaltabellen verändern zu müssen. Auf der Registerkarte **PivotTable-Tools** finden Sie die entsprechenden Werkzeuge zur Bearbeitung Ihrer Pivot-Tabelle.

❶ Auf der Registerkarte »Daten« finden Sie in der Gruppe »Sortieren und Filtern« Befehle zur Strukturierung Ihrer Daten.

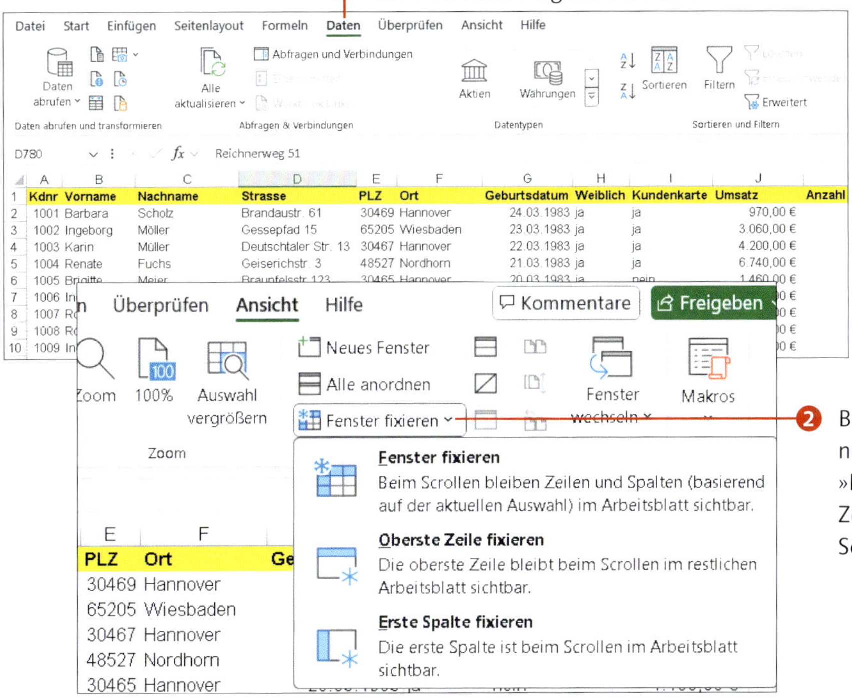

❷ Bei großen Tabellen können Sie mithilfe des Befehls »Fenster fixieren« bestimmte Zeilen oder Spalten vom Scrollen ausschließen.

❸ Mithilfe der Pivot-Tabelle können Sie große Datenmengen darstellen und analysieren.

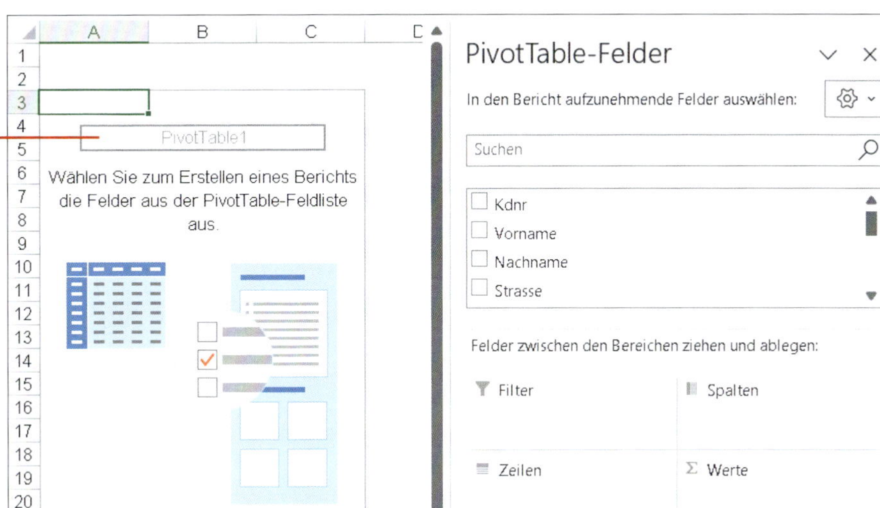

Daten sortieren

1

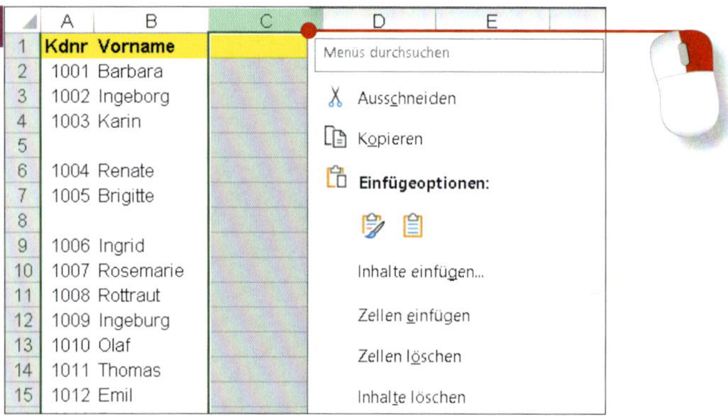

2

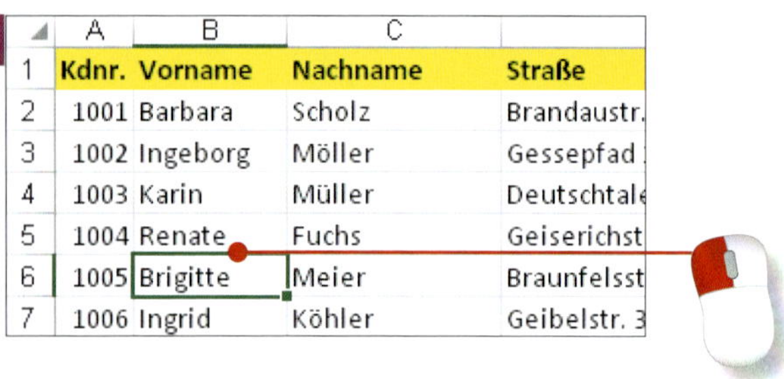

3

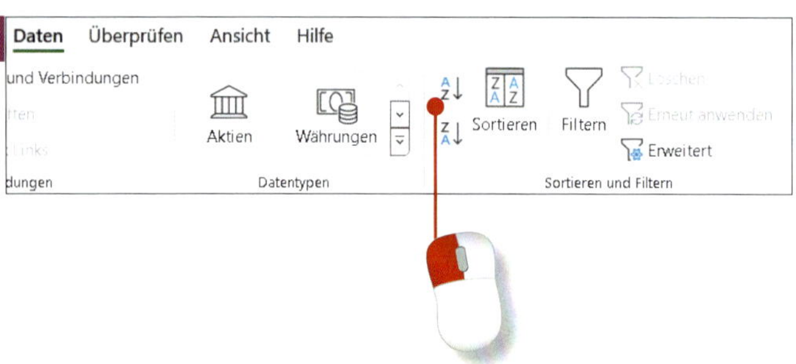

Excel-Listen lassen sich schnell und einfach neu sortieren. Was Sie beachten müssen, um Komplikationen bei der Arbeit mit Listen zu vermeiden, zeigen wir Ihnen hier.

Schritt 1

Wenn Sie eine Liste sortieren wollen, darf sie keine leeren Zeilen oder Spalten aufweisen. Entfernen Sie diese, indem Sie mit der rechten Maustaste auf den entsprechenden Zeilen- oder Spaltenkopf klicken. Im Kontextmenü wählen Sie **Zellen löschen**.

Schritt 2

Sortieren Sie nun die Liste alphabetisch nach Vornamen. Dazu markieren Sie z. B. die Zelle B6 in der Spalte *Vorname*.

Schritt 3

Klicken Sie auf der Registerkarte **Daten** in der Gruppe **Sortieren und Filtern** auf die Schaltfläche **Von A bis Z sortieren**. Die übrigen Spalten der Tabelle werden selbstverständlich mitsortiert, d. h., die Daten wandern mit.

Schritt 4

Klicken Sie in eine Zelle in der Spalte *Geburtsdatum*. Nun nutzen Sie den Befehl **Von Z bis A sortieren**. Alle Daten werden neu sortiert und das jüngste Geburtsdatum wird zuerst angezeigt.

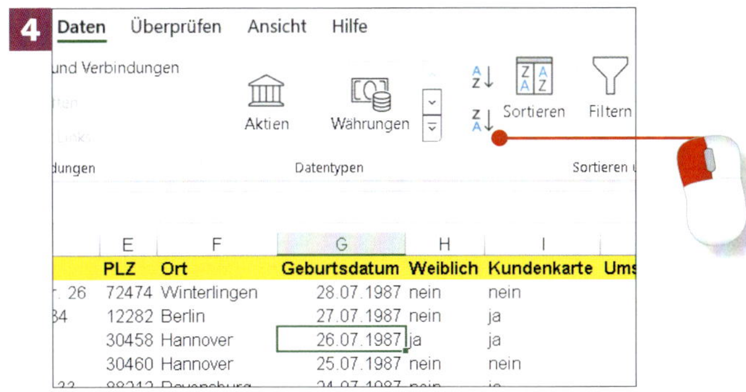

Schritt 5

Um die Tabelle alphabetisch nach den Orten und zusätzlich nach den Nachnamen zu sortieren, klicken Sie auf der Registerkarte **Daten** auf **Sortieren** ❶. Im Dialogfenster **Sortieren** wählen Sie dann bei **Sortieren nach** das Kriterium **Ort** ❷, und bei **Reihenfolge** entscheiden Sie sich für **A bis Z**.

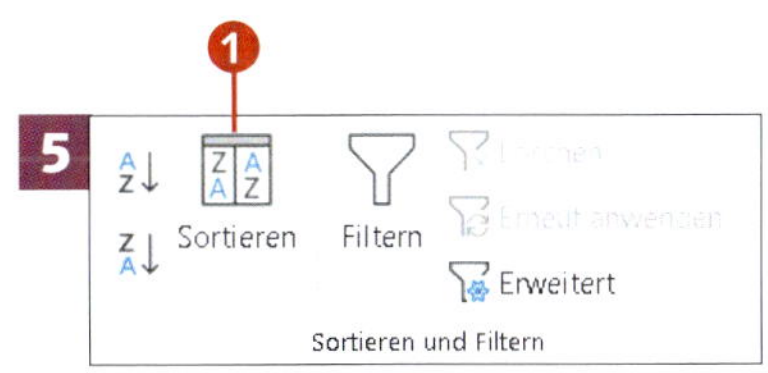

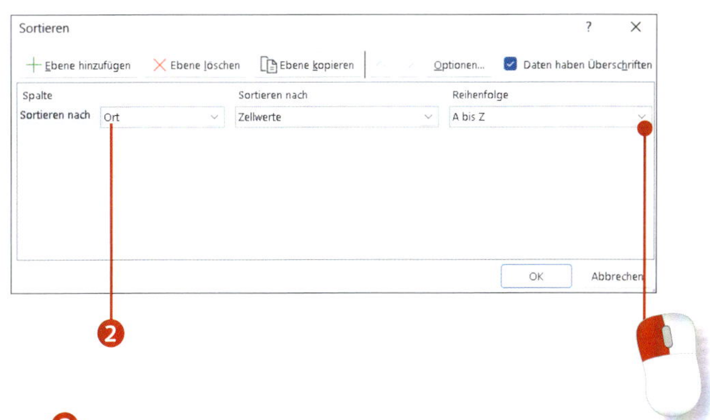

Schritt 6

Wenn Sie weitere Sortierebenen hinzufügen wollen, klicken Sie auf **Ebene hinzufügen** ❸. In der neuen Zeile können Sie dann den zweiten Sortierbegriff **Nachname** wählen. Wenn Sie Ihre Eingabe mit **OK** bestätigen, wird die gewählte Sortierung ausgeführt.

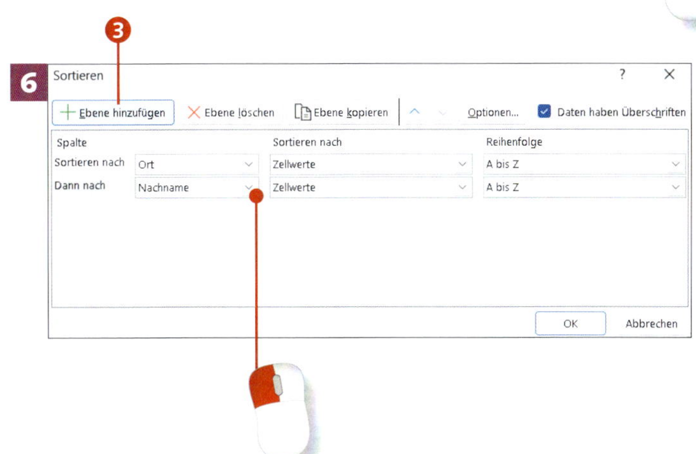

Kontextmenü

Die Sortierbefehle erreichen Sie auch über das Kontextmenü zu einer Zelle.

Den AutoFilter anwenden

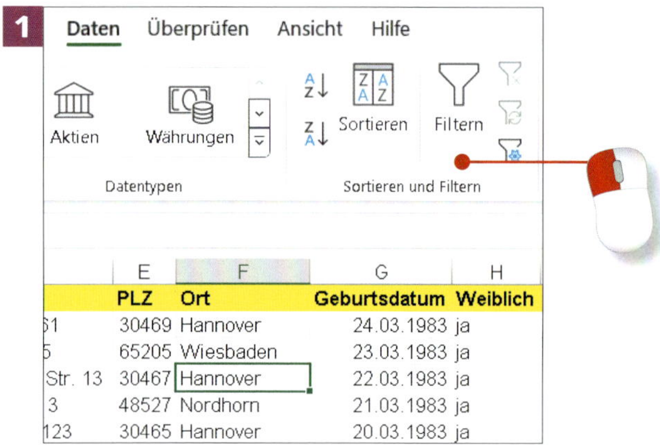

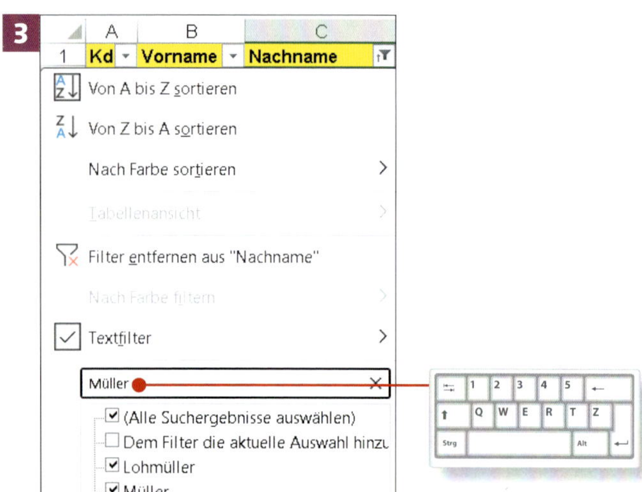

Häufig benötigen Sie nicht alle Datensätze der Liste, sondern müssen nur auf ganz bestimmte Informationen zugreifen. Excel bietet Ihnen sehr komfortable Möglichkeiten, um Daten zu filtern.

Schritt 1

Um die Datenfilterung zu aktivieren, setzen Sie den Zellcursor in eine beliebige Zelle Ihrer Liste. Rufen Sie auf der Registerkarte **Daten** den Befehl **Filtern** auf. Auf die gleiche Weise deaktivieren Sie übrigens später die Filtermöglichkeit.

Schritt 2

Rechts neben jedem Feldnamen ist jetzt ein Listenpfeil zu sehen. Klicken Sie auf den Pfeil an der Spalte *Nachname*, um das Dialogfeld für die Filterauswahl anzuzeigen.

Schritt 3

Sämtliche Werte dieser Spalte werden in einer Liste angezeigt. Sie können sie mithilfe der Häkchen oder durch die Eingabe eines Suchbegriffs einschränken. Die Eingabe von »Müller« reduziert die Liste z. B. auf *Müller* und *Lohmüller*.

Schritt 4

Eine weitere Möglichkeit sind Text- oder Zahlenfilter. Je nach Datentyp in der Spalte steht der eine oder andere Filter zur Verfügung. Wählen Sie beispielsweise unter **Textfilter** die Einschränkung **Enthält...**.

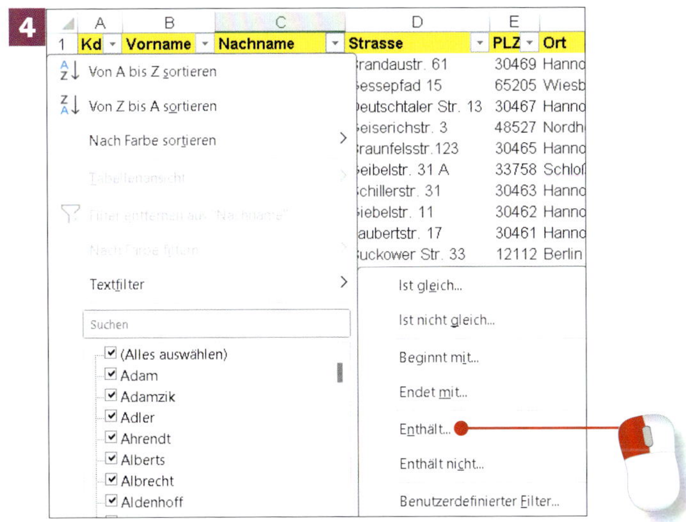

Schritt 5

Egal, welche Einschränkung Sie wählen, Ihre Wahl führt Sie jeweils in das Dialogfeld **Benutzerdefinierter Autofilter**. Hier können Sie die Einschränkung noch einmal ändern oder einen Suchbegriff wie »Müller« eingeben. Bestätigen Sie Ihre Eingabe mit **OK**.

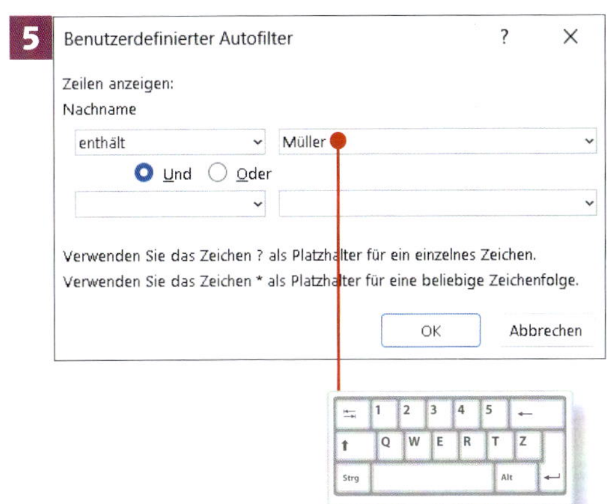

Schritt 6

Sie sehen nun die gefilterte Tabelle. Wenn Sie die Filterung wieder entfernen möchten, klicken Sie auf das Filtersymbol und wählen **Filter entfernen aus "Nachname"** aus dem zugehörigen Menü.

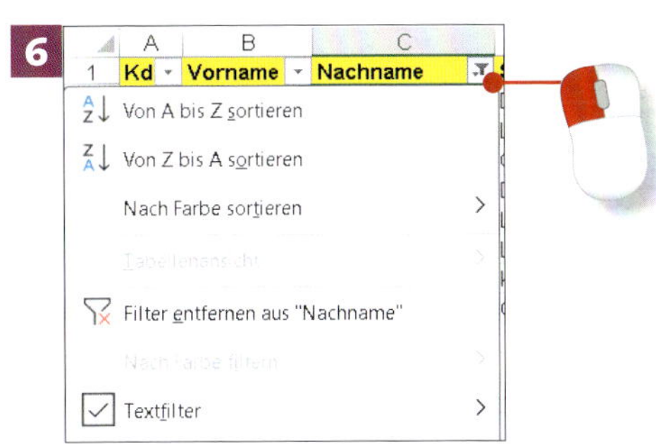

Weitere Filtereigenschaften

Bei den benutzerdefinierten Auto-Filtern können Sie bei Bedarf noch eine zweite Filtereigenschaft hinterlegen. Bei der Verknüpfung mit UND müssen beide Filtereigenschaften erfüllt sein, wenn Sie ODER nutzen, nur eine.

Listen gekonnt aufbereiten

Um Listen gekonnt aufzubereiten, bietet Excel einen Textkonvertierungs-Assistenten für die Spaltenaufteilung sowie die Möglichkeit, Dopplungen schnell zu finden.

1

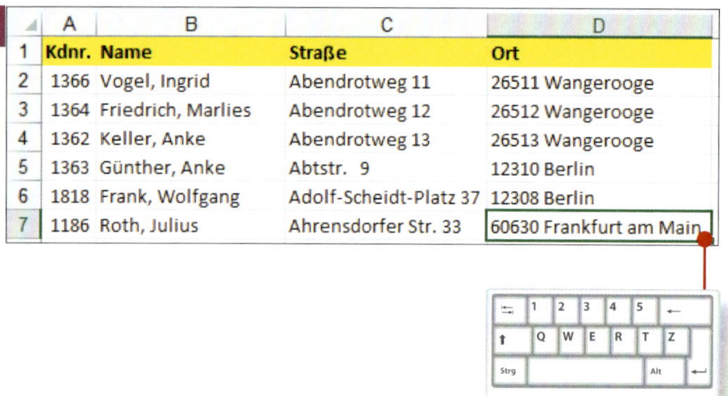

Schritt 1

Bereiten Sie nebenstehende Tabelle vor. Da die Spalten *Name* und *Ort* jeweils zwei Werte enthalten, lässt sich diese Liste weder nach Vornamen noch nach Orten sortieren.

2

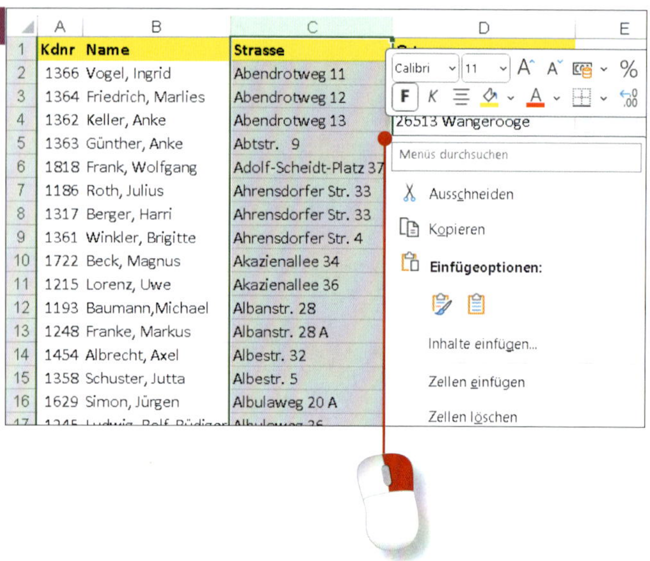

Schritt 2

Sie müssen die Daten nicht von Hand trennen, sondern können sie einfach in zwei Spalten splitten. Fügen Sie dazu zunächst eine leere Spalte neben der Spalte *Name* ein, indem Sie mit rechts auf die Spalte *Straße* und im Kontextmenü mit links auf den Befehl **Zellen einfügen** klicken.

3

Schritt 3

Markieren Sie dann die Spalte, die Sie splitten wollen (hier *Name*), und öffnen Sie über die Registerkarte **Daten** und die Schaltfläche **Text in Spalten** den Textkonvertierungs-Assistenten.

Schritt 4

Klicken Sie in Schritt 1 des Assistenten auf die Option **Getrennt** und dann ganz unten rechts auf die Schaltfläche **Weiter**.

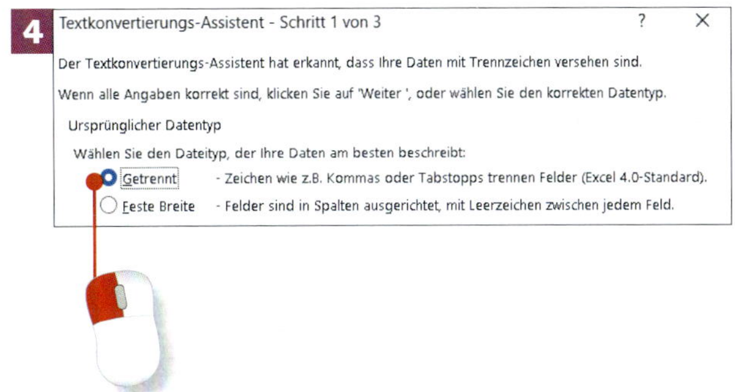

Schritt 5

Aktivieren Sie in Schritt 2 des Assistenten das Kontrollkästchen **Komma** und **Leerzeichen**. Deaktivieren Sie die anderen Kontrollkästchen. Im Feld **Datenvorschau** ❶ werden Vor- und Nachnamen jeweils in zwei getrennten Spalten ausgewiesen. Klicken Sie erneut auf **Weiter**.

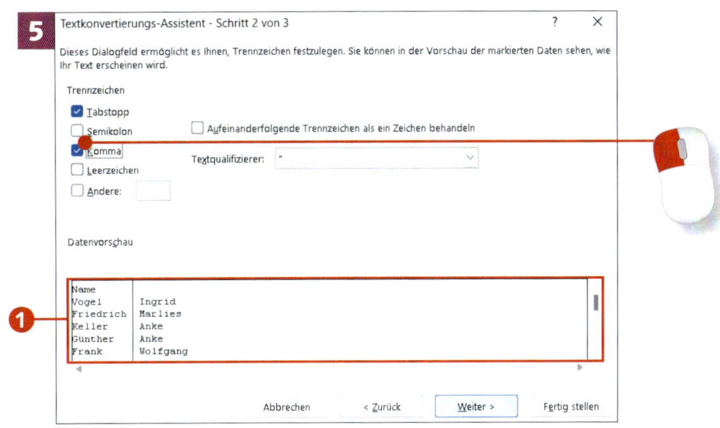

Schritt 6

Im dritten Schritt des Assistenten lassen Sie die Angaben, wie sie sind, und klicken auf **Fertig stellen**.

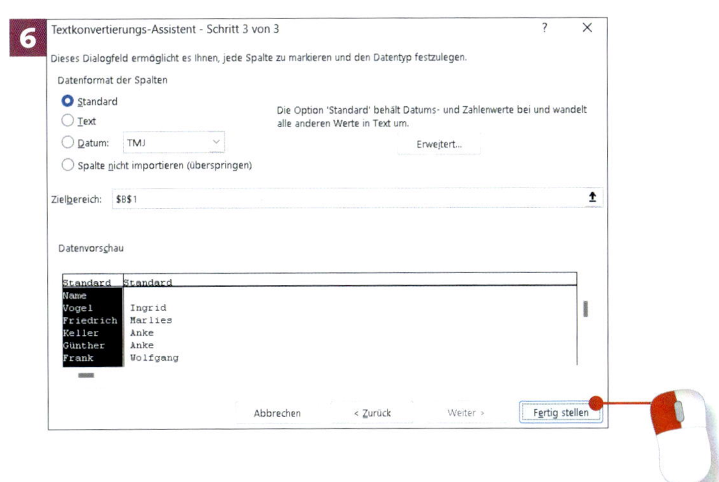

Blitzvorschau verwenden

Alternativ zu der aufgezeigten Methode können Sie auch die in Kapitel 3, »Es geht noch viel schneller!«, auf Seite 64 beschriebene Blitzvorschau einsetzen.

Listen gekonnt aufbereiten (Forts.)

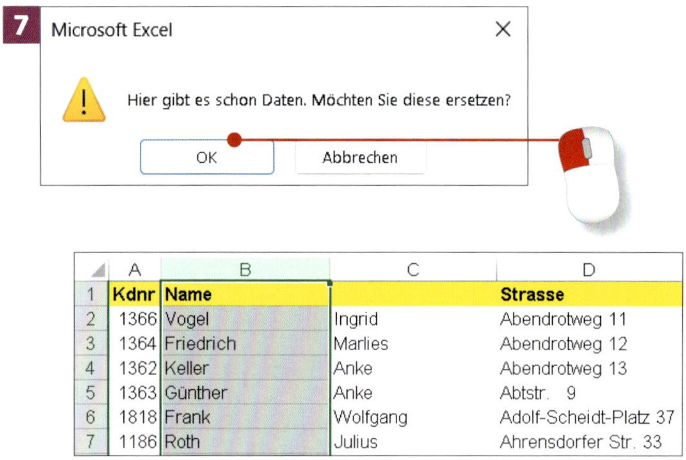

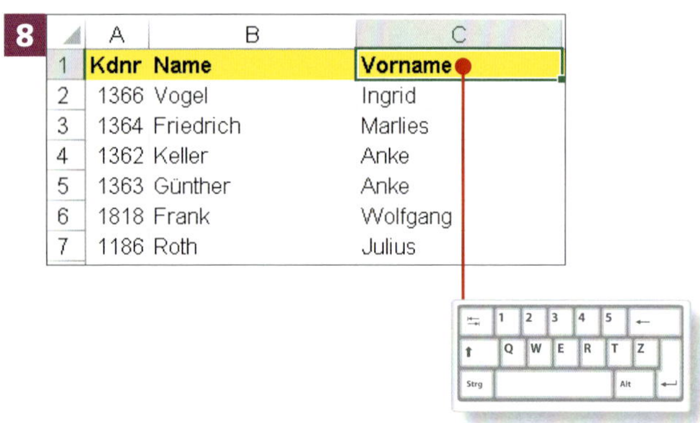

Schritt 7

Sie werden gefragt, ob Sie die Inhalte der Zellen des Zielbereichs überschreiben wollen. Da Sie zuvor extra eine neue Spalte eingefügt haben, ist diese Ersetzung gewollt. Klicken Sie also auf **OK**. Der neue, gesplittete Inhalt wird eingefügt.

Schritt 8

Vergessen Sie nicht, auch der neuen Spalte eine aussagekräftige Spaltenüberschrift zu geben, hier also »Vorname«.

Schritt 9

Auch doppelte Eingaben können mithilfe von Excel gefunden und entfernt werden. Positionieren Sie den Zellcursor in einer beliebigen Zelle Ihrer Tabelle, und klicken Sie auf der Registerkarte **Daten** auf **Duplikate entfernen**.

Duplikate anzeigen

Möchten Sie sich die Duplikate nur anzeigen lassen, ohne sie gleich zu löschen, klicken Sie auf der Registerkarte **Start** auf **Bedingte Formatierung**, anschließend auf **Regeln zum Hervorheben von Zellen** und dann auf **Doppelte Werte**.

Schritt 10

Im Dialog **Duplikate entfernen** heben Sie zunächst die Markierung der Spalten mit einem Klick auf **Markierung aufheben** 1 auf, um dann nur die Spalte **Kdnr.** auszuwählen. Klicken Sie zur Bestätigung Ihrer Auswahl auf **OK**.

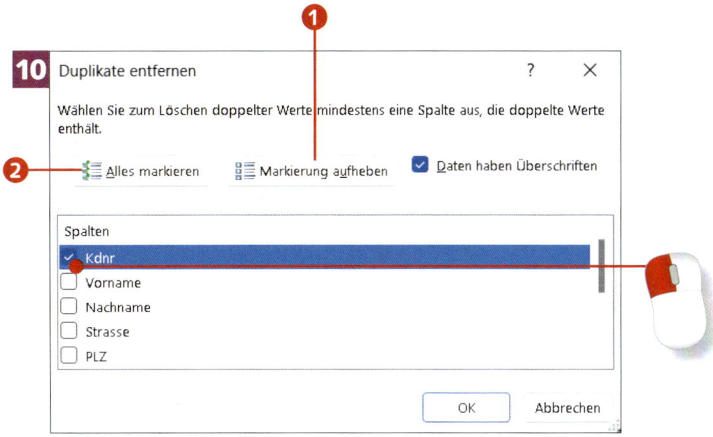

Schritt 11

Das Datentool hat einen doppelten Wert ermittelt und ihn gelöscht. Bestätigen Sie die Meldung mit **OK**. Das Resultat ist eine Tabelle mit eindeutigen Kundennummern.

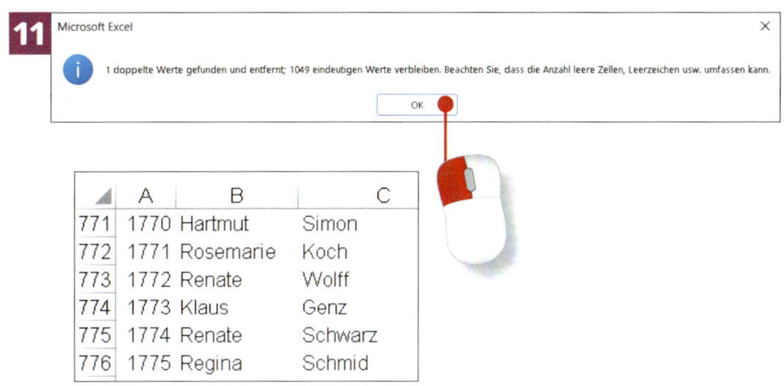

Schritt 12

Doppelte Datensätze werden vollständig entfernt. Möchten Sie den gefundenen Datensatz doch nicht löschen, können Sie das Entfernen der Duplikate mit Strg + Z rückgängig machen.

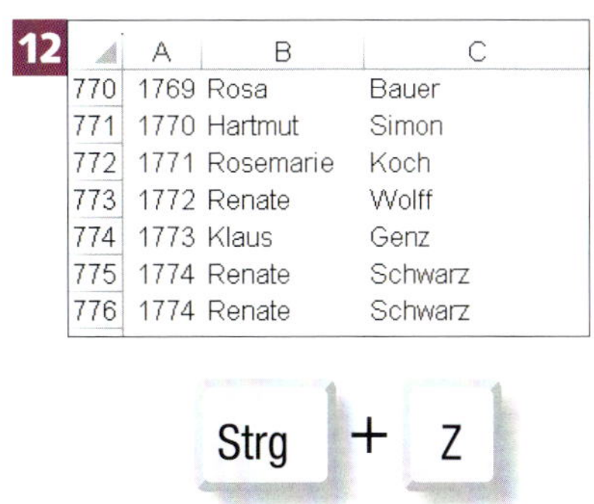

Alles markieren

Wenn Sie Duplikate aus allen Spalten entfernen möchten, müssen Sie nicht vor jeder Spalte einzeln ein Häkchen setzen. Klicken Sie einfach auf **Alles markieren** 2.

Fenster fixieren – Zeilen und Spalten feststellen

Die Möglichkeit, die wir Ihnen jetzt zeigen, ist sehr effektiv, wenn Sie mit langen Listen arbeiten. Mit der Fixierung erreichen Sie, dass von Ihnen ausgewählte Zeilen und Spalten permanent sichtbar bleiben.

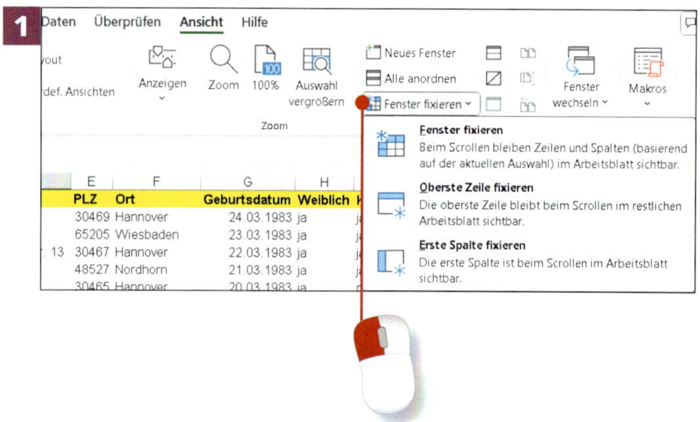

Schritt 1

Öffnen Sie eine Datei mit einer langen Liste, z. B. eine Kundenliste. Um die Überschriftenzeile zu fixieren, klicken Sie auf der Registerkarte **Ansicht** in der Gruppe **Fenster** auf **Fenster fixieren ▸ Oberste Zeile fixieren**.

Schritt 2

Bewegen Sie nun Ihren Cursor in der Liste nach unten. Die Zeile mit den Überschriften bleibt immer sichtbar.

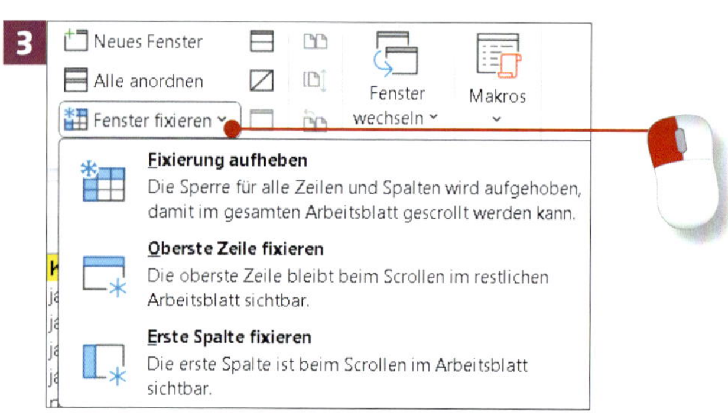

Schritt 3

Wenn Sie die Fixierung wieder aufheben möchten, gehen Sie den gleichen Weg. Klicken Sie in der Gruppe **Fenster** auf **Fenster fixieren**. Im Menü steht Ihnen nun die Option **Fixierung aufheben** zur Verfügung.

Schritt 4

Um die erste Spalte zu fixieren, klicken Sie auf der Registerkarte **Ansicht** in der Gruppe **Fenster** auf **Fenster fixieren ▸ Erste Spalte fixieren**. Wenn Sie nun Ihren Cursor in der Liste nach rechts bewegen, bleibt diese Spalte durchgängig sichtbar.

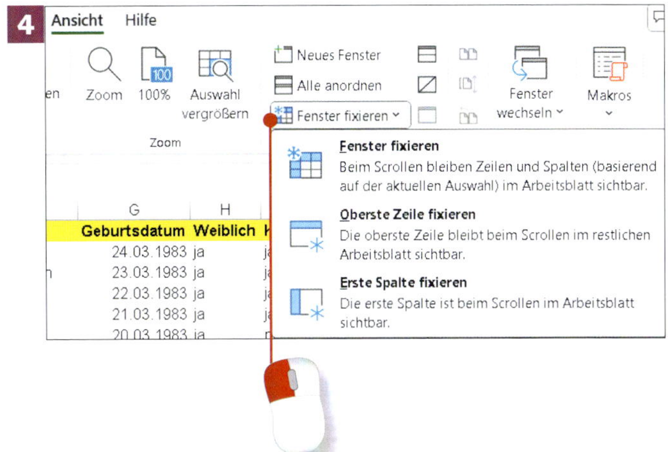

Schritt 5

Es ist auch möglich, eine Spalte und eine Zeile zu fixieren. Setzen Sie dazu den Cursor in die Zelle B2. Klicken Sie auf der Registerkarte **Ansicht** in der Gruppe **Fenster** auf **Fenster fixieren ▸ Fenster fixieren**.

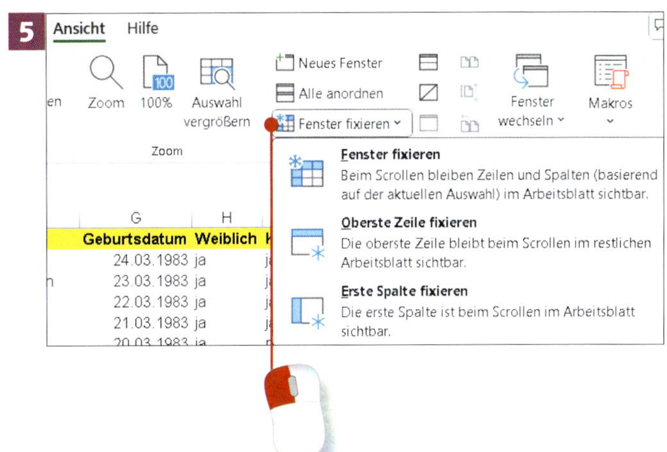

Schritt 6

Wenn Sie nun in der Tabelle nach unten und nach rechts wandern, bleibt trotzdem ein Rahmen sichtbar, der aus der Kundennummer in der Spalte A und den Spaltenüberschriften in der Zeile 1 besteht.

Fixierung speichern
Die gewählte Fixierung bleibt beim Speichern der Datei erhalten.

Statistik ohne Formeln mithilfe der Pivot-Tabelle

Die Pivot-Tabelle bietet Ihnen die Möglichkeit, Daten neu darzustellen und auszuwerten, ohne dafür die Ausgangsdaten ändern zu müssen.

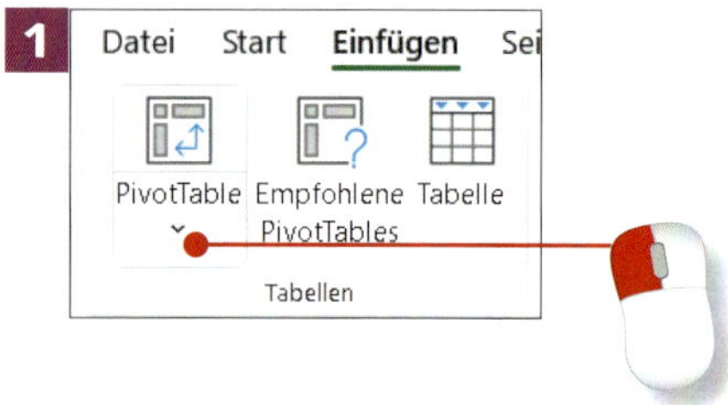

Schritt 1

Sie möchten aus der Kundenliste ermitteln, wie viele Frauen und Männer es pro Ort gibt. Mit der Pivot-Tabelle geht das sehr viel schneller als über langwieriges Filtern. Positionieren Sie den Cursor in einer Zelle, und klicken Sie auf der Registerkarte **Einfügen** in der Gruppe **Tabellen** auf die Schaltfläche **PivotTable**.

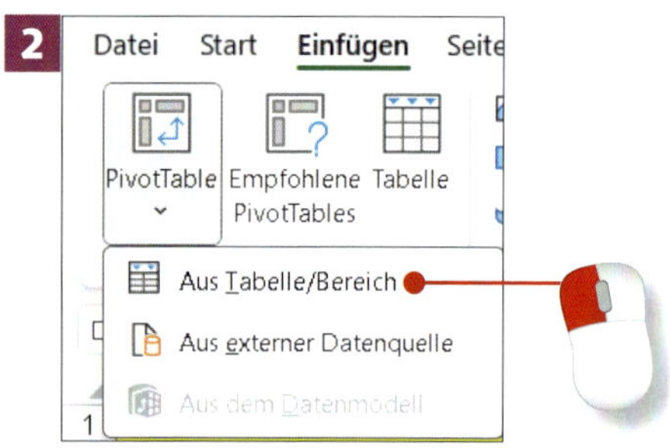

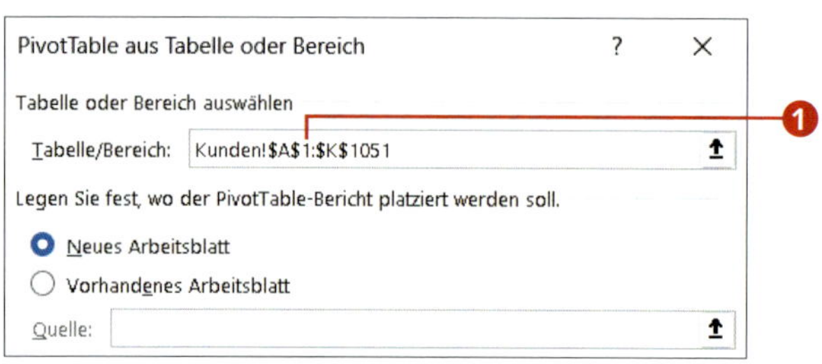

Schritt 2

Wählen Sie **Aus Tabelle/Bereich**. Im Dialogfenster ist der Tabellenbereich bereits ausgewählt ❶. Bestätigen Sie dies einfach mit **OK**. Ihr Tabellenblatt enthält nun einen Bereich für die Pivot-Tabelle.

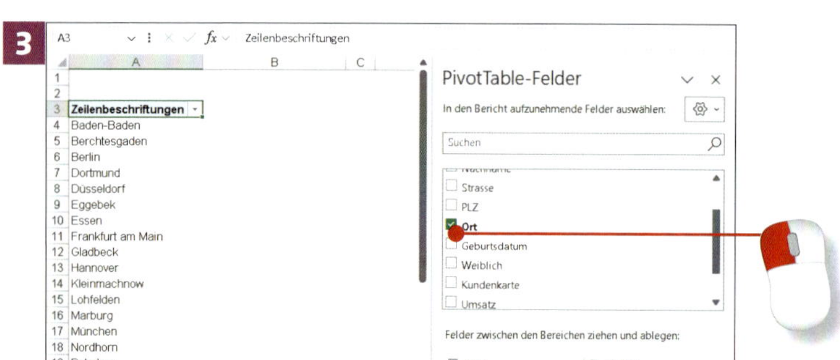

Schritt 3

Auf der rechten Seite Ihres Bildschirms ist die Feldliste eingeblendet. Aktivieren Sie dort zunächst das Kontrollkästchen neben **Ort**. Alle Orte werden nun links im Bereich **Zeilenbeschriftungen** alphabetisch sortiert angezeigt.

Schritt 4

Den Begriff *Zeilenbeschriftungen* können Sie in *Ort* ändern.

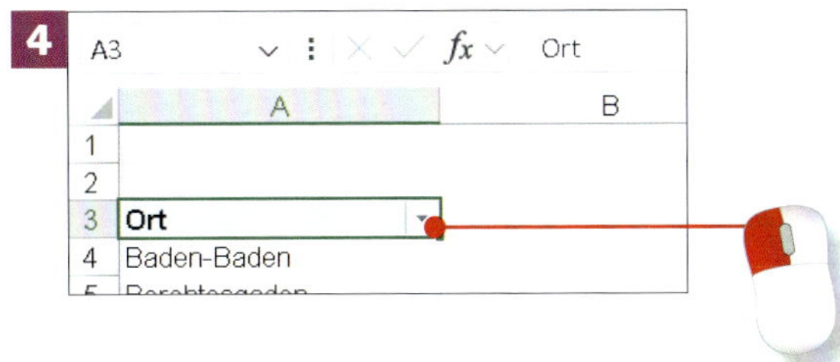

Schritt 5

Um die Inhalte des Feldes **Weiblich** als Spaltenüberschrift zu positionieren, klicken Sie mit der rechten Maustaste auf den Feldnamen und wählen aus dem Kontextmenü die Option **Zu Spaltenbeschriftungen hinzufügen**. Die Pivot-Tabelle wird entsprechend ergänzt.

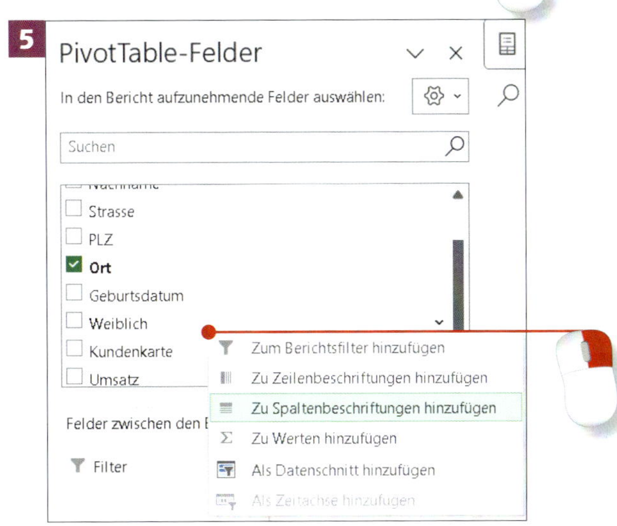

Schritt 6

Der Begriff *Spaltenbeschriftungen* kann durch *weiblich* ersetzt werden. In den Bereich **Werte** ziehen Sie ein beliebiges Textfeld, beispielsweise **Straße**. So erhalten Sie die jeweilige Anzahl der Kunden pro Ort. In der Zelle A3 benennen Sie *Anzahl der Strasse* in *Anzahl* um.

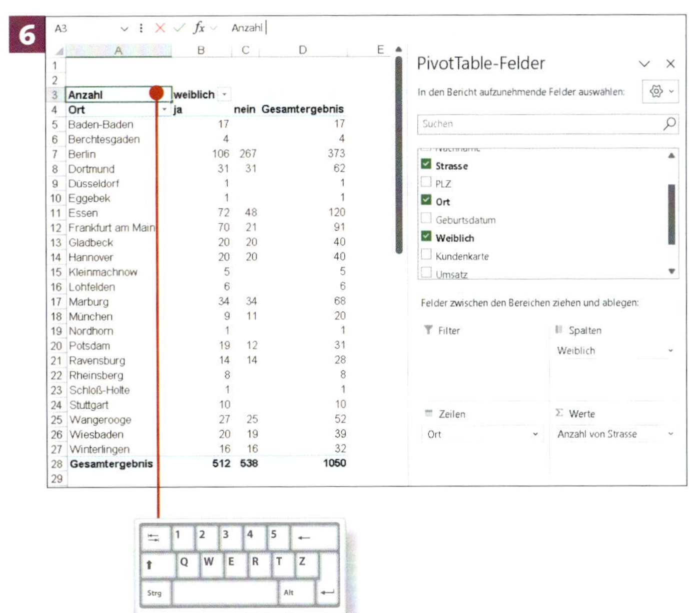

Ort	ja	nein	Gesamtergebnis
Baden-Baden	17		17
Berchtesgaden	4		4
Berlin	106	267	373
Dortmund	31	31	62
Düsseldorf	1		1
Eggebek	1		1
Essen	72	48	120
Frankfurt am Main	70	21	91
Gladbeck	20	20	40
Hannover	20	20	40
Kleinmachnow	5		5
Lohfelden	6		6
Marburg	34	34	68
München	9	11	20
Nordhorn	1		1
Potsdam	19	12	31
Ravensburg	14	14	28
Rheinsberg	8		8
Schloß-Holte	1		1
Stuttgart	10		10
Wangerooge	27	25	52
Wiesbaden	20	19	39
Winterlingen	16	16	32
Gesamtergebnis	**512**	**538**	**1050**

Felder

Als Felder werden die Spaltenüberschriften angeboten, die Sie in Ihrer ursprünglichen Tabelle angelegt haben.

Statistik ohne Formeln mithilfe der Pivot-Tabelle (Forts.)

7
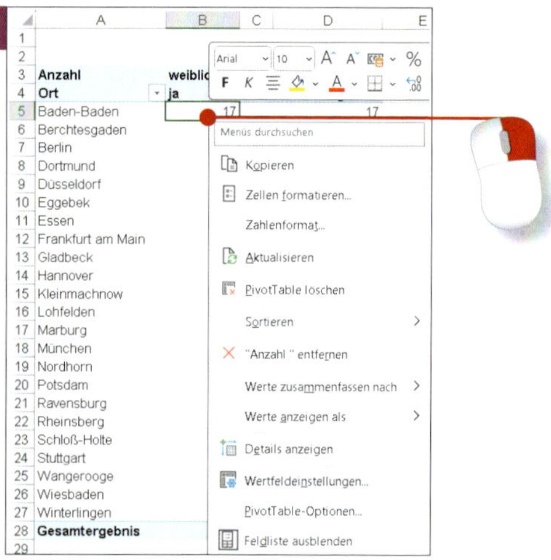

8
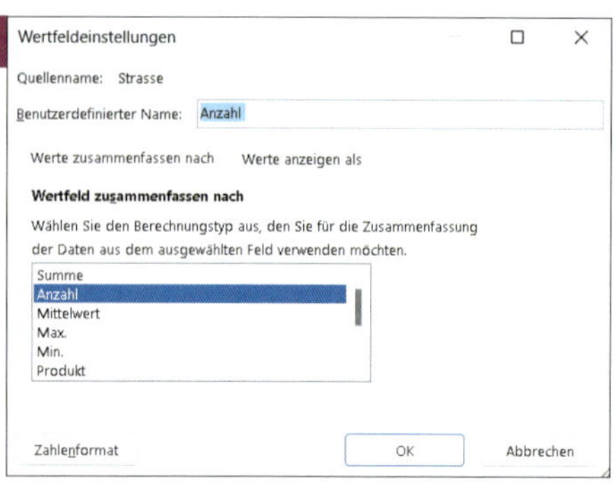

9
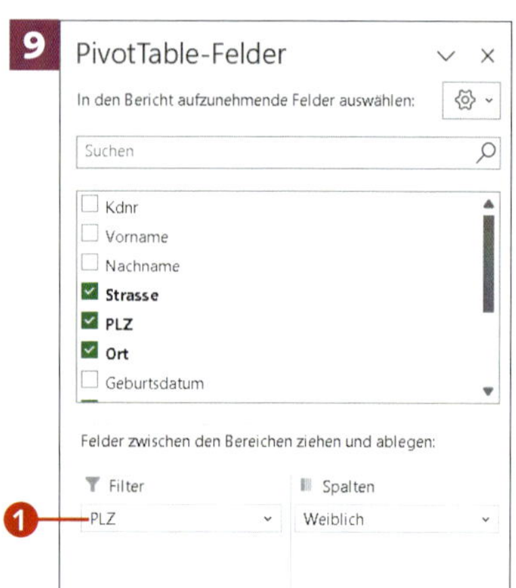

Schritt 7

Hätten Sie in den **Werte**-Bereich statt eines Textfeldes das Feld *Umsatz* gezogen, könnten Sie eine andere Zusammenfassungsfunktion wählen. Durch Klicken mit der rechten Maustaste auf das entsprechende Feld können Sie dann aus dem Kontextmenü **Wertfeldeinstellungen** wählen.

Schritt 8

Im Dialogfenster stehen zahlreiche Zusammenfassungsfunktionen zur Verfügung.

Schritt 9

Ihre Pivot-Tabelle kann auch zusätzliche Filter berücksichtigen. Wenn Sie z. B. Aussagen zu bestimmten Postleitzahlen treffen möchten, ziehen Sie das Feld **PLZ** in das Filterfeld (1).

Schritt 10

Klicken Sie in der Pivot-Tabelle auf den Pfeil am Feld **PLZ**. Im Menü können Sie bei Aktivierung des Kontrollkästchens **Mehrere Elemente auswählen** ❷ verschiedene Postleitzahlen auswählen. Wenn Sie Ihre Wahl mit **OK** bestätigen, erscheint die gefilterte Tabelle.

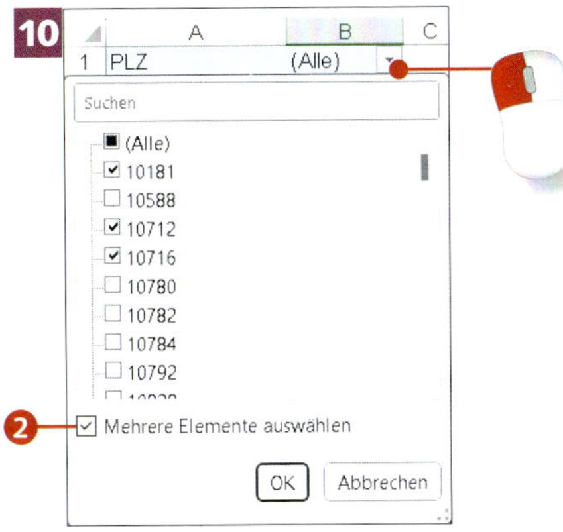

Schritt 11

Auch in Pivot-Tabellen stehen weitere Sortieroptionen sowie Werte- und Suchfilter zur Auswahl. Wenn Sie sich z. B. nur für Orte interessieren, die mit B beginnen, klicken Sie auf den Pfeil am Feld **Ort**, geben »B*« in die Suchmaske ein und klicken auf **OK**.

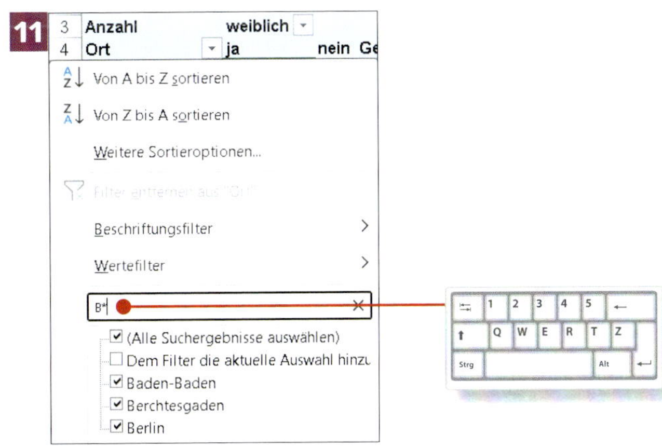

Schritt 12

Um wieder auf alle Datensätze zugreifen zu können, müssen Sie die Filter entfernen. Klicken Sie dazu auf das Filtersymbol neben dem entsprechenden Feld und im Menü auf **Filter entfernen aus »Ort«**. Sie können aber auch das Kontrollkästchen **(Alle anzeigen)** ❸ aktivieren und auf **OK** klicken.

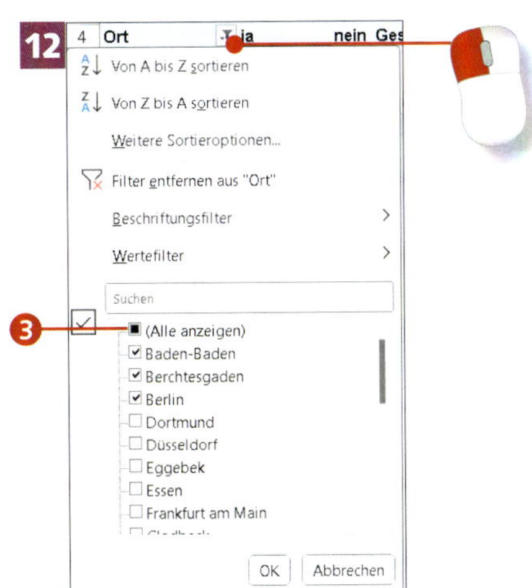

Daten in der Pivot-Tabelle neu anordnen

Sie können in der Pivot-Tabelle vorhandene Felder ganz einfach anders anordnen und auf diese Weise neue und interessante Aussagen erhalten.

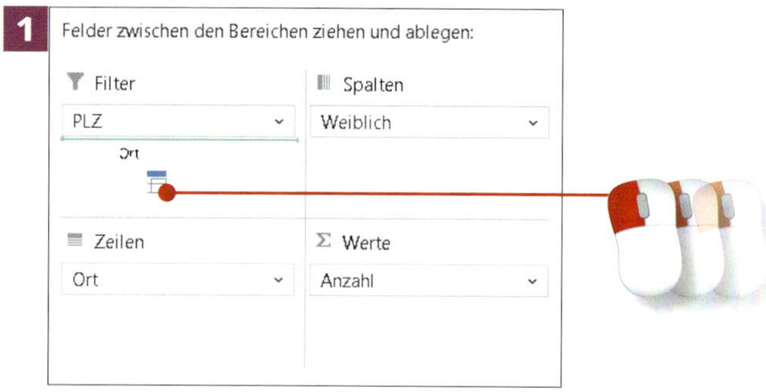

Schritt 1

Pivot-Tabellen können Sie leicht verändern. In unserem Beispiel vertauschen wir zunächst die Felder **Ort** und **PLZ**. Ziehen Sie mit gedrückter Maustaste zunächst das Feld **Ort** in den Bereich **Filter**.

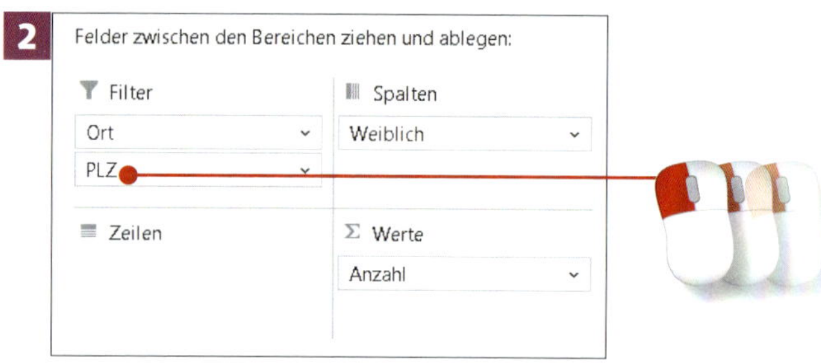

Schritt 2

Danach verschieben Sie das Feld **PLZ** vom Bereich **Filter** in den Bereich **Zeilen**. Aufgrund dieser Veränderungen dient Ihnen der Ort nun als Berichtsfilter ❶ und die Postleitzahl als Zeilenbeschriftung ❷.

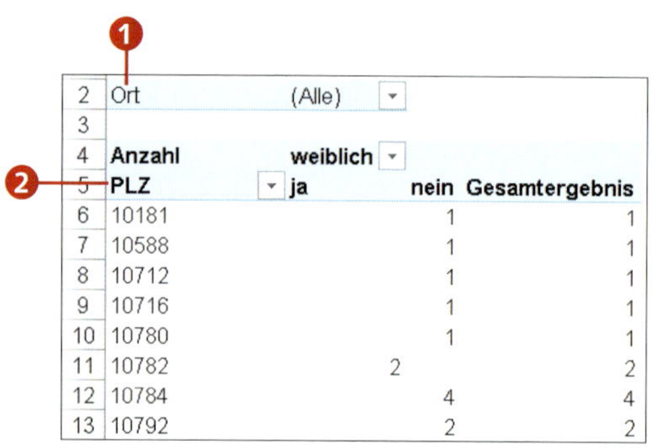

2	Ort	(Alle)		
3				
4	Anzahl	weiblich		
5	PLZ	ja	nein	Gesamtergebnis
6	10181		1	1
7	10588		1	1
8	10712		1	1
9	10716		1	1
10	10780		1	1
11	10782	2		2
12	10784		4	4
13	10792		2	2

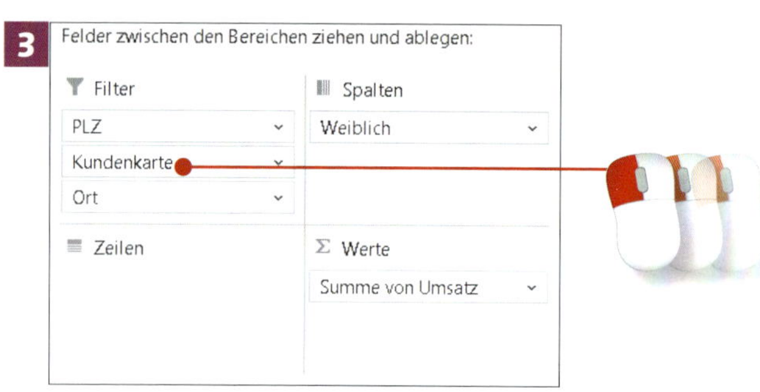

Schritt 3

Nun interessiert Sie, wie hoch der Gesamtumsatz für Frauen und Männer ist und ob jeweils eine Kundenkarte vorhanden ist. Das Feld **PLZ** können Sie nun wieder in den Bereich **Filter** ziehen. Ziehen Sie das Feld **Kundenkarte** in den Bereich **Zeilen** und das Feld **Umsatz** in den Bereich **Werte**.

Schritt 4

Das fertige Resultat sollte so wie in der nebenstehenden Abbildung aussehen. Eventuell müssen Sie noch einige Bezeichnungen umbenennen.

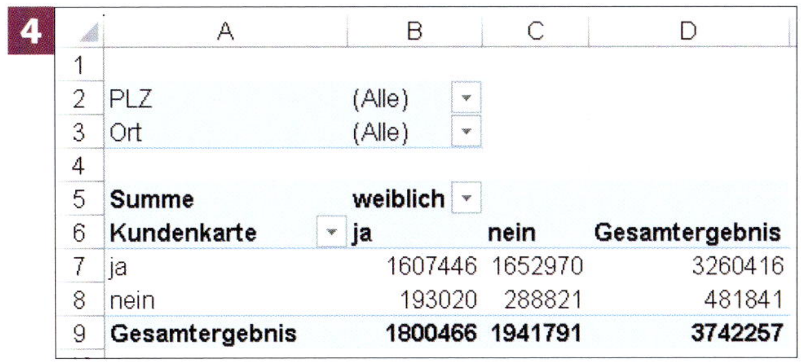

Schritt 5

Da es sich bei **Umsatz** um ein numerisches Feld handelt, wird standardmäßig die Summe gebildet. Um das neue Ergebnis aussagekräftiger darzustellen, versehen Sie die Ergebniszellen im Bereich B7:D9 über die Registerkarte **Start ▸ Zahl** mit dem passenden Währungsformat.

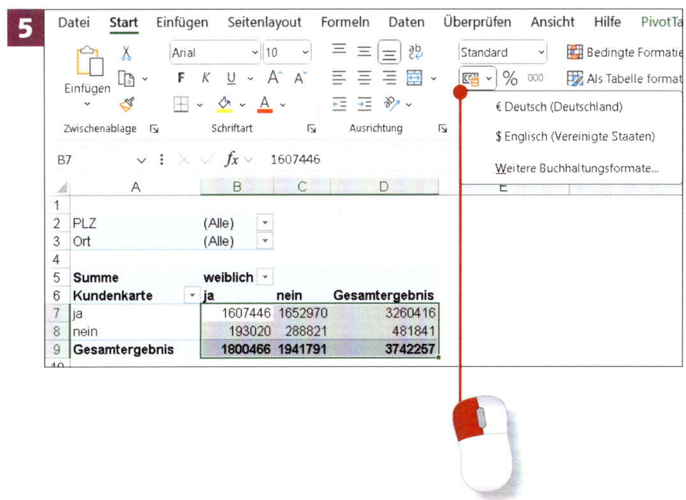

Schritt 6

Wenn Sie auch eine detaillierte Aussage zu den Umsatzsummen bezogen auf die Orte haben wollen, vertauschen Sie mit gedrückter Maustaste im letzten Schritt die Felder **Kundenkarte** und **Ort**. Auch diese Umsatzsummen können Sie als Währung formatieren.

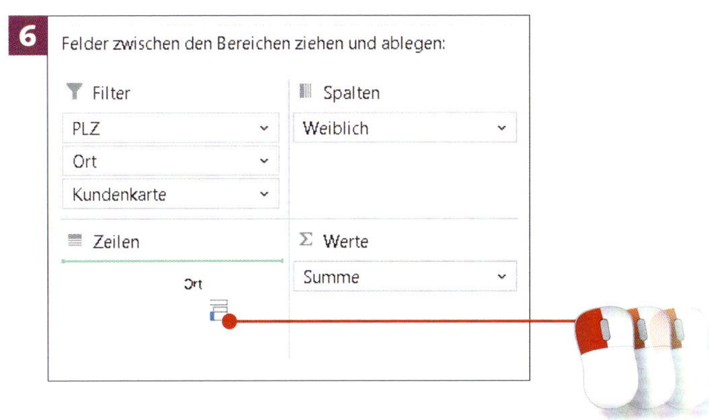

Pivot

Der Begriff *Pivot* stammt aus dem Französischen und bedeutet »Dreh- bzw. Angelpunkt«.

Auswertung nach Jahren und Monaten

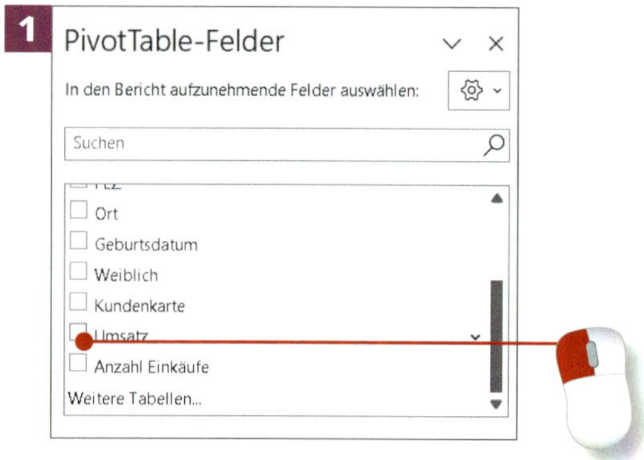

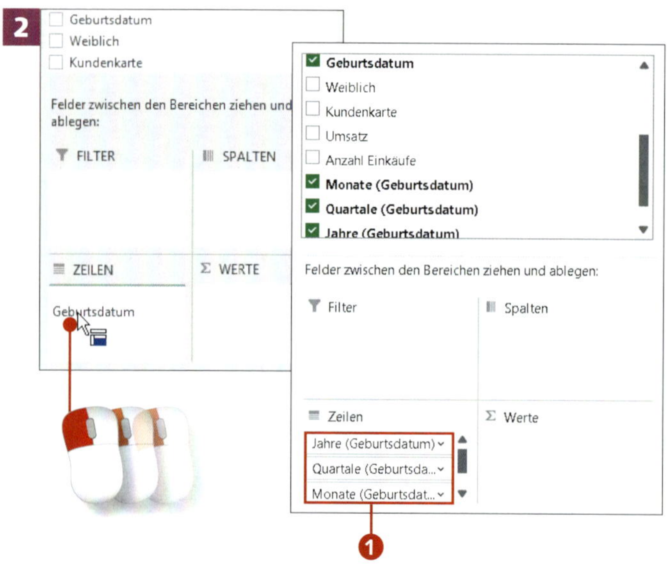

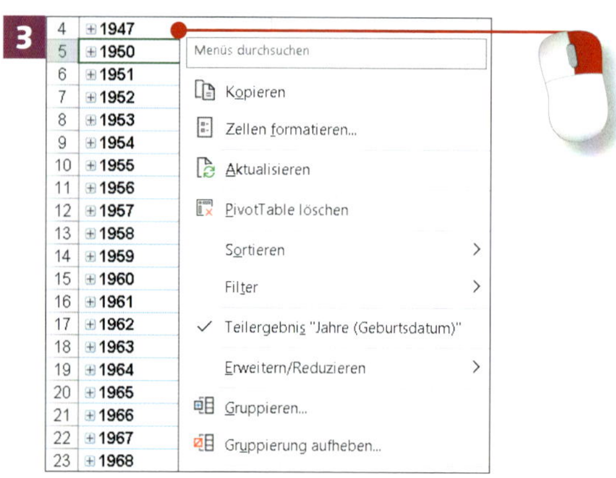

Interessante Auswertungen lassen sich auch erzielen, indem Sie Datumsfelder mit einbeziehen. Sie müssen dazu keine Funktionen einsetzen. Die Pivot-Tabelle liefert alles, was Sie brauchen.

Schritt 1

Wir nutzen die Pivot-Tabelle aus der vorigen Übung. Löschen Sie also zuerst die Feldbereichsinhalte, indem Sie alle Häkchen unter **PivotTable-Felder** entfernen.

Schritt 2

Wir möchten nun einen Zusammenhang zwischen Umsatz und Geburtsjahr herstellen. Ziehen Sie zunächst das Feld **Geburtsdatum** in den Bereich **Zeilen**. Standardmäßig werden zusätzlich die Felder **Jahre** und **Quartale** 1 angezeigt.

Schritt 3

Diese Darstellung lässt sich mithilfe der Gruppierungsfunktion beeinflussen. Klicken Sie mit der rechten Maustaste auf ein beliebiges Datum, und wählen Sie **Gruppieren**.

Schritt 4

Im zugehörigen Dialogfenster wählen Sie die Gruppierung **Jahre**. Die anderen Vorgaben deaktivieren Sie, indem Sie auf sie klicken. Bestätigen Sie Ihre Änderungen mit **OK**.

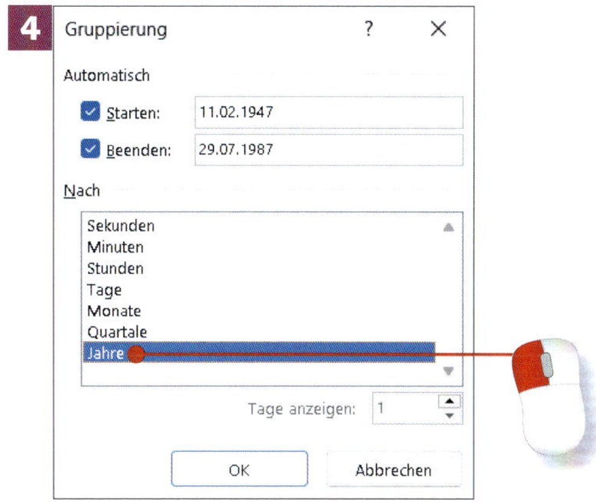

Schritt 5

Vervollständigen Sie das Beispiel, indem Sie das Feld **Umsatz** unter **PivotTable-Felder** mit einem Klick aktivieren. Es erscheint automatisch im Bereich **Werte** ❷, und die Pivot-Tabelle bekommt eine Umsatzspalte.

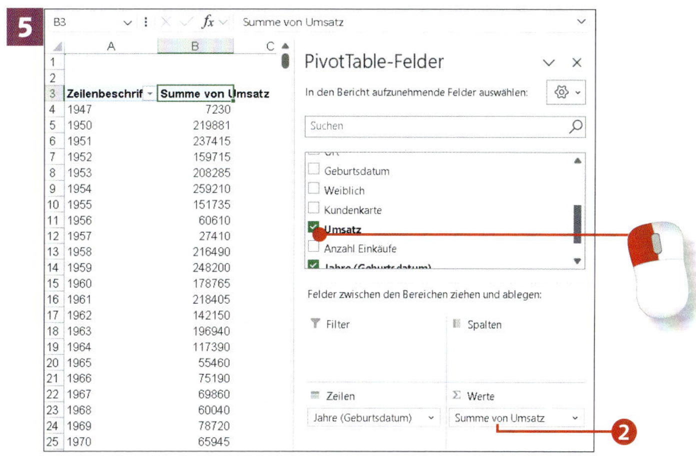

Schritt 6

Probieren Sie weitere Möglichkeiten der Anzeige aus. Beispielsweise lässt sich der Inhalt des Feldes **Kundenkarte** als Spaltenbeschriftung wählen ❸. Den **Ort** nutzen wir dann als Filter ❹. So erhalten Sie eine Umsatzübersicht nach Jahrgängen, und zwar mit oder ohne Kundenkarte.

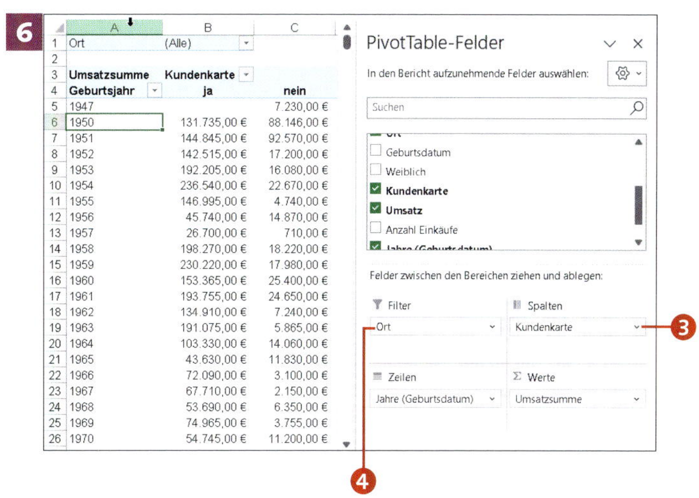

Gruppierung

Benötigen Sie die Ergebniswerte zusätzlich auch quartalsweise, klicken Sie im Kontextmenü auf **Gruppieren** (siehe Schritte 3 und 4). Aktivieren Sie zusätzlich **Quartale**.

PivotCharts anlegen

Ein PivotChart ist die grafische Darstellung der Daten einer Pivot-Tabelle. In einem PivotChart können Sie wie in Standarddiagrammen zwischen verschiedenen Diagrammtypen wählen. Am einfachsten ist es, ein neues PivotChart aus einer vorhandenen Pivot-Tabelle zu erstellen.

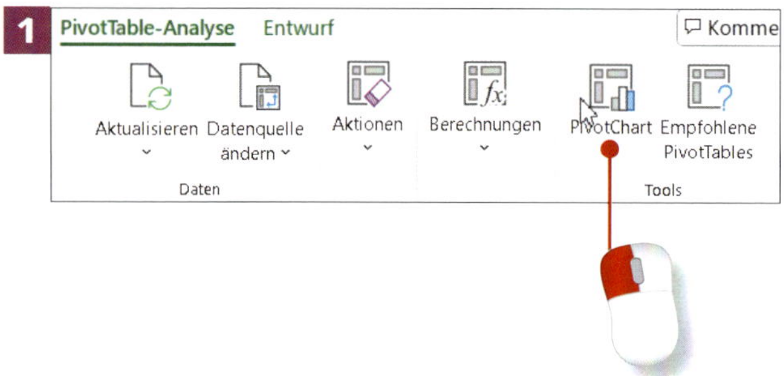

Schritt 1

Öffnen Sie eine bereits vorhandene Pivot-Tabelle. Um ein Diagramm zu erstellen, wählen Sie auf der Registerkarte **PivotTable-Analyse** den Befehl **PivotChart**.

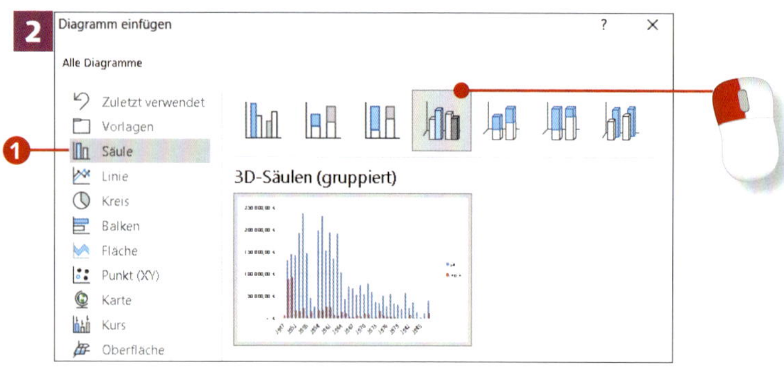

Schritt 2

Im Dialogfenster **Diagramm einfügen** stehen Ihnen verschiedene Diagrammtypen zur Auswahl. Wählen Sie beispielsweise aus der Rubrik **Säule** ❶ die Option **3D-Säulen (gruppiert)**. Bestätigen Sie mit **OK**.

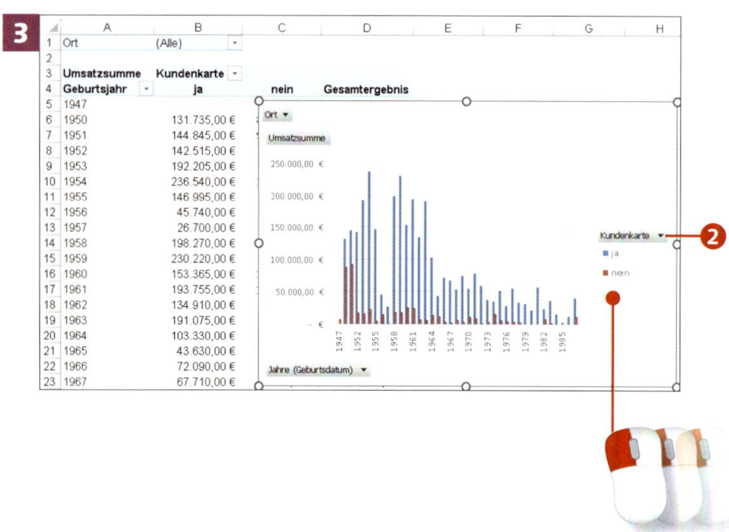

Schritt 3

Sofort erstellt Excel das Pivot-Diagramm in derselben Arbeitsmappe. Die Position des Diagramms und seine Größe können Sie durch Ziehen mit der Maus ändern (siehe Seite 227).

Schritt 4

Das PivotChart umfasst Berichtsfilter. Wenn Sie nur die Umsätze interessieren, die mit Kundenkarte erzielt wurden, klicken Sie auf den Filter **Kundenkarte** ❷. Deaktivieren Sie die Option **Alle anzeigen**, und wählen Sie stattdessen das Kontrollkästchen **ja**.

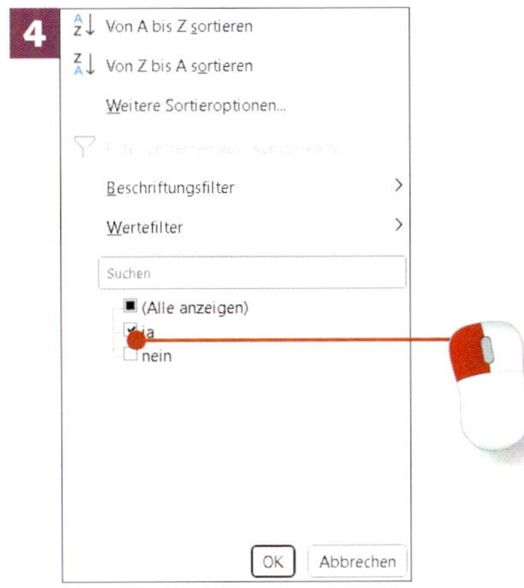

Schritt 5

Wenn Sie dem Diagramm z. B. eine Überschrift geben wollen, klicken Sie auf der Registerkarte **Entwurf** in der Gruppe **Diagrammlayouts** auf **Schnelllayout ▸ Layout 1**. In das Textfeld **Diagrammtitel** ❸, das zurzeit mit *ja* gefüllt ist, geben Sie die neue Überschrift ein, indem Sie den Platzhaltertext doppelt anklicken und ihn mit einem passenden Titel überschreiben.

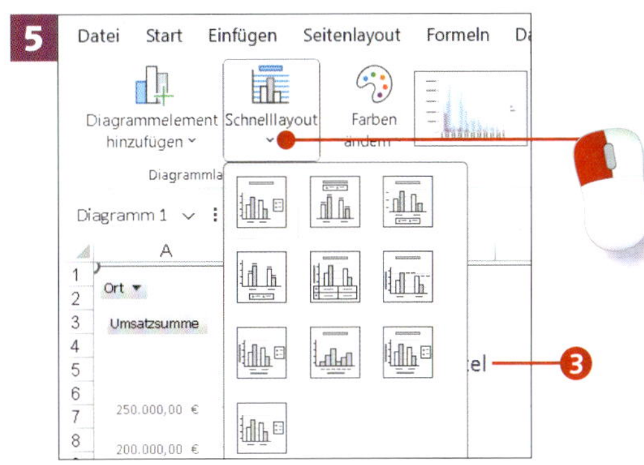

Schritt 6

Um mehr Platz für die Zeichnungsfläche des Diagramms zu erhalten, können Sie die Überschrift in die rechte obere Ecke verschieben. Klicken Sie das Textfeld an (der Verschiebecursor erscheint), und positionieren Sie es neu.

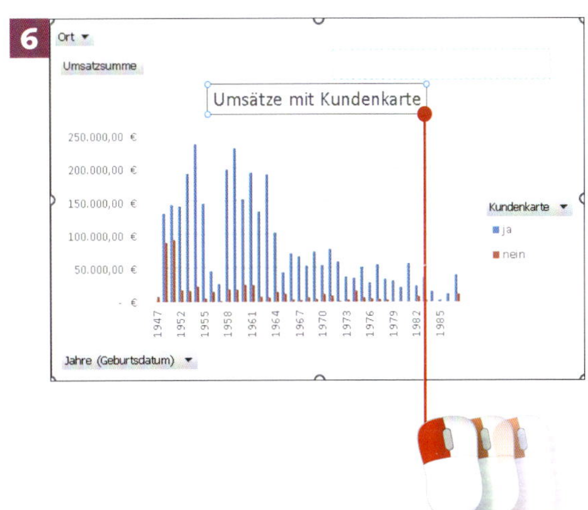

PivotCharts anlegen (Forts.)

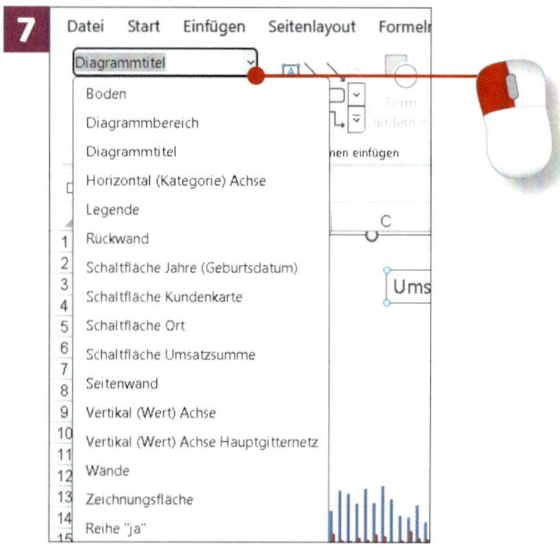

Schritt 7

Um die Zeichnungsfläche zu bearbeiten, markieren Sie sie mit einem Klick. Für die Auswahl können Sie auch die Liste in der Gruppe **Aktuelle Auswahl** nutzen. Diese finden Sie auf der Registerkarte **Format** ganz links.

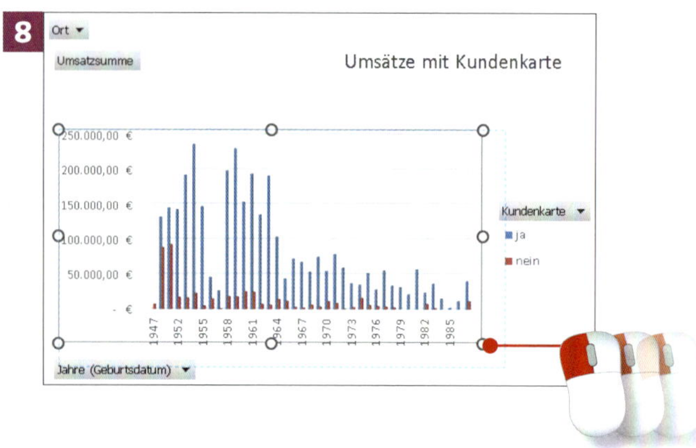

Schritt 8

Vergrößern Sie die Zeichnungsfläche nach Bedarf, indem Sie mit gedrückter Maustaste an ihren Eckpunkten ziehen.

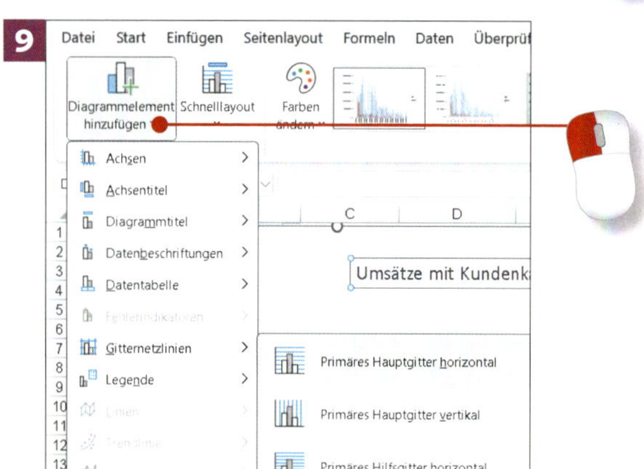

Schritt 9

Die Registerkarte **Entwurf** bietet weitere Gestaltungsmöglichkeiten. Klicken Sie z. B. in der Gruppe **Diagrammlayouts** auf **Diagrammelement hinzufügen ▸ Gitternetzlinien**. So können Sie ein Haupt- oder Hilfsgitternetz einfügen, um z. B. die Balkenhöhe anschaulicher zu machen.

i

Probieren geht über Studieren
Experimentieren Sie mit den verschiedenen Gestaltungsmöglichkeiten der PivotChart-Tools. Die Registerkarte steht Ihnen aber nur zur Verfügung, wenn das PivotChart markiert ist.

Schritt 10

Wenn Sie mit der Farbgebung des Diagramms nicht zufrieden sind, nutzen Sie die Gruppe **Diagrammformatvorlagen** auf der Registerkarte **Entwurf**. Wählen Sie z. B. über **Farben ändern** eine passende Farbe aus.

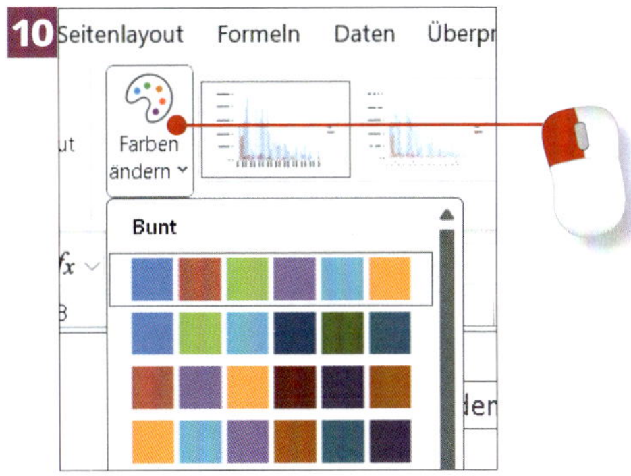

Schritt 11

Um den Diagrammtyp zu ändern, klicken Sie auf der Registerkarte **Entwurf** in der Gruppe **Typ** auf **Diagrammtyp ändern**. Im Dialogfenster wählen Sie nun die Kategorie **Balken** ❶ und den Typ **Gruppierte Balken** ❷ und klicken auf **OK**.

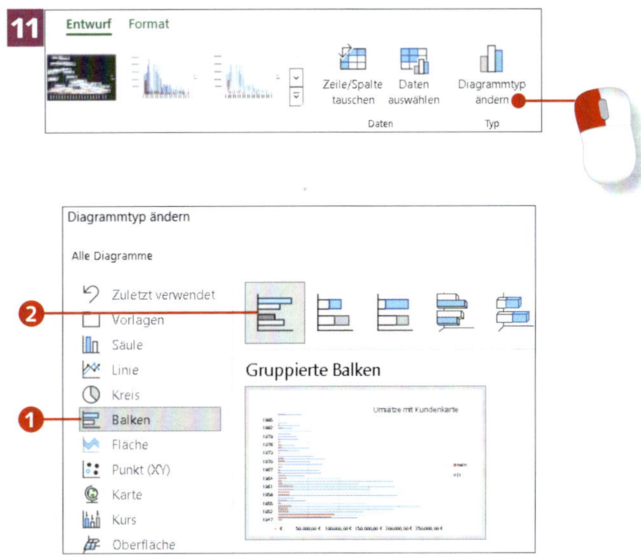

Schritt 12

Und um das gesamte Layout zu ändern, nutzen Sie auf der Registerkarte **Entwurf** in der Gruppe **Diagrammlayouts** unter **Schnelllayout** z. B. **Layout 7**.

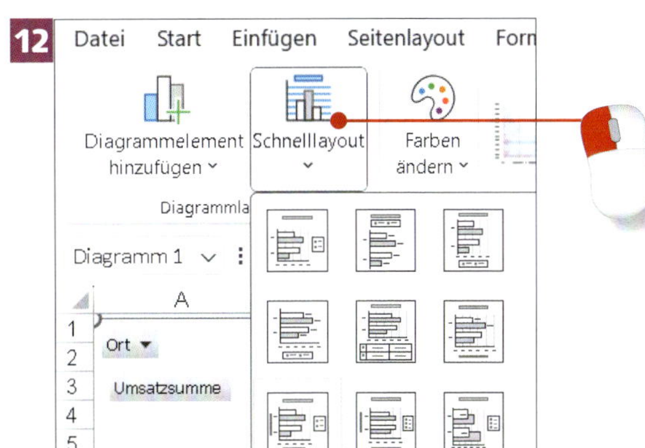

!

Automatische Aktualisierung

Ändern sich die Daten der Pivot-Tabelle nach einer Aktualisierung, werden auch die Daten im Pivot-Chart geändert.

Automatisch erstellte Pivot-Tabellen

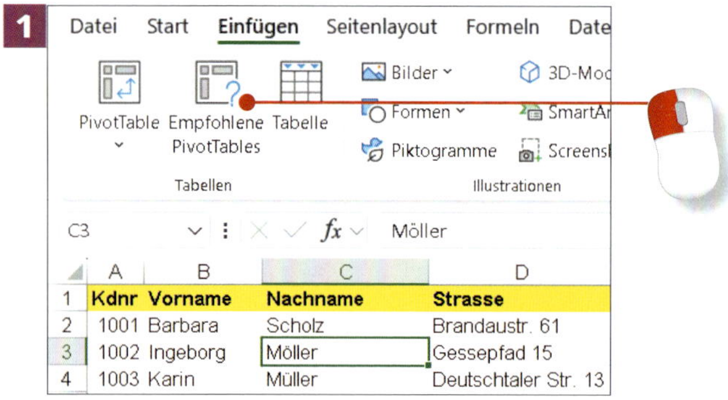

Die richtigen Daten für einen Pivot-Tabellenbericht auszuwählen, kann eine anspruchsvolle Aufgabe sein. Excel gibt hierfür Empfehlungen.

Schritt 1

Nutzen Sie die ursprüngliche Kundentabelle. Positionieren Sie den Cursor in einer Zelle, und klicken Sie auf der Registerkarte **Einfügen** in der Gruppe **Tabellen** auf die Schaltfläche **Empfohlene PivotTables**.

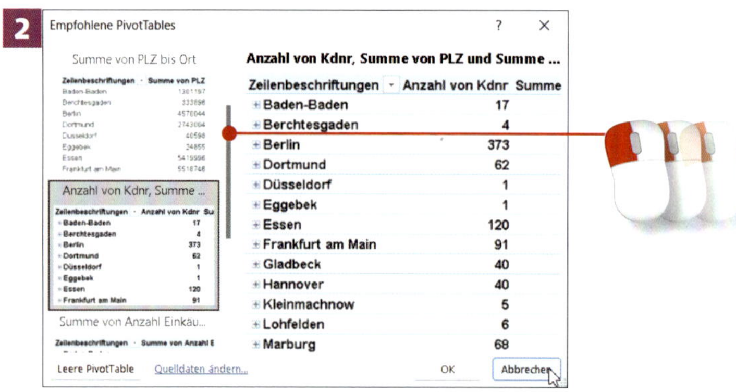

Schritt 2

Im Dialogfenster können Sie sich nun die Vorschläge anschauen. Scrollen Sie mithilfe der Bildlaufleiste nach unten, um weitere Vorschläge zu sehen. Wenn Sie auf einen Vorschlag klicken, sehen Sie rechts eine Vorschau.

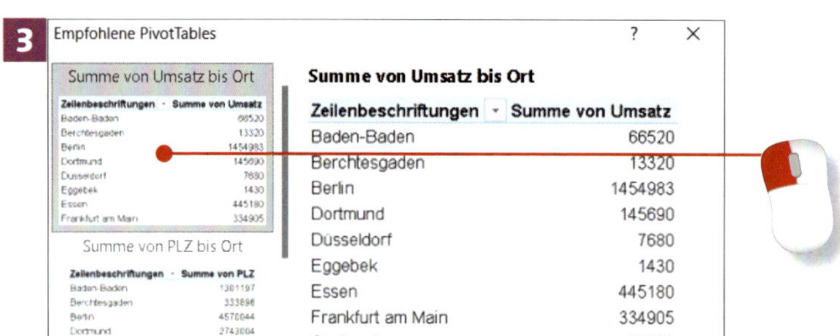

Schritt 3

Für die weitere Arbeit wählen Sie die erste Empfehlung. Die Umsätze werden nach Orten angezeigt. Klicken Sie auf **OK**, um Ihre Auswahl zu bestätigen.

Schritt 4

Das Ergebnis kann, wie bereits dargestellt, weiterbearbeitet werden. Zur besseren Übersichtlichkeit formatieren Sie die markierten Umsatzwerte über einen Rechtsklick als Währung (**Buchhaltungszahlenformat** 1).

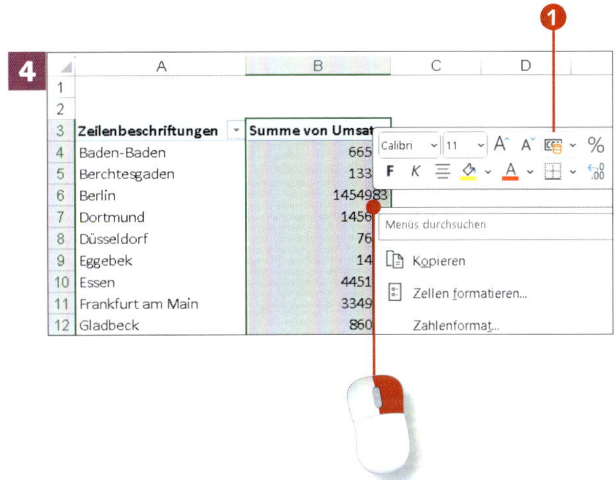

Schritt 5

Für eine weitere Auswertung möchten Sie sich nun die Umsätze der Kunden anzeigen lassen, die im Jahr 2024 älter als 50 Jahre sind. Klicken Sie auf der Registerkarte **PivotTable-Analyse** in der Gruppe **Filtern** auf **Zeitachse einfügen**. Den Dialog **Zeitachsen einfügen** bestätigen Sie mit **OK**.

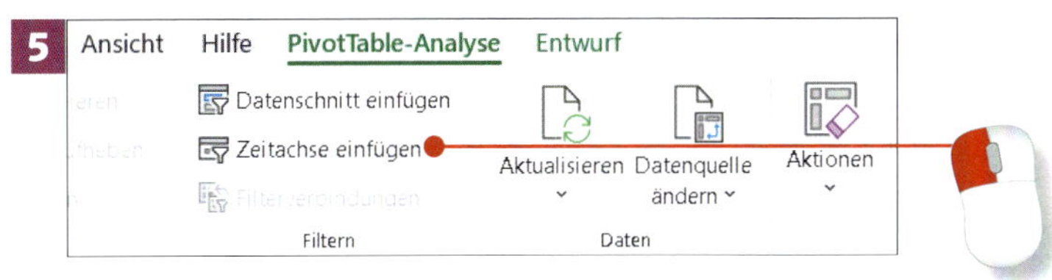

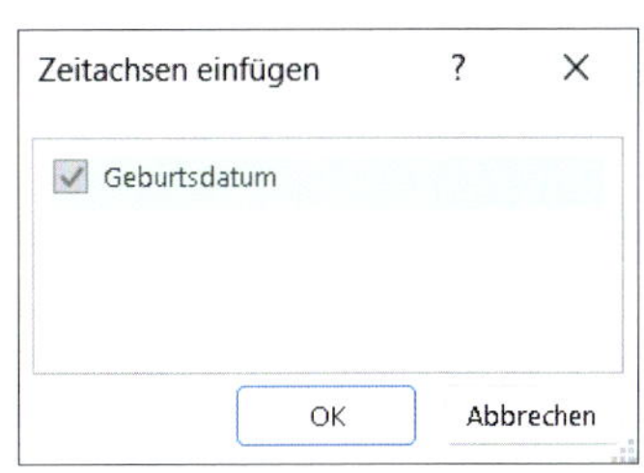

Schritt 6

Wählen Sie als Anzeigemodus den Bereich **Jahre** aus. Im Anschluss können Sie in der Zeitachse den Zeitraum von 1947 bis 1974 auswählen 2.

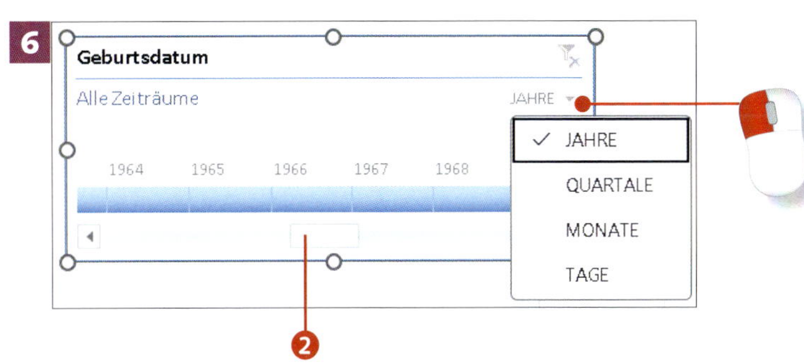

Zeitachse im PivotChart

Auch im PivotChart können Sie mithilfe der neuen Zeitachse unterschiedliche Zeiträume einfacher miteinander vergleichen.

Datenanalyse

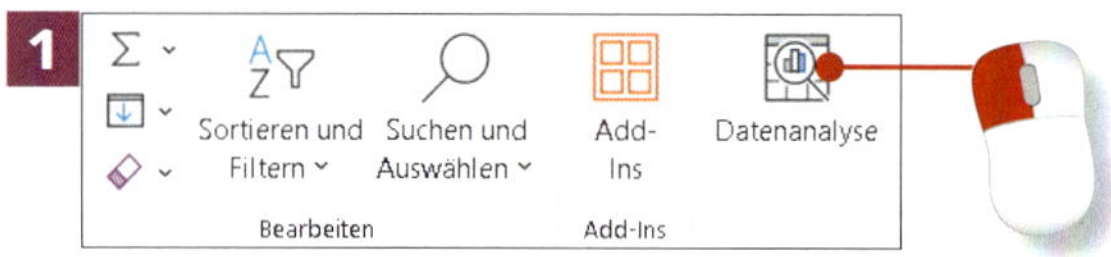

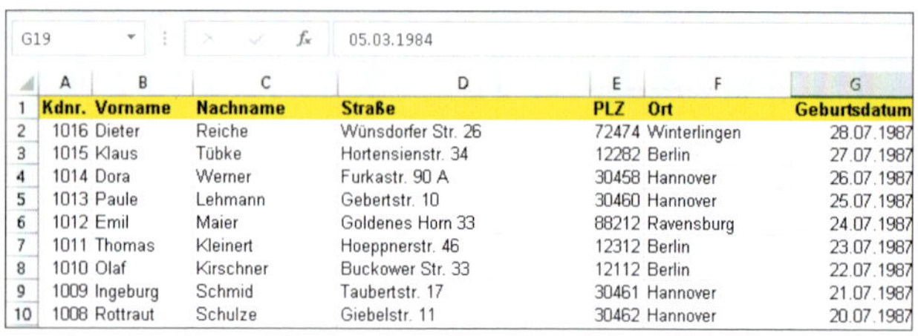

	A	B	C	D	E	F	G
1	Kdnr.	Vorname	Nachname	Straße	PLZ	Ort	Geburtsdatum
2	1016	Dieter	Reiche	Wünsdorfer Str. 26	72474	Winterlingen	28.07.1987
3	1015	Klaus	Tübke	Hortensienstr. 34	12282	Berlin	27.07.1987
4	1014	Dora	Werner	Furkastr. 90 A	30458	Hannover	26.07.1987
5	1013	Paule	Lehmann	Gebertstr. 10	30460	Hannover	25.07.1987
6	1012	Emil	Maier	Goldenes Horn 33	88212	Ravensburg	24.07.1987
7	1011	Thomas	Kleinert	Hoeppnerstr. 46	12312	Berlin	23.07.1987
8	1010	Olaf	Kirschner	Buckower Str. 33	12112	Berlin	22.07.1987
9	1009	Ingeburg	Schmid	Tauberstr. 17	30461	Hannover	21.07.1987
10	1008	Rottraut	Schulze	Giebelstr. 11	30462	Hannover	20.07.1987

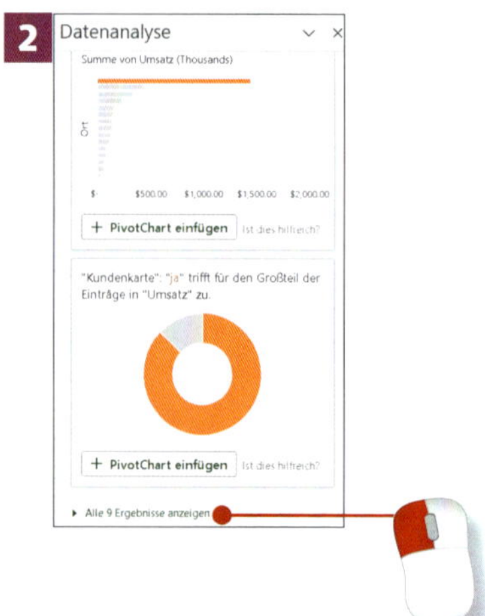

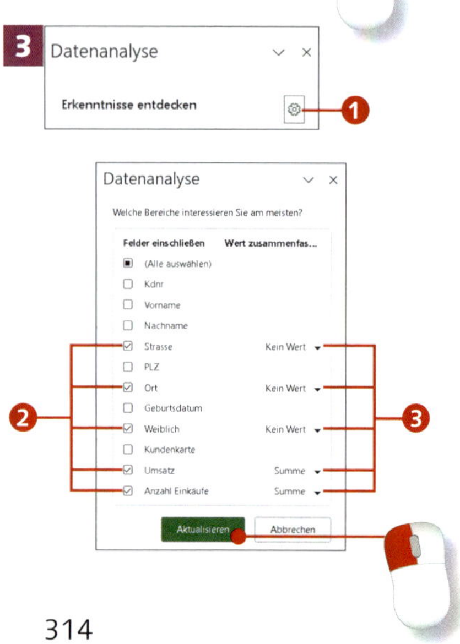

Möchten Sie eine Datenanalyse durchführen, hilft Excel mit dem Feature »Datenanalyse« aus dem Menü »Start«. Diese Funktion hilft dabei, spezifische Informationen aus den Ausgangsdaten zu extrahieren und Analysen durchzuführen.

Schritt 1

Platzieren Sie den Cursor in einer Zelle der Kundentabelle und klicken Sie auf der Registerkarte **Start** auf **Datenanalyse** (rechts im Menü).

Schritt 2

Im Dialogfeld können Sie eine Analyseoption auswählen. Scrollen Sie nach unten und klicken Sie auf **Alle 9 Ergebnisse anzeigen** für weitere Optionen

Schritt 3

Mit einem Klick auf die Schaltfläche ❶ besteht die Möglichkeit, nur bestimmte Felder auszuwählen ❷ und festzulegen, wie die Werte zusammengefasst ❸ werden sollen. Die Auswahl bestätigen Sie über **Aktualisieren**.

Schritt 4

Für die weitere Arbeit wählen Sie die die letzte Empfehlung. Es wurde analysiert, dass der »Ort«: »Berlin« merklich höhere Werte für »Anzahl Einkäufe« hat. Klicken Sie auf **OK**, um Ihre Auswahl zu bestätigen.

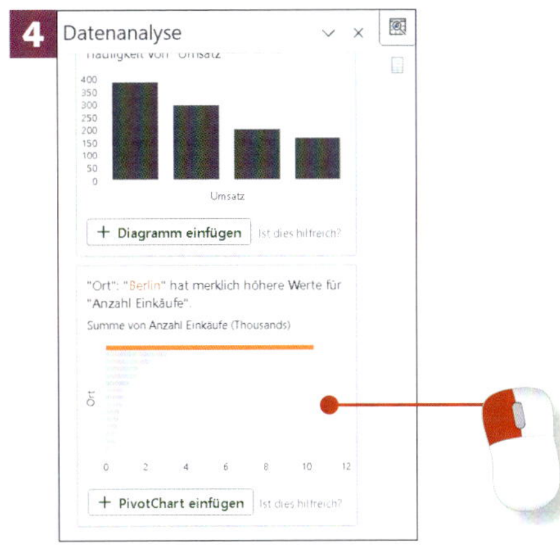

Schritt 5

Ist das Ergebnis eine Pivot-Tabelle oder ein PivotChart, wird es in einem neuen Tabellenblatt dargestellt. Bei einer Diagrammauswahl wird das Diagramm im Tabellenblatt mit der passenden Pivottabelle platziert.

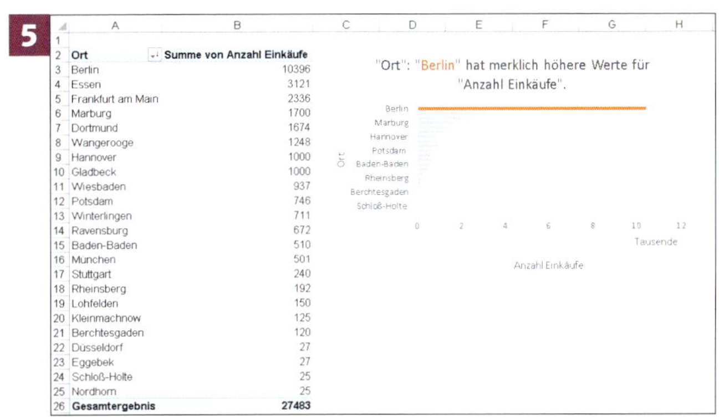

Schritt 6

Das fertige Ergebnis können Sie nach Ihren Wünschen gestalten. Im nebenstehenden Beispiel wurde aus dem Menü **Entwurf ▸ PivotTable-Format** das Format **Hellgrau, Pivotformat – Mittel 22** gewählt.

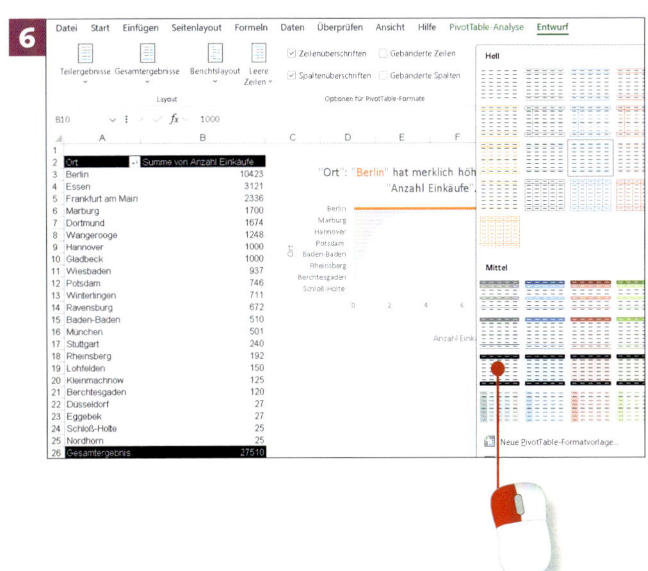

Einen Datenschnitt einfügen

Bei Datenschnitten handelt es sich um zusätzliche Filterkomponenten, die Sie in einer Pivot-Tabelle nutzen können.

1

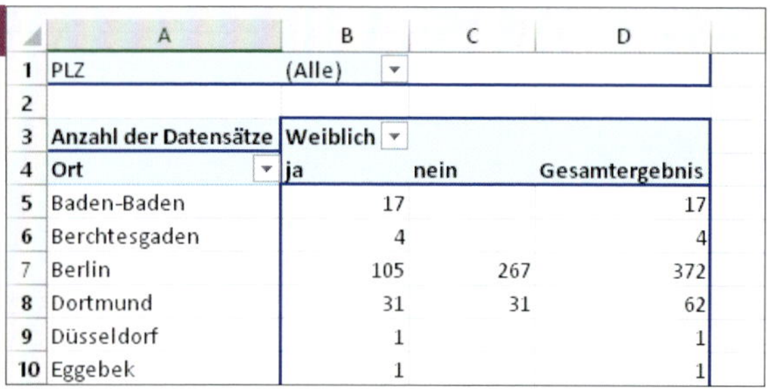

	A	B	C	D
1	PLZ	(Alle)		
2				
3	Anzahl der Datensätze	Weiblich		
4	Ort	ja	nein	Gesamtergebnis
5	Baden-Baden	17		17
6	Berchtesgaden	4		4
7	Berlin	105	267	372
8	Dortmund	31	31	62
9	Düsseldorf	1		1
10	Eggebek	1		1

Schritt 1

Um einen Datenschnitt zu erstellen, benötigen Sie eine Pivot-Tabelle. Öffnen Sie also die Kundenliste mit der Pivot-Tabelle aus dem Abschnitt »Statistik ohne Formeln mithilfe der Pivot-Tabelle« auf Seite 300.

2

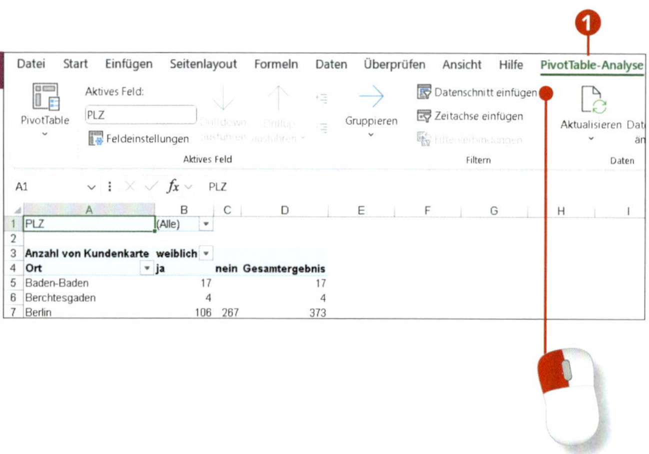

Schritt 2

Klicken Sie irgendwo in die Pivot-Tabelle, für die Sie einen Datenschnitt erstellen möchten. Im Menüband erscheint die Registerkarte **PivotTable-Analyse** ❶. Wählen Sie in der Gruppe **Filtern** den Menüpunkt **Datenschnitt einfügen**.

3

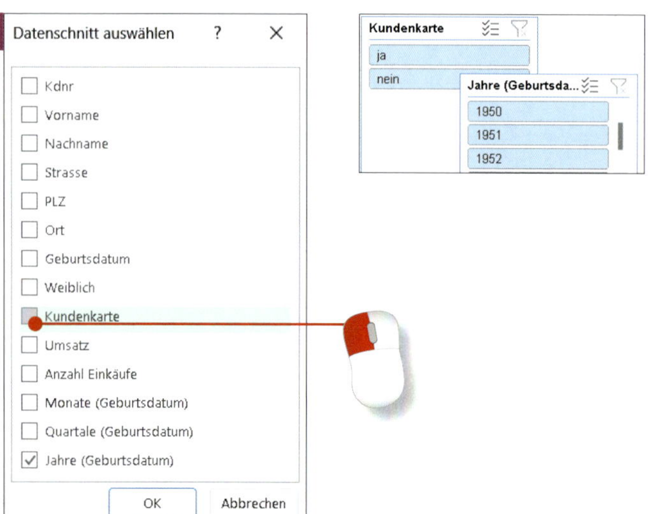

Schritt 3

Im zugehörigen Dialogfeld aktivieren Sie die Kontrollkästchen der Felder, für die Sie einen Datenschnitt erstellen möchten, hier **Jahre (Geburtsdatum)** und **Kundenkarte**. Klicken Sie dann auf **OK**. Für jedes aktivierte Feld wird ein Datenschnitt angezeigt.

Schritt 4

Lassen Sie sich den Datenschnitt für die mit der Kundenkarte erzielten Umsätze anzeigen, indem Sie im Datenschnitt **Kundenkarte** auf **ja** klicken. Das Ergebnis erscheint sofort in einem Fenster in der Tabelle.

Schritt 5

Wenn Sie den Filter des Datenschnitts wieder löschen möchten, klicken Sie auf das Filtersymbol mit dem roten Kreuzchen oder drücken einfach Alt+C.

Schritt 6

Sie können den Datenschnitt mit gedrückter Maustaste verschieben. Die Größe des Datenschnittfensters ändern Sie, indem Sie – ebenfalls mit gedrückter Maustaste – an einem der sechs weißen Ziehpunkte ziehen.

4

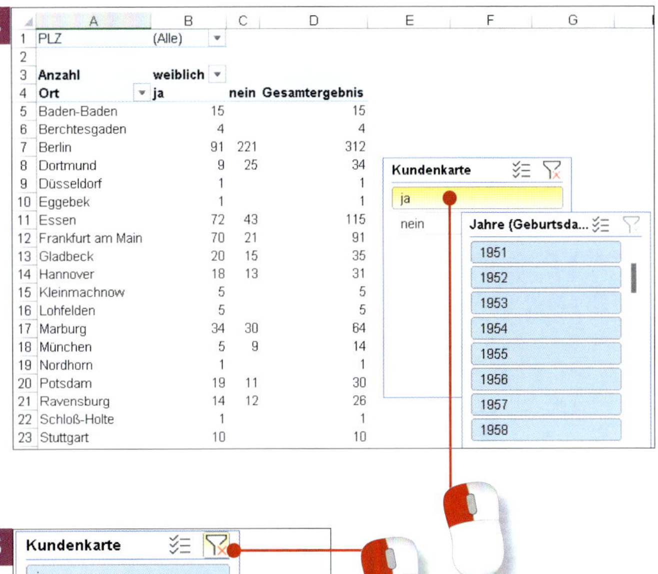

5

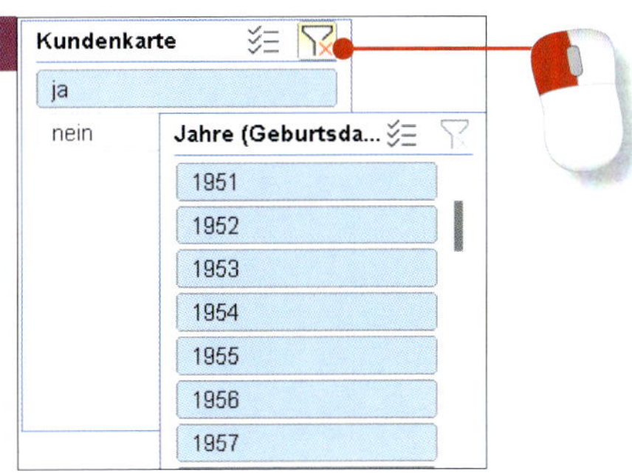

6

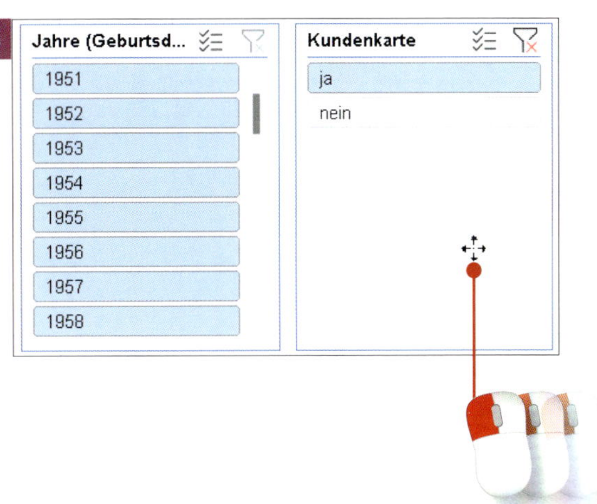

Einen Datenschnitt einfügen (Forts.)

7

8
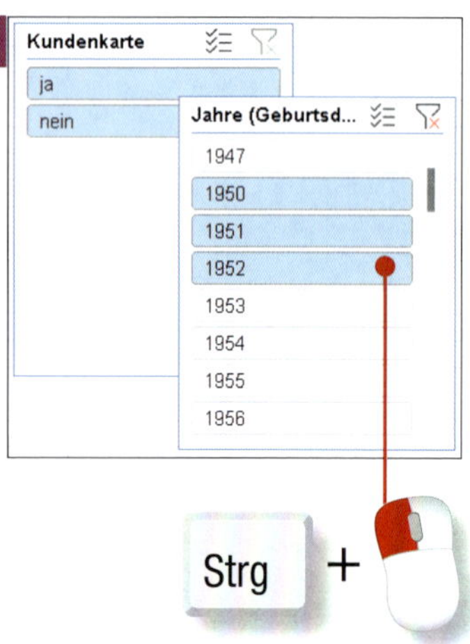

9
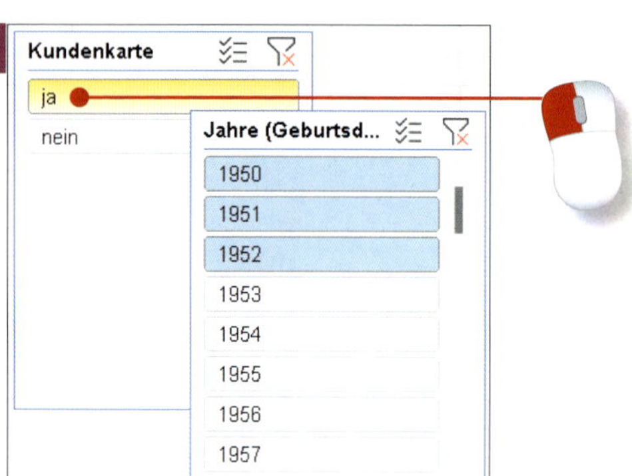

Schritt 7

Alternativ lassen sich die Datenschnittfenster über das Kontextmenü anordnen. Klicken Sie mit der rechten Maustaste auf einen Datenschnitt, und wählen Sie **In den Hintergrund** bzw. **In den Vordergrund**.

Schritt 8

Um den Datenschnitt z. B. nur für die Jahrgänge 1950 bis 1952 zu erstellen, wählen Sie nur diese aus. Halten Sie dazu die `Strg`-Taste gedrückt, und klicken Sie alle Elemente an, die Sie filtern wollen.

Schritt 9

Wenn Sie sich nur für die Umsätze dieser Jahrgänge interessieren, die mit Kundenkarte erzielt wurden, können Sie sie herausfiltern, indem Sie im Datenschnitt **Kundenkarte** auf **ja** klicken. Beide Datenschnitte funktionieren gleichzeitig.

i

Datenschnitteinstellungen

Im Kontextmenü zu einem Datenschnitt finden Sie den Punkt **Datenschnitteinstellungen**, über den Sie z. B. die Sortierung der Elemente ändern oder die Kopfzeile umbenennen oder ausblenden können.

Schritt 10

Zur besseren Unterscheidung lassen sich die Datenschnitte auch verschiedenfarbig formatieren. Klicken Sie z. B. auf den Datenschnitt **Kundenkarte**, um ihn zu markieren ❶. Die Registerkarte **Datenschnitt** erscheint im Menüband. Wählen Sie eine Datenschnitt-Formatvorlage, z. B. **Hell 6**.

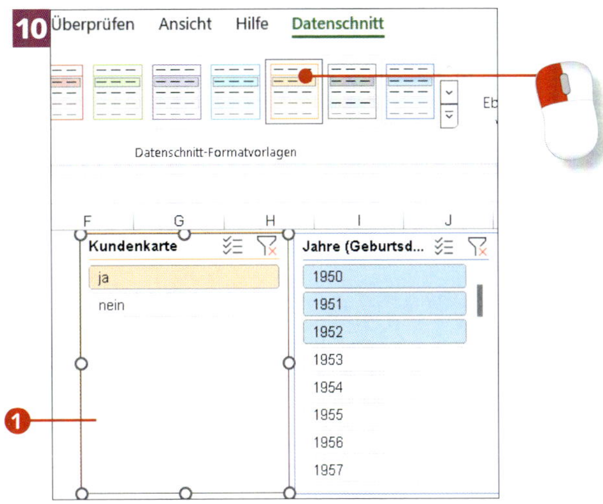

Schritt 11

Wenn Sie einen Datenschnitt nicht mehr benötigen, können Sie ihn wieder löschen. Markieren Sie dazu z. B. den Datenschnitt **Kundenkarte**, und drücken Sie dann die Entf-Taste. Alternativ klicken Sie den Datenschnitt mit der rechten Maustaste an und wählen **»Kundenkarte« entfernen** aus dem Kontextmenü.

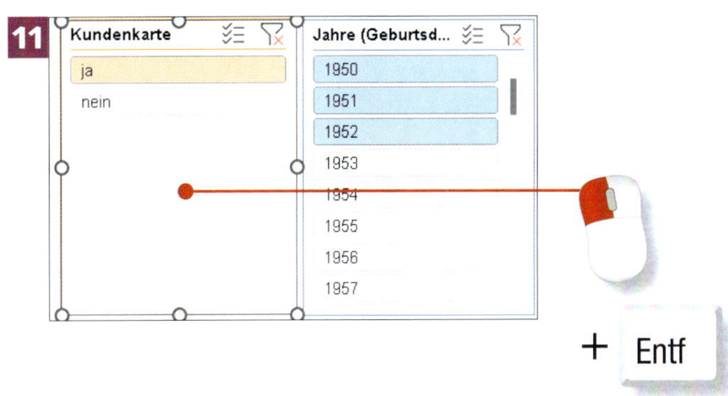

Schritt 12

Der Datenschnitt **Kundenkarte** wurde gelöscht. Der Datenschnitt **Jahre** steht Ihnen weiterhin zur Verfügung. Zum Einfügen weiterer Datenschnitte wiederholen Sie die Schritte 2 und 3 dieser Anleitung.

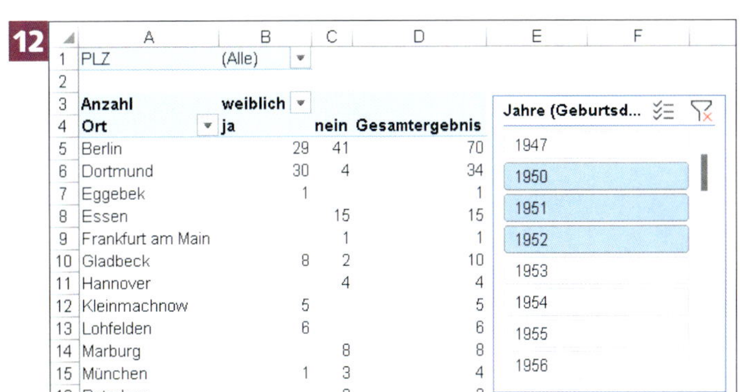

Neue Datentypen

1

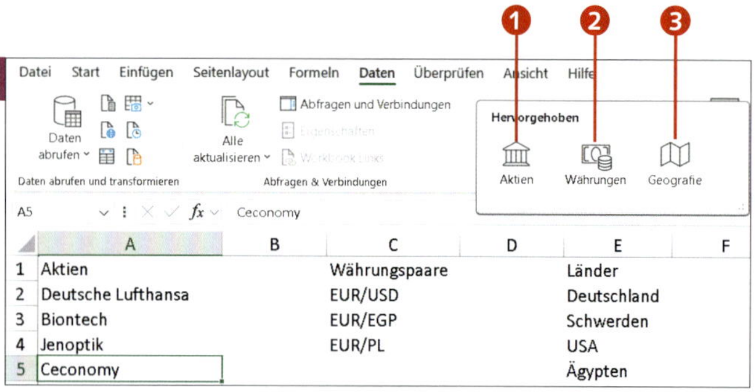

Bis Excel 2021 gab es fünf Datentypen (boolesche Werte, Datum, Fehler, Text und Zahlen). Excel ordnete alle Eingaben einem dieser Datentypen zu. Ab Excel 2021 bietet Excel zusätzliche Datentypen, nämlich Aktien, Geografie und Währung.

Schritt 1

Für Aktieninformationen geben Sie den Aktiennamen ❶ ein. Für die Währungsumrechnung ❷ benötigen Sie ein Währungspaar im ISO-Währungscode. Für geografische Daten wählen Sie Ländernamen ❸.

2

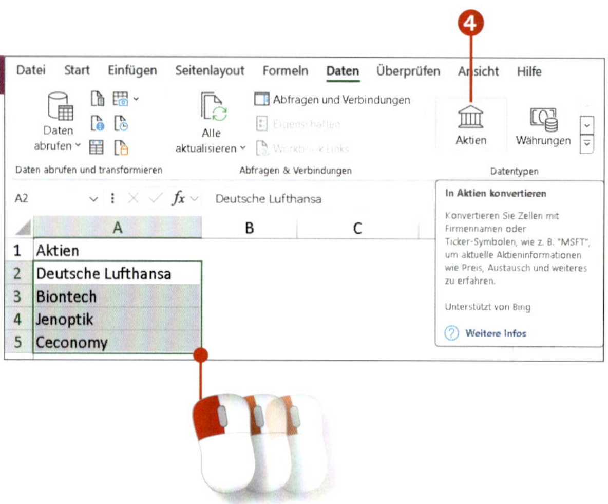

Schritt 2

Die Herangehensweise ist für die aufgeführten Datentypen jeweils gleich. Nach Eingabe der Daten markieren Sie die Zellen, hier z. B. A2:A5, und wählen in der Registerkarte **Daten** in der Gruppe **Datentypen** den Datentyp **Aktien** ❹.

3

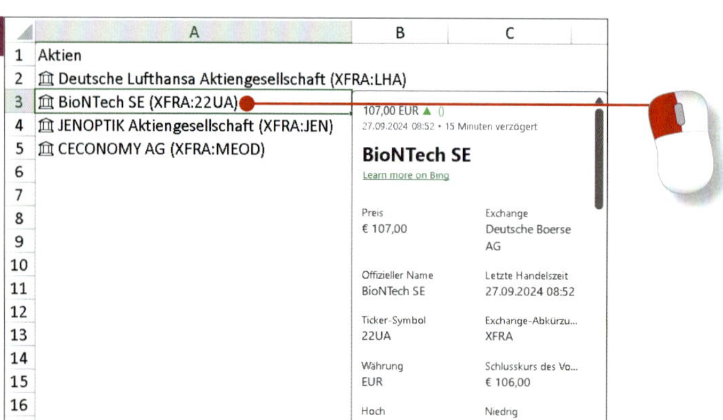

Schritt 3

Klicken Sie auf das jeweilige Aktiensymbol, um Details zur gewählten Aktie anzuzeigen Ein Klick auf das Aktiensymbol vor BioNTech zeigt die vorhandene Information.

Schritt 4

Diese Information können Sie auch tabellarisch anzeigen lassen. Markieren Sie die Aktien von A2:A5, und klicken Sie auf das Zeichen **Daten einfügen**. Aus der Liste können Sie verschiedene Feldeigenschaften wählen, z. B. den **Börsenwert** 5.

4
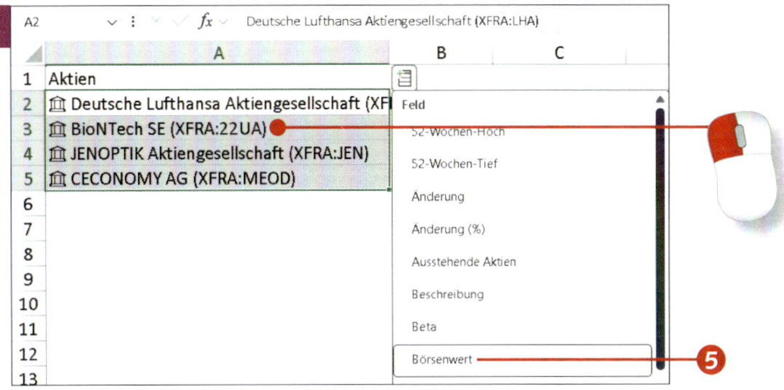

Schritt 5

Diesen Schritt können Sie beliebig oft wiederholen. Hier wurden noch der **Preis** 6 und der **Schlusskurs des Vortages** 7 eingefügt.

5
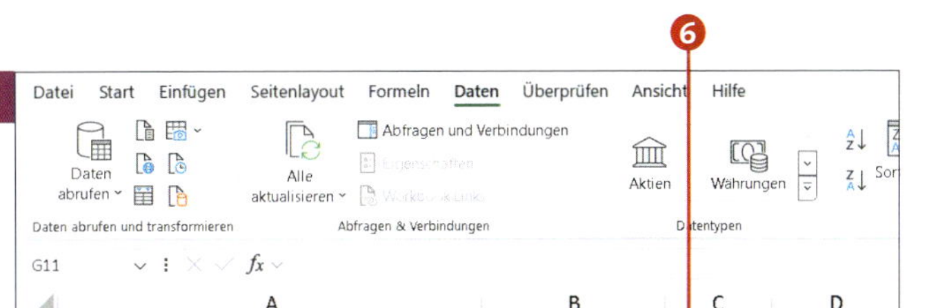

	A	B	C	D
1	Aktien	Börsenwert	Preis	Schlusskurs des Vortages
2	Deutsche Lufthansa Aktiengesellschaft (XF	€ 7.624.852.000	€ 6,57	€ 6,51
3	BioNTech SE (XFRA:22UA)	$27.970.820.000	€ 107,00	€ 106,00
4	JENOPTIK Aktiengesellschaft (XFRA:JEN)	€ 1.501.928.000	€ 27,38	€ 27,00
5	CECONOMY AG (XFRA:MEOD)	€ 1.376.087.000	€ 0,60	€ 0,52

Schritt 6

Probieren Sie im Anschluss auch die anderen Datentypen aus. Nebenstehend sind geographische Daten zum Einsatz gekommen.

6

Kapitel 10
Zusammenarbeit mit anderen Apps

Wenn Sie Excel-Tabellen weitergeben möchten, sollten Sie sie zuerst als PDF speichern, um sicherzugehen, dass sie nicht (aus Versehen) verändert werden. Außerdem ist auf diese Weise garantiert, dass die Tabellen auch auf anderen Computern exakt so aussehen, wie Sie es sich gedacht haben. Auch die Zusammenarbeit mit dem Textverarbeitungsprogramm Word bietet eine Menge Möglichkeiten, um sich die Arbeit zu erleichtern und Daten für andere anschaulich zu machen.

Als PDF speichern
Wenn Sie eine Tabelle per E-Mail verschicken oder einfach nur verhindern wollen, dass sie jemand – vielleicht auch nur aus Versehen – verändert, speichern Sie sie am besten als PDF. So sind alle Texte und Formatierungen gesichert, und Sie können die Datei problemlos weitergeben.

Intelligente Tabellen
Sie können eine Excel-Tabelle so in ein Word-Dokument einfügen, dass sie sich automatisch aktualisiert, sobald in der Originaltabelle etwas verändert wird. Dazu kopieren Sie die Excel-Tabelle und fügen sie mit der Einfügeoption **Verknüpfen und ursprüngliche Formatierung beibehalten (F)** in Ihr Word-Dokument ein.

Serienbriefe
Eine besonders für das Berufsleben ungemein hilfreiche Erfindung ist der Serienbrief. So können Sie den gleichen Brief an mehrere Empfänger*innen richten, ohne dass Sie alle Adressdaten oder die Anrede von Hand eingeben müssen. Verknüpfen Sie das Word-Dokument einfach mit Ihrer Adressliste in Excel.

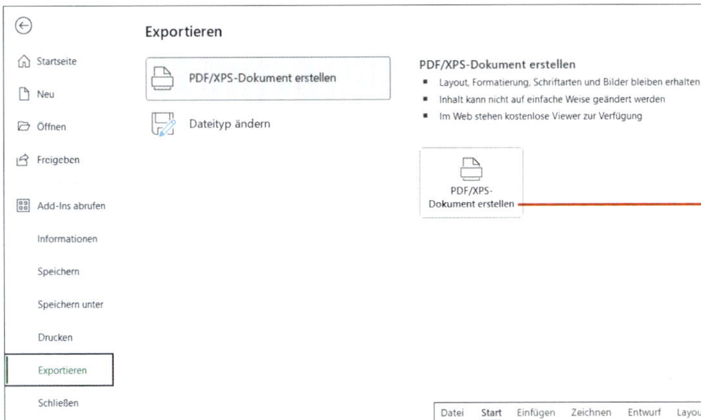

1 In der Backstage-Ansicht können Sie aus Ihrer Excel-Datei eine PDF-Datei machen.

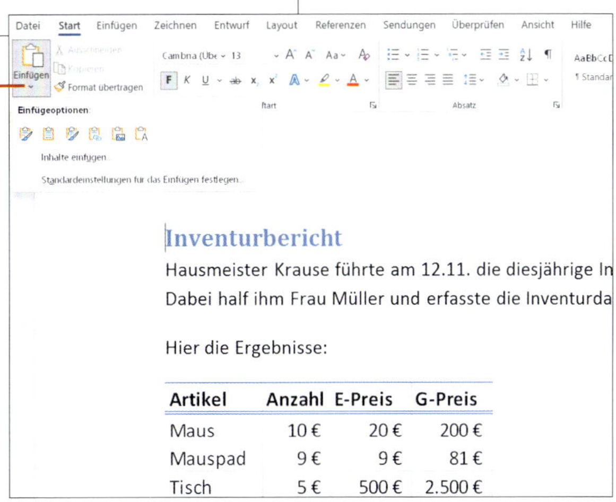

2 Die Schaltfläche »Einfügen« auf der Registerkarte »Start« zeigt Ihnen alle Einfügeoptionen für die kopierte Excel-Tabelle an – sogar mit Live-Vorschau.

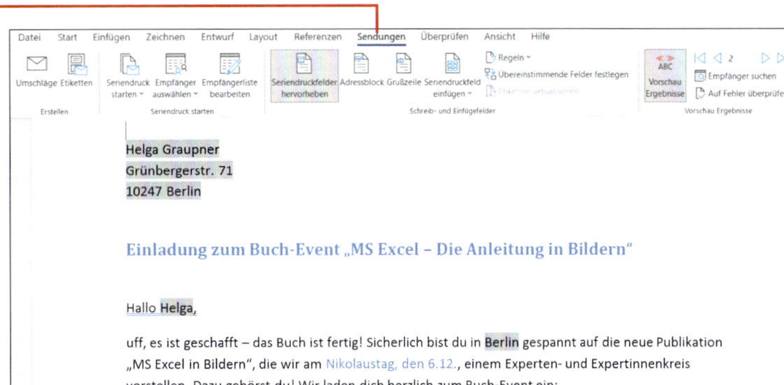

3 In Word stehen die Befehle zum Erstellen von Serienbriefen auf der Registerkarte »Sendungen« zur Auswahl.

Eine PDF der Arbeitsmappe erstellen

Wie können Sie Ihre Tabelle auch ohne Excel formvollendet drucken? Wie verhindern Sie gleichzeitig Änderungen? Erstellen Sie einfach eine PDF-Kopie. Wie Sie das schaffen, zeigen wir Ihnen hier.

1

	A	B	C	D	E
1	Name	Vorname	Straße	PLZ	Ort
2	Barentin	Eva	Zusestr. 2	12345	Langen
3	Bilke	Petra	Schillerfalter Weg 38	13055	Berlin
4	Graupner	Helga	Grünbergerstr. 71	10247	Berlin
5	Heise	Patrick	Straße der Jugend 15	03253	Doberluck
6	Mausfeld	Marana	Schlieperstr. 56	13507	Berlin
7	Neumann	Derrick	Mühlenweg 18	16818	Langen
8	Ordner	Olli	Gleisdreieck 4	23566	Lübeck
9	Pätzhold	Tommy	Wegendorfer Str. 82	16356	Werneuchen
10	Röder	Gandolf	Bahnhofallee 38	15828	Dahlewitz
11	Sprung	Ulrike	Karl-Marx-Allee 133	10243	Berlin
12	Werner	Hillu	Lange Straße 8	24327	Bläkendorf
13					

Schritt 1

Öffnen Sie die Tabelle, aus der Sie ein PDF erstellen möchten. Wenn Sie nicht die ganze Tabelle in dem PDF darstellen wollen, markieren Sie nur einen Bereich, z. B. A1:B12.

2

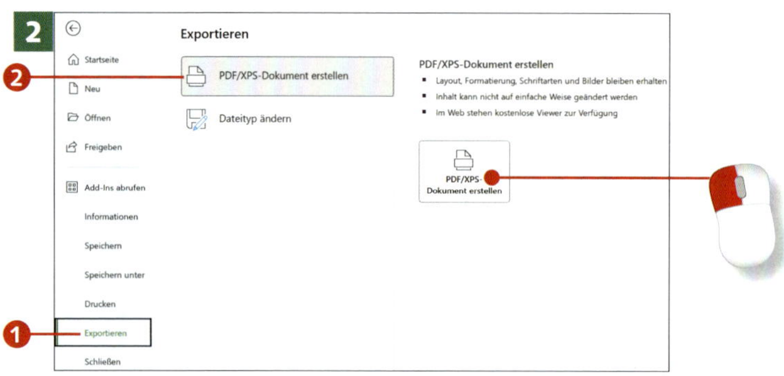

Schritt 2

Rufen Sie mit einem Klick auf **Datei** die Backstage-Ansicht auf, und wählen Sie links **Exportieren** ❶. In der Mitte klicken Sie auf **PDF/XPS-Dokument erstellen** ❷. Rechts daneben sehen Sie eine kurze Erklärung. Klicken Sie auf die Schaltfläche **PDF/XPS-Dokument erstellen**.

3

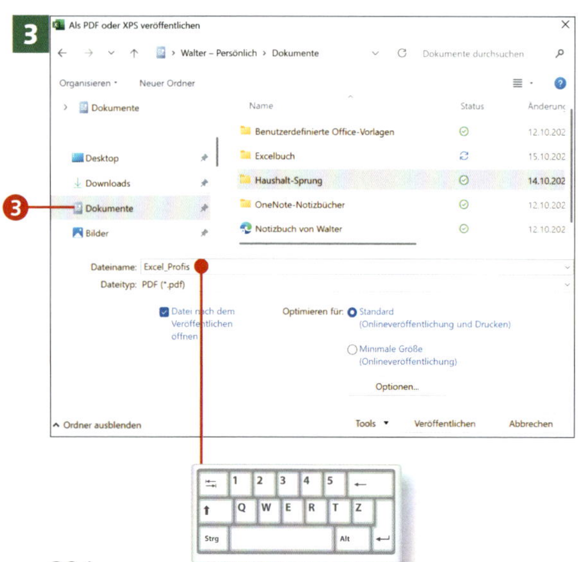

Schritt 3

Der Name der geöffneten Arbeitsmappe wird als Name für das PDF vorgeschlagen. Tragen Sie gegebenenfalls einen passenderen Dateinamen ein, z. B. *Excel_Profis*, und wählen Sie einen Speicherort aus ❸.

Schritt 4

Falls Sie die Datei später per E-Mail verschicken möchten, ist eine möglichst kleine Dateigröße sinnvoll. Deshalb aktivieren Sie unten im Dialogfenster die Option **Minimale Größe**.

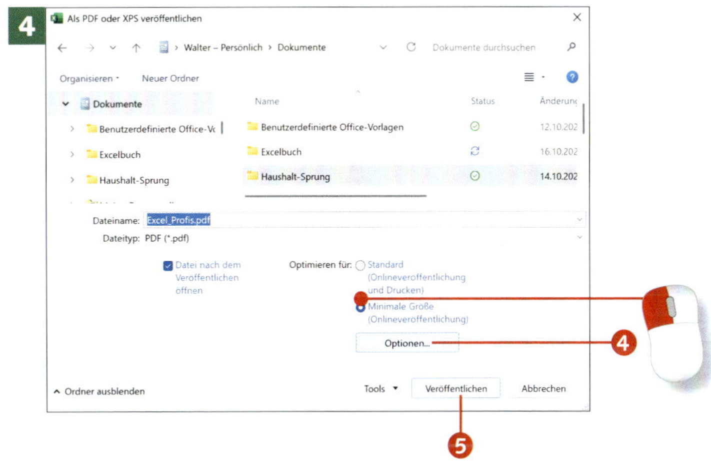

Schritt 5

Klicken Sie auf **Optionen** ❹. Dann stellen Sie ein, welchen Teil der Tabelle Sie als PDF-Kopie erstellen möchten, z. B. **Auswahl**. Damit ist der markierte Bereich A1:B12 gemeint. Bestätigen Sie den Dialog mit einem Klick auf **OK**.

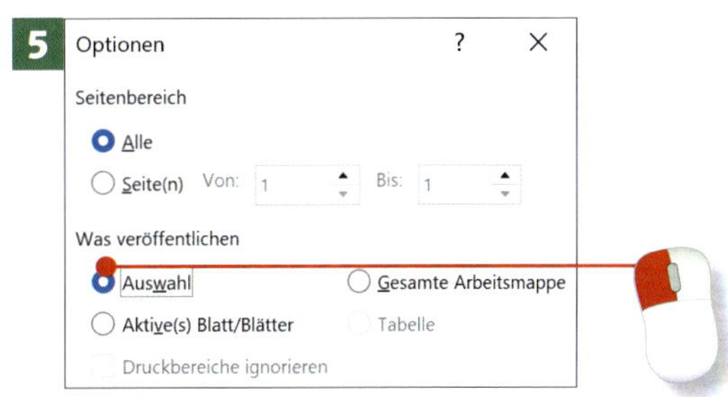

Schritt 6

Zum Abschluss klicken Sie auf **Veröffentlichen** ❺. Die PDF-Datei der Excel-Tabelle bzw. der Auswahl wird sofort erstellt und automatisch im PDF-Anzeigeprogramm, z. B. im Adobe Reader geöffnet.

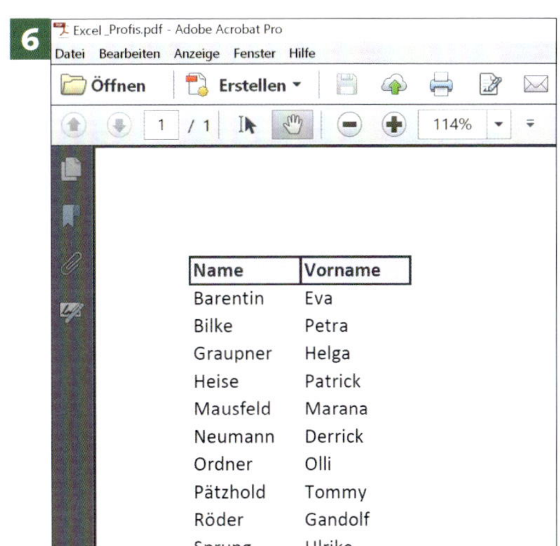

So geht es auch

Sie können auch im Dialog **Speichern unter** den Dateityp **PDF** einstellen und auf diese Weise eine PDF-Kopie Ihrer Tabelle erzeugen.

Intelligente Tabellen in Word

Sie können Ihre Excel-Tabelle an Word übergeben und dort nutzen. Fügen Sie die Tabelle z. B. als Bild ein, oder verknüpfen Sie sie mit Excel, sodass sie sich automatisch aktualisiert.

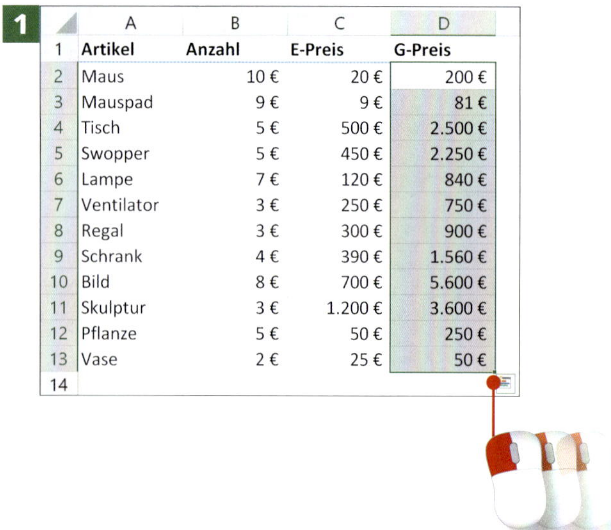

	A	B	C	D
1	**Artikel**	**Anzahl**	**E-Preis**	**G-Preis**
2	Maus	10 €	20 €	200 €
3	Mauspad	9 €	9 €	81 €
4	Tisch	5 €	500 €	2.500 €
5	Swopper	5 €	450 €	2.250 €
6	Lampe	7 €	120 €	840 €
7	Ventilator	3 €	250 €	750 €
8	Regal	3 €	300 €	900 €
9	Schrank	4 €	390 €	1.560 €
10	Bild	8 €	700 €	5.600 €
11	Skulptur	3 €	1.200 €	3.600 €
12	Pflanze	5 €	50 €	250 €
13	Vase	2 €	25 €	50 €
14				

Schritt 1

Öffnen Sie eine Excel-Tabelle, z. B. *Inventur.xlsx*. Bevor Sie sie in Word einfügen, muss sie komplett sein. Fügen Sie also Formeln ein, und ergänzen Sie alles Wichtige.

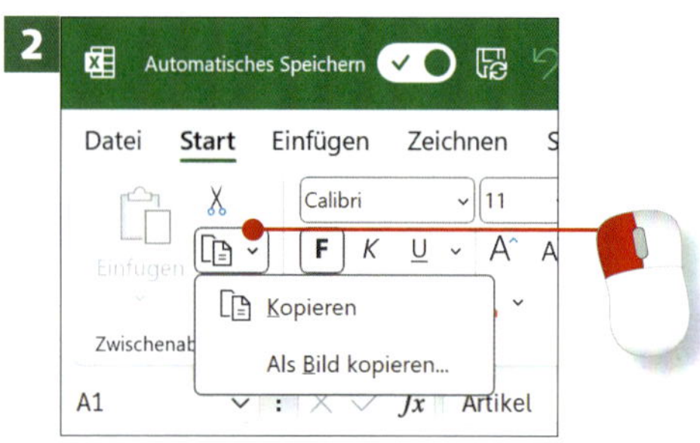

Schritt 2

Markieren Sie den Bereich, den Sie an Word übergeben möchten, z. B. A1:D13. Klicken Sie auf der Registerkarte **Start** in der Gruppe **Zwischenablage** auf den Pfeil bei **Kopieren** und hier auf **Als Bild kopieren**. Wenn Sie die Tabelle in Word nicht mehr verändern möchten, ist das der beste Weg.

Schritt 3

Bestätigen Sie den daraufhin erscheinenden Dialog **Bild kopieren** mit einem Klick auf **OK**, ohne etwas zu verändern.

Schritt 4

Öffnen Sie die Word-Datei, in die Sie das Excel-Bild einfügen wollen. Setzen Sie den Cursor an die entsprechende Stelle ❶. Klicken Sie auf der Registerkarte **Start** in der Gruppe **Zwischenablage** auf die Schaltfläche **Einfügen**.

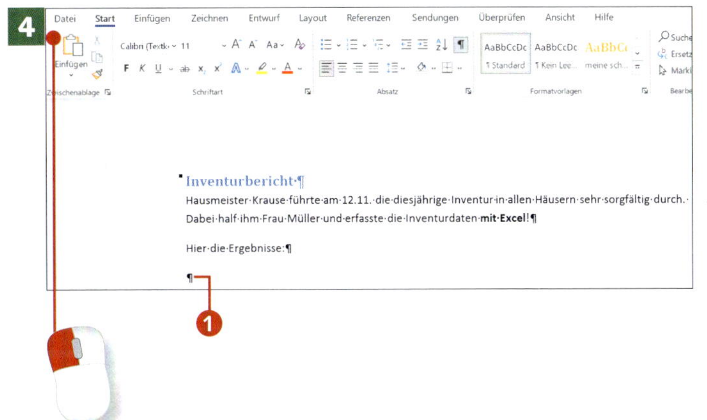

Schritt 5

Die Tabelle wird als Bild eingefügt und sieht genauso aus, wie sie in Excel formatiert wurde. Sie können die Werte nicht verändern, aber das Tabellenbild wie jede andere Grafik bearbeiten (siehe dazu den Abschnitt »Der Einsatz von Grafiken« auf Seite 246). Markieren Sie es mit einem Mausklick, dann erscheint oben die Registerkarte **Bildformat**.

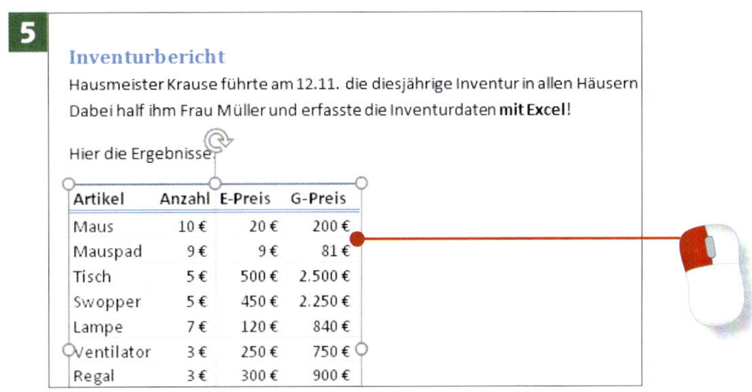

Schritt 6

Klicken Sie auf die Registerkarte **Bildformat**, um die Bildbearbeitungsbefehle zu sehen. Wählen Sie in der Gruppe **Bildformatvorlagen** z. B. die Darstellung **Perspektive oberhalb, weiß** ❷.

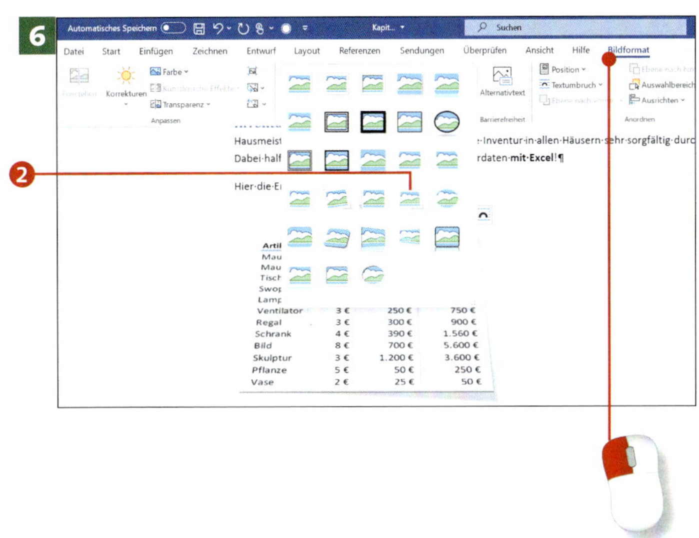

Tabellenbild löschen

Um das Bild der Tabelle wieder zu löschen, markieren Sie es und drücken die Entf-Taste.

Intelligente Tabellen in Word (Forts.)

7

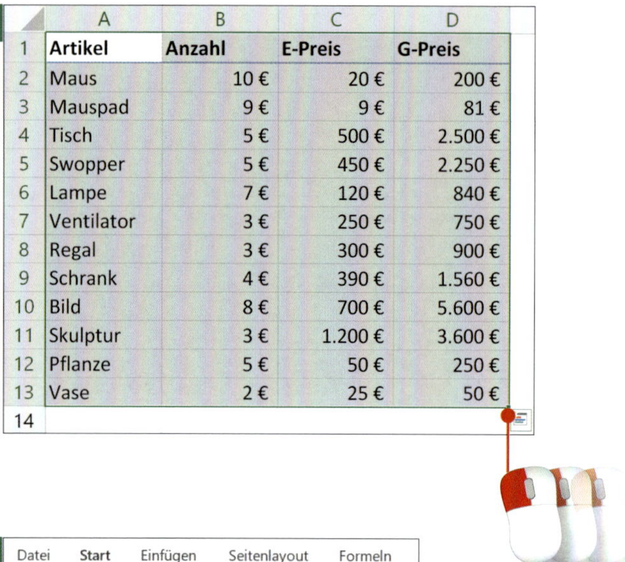

	A	B	C	D
1	Artikel	Anzahl	E-Preis	G-Preis
2	Maus	10 €	20 €	200 €
3	Mauspad	9 €	9 €	81 €
4	Tisch	5 €	500 €	2.500 €
5	Swopper	5 €	450 €	2.250 €
6	Lampe	7 €	120 €	840 €
7	Ventilator	3 €	250 €	750 €
8	Regal	3 €	300 €	900 €
9	Schrank	4 €	390 €	1.560 €
10	Bild	8 €	700 €	5.600 €
11	Skulptur	3 €	1.200 €	3.600 €
12	Pflanze	5 €	50 €	250 €
13	Vase	2 €	25 €	50 €
14				

8

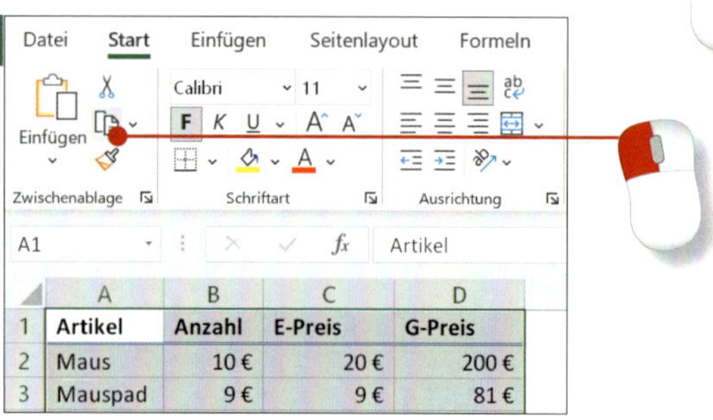

9

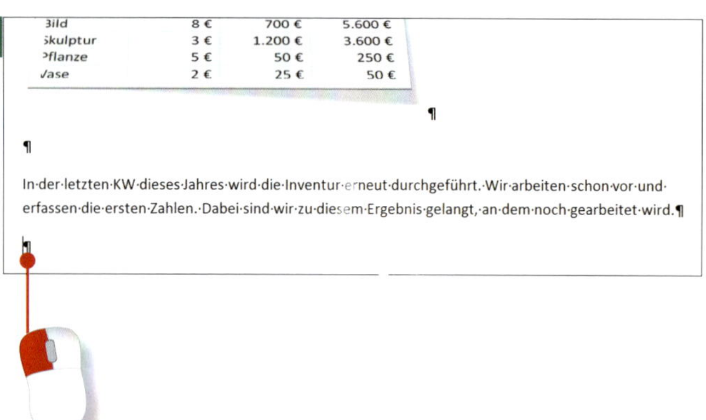

Schritt 7

Sie können die Excel-Tabelle auch als Verknüpfung einfügen. Markieren Sie dazu erneut den Bereich, den Sie darstellen wollen, hier also A1:D13.

Schritt 8

Klicken Sie auf der Registerkarte **Start** in der Gruppe **Zwischenablage** auf die Schaltfläche **Kopieren**. Excel zeigt einen gestrichelten Laufrahmen um den markierten Bereich herum an, d.h., die Tabelle befindet sich als Kopie in der Zwischenablage und kann nun an einer anderen Stelle eingefügt werden.

Schritt 9

Öffnen Sie die Word-Datei, in die Sie die Tabelle einfügen wollen. Positionieren Sie die Schreibmarke an der Stelle im Text, an der die Tabelle eingefügt werden soll.

i

Aktualisierungen

Wenn Sie eine verknüpfte Excel-Tabelle ändern, werden Sie beim nächsten Öffnen der Word-Datei gefragt, ob die Tabelle auch dort aktualisiert werden soll.

Schritt 10

Klicken Sie auf der Registerkarte **Start** in der Gruppe **Zwischenablage** auf den Pfeil unter **Einfügen**. Aus den Optionen wählen Sie mit einem Mausklick **Verknüpfen und ursprüngliche Formatierung beibehalten (U)**.

10
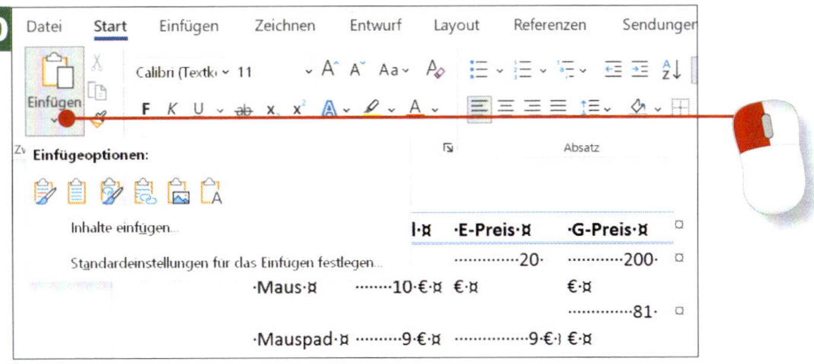

Schritt 11

Die Excel-Tabelle ist jetzt als Verknüpfung im Word-Text enthalten. Die Spalte *Anzahl* zeigt fälschlicherweise die Währungseinheit €. Öffnen Sie daher Excel, und ändern Sie das Zahlenformat für den Bereich B2:B13 in **Standard**.

11
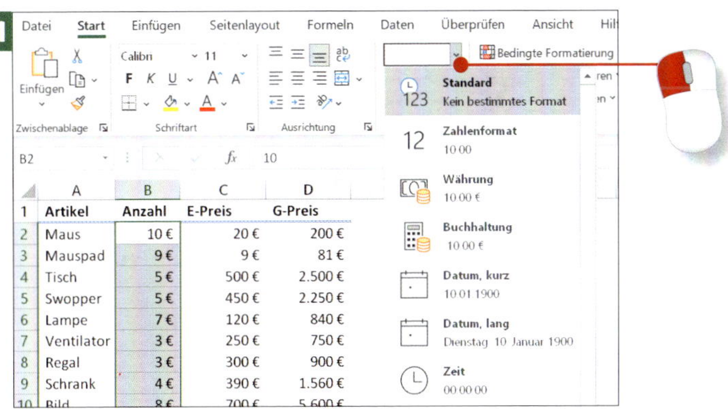

Schritt 12

Öffnen Sie den Word-Text, und klicken Sie mit der rechten Maustaste auf die Tabelle. Aus dem Kontextmenü wählen Sie **Verknüpfungen...** im Dialogfenster **Links** klicken Sie auf **Jetzt aktualisieren** ❶ und danach auf **OK**. Die Währungseinheit verschwindet. Dann wählen Sie auf der Registerkarte **Tabellenlayout** in der Gruppe **Zellengröße** die Schaltfläche **AutoAnpassen ▸ Automatisch an Inhalt anpassen** ❷.

12
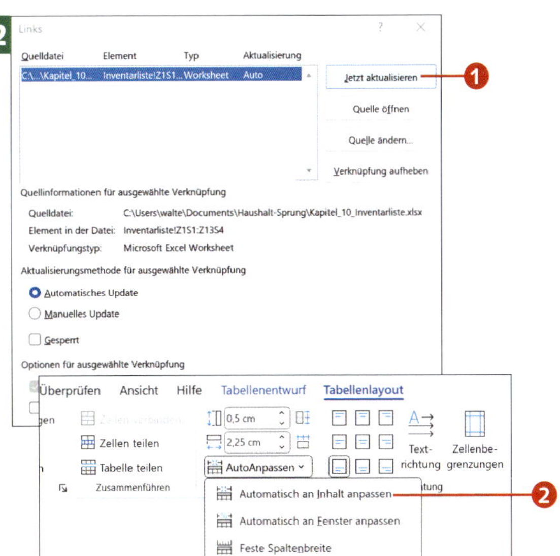

Serienbriefe auf Basis von Excel-Listen

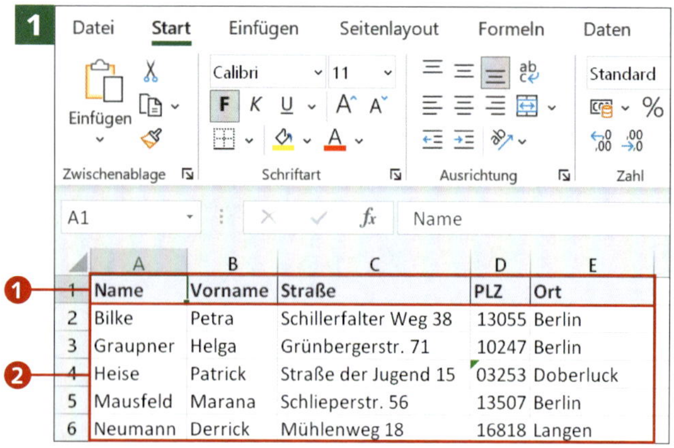

Um einen Brief ohne großen Aufwand gleich an mehrere Personen zu verschicken, können Sie als Datenquelle problemlos Ihre Excel-Adressliste verwenden.

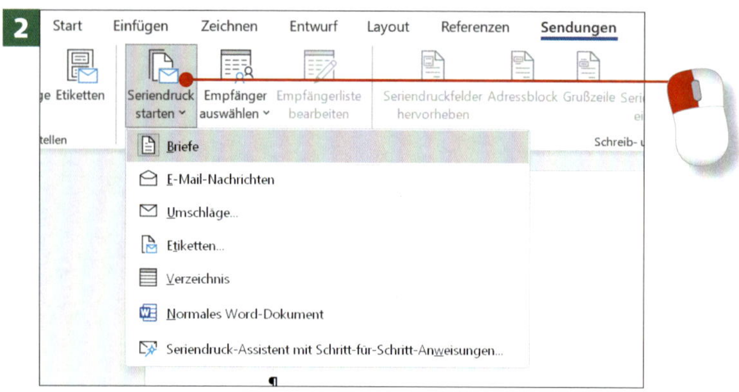

Schritt 1

Damit eine Excel-Liste als Datenquelle für einen Serienbrief geeignet ist, muss sie in der ersten Zeile Überschriften mit Feldnamen ❶ enthalten. Darunter stehen die Datensätze ❷. Die Liste darf keine Leerzeilen oder -spalten beinhalten. Öffnen Sie Ihre Datei, und prüfen Sie diese Kriterien. Dann können Sie Excel schließen.

Schritt 2

Starten Sie Word, und öffnen Sie eine passende Datei, z. B. eine Einladung. Klicken Sie auf der Registerkarte **Sendungen** in der Gruppe **Seriendruck starten** auf **Seriendruck starten**, und wählen Sie den Eintrag **Briefe**.

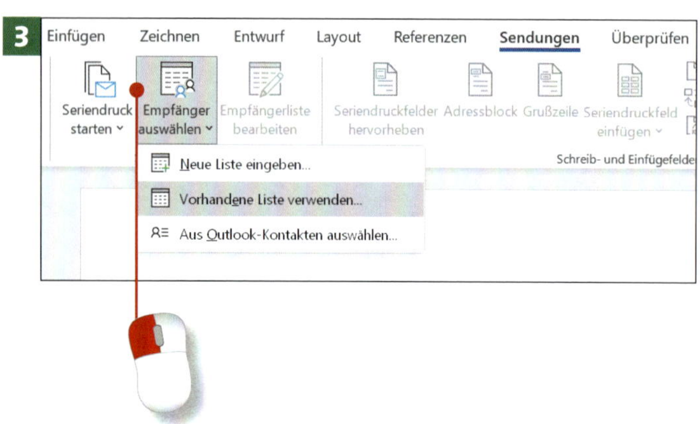

Schritt 3

Klicken Sie dann auf der Registerkarte **Sendungen** in der Gruppe **Seriendruck starten** auf **Empfänger auswählen ▸ Vorhandene Liste verwenden**.

Schritt 4

Im Dialogfenster wählen Sie den Speicherort der Excel-Tabelle aus und dann die passende Datei, z. B. *Adressen.xlsx*. Klicken Sie schließlich auf **Öffnen**.

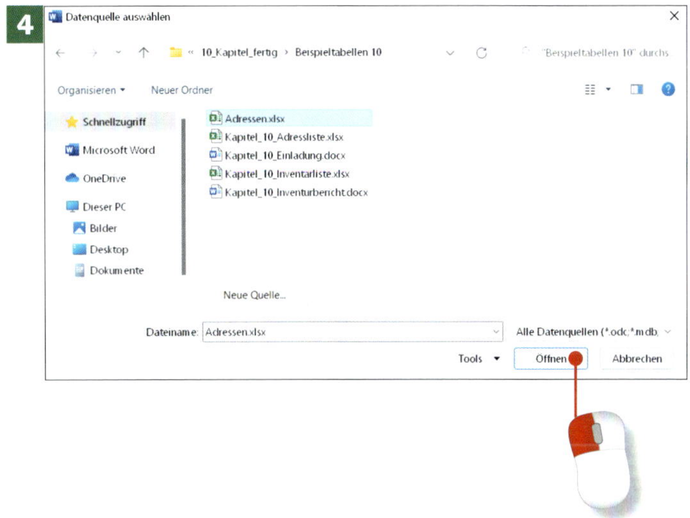

Schritt 5

Wählen Sie das Tabellenblatt aus, auf dem sich die Adressdaten befinden, hier **Tabelle1$**. Dann klicken Sie auf **OK**. Damit haben Sie das *Startdokument*, also die Einladung an sich, und die *Datenquelle* bestimmt.

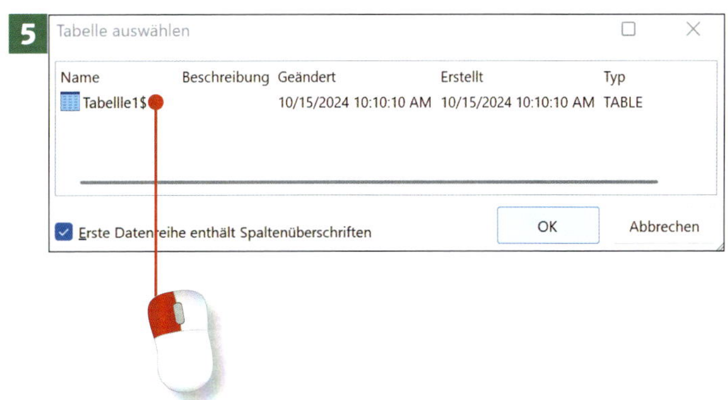

Schritt 6

Nun müssen Sie die *Seriendruckfelder* (die Überschriftenfelder aus der Excel-Tabelle) einfügen, die später mit dem entsprechenden Eintrag aus dem Datensatz gefüllt werden. Setzen Sie den Cursor an die passende Textstelle.

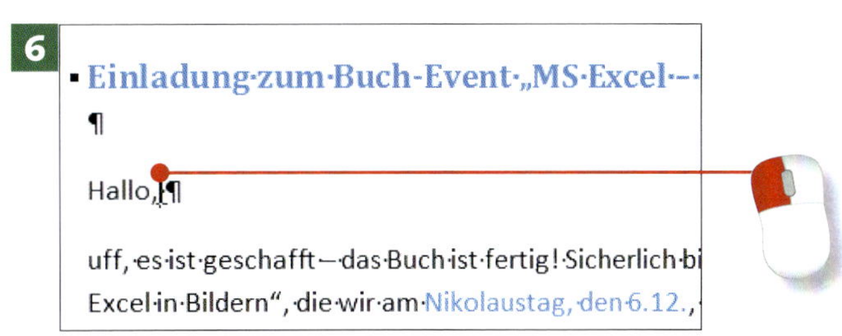

Tausenderpunkt

Enthalten die Seriendruckfelder in Excel Zahlenwerte, kann der Tausenderpunkt beim Übertragen verloren gehen. In diesem Fall müssen Sie das Format selbst korrigieren.

Serienbriefe auf Basis von Excel-Listen (Forts.)

7

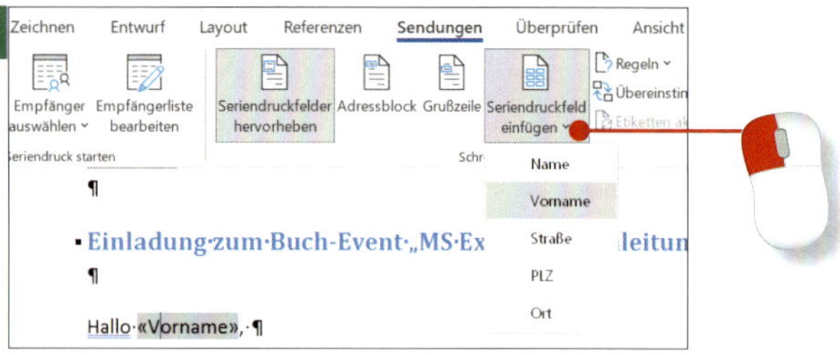

8

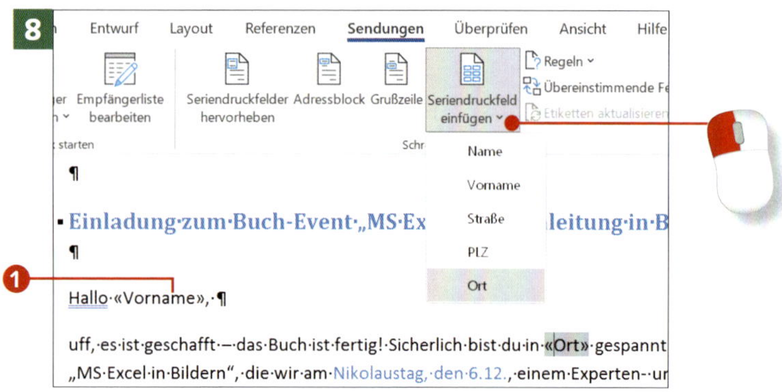

9

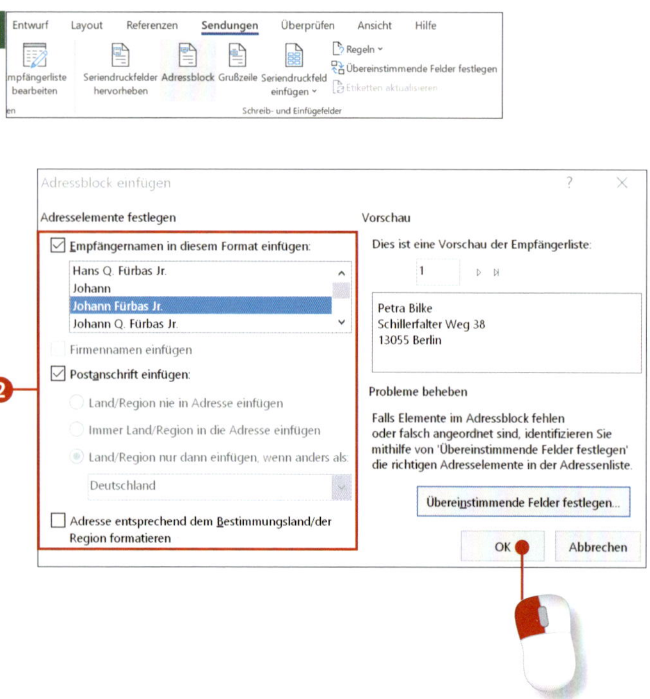

Schritt 7

Klicken Sie auf der Registerkarte **Sendungen** in der Gruppe **Schreib- und Einfügefelder** auf den Pfeil an der Schaltfläche **Seriendruckfeld einfügen**. Die Auswahl der Feldnamen erscheint. Wählen Sie das Feld **Vorname** mit einem Mausklick.

Schritt 8

Das Seriendruckfeld *«Vorname»* ❶ wird eingefügt und dient als Platzhalter für einen Vornamen aus der Excel-Tabelle. Setzen Sie nun den Cursor in den Text. Nach *Sicherlich bist du in* geben Sie ein Leerzeichen ein, und fügen Sie hier über **Seriendruckfeld einfügen ▸ Ort** das Seriendruckfeld *«Ort»* ein. Dahinter gehört auch ein Leerzeichen; das müssen Sie noch ergänzen.

Schritt 9

Um im Briefkopf die Empfängeradresse zu ergänzen, klicken Sie auf **Adressblock**. Im Dialogfenster **Adressblock einfügen** können Sie die Adresselemente festlegen ❷ und sehen rechts eine Vorschau der Empfängerliste. Excel hat hier bereits alles richtig eingestellt. Klicken Sie daher einfach auf **OK**.

Schritt 10

Klicken Sie nun in der Gruppe **Vorschau Ergebnisse** auf die gleichnamige Schaltfläche. Die Felder werden eingelesen. Mit dem Pfeil für **Nächster Datensatz** ❸ blättern Sie durch die Datensätze. Selbstverständlich können Sie auch zurückblättern oder direkt zu einem Datensatz springen.

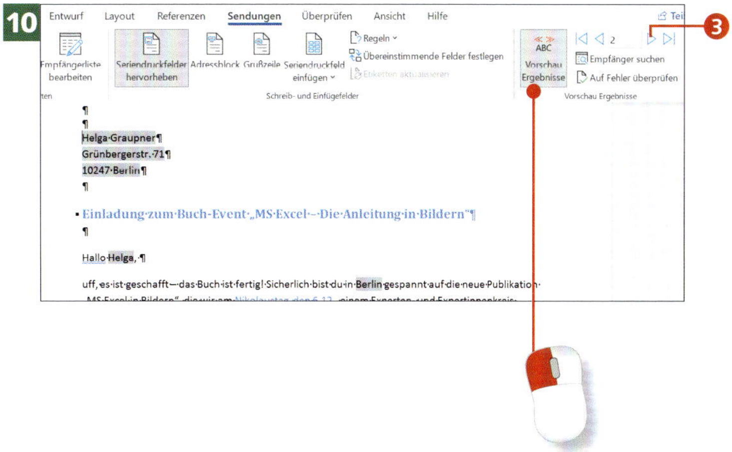

Schritt 11

Klicken Sie auf die Schaltfläche **Fertig stellen und zusammenführen**. Um Ihre Dokumente vor dem Ausdruck gegebenenfalls noch ändern zu können, wählen Sie **Einzelne Dokumente bearbeiten** im Menü.

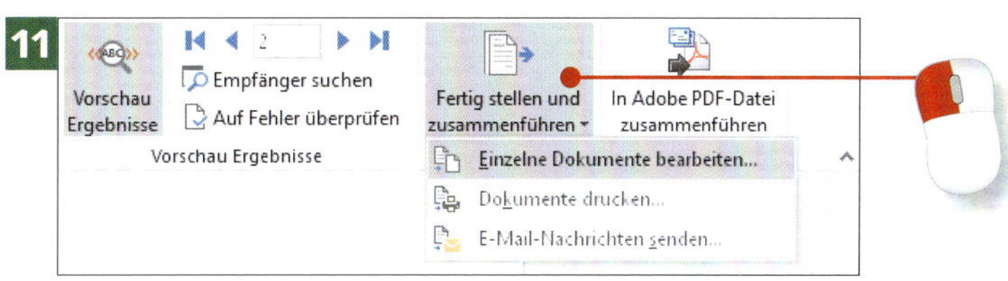

Schritt 12

Im Dialogfenster **Seriendruck in neues Dokument** könnten Sie einzelne Datensätze für den Serienbrief wählen. Wir wollen die Einladung jedoch an alle schicken. Aktivieren Sie also **Alle**, und klicken Sie dann auf **OK**.

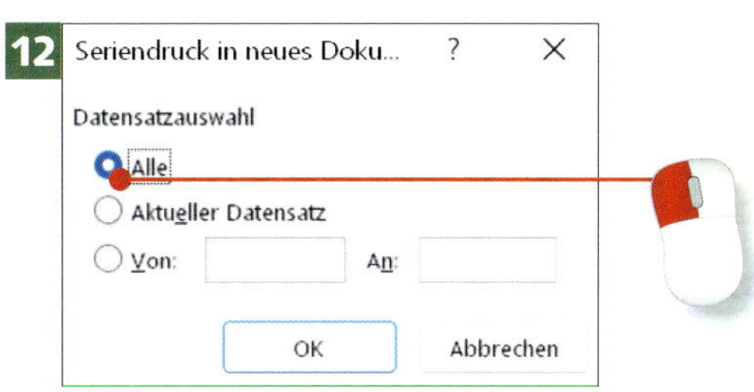

Serienbriefe auf Basis von Excel-Listen (Forts.)

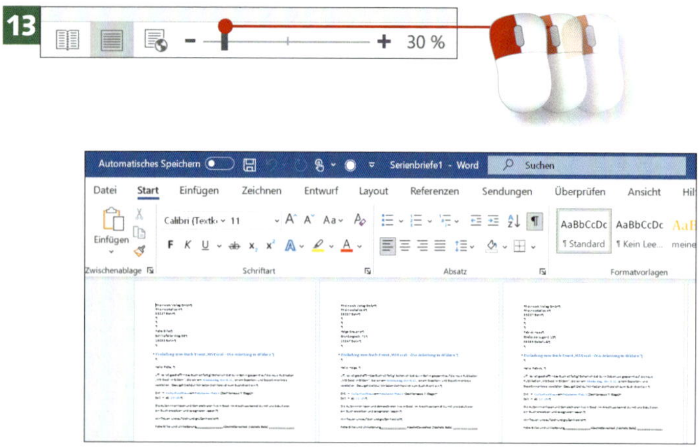

Schritt 13

Ein neues Dokument mit dem Namen *Serienbriefe1* öffnet sich. Verkleinern Sie die Ansicht über den Regler ganz unten rechts so, dass Sie alle Briefe sehen können.

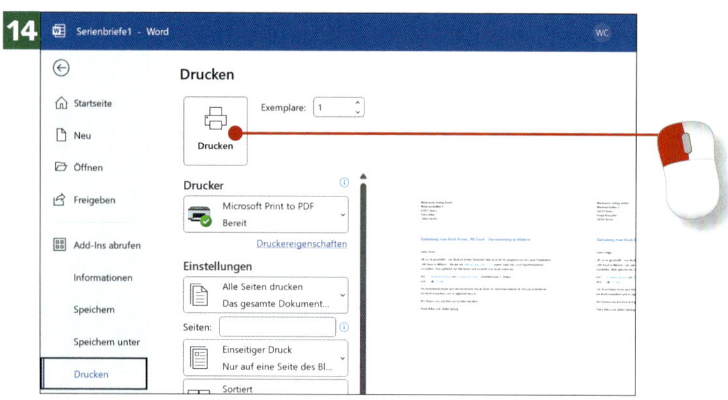

Schritt 14

Drucken Sie das Dokument *Serienbriefe1* aus, indem Sie auf **Datei ▸ Drucken ▸ Drucken** klicken. Schließen Sie dann die Datei. Weil Sie den Brief nun nicht mehr benötigen, beantworten Sie den Nachfrage-Dialog mit **Nicht speichern**.

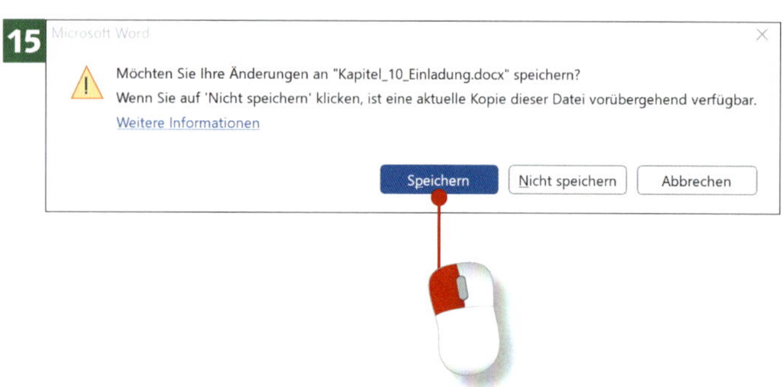

Schritt 15

Jetzt ist wieder das Startdokument zu sehen. Dieses benötigen Sie später erneut, also schließen Sie diese Datei und beantworten die Frage nach dem Speichern diesmal mit einem Klick auf **Speichern**.

!

Datenquelle und Startdokument

Datenquelle und Startdokument bleiben nach dem Beenden miteinander verbunden. Wird die Excel-Tabelle verschoben, umbenannt oder gelöscht, müssen Sie den Seriendruck neu einstellen.

Schritt 16

Öffnen Sie erneut Ihre Adressliste, und nehmen Sie noch eine Person auf: *Eva Barentin*. Speichern Sie Ihre Änderungen, und beenden Sie Excel.

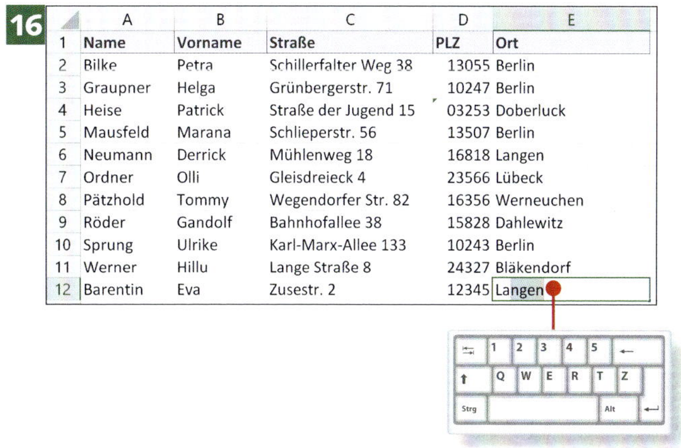

	A	B	C	D	E
1	Name	Vorname	Straße	PLZ	Ort
2	Bilke	Petra	Schillerfalter Weg 38	13055	Berlin
3	Graupner	Helga	Grünbergerstr. 71	10247	Berlin
4	Heise	Patrick	Straße der Jugend 15	03253	Doberluck
5	Mausfeld	Marana	Schlieperstr. 56	13507	Berlin
6	Neumann	Derrick	Mühlenweg 18	16818	Langen
7	Ordner	Olli	Gleisdreieck 4	23566	Lübeck
8	Pätzhold	Tommy	Wegendorfer Str. 82	16356	Werneuchen
9	Röder	Gandolf	Bahnhofallee 38	15828	Dahlewitz
10	Sprung	Ulrike	Karl-Marx-Allee 133	10243	Berlin
11	Werner	Hillu	Lange Straße 8	24327	Bläkendorf
12	Barentin	Eva	Zusestr. 2	12345	Langen

Schritt 17

Öffnen Sie wieder die Word-Datei. Klicken Sie auf der Registerkarte **Sendungen** in der Gruppe **Vorschau Ergebnisse** auf die gleichnamige Schaltfläche. Mit dem Pfeil **1** springen Sie zum (letzten) Datensatz *Eva Barentin*.

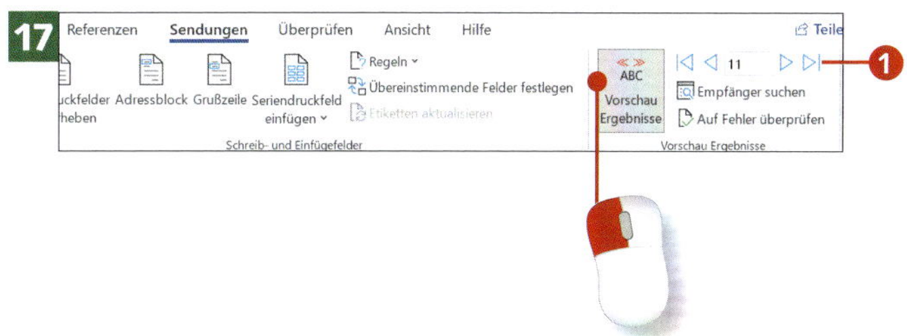

Schritt 18

Drucken Sie jetzt mit einem Klick auf **Fertig stellen und zusammenführen ▸ Einzelne Dokumente bearbeiten** nur Evas Brief aus. Im Dialogfenster **Seriendruck in neues Dokument** aktivieren Sie die Option **Aktueller Datensatz** **2** und klicken dann auf **OK**.

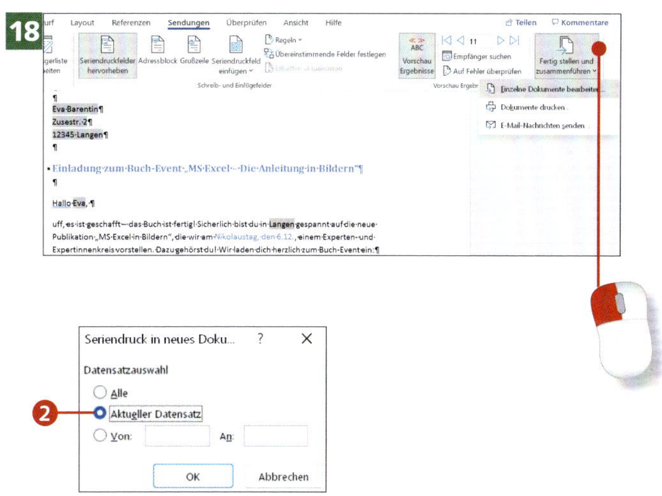

Einstellungen zurücksetzen

Um alle Seriendruckeinstellungen wieder rückgängig zu machen, klicken Sie auf der Registerkarte **Sendungen** auf **Seriendruck starten ▸ Normales Word-Dokument**.

Kapitel 11
Nützliche Vorlagen

Dieses Kapitel beinhaltet zwölf überaus nützliche Vorlagen für alltägliche Belange, die Sie als Grundstein verwenden und individuell anpassen können. Jede Vorlage steht für Sie auf unserer Website unter *www.rheinwerk-verlag.de/5990* zum Download bereit, sodass Sie sofort loslegen können.

Beschreibungstext
Zu jeder Vorlage finden Sie einen kurzen Beschreibungstext: Er erklärt, in welche Zellen Sie welche Basisformeln eintragen und welche Bereiche Sie damit automatisch ausfüllen müssen. Natürlich erfahren Sie dabei auch, was die Formeln genau bewirken. Sie müssen sie also nicht selbst austüfteln, sondern können einfach die Vorgaben übernehmen oder gleich die ganze Excel-Tabelle als Grundlage nutzen.

Formelansicht
Mit der Tastenkombination [Alt], [0], [F] (nacheinander drücken, nicht gleichzeitig!) springen Sie in die Formelansicht. Wo in den jeweiligen Zellen sonst nur die Ergebnisse zu sehen sind, können Sie in der Formelansicht auf einen Blick erkennen, welche Zellen Formeln enthalten, und diese so leicht bearbeiten. Ebenfalls mit [Alt], [0], [F] schalten Sie wieder zurück in die normale Ansicht.

	A	B	C	D	E	F	G	H	I	J	K	L
1	2025											
2												
3	**Januar**	**Februar**	**März**	**April**	**Mai**	**Juni**	**Juli**	**August**	**September**	**Oktober**	**November**	**Dezember**
4	01 Mi	01 Sa	01 Sa	01 Di	01 Do	01 So	01 Di	01 Fr	01 Mo	01 Mi	01 Sa	01 Mo
5	02 Do	02 So	02 So	02 Mi	02 Fr	02 Mo	02 Mi	02 Sa	02 Di	02 Do	02 So	02 Di
6	03 Fr	03 Mo	03 Mo	03 Do	03 Sa	03 Di	03 Do	03 So	03 Mi	03 Fr	03 Mo	03 Mi
7	04 Sa	04 Di	04 Di	04 Fr	04 So	04 Mi	04 Fr	04 Mo	04 Do	04 Sa	04 Di	04 Do
8	05 So	05 Mi	05 Mi	05 Sa	05 Mo	05 Do	05 Sa	05 Di	05 Fr	05 So	05 Mi	05 Fr
9	06 Mo	06 Do	06 Do	06 So	06 Di	06 Fr	06 So	06 Mi	06 Sa	06 Mo	06 Do	06 Sa
10	07 Di	07 Fr	07 Fr	07 Mo	07 Mi	07 Sa	07 Mo	07 Do	07 So	07 Di	07 Fr	07 So
11	08 Mi	08 Sa	08 Sa	08 Di	08 Do	08 So	08 Di	08 Fr	08 Mo	08 Mi	08 Sa	08 Mo
12	09 Do	09 So	09 So	09 Mi	09 Fr	09 Mo	09 Mi	09 Sa	09 Di	09 Do	09 So	09 Di
13	10 Fr	10 Mo	10 Mo	10 Do	10 Sa	10 Di	10 Do	10 So	10 Mi	10 Fr	10 Mo	10 Mi
14	11 Sa	11 Di	11 Di	11 Fr	11 So	11 Mi	11 Fr	11 Mo	11 Do	11 Sa	11 Di	11 Do
15	12 So	12 Mi	12 Mi	12 Sa	12 Mo	12 Do	12 Sa	12 Di	12 Fr	12 So	12 Mi	12 Fr
16	13 Mo	13 Do	13 Do	13 So	13 Di	13 Fr	13 So	13 Mi	13 Sa	13 Mo	13 Do	13 Sa
17	14 Di	14 Fr	14 Fr	14 Mo	14 Mi	14 Sa	14 Mo	14 Do	14 So	14 Di	14 Fr	14 So
18	15 Mi	15 Sa	15 Sa	15 Di	15 Do	15 So	15 Di	15 Fr	15 Mo	15 Mi	15 Sa	15 Mo
19	16 Do	16 So	16 So	16 Mi	16 Fr	16 Mo	16 Mi	16 Sa	16 Di	16 Do	16 So	16 Di
20	17 Fr	17 Mo	17 Mo	17 Do	17 Sa	17 Di	17 Do	17 So	17 Mi	17 Fr	17 Mo	17 Mi
21	18 Sa	18 Di	18 Di	18 Fr	18 So	18 Mi	18 Fr	18 Mo	18 Do	18 Sa	18 Di	18 Do
22	19 So	19 Mi	19 Mi	19 Sa	19 Mo	19 Do	19 Sa	19 Di	19 Fr	19 So	19 Mi	19 Fr
23	20 Mo	20 Do	20 Do	20 So	20 Di	20 Fr	20 So	20 Mi	20 Sa	20 Mo	20 Do	20 Sa
24	21 Di	21 Fr	21 Fr	21 Mo	21 Mi	21 Sa	21 Mo	21 Do	21 So	21 Di	21 Fr	21 So
25	22 Mi	22 Sa	22 Sa	22 Di	22 Do	22 So	22 Di	22 Fr	22 Mo	22 Mi	22 Sa	22 Mo
26	23 Do	23 So	23 So	23 Mi	23 Fr	23 Mo	23 Mi	23 Sa	23 Di	23 Do	23 So	23 Di
27	24 Fr	24 Mo	24 Mo	24 Do	24 Sa	24 Di	24 Do	24 So	24 Mi	24 Fr	24 Mo	24 Mi
28	25 Sa	25 Di	25 Di	25 Fr	25 So	25 Mi	25 Fr	25 Mo	25 Do	25 Sa	25 Di	25 Do
29	26 So	26 Mi	26 Mi	26 Sa	26 Mo	26 Do	26 Sa	26 Di	26 Fr	26 So	26 Mi	26 Fr
30	27 Mo	27 Do	27 Do	27 So	27 Di	27 Fr	27 So	27 Mi	27 Sa	27 Mo	27 Do	27 Sa
31	28 Di	28 Fr										
32	29 Mi											
33	30 Do											
34	31 Fr											

	A	B	C	D	E	F	G	H
1	Fahrtenbuch Ralf							
2								
3				Abfahrt		Ankunft		
4	Datum		Ausgangsort	km-Stand	Zielort	km-Stand	gefahrene km	Anlass für die Fahrt
5	45609	=A5	Berlin-Friedrichshain, KMA	1000	Ahrensfeld	1020	**=F5-D5**	Eignung der B158 als Rennstrecke
6	45610	=A6	Ahrensfeld	1020	Berlin-Friedrichshain, KMA	1040	**=F6-D6**	Messen der Rückfahrtzeit zur Dokumentation
7	45611	=A7						
8	45612	=A8						
9	45613	=A9						
10	45614	=A10						
11	45615	=A11						
31	45635	=A31						
32	45636	=A32						
33	**Gesamt**							
34								

	A	B	C	D	E	F	G	H	I
1	**Stundenplan für: Eva**								
2									
3		**gültig ab:**		**bis:**					
4									
5									
6		**Beginn**	**Ende**	**Dauer**	**Montag**	**Dienstag**	**Mittwoch**	**Donnerstag**	**Freitag**
7	**1. Stunde**	**07:30**	**08:15**	45 Min	Deu	Ma	Bio	Bio	Ge
8	*Pause*	*08:15*	*08:25*	10 Min					
9	**2. Stunde**	**08:25**	**09:10**	45 Min	Deu	Deu	Ge	Ma	Eng
10	*Pause*	*09:10*	**09:30**	20 Min					
11	**3. Stunde**	**09:30**	**10:15**	45 Min	Eng	Ge	Eng	Mu	Mu
12	*Pause*	*10:15*	*10:25*	10 Min					
13	**4. Stunde**	**10:25**	**11:10**	45 Min	Ma	Eng	Eng	Deu	Deu
14	*Pause*	*11:10*	*11:30*	20 Min					
15	**5. Stunde**	**11:30**	**12:15**	45 Min	Sp	Ku	Ma	ND	Sp
16	*Pause*	*12:15*	*12:25*	10 Min					
17	**6. Stunde**	**12:25**	**13:10**	45 Min	WAT	LER	Sp	Ku	Ma
18	*Pause*	*13:10*	*13:25*	15 Min					
19	**7. Stunde**	**13:25**	**14:10**	45 Min	WAT				
20									
21	Unterrichtsstunden am Tag:				7	6	6	6	6
22									
23									
24	Fach eingeben:	Bio							
25	Wie viele Stunden?	2							
26									

Persönlicher Jahreskalender

Ein Jahreskalender, der sich einfach an das nächste Jahr anpassen lässt, kann vielfach eingesetzt werden. Auf den nächsten beiden Seiten erklären wir Ihnen kurz, wie die Vorlage aussieht und wie sie funktioniert.

Die Handhabung des Kalenders ist denkbar einfach. Geben Sie in die Zelle A3 ❶ das Datum für den ersten Tag des Jahres ein. Wenn Sie den Jahreskalender für das Jahr 2025 erstellen möchten, muss der Eintrag »01.01.2025« lauten. Die Zelle hat das benutzerdefinierte Format *Monat*. Das heißt, im Kontextmenü wählen Sie **Zellen formatieren**, danach entscheiden Sie sich für das Listenelement **Benutzerdefiniert**. Dort geben Sie »MMMM« im Feld **Typ** ein und bestätigen mit [↵].

Mithilfe der Formel =JAHR(A3) wird in der Zelle A1 die Jahreszahl automatisch berechnet ❷. In den Zellen B3:L3 berechnet Excel über eine Formel das jeweils erste Datum des jeweiligen Monats. Auch dieser Bereich erhält das Format *Monat*. Die Formel für die Zelle B3 lautet: =DATUM($A$1;SPALTE(B2);1) ❸. Das Datum des ersten Tages wird auch noch einmal im Bereich A4:L4 benötigt. Die Formel für die Zelle A4 lautet also =A3 ❹. Die nachfolgenden Tage im Bereich A5:L34 dürfen nur angezeigt werden, wenn sie im gleichen Monat liegen wie der vorherige Tag. Deshalb lautet die Formel für die Zelle A5 wie folgt: =WENN(MONAT(A4)=MONAT(A4+1);A4+1;" ") ❺.

Im Februar funktioniert diese Funktion allerdings für die letzten Tage des Monats nicht, weil sie nicht für Text ausgelegt ist. Deshalb wurde die Formel für die beiden letzten Tage des Monats Februar um eine weitere WENN-Funktion erweitert. In der Zelle B33 lautet die Formel deshalb: =WENN(B31="";WENN(MONAT(B32)=MONAT(B32+1);B32+1;" ");"").

Der Bereich A4:L34 erhält wiederum ein benutzerdefiniertes Format. Im Feld **Typ** geben Sie diesmal »TT_TTT« ein.

Die Wochenenden im Kalender werden automatisch grau formatiert. Hierfür wurde die bedingte Formatierung eingesetzt. Die entsprechende Regel können Sie über **Start ▸ Formatvorlagen ▸ Bedingte Formatierung ▸ Regeln verwalten…** ändern:

- **Formel**: =WOCHENTAG(A4;2)>=6
- **Ausfüllen**: grau
- **Wird angewendet**: =$A$4:$L$34

Um mehr Platz für Notizen zu haben, können Sie die Breite der Spalten nach Ihren Wünschen verändern.

	A	B	C	D	E	F	G	H	I	J	K	L
1	2025											
2												
3	**Januar**	**Februar**	**März**	**April**	**Mai**	**Juni**	**Juli**	**August**	**September**	**Oktober**	**November**	**Dezember**
4	01 Mi	01 Sa	01 Sa	01 Di	01 Do	01 So	01 Di	01 Fr	01 Mo	01 Mi	01 Sa	01 Mo
5	02 Do	02 So	02 So	02 Mi	02 Fr	02 Mo	02 Mi	02 Sa	02 Di	02 Do	02 So	02 Di
6	03 Fr	03 Mo	03 Mo	03 Do	03 Sa	03 Di	03 Do	03 So	03 Mi	03 Fr	03 Mo	03 Mi
7	04 Sa	04 Di	04 Di	04 Fr	04 So	04 Mi	04 Fr	04 Mo	04 Do	04 Sa	04 Di	04 Do
8	05 So	05 Mi	05 Mi	05 Sa	05 Mo	05 Do	05 Sa	05 Di	05 Fr	05 So	05 Mi	05 Fr
9	06 Mo	06 Do	06 Do	06 So	06 Di	06 Fr	06 So	06 Mi	06 Sa	06 Mo	06 Do	06 Sa
10	07 Di	07 Fr	07 Fr	07 Mo	07 Mi	07 Sa	07 Mo	07 Do	07 So	07 Di	07 Fr	07 So
11	08 Mi	08 Sa	08 Sa	08 Di	08 Do	08 So	08 Di	08 Fr	08 Mo	08 Mi	08 Sa	08 Mo
12	09 Do	09 So	09 So	09 Mi	09 Fr	09 Mo	09 Mi	09 Sa	09 Di	09 Do	09 So	09 Di
13	10 Fr	10 Mo	10 Mo	10 Do	10 Sa	10 Di	10 Do	10 So	10 Mi	10 Fr	10 Mo	10 Mi
14	11 Sa	11 Di	11 Di	11 Fr	11 So	11 Mi	11 Fr	11 Mo	11 Do	11 Sa	11 Di	11 Do
15	12 So	12 Mi	12 Mi	12 Sa	12 Mo	12 Do	12 Sa	12 Di	12 Fr	12 So	12 Mi	12 Fr
16	13 Mo	13 Do	13 Do	13 So	13 Di	13 Fr	13 So	13 Mi	13 Sa	13 Mo	13 Do	13 Sa
17	14 Di	14 Fr	14 Fr	14 Mo	14 Mi	14 Sa	14 Mo	14 Do	14 So	14 Di	14 Fr	14 So
18	15 Mi	15 Sa	15 Sa	15 Di	15 Do	15 So	15 Di	15 Fr	15 Mo	15 Mi	15 Sa	15 Mo
19	16 Do	16 So	16 So	16 Mi	16 Fr	16 Mo	16 Mi	16 Sa	16 Di	16 Do	16 So	16 Di
20	17 Fr	17 Mo	17 Mo	17 Do	17 Sa	17 Di	17 Do	17 So	17 Mi	17 Fr	17 Mo	17 Mi
21	18 Sa	18 Di	18 Di	18 Fr	18 So	18 Mi	18 Fr	18 Mo	18 Do	18 Sa	18 Di	18 Do
22	19 So	19 Mi	19 Mi	19 Sa	19 Mo	19 Do	19 Sa	19 Di	19 Fr	19 So	19 Mi	19 Fr
23	20 Mo	20 Do	20 Do	20 So	20 Di	20 Fr	20 So	20 Mi	20 Sa	20 Mo	20 Do	20 Sa
24	21 Di	21 Fr	21 Fr	21 Mo	21 Mi	21 Sa	21 Mo	21 Do	21 So	21 Di	21 Fr	21 So
25	22 Mi	22 Sa	22 Sa	22 Di	22 Do	22 So	22 Di	22 Fr	22 Mo	22 Mi	22 Sa	22 Mo
26	23 Do	23 So	23 So	23 Mi	23 Fr	23 Mo	23 Mi	23 Sa	23 Di	23 Do	23 So	23 Di
27	24 Fr	24 Mo	24 Mo	24 Do	24 Sa	24 Di	24 Do	24 So	24 Mi	24 Fr	24 Mo	24 Mi
28	25 Sa	25 Di	25 Di	25 Fr	25 So	25 Mi	25 Fr	25 Mo	25 Do	25 Sa	25 Di	25 Do
29	26 So	26 Mi	26 Mi	26 Sa	26 Mo	26 Do	26 Sa	26 Di	26 Fr	26 So	26 Mi	26 Fr
30	27 Mo	27 Do	27 Do	27 So	27 Di	27 Fr	27 So	27 Mi	27 Sa	27 Mo	27 Do	27 Sa
31	28 Di	28 Fr	28 Fr	28 Mo	28 Mi	28 Sa	28 Mo	28 Do	28 So	28 Di	28 Fr	28 So
32	29 Mi		29 Sa	29 Di	29 Do	29 So	29 Di	29 Fr	29 Mo	29 Mi	29 Sa	29 Mo
33	30 Do		30 So	30 Mi	30 Fr	30 Mo	30 Mi	30 Sa	30 Di	30 Do	30 So	30 Di
34	31 Fr		31 Mo		31 Sa		31 Do	31 So		31 Fr		31 Mi

	A	B
1	**=JAHR(A3)**	
2		
3	**45658**	**=DATUM($A$1;SPALTE(B2);1)**
4	=A3	=B3
5	=WENN(MONAT(A4) = MONAT(A4+1);A4+1;" ")	=WENN(MONAT(B4) = MONAT(B4+1);B4+1;" ")
6	=WENN(MONAT(A5) = MONAT(A5+1);A5+1;" ")	=WENN(MONAT(B5) = MONAT(B5+1);B5+1;" ")
7	=WENN(MONAT(A6) = MONAT(A6+1);A6+1;" ")	=WENN(MONAT(B6) = MONAT(B6+1);B6+1;" ")
8	=WENN(MONAT(A7) = MONAT(A7+1);A7+1;" ")	=WENN(MONAT(B7) = MONAT(B7+1);B7+1;" ")
9	=WENN(MONAT(A8) = MONAT(A8+1);A8+1;" ")	=WENN(MONAT(B8) = MONAT(B8+1);B8+1;" ")
10	=WENN(MONAT(A9) = MONAT(A9+1);A9+1;" ")	=WENN(MONAT(B9) = MONAT(B9+1);B9+1;" ")
11	=WENN(MONAT(A10) = MONAT(A10+1);A10+1;" ")	=WENN(MONAT(B10) = MONAT(B10+1);B10+1;" ")
12	=WENN(MONAT(A11) = MONAT(A11+1);A11+1;" ")	=WENN(MONAT(B11) = MONAT(B11+1);B11+1;" ")
13	=WENN(MONAT(A12) = MONAT(A12+1);A12+1;" ")	=WENN(MONAT(B12) = MONAT(B12+1);B12+1;" ")
14	=WENN(MONAT(A13) = MONAT(A13+1);A13+1;" ")	=WENN(MONAT(B13) = MONAT(B13+1);B13+1;" ")
15	=WENN(MONAT(A14) = MONAT(A14+1);A14+1;" ")	=WENN(MONAT(B14) = MONAT(B14+1);B14+1;" ")
16	=WENN(MONAT(A15) = MONAT(A15+1);A15+1;" ")	=WENN(MONAT(B15) = MONAT(B15+1);B15+1;" ")
17	=WENN(MONAT(A16) = MONAT(A16+1);A16+1;" ")	=WENN(MONAT(B16) = MONAT(B16+1);B16+1;" ")
18	=WENN(MONAT(A17) = MONAT(A17+1);A17+1;" ")	=WENN(MONAT(B17) = MONAT(B17+1);B17+1;" ")
19	=WENN(MONAT(A18) = MONAT(A18+1);A18+1;" ")	=WENN(MONAT(B18) = MONAT(B18+1);B18+1;" ")
20	=WENN(MONAT(A19) = MONAT(A19+1);A19+1;" ")	=WENN(MONAT(B19) = MONAT(B19+1);B19+1;" ")
21	=WENN(MONAT(A20) = MONAT(A20+1);A20+1;" ")	=WENN(MONAT(B20) = MONAT(B20+1);B20+1;" ")
22	=WENN(MONAT(A21) = MONAT(A21+1);A21+1;" ")	=WENN(MONAT(B21) = MONAT(B21+1);B21+1;" ")

Sparplan

Wer von einem neuen Auto, einem neuen Haus oder von der Altersvorsorge nicht nur träumen, sondern derlei Wünsche auch realisieren möchte, kommt nicht umhin, sich Gedanken über den Aufbau seines Vermögens zu machen. Wir zeigen Ihnen nun verschiedene Ansätze für unterschiedliche Sparpläne.

Zunächst interessiert, was Sie bei einem monatlichen Sparbetrag von 100 € über sieben Jahre bei einem Zinssatz von 1,7 % als Zielkapital erhalten (»Was bekomme ich?«). Die Formel für die Zelle B10 lautet =ZW(B5/12;B6*12;-B7;-B8;1) ❶.

Ein bisschen anders ist die Ausgangssituation im nächsten Beispiel. Hier möchten Sie wissen, wie lange es dauert, wenn Sie bei einem Startkapital von 10.000 € monatlich 100 € über sieben Jahre bei einem Zinssatz von 1,7 % sparen (»Wie lange muss ich sparen?«). Die Formel für die Zelle E10 lautet entsprechend =ZZR(E5/12;-E7;-E6;E8;1) ❷.

Um den Zahlungszeitraum in Jahren zu berechnen, teilen Sie das Ergebnis durch 12. Die Formel für die Zelle E11 lautet somit =E10/12 ❸.

Die beiden letzten Beispiele ermitteln das benötigte Startkapital (»Was brauche ich?«) bzw. den Zinssatz (»Wie hoch ist der benötigte Zinssatz?«) bei einem monatlichen Sparbetrag über sieben Jahre.

Um das Startkapital bei einem Zinssatz von 1,7 % in Zelle B20 zu ermitteln, geben Sie die Formel =BW(B15/12;B16*12;-B17;B18;1) ❹ in diese ein.

Für die Berechnung des Zinssatzes bei einem Startkapital von 10.000 € ist in der Zelle E20 die Formel =ZINS(E16*12;-E17;-E15;E18;1)*12 ❺ einzugeben.

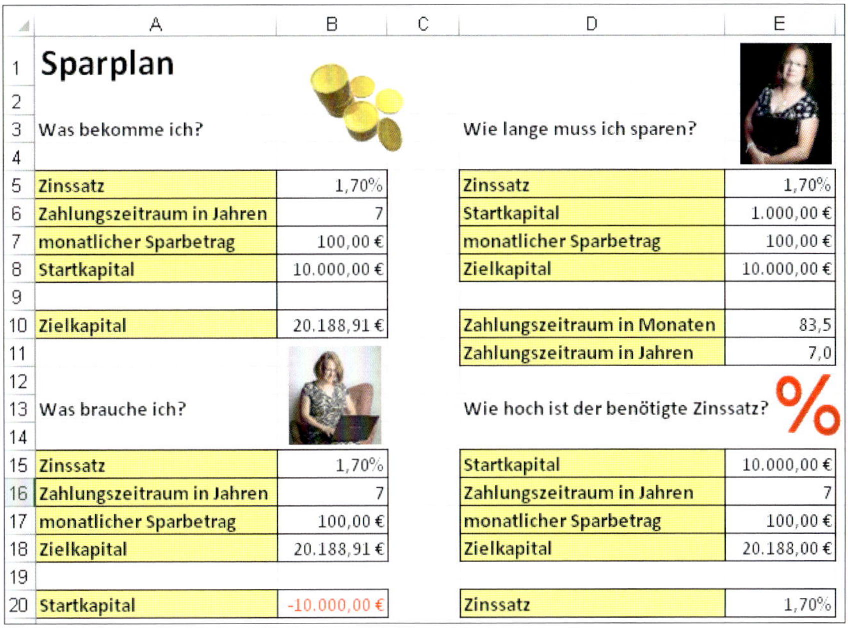

	A	B	C	D	E
1	Sparplan				
2					
3	Was bekomme ich?			Wie lange muss ich sparen?	
4					
5	Zinssatz	1,70%		Zinssatz	1,70%
6	Zahlungszeitraum in Jahren	7		Startkapital	1.000,00 €
7	monatlicher Sparbetrag	100,00 €		monatlicher Sparbetrag	100,00 €
8	Startkapital	10.000,00 €		Zielkapital	10.000,00 €
9					
10	Zielkapital	20.188,91 €		Zahlungszeitraum in Monaten	83,5
11				Zahlungszeitraum in Jahren	7,0
12					
13	Was brauche ich?			Wie hoch ist der benötigte Zinssatz?	%
14					
15	Zinssatz	1,70%		Startkapital	10.000,00 €
16	Zahlungszeitraum in Jahren	7		Zahlungszeitraum in Jahren	7
17	monatlicher Sparbetrag	100,00 €		monatlicher Sparbetrag	100,00 €
18	Zielkapital	20.188,91 €		Zielkapital	20.188,00 €
19					
20	Startkapital	-10.000,00 €		Zinssatz	1,70%

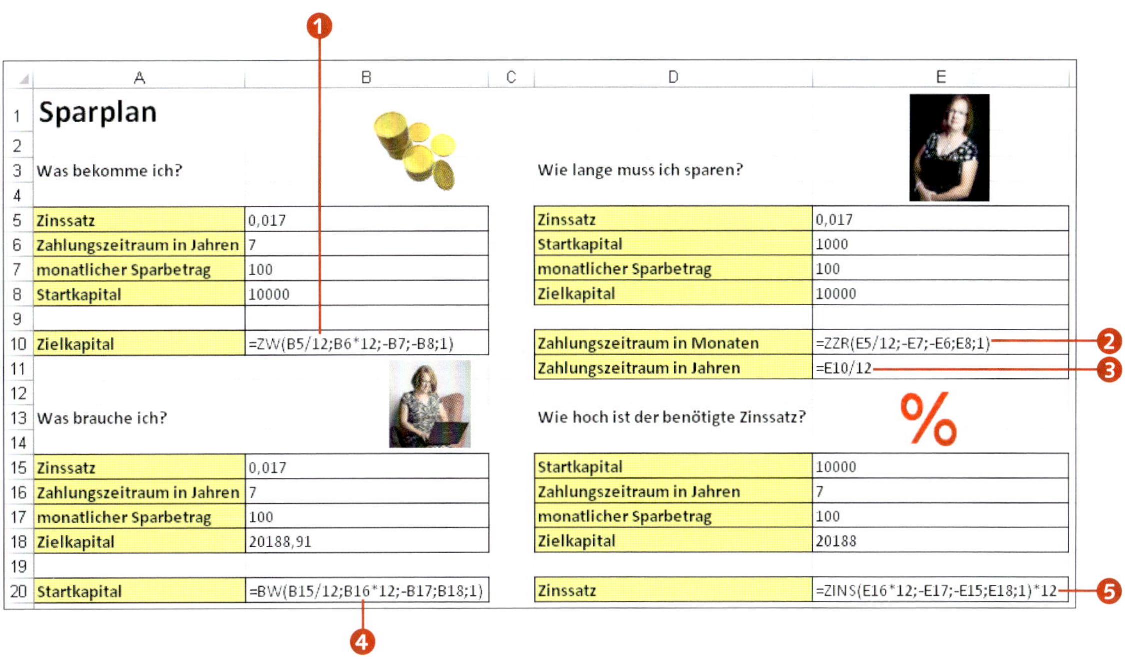

	A	B	C	D	E
1	Sparplan				
2					
3	Was bekomme ich?			Wie lange muss ich sparen?	
4					
5	Zinssatz	0,017		Zinssatz	0,017
6	Zahlungszeitraum in Jahren	7		Startkapital	1000
7	monatlicher Sparbetrag	100		monatlicher Sparbetrag	100
8	Startkapital	10000		Zielkapital	10000
9					
10	Zielkapital	=ZW(B5/12;B6*12;-B7;-B8;1)		Zahlungszeitraum in Monaten	=ZZR(E5/12;-E7;-E6;E8;1)
11				Zahlungszeitraum in Jahren	=E10/12
12					
13	Was brauche ich?			Wie hoch ist der benötigte Zinssatz?	%
14					
15	Zinssatz	0,017		Startkapital	10000
16	Zahlungszeitraum in Jahren	7		Zahlungszeitraum in Jahren	7
17	monatlicher Sparbetrag	100		monatlicher Sparbetrag	100
18	Zielkapital	20188,91		Zielkapital	20188
19					
20	Startkapital	=BW(B15/12;B16*12;-B17;B18;1)		Zinssatz	=ZINS(E16*12;-E17;-E15;E18;1)*12

Taschengeldverwaltung

Die Verwaltung des eigenen Geldes ist von immenser Wichtigkeit. Egal, ob es sich um Taschengeld oder Haushaltsgeld handelt, ein schneller Überblick über die monatlichen Ein- und Ausgänge hilft bei der Kostenkontrolle.

Die Handhabung der Taschengeldtabelle ist recht einfach. Die Datumsanzeige in der Zelle E1 weist immer das aktuelle Datum aus ❶. Der Übertrag aus dem Vormonat wird mithilfe einer tabellenblattübergreifenden Formel automatisch in der Zelle C3 angezeigt ❷. Der aktuelle Bestand kann der Zelle C4 entnommen werden: Mithilfe der Matrixfunktion SVERWEIS wird in der Zelle C4 der aktuelle Betrag des Tages angezeigt, an dem zuletzt ein Eingang oder eine Ausgabe stattgefunden hat: =SVERWEIS(E1;A7:E40;5) ❸.

Das Datum der »Kontobewegung« steht in Spalte A. Den Grund für den Eingang oder die Ausgabe geben Sie in Spalte B ein. In die Spalten C und D werden jeweils die Eingänge und Ausgaben eingetragen.

Der neue Bestand wird errechnet und in Spalte E ausgewiesen, in der Zelle E7 zunächst mit der Formel =C3+C7-D7 ❹. Wenn noch keine Einträge in den Spalten C oder D vorgenommen wurden, sollen in Spalte E keine Werte angezeigt werden. Das ermöglicht folgende WENN-Funktion: =WENN(UND(C8="";D8="");"";E7-D8+C8) ❺. Sie gibt eine leere Zeichenkette aus, wenn in den Zellen für Eingang und Ausgabe kein Eintrag vorgenommen wurde. Sobald Sie etwas eintragen, wird der aktuelle Wert berechnet.

	A	B	C	D	E
1	**Verwaltung des Taschengeldes vom**				**17.08.2024**
2					
3	**Übertrag aus dem Vormonat**		317,00 €		
4	**Bestand**		414,33 €		
5					
6	**Datum**	**Bemerkung**	**Eingang**	**Ausgabe**	**Neuer Bestand**
7	**01.08.2024**	Lohn fürs Zeitungaustragen	35,00 €		352,00 €
8	**03.08.2024**	Kinokarten		8,70 €	343,30 €
9	**05.08.2024**	T-Shirt		22,80 €	320,50 €
10	**08.08.2024**	Geburtstagsgeld von Oma	100,00 €		420,50 €
11	**09.08.2024**	3 Schulblöcke		2,97 €	417,53 €
12	**14.08.2024**	Eis		3,20 €	414,33 €

	A	B	C	D	E
1	**Verwa**				**=HEUTE()** (1)
2					
3	**Übertra**		='Taschengeld – Vormonat'!C4 (2)		
4	**Bestand**		=SVERWEIS(E1;A7:E40;5) (3)		
5					
6	**Datum**	**Bemerkung**	**Eingang**	**Ausgal**	**Neuer Bestand**
7	**45505**	Lohn fürs Zeitungaustragen	35		=C3+C7-D7 (4)
8	**45507**	Kinokarten		8,7	=WENN(UND(C8="";D8="");"";E7-D8+C8) (5)
9	**45509**	T-Shirt		22,8	=WENN(UND(C9="";D9="");"";E8-D9+C9)
10	**45512**	Geburtstagsgeld von Oma	100		=WENN(UND(C10="";D10="");"";E9-D10+C10)
11	**45513**	3 Schulblöcke		2,97	=WENN(UND(C11="";D11="");"";E10-D11+C11)
12	**45518**	Eis		3,2	=WENN(UND(C12="";D12="");"";E11-D12+C12)
13					=WENN(UND(C13="";D13="");"";E12-D13+C13)
14					=WENN(UND(C14="";D14="");"";E13-D14+C14)
15					=WENN(UND(C15="";D15="");"";E14-D15+C15)
16					=WENN(UND(C16="";D16="");"";E15-D16+C16)

Nordic-Walking-Laufkalender

Viele Menschen laufen regelmäßig. Aber trainieren sie auch richtig? Unser Nordic-Walking-Laufkalender hilft Ihnen, Ihre Trainingsleistungen im Griff zu behalten. Darüber hinaus gibt er Auskunft zum BMI (Body-Mass-Index), zum idealen Trainingspuls und zur empfohlenen Stocklänge.

Zunächst werden Ihre persönlichen Daten erfragt. In der Zelle B8 ❶ wird mithilfe der Formel =B7/(B6*B6)*10000 der BMI errechnet (Körpergewicht in Kilogramm geteilt durch Körpergröße in Zentimetern zum Quadrat). Die Hilfstabelle zum BMI finden Sie auf dem Tabellenblatt **BMI & Zonen**. Die Bewertung erfolgt in der Zelle C8 mithilfe der Formel =SVERWEIS(B8;'BMI & Zonen'!A4:B7;2) ❷.

Die Wirkung der Herzfrequenz hängt von Alter und Geschlecht ab. Für Männer lautet die Faustformel *220 – Alter*, für Frauen *226 – Alter*. Die Formel in der Zelle B9 muss also =WENN(B5="weiblich";226-DATEDIF(B4;(HEUTE());"Y");220-DATEDIF(B4;(HEUTE());"Y")) lauten ❸. Für die Bewertung der Herzfrequenz können mehrere Zonen unterschieden werden: Gesundheits- oder Fettverbrennungszone, aerobe, anaerobe und rote Zone. Die zugehörige Hilfstabelle befindet sich ebenfalls auf dem Tabellenblatt **BMI & Zonen**. Über die Formeln =SVERWEIS(A10;'BMI & Zonen'!D3:F7;2;FALSCH)*B9/100 ❹ und =(SVERWEIS(A10;'BMI & Zonen'!D3:F7;2;FALSCH)+10)*(B9)/100 ❺ wird in den Zellen B10 und C10 der optimale Trainingsbereich ausgewiesen. Mithilfe der Formel =SVERWEIS(A10;'BMI & Zonen'!D3:F7;3;FALSCH) wird zusätzlich eine kurze Beschreibung angezeigt ❻.

Die empfohlene Stocklänge wird anhand der Körpergröße ermittelt und unter Einbeziehung des Tabellenblattes **Stocklänge** mithilfe der Formeln =SVERWEIS(B6;Stocklänge!A5:C55;3) und =SVERWEIS(B6;Stocklänge!E5:G55;3) errechnet ❼. Sie können zwischen *klassisch ambitioniert* und *sportlich ambitioniert* wählen. Übrigens: Excel fasst Tabellenblattnamen in Formeln nur dann in einfache Anführungsstriche, wenn sie Leerzeichen enthalten.

Geben Sie in Spalte C die gelaufene Strecke pro Tag und in Spalte D die jeweilige Zeit ein ❽. Für einen besseren Überblick wird in Spalte E auch noch die Zeit berechnet, die Sie pro Kilometer gebraucht haben.

	A	B	C	D	E
1	**Nordic Walking – Laufkalender**				
2					
3	**Name:**	Rosi Winter			
4	**Geburtstag:**	17.07.1975			
5	**Geschlecht**	weiblich			
6	**Größe:**	163 cm			
7	**Gewicht:**	71,00 kg			
8	**BMI:**	26,7	leichtes Übergewicht		
9	**max. Herzfrequenz:**	177,0			
10	**Fettverbrennungszone:**	106,2	123,9	Hier werden die meisten Kalorien au	
11	**Stocklänge:**	105 cm	klassisch ambitioniert		
12		110 cm	sportlich ambitioniert		
13	**Kilometer insgesamt:**	69,00 km			
14					
15	**Kalenderwoche**	**Datum**	**Strecke (km)**	**Zeit (h:mm:ss)**	**Zeit pro km**
16	1	01.01.2025	12,00 km	00:55	00:04
17	1	02.01.2025	0,00 km	00:00	00:00
18	1	03.01.2025	13,00 km	01:01	00:04
19	1	04.01.2025	0,00 km	00:00	00:00
20	2	05.01.2025	0,00 km	00:00	00:00
21	2	06.01.2025	22,00 km	02:19	00:06
22	2	07.01.2025	0,00 km	00:00	00:00

	A	B	C
1	**Nordic Walking – L**		
2			
3	**Name:**	Rosi Winter	
4	**Geburtstag:**	27592	
5	**Geschlecht**	weiblich	
6	**Größe:**	163	
7	**Gewicht:**	71	
8	**BMI:**	=B7/(B6*B6)*10000	=SVERWEIS(B8;'BMI & Zonen'!A4:B7;2)
9	**max. Herzfrequenz:**	=WENN(B5="weiblich";226-DATEDIF(B4;(HEUTE());"Y");220-DATEDIF(B4;(HEUTE());"Y"))	
10	**Fettverbrennungszone:**	=SVERWEIS(A10;'BMI & Zonen'!D3:F7;2;FALSCH)*B9/100	=(SVERWEIS(A10;'BMI & Zonen'!D3:F7;2;FALSCH)+10)*(B9)/100
11	**Stocklänge:**	=SVERWEIS(B6;Stocklänge!A5:C55;3)	klassisch ambitioniert
12		=SVERWEIS(B6;Stocklänge!E5:G55;3)	sportlich ambitioniert
13	**Kilometer insgesamt:**	=SUMME(C16:C380)	
14			
15	**Kalenderwoche**	**Datum**	**Strecke (km)**
16	=KALENDERWOCHE(B16)	45658	12
17	=KALENDERWOCHE(B17)	45659	0
18	=KALENDERWOCHE(B18)	45660	13
19	=KALENDERWOCHE(B19)	45661	0
20	=KALENDERWOCHE(B20)	45662	0
21	=KALENDERWOCHE(B21)	45663	22
22	=KALENDERWOCHE(B22)	45664	0

Fahrtenbuch

Mit dem Fahrtenbuch behalten Sie den Überblick über Ihre Reiseaktivitäten z. B. mit dem Auto und können auch nach Jahren noch nachvollziehen, wo Sie wann gewesen sind. Dies ist besonders bei der Reisekostenabrechnung oder für die Zuarbeit zur Steuerklärung hilfreich.

Zunächst tragen Sie in die Zelle A5 das Datum ein, mit dem Sie Ihr Fahrtenbuch beginnen wollen. Mit der Autoausfüllen-Funktion vervollständigen Sie die Reihe, z. B. für einen Monat. Mithilfe der bedingten Formatierung werden die Samstage (=WOCHENTAG(A5)=7) grün und die Sonntage (=WOCHENTAG(A5)=1) sonnengelb hervorgehoben. Sie können die entsprechende Regel über **Start ▸ Formatvorlagen ▸ Bedingte Formatierung ▸ Regeln verwalten** einsehen.

Die Zelle B5 zeigt das von Ihnen erfasste Datum automatisch im Format *Wochentag* an (benutzerdefiniertes Datumsformat **TTT**), in unserem Beispiel also »Mi«. In der Zelle G33 wird die Gesamtsumme der gefahrenen Kilometer mithilfe der Funktion =SUMME(G5:G32) errechnet. Die Zeile 4 mit den Überschriften ist fixiert worden und bleibt daher beim Blättern auch für die letzten Tage des Monats immer im Blick.

	A	B	C	D	E	F	G	H
1	Fahrtenbuch Ralf							
2								
3				Abfahrt		Ankunft		
4	**Datum**		**Ausgangsort**	**km-Stand**	**Zielort**	**km-Stand**	**gefahrene km**	**Anlass für die Fahrt**
5	13.11.2024	Mi	Berlin-Friedrichshain, KMA	1000	Ahrensfeld	1020	**20**	Eignung der B158 als Rennstrecke
6	14.11.2024	Do	Ahrensfeld	1020	Berlin-Friedrichshain, KMA	1040	**20**	Messen der Rückfahrtzeit zur Dokumentation
7	15.11.2024	Fr						
8	16.11.2024	Sa						
9	17.11.2024	So						
10	18.11.2024	Mo						
11	19.11.2024	Di						
31	09.12.2024	Mo						
32	10.12.2024	Di						
33	**Gesamt**						**40**	
34								

	A	B	C	D	E	F	G	H
1	Fahrtenbuch Ralf							
2								
3				Abfahrt		Ankunft		
4	**Datum**		**Ausgangsort**	**km-Stand**	**Zielort**	**km-Stand**	**gefahrene km**	**Anlass für die Fahrt**
5	45609	=A5	Berlin-Friedrichshain, KMA	1000	Ahrensfeld	1020	**=F5-D5**	Eignung der B158 als Rennstrecke
6	45610	=A6	Ahrensfeld	1020	Berlin-Friedrichshain, KMA	1040	**=F6-D6**	Messen der Rückfahrtzeit zur Dokumentation
7	45611	=A7						
8	45612	=A8						
9	45613	=A9						
10	45614	=A10						
11	45615	=A11						
31	45635	=A31						
32	45636	=A32						
33	**Gesamt**						**=SUMME(G5:G32)**	
34								

Turniertabelle

Mit der Turniertabelle führen Sie Buch über die Ergebnisse z. B. der Laufturniere Ihrer Sportgruppe und können so auch nach Jahren noch nachvollziehen, wer wann Bestleistungen erzielt hat und ob es Steigerungen gab.

Erfassen Sie in den Spalten B und C die Namen der Turnierteilnehmer*innen und in Spalte D deren einzelne Laufzeiten als Dezimalzahlen, z. B. *10,5*. Der Bereich A12:D21 wurde als Tabelle formatiert. Damit erscheinen zugleich Filterpfeile an den Feldnamen in der Tabellenüberschrift in Zeile 12.

Um das Turnier auszuwerten, klicken Sie auf den Filterpfeil des Feldes *Zeit in Sekunden* ❶ und stellen den Filter **Top 10** ein ❷. Im zugehörigen Dialog ❸ wählen Sie unter **Einblenden** die Option **Untersten** und für **Elemente** den Wert »3« aus. Das bedeutet, die drei schnellsten Zeiten bleiben stehen. Wenn Sie anschließend das Feld *Zeit in Sekunden* noch nach Größe aufsteigend sortieren, haben Sie die drei Sieger*innen ermittelt.

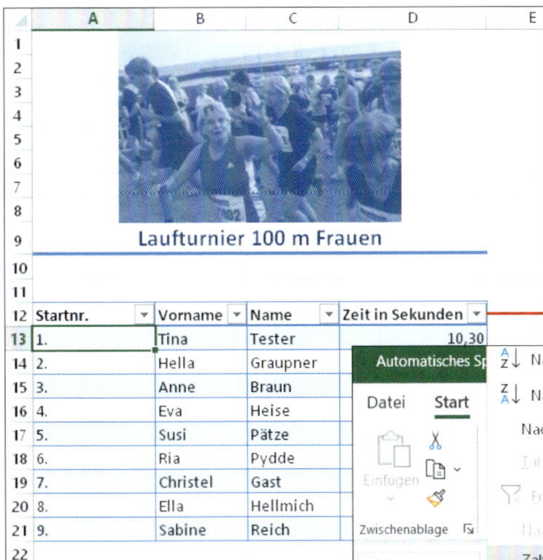
Laufturnier 100 m Frauen
Startnr.
Vorname
Name
Zeit in Sekunden
1. Tina Tester 10,30
2. Hella Graupner
3. Anne Braun
4. Eva Heise
5. Susi Pätze
6. Ria Pydde
7. Christel Gast
8. Ella Hellmich
9. Sabine Reich
1

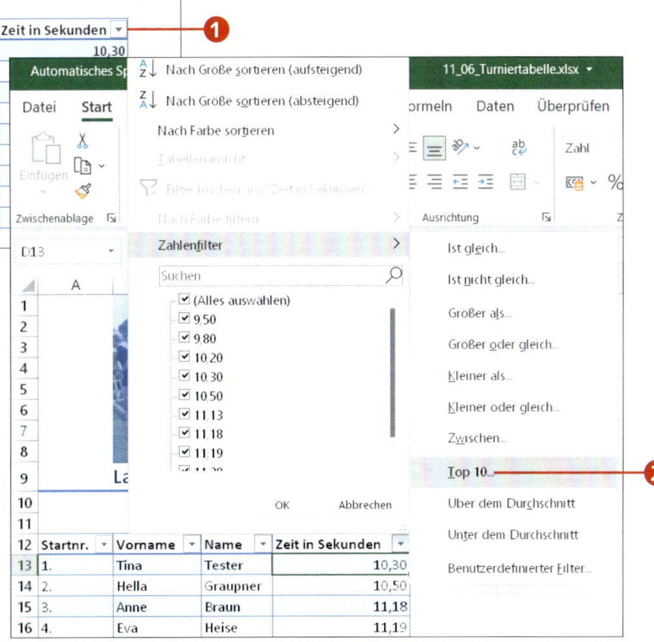
Nach Größe sortieren (aufsteigend)
Nach Größe sortieren (absteigend)
Nach Farbe sortieren
Zahlenfilter
Suchen
(Alles auswählen)
9,50
9,80
10,20
10,30
10,50
11,13
11,18
11,19
OK
Abbrechen
11_06_Turniertabelle.xlsx
Datei
Start
Daten
Überprüfen
Zwischenablage
Ausrichtung
Zahl
Ist gleich...
Ist nicht gleich...
Größer als...
Größer oder gleich...
Kleiner als...
Kleiner oder gleich...
Zwischen...
Top 10...
Über dem Durchschnitt
Unter dem Durchschnitt
Benutzerdefinierter Filter...
Startnr.
Vorname
Name
Zeit in Sekunden
1. Tina Tester 10,30
2. Hella Graupner 10,50
3. Anne Braun 11,18
4. Eva Heise 11,19
2

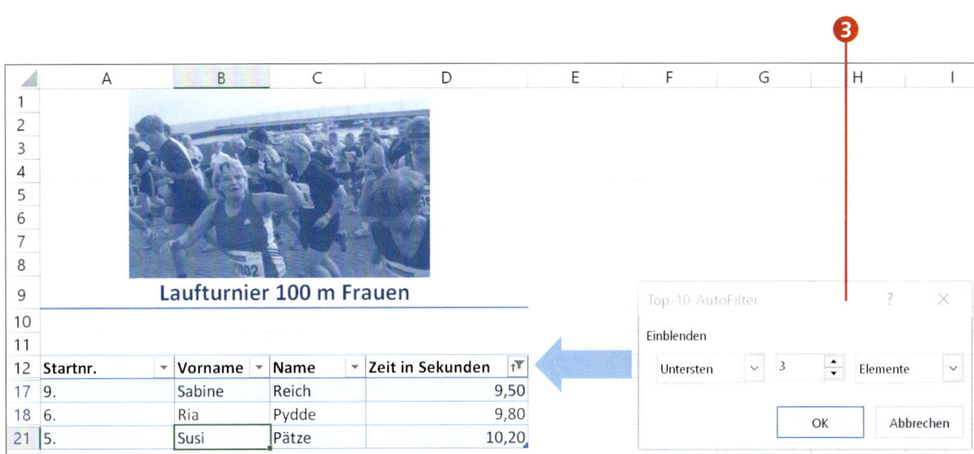
3
Laufturnier 100 m Frauen
Startnr.
Vorname
Name
Zeit in Sekunden
9. Sabine Reich 9,50
6. Ria Pydde 9,80
5. Susi Pätze 10,20
Top-10-AutoFilter
Einblenden
Untersten
3
Elemente
OK
Abbrechen

Musterrechnung allgemein

Wenn Sie eine einfache Rechnung mit 19 % Umsatzsteuer erstellen wollen, können Sie sich die Arbeit mithilfe unserer Vorlage deutlich erleichtern.

Machen Sie Ihre Angaben im oberen Teil der Tabelle. In den Zellen A3 und F10 findet sich dazu jeweils ein ausführlicherer Kommentar, den Sie lesen können, wenn Sie mit der Maus auf das kleine Dreieck ❶ zeigen.

Das aktuelle Datum wird in der Zelle F9 mithilfe der Funktion =HEUTE() erstellt ❷. Der Betrag für die einzelne Rechnungsposition ergibt sich in der Zelle F17 mithilfe der Formel =E17*D17 ❸. Diese Formel wurde als relativer Bezug in die folgenden Zellen kopiert und damit in allen Zellen ab F18 für die jeweilige Zeile angepasst. Damit in den Zellen F21:F25 nicht – € angezeigt wird, wurde die Schriftfarbe mithilfe der bedingten Formatierung auf Weiß gesetzt, wenn der Inhalt der Zelle = 0 ist. Auf diese Weise sieht man die Anzeige – € nicht. Die entsprechende Regel können Sie über **Start ▸ Formatvorlagen ▸ Bedingte Formatierung ▸ Regeln verwalten** einsehen und gegebenenfalls ändern.

In der Zelle F26 werden mithilfe der Summenfunktion alle Einzelpositionen addiert: =SUMME(F17:F25) ❹. In der Zelle F27 darunter wird die Umsatzsteuer von 19 % mit der Formel =F26*19% berechnet. Zum Schluss wird die Gesamtsumme gebildet: =SUMME(F26:F27) ❺.

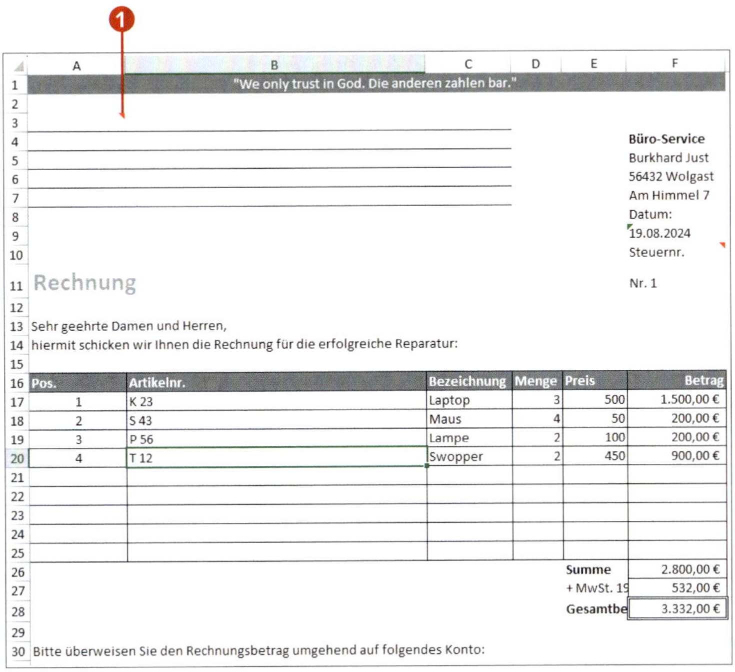
1
"We only trust in God. Die anderen zahlen bar."
Büro-Service
Burkhard Just
56432 Wolgast
Am Himmel 7
Datum:
19.08.2024
Steuernr.
Rechnung
Nr. 1
Sehr geehrte Damen und Herren,
hiermit schicken wir Ihnen die Rechnung für die erfolgreiche Reparatur:
Pos. Artikelnr. Bezeichnung Menge Preis Betrag
1 K 23 Laptop 3 500 1.500,00 €
2 S 43 Maus 4 50 200,00 €
3 P 56 Lampe 2 100 200,00 €
4 T 12 Swopper 2 450 900,00 €
Summe 2.800,00 €
+ MwSt. 19 532,00 €
Gesamtbe 3.332,00 €
Bitte überweisen Sie den Rechnungsbetrag umgehend auf folgendes Konto:

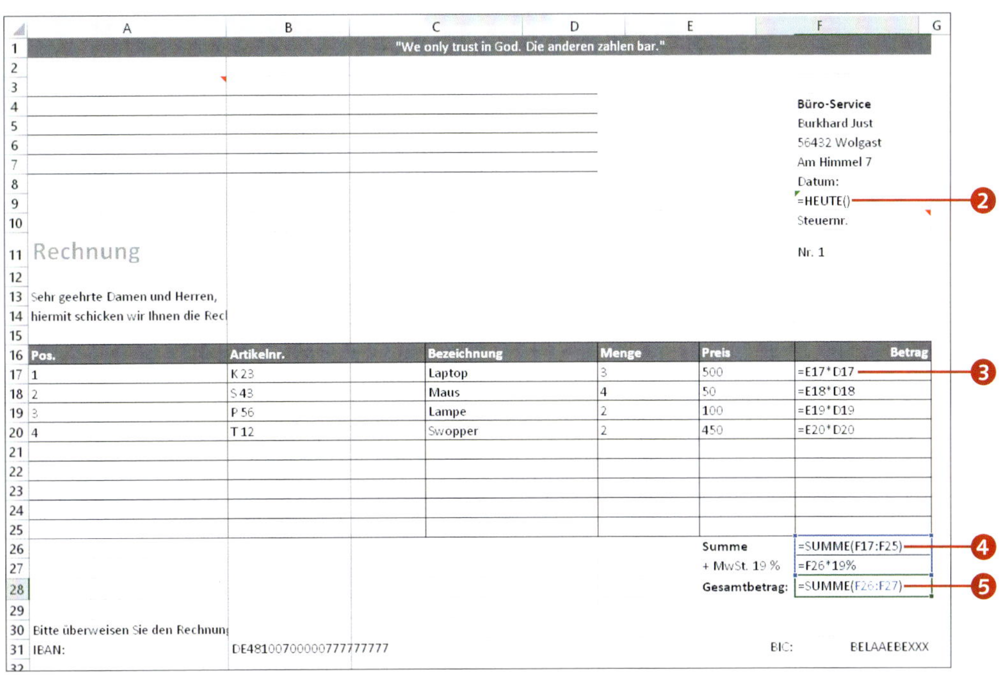
"We only trust in God. Die anderen zahlen bar."
Büro-Service
Burkhard Just
56432 Wolgast
Am Himmel 7
Datum:
=HEUTE()
2
Steuernr.
Rechnung
Nr. 1
Sehr geehrte Damen und Herren,
hiermit schicken wir Ihnen die Rec
Pos. Artikelnr. Bezeichnung Menge Preis Betrag
1 K 23 Laptop 3 500 =E17*D17
3
2 S 43 Maus 4 50 =E18*D18
3 P 56 Lampe 2 100 =E19*D19
4 T 12 Swopper 2 450 =E20*D20
Summe =SUMME(F17:F25)
4
+ MwSt. 19 % =F26*19%
Gesamtbetrag: =SUMME(F26:F27)
5
Bitte überweisen Sie den Rechnun
IEAN: DE481007000007777777777
BIC: BELAAEBEXXX

Gemischte Musterrechnung mit 7% und 19% MwSt.

Wenn Sie verschiedene Waren oder Dienstleistungen in Rechnung stellen, z. B. bei Hotelrechnungen, haben Sie es oft mit unterschiedlichen Mehrwertsteuersätzen zu tun. Wie Sie diese erfassen und berechnen, zeigen wir Ihnen in der Musterrechnung.

Erfassen Sie Absender, Steuernummer, Kundenadresse und die laufende Rechnungsnummer. Das Datum wird in der Zelle B16 mit der Funktion =HEUTE() automatisch aktualisiert ❶. Tragen Sie die einzelnen Rechnungspositionen in die Zellen A19:A21 ein, z. B. »Übernachtung« und »Frühstück«.

In Spalte B tragen Sie den Netto-Rechnungsbetrag ein, wenn darauf 7 % Mehrwertsteuer zu zahlen ist, also in die Zelle B19 z. B. die Kosten für die Übernachtung in Höhe von 100 € ❷. Den Netto-Rechnungsbetrag für Positionen mit 19 % Mehrwertsteuer erfassen Sie hingegen in Spalte C. Tragen Sie in die Zelle C21 also z. B. die Kosten für das Frühstück in Höhe von 50 € ein ❸.

Der Rest wird automatisch berechnet: In der Zelle B23 wird die Summe der Positionen mit 7 % Mehrwertsteuer gebildet ❹ und in der Zelle C24 die Summe der Positionen mit 19 % Mehrwertsteuer ❺. Die Mehrwertsteuer selbst wird dann für die 7%-Beträge in der Zelle B26 mithilfe der Formel =B23*7% berechnet ❻. In der Zelle C27 ist die Formel =C24*19% hinterlegt, mit der die Mehrwertsteuer für die 19%-Beträge ermittelt wird ❼.

Die Gesamtsumme der 7%- und der 19%-Positionen wird schließlich in der Zelle C30 mithilfe der Summenfunktion =SUMME(B28;C28) berechnet ❽. Wenn die Rechnung bis zu einem bestimmten Datum gezahlt wird (innerhalb von vier Tagen), wird ein Preisnachlass gewährt. Die Zelle C32 beinhaltet die Formel für den Zahlungstag in vier Tagen: =B16+4 ❾. Die Berechnung des Preisnachlasses in Höhe von 2 % erledigt die Formel =C30*2% in der Zelle darunter. In der Zelle C35 wird der normale Zahlungszeitraum (innerhalb von zehn Tagen) über die Formel =B16+10 ermittelt ❿.

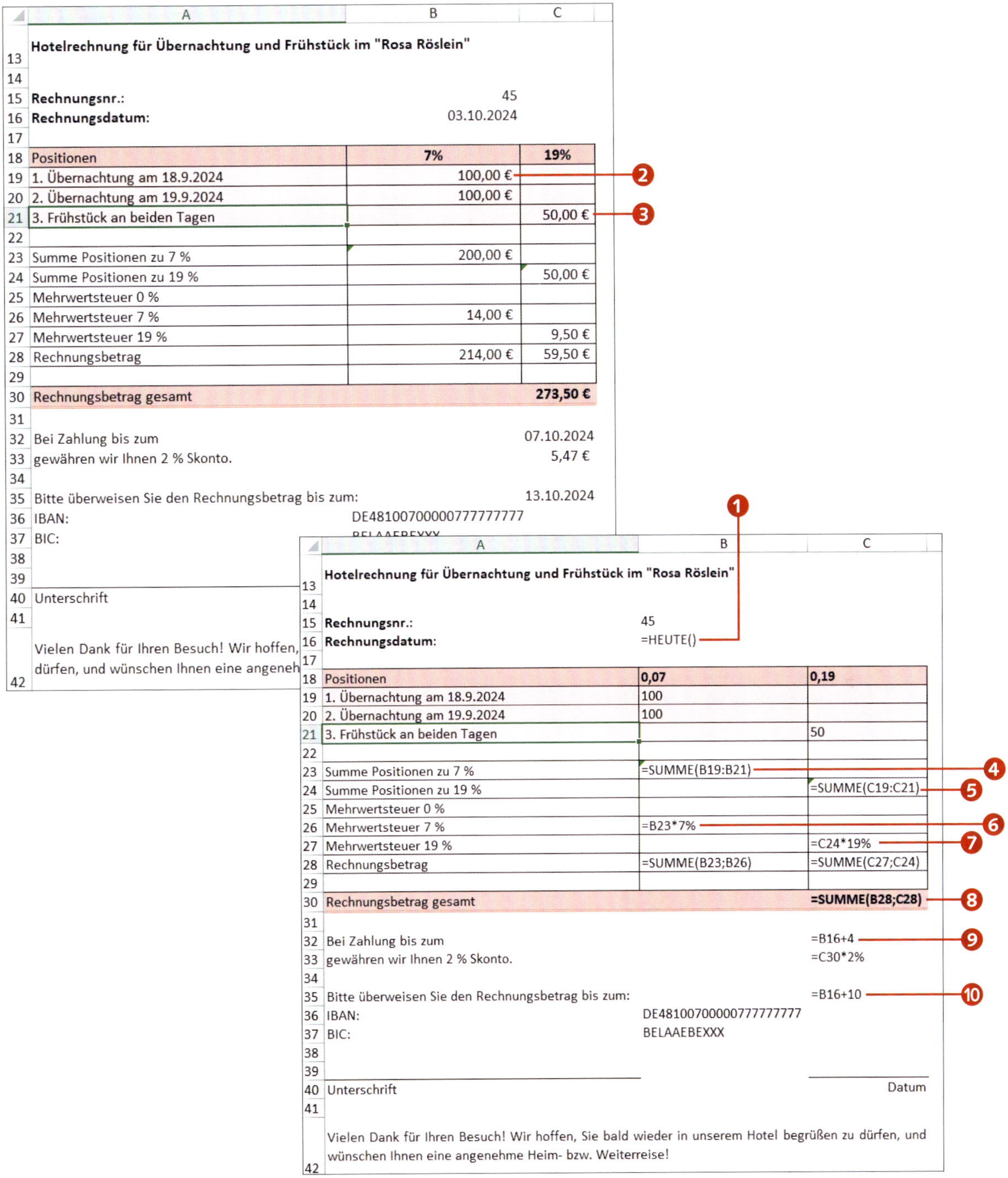

	A	B	C	
13	**Hotelrechnung für Übernachtung und Frühstück im "Rosa Röslein"**			
14				
15	**Rechnungsnr.:**	45		
16	**Rechnungsdatum:**	03.10.2024		
17				
18	Positionen	**7%**	**19%**	
19	1. Übernachtung am 18.9.2024	100,00 €		2
20	2. Übernachtung am 19.9.2024	100,00 €		
21	3. Frühstück an beiden Tagen		50,00 €	3
22				
23	Summe Positionen zu 7 %	200,00 €		
24	Summe Positionen zu 19 %		50,00 €	
25	Mehrwertsteuer 0 %			
26	Mehrwertsteuer 7 %	14,00 €		
27	Mehrwertsteuer 19 %		9,50 €	
28	Rechnungsbetrag	214,00 €	59,50 €	
29				
30	Rechnungsbetrag gesamt		**273,50 €**	
31				
32	Bei Zahlung bis zum		07.10.2024	
33	gewähren wir Ihnen 2 % Skonto.		5,47 €	
34				
35	Bitte überweisen Sie den Rechnungsbetrag bis zum:		13.10.2024	
36	IBAN:	DE48100700000777777777		
37	BIC:	BELAAEBEXXX		
38				
39				
40	Unterschrift			
41				
42	Vielen Dank für Ihren Besuch! Wir hoffen, dürfen, und wünschen Ihnen eine angeneh			

	A	B	C	
13	**Hotelrechnung für Übernachtung und Frühstück im "Rosa Röslein"**			
14				
15	**Rechnungsnr.:**	45		
16	**Rechnungsdatum:**	=HEUTE()		1
17				
18	Positionen	**0,07**	**0,19**	
19	1. Übernachtung am 18.9.2024	100		
20	2. Übernachtung am 19.9.2024	100		
21	3. Frühstück an beiden Tagen		50	
22				
23	Summe Positionen zu 7 %	=SUMME(B19:B21)		4
24	Summe Positionen zu 19 %		=SUMME(C19:C21)	5
25	Mehrwertsteuer 0 %			
26	Mehrwertsteuer 7 %	=B23*7%		6
27	Mehrwertsteuer 19 %		=C24*19%	7
28	Rechnungsbetrag	=SUMME(B23;B26)	=SUMME(C27;C24)	
29				
30	Rechnungsbetrag gesamt		**=SUMME(B28;C28)**	8
31				
32	Bei Zahlung bis zum		=B16+4	9
33	gewähren wir Ihnen 2 % Skonto.		=C30*2%	
34				
35	Bitte überweisen Sie den Rechnungsbetrag bis zum:		=B16+10	10
36	IBAN:	DE48100700000777777777		
37	BIC:	BELAAEBEXXX		
38				
39				
40	Unterschrift		Datum	
41				
42	Vielen Dank für Ihren Besuch! Wir hoffen, Sie bald wieder in unserem Hotel begrüßen zu dürfen, und wünschen Ihnen eine angenehme Heim- bzw. Weiterreise!			

Musterrechnung für Kleinunternehmer

Wenn Sie als Kleinunternehmer oder -unternehmerin Waren oder Dienstleistungen in Rechnung stellen, müssen Sie die Mehrwertsteuer nicht ausweisen. Wie eine solche Rechnung aussieht, zeigen wir Ihnen nun anhand einer Musterrechnung nach § 19 UStG.

Wenn Sie in die Kategorie Kleinunternehmer fallen, haben Sie zwei Möglichkeiten: Sie können sich von der Umsatzsteuer befreien lassen oder Umsatzsteuer zahlen und damit die Vorteile des Vorsteuerabzugs nutzen. In unserem Beispiel stellen wir die erste Option vor.

Die Zelle J26 beinhaltet die Formel für das Honorar, nämlich die Anzahl der Tage mal den Tagessatz in €: =C26*H26 ❶. Die Fahrtkosten werden in der Zelle J31 angegeben, und zwar mithilfe der Formel =E31*0,3. Das sind die gefahrenen Kilometer, multipliziert mit der Fahrtkostenpauschale von 30 Ct ❷. Diese und die übrigen Ausgaben werden in der Zelle J41 mithilfe der Summenfunktion zum Nettobetrag addiert: =SUMME(J26:J40) ❸. Da netto in diesem Fall gleich brutto ist, wird der Bruttobetrag in der Zelle J43 einfach mit der Formel =J41 übernommen ❹.

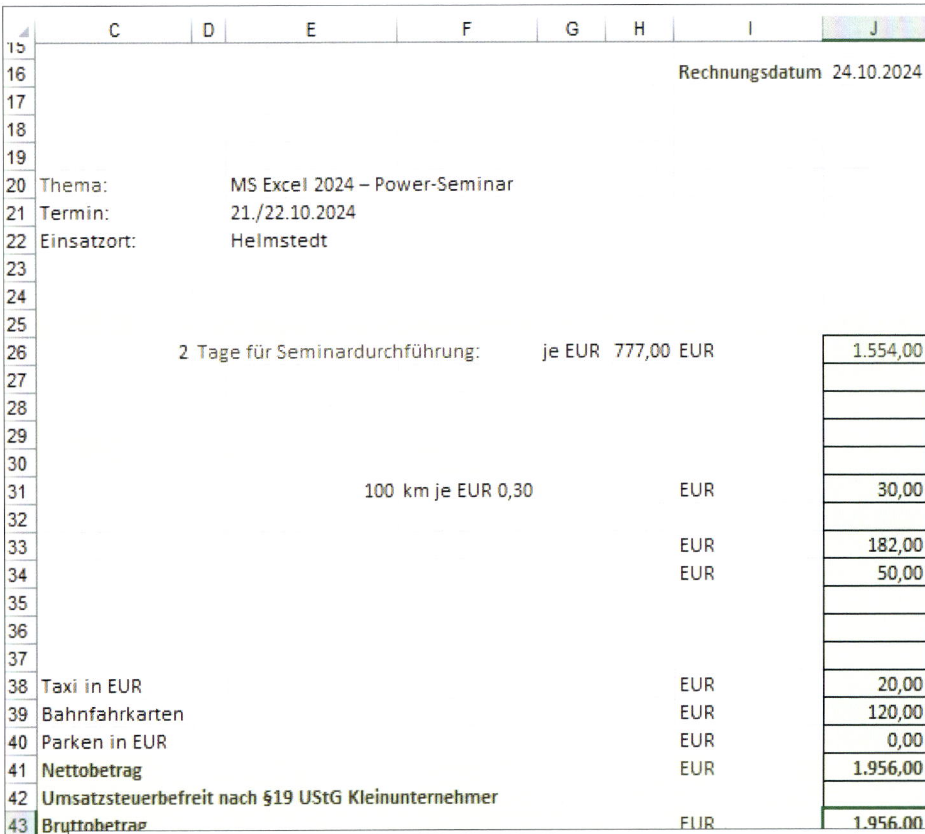
Rechnungsdatum 24.10.2024
Thema: MS Excel 2024 – Power-Seminar
Termin: 21./22.10.2024
Einsatzort: Helmstedt
2 Tage für Seminardurchführung: je EUR 777,00 EUR 1.554,00
100 km je EUR 0,30 EUR 30,00
EUR 182,00
EUR 50,00
Taxi in EUR EUR 20,00
Bahnfahrkarten EUR 120,00
Parken in EUR EUR 0,00
Nettobetrag EUR 1.956,00
Umsatzsteuerbefreit nach §19 UStG Kleinunternehmer
Bruttobetrag EUR 1.956,00

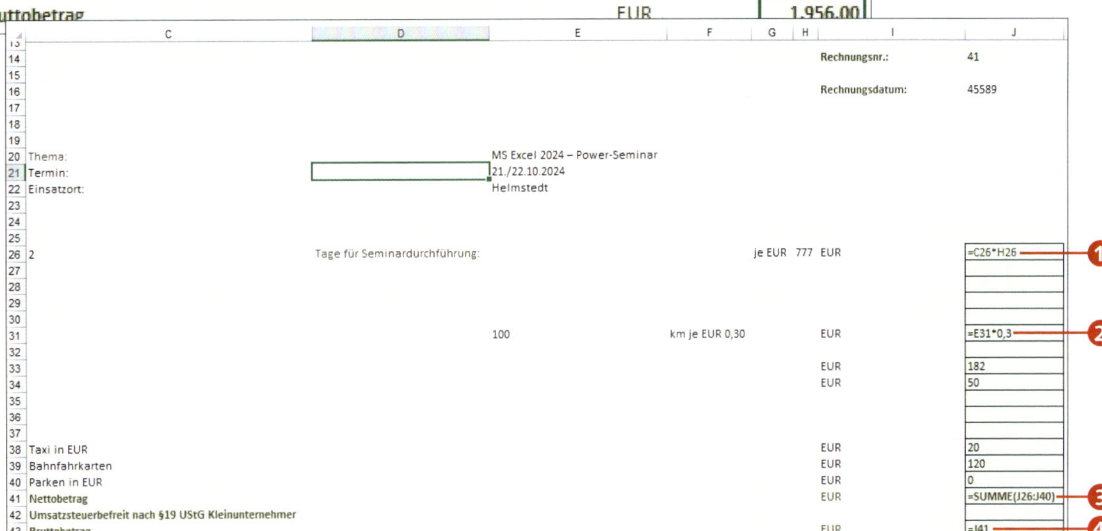
Rechnungsnr.: 41
Rechnungsdatum: 45589
Thema: MS Excel 2024 – Power-Seminar
Termin: 21./22.10.2024
Einsatzort: Helmstedt
2 Tage für Seminardurchführung: je EUR 777 EUR =C26*H26
100 km je EUR 0,30 EUR =E31*0,3
EUR 182
EUR 50
Taxi in EUR EUR 20
Bahnfahrkarten EUR 120
Parken in EUR EUR 0
Nettobetrag EUR =SUMME(J26:J40)
Umsatzsteuerbefreit nach §19 UStG Kleinunternehmer
Bruttobetrag EUR =J41
1
2
3
4

Musterrechnung für Kleinbeträge bis 150 €

Auch für Rechnungen über Kleinbeträge gibt es Regelungen, was ausgewiesen werden muss und was nicht. Mit dieser Vorlage zeigen wir Ihnen einige Erleichterungen bei der Rechnungserstellung.

Die Angabe der Steuernummer und einer fortlaufenden Rechnungsnummer ist in der Kleinbetragsrechnung nicht erforderlich. Es genügen, wie im Beispiel *Baumateriallieferung* dargestellt, folgende Rechnungsangaben (§ 33 UStDV):

- Name und Anschrift des leistenden Unternehmers
- Datum der Ausstellung der Kleinbetragsrechnung
- Menge und handelsübliche Bezeichnung der Lieferung oder Art und Umfang der Leistung
- Entgelt und Steuerbetrag für die Lieferung oder Leistung in einer Summe
- Steuersatz oder Hinweis auf eine Steuerbefreiung

Die Umsatzsteuer muss auf der Kleinbetragsrechnung nicht gesondert als Betrag ausgewiesen werden. Es reicht, wenn der Gesamtbetrag angewiesen wird, wie in der Zelle D21 zu sehen. Dieser Betrag wird mithilfe der Summenfunktion =SUMME(D16:D20) berechnet ❶. Hinzu kommt die Angabe des konkreten Mehrwertsteuersatzes (»Rechnungsbetrag inkl. 19 % MwSt.«), hier in Zelle A21.

Das Datum der Rechnungsstellung wird in der Zelle B13 mithilfe von =HEUTE() dargestellt ❷ und mit der Funktion =B13 in die Zelle C27 übernommen ❸. Auch das Fälligkeitsdatum (innerhalb von zehn Tagen) in der Zelle C24 bezieht sich natürlich auf das Rechnungsdatum: =B13+10 ❹.

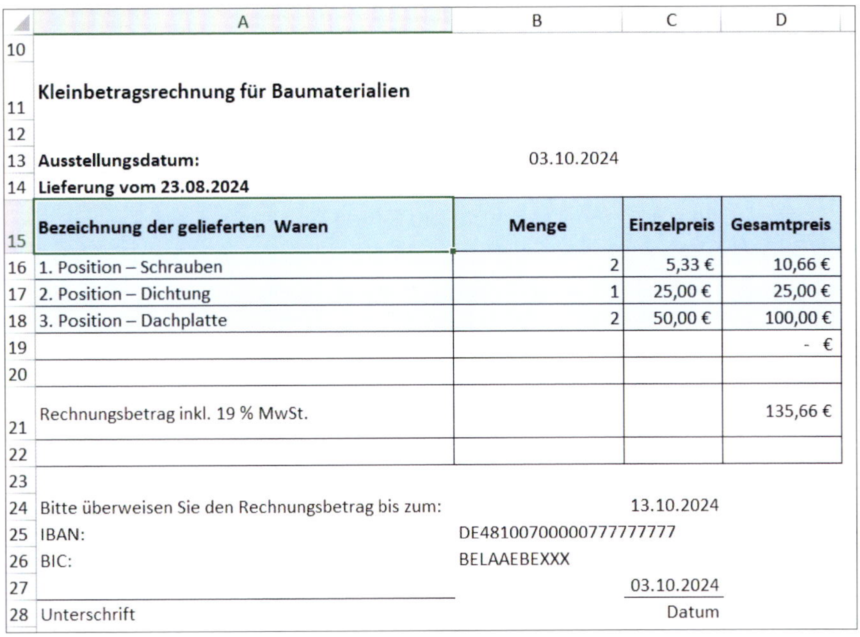

	A	B	C	D
10				
11	**Kleinbetragsrechnung für Baumaterialien**			
12				
13	**Ausstellungsdatum:**	03.10.2024		
14	**Lieferung vom 23.08.2024**			
15	**Bezeichnung der gelieferten Waren**	**Menge**	**Einzelpreis**	**Gesamtpreis**
16	1. Position – Schrauben	2	5,33 €	10,66 €
17	2. Position – Dichtung	1	25,00 €	25,00 €
18	3. Position – Dachplatte	2	50,00 €	100,00 €
19				- €
20				
21	Rechnungsbetrag inkl. 19 % MwSt.			135,66 €
22				
23				
24	Bitte überweisen Sie den Rechnungsbetrag bis zum:		13.10.2024	
25	IBAN:	DE48100700000777777777		
26	BIC:	BELAAEBEXXX		
27			03.10.2024	
28	Unterschrift		Datum	

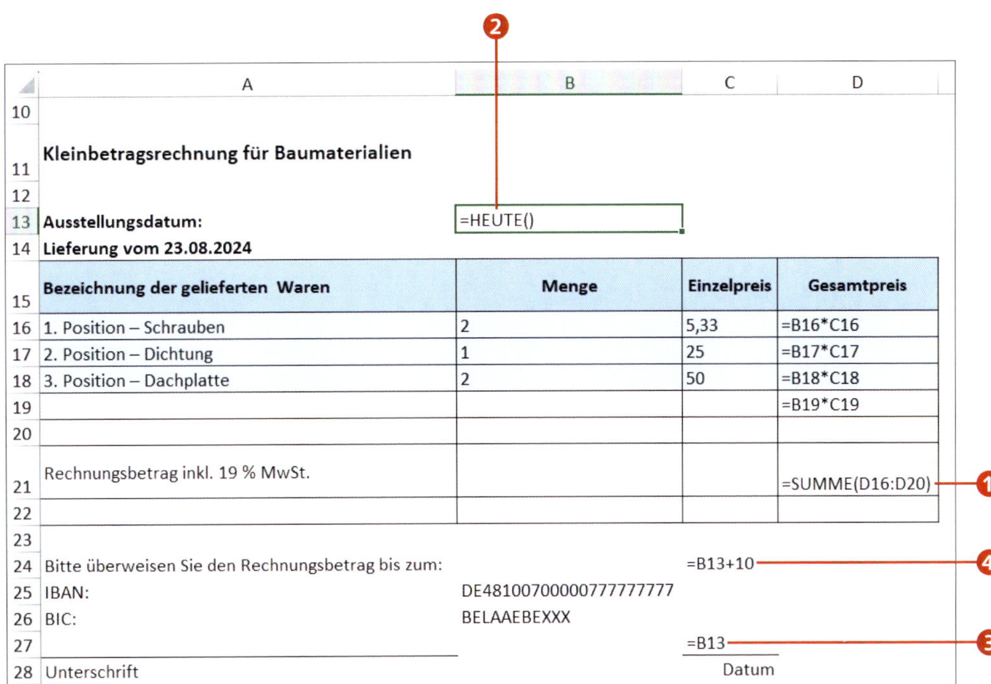

	A	B	C	D
10				
11	**Kleinbetragsrechnung für Baumaterialien**			
12				
13	**Ausstellungsdatum:**	=HEUTE()		
14	**Lieferung vom 23.08.2024**			
15	**Bezeichnung der gelieferten Waren**	**Menge**	**Einzelpreis**	**Gesamtpreis**
16	1. Position – Schrauben	2	5,33	=B16*C16
17	2. Position – Dichtung	1	25	=B17*C17
18	3. Position – Dachplatte	2	50	=B18*C18
19				=B19*C19
20				
21	Rechnungsbetrag inkl. 19 % MwSt.			=SUMME(D16:D20)
22				
23				
24	Bitte überweisen Sie den Rechnungsbetrag bis zum:		=B13+10	
25	IBAN:	DE48100700000777777777		
26	BIC:	BELAAEBEXXX		
27			=B13	
28	Unterschrift		Datum	

Arbeitszeitentabelle

Mit dieser Vorlage können Sie Ihre Wochenarbeitszeit optimal planen, indem Sie Ihre Aktivitäten sowie die regulären Arbeits- und Überstunden erfassen.

Tragen Sie in die Zelle F8 das Datum für den letzten Tag der betreffenden Woche (Sonntag) ein ❶. Nachdem Sie die Eingaben bestätigt haben, füllt sich der Bereich B13:B19 mit den Wochendatumswerten. Das geschieht über die WENN-Funktion in den einzelnen Zellen des Bereichs, z. B. =WENN($F$8=0;"";$F$8-6) in der Zelle B13 ❷. Wenn in der Zelle F8 nichts steht, werden auch in Spalte B keine Daten angezeigt; ansonsten werden sechs, fünf, vier etc. Tage vom Wert aus der Zelle F8 (dem letzten Tag der Woche) abgezogen.

Ihre Arbeits- und Überstunden geben Sie in die Spalten E und F als normale Zahlenwerte ein.

Auch in den Zellen des Bereichs G13:G19 wird eine WENN-Funktion verwendet, mit der die Gesamtarbeitszeit addiert wird. Auch wenn man es sich manchmal anders wünschen würde, der Tag hat nun einmal nur 24 Stunden, und Excel weist Sie mit der Formel auch darauf hin: =WENN(E13+F13>24;"Sie haben mehr als 24 Stunden eingegeben.";E13+F13) ❸.

Wie immer wird für die Berechnung der Arbeitsstunden in der Zelle E20 (=SUMME (E13:E19)), der Überstunden in der Zelle F20 (=SUMME(F13:F19)) und der Gesamtarbeitszeit in der Zelle G20 (=SUMME(G13:G19)) die Summenfunktion genutzt ❹.

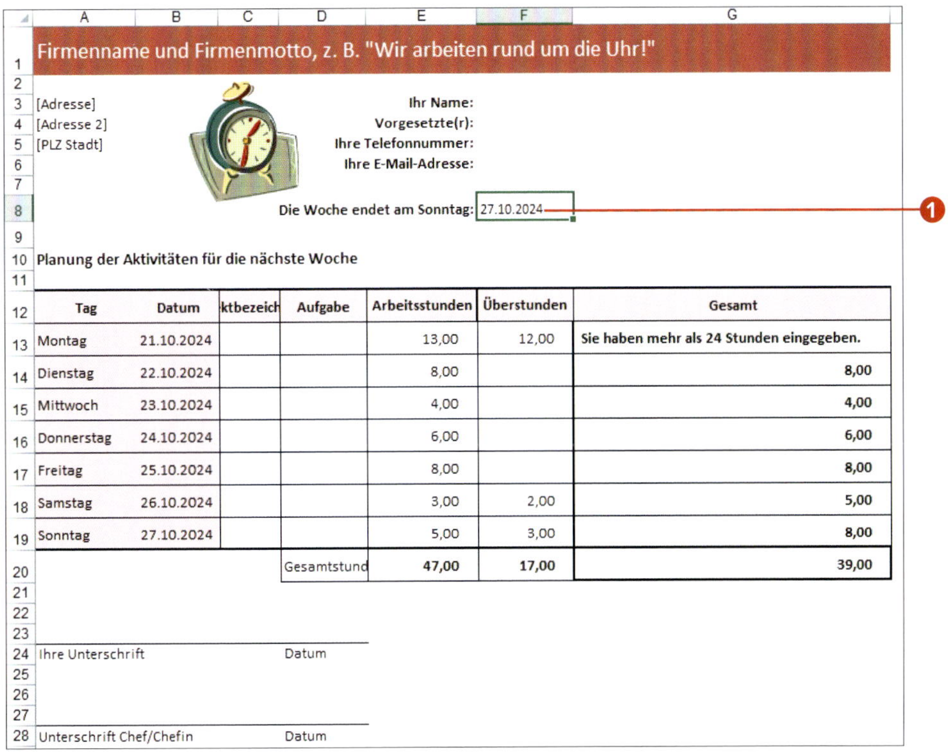

Firmenname und Firmenmotto, z. B. "Wir arbeiten rund um die Uhr!"

[Adresse]
[Adresse 2]
[PLZ Stadt]

Ihr Name:
Vorgesetzte(r):
Ihre Telefonnummer:
Ihre E-Mail-Adresse:

Die Woche endet am Sonntag: 27.10.2024

Planung der Aktivitäten für die nächste Woche

Tag	Datum	ktbezeich	Aufgabe	Arbeitsstunden	Überstunden	Gesamt
Montag	21.10.2024			13,00	12,00	Sie haben mehr als 24 Stunden eingegeben.
Dienstag	22.10.2024			8,00		8,00
Mittwoch	23.10.2024			4,00		4,00
Donnerstag	24.10.2024			6,00		6,00
Freitag	25.10.2024			8,00		8,00
Samstag	26.10.2024			3,00	2,00	5,00
Sonntag	27.10.2024			5,00	3,00	8,00
			Gesamtstund	47,00	17,00	39,00

Ihre Unterschrift — Datum

Unterschrift Chef/Chefin — Datum

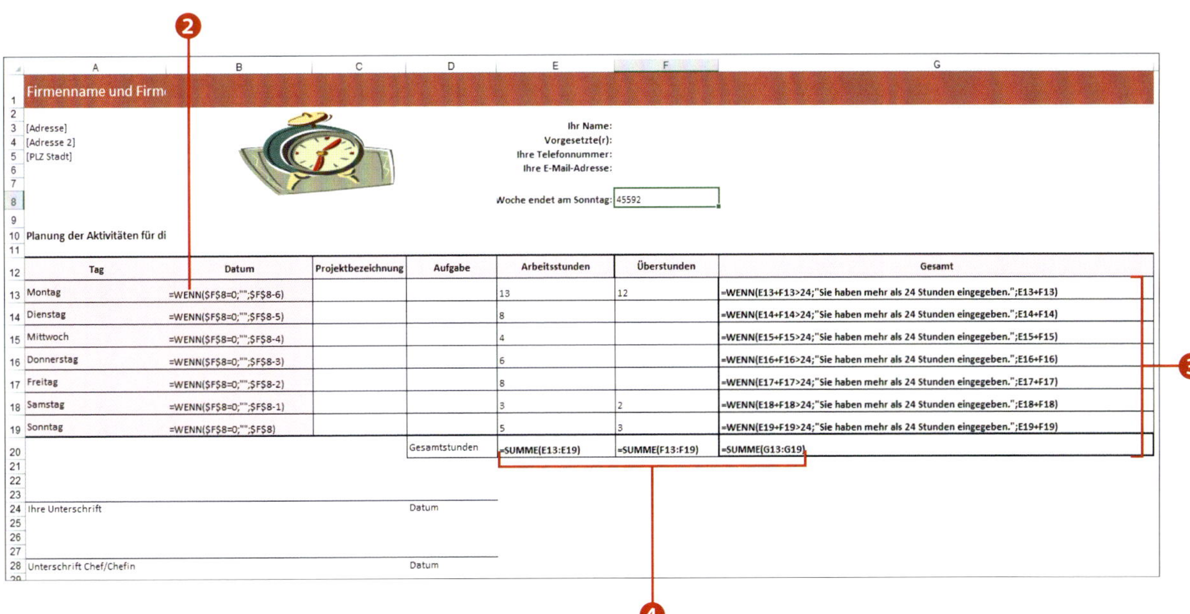

Firmenname und Firm

[Adresse]
[Adresse 2]
[PLZ Stadt]

Ihr Name:
Vorgesetzte(r):
Ihre Telefonnummer:
Ihre E-Mail-Adresse:

Woche endet am Sonntag: 45592

Planung der Aktivitäten für di

Tag	Datum	Projektbezeichnung	Aufgabe	Arbeitsstunden	Überstunden	Gesamt
Montag	=WENN($F$8=0;"";$F$8-6)			13	12	=WENN(E13+F13>24;"Sie haben mehr als 24 Stunden eingegeben.";E13+F13)
Dienstag	=WENN($F$8=0;"";$F$8-5)			8		=WENN(E14+F14>24;"Sie haben mehr als 24 Stunden eingegeben.";E14+F14)
Mittwoch	=WENN($F$8=0;"";$F$8-4)			4		=WENN(E15+F15>24;"Sie haben mehr als 24 Stunden eingegeben.";E15+F15)
Donnerstag	=WENN($F$8=0;"";$F$8-3)			6		=WENN(E16+F16>24;"Sie haben mehr als 24 Stunden eingegeben.";E16+F16)
Freitag	=WENN($F$8=0;"";$F$8-2)			8		=WENN(E17+F17>24;"Sie haben mehr als 24 Stunden eingegeben.";E17+F17)
Samstag	=WENN($F$8=0;"";$F$8-1)			3	2	=WENN(E18+F18>24;"Sie haben mehr als 24 Stunden eingegeben.";E18+F18)
Sonntag	=WENN($F$8=0;"";$F$8)			5	3	=WENN(E19+F19>24;"Sie haben mehr als 24 Stunden eingegeben.";E19+F19)
			Gesamtstunden	=SUMME(E13:E19)	=SUMME(F13:F19)	=SUMME(G13:G19)

Ihre Unterschrift — Datum

Unterschrift Chef/Chefin — Datum

Stundenplan

Erstellen Sie gemeinsam mit Ihrem Kind einen Stundenplan als Excel-Tabelle, und drucken Sie ihn aus. Wir zeigen Ihnen hier, wie eine Vorlage für den Stundenplan aussehen kann und wie sie funktioniert.

In die Zellen C3 und E3 tragen Sie ein, von wann bis wann der Stundenplan gültig ist. In der Spalte A erfassen Sie die Stunden und Pausen. Daneben notieren Sie in den Spalten B und C die Uhrzeiten, zu denen Stunden und Pausen beginnen und enden. Achten Sie dabei darauf, dass Sie die Uhrzeiten immer im Format *hh:mm* schreiben. Um sich die Eingabe zu erleichtern, können Sie bei den Pausenzeiten einen Bezug zur jeweiligen Zelle mit dem Stundenschluss herstellen. Klicken Sie also z. B. in die Zelle B8, geben Sie ein Gleichheitszeichen ein (=) und zeigen Sie dann auf die Zelle C7. Excel ergänzt den Eintrag für Sie ❶.

In der Zelle D7 berechnen Sie die Dauer der Unterrichtsstunde mit der Formel =C7-B7 ❷. Kopieren Sie diese Formel in den Bereich D8:D19, dann führt Excel die Berechnung dort durch. Die Zahlen haben das benutzerdefinierte Zahlenformat **MM »Min«**.

Tragen Sie dann für jeden Wochentag die passenden Fächer ein. Am leichtesten ist es, wenn Sie ein Fach eintragen und es dann für die anderen Tage kopieren. In den Zellen E21:I21 wird die Anzahl der Unterrichtsstunden pro Tag errechnet, in der Zelle E21 steht also die Funktion =ANZAHL2(E7:E19) ❸.

Wenn Sie schnell herausfinden wollen, wie viele Biologiestunden Ihr Kind in der Woche hat, tragen Sie »Bio« in die Zelle B24 ein und bestätigen die Eingabe mit [↵]. Über die Funktion =ZÄHLENWENN(E7:I19;B24) zeigt die Zelle B25 die Anzahl der wöchentlichen Stunden an, die zum Eintrag in der Zelle B24 passen ❹. Wenn Sie in die Zelle B24 dann z. B. »Ma« eintragen, erscheint in der Zelle B25 die Anzahl der Mathematikstunden pro Woche.

Zum Abschluss formatieren Sie den Stundenplan nach Ihren Wünschen. Fügen Sie z. B. eine fröhliche Grafik ein, die Ihrem Kind gefällt, und gestalten Sie die unterschiedlichen Fächer bunt.

	A	B	C	D	E	F	G	H	I
1	**Stundenplan für: Eva**								
2									
3		**gültig ab:**		**bis:**					
4									
5									
6		**Beginn**	**Ende**	**Dauer**	**Montag**	**Dienstag**	**Mittwoch**	**Donnerstag**	**Freitag**
7	**1. Stunde**	**07:30**	**08:15**	45 Min	Deu	Ma	Bio	Bio	Ge
8	*Pause*	*08:15*	*08:25*	10 Min					
9	**2. Stunde**	**08:25**	**09:10**	45 Min	Deu	Deu	Ge	Ma	Eng
10	*Pause*	*09:10*	**09:30**	20 Min					
11	**3. Stunde**	**09:30**	**10:15**	45 Min	Eng	Ge	Eng	Mu	Mu
12	*Pause*	*10:15*	*10:25*	10 Min					
13	**4. Stunde**	**10:25**	**11:10**	45 Min	Ma	Eng	Eng	Deu	Deu
14	*Pause*	*11:10*	*11:30*	20 Min					
15	**5. Stunde**	**11:30**	**12:15**	45 Min	Sp	Ku	Ma	ND	Sp
16	*Pause*	*12:15*	*12:25*	10 Min					
17	**6. Stunde**	**12:25**	**13:10**	45 Min	WAT	LER	Sp	Ku	Ma
18	*Pause*	*13:10*	*13:25*	15 Min					
19	**7. Stunde**	**13:25**	**14:10**	45 Min	WAT				
20									
21	Unterrichtsstunden am Tag:				7	6	6	6	6
22									
23									
24	Fach eingeben:	Bio							
25	Wie viele Stunden?	2							
26									

1 2

	A	B	C	D	E	F
4						
5						
6		**Beginn**	**Ende**	**Dauer**	Montag	Dienstag
7	**1. Stunde**	**0,3125**	**0,34375**	=C7-B7	Deu	Ma
8	*Pause*	*=C7*	*=B9*	=C8-B8		
9	**2. Stunde**	**0,350694444444444**	**0,38194444**	=C9-B9	Deu	Deu
10	*Pause*	*=C9*	*=B11*	=C10-B10		
11	**3. Stunde**	**0,395833333333333**	**0,42708333**	=C11-B11	Eng	Ge
12	*Pause*	*=C11*	*=B13*	=C12-B12		
13	**4. Stunde**	**0,434027777777778**	**0,46527777**	=C13-B13	Ma	Eng
14	*Pause*	*=C13*	*=B15*	=C14-B14		
15	**5. Stunde**	**0,479166666666667**	**0,51041666**	=C15-B15	Sp	Ku
16	*Pause*	*=C15*	*=B17*	=C16-B16		
17	**6. Stunde**	**0,517361111111111**	**0,54861111**	=C17-B17	WAT	LER
18	*Pause*	*=C17*	*=B19*	=C18-B18		
19	**7. Stunde**	**0,559027777777778**	**0,59027777**	=C19-B19	WAT	
20						
21	Unterrichtsstunde				=ANZAHL2(E7:E19)	=ANZAHL2(F7:F19)
22						
23						
24	Fach eingeben:	Bio				
25	Wie viele Stunden?	=ZÄHLENWENN(E7:I19;B24)				
26						

4 3

Wichtige Tasten und Tastenkombinationen

Tastenkombinationen (auch Tastenkürzel oder Shortcuts genannt) sind für die Arbeit mit Excel besonders nützlich. Auf dieser Seite finden Sie eine Übersicht der wichtigsten und am häufigsten benötigten »Abkürzungen«.

Tasten	Beschreibung
↑, ↓, ←, →	Beendet die Eingabe in einer Zelle und bewegt den Cursor um eine Zelle nach oben, unten, links oder rechts.
↵	Beendet die Eingabe und springt zur Zelle darunter.
⇧+↵	Beendet die Eingabe und springt zur Zelle darüber.
⇆	Beendet die Eingabe und springt nach rechts zur nächsten Zelle.
⇧+⇆	Beendet die Eingabe und springt nach links zur nächsten Zelle.
Esc	Löscht die eingegebenen Daten und bricht die Eingabe ab.
Alt	Zeigt die Tasteninfos für den Zugriff auf die Befehle im Menüband und in der Symbolleiste für den Schnellzugriff an.
Alt+F1	Fügt ein neues Diagramm auf dem aktuellen Tabellenblatt ein.
Alt+F4	Beendet Excel.
Alt, O, F	Zeigt in Zellen Formeln an. (Tasten nacheinander, nicht gleichzeitig drücken!)
Alt+↵	Fügt eine neue Zeile (einen Textumbruch) in der Zelle ein.
F1	Ruft die Excel-Hilfe auf.
F4	Wiederholt eine Aktion oder einen Befehl oder ändert beim Erstellen oder Bearbeiten von Formeln die Bezugsart, d. h. schreibt $-Zeichen.
F11	Fügt ein neues Diagramm auf einem neuen Blatt ein.
F12	Öffnet den Dialog **Speichern unter**.
Strg+A	Markiert das gesamte Tabellenblatt (wenn der Cursor in einer leeren Zelle steht) oder einen Tabellenbereich (wenn der Cursor in diesem Bereich steht).
Strg+C	Kopiert die aktuelle Auswahl in die Zwischenablage.
Strg+X	Schneidet die aktuelle Auswahl aus und übernimmt sie in die Zwischenablage.
Strg+V	Fügt die aktuelle Auswahl aus der Zwischenablage ein.
Strg+F1	Blendet das Menüband ein und aus.
Strg+Pos1	Navigiert zur Zelle A1oder zum Anfang der Daten.
Strg+→	Navigiert zur letzten (ausgefüllten) Zelle in der Zeile.
Strg+←	Navigiert zur ersten (ausgefüllten) Zelle in der Zeile.

Glossar

Absolute Bezug

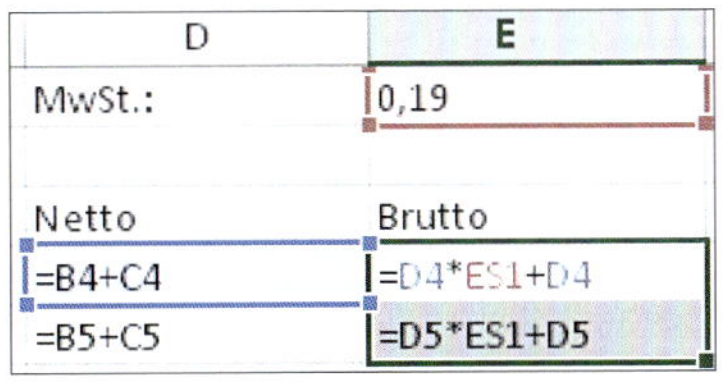

Beim Kopieren von Zellen, die eine Formel enthalten, können Sie mit der Eingabe von »$« verhindern, dass die Formel verändert, d. h. mit der Kopierrichtung angepasst, wird. Die Formel ist dann absolut.

Achsen

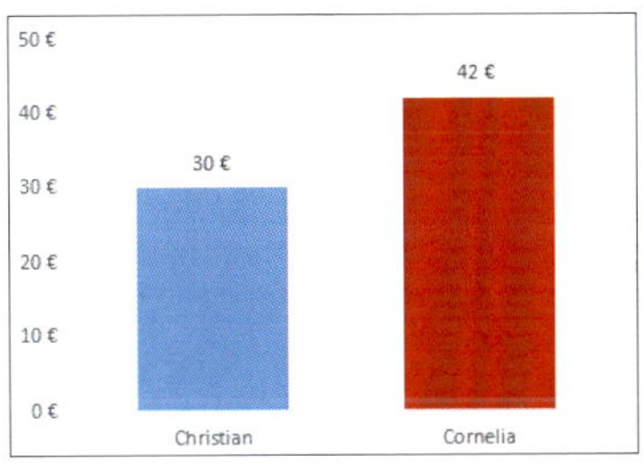

Die waagerechte Achse in einem Säulendiagramm ist die x-Achse (oder Rubrikenachse), die senkrechte Achse ist die y-Achse (oder Größenachse).

Aktives Blatt

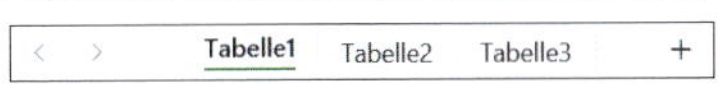

Das aktive Blatt ist das Tabellenblatt, das in der Arbeitsmappe aktuell bearbeitet wird.

Aktive Zelle

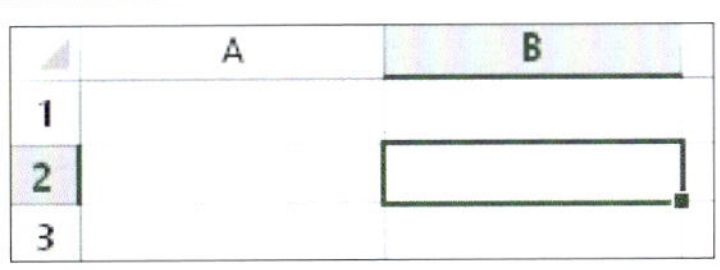

Die aktive Zelle ist die Zelle in einem Excel-Tabellenblatt, die aktuell angeklickt, d. h. ausgewählt, ist. Sie zeigt sich grün umrandet.

Arbeitsmappe

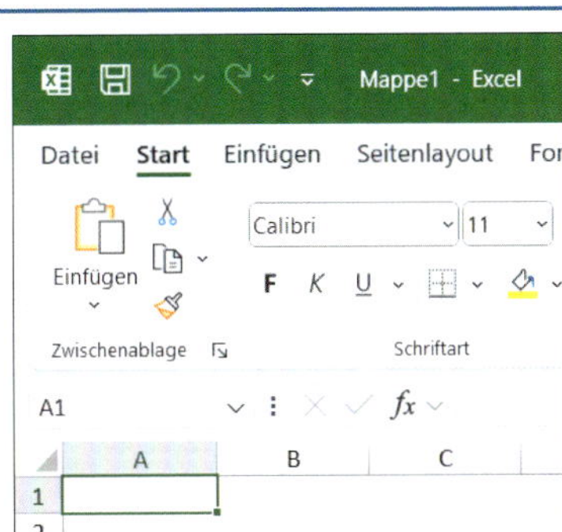

Eine Arbeitsmappe ist eine Excel-Datei. Seit der Version Excel 2007 werden die Dateien mit der Endung *.xlsx* gespeichert, vorher war es die Endung *.xls*. Die Standardarbeitsmappe heißt *Mappe1*.

Argument

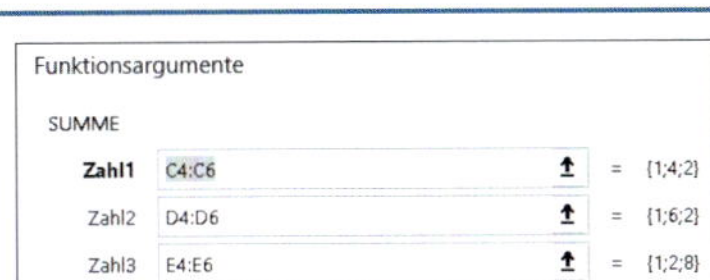

Argumente in Funktionen sind numerische Werte, Textwerte, Zellbezüge oder Namen.

Glossar

Ausdruck

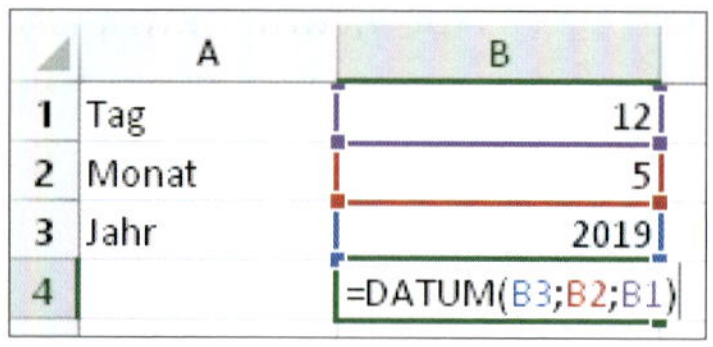

Ein Ausdruck besteht aus einer Kombination von Operatoren, Feldnamen, Funktionen, Texten oder Konstanten.

Ausfüllkästchen

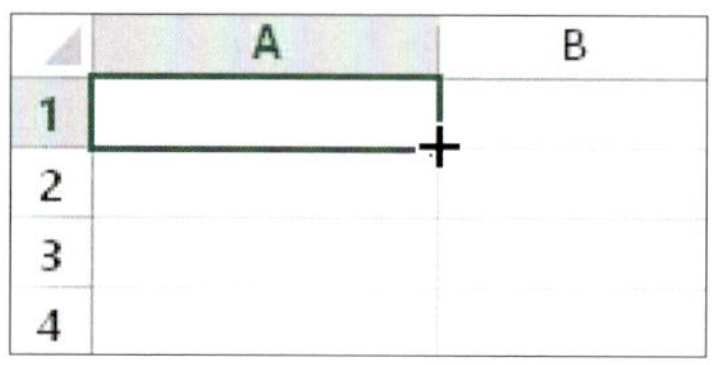

Das Ausfüllkästchen ist das kleine schwarze Kästchen in der rechten unteren Ecke der Zellmarkierung. Wenn Sie mit dem Mauszeiger auf dieses Kästchen zeigen, nimmt er die Form eines schwarzen Kreuzes an.

AutoKorrektur

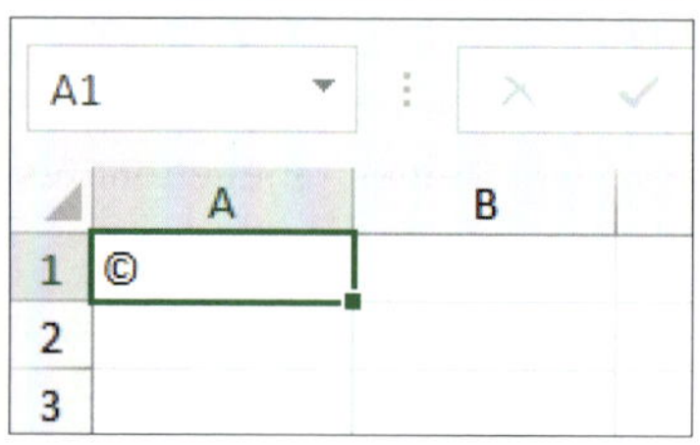

Excel korrigiert Schreib- und Tippfehler oder bestimmte Einträge automatisch, z. B. wird die Eingabe »(c)« zu ©.

Backstage-Ansicht

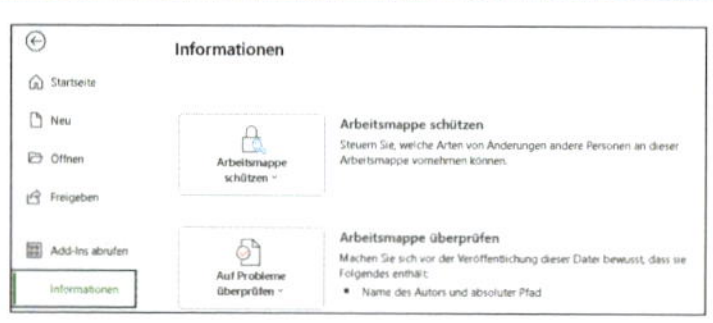

In der Backstage-Ansicht, die Sie über die Registerkarte **Datei** aufrufen, finden Sie Befehle für das Dokumentenmanagement, z. B. **Öffnen**, **Drucken**, **Speichern** und **Neu**.

Barrierefreiheit

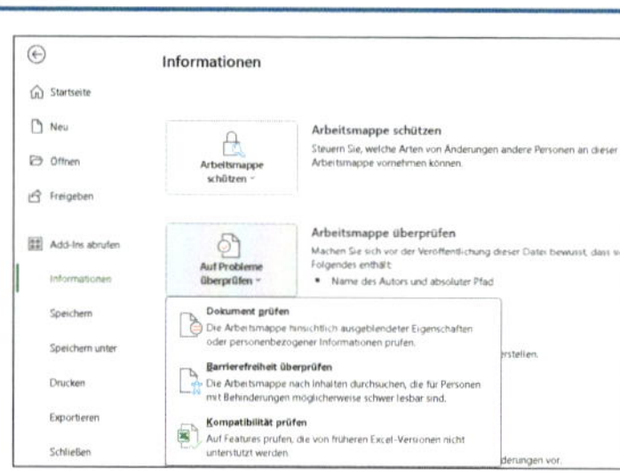

Sollen Ihre Ergebnisse anderen Menschen zur Verfügung gestellt werden, sollten Sie sicherstellen, dass Ihre Excel-Dateien den Kriterien der digitalen Barrierefreiheit genügen. Sie werden durch das Tool *Barrierefreiheitsprüfung* unterstützt. Sie finden das Tool auf der Registerkarte **Datei** unter dem Punkt **Informationen**. Dort wählen Sie **Auf Probleme überprüfen** und **Barrierefreiheit überprüfen**.

Glossar

Bearbeitungsleiste

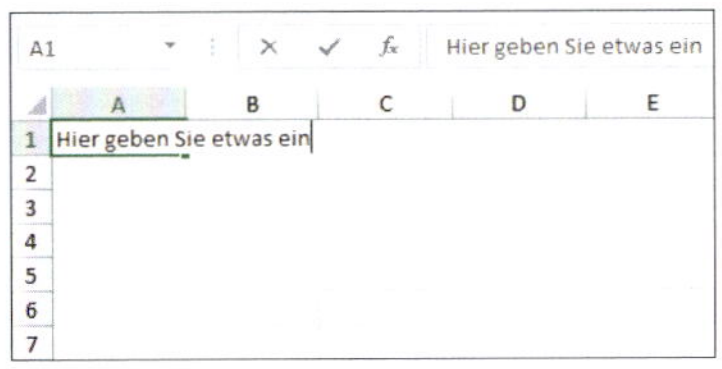

Die Bearbeitungsleiste ist die Leiste direkt über den Spaltenüberschriften, die zum Eingeben oder Bearbeiten von Werten oder Formeln in Zellen oder Diagrammen verwendet wird.

Bedingte Formatierung

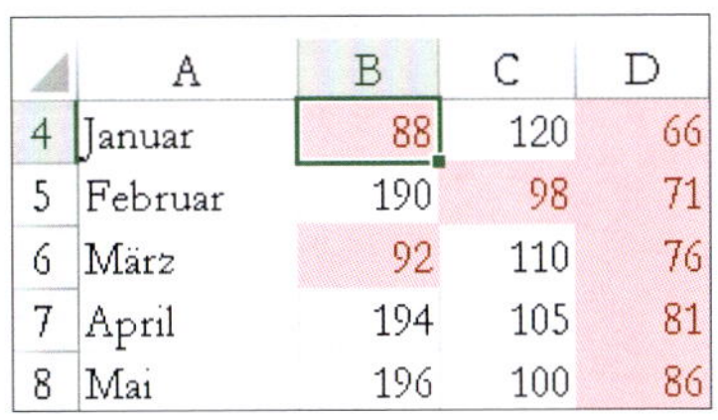

Die bedingte Formatierung ermöglicht es Ihnen, Wörter oder Zahlen mit einem bestimmten Erscheinungsbild darzustellen. So können Sie z. B. alle Werte rot hinterlegen, die kleiner als 100 sind.

Bereich

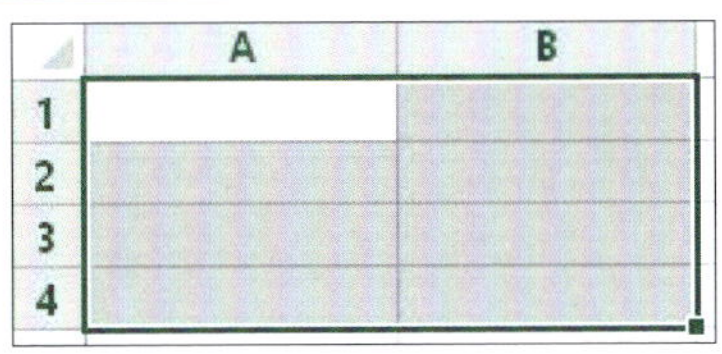

Ein Bereich ist ein festgelegter Ausschnitt eines Tabellenblattes. Diesen legen Sie vor dem Kopieren, Ausschneiden, Formatieren oder Löschen fest.

Blattregisterkarte

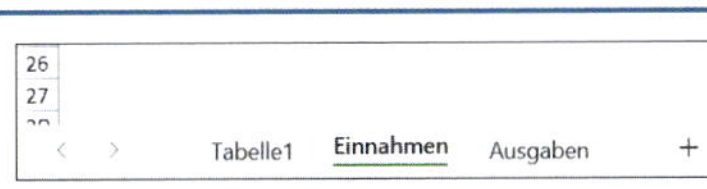

Die Blattregisterkarte enthält den Namen des Tabellenblattes einer Arbeitsmappe, z. B. **Tabelle1**, **Einnahmen** oder **Ausgaben**.

Blitzvorschau

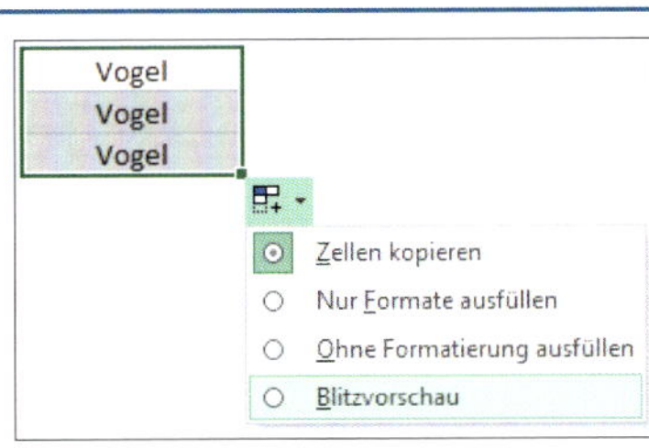

Mithilfe der **Blitzvorschau** können Daten aus einer Spalte in mehrere Spalten aufgeteilt bzw. Daten aus mehreren Spalten in einer Spalte zusammengefasst werden.

Copilot

Copilot ist eine KI-Assistenz in Office-Apps, die Aufgaben automatisiert und intelligente Vorschläge liefert. Copilot in Excel steht Ihnen nur in Microsoft 365 zur Verfügung, wenn Sie eine auf OneDrive oder SharePoint gespeicherte Arbeitsmappe öffnen.

Glossar

Datenpunkt

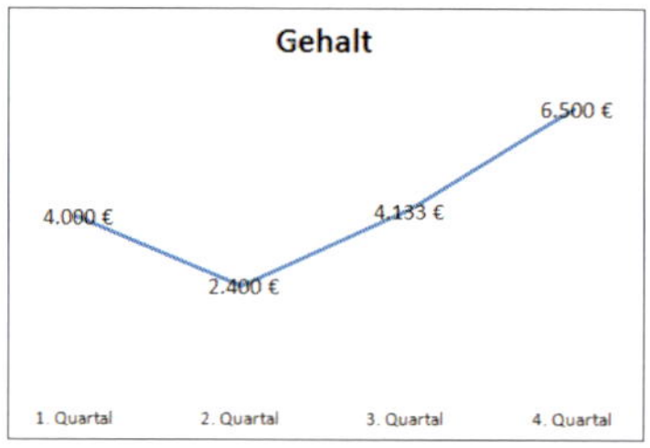

Bei einem Datenpunkt handelt es sich um einen einzelnen Wert in einem Diagramm.

Datenreihe

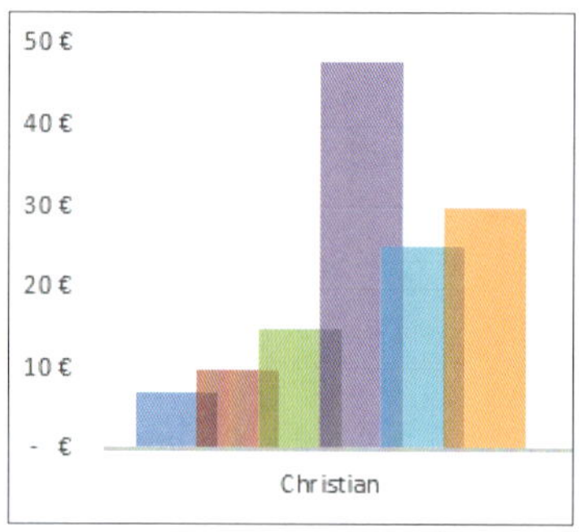

Bei Datenreihen handelt es sich um in Reihen angeordnete Zahlenwerte (wie das Taschengeld), die z. B. als Säule zu sehen sind und gleich gestaltet werden.

Datenschnitt

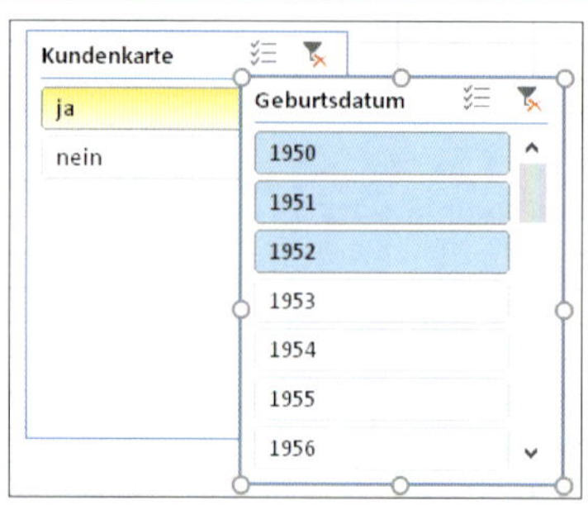

Mit dem Datenschnitt erhalten Sie eine aussagekräftige Darstellung der Pivot-Tabellenansicht, in der Sie die Daten dynamisch filtern können, sodass nur die benötigten Daten angezeigt werden.

Datentypen

Bis jetzt gab es in Excel die Datentypen **Boolesche Werte**, **Datum**, **Fehler**, **Text** und **Zahlen**. Nun stellt Excel 365 zusätzliche Datentypen wie **Aktien**, **Geografie** oder **Währungen** zur Verfügung.

Glossar

Datumsformat

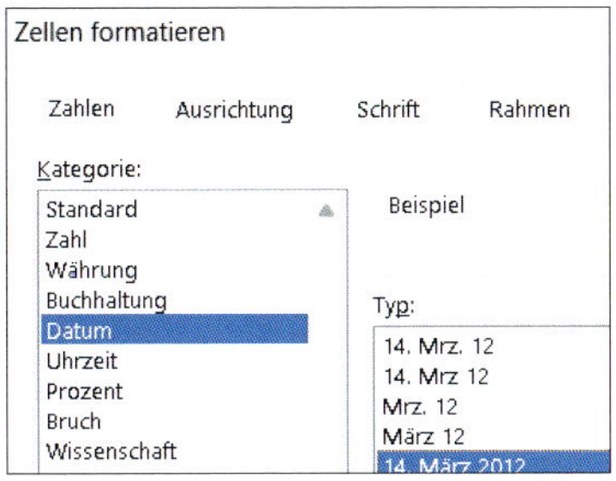

Mithilfe des Datumsformats, das Sie auf der Registerkarte **Start** in der Gruppe **Zahlen** einstellen können, legen Sie z. B. fest, ob die Jahreszahl zweistellig oder vierstellig angezeigt wird.

Design

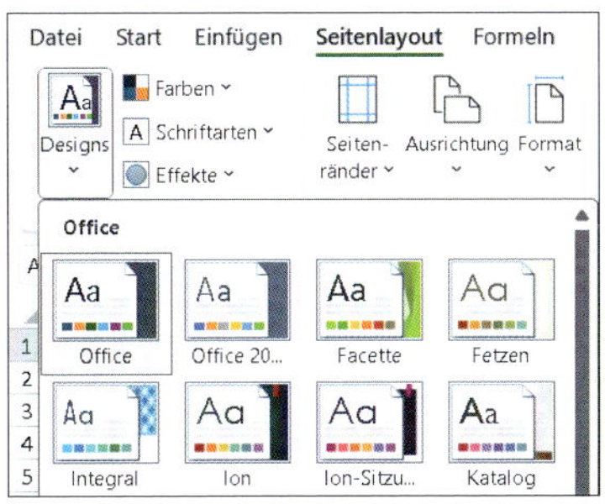

Designs sind Gestaltungsvorgaben (**Schriftarten**, **Farben**, **Effekte**), die über Excel hinaus auch für Word und PowerPoint gelten.

Diagramm

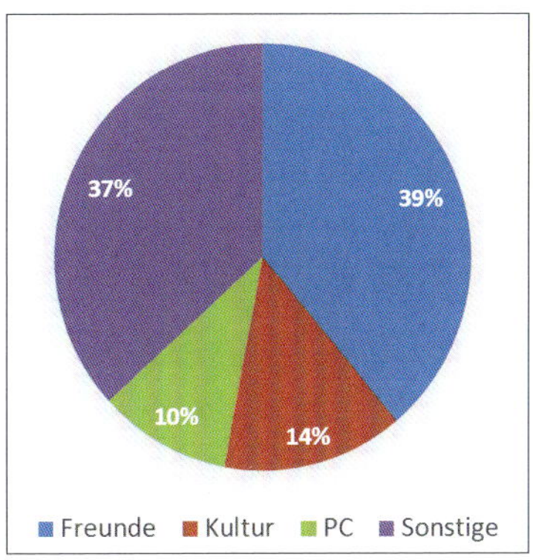

Ein Diagramm ist eine grafische Darstellung von Zahlenwerten einer Tabelle, um die wichtigsten Informationen anschaulich zu machen.

Drag & Drop

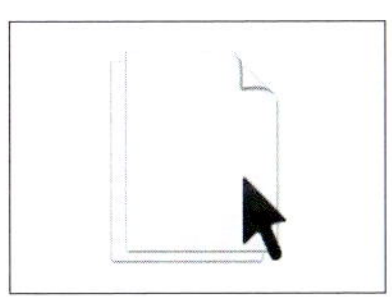

Drag & Drop bedeutet *Ziehen und Fallenlassen*. Es handelt sich um eine Technik, bei der Sie Daten mit der Maus markieren und sie mit gedrückter Maustaste an eine neue Position ziehen und dort ablegen können.

Glossar

Drucktitel

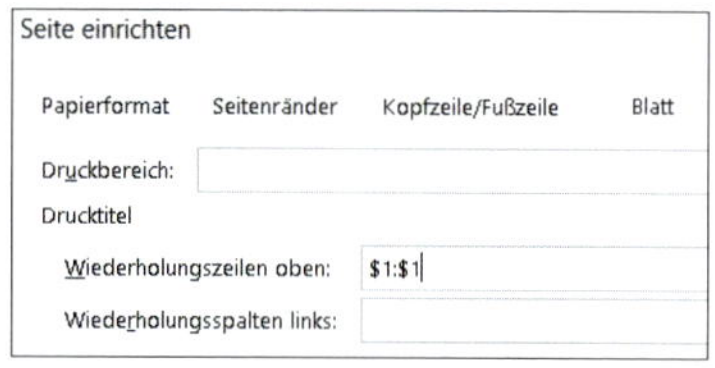

Drucktitel sind Zeilen- oder Spaltenbeschriftungen, die oben oder am linken Rand jeder Seite einer Tabelle gedruckt werden.

Filtern

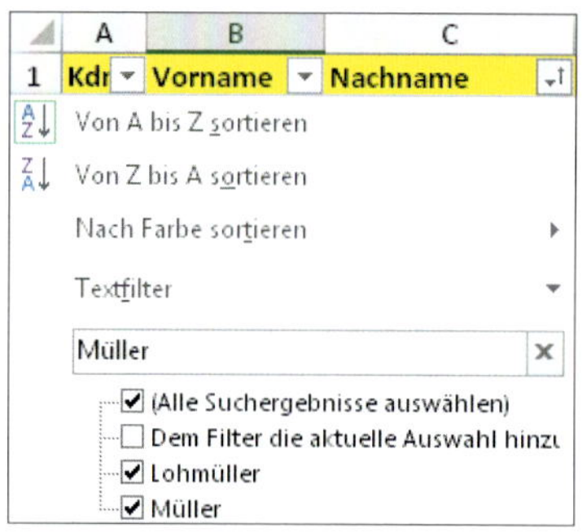

Pfeilschaltflächen an den Zellen symbolisieren automatische Filterfunktionen, die Sie zuvor über **Sortieren und Filtern** eingefügt haben. Sie eignen sich hervorragend zum Sortieren umfangreicher Tabellen.

Fingereingabe-/ Mausmodus

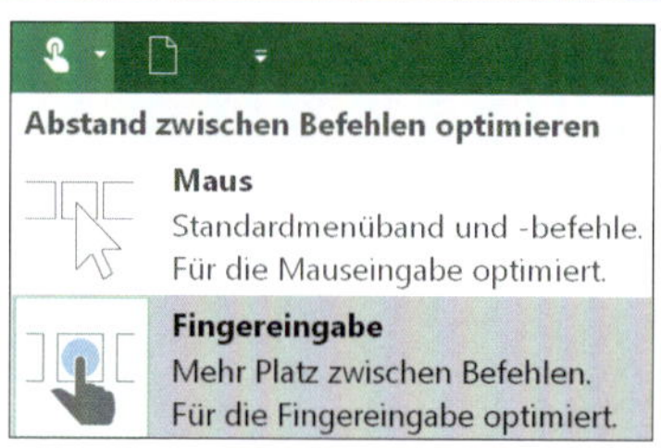

Dies ist die Funktion zum Umschalten von der Maus- zur Fingereingabe auf Touchdisplays. Die Schaltflächen im Menüband und in der Symbolleiste für den Schnellzugriff werden bei Fingereingabe größer dargestellt – auch bei Bildschirmen, die kein Touchdisplay sind.

Format

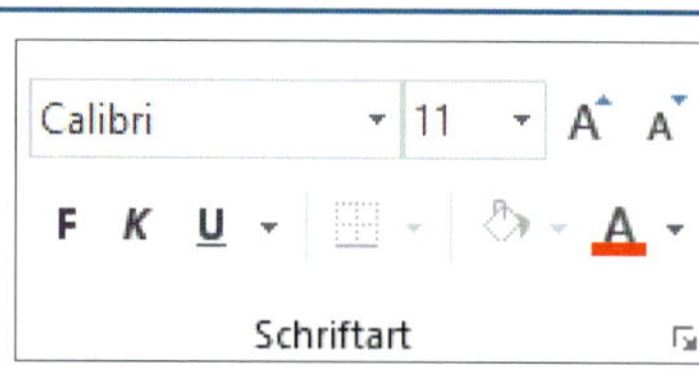

Ein Format ist eine durch den Benutzer zugewiesene Darstellungsweise von Daten, z. B. in Bezug auf Schriftgröße und -farbe, Rahmen oder Hintergrund.

Formel

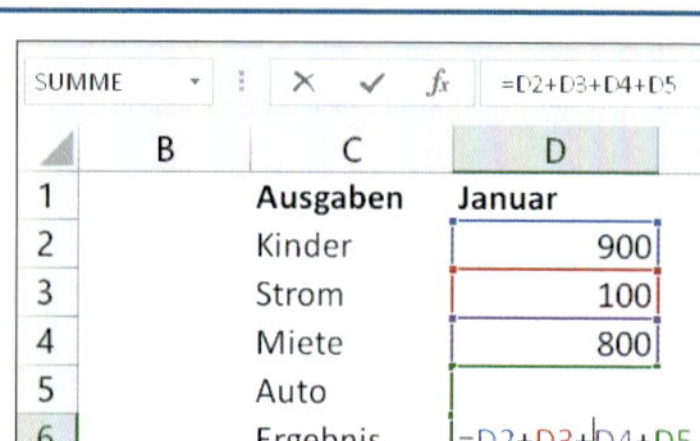

Eine Formel ist ein komplett selbst geschriebener Rechenausdruck, mit dem Sie in Excel Berechnungen ausführen oder Bezüge herstellen können, z. B. =D2+D3+D4+D5. Sie können beim manuellen Erstellen von Formeln auch mit der Maus auf die Zellen zeigen, dann schreibt Excel die Zelladressen für Sie.

Glossar

Funktion

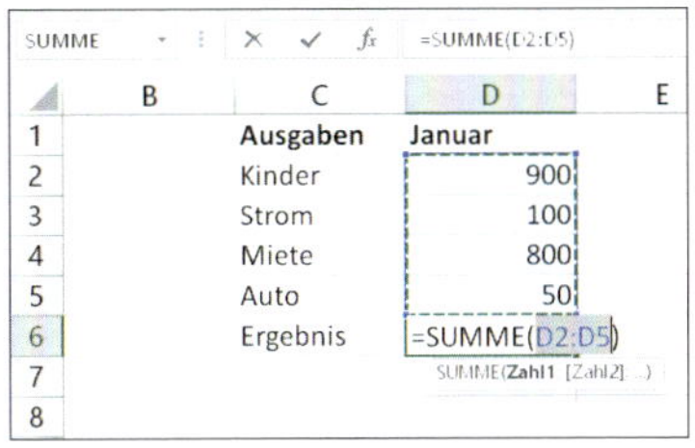

Eine Funktion ist ein von Excel vorgefertigter Rechenausdruck, mit dem Sie Berechnungen ausführen oder Bezüge herstellen können, z. B. =SUMME(D2:D5). Excel bietet Ihnen mehr als 430 Funktionen.

Fußzeile

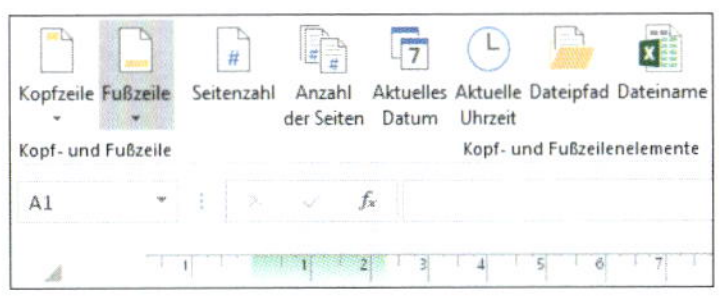

Bei einer Fußzeile handelt es sich um einen Bereich außerhalb des normalen Tabellenblattes, der allgemeine Informationen enthält, z. B. eine Seitenzahl und den Namen der Tabelle. Dieser Bereich wird auf jeder Seite unten angezeigt.

Gruppenmodus

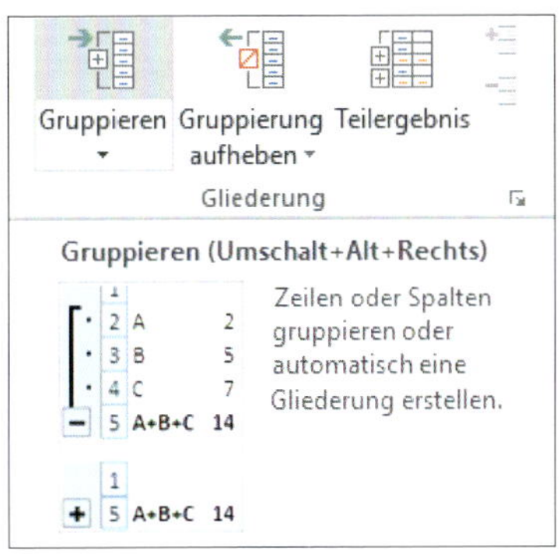

Mehrere Tabellenblätter können zu einer Gruppe zusammengefasst werden, damit Sie Eingaben z. B. nur einmal ausführen müssen. Der Eintrag **Gruppe** erscheint in der Titelleiste.

KI (Künstliche Intelligenz)

KI ermöglicht es intelligenten Assistenten wie Microsoft Copilot, ChatGPT (OpenAI) oder Google Gemini, komplexe Daten zu analysieren, Muster zu erkennen und intelligente Vorschläge zu machen. Es werden auch Erklärungen zu Formeln und Funktionen geliefert.

Konstante

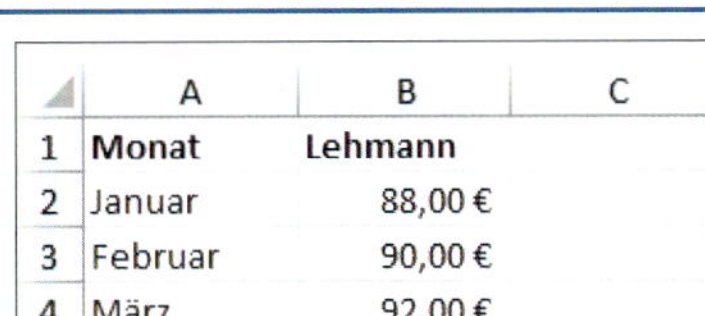

	A	B	C
1	Monat	Lehmann	
2	Januar	88,00 €	
3	Februar	90,00 €	
4	März	92,00 €	

Eine Konstante ist ein nicht berechneter, sondern fest eingegebener Wert, wie hier die Namen oder Zahlen.

Glossar

Kontextmenü

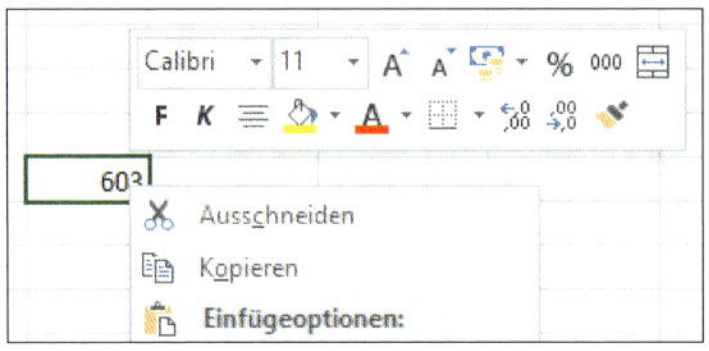

Ein Kontextmenü ist ein spezielles vom jeweiligen Objekt abhängiges Menü, das Sie mit der rechten Maustaste aufrufen.

Kopfzeile

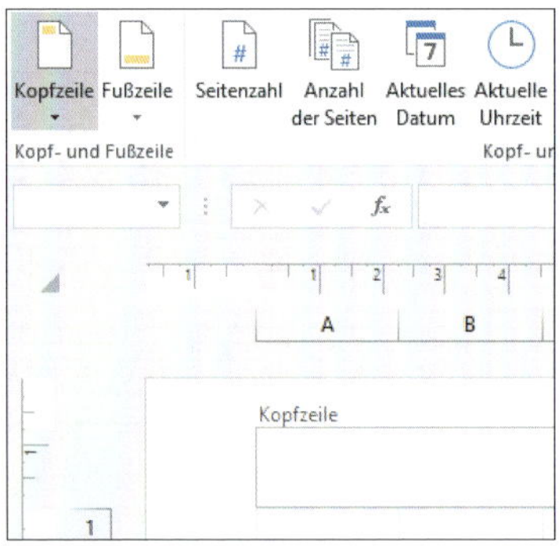

Die Kopfzeile ist ein Bereich außerhalb des normalen Tabellenblattes, der allgemeine Informationen enthält, die auf jeder Seite oben angezeigt werden, z. B. der Dateiname und ein Logo.

Kriterien

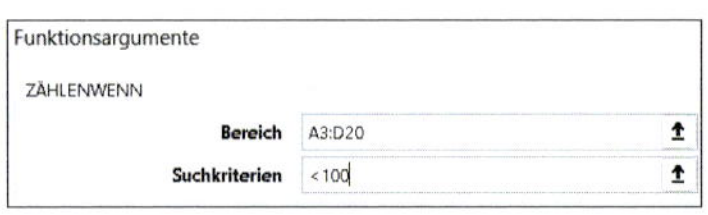

Kriterien sind Bedingungen, mit deren Hilfe Sie festlegen, welche Datensätze in eine Berechnung einbezogen werden sollen.

Laufrahmen

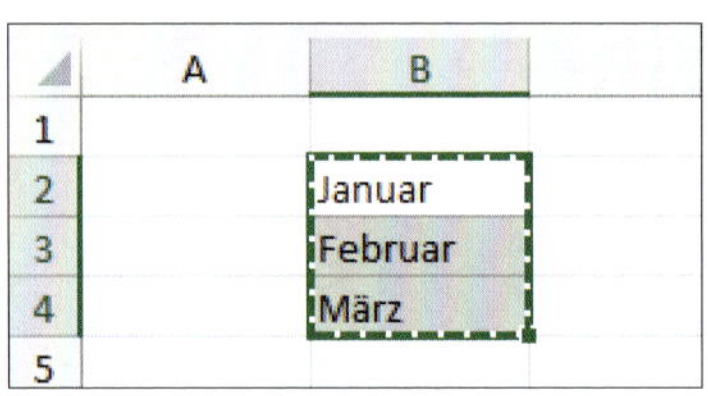

Bei einem Laufrahmen handelt es sich um einen animierten Rahmen, der um den Tabellenbereich herum angezeigt wird, der ausgeschnitten oder kopiert wurde. Soll der Laufrahmen nicht mehr angezeigt werden, drücken Sie Esc.

Legende

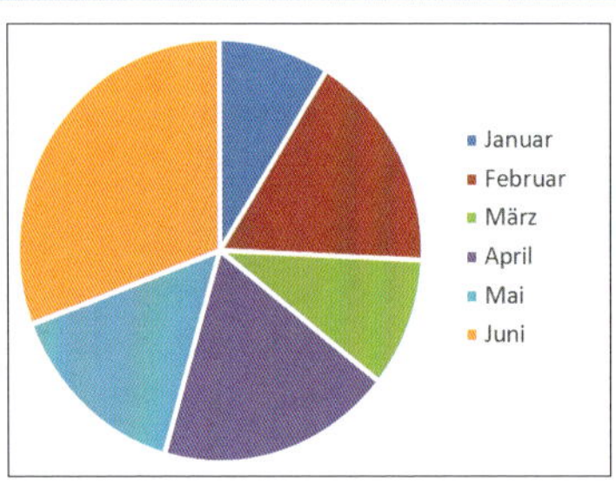

Die Legende enthält eine Erläuterung zu den im Diagramm dargestellten Werten.

Glossar

Markieren

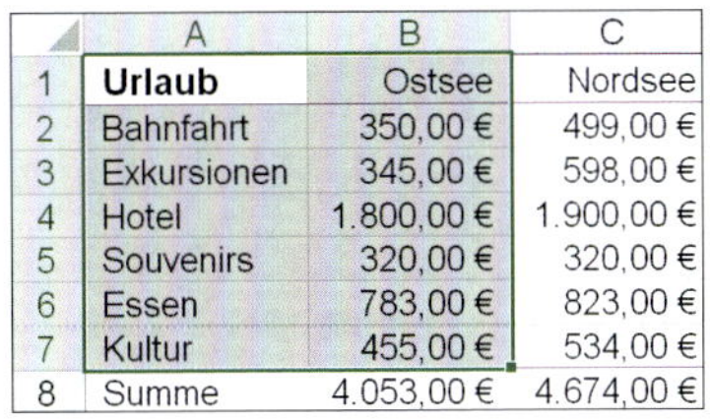

	A	B	C
1	Urlaub	Ostsee	Nordsee
2	Bahnfahrt	350,00 €	499,00 €
3	Exkursionen	345,00 €	598,00 €
4	Hotel	1.800,00 €	1.900,00 €
5	Souvenirs	320,00 €	320,00 €
6	Essen	783,00 €	823,00 €
7	Kultur	455,00 €	534,00 €
8	Summe	4.053,00 €	4.674,00 €

Markieren bedeutet das Auswählen einer Zelle oder eines Zellbereichs in einem Tabellenblatt.

Menüband

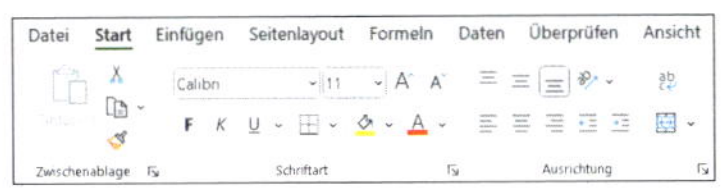

Im Menüband finden Sie fast alle Funktionen, mit denen Sie Ihre Tabellen bearbeiten und gestalten können.

Namensfeld

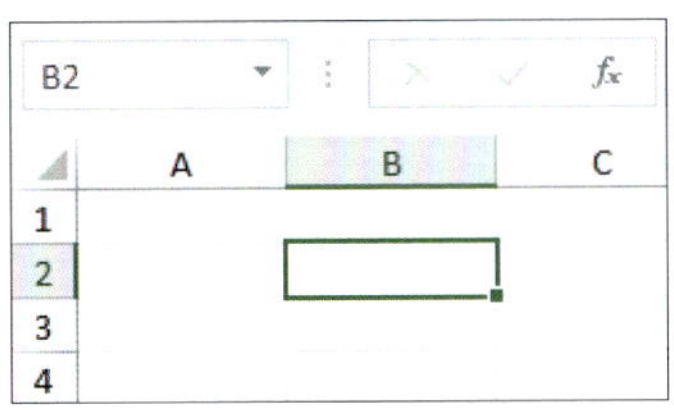

Das Namensfeld links in der Bearbeitungsleiste zeigt den Namen der Zelle an, die Sie ausgewählt haben. Des Weiteren können Sie im Namensfeld Tabellen oder Bereiche individuell beschriften.

Normalansicht

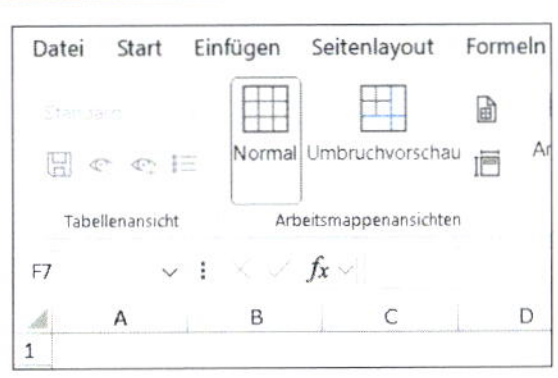

Die Normalansicht ist zum Bearbeiten von Tabellen gedacht und zeigt *nicht* das Druckergebnis. Sie enthält z. B. keine Kopf- und Fußzeilen.

Operand

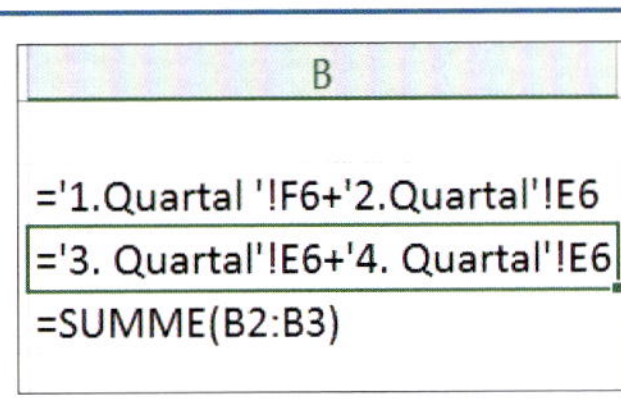

Operanden sind die Elemente auf einer Seite eines Operators in einer Formel. In Excel können Sie als Operanden Werte, Zellbezüge, Namen, Beschriftungen oder Funktionen verwenden.

Operator

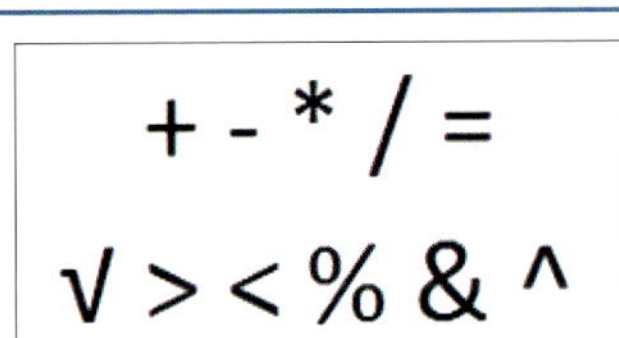

Der Operator ist das Zeichen oder Symbol, mit dessen Hilfe Sie angeben, welche Berechnung in einem Ausdruck ausgeführt werden soll. Es gibt mathematische und logische sowie Vergleichsoperatoren.

PDF

Sie können gesamte Tabellen oder ausgewählte Tabellendaten als PDF speichern. Die Formatierungen bleiben dann bei der Weitergabe in jedem Fall erhalten.

Glossar

PivotChart

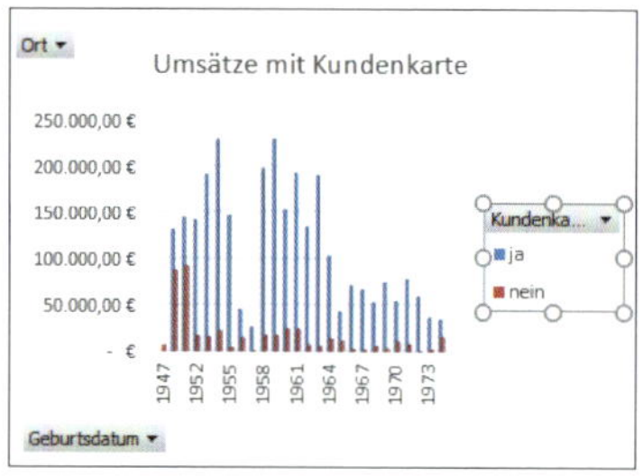

Ein PivotChart-Bericht liefert die grafische Darstellung der Daten einer Pivot-Tabelle in Form eines Diagramms.

Pivot-Tabelle

Eine Pivot-Tabelle bietet Ihnen die Möglichkeit, Daten einer Tabelle darzustellen und auszuwerten, ohne die Ausgangsdaten ändern zu müssen.

Relativer Bezug

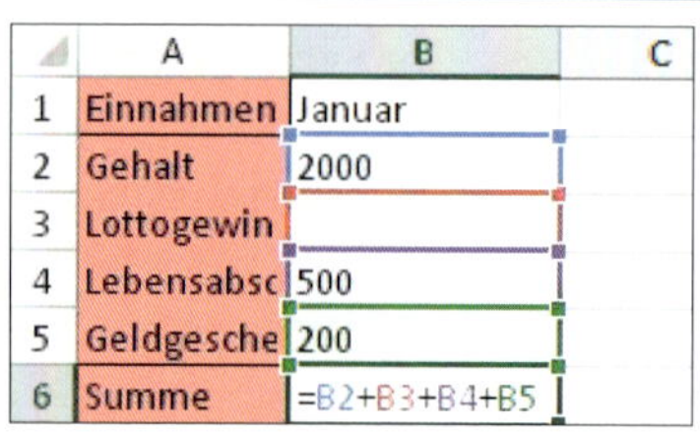

Beim relativen Bezug handelt es sich um eine Adresse einer Zelle in einer Formel. Beim Kopieren der Formel wird dieser Bezug automatisch mit der Kopierrichtung angepasst.

Schnellanalyse

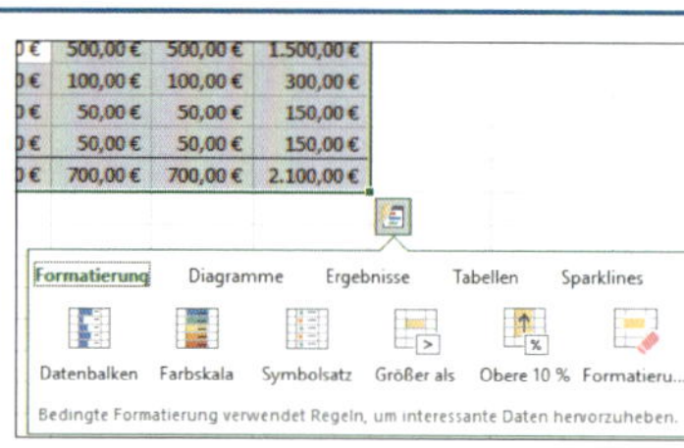

Die Schnellanalyse erscheint rechts unten an der Markierung als kleine Blitzschaltfläche. Sie bietet passend zum markierten Bereich das schnelle und einfache Analysieren von Daten: Formatierung, Diagramme, Berechnungen, Tabellen und Sparklines – alles mit Live-Vorschau.

Schutz

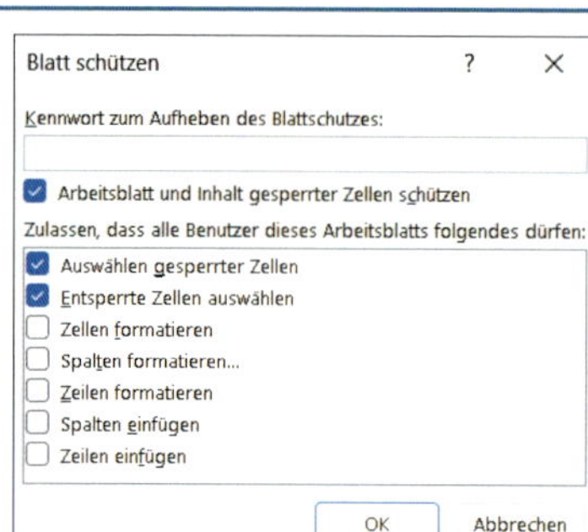

Mit der Schutzfunktion auf der Registerkarte **Überprüfen** können Sie den Zugriff auf Elemente des Tabellenblatts oder der Arbeitsmappe verhindern.

Glossar

Screenshot

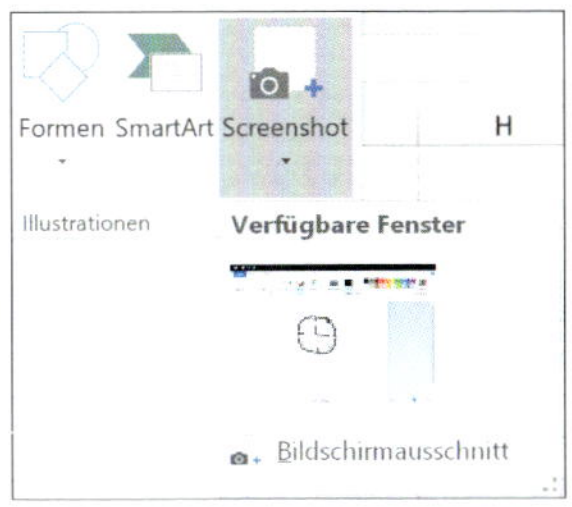

Ein Screenshot ist ein »Foto« des ganzen Bildschirminhalts oder eines Teils von ihm.

Seitenlayout

Die Ansicht **Seitenlayout** zeigt das Dokument mit der Tabelle einschließlich der Bereiche für Kopf- und Fußzeile sowie der Seitenränder an.

Seitenumbruch

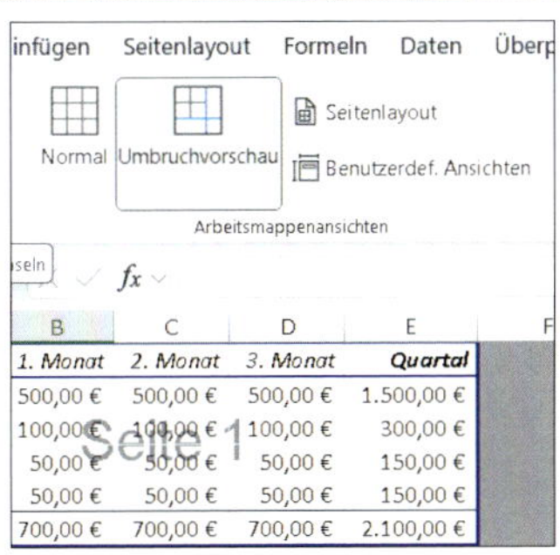

Der Seitenumbruch ist die Trennlinie, die ein Tabellenblatt für das Ausdrucken in mehrere Seiten unterteilt. Excel legt die Seitenumbrüche entsprechend der Seiteneinrichtung fest. Die Umbruchvorschau ermöglicht es Ihnen, die Seitenumbrüche zu verschieben, indem Sie mit der Maus an der Trennlinie ziehen.

Shortcut

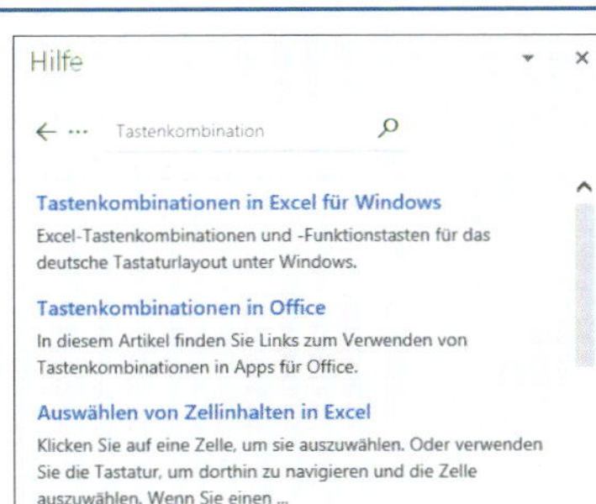

Bei einem Shortcut (auch *Tastaturkürzel* oder *Tastenkombination* genannt) handelt es sich um eine Taste oder eine Kombination mehrerer Tasten, mit deren Hilfe man einen Befehl schnell aufrufen kann. Um die Hilfefunktion von Excel aufzurufen, drücken Sie z. B. F1.

Smarttag

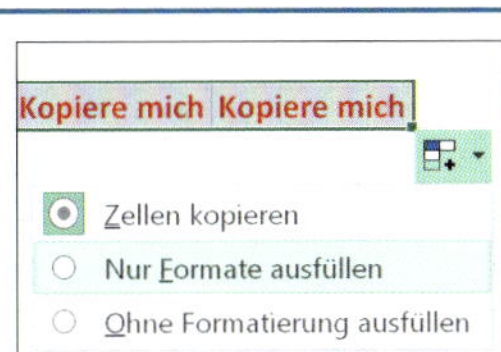

Ein Smarttag unterstützt Sie bei Ihrer Arbeit, indem es Sie auf passende Funktionen aufmerksam macht.

Glossar

Sortierreihenfolge

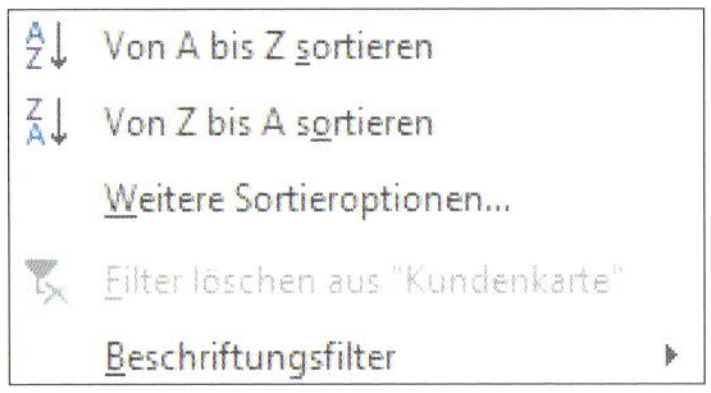

Die Sortierreihenfolge bestimmt die Anordnung von Daten nach ihrem Wert oder Datentyp. Daten können z. B. alphabetisch, numerisch oder nach Datum aufsteigend bzw. absteigend sortiert werden.

Sparklines

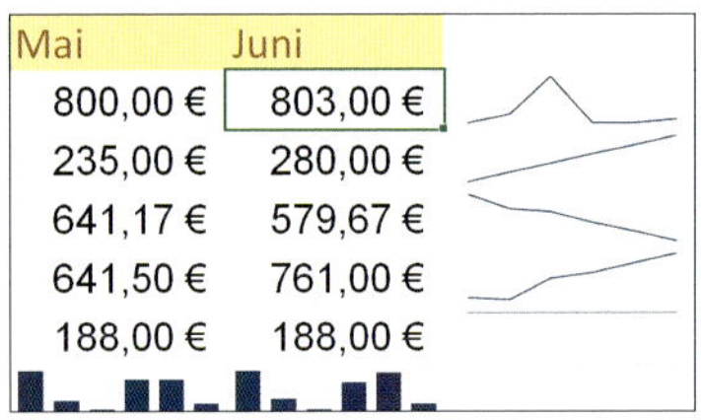

Sparklines sind Minidiagramme in einer Zelle. Sie eignen sich vor allem zur Darstellung von Trends.

Suchen

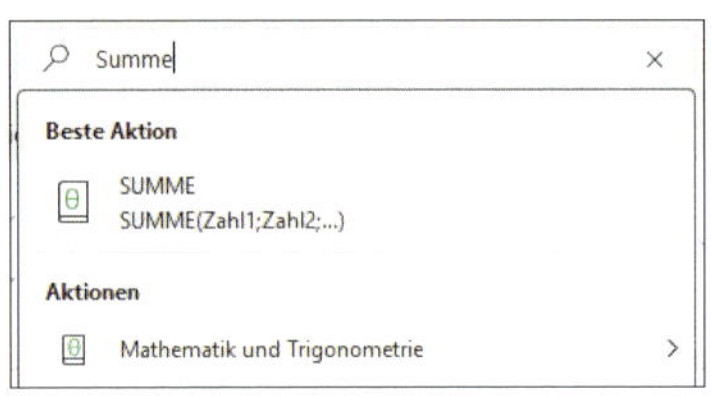

Tippen Sie ein Stichwort oder eine Frage in das Feld **Suchen** in der Titelleiste, und sofort listet Excel passende Befehle und Aktionen auf. Aus der Liste gelangen Sie mit einem Klick direkt zum jeweiligen Menü oder Dialog.

Tabellenblatt

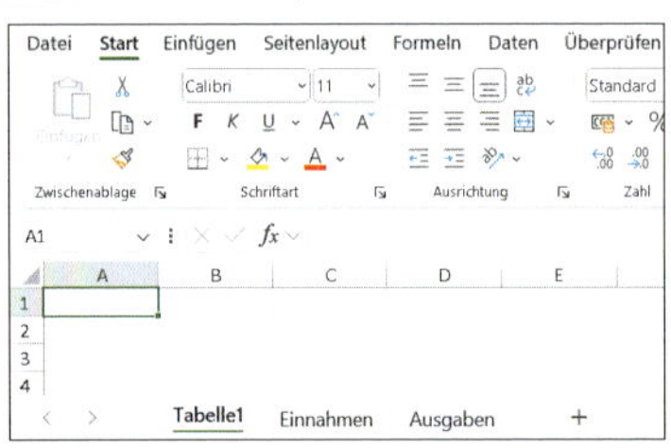

Ein Tabellenblatt besteht aus Zellen, die in Spalten und Zeilen angeordnet sind. Es wird immer als Teil einer Arbeitsmappe gespeichert. In einer Datei stehen beliebig viele Tabellenblätter zur Verfügung.

Tabellenblattübergreifende Formel

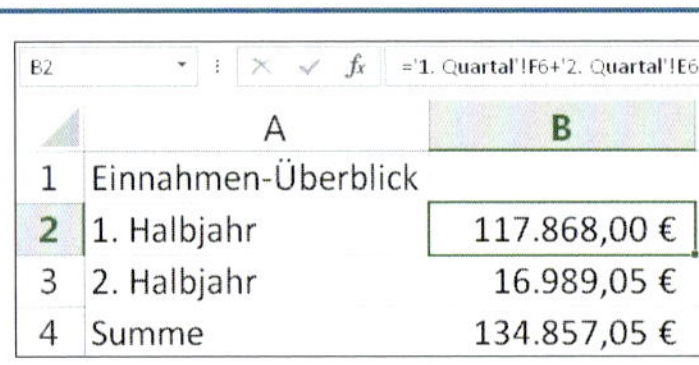

Tabellenblattübergreifende Formeln verknüpfen die Daten mehrerer Tabellenblätter und zeigen in der Formel das jeweilige Tabellenblatt an, gefolgt von einem Ausrufezeichen sowie der entsprechenden Zelladresse.

Glossar

Tabellenformatvorlage

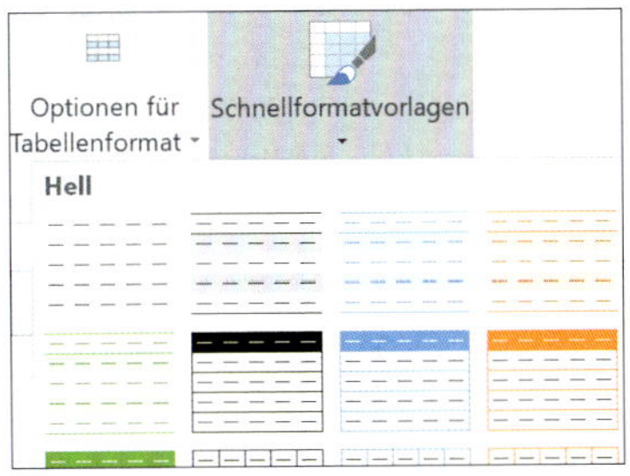

Excel bietet 60 verschiedene fertige Formatvorlagen für ganze Tabellen an. Zusätzlich zur Gestaltung werden hierbei Filter in den Spaltenüberschriften eingestellt.

Verbundene Zelle

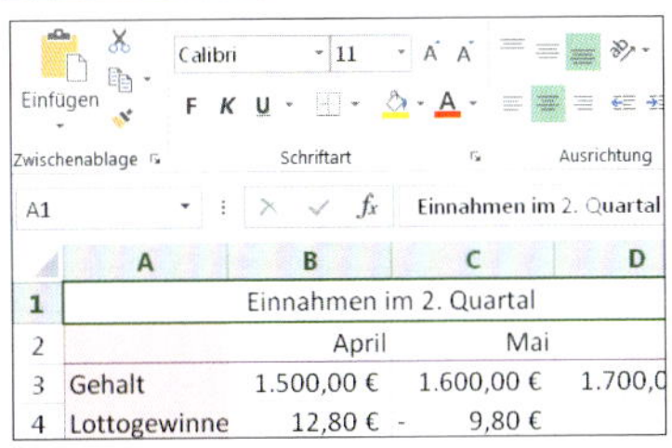

Eine verbundene Zelle entsteht durch die Kombination zweier oder mehrerer markierter Zellen, z. B. für Überschriften.

Vergleichsoperator

>	größer
>=	größer gleich
<	kleiner
<=	kleiner gleich
=	gleich
<>	ungleich

Ein Vergleichsoperator ist ein Zeichen, das zum Vergleich zweier Werte verwendet wird.

Verknüpfung

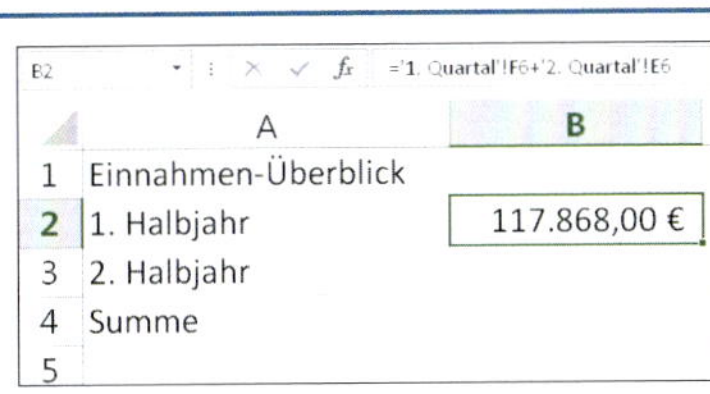

Eine Verknüpfung ist eine Verbindung zwischen mehreren Tabellen oder z. B. einer Word-Datei und der Excel-Tabelle.

Zeigen

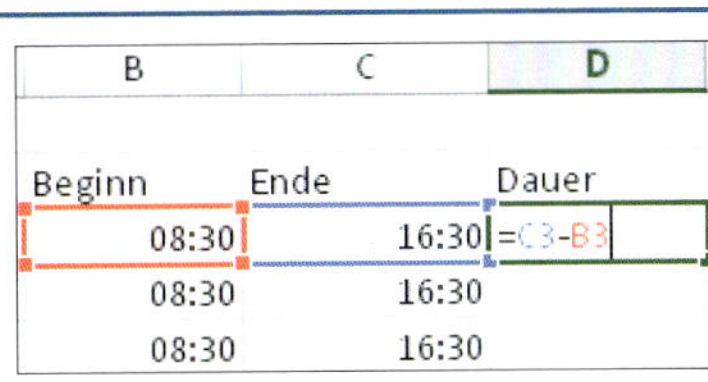

Indem Sie mit der Maus auf die entsprechende Zelle oder den jeweiligen Bereich zeigen, können Sie sich bei der Formeleingabe Tipparbeit sparen: Excel ergänzt die Zelladressen automatisch.

Glossar

Zeilenumbruch/ Textumbruch

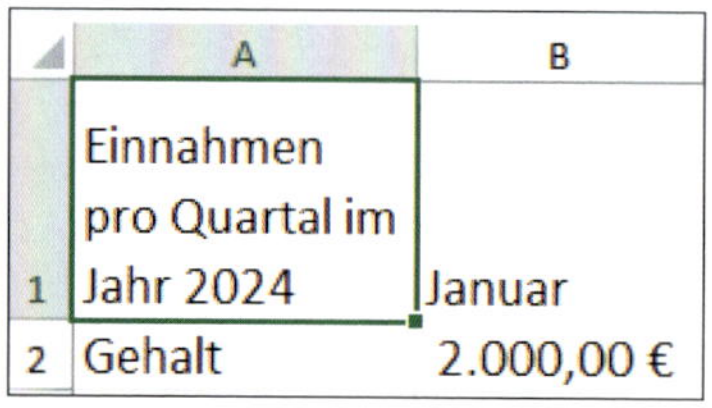

Der Zeilen- oder Textumbruch ist ein Zeilenwechsel innerhalb der Zelle. Erzeugt wird er z. B. mit [Alt]+[↵]. Damit verhindern Sie zu breite Spalten, etwa bei langen Texten für Überschriften.

Zelladresse

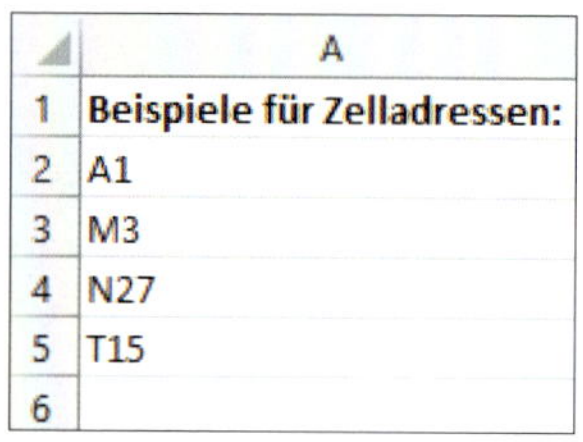

Mit einer Zelladresse können Sie auf eine spezielle Position innerhalb einer Datei verweisen, z. B. auf einen Zellbereich. Aber auch der Pfad zu einem Objekt, Dokument, zu einer Datei, einer Seite oder einem anderen Zielobjekt wird *Adresse* genannt.

Zelle

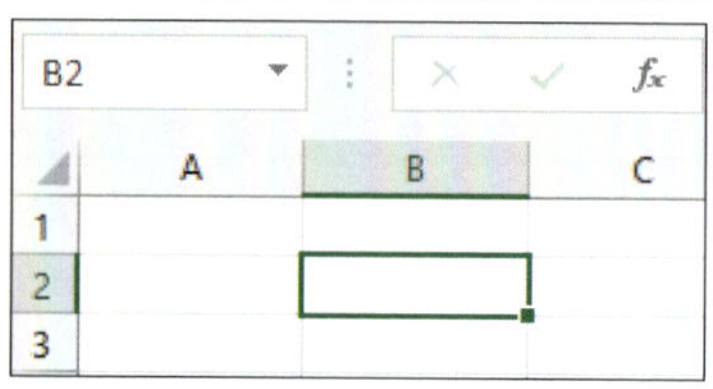

Die Zelle ist der Überschneidungsbereich von Zeile und Spalte, also ein einzelnes Eingabefeld (hier B2).

Zellenformatvorlage

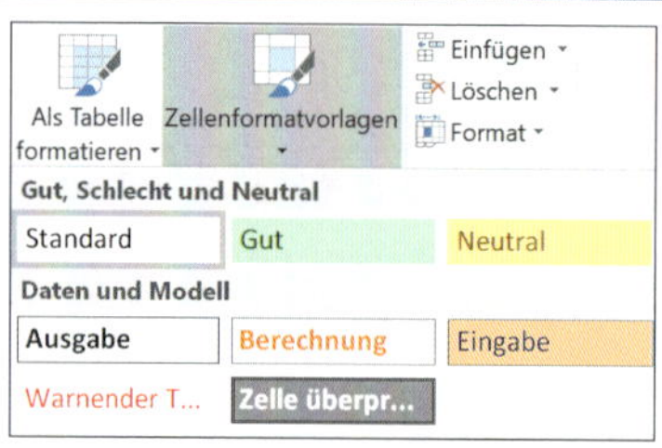

Excel verfügt über 42 fertige Gestaltungen (Schablonen) zum schnellen Formatieren einzelner Zellen oder Zellbereiche, z. B. für Berechnungen, Überschriften oder Zahlenformate.

Zwischenablage

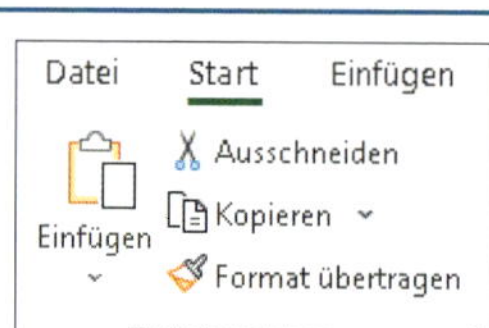

Die Zwischenablage ist eine Datenablage im Hintergrund, die für den Austausch (z. B. das Kopieren) von Daten genutzt wird. Sie steht in allen Windows-Anwendungen zur Verfügung.

Stichwortverzeichnis

Stichwortverzeichnis

Stichwortverzeichnis

G

H

I

Stichwortverzeichnis

Stichwortverzeichnis

Stichwortverzeichnis

Stichwortverzeichnis